SAVAGE CONTINENT

야만 대륙

제2차 세계대전 직후의 유럽 잔혹사

키스 로KEITH LOWE 지음

노만수 옮김

글항아리

베라에게

지명에 대하여

유럽의 지도는 제2차 세계대전 직후에 크게 바뀌었고, 지방과 도시의 명칭도 그에 따라 변화했다. 가령 독일 도시였던 슈테틴Stettin은 폴란드 도시인 슈체친Szczecin이 됐고, 폴란드의 빌노Wilno는 리투아니아의 빌뉴스Vilnius로, 이탈리아의 피우메Fiume는 유고슬라비아의 리예카Rijeka로 바뀌었다.

도시의 영문명이 약정된 경우를 제외하고, 이 책에서는 그 당시에 일반적으로 불리던 지명을 사용하려고 노력했다. 따라서 제2차 세계대전 동안 그곳에서 일어난 사건들을 서술할 때는 슈테틴이라 했고, 전후의 사건들을 묘사할 때는 슈체친이라 했다. 마찬가지로 하리코프Kharkov[우크라이나어로는 하르키우]나 드네프로페트롭스크Dnepropetrovsk와 같은 우크라이나 도시들은 러시아어 명칭을 사용했다. 왜냐하면 당대의 기록 문서에서 이곳들은 늘 소비에트 연방으로 언급됐기 때문이다. 더욱이 국경 지역의 지명에는 강한 민족주의적 의도가 숨어 있고, 지금도 역시나 그러하다. 나는 결코 이에 동의하지 않는다는 점을 재확인해두고 싶다.

이 책은 유럽에 관한 내용이다. 하지만 내가 쓴 많은 주제는 아시아에도 들어맞는다. 두 지역 모두 제2차 세계대전 동안 상상할 수조차 없는 폭력을 경험했고, 그로 인해 양쪽은 철저하게 황폐해졌다. 양쪽 모두 피해는 여러 차원에서 발생했다. 도시들이 완전히 파괴됐고, 정확한 수치를 규명하기 어려울 정도로 수백만 명이 죽음을 맞았으며, 제도와 도덕 및 심리의 차원에서는 더욱 복잡한 참화가 있었다. 아시아는 유럽과 마찬가지로 전쟁이라는 혼돈의 도가니에 내던져졌고, 새로운 유형의 정상성이 확립되기까지 긴 세월이 바쳐졌다.

　나는 이 책이 처음으로 한국에서 출간되는 것이 각별하게 기쁘다. 유럽과 한반도 사이에는 일부 두드러진 유사성이 존재하기 때문이다. 제2차 세계대전은 경쟁적인 초강대국들이 서로 다른 방향에서 대륙을 침공하면서 유럽을 둘로 찢어놓았다. 이 분할의 상징적인 중심이 바로 분단 독일, 구체적으로 말하자면 갈라진 베를린이었다. 한국 역시 1945년에 분단의 비극을 겪었다는 점에서 유럽과 비슷하다.

새로운 분열은 또 다른 폭력을 불렀다. 중국에서 서로 다른 정치적 신념을 가지고 국가 권력을 다투던 두 조직들(공산당과 국민당)은 제2차 세계대전 직후 즉각 새로운 내전에 돌입했다. 그다음 차례는 1950년대 초 반쪽으로 갈리어 서로 등지게 된 나라, 즉 한국이었다. 이와 닮은 과정이 1945년부터 1949년 사이에 동유럽과 남유럽의 일부 지역에서 일어났다. 제2차 세계대전이 종결됐다고 하지만, 양 대륙 모두에서 새로운 전쟁이 시작된 것이다.

지금 세대는 조부모들이 겪을 수밖에 없었던 곤경을 상상하기 힘들다. 1940년대와 1950년대 이후 수십 년 동안 동아시아는 유럽 대부분과 마찬가지로 점차적으로 평화롭고 번영을 이루게 되었으나, 전쟁과 그 여파에 대한 기억은 수면 아래 깊이 가라앉은 적이 없었다. 역사적인 원한 또한 양 대륙에서 좀처럼 사라지지 않고 있다.

유럽의 기관들은 이러한 원한과 앙심을 가라앉히기 위해 늘 열심히 노력해왔다. 지난 70년 또는 80년 동안 지역 곳곳에서 또는 유럽 대륙의 차원에서 추도와 화해의 프로그램들이 추진돼왔다. 사과한다는 것, 용서한다는 것, 쓰라림 없이 과거를 기억한다는 것은 결코 쉬운 일이 아니다. 유럽연합과 그 전신들은 항상 이 과업을 수행해왔고, 2012년에는 그 노고를 인정받아 노벨 평화상을 받았다. 그해에 이 책이 처음 출간됐으며 그 무렵 나는 유럽의 미래에 대한 희망에 부풀어 있었다.

그런 까닭에 2022년 초봄에 러시아가 우크라이나를 침공한 대사건은 온 유럽인에게 큰 충격이었다. 이 대륙은 다시금 전쟁 상태로 되돌아갔다. 특히나 우크라이나 침략을 정당화하기 위해 제2차 세계대전에 대한 기억을 의도적으로 소환한 러시아의 방식에 나는 낙담했다. 푸틴 등 러시아 지도자들은 우크라이나인을 '파시스트'와 '반데리트Banderite(우크라이나 우익 민족주의자)'라고 부르기 시작했는데, 이것은 1940년대 이후로 지워져온 정치적 용어다. 지금 지구상에서 가장 큰 영토인 러시아 전역에서 과거에 대한 왜곡된 기억이 조장되고 있다. 1945년을 커다란 비극의 시간이 아닌 '위대한 영광의 시간'으로 바라보고 있는 셈이다. "두 번 다시 일어나서는 안 된다"는 만트라(기도)는, 마치 적어도 소련 인민 2000만 명의 죽음이 되풀이될 가치가 있는 무언가인 양 새롭고 공식적인 구호("우리는 다시 할 수 있다")로 대체됐다.

오늘날 러시아와 서방 사이에 새로운 냉전이 전개되고 있는 가운데, 미래에 대한 나의 생각은 전보다 훨씬 덜 희망적이다. 미국과 중국의 갈등이 고조되며 동아시아에서도 비슷한 긴장이 나타나기 시작했다. 나는 아시아의 보통 사람들과 정치인들이 유럽의 성공에서 배웠던 것과 같이 유럽의 실수에서도 무언가 배울 수 있길 바랄 뿐이다.

나는 유럽과 아시아 사이에 너무 많은 유사점이 생겨나기를 원하지 않는다. 당연히 많은 차이가 있기 때문이다. 그렇지만 내가 여기에 쓴 많은 주제가 보편적이라는 사실을 한국 독자들이 알게 될 거라 생각한다. 다만 그 무엇보다 내가 전하고 싶은 하나의 보편적인 진실은 전쟁은 결코 쉽게 끝나지 않는다는 것, 바로 이것이다. 폐허는 크면 클수록 재건하기 어려워진다. 나는 이 책의 내용이 모든 독자에게 '결코 경솔하게 전쟁을 지지하지 말라'는 경고의 역할을 하는 데 도움이 되길 바란다.

키스 로
2023년 런던에서

한국어판 서문

SAVAGE
CONTINENT

차례

제4부 내전

지도 1 1945~1947년 유럽 영토의 변화

들어가는 글

사회제도가 없는 세상을 상상해보라. 국경이 사라진 그곳에서는 더 이상 존재하지 않는 공동체를 찾아 사람들이 떠돌아다니는 을씨년스러운 풍경만이 한없이 펼쳐져 있다. 더 이상 국가적 규모의 정부는 존재하지 않으며, 심지어 지역적 규모의 정부도 없다. 학교나 대학도 없다. 도서관이나 기록 보관소도 없으니 어떤 정보에도 접근할 수 없다. 영화관도 없고 극장도 없고, 당연히 텔레비전도 없다. 라디오는 가끔 작동하지만 신호가 멀고 거의 늘 외국어만 들린다. 몇 주 동안 신문을 읽은 자가 아무도 없다. 철도나 자동차도 없다. 전화나 전보, 우체국도 없어서 입으로 전해지는 소문 외에는 어떠한 소통도 불가능하다.

은행도 없다. 하지만 화폐는 더 이상 아무런 가치가 없기에 큰 지장이 없다. 아무도 무언가를 팔지 않으니 상점도 없다. 생산은 아예 중단됐다. 다른 건물들과 마찬가지로 한때 당당하게 서 있던 큰 공장과 기업은 완전히 파괴되거나 해체됐다. 잔해더미 속에서 뭔가를 파내는 도구 말고는 쓸 만한 게 없다. 먹을거리도 없다.

경찰서와 재판소가 없으니 법과 질서는 사실상 존재하지 않는다. 어떤 지역에서는 더 이상 무엇이 옳고 무엇이 그른지에 대한 명백한 기준이 없는 듯하다. 사람들은 사유재산을 무시한 채 원하는 건 뭐든 자기 것으로 취할 뿐이다. 사실상 소유권이라는 개념 그 자체가 사라진 상태. 재물은 차지할 수 있을 만큼 충분히 강한 자와 목숨을 걸고 그것을 기꺼이 지키려는 자에게만 귀속된다. 무기를 든 남자들이 거리를 어슬렁거리다 탐나는 걸 **빼앗고** 방해가 되는 자에게는 위협을 가한다. 여자들은 음식과 안전을 위해 계층과 나이를 떠나 몸뚱이를 판다. 수치심은 없다. 도덕심도 없다. 오로지 비릿한 생존만 있을 뿐이다.

오늘을 살아가는 모든 세대는 할리우드 각본가들의 상상 밖에 존재하는 세계를 상상하기가 쉽지 않다. 그러나 세상의 어느 외딴곳이 아닌, 수십 년간 지구상에서 가장 안정적이고 발전된 지역의 중심부에 이러한 참상을 치르고 생존한 수십만의 사람이 존재한다. 1944년과 1945년, 수개월 동안 유럽은 한꺼번에 대혼란의 수렁에 **빠져버렸다.** 단연코 인류 역사상 가장 파괴적인 전쟁인 제2차 세계대전은 물리적 인프라(사회기반시설)뿐만 아니라 국가를 온전한 국민공동체로 통합하고 존립케 하는 온갖 제도를 무너뜨렸다. 미국 옵서버들이 유럽 전역에 내전이 일어날 조짐이 보인다고 경고했을 만큼 유럽의 정치 체계는 붕괴됐다. 조직적이고 의도적으로 지역 공동체들을 떼어놓자 이웃 사이에 돌이킬 수 없는 불신의 싹이 뿌려졌고, 엎친 데 덮친 격으로 기아의 확산은 개인의 도덕성마저 엇나가게 했다. 1945년 3월 『뉴욕타임스』는 "유럽은 어떤 미국인도 이해할 수 없는 극단의 상황에 빠져 있다"고 논평했다. 당시 유럽은 "새로운 암흑대륙"이었다.

그런 유럽이 수렁에서 벗어나 풍요롭고 관대한 대륙으로 나아가게 된 것은 거의 기적이나 다름없는 일이었다. 유럽 재건의 위업(도로, 철도, 공장 게다가 도시 전체의 복원)을 돌아보면, 오로지 역사의 진보적인 면만 확인된다. 서구에서 일어난 정치적 재생 역시 인상적이다. 특히 수년 만에 '버림받은 국가pariah nation'에서 유럽이라는 큰 가정의 책임 있는 구성원으로 탈바꿈한 독일의 재생이 그러하다. 또한 전후 몇 년 사이에 번영뿐만 아니라 평화까지 견인하는 국제협력에 대한 새로운 열망도 생겨났다. 1945년 이후 수십 년간은 로마제국 시대 이래로 유럽에서 가장 긴 국제 평화기로 칭송받았다.

역사가, 정치가, 경제학자를 막론하고 전후를 유럽이 파멸의 잿더미에서 불사조처럼 부활한 시기로 묘사한 것은 그리 놀라운 일이 아니다. 이런 관점에서 보면 전쟁 종결은 억압과 폭력의 종식일 뿐 아니라 유럽 대륙 전체의 정신적·도덕적·경제적 재탄생을 의미하는 것이다. 독일인은 전쟁이 끝난 뒤의 수개월을 '슈툰데 눌Stunde Null(제로 시간)'이라고 표현했다. 역사의 모든 상흔이 말끔하게 씻겨 제로 상태가 된 전쟁 직후는 역사가 다시 전진할 수 있도록 허락받은 때라는 것이다.

하지만 상상력을 발휘할 필요도 없이 이것은 전후사에 대한 장밋빛 견해임을 알 수 있다. 우선 전쟁은 단순히 히틀러의 패배로 종결되지 않았다. 제2차 세계대전과 같은 대규모 군사 충돌은 모든 소규모 민간사회 갈등을 포괄하기 때문에 전쟁이 그치기까지는 몇 년까지는 아니더라도 몇 개월이 걸렸다. 가령 시칠리아와 이탈리아 남부에서는 1943년 가을에 실질적으로 전쟁이 마무리되었고, 프랑스에서는 대략 이듬해인 1944년 가을에 대부분의 지역에서 전투가 벌어지지 않았다. 반면 동유럽 일부 지역에서는 유럽 전승기념일VE Day(1945년 5월 8일) 이후에도 폭력 상황이 이어졌다. 유고슬라비아에서 티토의 군대는 적어도 1945년 5월 15일까지 독일군을 상대로 총칼을 내려놓지 않았다. 애초 그리스, 유고슬라비아, 폴란드에서는 나치의 개입으로 점화된 내전이 주요 전쟁이 끝난 뒤에도 수년간 격렬하게 이어졌다. 그리고 우크라이나와 발트 3국(라트비아, 리투아니아, 에스토니아)에서 민족주의 빨치산은 1950년대까지 소련군에 맞서 전투를 벌였다.

일부 폴란드인은 실제로 제2차 세계대전이 끝난 시점은 훨씬 더 나중이라고 주장한다. 공식적으로 이 전쟁은 나치와 소련의 폴란드 침공으로 시작되었으므로 진정한 종식은 소련의 마지막 탱크가 폴란드에서 철수한 1989년에 이루어졌다는 논리다. 발트해 국가들의 많은 사람도 이와 비슷한 견해를 갖고 있다. 2005년 에스토니아와 리투아니아 대통령은 적어도 자국에서는 1990년대 초반까지 해방이 도래하지 않았다는 이유로 유럽 전승기념일 60주년을 기념하는 모스크바 행사에 참석하길 거부했다. 사실상 동유럽과 서유럽의 장기적 갈등을 낳은 냉전과 소비에트 억압통치에 맞선 몇 차례의 민족 봉기를 고려할 때, 전후의 세월이 공고한 평화의 시기였다는 주장은 헛된 과장으로 보인다.

마찬가지로 '슈툰데 눌'이라는 개념도 미심쩍다. 독일 정치가들이 아무리 간절히 원했을지라도 과거의 상처를 깨끗하게 씻고 제로 상태에서 새로이 출발한 역사는 분명코 없었다. 복수와 징벌이라는 전쟁의 여파가 유럽인 생활의 모든 영역을 휩쓸었기 때문이다. 몇몇 국가는 영토와 자산을 박탈당했으며, 정부기관과 사회기구는 청산됐고, 민족 공동체들은 전시 중에 저지른 행위가 의심된다는 이유로 협박과 공포에 떨었다. 일부 최악의 보복 행위는 개인들에게 가해졌다. 유럽 전역에서 독일인 민간인들이 구타당하거나 체포되거나 노예노동에 처해지거나 단순한 이유로 살해당했다. 나치에 협력한 군인과 경찰은 체포돼 심한 고문을 겪었다. 독일 병사와 성관계한 여자들은 삭발당하고 발가벗겨져 거리에서 조리돌림을 당했다. 수백만 명의 독일인, 헝가리인, 오스트리아인 여성이 강간당했다. 전쟁의 여파는 역사의 상흔을 말끔하게 씻어놓기는커녕 공동체와 국가들 간에 깊은 앙금을 남겼을 뿐으로, 오늘날까지 해소되지 못한 부분이 적지 않다.

전쟁의 종결은 유럽의 민족 화합이라는 새 시대의 탄생을 의미한 게 아니었다. 실제로 유럽 일부 지역에서는 민족 갈등이 악화되었다. 유대인의 희생은 전쟁 때와 마찬가지로 계속되었다. 소수민족은 각지에서 다시금 정치 투쟁의 표적이 되었고, 어떤 지역에서는 나치의 만행만큼이나 혐오스러운 잔혹 행위가 발생했다. 또한 전쟁 직후기는 여러 인종을 분류하고 격리해 차별하려던 나치의 온갖 노력이 논리적으로 어떤 결말을 가져왔는지를 보여줬다. 1945년부터 1947년까지 인류 역사에서 유례를 찾아볼 수 없을 만큼 광범위하게 자행된 인종청소에 의해 수천만의 남성과 여성, 아동이 자국에서 추방됐다. 전후기를 '유럽의 기적'이라 찬미하는 자들은 이 부분에 대해 거의 논의하지 않았으며, 심지어 잘 알려지지도 않았다. 설령 동유럽 전역에서 독일인이 추방된 사실을 알고 있는 사람들도 이와 비슷하게 쫓겨난 여러 소수민족에 대해서는 거의 알지 못했다. 전쟁 전, 심지어 전쟁 중에도 절대적 요소였던 유럽 고유의 '문화적 다양성'이 전쟁 직후 최후의 치명타를 입은 셈이다.

이러한 모든 문제 속에서 시작된 유럽의 재건은 매우 주목할 만한 일이었다. 하지만 전쟁을 끝내기까지 오랜 시일이 걸렸던 것처럼 전후 복구도 하루아침에 이루어질 수는 없는 노릇이었다. 황폐한 도시의 잔해 속에서 하루하루 근근이 살아야 했던 유럽인들은 사회의 초석을 재건하는 것보다 살아남기 위한 일상의 자질구레한 일들에 매달릴 수밖에 없었다. 지난 몇 년간 그들은 굶주렸고, 살붙이를 잃은 쓰라린 고통을 당했기에 재건에 앞서 노염을 토해내고 비난하고 애도할 시간이 필요했다.

유럽 전역에서 새로 출범한 행정 당국들도 자리를 잡을 시간이 필요했다. 그들의 최우선 과제는 잔해를 치우거나 철도를 복구하거나 공장을 재가동케 하는 게 아니라 전국 각 지역에 행정기구를 다시 세우고 공직자를 임명하는 일이었다. 그런 다음 지난 6년 동안 겪은 조직적인 잔학 행위로 인해 모든 기관에 극도의 경계심을 품고 있는 국민으로부터 신뢰를 얻어야 했다. 이러한 상황에서 물리적 재건은커녕 어느 정도의 법과 질서를 확립하기란 종잡없는 헛된 꿈에 지나지 않았다. 그러한 위업을 시도할 수 있는 권위와 인력을 가진 기관은 오직 연합군이나 국제연합, 적십자사 같은 외부 기구였다. 그러한 기구가 부재한 곳은 카오스(혼돈)가 지배했다.

✣

그런 까닭에 전쟁 직후 유럽이 열어젖힌 서사는 재건과 부흥에 관한 내용이 아닌, 무정부 상태로 전락한 역사였다. 수십 권의 빼어난 책이 개별 국가(특히 독일)의 사건들을 다루기는 했지만, 그것은 '나무만 보고 숲은 보지 못하면서' 유럽 대륙을 전체적으로 묘사하는 데 소홀히 하고 말았다. 요컨대 온 유럽에서 궤를 같이하는 주제가 되풀이됐을 뿐이다. 결국 제2차 세계대전 직후의 유럽사는 제대로 쓰인 적이 없었다. 토니 주트의『전후 유럽』을 포함해 유럽 대륙 전역을 폭넓은 시점으로 바라본 역사서가 몇 권 있으나, 이 책들은 너무 넓은 시간대를 다루고 있어 '전쟁 직후'의 사건들은 단 몇 장으로 개괄하는 데 그친다. 내가 아는 한 이 중대하고 격동적인 난세(전쟁 직후기)를 대륙 전체(동유럽과 서유럽) 차원에서 자세히 분석한 저술은 그 어떤 언어로도 시도된 바 없다.

이 책은 미약하나마 이러한 전후사 연구 실정을 바로잡고 보충하기 위한 부분적인 시도다. 그러므로 다른 많은 저작이 추구해왔던 접근법, 즉 잿더미를 딛고 일어선 유럽 대륙이 재건을 위해 어떠한 물리적·경제적·도덕적 노력을 했는가에 대해서는 조명하지 않았다. 뉘른베르크 재판이나 마셜 플랜 또는 전쟁으로 인한 상처를 치유하기 위한 시도들에도 초점을 맞추지 않았다. 대신 유럽의 대부분 지역이 여전히 극도로 불안정하고 사소한 도발에도 폭력이 다시금 활활 타오를 수 있었던, 즉 부흥의 시도들이 시작될 수 없었던 시기에 집중하고 있다. 어떤 의미에서는 카오스를 설명하려는 불가능한 시도일 것이다. 그 카오스 속에서 갖가지 실마리들을 골라낸 다음 이것들이 공통 주제로 연결되는 방식을 제시함으로써 그 혼돈의 양상을 밝히고자 함이다.

우선 제2차 세계대전이 물질적으로나 정신적으로 무엇을 망쳤는지를 정확히 짚어주는 일부터 시작할 참이다. 무엇을 잃어버렸는가를 오롯이 규명하고 완전히 인식해야만 이후에 잇따른 사건들을 이해할 수 있을 테니까. 2부에서는 대륙을 휩쓴 복수의 물결을 묘사하고, 이 현상이 정치적 이득을 위해 어떻게 조작됐는지를 밝혀낸다. 모름지기 '복수'는 이 책의 일관된 주제다. 전후 유럽의 분위기를 제대로 알기 위해서는 필수적으로 복수의 논리와 목적을 이해해야 한다. 3부와 4부는 이러한 복수와 다른 형태의 폭력이 걷잡을 수 없는 지경에 이르렀을 때 어떤 일들이 벌어졌는지를 다룬다. 인종청소, 정치적 폭력, 내전은 유럽사에서 가장 중대한 사건에 속한다. 나는 이런 사건들이 본질적으로 제2차 세계대전의 마지막 발작이었고, 냉전의 시작과 밀접하게 맞물린 사례가 적지 않다는 사실을 제시할 것이다. 이 책은 그런 이유로 대략

1944년에서 1949년까지의 시기를 다루고 있다.

내가 이 책을 쓰게 된 주요 목적은 전후기를 다룬 대부분의 저술을 지배하는 '편협한' 서구적 관점에서 탈피하는 것이었다. 지난 수십 년 동안 전후기를 다룬 책들은 서유럽에서 일어난 사건들에 초점을 맞추고 있다. 이는 동유럽에 대한 정보를, 심지어 동유럽권 자체에서도 쉽사리 구할 수 없었기 때문이었다. 소련이 붕괴하고 그 위성 국가들이 해체되면서 비로소 관련 정보에 접근할 수 있게 되었으나 그 자료들은 여전히 은밀하고 불명료한 편이며, 주로 학술서와 학술잡지에서만 볼 수 있는 데다 거의 원저자의 모국어로 기술되었다. 비록 폴란드, 체코 또는 헝가리의 저자들이 많은 선구적 작업을 수행했으나 폴란드어나 체코어, 헝가리어를 아는 독자들만 접근할 수 있었으며 대부분 아카데미즘의 틀 안에 머물러 있었다. 이것이 나로 하여금 일반 독자를 위해 생생한 전후 시대를 그려내게 했다. 이 책을 쓴 또 다른 목적이다.

이 책의 가장 중요한 마지막 목적은 세간에 널리 퍼져 있는 전후기에 대한 여러 신화의 미궁에서 빠져나가는 길을 뚫어내는 것이다. 내가 엄밀하고도 세부적으로 조사한 많은 대학살의 진상은 흔히 전해진 것보다 훨씬 덜 극적이었다. 그러나 매우 경악스러운 잔학 행위들은 은폐됐거나 다른 역사적 사건들에 휩쓸려 파묻히기도 했다. 그 가운데 몇 가지는 배후에 숨겨진 진실을 명확히 밝혀내기 어려울 수도 있겠지만, 최소한 일부의 와전된 허위를 벗겨내는 일은 가능할 것이다.

특별히 나를 애먹인 부분은 이 시기에 관한 토론에서 정기적으로 언급되는 모호하고 입증되지 않은 통계들로, 정치적 목적으로 자주 이용되고 있다는 점에서 무척 중요하다. 일부 국가는 자국의 추악한 범죄로부터 관심을 다른 데로 돌리기 위해 또는 자국의 국가적 대의를 추동하기 위해 습관적으로 이웃 나라의 범죄를 과장한다. 정치색을 달리하는 정당들은 정적의 악행을 부풀리고 동맹자들의 잘못을 가볍게 넘기곤 한다. 때때로 역사학자들은 자신의 연구를 극적으로 보이게 하려고 특정 수치를 과장하거나 사용 가능한 통계 범위 안에서 가장 선정적인 숫자를 고른다. 그러나 제2차 세계대전 직후에 벌어진 일들은 굳이 이야기를 부풀릴 필요가 없을 만큼 충격적이다. 그런 까닭에 이 책에 사용된 모든 통계는 공식 문헌 자료를 토대로 하되, 믿을 만한 출처가 누락되었거나 의심스러운 경우에는 책임 있는 학술 연구를 참고하려 노력했다. 논란이 있는 통계에 대해서는 내가 가장 신뢰할 수 있는 수치를 본문에 넣고, 이와 다른 수치는 주석에 기재할 것이다.

물론 정확성을 기하고자 한 나의 시도가 바뀔 수 없다고 생각하진 않는다. 또한 이 책이 유럽의 전쟁 직후기에 대한 '결정적'이거나 '포괄적'인 역사서라고 내세울 수도 없다. 그러기에는 다루는 내용이 너무 광범위하기 때문이다. 그 대신 이 책은 충격적이고 때로는 무시무시한 사건들의 진상을 알아채지 못한 이들을 위해 그 세계에 빛을 비춰 보이는 시도라 할 수 있다.

이 책이 다룬 사건들이 유럽이 재생을 위해 가장 고통스러운 단계를 거치는 동안 어떠한 영향을 끼쳤는지 토론할 수 있는 실마리가 되기를 바란다. 또한 (앞으로 더 많은 연구가 진행될 수 있는 여지가 크기 때문에) 다른 연구자들이 좀더 깊이 조사하는 계기가 되기를 바란다. 과거를 낯선 영토라 비유할 때, 유럽사에서 제2차 세계대전 직후기는 "여기에 용龍이 산다"라는 문구로만 표시된 광대한 미지의 땅이리라.

제1부 전쟁의 유산

나는 당신이 그곳에서 나를 기다리고 있을 거라고 생각했다. (…) 나를 맞이한 것은 사라지지 않은 잿더미의 악취와 폐허로 변한 우리 집의 텅 빈 마당이었다.
—사무엘 퍼터먼, 바르샤바로 돌아오는 길에, 1945년

우리는 물리적 파괴를 간파할 수 있었지만 거대한 경제적 혼란과 정치적, 사회적, 심리적 파멸의 영향은 (…) 우리의 생각에서 완전히 벗어났다.
—딘 애치슨, 미국 국무차관, 1947년

물리적
파괴

1943년 여행서적 출판사인 베데커는 폴란드 총독부령에 대한 안
내서를 제작했다. 폴란드 총독부령은 폴란드 중부와 남부의 일부
지역으로, 명목상 제3제국Reich(나치 독일)과 분리돼 있었다. 당시
독일의 모든 출판물과 마찬가지로 이 안내서는 독자에게 정보를
제공하는 것만큼이나 나치의 여론 선전을 펼치는 데 주력했다. 특
히 바르샤바 대목에서 그러한 관점이 두드러지는데, 즉 바르샤바
에서 찾아볼 수 있는 독일적 기원이나 성격 또는 "주로 독일인의
노력에 의해" 이 도시가 위대한 수도가 됐다고 서정적으로 미화하
고 있다. 여행자에게 방문해볼 것을 추천한 중세풍 바르샤바 왕궁,
14세기 대성당, 아름다운 후기 르네상스 예수회 교회는 모두 독일
문화와 영향력의 산물이다. 특히 눈길을 끄는 곳은 "바르샤바에서
가장 아름다운 광장"인 (당시에는 '아돌프 히틀러 광장'으로 이름이 바
뀐) 피우수트스키 광장 주변의 후기 바로크식 궁전 단지였다. 그

                                          1장 물리적 파괴

핵심은 당연히 독일인이 지은 '색슨' 궁전과 독일 건축가들이 다시 디자인한 아름다운 색슨 정원이었다. 이 여행안내서는 1939년 바르샤바 전투로 인해 불행히도 건물 한두 채가 훼손됐으나 이후 "독일의 지도 아래 재건되고 있다"고 독자들을 안심시켰다.

게토(유대인 격리구역)로 뒤바뀐 바르샤바의 서쪽 교외에 대해서는 언급이 없었다. 아마도 이 여행서가 발행되고 있을 즈음 이곳에서 봉기가 일어나자 나치친위대ss 여단장 위르겐 슈트로프가 이 지역의 거의 모든 주택에 불을 지르도록 지시했기 때문일 것이다. 이 도시의 4제곱킬로미터에 가까운 지역이 이런 식으로 전소되고 말았다.

이듬해 바르샤바의 나머지 지역에서 두 번째 봉기가 일어났다. 이번에는 폴란드 본토군Home Army이 선동한 더 큰 규모의 폭동이었다. 1944년 8월, 폴란드인 성인 남녀와 청소년들은 독일군을 급습해 무기와 탄약을 빼앗기 시작했다. 그리고 두 달간 구시가지 내부와 그 주위에 바리게이트를 치고 1만7000명이 넘는 독일 진압부대와 대치했다. 제2차 세계대전 기간 중 가장 참혹한 몇몇 전투가 끝난 1944년 10월에 이르러 이 봉기도 마침내 끝을 맺었다. 폴란드인의 불복종에 지친 데다 러시아군이 곧 바르샤바로 쳐들어올 것을 예상한 히틀러는 이 도시를 완전히 파괴하라고 명령했다.

독일군은 베데커 여행서가 극찬한 중세의 바르샤바 왕궁을 폭파했다. 그들은 14세기로 거슬러올라가는 긴 역사를 지닌 대성당 아래에 땅굴을 파고 이곳 역시 폭파해버렸다. 그런 다음 예수회 교회를 파괴했다. 이어서 1944년 크리스마스 직후 사흘간 색슨 궁전의 바로크와 로코코 양식의 궁전 단지를 차례로 폭파했다. 베데커 여행서가 추천한 유러피안호텔은 10월에 불태워졌으나 확실히 소거하기 위해 1945년 1월에 다시 폭파됐다. 독일군은 집집마다 거리마다 돌아다니며 이 도시 전체를 체계적으로 부쉈다. 그리하여 바르샤바 주거지의 93퍼센트가 완전히 부서지거나 수리할 수 없을 정도로 훼손됐다. 파괴 임무를 완벽하게 마무리하기 위해 독일군은 국립기록보관소, 고대문헌기록보관소, 재무기록보관소, 시립기록보관소, 신문서기록보관소와 공공도서관을 불태워버렸다.

전쟁이 끝난 후 폴란드인이 수도 바르샤바를 재건하려 했을 때 국립박물관은 독일군 점령기에 손상되었거나 파괴됐던 건물과 예술품의 잔해를 보여주는 전시회를 열었다. 그들이 제작한 안내서에는 베데커 여행안내서와는 달리 온전히 '과거 시제'로 설명되었다. 바르샤바 사람들 그리고 전 세계인이 무엇을 잃어버렸는지 정확히 상기시키려는 의도였다. 이 안내서와 전시회 자체는 바르샤바에서 살아남은 사람들이 더 이상 이 도시의 아름다운 옛 풍경을 감상할 수 없다는 깨달음을 내포하고 있었다. 이러한 파괴는 점진적으로 벌어진 것이었다. 1939년의 폭격을 시작으로 점령기에는 독일군의 약탈이 계속됐으며, 1943년 게토가 파괴되었고 1944년 말 도시의 초토화로 이어졌다. 해방 후 바르샤바 시민들은 산더미처럼 쌓인 잔해에 둘러싸인 채 부서진 건물 껍데기 속에서 살아가는 생활에 익숙해져 있었다.

어떤 면에서 바르샤바 파괴의 진짜 규모는 그 진행 과정을 직접 목격한 사람보다는 결과를 바라본 자들에 의해 감지될 수 있었다. 젊은 사진작가인 존 배콘은 전쟁이 끝난 뒤 국제연합UN 구호활동의 일환으로 바르샤바에 도착했다. 그리고 1946년 1월, 아내 페니에게 보낸 편지에 어마어마한 규모의 폐허를 마주하고 경악한 감정을 담아냈다.

여기는 정말로 믿을 수 없을 만큼 파괴되었어. 이곳 상황을 당신에게 들려주고 싶지만 정말로 어디서부터 말해야 할지 모르겠어. 당신도 알다시피 이곳은 대도시라고. 전쟁 전에는 인구 100만 명이 넘었지. 디트로이트만큼이나 큰 도시야. 이제는 90퍼센트가 파괴됐지만⋯⋯. 이곳은 어디를 가도 지붕이 없거나 외벽이 거의 허물어진 건물들만 휑뎅그렁하게 남아 있고, 그 안에서 누추하게 살아가는 사람들을 볼 수 있어. 게토에는 아무도 살고 있지 않아. 그곳은 단지 찌그러지고 비틀린 침대와 욕조, 소파, 그림 액자, 트렁크, 깨진 벽돌들 사이로 수백 개의 잡동사니가 흩어져 있는 거대한 벽돌밭일 뿐이야. 어떻게 이런 일이 벌어졌는지 난 도무지 이해할 수가 없어⋯⋯. 믿을 수 없을 만큼 악랄한 짓이라고.

불과 2년 전, 칼 베데커가 묘사한 아름다운 바로크풍 도시는 송두리째 사라져버린 상태였다.

제2차 세계대전이 초래한 파멸의 규모를 묘사할 의미 있는 어휘를 찾기란 어려운 일이다. 바르샤바는 파괴된 도시 중 하나일 뿐으로, 폴란드에서만 10여 개 도시가 파괴되었고 유럽에서는 100여 개 도시가 완전히 또는 부분적으로 폐허화됐다. 전쟁이 끝난 후 촬영된 사진들을 보면 개별 도시들의 파괴 규모를 어느 정도 짐작할 수 있다. 그러나 공간을 유럽 대륙 전체로 확장한다면 인간의 머리로는 결코 그 참상을 이해할 수가 없다. 일부 국가(특히 독일, 폴란드, 유고슬라비아, 우크라이나)에서는 수천 년 동안 축적된 문화와 건축의 정수가 고작 수년 만에 뭉개졌다. 여러 명의 역사가들은 이러한 전면적 파멸을 초래한 폭력을 아마겟돈에 비유해왔다.

유럽 도시들의 훼멸을 몸소 목격한 자들은 자신이 본 참상을 현실로 받아들이기 위해 심적 고통을 받아야 했으며, 그 파괴의 엄중한 정도를 제대로 묘사할 수도 없었다. 따라서 으깨어지고 산산조각 난 광경에 대한 인류애에 휘말리기 전에 약간의 통계 수치를 기억할 필요가 있다. 그 통계들은 파악하기가 쉽진 않지만 무척이나 중요하기 때문이다.

영국은 전쟁 기간 내내 히틀러에게 성공적으로 저항한 유일한 국가지만 혹독한 대가를 치러야 했다. 블리츠Blitz[1940~1941년 나치가 전격적으로 벌인 영국 대공습] 기간에 루프트바페Luftwaffe[나치 독일 공군]는 영국에 거의 5만 톤의 폭탄을 투하해 20만2000채의 가옥을 파괴하고 450만 채 이상 손상을 입혔다. 영국 대도시들이 맹폭을 당한 사실은 익히 알려져 있으나, 공습의 실제 규모를 보여주는 것은 몇몇 중소형 도시에서 일어난 참화다. 코번트리 지역

에 퍼부은 광포한 폭격은 '코벤트리어런coventrieren'(영어로는 'Cov-
entrate'로 '형체를 남기지 않고 철저히 파괴하다'라는 뜻)이라는 새로운
독일어 동사를 탄생시켰다. 또한 클라이드뱅크는 스코틀랜드 글래
스고의 외곽에 있는 비교적 작은 산업 도시인데, 1만2000채의 주
택 중 단 8채만이 피해를 면했다.

영국 해협 건너편의 유럽 대륙에서는 피해가 전면적이라기보
다는 집중적이었다. 가령 프랑스의 캉 지역은 1944년 연합군이 노
르망디에 상륙했을 때 사실상 지도에서 사라졌다. 연합군의 폭격
으로 이 도시의 75퍼센트가 흔적도 없이 지워져버린 것이다. 생
로와 르아브르의 피해는 더욱 참담해서, 각각 77퍼센트와 82퍼센
트의 건물이 파괴됐다. 연합군이 프랑스 남부에 상륙했을 때 마르
세유에서는 1만4000여 동 이상의 건물이 부분적으로 또는 완전
히 부서졌다. 전시 손실에 대한 보상 청구와 융자에 관한 정부 기
록에 따르면, 프랑스에서는 전쟁 기간에 46만 동의 건물이 완전히
파괴되고 190만 동이 훼손됐다.

전쟁이 끝난 뒤 동쪽(동유럽)으로 나아갈수록 황폐화는 더
극심했다. 부다페스트에서는 건물의 84퍼센트가 손상됐고, 그중
30퍼센트는 사람이 거주할 수 없을 정도로 파손이 심했다. 벨라
루스의 수도 민스크에서는 시가지의 약 80퍼센트가 파괴됐다. 시
내의 주요 공장 332개 중 19개는 독일군이 퇴각하기 전에 매설
한 지뢰를 붉은 군대가 적시에 제거한 덕분에 건질 수 있었다.
1941년 소련이 퇴각할 때 키예프에 있는 대부분의 공공건물에 지
뢰가 매설됐으며 나머지 건물들은 1944년 소련군이 반격할 때 파

괴됐다. 우크라이나 동부 도시인 하리코프는 쟁탈전이 여러 차
례 벌어진 탓에 결국에는 쟁탈할 만한 것이 거의 남아 있지 않았
다. 한 영국 언론인은 로스토프와 보로네시에 대해 "파괴가 거의
100퍼센트에 육박했다"고 했다. 그리고 목록은 계속된다. 소비에
트 사회주의공화국 연방USSR에서는 약 1700개의 마을과 도시가
파괴됐으며, 그중 우크라이나에서만 714개였다.

전쟁 직후 이 폐허 지대를 가로질러 이동한 사람들은 파괴된
도시를 연달아 볼 수 있었다. 그들 가운데 극소수만이 목격한 장
면의 총체적 인상을 묘사하려 했을 뿐, 대개는 각 도시를 지날 때
마다 현지의 국지적 손상을 표현하기에 바빴다. 가령 스탈린그라
드는 그저 "부서진 벽 덩어리들, 반쯤 망가진 건물 상자들, 잔해더
미, 고립된 굴뚝들"에 불과했다. 세바스토폴은 "교외에서조차 세워
진 집이 거의 없는 (…) 이제 말로는 형용할 수조차 없는 울적함"이
었다. 1945년 9월 미국 외교관 조지 F. 케넌은 이전에는 핀란드 영
토였으나 이제는 러시아에 속하는 비보르크에 이르렀을 때 "이른
아침 햇살이 (…) 불타다 남겨진 아파트 건물들의 골조 사이로 비
쳐들어 잠시 차갑고 창백한 빛으로 너울거리는" 모습에 감탄했다.
어느 파괴된 집 문간에서 케넌을 깜짝 놀라게 한 염소를 빼고는
자신만이 이 도시에서 유일하게 살아 있는 존재인 듯 느꼈다.

이 모든 폐허의 중심지는 독일이었다. 의심할 것 없이 독일 도
시들은 이 전쟁에서 가장 광범위한 피해를 입었다. 영국과 미국 공
군에 의해 약 360만 채의 독일 공동주택이 파괴됐는데, 이는 독일
전체 주택의 5분의 1가량이다. 절대적인 수치로 따지면, 독일의 생

활공간 피해는 영국의 18배에 달한다. 개별 도시들은 평균보다 훨씬 가혹한 고통을 겪었다. 독일 통계국의 수치에 따르면, 베를린은 거주 가능한 주택의 50퍼센트, 하노버는 51.6퍼센트, 함부르크는 53.3퍼센트, 뒤스부르크는 64퍼센트, 도르트문트는 66퍼센트, 쾰른은 70퍼센트를 잃었다.

전쟁 후 독일에 당도한 연합군 감시원들은 나치가 영국을 대공습했을 때 영국에서 목격한 것과 비슷한 규모로 파괴되었을 것이라 예상하고 있었다. 이후 영미 신문과 잡지가 참상에 대한 사진과 글을 보도하기 시작했을 때 역시 현실의 광경을 마주할 마음의 준비가 덜 되어 있었다. 예를 들어 전쟁 직후 영국 생산부를 대표해 서독으로 파견된 오스틴 로빈슨이 그곳에 체류하는 동안 마인츠에 대해 묘사한 글에는 충격의 감정이 고스란히 담겨 있다.

거의 철저하게 파괴된 공장들, 담장들만 남아 있는 드넓은 지역들, 이토록 모든 구역이 초토화된 도시의 잔해는 평생 잊지 못할 장면으로 남을 것이다. 우리가 머리로만 알 수 있었을 뿐 감정적으로나 인간적으로는 느낄 수 없었던 모습이다.

영국군 중위 필립 다크도 전쟁이 끝날 때 함부르크에서 종말론적인 광경을 보고 똑같이 경악했다.

기세 좋게 시내 중심부로 행군하던 우리는 상상할 수 없을 만큼 폐허가 되어버린 도시로 들어섰다. 소름이 끼칠 만큼 섬뜩한 풍경

제1부 전쟁의 유산

이었다. 시야 끝까지 수 제곱킬로미터에 걸쳐 빈 뼈대만 남은 건물들이 늘어서 있었고, 허수아비 같은 기둥들이 뒤틀린 채 튀어나와 있었다. 아직 무너지지 않은 벽기둥 사이로 비죽 튀어나온 난방장치는 마치 십자가에 못 박혀 죽은 익룡의 해골처럼 보였다. 파괴된 건물이 남긴 골격에서 오싹하고 섬뜩한 모양의 굴뚝들이 새싹처럼 자라나고 있는 듯했다. 곳곳에 영원히 막막하고 음침한 분위기가 가득 스며들어 있었다. (⋯) 그러한 인상은 두 눈으로 직접 보지 않는 한 이해할 수 없는 것이다.

1945년 독일 도시에 대한 많은 묘사에는 깊은 절망이 배어 있다. 예컨대 이제 드레스덴은 더 이상 '엘베강가의 플로렌스'가 아닌 황량한 '달 표면'처럼 보였으며, 도시 계획 책임자들은 이곳을 재건하는 데 '최소 70년'이 걸릴 것이라 믿었다. 뮌헨은 너무 심하게 파괴돼 "정말로 최후의 심판이 임박했다는 생각을 심어줄 정도였다." 베를린은 "처절하게 산산조각이 났다. 잔해더미와 주택의 골조만 남아 있었다." 쾰른은 "물리적으로 완전히 파괴된 잔해와 황량함 속에 볼품없이 드러누워" 있었다.

대략 1800만에서 2000만 명의 독일 주민이 집을 잃고 오갈 데 없는 떠돌이로 전락했다. 이는 전쟁 전의 네덜란드, 벨기에, 룩셈부르크 인구를 합친 것과 같은 수치다. 또한 우크라이나에서는 전쟁 전 헝가리 전체 인구보다 많은 1000만 명이 집을 잃었다. 이들은 지하실, 폐허지, 땅굴 등 비바람을 피할 수만 있으면 그곳에 머물렀다. 마찬가지로 수백만 명의 다른 유럽인도 수도·전기·가스를 포함해 일상생활의 모든 필수 서비스를 박탈당했다. 바르샤바에서는 불이 켜지는 가로등이 딱 두 개였다. 오데사에서는 우물 지하수에만 의지해야 했기 때문에 고위 관료가 방문했을 때 씻을 수 있는 물은 하루에 한 병만 제공되었다. 이렇듯 생활에 필수적인 공공설비조차 상실한 유럽 도시민들은 어느 미국인 칼럼니스트의 표현대로 "파괴된 20세기 기계장치에 둘러싸여 중세식으로" 몰락한 생활을 해야 했다.

황폐화는 유럽의 도시들에서 가장 극적이었지만 농촌 지역사회도 심한 고통을 겪었다. 대륙 전역의 농장은 약탈당하고 불태워지고 침수되거나 방치됐다. 무솔리니에 의해 주도면밀하게 메말랐던 이탈리아 남부의 습지는 퇴각하는 독일군이 고의적으로 범람케 하여 말라리아가 다시 창궐했다. 네덜란드에서는 만灣 내에 해수를 가둬두는 제방을 독일군이 열어버리는 바람에 50만 에이커(21만9000헥타르)가 넘는 토지가 수몰됐다. 전쟁터에서 멀리 떨어져 있다고 해서 재난을 면할 수 있는 것도 아니었다. 유럽 최북부 지역인 라플란드(스웨덴)의 거주지 중 3분의 1 이상이 후퇴하는 독일군에 의해 파괴됐다. 배신자인 핀란드군에게 겨울철 피난처를 내주지 않으려는 속셈이었지만 결국 8만 명이 넘는 난민을 유발했다. 노르웨이 북부와 핀란드 전역의 도로에 지뢰가 설치되고 전화선이 잘리고 다리가 폭파되어 전후 수년 동안 문젯거리가 되었다.

동쪽으로 갈수록 파괴는 더욱 엄중했다. 독일군 점령 당시 그리스는 전체 삼림의 3분의 1을 잃었고 1000개가 넘는 마을이 전

소돼 사람이 살지 않는 곳이 되었다. 전후 배상위원회에 따르면, 유고슬라비아에서는 24퍼센트의 과수원이 파괴됐고, 포도밭은 38퍼센트, 가축류는 60퍼센트를 잃었고, 수백만 톤의 곡물과 우유, 양모를 약탈당한 나머지 유고슬라비아 농촌은 경제적 파멸을 맞았다. 소련의 상황은 훨씬 더 심각해서, 무려 7만 개의 마을이 파괴되었고 그들의 공동체와 농촌 기반시설이 붕괴됐다.

이러한 피해는 전투와 우연한 약탈의 결과가 아니라 조직적이고 의도적으로 토지와 재산을 파괴한 결과였다. 농장과 마을은 그저 저항의 기색을 내비쳤다는 이유로 불태워졌고, 도로 옆 광대한 숲은 매복 공격의 위험을 제거하기 위해 벌채되었다.

독일군과 러시아군이 서로를 공격할 때 얼마나 무자비했는지를 많은 사료가 증언하고 있다. 그러나 방어할 때도 가혹하기는 마찬가지였다. 1941년 여름 독일군이 소비에트 영토로 밀고 들어왔을 때, 스탈린은 인민에게 보내는 라디오 방송을 통해 도망치기 전 가능한 한 모든 것을 제거하라고 지시했다. "비철금속을 포함해 온갖 종류의 귀중품, 회수 불가능한 곡물과 연료는 반드시 훼멸해야 한다. 적에게 점령당한 지역에서는 게릴라 부대가 (…) 숲과 상점, 교통수단에 불을 질러야만 한다."

전투 형세가 역전되기 시작하자 히틀러도 돌아오는 소련군에게 아무것도 남겨주지 말라고 명령했다. 1941년 12월 우크라이나에 주둔한 독일군 각급 지휘관들에게 하달된 히틀러의 명령문 중 하나는 이러하다. "주민들은 개의치 말고 적이 이용할 만한 모든 장소와 시설을 불태우고 파괴해야 한다. 손대지 못한 지역은 나중에 공군이 초토화해야 한다." 이후 전세가 절망적인 상황으로 치닫기 시작하자 힘러는 휘하의 나치 친위대 지휘자들에게 모든 것을 깡그리 파괴하라고 명령했다. "사람이든 가축이든 곡식이든 철도 레일이든, 단 하나도 남아 있어서는 안 된다. (…) 적이 돌아왔을 때 모든 것이 불에 타 잿더미가 된 영토를 보게 해야 한다."

이러한 명령에 의해 우크라이나와 벨라루스의 광활한 농지는 한 번도 아닌 두 번이나 불길에 휩싸였으며, 적의 은신처가 될 만한 수많은 마을과 농가가 불태워졌다. 당연히 산업시설은 가장 먼저 파괴되어야 할 대상이었다. 헝가리에서는 500개의 주요 공장이 해체돼 독일로 운송됐고(나머지는 90퍼센트 이상 훼손 및 파괴되었다) 거의 모든 탄광이 침수되거나 붕괴됐다. 소련에서는 약 3만 2000개의 공장이 파괴됐다. 유고슬라비아의 경우 전후 배상위원회는 91억 4000만 달러 이상 가치의 산업자산, 다시 말해 국가 전체 산업자산의 3분의 1을 상실한 것으로 추산했다.

아마도 최악의 피해는 대륙의 교통 기반시설일 것이다. 네덜란드는 도로와 철도, 수로 운송의 60퍼센트를 상실했다. 이탈리아에서는 국가 도로망의 최대 3분의 1을 사용할 수 없게 됐고 1만 3000개의 다리가 훼손되거나 파괴됐다. 프랑스와 유고슬라비아는 철도 기관차의 77퍼센트를 잃었으며 비슷한 비율로 철도 차량을 상실했다. 폴란드는 도로의 5분의 1, 철로의 3분의 1(총 1만 마일가량), 모든 철도 차량의 85퍼센트, 민간 항공의 100퍼센트를 잃었다. 노르웨이는 전쟁 전 선박 총 톤수의 절반을 잃었고, 그리스는 전체 선박의 3분의 2에서 4분의 3을 잃었다. 전쟁이 끝났을 때 보편적으로 유일한 이동 수단은 도보뿐이었다.

유럽의 물리적 황폐는 건물과 사회 기반시설의 상실 그 이상이었다. 그것은 심지어 수 세기에 걸쳐 축적된 문화와 건축의 파괴를 넘어선다. 정말로 우려할 만한 것은 파괴가 남긴 상징이었다. 산더미 같은 잔해는, 한 영국 군인의 말마따나 "인류 자멸 능력의 기념비"였다. 수억 명의 사람들에게 그것은 유럽 대륙에서 목격한 잔악한 일이 언제 다시 일어날지도 모른다는 사실을 일깨워줬다.

아우슈비츠에서 살아남은 프리모 레비는, 독일인이 모든 것을 파괴한 방식에는 거의 초자연적인 무언가가 있다고 말했다. 민스크 근처 슬루츠크 군사기지의 부서진 잔해들은 그에게 "아우슈비츠와 같은 파괴와 파멸의 천재성, 즉 온갖 전쟁 수요나 약탈 충동을 넘어서는 불모의 신비"를 증명하는 것이었다. 연합군도 이와 다를 바 없는 가혹함을 드러냈다. 레비는 빈의 폐허를 보았을 때 "유럽과 이 세계의 내장에 둥지를 틀고 있는 미래 재앙의 씨앗, 어디에나 존재해온 돌이킬 수 없고 결정적인 악의 무겁고도 불길한 감각"에 압도당했다.

바로 이런 '파멸'과 '결정적 악'의 저류는 유럽 마을과 도시의 폐허를 마주할 때 만감이 교차하게 만든다. 이 시기에 대한 모든 서술에 함축돼 있으나 결코 직접적으로 꺼내지 않은 사실은, 물리적 황폐의 배후에는 훨씬 더 심각한 '정신적 파멸'이 존재한다는 것이다. 바르샤바의 잔해더미 위 부서진 건물에 툭 튀어나온 '뼈대들'이나 액자 사진들은 무척 상징적이다. 말 그대로 또는 은유적으로, 폐허 아래에는 인도적 재앙이자 도덕적 재앙이 숨겨져 있다.

2장

부재

사망자 수

유럽의 물질적 참화가 납득하기 힘든 것이라면, 전쟁으로 발생한 인명 손실은 그보다 훨씬 심각한 정도였다. 이에 대한 그 어떤 서술도 충분치 않을 것이다. 1943년 연합군의 공습(고모라Go-morrah 작전)으로 발생한 함부르크 대공습에 따른 화재 폭풍의 후유증을 묘사하고자 했던 소설가 한스 에리히 노사크는 이렇게 말했다. "아, 기억을 거슬러 올라가다 그 길을 내려가 함부르크에 이르면, 나는 멈춰 서서 포기하고 싶은 강한 충동에 휩싸인다. 왜 계속 기억해야만 하는가? 도대체 왜 그 비극을 모조리 적어야 하는가? 영원히 망각의 피안으로 넘기는 게 낫지 않을까?" 하지만 노사크 자신도 깨달았듯이, 그러한 사건을 기록하는 일은 비록 의미를 부여하려는 데 실패할지언정 목격자와 역사가의 의무다.

엄청난 규모의 재앙을 묘사할 때 역사가는 늘 상반된 충동을 느낀다. 일단은 날것의 통계를 제시할 수 있고, 그런 숫자들이 무엇을 의미하는지 독자의 상상에 맡길 수 있다. 제2차 세계대전 직후 각 정부와 구호 기관들은 사망한 군인과 민간인의 수를 비롯하여 폭격이 특정 산업에 미친 경제적 효과에 이르기까지 거의 모든 측면에서 전쟁의 영향을 통계수치로 산출했다. 유럽 전역에서 공식적으로 측정하고 산정하고 수량화하는 작업이 이어졌다. 어쩌면 노사크가 "수치라는 수단을 통해 죽은 자를 떨쳐내려는 시도"라고 말한 것이 이것일 것이다.

다른 한편으로는 모든 수치를 무시한 채 오직 사건들을 목격한 보통 사람들의 경험만을 기록하고 싶은 유혹을 느끼게 된다. 가령 함부르크 대공습 당시 독일 주민들을 뼈아프게 한 것은 4만 명이라는 사망자 수가 아니라 그들을 죽음에 이르게 한 방식이었다. 지옥 불처럼 맹렬한 화염이 허리케인과 같은 바람을 타고 날아가 사람들의 머리카락과 옷에 달라붙는 화재 폭풍에 관한 이야기들은 날것의 수치보다 크게 상상력을 자극한다. 어쨌든 그 당시에도 사람들은 본능적으로 이해했을 뿐 통계수치를 믿지 않았다. 잔해더미에 깔려버린 시신들이 강렬한 열기에 녹아내리거나 재가 돼버린 도시에서 정확한 사망자 수를 파악하기란 불가능한 일이었다. 그러한 대재앙이 실제로 무엇을 의미하는지는 아주 희미한 감지 이상으로는 전달될 수 없다. 전통적인 역사는 노사크가 "뭔가 다른…… 이상함 그 자체…… 본질적으로 불가능한"이라 표현한 것을 설명할 만한 능력이 없었다.

어떤 면에서 함부르크 화재 폭풍은 전쟁 중 유럽에서 벌어진 사건의 축소판이라 할 수 있다. 유럽의 다른 지역과 마찬가지로, 폭격은 이 도시의 풍경을 폐허로 바꿔놓았음에도 불구하고 기적적으로 손상 없이 여전히 평온한 곳이 있었다. 다른 많은 지역이 그러했듯, 화재 폭풍의 여파로 근교 거주자들이 모두 대피해버린 뒤 이곳은 몇 년 동안 아무도 살지 않는 땅이 되었다. 다른 지역과 마찬가지로, 희생자들은 다양한 국적과 각계각층에서 발생했다.

그러나 이 도시의 운명은 다른 지역과 같지 않은 데가 있었다. 연합군의 함부르크 대공습은 대단히 위력적이었지만 실제 사망자는 전체 주민의 3퍼센트 미만이었다. 유럽 전체 사망률은 그 두 배 이상이었다. 유럽 대륙에서 제2차 세계대전의 직접적인 결과로 사망한 통계수치는 놀랍게도 총 3500만에서 4000만 명 정도다. 이는 전쟁 전 폴란드 총인구(3500만 명)와 프랑스 총인구(4200만 명) 사이에 해당하는 수치다. 다른 방식으로 표현하자면, 함부르크 화재 폭풍이 1000일 동안 밤마다 되풀이되었을 때의 수치다.

전체 통계수치는 여러 국가 간에 존재하는 거대한 불균형을 덮어준다. 예를 들어 영국의 손실은 끔찍했지만 비교적 가벼웠다. 제2차 세계대전에서 사망한 영국인은 약 30만 명으로, 제1차 세계대전 당시 사망자의 약 3분의 1 수준이다. 마찬가지로 50만 명이 넘는 프랑스인이 죽었고, 약 21만 명의 네덜란드인, 8만 6000명의 벨기에인, 그리고 거의 31만 명의 이탈리아인이 사망했다. 이에 반해 독일은 약 450만 명의 군인과 약 150만 명의 민간인이 죽었다. 전쟁 기간에 연합군의 폭격으로 죽은 독일 민간인의 수치는 영국인, 벨기에인, 네덜란드인을 모두 합친 수치와 맞먹는다.

동쪽으로 갈수록 사상자 수는 더 많아진다. 그리스에서는 약 41만 명이 전쟁통에 죽었다. 앞서 언급한 다른 몇몇 나라보다 현저히 많은 것은 아니다. 하지만 전쟁 전 그리스 인구가 약 700만 명밖에 안 되었다는 사실을 고려하면 얘기가 달라진다. 전쟁은 전체 그리스인의 약 6퍼센트를 살해한 셈이다. 마찬가지로 헝가리의 45만 전시 사망자 수는 인구의 거의 5퍼센트에 달했다. 유고슬라비아에서는 100만 명이 조금 넘는 사람들, 혹은 인구의 6.3퍼센트가 사망했다. 에스토니아, 라트비아, 리투아니아에서는 아마도 전쟁 전 발트 3국 인구의 8~9퍼센트가 사망한 것으로 추정된다. 단일국가로는 폴란드의 피해가 가장 크다. 6명 중 1명 이상인 총 600만 명이 희생되었다.

절대 수치로 약 2700만 명이라는 가장 많은 전시 사망자를 낳은 국가는 소비에트 연방이다. 이 불가해한 수치에는 엄청난 지역적 편차가 숨겨져 있다. 예를 들어 당시 소비에트 연방에 속해 있었기에 국제적으로 별도 국가로 간주되지 않았던 벨라루스나 우크라이나 같은 개별 지역들은 신뢰할 만한 통계치가 없지만, 우크라이나의 전시 사망자는 대략 700만 명에서 800만 명으로 추정한다. 이 수치가 정확하다면 우크라이나인 5명 중 1명이 목숨을 잃은 것이다. 벨라루스의 총 사망자 수는 전체 인구의 4분의 1로, 가장 큰 희생자를 낳은 것으로 간주된다.

1945년 당시나 지금이나 이러한 통계수치가 실제로 무엇을 의미하는지 해석하기란 거의 불가능하다. 또한 그 사망자 수를 개별

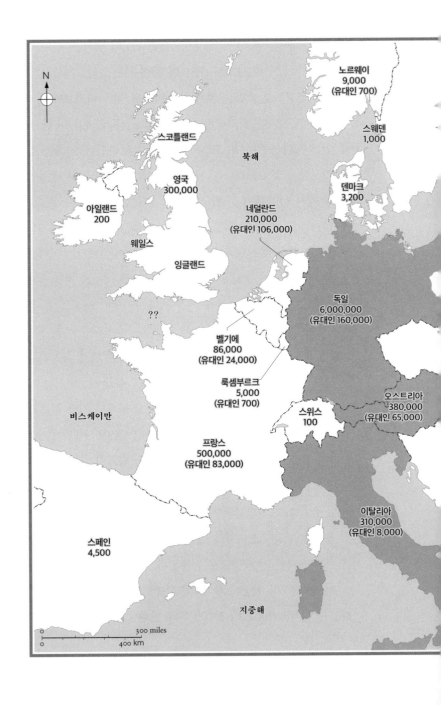

노르웨이
9,000
(유대인 700)

스웨덴
1,000

스코틀랜드

북해

덴마크
3,200

영국
300,000

네덜란드
210,000
(유대인 106,000)

아일랜드
200

웨일스

잉글랜드

독일
6,000,000
(유대인 160,000)

??

벨기에
86,000
(유대인 24,000)

룩셈부르크
5,000
(유대인 700)

오스트리아
380,000
(유대인 65,000)

스위스
100

비스케이만

프랑스
500,000
(유대인 83,000)

이탈리아
310,000
(유대인 8,000)

스페인
4,500

지중해

300 miles
400 km

N

핀란드
97,000

에스토니아
510,00
(유대인 1000)

라트비아
265,000
(유대인 80,000)

발트해

리투아니아
380,000
(유대인 135,000)

소비에트 연방
27,000,000
(유대인 1,000,000)

벨라루스
2,000,000
(유대인 200,000)

우크라이나
7,000,000
(유대인 700,000)

폴란드
6,028,000
(유대인 3,000,000)

체코슬로바키아
335,000
(유대인 267,000)

헝가리
450,000
(유대인 277,000)

루마니아
750,000
(유대인 469,000)

흑해

유고슬로비아
1,027,000
(유대인 60,000)

불가리아
25,000
(유대인 4,000)

알바니아
30,000

튀르키예
(중립국)

그리스
410,000
(유대인 70,000)

1937년 국경선
소비에트 사회주의 공화국
추축국

지도 2 유럽의 사망자(1939~1945)

화해 한 명 한 명 구체적으로 형상화하려는 어떤 시도도 실패할 수밖에 없다. 누군가는 6년이라는 긴 세월에 걸쳐 5초마다 1명꼴로 사망한 수치라고 평균적으로 계산할 수도 있겠으나, 그러한 일을 상상하기란 참 어려운 일이다. 전쟁 현장에서 대량 학살을 목격한 사람들, 들판에 시신이 널려 있고 시신이 집단 매장된 장면을 본 사람들조차 전쟁이 벌어지는 동안 유럽 전역에서 일어난 살인의 실제 규모를 이해할 수는 없는 것이다.

어쩌면 무슨 일이 벌어졌는지 이해할 수 있는 유일한 길은 유럽을 죽은 자들이 살던 공간으로 생각하지 않고 '부재不在'라는 특징으로 생각하는 것일 수 있다. 제2차 세계대전이 끝났을 때 살아남은 거의 모든 사람은 친구나 피붙이를 잃었다. 그리고 마을이나 작은 도시, 심지어 대도시조차 그곳에 살던 주민들과 함께 지워짐에 따라 번성하고 분잡한 공동체들의 본거지였던 유럽 곳곳이 텅 빈 상태가 되었다. 전후 유럽의 분위기를 규정짓는 것은 죽음의 현존이 아니라 한때 유럽의 거실과 상점, 거리와 시장을 채웠던 사람들의 '부재'라 할 수 있다.

21세기에 이르러 우리는 전쟁의 종결을 경축의 시기로 회고하는 경향이 있다. 우리는 뉴욕의 타임스퀘어에서 소녀들에게 키스하는 해병들, 파리의 샹젤리제 번화가를 따라 여러 국적의 병사들이 팔짱을 끼고 웃고 있는 이미지에 익숙하다. 그러나 전쟁이 끝날 무렵에 벌어진 온갖 축하 행사에도 불구하고 유럽은 애도의 장소였다. 상실감은 개인적이고도 공동적인 것이었다. 유럽 대륙의 마을과 도시가 산산이 파편화된 폐허의 풍경으로 뒤바뀐 것처럼, 가족과 공동체 역시 해골의 눈처럼 휑하게 뚫린 '구멍'으로 대체된 것이다.

사라진 유대인들

물론 어떤 부재는 다른 부재보다 훨씬 더 컸다. 가장 확연한 부재는, 특히 동유럽에서 유대인을 상대로 벌어졌다. 런던의 제국 전쟁박물관에서 진행된 구술사 프로젝트 인터뷰에서 체코슬로바키아 출신의 유대인 생존자 에디스 바네스는 오늘날까지도 개인적으로 느껴지는 부재에 관해 진술했다.

우리 모두가 잃어버린 가족을 떠올릴 때 그게 어떤 감정인지 사실 표현하기 어렵습니다. 그들은 돌아올 수도 대체할 수도 없죠. 2세대와 3세대도 여전히 그것을 느끼고 있습니다. 우리가 결혼식이나 바르미츠바barmitzvah〔유대교에서 13세가 된 소년의 성인식〕를 치를 땐, 양가에서 손님이 50명이나 60명쯤 참석합니다. 제 아들이 바르미츠바를 치르고, 결혼식을 올릴 때 가족이라고 부를 만한 사람은 전혀 없었어요. 이것이 바로 2세대와 3세대가 홀로코스트를 느끼는 방식인 거죠. 그들은 가족을 그리워합니다. 제 아들은 (외)삼촌, 고모(이모), (외)할머니, (외)할아버지가 있는 가족 생활을 경험한 적이 없습니다. 바로 그런 '구멍'을 갖고 있죠.

대체로 사람들은 전쟁으로 몇 명의 가족과 친구를 잃었는지 세지만 유대인은 자기 주변에 살아남은 자가 몇인지를 세는 경향이 있다. 아무도 남지 않은 경우도 있다. 베를린의 유대인 추모 책자에는 어린아이부터 증조부모에 이르는 대가족이 모두 사망한 기록이 있다. 아브라함 가문의 사망자 지면은 6쪽, 허쉬 가문은 1쪽, 레비 가문은 12쪽, 볼프 가문은 13쪽이 할애돼 있다. 과거 유럽 곳곳에 거주한 모든 유대인 공동체도 마찬가지였다. 예컨대 빅터 브레이트버그는 1944년 폴란드에서 가족을 모두 잃었다. "54명의 가족 중 오직 나만 살아남았습니다. 가족 중 생존자가 있는지 찾아보려고 (폴란드의) 우즈로 돌아갔지만 단 한 명도 찾을 수 없었어요."

모든 상실을 합치면, 에디스 바네스가 말한 '구멍'은 가족뿐만 아니라 공동체 전체를 삼켜버렸다. 전쟁 전 폴란드와 우크라이나에는 유대인의 인구 비중이 큰 수십 개의 대도시가 있었다. 가령 오늘날 리투아니아의 수도인 빌뉴스로 알려진 빌노는 전쟁 전까지만 해도 6~7만 명의 유대인이 살고 있었으나 1945년 중반에는 그들 중 10퍼센트만이 살아남았다. 또한 바르샤바에서는 유대인이 인구의 약 3분의 1(약 39만3950명)을 차지했지만 1945년 1월 붉은 군대가 바르샤바의 비스툴라강을 건넜을 때 이 도시에서 발견한 유대인은 겨우 200명이었다. 1945년 말까지 소수의 생존자가 이 도시로 돌아왔지만 5000명이 넘지 않았다.

농촌 지역의 상황도 나을 게 없었다. 벨라루스 민스크 주변의 드넓은 시골에서는 인구의 약 13퍼센트였던 유대인이 0.6퍼센

트로 감소했다. 전쟁 전 폴란드의 보잘것없는 시골 마을 볼히니아
에서는 유대인 공동체의 98.5퍼센트가 독일군과 현지 민병대에게
살해당했다. 다 합치면 폴란드에 거주하는 유대인은 제2차 세계대
전 중 최소 575만 명이 희생되었다. 이것은 역사상 최악의 그리고
가장 조직적인 제노사이드(대량 학살)였다.

거듭 말하지만, 좀더 미시적인 관점에서 상상하지 않으면 이
러한 통계치가 말해주는 게 무엇인지 이해하기 어렵다. 폴란드 드
로호비치의 생존자였던 알리샤 아담스는 그녀가 목격한 사건들을
적나라하게 표현하고 있다.

저의 부모님과 삼촌, 고모, 형제와 어릴 적 친구들 그리고 그때
알았던 모든 사람까지, 대략 3만 명의 모든 드로호비치의 주민이
몰살되었습니다. 그러니까 내게 가장 가까운 가족뿐만 아니라 모
두가 살해되는 참상을 본 거죠. 나는 날마다 누군가가 살해당하
는 광경을 지켜봤고, 그것은 내 유년 시절의 일부였습니다.

달아났거나 살아남은 유대인에게 텅 빈 동유럽 지역으로 돌
아오는 것은 매우 우울한 경험이었다. 유명한 소비에트 작가 바실
리 그로스만은 우크라이나에서 자랐고 독일군 침공 당시에는 모
스크바에 살고 있었다. 1943년 말 그가 종군기자로 우크라이나에
돌아왔을 때 친구와 가족이 몰살당한 걸 알게 됐고, 결국 홀로코
스트로 알려질 사건에 대한 글을 발표하는 최초의 사람 중 한 명
이 되었다.

우크라이나에는 유대인이 없다. 포타바, 하르코프, 크레멘추그, 보리스폴, 야호틴, 그 어느 대도시에서도, 수백 개의 소도시 또는 수천 개의 마을에서도 당신은 어린 소녀들의 눈물 그렁그렁한 검은 눈동자를 볼 수 없다. 당신은 아파하는 노파의 신음 소리를 듣지 못할 것이다. 당신은 배고픈 아기의 어두운 얼굴을 보지 못할 것이다. 모두 고요하다. 모든 것이 정지되었다. 모든 사람이 잔인하게 살해당하고 만 것이다.

유럽 대륙 전역에서 한 민족이 효과적으로 제거되었으며, 수 세기에 걸쳐 이룬 고유한 문화도 사라졌다.

이것은 수천 명의 장인 가족들과 지식인층이 한 세대에서 다른 세대로 면면히 전해준 위대하고 오랜 전문직업의 경험에 대한 살인이었다. 이것은 할아버지들이 손주들에게 전해준 일상의 전통에 대한 살해였다. 이것은 기억의 살해이자 애도의 노래와 민간 시편에 대한 살해이며 삶의 희로애락에 대한 살해였다. 이것은 가정과 묘지의 파괴였다. 이것은, 우크라이나인과 수백 년에 걸쳐 함께 나란히 살아온 한 민족의 죽음이었다.

유대인은 제2차 세계대전 동안 유럽에서 일어난 극악무도한 범죄를 이해하는 데 접근할 수 있는 몇 안 되는 집단 중 하나다. 그들이 선별되어 가축 무리처럼 취급되었다는 사실은 그들에게 독특한 관점을 가져다주었다. 그들은 대량 살인이 단지 지역적 문제가 아니라 유럽 대륙 곳곳에서 자행되고 있다는 사실을 알 수 있었다. 아이들조차도 이 사실을 알았다. 예컨대 열한 살의 셸리나 리버만은 1942년 우크라이나의 기독교인 부부에 의해 양육됐지만 유대인이라는 자신의 정체성을 유지하려 노력했다. 그녀는 자신이 살아 있는 '마지막 유대인'이라고 믿어 의심치 않았기 때문에 새 부모를 따라 기독교 교회에 가는 것에 대해 매일 밤 신에게 용서를 빌었다.

그러나 이 절망의 와중에도 어떤 작은 희망의 씨앗은 존재했다. 셸리나 리버만은 살아남은 마지막 유대인은 아니었다. 전쟁이 지나가자 도저히 몸을 숨기기 힘든 곳에서 유대인들이 속속 모습을 나타내기 시작했다. 수천 명이 리투아니아, 폴란드, 벨라루스의 숲과 늪에서 살아남았다. 게다가 인정 넘치는 이방인(이교도)들의 지하실과 다락방에 숨어 전쟁을 무사히 넘긴 수천 명이 더 있었다. 마치 성경 속의 노아가 변란(대홍수)이 지나간 세계의 기슭에 발을 내디딘 것처럼 괴멸된 바르샤바에서조차도 소수의 유대인이 폐허로부터 불현듯 모습을 드러냈다. 유대인은 그들만의 개인적 방주였던 하수구, 터널 및 전용 벙커에 숨어 홀로코스트라는 대홍수를 견뎌낸 것이다. 그들이 느꼈을지는 모르겠으나, 어쩌면 가장 위대한 기적은 유럽의 강제수용소에서 살아남았다는 것이다. 그들이 죽음에 이를 때까지 굶기고 강제노역을 시킨 나치의 치밀한 노력에도 불구하고 연합군에 의해 해방된 1945년까지 유대인 30만 명가량이 살아남았다. 전체적으로는 약 160만 명의 유럽 유대인이 죽음의 수렁에서 빠져나왔다.

이 전쟁은 또한 나치의 압제에 아랑곳하지 않고 유대인에 대해 명예롭게 행동한 몇몇 드문 사례를 낳기도 했다. 예컨대 덴마크는 반유대주의적 법률을 한 건도 통과시키지 않았고 유대인의 재산을 한 번도 몰수하지 않았으며, 한 명의 유대인도 행정직에서 내쫓지 않았다. 나치 친위대가 7200명의 덴마크 유대인을 검거한다는 계획을 알게 되었을 때는 거의 모든 유대인이 비밀리에 스웨덴으로 피신할 수 있도록 지원했다. 이탈리아인들도 자국 영토 및 점령지에서 유대인을 추방하려는 계획에 저항했다. 나치 친위대가 불가리아 유대인 4만9000명을 강제 이송하라고 요구했을 때는 왕과 의회, 교회, 지식인, 심지어 농민들까지 맹렬히 나서서 반대했다. 실제로 불가리아 농부들은 유대인이 끌려가는 것을 막기 위해 철로에 드러누울 준비까지 했다고 한다. 그런 까닭에 불가리아는 전쟁통에도 유대인 인구가 실제로 증가한 유일한 국가였다.

마지막으로, 개인적으로 목숨을 걸고 유대인을 구하려 한 놀라운 일도 있었다. 이들 중에는 독일 산업자본가인 오스카 쉰들러처럼 널리 알려진 사람도 있지만, 1953년 이후 이스라엘 국가로부터 2만1700명이 넘는 사람들이 유대인을 구한 공로를 인정받았다. 이들 중에는 유대인에 대해 심한 편견을 갖고 있었음에도 그들을 보호했다. 한 네덜란드 성직자는 유대인은 "참을 수 없을 만큼 우리와는 딴판이며 종류가 다른, 전형적으로 색다른 인종"이라면서 자신이 유대인을 혐오한다는 사실을 인정했지만, 나치로부터 도망쳐 온 유대인을 도운 혐의로 체포돼 수용소에 갇히기를 마다하지 않았다. 이렇듯 전쟁 중이나 이후에 유대인을 비롯해 유럽인 모두에게 희망이 싹트게 된 원천은 의외의 곳에서 시작됐다.

또 다른 홀로코스트

유대인 학살은 유럽 전역에 걸쳐 가장 눈에 띄고 광범위한 제노사이드였지만, 지역적 규모로 여러 곳에서 그와 같은 파괴적 부재가 발생했다. 크로아티아에서는 국가 차원에서 인종 정화를 시도한 우스타샤 극우 정권에 의해 59만2000명의 세르비아인과 이슬람교도 및 유대인이 살해됐다. 볼히니아에서는 유대인이 몰살된 이후 우크라이나 민족주의자들이 수만 명의 폴란드인을 학살했다. 불가리아인은 에게해 북쪽 해안으로 쳐들어와 인근 지역에서 그리스인 공동체를 대량 학살했고, 헝가리인은 유고슬라비아 보이보다나 지방의 세르비아인들에게 똑같은 짓을 저질렀다.

환영받지 못하는 민족 집단이 자신들의 도시와 마을에서 쫓겨나는 일이 유럽의 많은 지역에서 벌어졌다. 이런 만행은 옛 제국들이 제1차 세계대전 이후 잃어버린 영토를 되찾으려는 반격으로, 제2차 세계대전 초기에 유럽 중부와 동부 전역에서 발생했다. 그중에서도 가장 극적인 민족 집단의 대이동은 1945년 소련의 붉은 군대에 의해 동프로이센, 실레지아, 포메라니아에서 수백만의 독일인이 쫓겨나면서 유령 도시의 풍경을 낳은 것이었다. 제2차 세계대전 직후 독일 동부의 이 지역들이 폴란드에 넘겨졌을 때 이곳에 도착한 폴란드인들은 평범해 보이는 거리에 생명이 부재한 으스스한 느낌을 묘사했다. 얼마나 황급히 떠났는지, 식탁 위에 음식 접시들이 그대로 놓여 있는 집도 있었다고 한다. 1945년 봄, 독일 슈체친시에 임명된 최초의 폴란드인 관리 중 한 명인 즈비그뉴 오그로진스키는 "모든 곳이 텅 비어 있었다"고 회상했다. "집 안으로 들어가자 선반 위의 책들, 가구, 모든 게 그대로 있었다. 독일인만 빼고."

독일 동부의 일부 농촌에서는 생명의 부재가 총체적으로 확인되었다. 1945년 여름, 한 영국 소령은 물자 교환에 대해 러시아와 협상하러 가면서 독일 메클렌부르크 지방을 지날 때 본 광경을 이렇게 묘사했다.

우리의 노선은 처음 몇 킬로미터의 라벤슈타인펠트 숲을 지나 경치 좋은 농경지를 거쳐서 크리비츠에 도착하는 것이었다. 그 길은 내가 보았던 풍경 중 가장 섬뜩한 것이었다. 우리가 유일하게 본 사람은 붉은 군대의 노병과 보초병뿐이었다. 농지는 황폐했고 헛간들은 텅 비었으며, 들판에는 소와 말이나 닭이 보이지 않았다. 한마디로 죽은 땅이었다. 크리비츠에 도착하기까지 18킬로미터의 여정에서 몇 명의 붉은 군대 병사를 제외하고는 살아 있는 생명체를 본 기억이 없다. 나는 새가 지저귀는 소리도 들을 수 없었고 어떤 야생 동물도 보지 못했다.

고작 6년 만에 유럽의 인구 통계는 구제불능의 수치를 드러냈다. 폴란드의 인구밀도는 27퍼센트가 감소했고, 몇몇 동부 지역에서는 거의 아무도 살지 않았다. 한때 민족적 융화를 일궈낸 나라들은 온갖 의도와 목적에 의해 대대적인 '정화(인종청소)'를 벌임으로써 단일민족 집단만 남았다. 그로 인해 인구 감소뿐만 아니라 공동체의 부재, 다양성의 부재가 출현하게 되었다. 유럽이라는 광대한 영역이 균질화되어버린 것이다. 이 과정은 전쟁이 끝난 지 몇 달 사이에 급속히 이뤄졌다.

공동체에 대한 전면적인 대학살이 외부인의 시선에 섬뜩한 광경이었다면, 텅 비어버린 그곳에서 여전히 살아가고 있는 몇몇 사람에게는 갈피를 잡을 수 없는 혼란이었다. 가령 프랑스 리무쟁 지역의 오라두르쉬르글란에서 벌어진 대량 학살에서 살아남은 생존자들은 자신들에게 무슨 일이 벌어진 것인지 이해할 수 없었다. 1944년 여름, 현지 레지스탕스의 활동에 대한 보복으로 이 지역의 모든 남자가 독일 무장친위대에 붙잡혀 사살됐고, 여자와 아이들은 교회 안으로 쫓겨 들어갔다가 불에 태워졌다. 전쟁 후 당국은 이 마을을 재건하지 않고 인근에 새로운 도시를 세우기로 결정했다. 대학살 당일의 모습 그대로 영구히 보존하기로 결정된 오라두르 마을은 오늘날에도 여전히 유령 도시다.

유럽 전역의 수많은 지역사회에서도 이와 같이 잔인하고 유사한 대학살이 벌어졌다. 체코슬로바키아의 리디체에서 벌어진 사건은 가장 악명 높은 대학살일 것이다. 독일 보호령인 보헤미아와 모라비아의 부총독이었던 라인하르트 하이드리히가 암살당한 것에 대한 보복으로 그곳의 남성 주민 전원이 사살된 것이다. 마을 아이들은 헤움노 강제수용소로 끌려가 그곳에서 가스 살해를 당했고, 여성들은 라벤스브뤼크 수용소에 감금돼 강제 노역에 시달렸다. 이후 그 마을은 통째로 불태워졌으며 건물들이 있던 곳에 잡풀이 자라도록 잔해가 치워졌다. 이 대량 학살의 목적은 단순히 점령에 저항한 지역 공동체를 처벌하기 위한 것이라기보다는 마을이 존재한 적이 없었던 것처럼 흔적을 완전히 지우려는 것이었다. 이후 나치는 어떤 마을이든 레지스탕스 활동에 조금이라도 관여하면 어떤 결말을 맞게 되는지 보여주기 위해 리디체 마을의 파괴를 선전물로 활용했다.

이와 같은 철저한 공동체 제거가 일으키는 심리적 영향을 과소평가해서는 안 된다. 1945년 강제수용소들이 해방된 후 살아남은 리디체 여성들이 고향으로 돌아왔을 때, 그녀들은 마을 어귀에서 체코 군인들을 만날 때까지 고향에서 무슨 일이 벌어졌는지 전혀 알지 못했다. 이들 여성 중 한 명인 밀로슬라바 칼리보바는 훗날 이렇게 술회했다.

체코 병사들은 고개를 숙였고, 많은 이의 두 눈에서 눈물이 흘러내리고 있었습니다. 우리는 "아, 제발! 더 나쁜 일이 있었다고 말하지 마세요"라고 부탁했죠. 한 병사가 저에게 말을 걸었고, 3년 전에 모든 남자가 총에 맞아 죽었다는 비극을, 어린 소년들도 죽임을 당했다는 걸 알려주었습니다. 그런 식으로 모든 남자를 죽이는 짓 (…) 무엇보다도 최악은 아이들을 독가스로 죽인 만행이었죠. 그 충격은 말로 표현할 수 없는 것이었죠.

마을에 도착했을 때 그녀가 발견한 풍경은 '오직 척박한 황무지'뿐이었다. 그녀가 기억하는 것, 그리고 함께 살아남은 동료들이 기억하는 것 외에 그 어떤 것도 남아 있지 않았다.

지역 차원에서 이런 모든 공포의 경험은 홀로코스트만큼이나 파괴적이었다. 마을과 도시의 파괴는 생존 주민들에게 크나큰 상실이었을 뿐만 아니라 주변 지역, 더 나아가 유럽 대륙 전체의 상실이었다. 앙투안 드 생텍쥐페리의 말을 빌리자면 유럽은 "기억의 화물 (…) 전통의 집적"을 박탈당한 것이다. 리디체는 수천 개의 다른 마을과 함께 등불이 꺼지듯 사라져버린 것이다.

과부와 고아

이 도살이 유럽 사회라는 직물에 '구멍'을 낸 것이라면, 다른 한편으로는 태피스트리에서 한 가닥의 실이 뽑힌 것과 같은 좀 더 미묘한 인구통계학적 결손도 있었다. 그중 가장 두드러진, 그러나 보편적으로 느껴지게 한 것은 '남자의 부재'였다. 유럽 전승기념일에 영국 각 지방에서 찍은 사진을 보면 거리에는 전쟁의 종결을 축하하는 여자와 아이들로 가득하다. 그 사진들 속에서 노인이나 간혹 휴가 중인 병사를 제외하면 남자를 찾아보기 힘들다. 사진 속의 사람들이 환하게 웃을 수 있었던 것은 남자의 부재가 일시적이라는 걸 알고 있었기 때문이다. 하지만 영국이 아닌 유럽의 다른 지역에서는 이것을 확신할 수 없었다. 독일 군인들이나 다른 추축국 병사들은 전쟁이 끝난 뒤 포로가 되었고, 많은 이가 몇 년 동안 집으로 돌아오지 못했다. 물론 다른 국적의 수백만 남자들도 돌아오지 못했다. 전쟁 후 한 영국군 소령은 이런 글을 남겼다. "우리가 독일에서 수천 마일을 돌아다니는 동안 발견한 가장 놀라운 사실은 열일곱 살부터 마흔 살까지의 남자들을 볼 수 없었다는 것이었다. 그곳은 여자, 어린이 그리고 노인들의 땅이었다."

대다수 지역의 젊은 남성이 죽었다는 명료한 이유로 유럽 곳곳의 젊은 여성 세대는 아이를 낳지 못하는 상황에 처했다. 소비에트 연방에서는 종전 무렵 여성이 남성보다 1300만 명 이상 많았다. 남자 부족에 따른 문제는 집단농장 노동자의 80퍼센트가 여자인 농촌에서 가장 심각했다. 1959년의 인구 조사를 보면 1929년부터 1938년 기간에 스무 살에 이른 소련 여성 중 3분의 1이 미혼으로 지내야 했다.

당시 유럽은 여성의 대륙이기도 했지만 어린이의 대륙이기도 했다. 전쟁 직후의 무질서 속에서 가족을 잃은 많은 어린이가 안전을 위해 무리를 지어 함께 살았다. 1946년 로마, 나폴리, 밀라노에는 18만 명가량의 부랑아들이 살고 있었다. 그들은 출입 통로나 뒷골목에서 잠을 청해야 했으며 절도, 구걸, 매춘으로 생계를 유지했다. 이 문제가 심각해지자 로마 교황은 '버려진 채 도시와 마을을 정처 없이 떠돌며 많은 위험에 노출된' 이탈리아 아동을 도와줄 것을 전 세계에 호소했다. 프랑스 농촌에서는 잘 곳이 없어 건초더미에서 자는 어린이들이 발견되곤 했다. 유고슬라비아와 슬로바키아 동부에서는 숲이나 동굴, 폐허에서 살아가는 기아 상태의 아이들이 게릴라군에 의해 발견했다. 1945년 여름, 베를린의 미아는 5만3000명이다.

영국인 중령 윌리엄 버포드-존스는 베를린에 있는 카이저 빌헬름 기념비의 갈라진 틈 안에서 지내는 한 소녀를 발견했다. 그가 거기서 지내는 이유를 묻자 소녀는 그곳이 자신이 찾아낸 가장 안전한 곳이라고 대답했다. "아무도 저를 찾을 수 없어요. 여긴 따뜻하고 올라오는 사람이 없거든요." 독일 사회복지국에서 소녀를 데리러 왔을 때 몇 시간 동안 인내심을 가지고 설득해야 했다.

이런 이야기들은 유럽 사회라는 직물에서 풀려나온 또 다른 실오라기, 즉 '부모의 부재'가 있음을 지적한다. 이 문제는 전쟁으로 가장 황폐해진 유럽의 여러 지역에서 더욱 심각했다. 폴란드에는 족히 100만 명 이상의 '전쟁고아war orphan'(이 용어는 영국과 미국의 공식 특수용어로, 부모 모두를 잃거나 한쪽만 잃은 아이를 뜻한다)가 있었다. 독일에서도 100만 명이 넘었을 것이다. 1947년 독일 내 영국군 점령지구에서만 32만2253명의 전쟁고아가 등록되었기 때문이다. 아버지의 부재, 즉 남성 롤모델의 부재는 너무 흔했기 때문에 아이들도 그러한 상황을 지극히 정상적인 것으로 받아들였다. 전쟁 직후 난민캠프를 전전하며 살았던 바르샤바 출신의 폴란드인 안제이 C.는 말한다. "아버지가 있는 소년은 단 한 명이었다는 게 기억날 뿐이다. 주변에 남자가 거의 없었기 때문에 우리에게 남자란 매우 낯선 동물이었다." 유네스코에 따르면 독일에서는 아버지를 잃은 아동이 3분의 1을 차지했다.

이러한 부모의 부재 또는 부모 돌봄의 부재는 때때로 뜻밖의 활기를 낳기도 했다. 가령 안제이는 고단했던 유년 시절을 인정하면서도 독일 남부의 난민캠프와 그 주변에서 다른 소년들과 함께 즐기던 몇 가지 놀이를 기억하고 있다. 안제이는 오늘날 아이들이라면 상상도 할 수 없는 장난감을 가지고 놀 기회가 있었다.

어린 우리는 마치 야생 들개 같았다. 그 무렵의 삶은 매우 흥미로웠다! 두려움은 사라지고, 태양은 빛나고, 찾으려고만 하면 흥미로운 놀이가 넘쳐났었다. (…) 한번은 불발탄 하나를 찾아냈다. 우리는 그것이 위험하다는 걸 알고 있었고 다루는 법을 몰랐기 때문에 한동안 개울물에 담가두었다. (…) 결국 우리는 또 모닥불에 포탄을 집어넣고 계곡 반대편까지 죽어라 달려간 뒤 무슨 일이 생기는지 지켜보았다. 엄청난 폭발이었다. 공교롭게도 이 시간에 누군가 나타날 수 있다는 생각을 우리는 하지 못했다(우리에게는 '분별'이란 인지능력이 전혀 없었다). 또 한번은 독일군의 기관총 탄약을 발견했는데 무척 많은 양이었다. 우리는 그것들을 숲에 버려진 무쇠 난로 안에 넣고 장작불을 피웠다. 정말로 환상적이었다! 탄약이 터지기 시작하더니 무쇠 난로를 벌집으로 만들어놓았다!

다른 경우에는 안제이와 또래 친구들은 휘발유가 가득 찬 통에 모닥불을 피웠고, 무연화약에 불을 붙이다가 눈썹을 완전히 태워버렸고, 포탄을 서로 던지기도 했다. 심지어 대전차 로켓인 판처파우스트[독일군의 대전차 화기]를 찾아내 발사한 것도 그들에게는

"매우 재미있었다!" 이 모든 놀이에서 그를 가장 불안하게 한 것은 크게 다치는 게 아니라 엄마에게 들키는 것이었다. 어느 날엔가는 버려진 독일군 벙커 옆을 따라 열매 맺은 산딸기를 따기 위해 지뢰밭을 가로지르기도 했다. 그는 말했다. "이건 전쟁이 끝나고 몇 년이 지난 뒤였다. 지뢰밭이 보였다. 그래도 우리는 걸어서 건널 수 있다고 믿었다. 눈으로 볼 수 있으니까 안전하다고……. 우리는 어리석었고, 운이 좋았다. 머리가 나쁘면 운이라도 있어야 한다. 어쨌든 산딸기는 정말 맛있었다."

안제이는 여러 면에서 운이 좋았다. 그는 심각한 부상을 당하지 않았을 뿐만 아니라 여전히 그의 곁에 엄마가 있었다. 전쟁이 끝나고 얼마 지나지 않아 이탈리아에서 폴란드 제2군단 소속으로 싸우던 그의 아버지도 돌아왔다. 이것은 1300만 명의 다른 유럽 어린이들은 누릴 수 없는 사치였다. 상당히 많은 아이가 부모를 잃었고, 1948년 9월이 되도록 일부 아이들(총 2만 명가량)은 친척이 자신을 찾아주기를 애타게 기다렸다.

고아들에 관한 심리학적 연구에 따르면, 그들은 불안과 우울증에 훨씬 취약하다. 부모를 잃은 아이들은 변덕스럽고 반사회적인 행동을 하기 쉽고 자살을 시도할 확률이 더 높다. 그들은 일반 아이들보다 마약과 알코올에 노출될 확률이 더 높으며, 자존감이 낮고 건강이 좋지 않다. 아이들에게 부모라는 존재는 세상의 견고함 그리고 세상이 작동하는 방식을 의미한다. 그러니 부모를 갑자기 잃은 아이들은 세상을 이해하는 토대를 상실한 것이다. 더욱이 정상적인 사별 과정을 겪지 못한 이 아이들은 세계가 본질적으로 불안정한 곳이 되었다는 데 대처해야 한다.

전쟁 기간 내내 유럽 전체에서 이와 같은 과정이 발생했다고 할 수 있다. 우울한 부재의 분위기는 유럽 대륙의 심리적 특질을 근본적으로 바꿔놓았다. 수천만의 개인이 친구, 가족, 사랑하는 이를 잃는 상실을 경험했을 뿐만 아니라 많은 지역에서 공동체가 파괴되었고, 나아가 모든 민족 집단에서 인구가 대폭 감소하는 비극을 맞닥뜨릴 수밖에 없었다. 따라서 개인뿐 아니라 모든 사회적 차원에서 안정감에 대한 개념도 상실했다.

유족들 개개인이 불안정한 행위를 드러낸다면, 공동체나 민족 전체도 마찬가지라고 할 수 있다. 다음 장에서 왜 그토록 전쟁의 상실에 대해 자세히 설명하는지 궁금하다면, 이 점을 유념해둘 필요가 있다. 유럽은 오랜 세월 수많은 격변에 시달려왔지만 제2차 세계대전이라는 초유의 규모는 앞서 수백 년간 발생한 그 어떤 사건들도 왜소하게 만들어버렸다는 사실이다. 제2차 세계대전은 유럽을 상실감에 빠뜨렸을 뿐 아니라 길을 잃게 만들었다.

3장

강제
추방

제2차 세계대전은 역사상 다른 어떤 전쟁보다 많은 유럽인을 죽음에 몰아넣기도 했지만, 동시에 이 세계가 목격한 가장 큰 인구이동을 유발하기도 했다. 1945년 봄, 독일은 외국인 노동자들로 넘쳐났다. 전쟁이 끝날 무렵 유럽 각지로부터 800만 명의 강제 노역자가 독일 농장과 공장으로 끌려와 있었기 때문이다. 국제연합 구제부흥사업국UNRRA은 독일 서부에서만 650만 명이 넘는 강제 추방자를 돌보다가 본국으로 돌려보냈다. 그들 중 대부분은 소련, 폴란드, 프랑스 출신이었지만 이탈리아인, 벨기에인, 네덜란드인, 유고슬라비아인, 체코인도 상당히 많았다. 이들 강제 추방자의 대다수는 여성과 어린이였다. 제2차 세계대전은 근대 전쟁 중 유일하게 전통적인 군인 포로뿐만 아니라 수많은 민간인이 포로로 끌려간 전쟁이다. 남성과 마찬가지로 여성과 아동도 사실상 전리품으로 취급됐다. 그들은 로마 제국 시대 이래 유럽에서 볼 수 없었던 방식으로 노예화됐다.

독일의 상황을 더욱 복잡하게 만드는 것은 수백만 명의 독일인이 자국에서 쫓겨났다는 사실이다. 1945년 초까지 독일 남부와 동부의 도시에서는 공습을 당해 집을 떠난 약 480만 명의 내부 피난민이 있었다. 이 밖에 제3제국의 동유럽 점령지구에 거주하던 400만 명의 독일인이 붉은 군대에 대한 두려움 때문에 독일로 들어왔다. 여기에 대략 27만5000명의 영국인과 미국인 전쟁포로를 더하면 적어도 1700만 명의 난민이 독일에 있었던 것으로 추정된다. 이것은 상당히 보수적인 추정치로, 다른 역사학자들은 이보다 훨씬 더 높게 산정했다. 한 연구에 따르면, 전쟁 중 여러 시기에 걸쳐 유럽 전역에서 강제 추방된 수치는 총 4000만 명이 넘는다.

적대적 상황이 끝나갈 무렵 고향으로 돌아가는 긴 여정에 나선 사람들의 수도 어마어마했다. 영국 육군 공병대의 공병대원이었던 데릭 헨리는 1945년 4월 중순, 독일 민덴 근처에서 그러한 무리를 보았다.

우리는 교전을 멈추지 않은 독일군 잔당을 조심하라는 명령을 받았지만, 다행히 우리가 우연히 마주친 사람들은 모두 불가리아인, 루마니아인, 러시아인, 그리스인, 유고슬라비아인, 폴란드인 등 여러 국적과 민족으로 이루어진 수천 명의 강제 추방자와 피란민이었다. 그들은 우리를 향해, 서쪽을 향해 다가오고 있었다. 그들은 자전거나 농가 짐수레에 보잘것없는 짐 보따리를 수북이 쌓은 채 두세 명씩 작은 무리를 지어 걷거나 버스나 트럭 짐칸에 올라탄 무리도 있었다. 행렬은 끊임없이 이어졌다. 우리가 멈출 때마다 그들은 먹을거리를 얻으려 몰려들었다.

미국인 정보장교 사울 파도버는 "수천, 수만, 마침내 수백만 명의 해방된 노예들이 농장과 공장, 광산에서 큰길로 쏟아져 나왔다"고 증언했다. 이 거대한 난민 대열에 대한 반응은 목격자에 따라 천차만별이었다. 독일인을 거의 접촉해보지 못한 파도버에게 그것은 "아마도 역사상 가장 비극적인 인류의 이주"였고, 독일인이 저지른 죄악에 대한 많은 증거였다. 현지 주민들에게 그러한 불만에 찬 대규모 이방인 집단은 위협적인 존재였다. 전쟁 후 한 독일 여성은 "그들은 야생동물처럼 보였다. 그 누구라도 그들을 두려워했을 것"이라고 썼다. 이처럼 '떼 지어 다니는 무리'는 그들을 통제해야 할 군정 장교들을 당혹케 했다. 가뜩이나 훼손된 도로를 가득 메운 그들은 길가의 상점이나 농가에 침입해 훔치고 빼앗는 식으로 허기를 채울 수밖에 없었다. 지역 경찰이 모두 죽었거나 억류되었으며 피난처도 없고 식량도 배급되지 않는, 행정 체계가 무너진 국가에게 그들은 버거운 짐이자 법치 질서를 위협하는 존재였다.

그러나 이것은 밖에서 바라보는 시선이다. 그들은 단지 전쟁 당시 나치 독일군에 의해 자국에서 쫓겨났다가 해방되어 자기 나름대로 안전한 곳을 찾아가려 사력을 다하는 난민일 뿐이었다. 운 좋은 사람들은 프랑스, 영국, 미국 군인들에게 인도되어 서쪽의 난민 수용소로 이송됐지만, 연합군 역시 그들을 관리할 여력이 충분하지 못했다. 사실상 수십만 명이 버려져 스스로 살아남아야 했다. 전쟁이 끝나갈 무렵 아홉 살이었던 안제이는 "나를 보호해줄 만한 사람이 아무도 없었다"고 기억한다. 당시 그는 엄마와 여동생과 함께 보헤미아의 농장에서 강제 노동을 했고, 전쟁이 끝나기 전 몇 주 동안은 독일군에 의해 카를스바트(현재 체코공화국의 카를로비바리)의 수데텐으로 끌려갔다가 독일 경비대에 의해 버려졌다. "우리는 진공상태에 놓였다는 걸 깨달았다. 러시아인도, 미국인도, 영국인도 없었다." 소련군에게 의탁하기보다는 미군이 더 안전할 거라 판단한 그의 엄마는 서쪽으로 방향을 잡고 나아가기로 했다. 그들은 몇 주 동안 걸어서 독일로 들어갔고, 미군이 지정받은 점령지로 후퇴할 때마다 전선을 가로질러야 했다. 안제이가 기억하는 이 시기는 독일군 포로로 있던 시절보다 훨씬 강한 스트레스와 불안이 상존한 시간이었다.

그때는 정말이지 배가 너무 고팠다. 먹을 거라곤 아무것도 없었기 때문이다. 우리는 구걸하든 훔치든, 할 수 있는 건 뭐든지 했다. 우리가 밭에서 감자를 캤을 때 (···) 나는 음식을 먹는 상상에 빠졌다. 으깬 감자 위에 베이컨을 올린 건 정말이지 최고 중의 최고였다. 그보다 더 맛있는 건 떠오르지 않았다. 따끈따끈한 황금빛 김이 모락모락 피어오르는 으깬 감자!

그는 섞이지 않은 채 따로따로 무리를 이룬 난민 행렬을 따라 이동했다. 그가 포함된 무리는 스무 명가량으로 대부분 폴란드인이었다. 길에서 만난 현지인들의 시선은 차가웠다. 안제이가 무리 중 한 남자에게 일거리를 얻어 말에게 풀을 먹이려 들판으로 향하자 독일 농부에게 내쫓기고 말았다. 물조차 얻어먹을 수 없는 경우도 있었고 개들에게 공격을 받기도 했다. 심지어 폴란드인이 전쟁을 일으킨 탓에 독일이 이 모든 불행을 당하고 있다는 비난까지 들었다. 상대적으로 더 극심한 곤경에 처한 그들 입장에서는 어처구니없는 비난이다.

안제이가 안전지대를 찾아가는 한 달간의 여정에서 만난 놀라운 광경들은 그의 기억에 각인됐다. 특히 그는 숲속의 독일 야전병원을 지날 때 망그러진 무기를 들고 철조망 우리에 갇힌 남자들을 보았다. 머리부터 발끝까지 붕대를 두른 사람도 있었고 "끔찍한 악취를 풍기며 산 채로 썩어가는" 사람도 있었다. 의무대가 달아났기 때문에 그들을 도와줄 사람이 아무도 없었다. 또한 안제이가 폴란드인 전쟁포로수용소에 도착했을 때는 문이 열려 있는데도 그 안에 남아 있는 사람들을 봤다. 아무도 그들에게 나오라는 명령을 내리지 않았기 때문이다. "그들은 병사니까 누군가 자기들에게 어디로 행군하라고 명령을 내려줄 거라 생각한 거다. 누가? 어디서? 그들은 어찌해야 할지 알 수 없었다. 그들은 완전히 망연자실한 상태였다." 들판에서는 파자마 죄수복을 입은 포로들이 여전히 독일 민병대의 감시를 받으며 노동하고 있는 광경을 목격했다. 그 후 계곡으로 들어갔을 때는 군데군데 모닥불이 피워진 곳에 수천 명의 독일 병사들이 얌전히 앉아 있고 소수의 미국인 헌병들이 그들을 지키고 있었다.

안제이 일행이 마침내 바이에른주의 호프시에 세운 미군 검문소를 통과하자, 붉은 깃발이 펄럭이는 건물로 가라는 지시를 받았다. 그의 엄마는 소비에트 수용소로 보내진다는 생각에 공황 상태에 빠졌으나, 얼마 후 그 깃발이 붉은 바탕에 흰색 글자로 'UNRRA국제연합구제부흥사업국'라고 적혀 있다는 사실을 알아차렸다. 그들은 드디어 안전한 곳에 다다랐다.

안제이와 같은 피난민들이 극복해야 했던 위험과 고통을 과소평가해서는 안 된다. 아홉 살짜리 남자아이에게는 그 고통이 피부에 와닿지 않았을 수도 있지만 기성세대에게는 뚜렷한 현실이었다. 드럼 부부는 당시 60대 후반의 베를린 시민이었다. 얼마간 붉은 군대의 무법천지에서 지내던 그들은 엘베강 건너편 90마일 거리에 살고 있는 딸을 찾아가기로 결심하고 위험한 여정에 나섰다. 경솔한 결정은 아니었지만 이 부부는 수없이 위기에 봉착했다. 특히 베를린 외곽의 시골에 도착했을 때 큰 위기를 느꼈다.

곳곳에서 여전히 작은 교전이 벌어지고 있었다. 총소리가 들리면 우리는 고요해질 때까지 걸음을 멈추고 기다려야 했다. 이 외진 곳의 군인들은 전쟁이 끝났다는 사실을 모르는 게 분명했다. 때로는 다리가 사라지고 도로가 파손되어 우리는 돌아가는 길을 찾아야만 했다. (…) 터벅터벅 수 킬로미터를 걸어갔는데 더 이상 나아갈 수 없어서 다시 돌아 나와야 하는 고통스런 일을 수차례 겪었다. 한번은 인적이 드문 큰길을 따라 걸은 적이 있었다. 우리는 러시아어로 쓰인 큰 게시판을 보았고, 안전하지 않다고 느

끄면서도 그대로 나아갔다. 갑자기 비명소리가 들렸다. 아무것도 보이지 않았고, 순간 총알이 내 귀를 윙 스치면서 옷깃을 찢었다. 우리는 그곳에 있으면 안 된다는 사실을 깨닫고 발길을 돌려 수 킬로미터나 우회한 뒤에 간신히 원하는 장소에 다다랐다.

그들이 피난 과정에서 우연히 마주친 참상은 전쟁 자체와 당시 소련 점령군이 저지르고 있던 폭력을 암시했다.

숲속에는 소파와 깃털 침대들, 매트리스와 베개들이 흩어진 채 종종 터지거나 잘려져 있었고, 심지어 나뭇가지에도 깃털들이 여기저기 걸려 있었다. 아기 유모차들, 과일잼이 보존된 유리잔들, 게다가 소형 오토바이와 타자기, 자동차, 짐수레, 비누, 주머니칼 더미 그리고 가게에서 꺼내온 새 신발까지 있었다. 우리는 끔찍하고 역겨운 냄새를 풍기는 죽은 말들도 보았고…….

그리고 마침내 다른 곳에서 추방된 난민들을 만났다. 이 늙은 독일인 부부에게 그들은 소비에트 병사들과 마찬가지로 잠재적 위협이었다.

다양한 국적의 많은 사람이 우리와 반대 방향으로 향하고 있었다. 대부분은 고향집으로 돌아가려는 강제노역자들이었는데 그중 상당수는 아기를 데리고 있었고, 필요한 것은 무엇이든 훔쳤다. 현지 농가에서 말이나 짐수레를 훔치기도 했고, 때로는 조리

도구 같은 살림용품을 암소의 등에 실었다. 그들은 야생동물 같았다.

드럼 부부는 적어도 농가의 문을 두드리고 독일인 동포들에게 도움을 청할 수 있다는 이점이 있었다. 하지만 이 '야생동물'들은 지역민들로부터 무언가를 훔칠 수밖에 없었다. 그들은 환영받지 못했고, 어쨌든 다년간 독일 경비대에게 잔혹한 대우를 겪은 터라 그 어떤 독일인도 믿을 수 없었다. 스무 살의 폴란드인 여성 마릴카 오소프스카도 그런 사람 중 하나였다. 그녀는 1945년 4월까지 아우슈비츠, 라벤스브뤼크, 부헨발트 강제수용소에서 두 해를 보냈고, 체코슬로바키아로 향하는 죽음의 행진에서 탈출했다. 소련군 해방자들의 잔혹성을 목격한 그녀와 다른 옛 포로들은 미군 점령지로 가는 게 더 안전할 거라고 판단한 것이다. 그녀 또한 길 위에 구름 떼같이 몰려든 사람들을 보고 충격을 받았다.

1945년의 독일은 거대한 개미 소굴이었다. 모두 이리저리 이동하고 있었다. 이것이 독일 동쪽 영토의 광경이었다. 그곳에는 러시아에서 탈출한 독일인들이 있었다. 그곳에는 온갖 전쟁포로가 있었다. 비록 많은 편은 아니었지만 우리도 그곳에 있었다. (…) 믿기 어려울 정도로 많은 사람이 쏟아져 나와 이동하고 있었다.

그녀와 두 명의 폴란드인 친구는 프랑스인 노동자 셋, 영국인 전쟁포로 둘 그리고 미국인 흑인 병사 한 명과 길벗이 됐다. 그들은 당시 소련과 미군의 경계로 삼았던 물데강으로 향했다. 그들은 이동 중 현지 독일 농부들에게 구걸하기도 하고 음식을 내놓도록 위협도 했다. 확실히 흑인 남성이 함께하는 것이 효과가 있었다. 흑인 미국인은 마릴카와 있을 때는 내성적인 편이었지만, 독일인 앞에서는 그들의 인종적 편견을 자극하기 위해 옷을 벗고 입에 칼을 물고 야만인처럼 춤을 추었다. 이 모습을 보고 겁에 질린 독일인 주부들은 서둘러 음식이 든 통을 건넨 뒤 그를 쫓아냈다. 그러면 그는 다시 옷을 입고 평소처럼 여행을 계속했다.

드레스덴과 라이프치히의 중간쯤에 자리한 작센주 리자시에서 마릴카와 두 친구는 몇몇 러시아 군인을 속여 교통수단을 마련하는 데 성공했다. 그녀들은 수백 대의 훔친 자전거가 있는 상점을 지키는 중인 두 명의 군인에게 가서 애교를 부렸다. "당신들, 외롭겠네요! 같이 놀아줄까요? 우린 슈냅스schnapps[네덜란드 독주]가 있는 곳을 알아요." 경비원들은 그녀들에게 자전거 세 대를 내주면서 슈냅스를 가져오라고 했고, 그것으로 끝이었다.

일행은 6일간의 자전거 여행 끝에 마침내 미군이 통제하는 라이프치히에 도착했다. 그곳에서 여자들은 트럭에 실려 하노버 근교의 노르트하임 수용소로 옮겨졌다. 이후 마릴카는 히치하이크로 이탈리아에 들어갔다가 1946년 말 마침내 영국으로 이송됐다. 그녀는 15년 동안 폴란드로 돌아가지 않았다.

1945년 봄, 유럽의 길 위에서 펼쳐졌던 혼돈을 정확히 이해하려면 이와 같은 이야기 수십만 개가 필요할 것이다. 20여 개의 서로 다른 언어를 구사하는 난민들은 6년에 걸쳐 폭격당하고 파헤쳐지고 방치된 도로 시설에 적응할 수밖에 없었다. 그들은 연합군의 공습으로 처참히 부서진 도시로 몰려들었지만 그곳은 새롭게 유입된 난민은커녕 현지 주민들조차 거주하기 힘든 지경이었다. 여러 군사정부와 구호 기관들이 이 많은 난민을 받아들여 먹이고 입혔을 뿐만 아니라 행방불명된 친척들을 찾아내 그들 대부분을 6개월 안에 본국 송환했다는 것은 기적 같은 일이었다.

하지만 이 신속한 본국 송환도 그동안 입은 피해를 말끔히 지울 수는 없었다. 전시의 인구 유랑은 유럽의 사회심리에 매우 깊은 영향을 끼쳤다. 개인적 차원에서 그것은 난민뿐만 아니라 그들 뒤에 남겨진 이들에게도 잊지 못할 상처를 주었다. 그들은 삶의 터전에서 갑자기 사라져버린 사랑하는 가족의 생사조차 모른 채 몇 년 동안 애를 태우며 살아야 했다. 공동체 차원에서도 그것은 파괴적이었다. 모든 젊은이를 강제 징발한 결과 각 가정의 생계부양자를 빼앗긴 지역사회는 기아의 위험에 직면했다. 그러나 전시의 인구이동은 사회 집단의 차원에서 가장 의미심장하다. 인구 구성원의 일부를 뿌리째 뽑아낸다는 아이디어를 표준화함으로써 전후에 더 광범위한 인구이동의 본보기를 제공했기 때문이다. 전쟁 후에 발생할 범유럽 차원의 민족 추방 계획은 몇 세대에 걸쳐 변치 않았던 안정된 공동체라는 개념이 완전히 파괴되었기 때문에 가능했다. 유럽의 인구는 더 이상 고정된 상수가 아니었다. 이제는 불안정하고 유동적인, 덧없이 변하기 쉬운 것이었다.

4장

기아

전쟁 중 유럽에 공통으로 나타난 현상 중 하나는 곳곳에 만연한 굶주림이었다. 전쟁이 발발하자 식량 무역은 주춤하기 시작했고 대륙 전역에서 다각적으로 군사 봉쇄가 이어지자 완전히 중단됐다. 가장 먼저 사라진 식품은 수입 과일이었다. 영국 대중사회는 이 문제를 재치 있는 유머로 받아넘기려 했다. 청과물 가게 창문에는 "물론 바나나는 없습니다"라고 써 붙인 광고판이 출현하기 시작했고, 1943년 장편 극영화 「밀리언 라이크 어스Millions Like Us」는 오렌지가 어떻게 생겼는지 기억하지 못하는 이들을 위해 비꼬는 투로 오렌지를 설명하는 장면으로 시작된다. 유럽 대륙에서 가장 즉각적인 물자 결핍 중 하나는 커피였다. 커피를 구할 수 없다보니 사람들은 치커리, 민들레 뿌리, 도토리로 만든 다양한 대용품을 마실 수밖에 없었다.

곧이어 더 심각한 결핍이 뒤이었다. 우유, 크림, 달걀, 신선한 고기 등 상하기 쉬운 식료품들 그리고 설탕이 가장 먼저 부족해졌다. 이러한 식료품 결핍에 대응하기 위해 영국과 유럽의 대부분 국가는 물론 미국에서도 배급제를 도입했다. 중립국도 그런 결핍을 피할 순 없었다. 스페인에서는 감자나 올리브유와 같은 주요 식품조차 엄격히 배급됐고, 1944년 스위스 사람들은 수입 식량의 감소로 인해 전쟁 전에 비해 28퍼센트 부족한 칼로리로 버틸 수밖에 없었다. 이후 5년 동안 달걀은 어디서나 분말 형태로 가공됐고 버터는 마가린으로 대체되었으며 우유는 영유아를 위해 비축됐다. 게다가 양고기, 돼지고기 또는 쇠고기와 같은 전통적인 육류를 섭취할 수 없자 사람들은 뒷마당이나 농장에서 토끼를 대용물로 기르기 시작했다. 군사적 싸움만큼이나 기아를 막기 위한 분투는 막중했으며 그만큼 심각하게 받아들여졌다.

가장 먼저 기아의 벼랑까지 내몰린 국가는 그리스였다. 1941년 말부터 1942년 초겨울까지, 추축국에게 침략당한 지 6개월 만에 10만 명이 넘는 사람이 굶어 죽었다. 전쟁은 이 국가를 행정적 무정부 상태에 빠뜨렸고, 사람들의 이동 제한과 맞물려 식량 배급 체계를 붕괴시켰다. 농부들은 식량을 비축하기 시작했고 인플레이션이 통제 불능 상태에 달했으며 실업률이 급상승했다. 법과 질서도 거의 와해됐다. 많은 역사가는 독일 점령군이 식량 저장고를 징발하여 기아를 촉발했다고 비난해왔지만, 사실 식량 저장고는 대개 지역민이나 게릴라군 또는 개별 군인들에게 약탈당하고 있었다.

기아의 원인이 무엇이었든 그 결과는 재앙 수준이었다. 아테네와 테살로니키에서는 사망률이 3배 증가했고, 미코노스 등 일부 섬의 사망률은 평소보다 9배나 치솟았다. 전쟁기에 사망한 41만 명의 그리스인 중 적어도 25만 명은 기아와 관련된 죽음일 것이다. 매우 위태로운 상황에 이르자 영국군은 1942년 가을 이례적으로 식량 운송선이 자국을 지나 그리스로 입항할 수 있도록 봉쇄를 풀었다. 남은 전쟁기에도 독일과 영국의 합의 아래 구호물자는 그리스로 유입될 수 있었고, 1944년 말 해방 이후 혼란기에도 반입이 지속되었다.

전쟁의 충격이 그리스에서 식량 배급에 미친 영향이 매우 즉각적이었던 반면, 서유럽에서 식량 부족은 훨씬 나중에 본격화됐다. 예를 들어 네덜란드는 1944년부터 1945년 겨울 무렵에서야 기아의 엄중한 충격에 부딪혔다. 그리스와 달리 네덜란드에 '굶주린 겨울'을 불러일으킨 원인은 행정적 혼란이 아니라 국가 존망을 좌우하는 생존 필수품을 빼앗아가는 나치의 장기 전략에 있었다. 독일군은 1940년 5월 도착한 그 순간부터 금속, 의복, 직물, 자전거, 식량, 가축 등 모든 것을 징발하기 시작했다. 공장도 통째로 해체되어 독일로 운송됐다. 네덜란드는 식량과 가축 사료를 항상 수입에 의존해왔는데, 1940년에 수입이 중단된 데다 독일군의 징발로 인해 얼마 안 되는 양으로 살아남기 위해 몸부림쳐야 했다. 감자와 빵 배급은 전쟁 내내 가혹한 수준이어서 사람들은 사탕무 또는 튤립 구근으로 배를 채울 수밖에 없었다.

1944년 5월 무렵은 절망적이었다. 네덜란드 내부에서 작성된 보고서는 곧 나라가 해방되지 않으면 큰 재앙이 닥칠 것이라고 통보했다. 이에 영국군이 봉쇄를 해제하고 원조를 통과시키도록 허가했지만 매우 제한적인 수준에 그쳤다. 처칠은 정기적인 식량 원조가 독일군에게 흡수될 것을 우려했고 영국 참모총장은 독일 해군이 구호선을 길잡이로 삼아 수뢰가 빽빽한 네덜란드 해안을 빠져나가는 데 이용할까 두려워했다. 그런 까닭에 네덜란드인들은 해방을 고대하면서 굶어 죽어가는 수밖에 없었다.

1945년 5월 연합군이 마침내 네덜란드 서부에 진입할 무렵, 10만에서 15만 명 사이의 네덜란드인이 굶주림으로 인한 부종에 시달리고 있었다. 전쟁의 종식과 함께 대량의 구호물자가 들어옴으로써 그리스와 같은 대규모 재앙을 면할 수는 있었으나 이미 수천 명이 희생되었다. 암스테르담에 들어온 기자들은 이 도시를 "벨젠과 부헨발트에 버금가는 공포"를 보여주는 "거대한 강제수용소"라고 묘사했다. 암스테르담에서만 5000명이 넘는 국민이 굶주림 그리고 관련 질병으로 사망했고, 네덜란드 전체로는 1만6000명에서 2만 명에 이르렀다.

나치는 순전히 '악의'로 네덜란드를 굶겨 죽인 게 아니다. 사실 나치는 본질적으로 네덜란드인에 대해 '게르만 공동체로 돌아가야 할' 필요가 있는 '게르만' 민족으로 간주하고 있었기 때문에 다른 민족들에게보다 더 호의적이었다. 다만 독일 자체가 식량문제로 골치를 앓고 있었을 뿐이다. 전쟁 이전에도 독일 지도부는 국가 식량 생산이 위기에 처해 있다고 생각했다. 1942년 초반, 곡물 저장량이 거의 바닥났고 사료 부족으로 사육 돼지의 25퍼센트가 감소했으며, 빵과 고기의 배급량도 감축돼 있었다. 1943년 작물 수확량이 크게 늘었지만 기아 위기를 막을 수는 없었고, 배급량은 일시적으로 늘어났을 뿐 얼마 후 다시 축소되었다.

독일이 어느 정도의 위기에 직면했는지를 이해하려면 우선 일반적인 칼로리 영양 요구량을 살펴봐야 한다. 보통 성인이 건강을 유지하기 위해서는 하루에 약 2500칼로리가 요구되며, 중노동에 종사하고 있다면 더 많은 양이 필요하다. 결정적으로, 부종 같은 기아 관련 질병에 걸리지 않으려면 탄수화물만 공급돼선 안 되며 비타민이 든 신선한 채소, 단백질과 지방이 골고루 섭취되어야 한다. 전쟁 초기, 독일 민간인은 하루 평균 건강을 유지하기에 충분한 2570칼로리를 섭취했지만 이듬해에는 2445칼로리로 떨어졌고, 1943년에는 2078칼로리, 전쟁이 끝날 무렵에는 1412칼로리로 감소했다. 1945년 2월 한 독일 주부는 "굶주림이 모든 집의 문을 두드린다"고 기록했다. "4주 간격으로 발급되던 배급 카드는 5주간 사용할 수 있는 새 카드로 바뀌었고, 다시 발급될 수 있을지 아무도 몰랐다. 우리는 매일 감자 개수를 세면서 작은 것으로 다섯 알씩 먹었고, 빵은 갈수록 부족해졌다. 우리는 점점 여위었고, 더 추워졌고, 더 많이 굶주렸다."

나치는 기아로부터 자국민을 보호하기 위해 점령 지역들을 수탈했다. 즉 1941년에 노르웨이와 체코슬로바키아의 '일반 소비자'에 대한 하루 배급량을 1600칼로리로, 벨기에와 프랑스에서는 1300칼로리로 줄였다. 이들 나라의 국민은 서서히 굶주리다가 죽지 않으려면 암시장에 의지할 수밖에 없었다. 네덜란드 역시 벨기에나 프랑스의 상황과 실질적으로 다를 게 없었다. 다만 해방 시기가 9개월이나 늦었다는 게 큰 차이였다. 이때는 암시장조차 고갈된 데다 독일 국방군이 초토화 작전으로 네덜란드 농지의 20퍼센트 이상을 해수로 침수시켜 심각한 기아 사태를 부채질했다. 종전을 앞두고 네덜란드 점령지의 식품 배급량은 한 명당 400칼로리로, 이는 벨젠 강제수용소 수용자들이 받는 양의 절반이었다. 로테르담의 식량은 완전히 바닥나버렸다.

전반적으로 제2차 세계대전 당시 독일 나치 제국(제3제국)이 동쪽 점령지를 통치하는 방식은 서쪽 점령지와는 비교할 수 없을 만큼 혹독했다. 아테네에 거주하는 어느 젊은 미국인이 독일군 병사들에게 그리스의 비참한 식량 사정에 대해 물었을 때 이런 답변을 들었다. "아, 당신은 아직 아무것도 못 봤군요. 폴란드에서는 매일 600명이 굶주림으로 죽어가고 있습니다." 네덜란드와 그리스의 식량난이 그저 전쟁 중의 현상이었다면, 동유럽에서 그것은 독일군의 주요 무기였다. 나치는 유럽의 슬라브계 주민들을 먹여 살릴 생각이 없었다. 거의 처음부터 그들을 굶겨 죽일 작정이었다.

폴란드와 소련을 침공한 모든 목적은 독일계 정착민이 자유롭게 살 수 있는 공간을 확보하고, 독일을 비롯한 제3제국에 식량을 공급할 농지를 확보하는 것이었다. 동부 영토에 대한 나치의 계획, 즉 게네랄플란 오스트Generalplan Ost(동방 총계획)은 원래 폴란드계 주민의 80퍼센트를 그들의 토지에서 쫓아낸 뒤 우크라이나인의 64퍼센트와 벨라루스인의 75퍼센트를 쫓아내는 내용이었다. 그런

데 1942년 말, 나치 일부 권력층이 유대인뿐만 아니라 폴란드인과 우크라이나인 전체를 '물리적 절멸' 방향으로 압박했다. 규모 차원에서 홀로코스트를 왜소하게 만들어버리는 이 제노사이드의 주요 무기로 제안된 것이 바로 기아였다.

동유럽의 기아는 폴란드에서 시작됐다. 1940년 초 폴란드 주요 도시의 배급량은 하루 600칼로리를 겨우 넘었지만, 전쟁 후반에 폴란드의 노동력이 필요하다는 것을 깨닫자 배급량을 다소 올렸다. 전투가 동쪽으로 확대되면서부터 민간인의 굶주림은 더욱 심해졌다. 소련 침공 이후, 나치의 작전을 입안한 자들은 모든 지역의 독일군대는 현지에서 식량을 징발해 충당해야 하며 우크라이나 도시는 식량 공급을 차단해야 한다고 주장했다. 키예프, 하르코프, 드네프로페트롭스크는 굶어 죽도록 내버려두고 모든 잉여 식량을 독일 본국으로 보낸다는 구상이다. 독일군 당국자들은 그렇게 할 경우 굶어 죽는 인구가 2000만에서 3000만 명에 달할 거라는 수치를 서슴없이 언급했다. 절망에 빠진 주민은 음식을 찾아 암시장으로 향할 수밖에 없었고, 때로는 먹거리를 찾아 수백 마일을 걸어가는 이들도 있었다. 그나마 농촌 사람들은 도시민들보다 운이 좋은 편이었다. 한 예로, 공업도시인 하리코프에서는 무려 7만에서 8만 명이 굶어 죽은 것으로 추정된다.

결국 동부 점령지의 인구를 굶겨 죽이려는 나치의 계획은 중단되거나 적어도 느슨해졌다. 제3제국의 노동력이 부족할 때 건장한 노동자들을 죽음에 이르게 하는 술수는 경제적으로 비효율적이기 때문이다. 어차피 우크라이나 내 도시에 식량 공급을 끊는 일은 쉽지 않은 일이라는 점에서도 그것은 실행 불가능한 계획이었다. 즉 도시 거주자들이 시골로 도피하는 일을 막기도 어려운 일이고 유럽 전역에서 수천만 명을 먹여 살린 암시장을 단속할 수도 없었다. 하지만 식량 근처에 접근하지 못한 사람들은 비극적인 상황을 피할 수 없었다. 1941년 겨울, 독일군은 130만 명에서 165만 명 사이의 소련 전쟁포로를 굶겨 죽이는 데 성공했다. 게토에서는 대대적 학살이 시작되기도 전에 수만 명의 유대인이 굶어 죽은 것으로 여겨진다. 레닌그라드를 900일간 포위공격할 때 약 64만1000명의 도시 거주민이 기아와 기아 관련 질병으로 목숨을 잃었다. 한 개 도시에서만 그리스 전체의 기아 사망자보다 두 배 가까운 인구가 사라진 것이다.

전쟁이 끝나기만 하면 유럽의 식량 사정은 나아지리라는 기대와 달리 실제로는 더 악화된 곳이 많았다. 평화선언 직후 몇 달 동안 연합군은 굶주려 있는 수백만의 유럽인을 먹여 살리기 위해 필사적으로 노력했으나 실패했다. 앞서 언급했듯이, 전쟁이 끝날 때 독일의 통상적인 하루치 배급 열량은 겨우 1400칼로리를 넘는 수준으로 떨어졌고, 1945년 9월 독일 내 영국군 점령지구에서는 심지어 1224칼로리까지 떨어졌으며, 이듬해 3월에는 고작 1014칼로리였다. 1945년 말 독일 내 프랑스군 점령지구의 공식적인 배급 열량은 1000칼로리를 밑돌았으며, 이후 6개월간 그 수준을 넘기지 못했다.

유럽의 나머지 지역도 마찬가지였으며, 오히려 더 열악한 곳이 많았다. 이탈리아 남부가 해방되고 1억 달러의 원조를 받은 지 1년이 지나도록 로마에서는 식료품 가격 때문에 주부들이 시위를 벌였고, 1944년 12월에는 식량 부족에 항의하는 '기아 행진'이 일어났다. 국제연합구제부흥사업국의 보고서에 따르면, 전쟁이 끝난 뒤 이탈리아 전국 각지에서는 식량 폭동이 그치지 않았다. 1945년 절반 기간에 걸쳐 비엔나의 공식 하루치 배급 열량은 약 800칼로리 수준이었다. 같은 해 헝가리 부다페스트 12월의 배급 열량은 고작 556칼로리였다. 옛 동프로이센 주민은 거리에서 죽은 개를 먹으며 견뎠다. 베를린에서는 허기진 아이들이 공원에서 풀을 뜯어 모았고, 나폴리에서는 수족관의 열대어가 사라졌다. 심각한 영양실조가 이어지자 대륙 전역에서 질병이 창궐했다. 한때 결핵이 유럽을 휩쓸었던 것처럼 남유럽에 말라리아가 유행했으며, 루마니아에서는 빈곤과 관련된 펠라그라pellagra(니코틴산 결핍 증후군)가 250퍼센트나 증가했다.

전 세계적으로 식량이 부족한 것보다 심각한 문제는 필요한 곳에 제대로 분배될 수 없었다는 것이다. 6년 동안의 전쟁 끝에 유럽의 교통 인프라가 크게 훼손돼버린 탓이다. 유럽 도시들에 식량이 효율적으로 운송되려면 우선 철도망을 재건하고 도로와 상선을 보수해야 했다. 그와 더불어 법과 질서도 회복시켜야 했다. 유럽 일부 지역에서는 원조 식량이 도착하자마자 약탈을 당해 원조가 가장 시급한 곳에 물자를 배급하지 못하는 경우가 비일비재했다.

해방 직후 유럽에 도착한 영국군과 미군 병사들은 오싹한 광경을 목격했다. 그들도 어느 정도 전쟁이 초래한 파괴와 무질서를 예상했지만 실제 빈곤 상황에 맞닥뜨릴 마음의 준비까지는 되어 있지 않았다. 영국 육군 통신부대의 장교인 레이 헌팅은 1944년 가을, 해방된 이탈리아에 도착했다. 그는 중동에서 구걸하는 거지들의 모습에는 익숙했지만 자신이 타고 있는 기차에 달려드는 군중에는 대비가 돼 있지 않았다. 어느 환승역에서 그는 그들의 울부짖는 소리를 견디지 못해 가방 안에서 자신의 배급식량을 꺼내 군중을 향해 던졌다. 그다음에 벌어진 일은 그에게 매우 큰 충격을 안겨주었다.

굶주린 사람들을 향해 먹을거리를 무조건 던지는 짓은 끔찍한 잘못이다. 순식간에 그들은 떨어진 선물을 차지하기 위해 살벌하게 몸싸움을 벌이는 살덩어리들로 변모했다. 잔인해질 대로 잔인해진 남자들은 통조림을 손에 넣기 위해 서로 주먹질과 발길질을 해댔다. 여자들은 서로의 입에서 음식을 뜯어내어 짓밟힐 위험에 처한 아이들의 손에 쥐여줬다.

열차가 떠날 때까지도 그들은 그가 던져준 얼마 안 되는 음식 쪼가리를 빼앗으려 다투고 있었다. 옆 칸 객실에서 한 장교가 몸을 내밀어 말을 걸 때까지 헌팅은 열린 창문으로 사람들을 지켜보고 있었다. 장교가 시큰둥하게 말했다. "좀 아까운걸. 식량을 전부 던져주다니. 모르겠어? 통조림 두세 개만 있으면 당신은 저기서 제일 예쁜 여자를 차지할 수 있다고."

기아는 전쟁 직후에 가장 어렵고 위급한 문제 중 하나였다. 연합국 정부는 1943년부터 이 점을 이해하고 있었고, 그래서 식량 분배를 최우선 과제로 삼았다. 하지만 가장 견식 있는 정치가들이나 행정가들조차 음식을 단순히 육체적 필요로 간주하는 경향이 있었다. 굶주림에 시달리는 자들을 직접 마주한 최전방 사람들만 식량에도 '영적'인 차원이 있다는 것을 깨달을 수 있었다. 바이에른주의 한 난민수용소 부소장이었던 캐서린 흄도 이 점을 잘 이해하고 있었다. 1945년 말 그녀는 빌트플레켄 수용소에서 일어난 적십자사 소포 쟁탈전에 대해 비탄의 어조로 말했다.

다진 고기와 정어리가 약간 들어간 반짝이는 통조림이 수용소에서 거의 폭동을 일으킬 수 있고, 또한 립톤 차 봉지와 배링턴하우스 커피, 비타민 초콜릿 바가 사람들을 광적인 욕망에 빠트릴 수 있다는 건 믿기 어려운 일이다. 하지만 사실이 그렇다. 이것은 프랑크푸르트의 황량한 폐허만큼이나 파괴된 유럽의 예증이다. 이것은 바로 인간 영혼의 몰락이다. 이런 광경을 목격하는 건 엄청난 고통이다.

다음 장에서는 이 인간 영혼의 파멸을 만나게 된다.

5장

도덕적
타락

1943년 10월 초, 나폴리가 해방되고 얼마 지나지 않아 영국군 제
91야전경비대 소속의 노먼 루이스는 차를 몰고 이 도시 변두리의
어느 광장으로 들어갔다. 먼저 그의 눈에 들어온 풍경은 반쯤 훼
손된 큰 공공건물로, 그 앞에는 몇 대의 군용 트럭이 세워져 있었
다. 트럭 중 미군 보급품이 실려 있는 한 트럭 앞에는 연합군 병사
들이 몰려들어 통조림을 배급받고 있었다. 품에 한가득 통조림을
안아든 병사들은 이제 시청 건물 안으로 흘러들어갔다.

　　루이스와 동료들은 무슨 일인지 궁금해서 그들을 따라 들어
갔고 사람들을 헤치고 앞으로 나아갔다. 루이스는 자신이 본 광경
을 일기에 기록했다.

　　이곳에서는 한 줄로 늘어선 여자들이 벽을 등진 채 1미터 간격으
　　로 앉아 있었다. 외출복 차림의 이 여자들은 쇼핑과 수다를 좋아

하는 깔끔하고 평범한 서민층 주부들 같았다. 여자들의 옆에는 작은 통조림들이 쌓여 있었다. 그 순간 통조림을 주면 이 공공장소에서 그녀들 중 누구와도 성행위가 가능하다는 사실을 눈치챘다. 여자들은 입을 다문 채 가만히 있었으며 조각상처럼 무표정했다. 시장처럼 시끌벅적하지 않은 것을 빼면 마치 그녀들은 이곳에서 생선을 팔고 있는 것 같았다. 어떤 호객행위나 간청도 유혹도 없었고, 심지어 약간의 우발적인 신체 노출도 없었다. 뻔뻔스러운 몇몇 병사가 손에 통조림들을 들고 앞으로 나갔지만, 집에 먹을 게 없어서 찾아온 무감각하고 사무적인 표정의 생계부양자들을 마주하자 움츠러드는 듯했다. 또다시 현실은 꿈을 배신했고 분위기는 무겁게 가라앉았다. 다소 빙충맞은 웃음소리와 얼빠진 농담을 내뱉더니 슬그머니 꽁무니를 빼려는 기색이 역력했다. 술에 취해 비틀거리던 한 병사는 전우들의 부추김에 못 이기는 척 한 여자 옆에 배급 캔을 내려놓았고, 바지 단추를 풀고 그녀에게 몸을 숙였다. 허리와 엉덩이의 기계적인 상하운동이 시작되더니 금세 그쳤다. 잠시 후 몸을 일으킨 그는 서둘러 단추를 채웠다. 되도록 빨리 끝내고 싶었던 모양이다. 그는 사랑 행위가 아닌 전쟁터의 형벌을 감수하고 있었을 것이다.

당연히 루이스는 육체적 탐닉은 엄두도 내지 못하고 5분 뒤 다른 곳으로 떠났다. "동료 여행자들이 모은 통조림들은 맹렬히 달려드는 행인들에게 던져졌다. 내 트럭에 탄 병사 중 아무도 그런 재미를 보겠다고 나서지 않았다."

이 이야기에서 눈길을 끄는 대목은 절망에 처한 이탈리아 여성들이 아니라 루이스가 설명한 병사들의 반응이다. 한편으로 그 병사들은 여자들에게서 원하는 욕망을 채울 수 있고 밖에는 보급품으로 가득 찬 트럭이 있으니, 여자들에 대한 그들의 무한해 보이는 권력이 도무지 믿기지 않는 눈치다. 반면 그들 앞의 현실은 양심을 불편하게 한다. 이 거래에 참여한다는 것은 여자들에 대해서뿐만 아니라 자신의 인격을 모욕하는 것이며, 나아가 정상적인 성행위도 격하시키는 것이라는 인식에 맞닥뜨린다. 마찬가지로 이 여성들은 병사들의 수치심에 공감할 의사가 없다. 그녀들은 단지 '조각상'처럼 영혼 없는 사물이었을 뿐이었다.

노먼 루이스에 따르면, 이러한 일들은 점차 흔해졌다. 어느 이탈리아 왕자가 군을 방문했을 때 자기 여동생이 군 매춘업소에서 일할 수 있는지 알고 싶어했다. 루이스가 영국군은 공식적으로 매춘업소를 운영하지 않는다고 말해주자 왕자와 여동생은 실망한 기색으로 떠났다고 했다. 또 다른 경우로, 어린 이탈리아 소녀가 심각한 성폭행을 당한 사건을 조사하던 루이스에게 그녀의 아버지는 트라우마를 안고 있는 소녀에게 호의적인 행위를 강요하려 했다. 그 대가로 그녀의 아버지가 바란 것은 오직 딸을 위한 맛있고 충분한 식사뿐이었다.

이와 같은 절박함은 결코 나폴리 또는 이탈리아에 국한된 게 아니었다. 독일의 젊은 여성들은 초콜릿 바 하나를 받고 연합군 병사에게 몸을 허락하는 걸 정상적이라고 생각하게 되었다. 네덜란드 헤를렌에서는 미국의 소총병 로스코 브란트에게 다가온 어린 소녀가 무미건조하고 사무적인 어투로 물었다. "섹스'가 하고 싶은가요? 아니면 단지 '키스'만 하고 싶은가요?" 로스코 브란트는 그녀의 질문을 깨닫는 데 몇 분이 걸렸다고 한다. 그가 나이를 묻자 그녀는 열두 살이라고 했다. 헝가리에서는 열세 살가량의 소녀 수십 명이 성병으로 병원에 입원해 있었고, 그리스에서는 열 살 또는 그보다 어린 소녀들의 성병 기록이 남아 있다.

『데일리 익스프레스』의 종군기자 앨런 무어헤드에게 이러한 타락은 그동안 봤던 물리적 파괴보다 훨씬 충격적이었다. 그는 해방 직후 나폴리에 도착한 군인들이 던져준 한 움큼의 사탕을 차지하려고 남자와 여자, 아이들까지 뒤엉켜 치고받는 모습을 보았고 절망적인 심정으로 그 장면을 기록했다. 그는 가짜 브랜디를 제공하는 포주와 암상인, 열 살짜리 매춘부를 보았다. 그리고 여섯 살짜리 남자아이들이 누이들의 나체, 심지어 자신들의 나체가 실린 음란한 그림엽서를 팔았다.

처음 몇 달 동안 나폴리에서 본 것들은 인간의 추악한 행동의 목록에서 어느 것 하나 빠지지 않았던 것 같다. 사실 우리가 목격한 것은 인간의 도덕적 붕괴였다. 그들에게는 인간으로서의 어떤 긍지도 존엄성도 남아 있지 않았다. 생존을 위한 동물적인 투쟁이 모든 것을 지배했다. 중요한 것은 하나뿐이었다. 음식. 아이들을 위한 음식. 자기 자신을 위한 음식. 모든 굴욕과 타락을 대가로 한 음식. 음식 다음에는 한 줌의 온기와 숙소였다.

무어헤드는 음식이 단순한 육체적 문제가 아니라 도덕적 문제라는 점을 확실히 깨달았다. 유럽 전역에서 굶주림에 시달리는 수백만 명은 다음 끼니를 위해 모든 도덕적 가치를 기꺼이 내팽개칠 준비가 돼 있었다. 사실 수년간의 기아는 음식의 본질을 변질시켰다. 영국에서는 일상적인 권리로 여겨지는 것이 유럽의 나머지 지역에서는 권력을 대신하게 됐다. 그 결과 한 영국군 병사는 그와 함께 자고, 그를 위해 쇼핑하고, 그의 옷을 수선했던 독일 여자에 대해 "그녀는 바로 나의 노예와 같았다"라고 말할 정도였다.

이러한 이야기들은 두 가지 사실을 드러낸다. 하나는 유럽의 도덕적 풍경이 물리적 풍경만큼이나 딴판으로 변해버렸다는 것이다. 폐허 속에서 사는 데 익숙해진 사람들은 주변을 둘러싼 잔해를 더 이상 불편하게 여기지 않게 된 것처럼, 유럽의 많은 여성은 전쟁 후 몸을 팔아야 하는 행위를 수치스러워하지 않았다. 대륙 밖에서 온 자들만이 자신이 목격한 파괴에 놀라워할 뿐이었다. 다른 하나는, 생존이 걸린 경우 대개 성도덕은 뒤로 밀려난다는 사실이다. 어떤 이에게는 생존에 대한 위협을 느끼는 그 자체만으로도 미덕의 포기는 정당해 보였다. 더구나 위협이 실제적이고 만연한 환경에서 사실상 미덕이란 개념은 무의미한 것이 되었다.

약탈과 도둑질

음식을 구하기 위한 몸부림은 또 다른 현상, 즉 약탈과 도둑질이라는 범죄로 이어졌다. 1941년 굶주림에 지친 많은 그리스인은 식량을 훔치지 않으면 점령군에게 징발될 것이라고 믿었기 때문에 현지의 상점과 창고를 약탈했다. 벨라루스의 게릴라군은 생존을 위해 지역 농민들의 식량을 징발했으며, 식량 공급을 꺼리는 농부들은 강탈당했다. 전쟁 말기에 베를린에서는 약탈하는 자는 사형에 처하겠다는 경고가 곳곳에 나붙었지만 주부들은 가게들을 샅샅이 분탕질했다. 어차피 가만히 있다간 굶어 죽을 지경이었기 때문에 더 이상 잃을 게 없었다.

그러나 전쟁 중이나 그 후에 절도와 약탈이 증가한 데는 단지 절박함 때문만은 아니었다. 오히려 전쟁이 도둑질할 더 많은 기회와 유혹을 제공했다는 게 정확할 것이다. 폭격으로 문짝과 창문이 부서진 사유지에 들어가는 편이, 스스로 문이나 창문을 부수고 침입하는 편보다 훨씬 더 쉬운 법이다. 그리고 교전 지역에서 누군가 자산을 내버려두고 떠났다면 그가 다시 돌아오지 않을 거라 생각하게 된다. 사실 주인 없는 재산을 약탈하는 짓은 전쟁이 결핍을 만들어내기 이전부터 시작됐다. 바르샤바 주변 마을에서는 전쟁이 시작되자마자 이웃집 약탈이 시작됐다. 예를 들어 안제이의 가족이 1939년 9월 피신했다가 몇 주 뒤에 돌아왔을 때는 주택의 구조물까지 사라져 있었다. 그의 부모는 서까래와 다른 가재도구를 되찾기 위해 수차례 이웃을 방문해야 했다.

전쟁이 유럽 대륙 전역으로 확산되면서 도둑질과 약탈도 만연해졌다. 전쟁에 직접적인 영향을 받지 않은 나라들도 사정은 마찬가지였다. 1939년 중립국인 스웨덴에서는 유죄 판결이 급증했으며, 전쟁의 나머지 기간에도 높은 수준을 유지했다. 스톡홀름에서는 1939년과 1945년 사이에 도난 사건이 네 배 가까이 증가했다. 이것은 전쟁 중에 절도 사건이 세 배로 증가한 프랑스보다 더 높은 수치였다. 마찬가지로 바젤 같은 스위스 일부 지역에서는 청소년 범죄율이 두 배로 증가했다. 어째서 전쟁 중에 중립국들이 범죄 증가에 시달려야 했는가에 관한 문제는 오랫동안 사회과학자들을 곤혹스럽게 했다. 전쟁이 개시됐을 때 유럽 구석구석에 스며든 불안감, 다시 말해 대륙 전체에 전염병처럼 퍼진 사회 불안정이 그 원인이라는 게 신뢰할 만한 유일한 설명이었다.

유럽의 독일군 점령지에서 도둑질은 범죄로 여겨지지 않을 만큼 보편적인 현상이었다. 지방 헌병, 경찰, 민정 당국이 대부분 나치의 꼭두각시로 대체되고 난 뒤 때때로 절도와 다른 범죄들은 '저항 행위'로 격상됐다. 실제로 농가 출신의 빨치산들은 농민을 위한 투쟁을 지속한다는 명분으로 농부들의 재물을 훔쳤다. 농부들은 식량을 독일군 점령군에게 넘기지 않으려고 암시장에 내다 팔았고, 지역 상점들은 독일 군인들이 손대기 전에 약탈당했다. 돌이켜보면 온갖 종류의 절도와 불법행위가 정당화된 데는 그들에게 진실한 명분이 있었기 때문이다. 사람들의 도덕 세계는 사실상 전도됐다. 과거에 부도덕하게 여겨지던 행위가 이제 도의적 의무(반나치 저항 행위)로 칭송된 것이다.

연합군의 진격으로 유럽이 해방되기 시작하자 훔치고 약탈할 기회는 더 늘어났다. 우선 많은 지역의 헌병과 관리들이 달아났고, 남아 있던 독일 부역자들은 연합군이 도착하자마자 대부분 공직에서 축출되었으며, 지역문제를 잘 이해하지 못하는 미숙한 군정 관리들로 구성된 최소한의 인력이 그 자리를 대신했다. 그로 인한 혼란 속에서 법과 질서가 흔들렸다. 유럽을 휩쓴 이 범죄의 물결은 전쟁 중 발생한 범법 행위들을 무색하게 했으며, 이후로도 그와 같은 규모로는 발생하지 않았다. 독일령이었던 포메라니아와 실레지아 지역은 그야말로 무법천지여서, 이곳에 들어간 폴란드 행정 당국은 '황야의 서부'라 표현했다. 슈테틴(이후의 슈체친)에 맨 처음 임명된 폴란드인 관리 가운데 즈비그뉴 오그로진스키는 강도와 도적으로부터 자신을 보호하기 위해 항상 권총을 지니고 다녔으며 정기적으로 그것을 뽑아야만 했다. 같은 도시에 주둔하고 있던 한 영국인 군의관에 따르면 "살인, 강간, 강도, 폭력 사건이 너무 흔해서 아무도 주의를 기울이지 않았다"고 한다.

해방 후 세계에서 가장 큰 보급 항구가 되었던 나폴리는 세계적인 조직 절도의 중심지 중 한 곳이기도 했다. 1945년 앨런 무어헤드는 이렇게 썼다. "군 궐련 담배와 초콜릿이 100웨이트[무게 단위. 미국에서는 100파운드(45.36킬로그램), 영국에서는 112파운드(50.8킬로그램)]나 도난당해 터무니없는 가격에 되팔렸다. 차량 역시 (항상 이탈리아인에게 도난당한 건 아니지만) 매일 밤 평균 60~70대 정도가 부품을 잃었다. 특히 타이어처럼 귀한 부품은 이미 뒷거래 시장이 형성됐다." 거리 곳곳에 설치된 임시 노점에서는 부패 관리들과 마피아 갱단, 강도들, 탈영병 무리가 연합군 보급 열차에서 경쟁적으로 약탈한 군용 장물이 공공연히 팔리고 있었다. 아동 갱단은 군용 트럭에 올라타 무엇이든 손에 잡히는 대로 훔치곤 했다. 그들을 막기 위해 연합군 병사들은 총검을 휘둘렀고, 그로 인해 손가락이 잘린 많은 아동이 의료기관을 찾는 경우가 속출했다.

한 역사가에 따르면, 전후 베를린은 "세계 범죄의 수도"가 됐다. 전쟁 직후 이 도시에서는 매달 2000명이 체포됐는데, 이는 전쟁 전에 비해 800퍼센트 늘어난 수치다. 1946년 초까지 날마다 평균 240건의 강도 사건이 일어났고, 수십 개의 조직 폭력단이 밤낮으로 이 도시를 공포에 떨게 했다. 베를린에 거주하는 한 여성의 일기에는 이러한 내용이 담겨 있다. "소유권에 대한 모든 개념이 완전히 사라졌다. 누구나 남의 것을 훔쳤다. 왜냐하면 누구나 도둑맞은 적이 있기 때문이다." 베를린에 거주하던 루스 안드레아스-프리드리히는 물건의 주인이 누구인지 알지 못한 채 이 사람에게서 저 사람으로 옮겨지곤 했기 때문에 그곳의 삶을 '교환 게임'이라고 불렀다. 유럽 전역에는 어느 헝가리 여성이 "때로는 러시아인들이 우리에게서 훔쳤고, 가끔은 우리가 같은 방식으로 그들의 이것저것을 훔치며 앙갚음했다. 혹은 그 반대로……"라고 말한 풍토가 만연해 있었다. 사유재산이라는 개념이 무의미해진 셈이다.

이 범죄의 물결에서 큰 부분을 차지하는 것은 물론 궁핍이었지만, 다른 중요한 요인들도 있었다. 일단 도둑질에 대한 금기가 깨지고 난 뒤로는 두 번, 세 번 훔칠 수 있었다. 6년에 걸친 전쟁 후일부 사람에게 훔치는 행위는 생존수단이 돼버렸다. 도둑질이나 불법 거래에 의지해 목숨을 보전해온 이들은 전쟁이 끝났다고 해서 손을 떼지 않았으며, 형편이 더 곤궁해진 경우에는 특히 더 그랬다.

그러나 전쟁 후에 범람했던 절도 현상은 그들의 내면 깊숙한 곳의 욕구 해소를 암시하는 경우가 많다. 그들은 자신이 필요로 하지 않는 물건조차 훔치고 싶은 욕망을 느꼈던 듯하다. 강제 추방 생활을 경험했던 난민들의 이야기 중에는 식당 식탁보나 "큰 화분처럼 완전히 바보 같은 물건"을 훔친 경우를 확인할 수 있다. 4년 동안 감옥과 노동수용소 생활에서 살아남은 폴란드 여성 마리아 비엘리카는 무언가를 훔쳐야 한다는 본능적 충동에 시달렸다고 했다. 전쟁이 끝난 뒤 그녀와 여동생은 미국인의 주선으로 독일의 어느 별장에서 지낸 적이 있었다. 그 집에서 멀지 않은 곳에는 과거에 자신이 강제 노역을 했던 도자기 공장이 있었다.

제가 여동생과 같이 앉아 있는데, 완다가 말했어요. "있잖아, 난 벽에 걸린 그림이 너무 맘에 들어. 난 그 그림을 가져도 된다고 생각해. 왜냐고? 내가 겪은 모든 고통에 비하면 그림 하나쯤은 별것도 아니잖아." 그래서 제가 말했죠. "도자기도 몇 개 있어. 난 그게 맘에 들어. 우리는 그 공장에서 몇 년 동안 도자기를 만드느라 노예처럼 일했으니까 난 그걸 가져올 거야."

다음 날 아침, 자매는 자신들이 저지른 짓이 부끄러워 훔친 물건을 도로 가져다놓았다.

암시장

　제2차 세계대전이 종식된 후 가장 흔한 경범죄는 암시장에서 물건을 사고파는 행위였다. 앞서 말했듯이, 전쟁 중의 불법 거래는 저항 행위의 하나로 취급되었다. 그래서 암시장에서 팔리는 모든 상품, 특히 식량은 독일군 점령자들의 손에 넘어가지 못했다. 예컨대 프랑스에서는 매년 도축용으로 넘겨지는 가축의 수가 공식 기록보다 35만 마리 적었다. 몰래 빼돌린 이 동물들은 점령자들의 식탁이 아닌 프랑스 사람들의 식탁 위에서 일생을 마친 것이다. 낙농가들도 살아남으려면 암시장에 의존할 수밖에 없었다. 유럽 대륙의 거의 모든 운송망이 파손되어 도매상인이 매일 우유를 수거할 수 없는 상황에서 낙농가들은 비공식적인 지역 네트워크를 만들어낼 수밖에 없었다. 서유럽 전역에서 이러한 비공식 네트워크는 공식 시장만큼이나 광범위해졌다. 나치가 많은 식량을 징발하려 했던 동유럽에서도 마찬가지였다. 오히려 다른 어느 곳보다도 암시장이 필수적이었으며, 농부와 상인에게는 거의 도의적 책임이 따랐다. 당시 암시장이 없었다면 수십만 명의 폴란드인, 우크라이나인, 발트인이 굶어 죽었을 것이다.

　불법 거래는 본질적으로 불공평한 시스템이라는 문제를 안고 있다. 배급제는 모두에게 표준적인 음식을 제공하되 힘든 육체노동을 하는 사람들에게는 더 풍부한 식단을 제공하도록 고안됐으나, 암시장은 물건을 살 여력이 있는 자들만 만족시켰다. 해방 직전 프랑스의 암시장에서 팔리는 버터 값은 공정가격의 5.5배에 달했고 달걀값은 4배였다. 그 결과 달걀과 버터는 거의 공공 시장으로 출하되지 않았고, 부자들만 비싼 값을 치르고 사 먹을 수 있었다. 일부 농부와 상인은 철저히 암시장을 통해 부유해졌고, 자기 배만 불리는 그들의 행태는 동포들의 혐오감을 불러일으켰다. 그리스에서는 식량 가격이 내려가 상황이 호전되었을 때 투기꾼들이 물량을 사재기한 뒤 가격이 폭등할 거라는 유언비어를 퍼뜨려 값비싼 가격에 팔았다. 이에 대해 한 외국인 관찰자는 "전 세계가 그리스 민족의 운명에 고통스러워하는 동안 일부는 형제들의 피로 부자가 됐다"고 일침을 놓았다. 체코슬로바키아에서는 이런 행위에 분개하여 전쟁 중 국가나 시민을 희생시켜 사리를 취하고 부를 축적한 죄에 대해 5년에서 10년의 징역형을 선고했다.

전시에는 불법 거래가 불가피했거나 때로는 정당화되기도 했지만, 적대 상황이 끝난 뒤에는 그런 행위가 고치기 힘든 악습으로 남았다. 실제로 법과 질서가 와해되고 행정 및 수송체계도 붕괴되었을 때 이 현상은 더욱 극성을 부렸다. 1946년 가을까지 공공연한 암거래로 인해 많은 사람은 이를 범죄로 여기지 않았다. 독일 서부의 국제연합구제부흥사업국 책임자는 영국 외무부에 보낸 서한에 이렇게 주장했다. "서유럽의 모든 남녀, 아동이 많든 적든 불법 거래에 관여하고 있다. 유럽의 많은 지역에서 그렇게 하지 않으면 생존을 유지할 길이 없기 때문이다."

모든 사람이 일상적으로 법을 조롱하는 상황에서 법률의 존엄은 지켜질 수 없었고, 이는 불가피하게 도덕성 문제로 이어졌다. 영국에서도 이러한 행위 때문에 도덕적 기준이 타락했다는 인식이 있었다. 1945년 항공운송 보조부대에 복무했던 마거릿 고어는 이렇게 말했다. "영국에서 암시장은 사람들의 정직성을 서서히 무너뜨렸고, 그런 사회에서 우리는 훨씬 덜 성실해졌다고 생각한다. (…) 이것은 시작에 불과했다."

폭력

도둑질과 불법 거래가 유럽 전역에서 심각한 문제였다면, 어디든 존재하는 폭력의 위협은 위기였다. 앞서 언급했듯이 당시 무도한 폭력은 날마다 벌어지는 일상적인 사건이었다. 전쟁이 끝나갈 무렵 독일인들은 밤낮으로 이어지는 폭격에 익숙해져 있었다. 또한 폐허의 잔해 속에서 시체를 발견하는 것도 흔한 일이었다. 이보다는 약하지만 영국, 북프랑스, 네덜란드, 벨기에, 보헤미아와 모라비아, 오스트리아, 루마니아, 헝가리, 유고슬라비아, 이탈리아의 사정도 마찬가지였다. 좀더 동쪽에 위치한 지역의 주민들은 포탄에 의해 도시가 박살나고 사람의 몸이 가루가 되는 광경을 보아야했다. 수백만 명의 군인에게도 이것은 예사로운 경험이었다.

개인적 차원일지라도 전투지대 바깥에서 일어나는 폭력 역시 한없이 잔혹했다. 유럽 곳곳에 퍼져 있는 수천 개의 노동수용소와 강제수용소에 끌려간 사람들은 날마다 잔인하게 구타당했다. 유대인들은 동유럽 곳곳에서 사냥되고 살해됐다. 이탈리아 북부에서는 부역자들을 총살했을 때 보복과 재보복의 악순환이 반복됐고, 때때로 집안 간에 피의 복수전으로 확장되기도 했다. 제3제국 경내에서 유언비어를 퍼뜨린 자는 체포돼 구타당했고, 탈영병은 교수형에 처했으며, 다수의 정치적 견해 및 민족적 배경이 다른 불순분자는 두들겨 맞거나 투옥되거나 살해됐다. 전쟁이 끝날 무렵 이러한 일들이 일상적으로 벌어지자 유럽인들은 극단적인 폭력 행위에도 무감각해졌다.

일상적 폭력의 희생자였던 사람이 폭력 행위를 저지를 가능성이 훨씬 높다는 사실을 깨닫는 데는 많은 상상력이 필요없다. 더욱이 수많은 심리학적 연구가 이를 입증하고 있다. 1946년 독일 서부의 국제연합구제부흥사업국 책임자였던 프레더릭 모건 중장은 강제수용소들에서 해방된 유대인 지도자 몇 명에 대해 다음과 같은 우려를 표했다. "이 유대인 지도자들은 무슨 일에도 서슴지 않을 무모한 자들이다. 사실상 생존자에게 일어날 수 있는 모든 일을 겪었기 때문에 그들은 인명을 전혀 대수롭지 않게 여긴다." 독일 내 노예노동자들도 마찬가지였다. 나치에 의해 고향(모국)에서 쫓겨났던 강제 추방자들의 정신적 문제를 탐구한 국제연합구제부흥사업국의 보고에 따르면, 강제 추방자들은 "제어할 수 없는 공격성"을 통상적으로 드러냈으며, 거기에는 "(자기 자신이) 무가치하다는 감각 (…) 괴로움과 예민성"을 포함한 다른 심리적 문제가 있었다. 또한 극단적 냉소주의 경향도 강했다. "심지어 도움을 주려는 이들에 대해서도 무슨 꿍꿍이가 있으며 진심이 아니라고 간주했다."

어디에나 폭력의 희생자가 존재했다는 것은 가해자도 곳곳에 존재했다는 것을 의미한다. 전쟁이 끝나갈 무렵 독일군과 더욱 맹렬히 전투를 벌였던 빨치산들은 그리스의 대부분 지역, 유고슬라비아와 슬로바키아 전역, 북이탈리아의 다수 지역, 발트 3국의 상당 지역 그리고 폴란드와 우크라이나의 광대한 영역을 장악하고 있었다. 프랑스에서 레지스탕스는 적어도 15개의 지방단체를 자력으로 해방시켰고, 연합군이 파리에 도착하기 전부터 남부와 서부 대부분을 통제하고 있었다. 이들 지역(특히 유고슬라비아, 이탈리아, 그리스)에서 전쟁의 폭력은 독일인이 아닌 자국 내 파시스트와 부역자들에게 집중됐다. 그러한 폭력을 주도한 사람들이 이제는 권력자가 됐다.

나치와 그 동맹국들을 대신해 잔학행위를 저지른 자들은 대개 전쟁포로가 됐지만, 그보다 많은 이들이 강제 추방자로 위장하거나 시민의 삶으로 다시 스며들었다. 이들은 수만 명에 달하며, 여러 측면에서 피해자들만큼 심리적 상처를 안고 있었다. 중요한 것은 만행을 저지른 병사들 대부분이 사이코패스가 아니라 일반적인 사회 구성원으로서 전쟁을 시작했다는 사실이다. 그러한 개인들에 대한 심리학적 연구에 따르면, 처음에 그들은 수행 임무에 극도의 거부감을 느꼈고, 상당수는 그 임무를 오래 지속할 수 없다고 생각했다. 그러나 경험이 쌓일수록 인간의 생명을 빼앗는 짓에 대한 혐오는 가라앉았고, 도덕적 규범을 깨뜨리는 것에 대한 비뚤어진 기쁨, 심지어 병적 쾌감이 생겨났다.

그들 중 일부는 살인에 중독되어 전보다 더 도착적인 방식으로 잔학행위를 저지르기도 했다. 크로아티아의 극우집단 우스타샤는 수많은 세르비아인을 살해했을 뿐만 아니라 여성의 유방을 도려내고 남성을 거세하는 데 시간을 할애했다. 그리스 동북부 지방인 드라마에서는 불가리아인 군인들이 그리스인 희생자들의 머리로 축구 시합을 즐겼다. 폴란드 헤움노 강제수용소의 독일군 경비병들은 가스 기차에서 살아남은 아기들의 머리를 나무에 후려쳐서 부숴버렸다. 쾨니히스베르크에서 소련 군인들은 독일 여성들의 다리를 두 대의 차에 나눠 묶고 반대 방향으로 차를 몰아 문자 그대로 두 동강을 냈다. 우크라이나인 빨치산들은 볼히니아의 폴란드인을 농기구로 고문하면서 죽을 때까지 난도질했다. 폴란드인 빨치산들도 이에 대한 보복으로 우크라이나인들을 혹형에 처했다. 어느 우크라이나인 빨치산 한 명이 말했다. "나는 동지들이 아기나 어린이를 총검 끝으로 주워 불길에 던져 넣는 모습을 본 적은 없지만, 그런 식으로 죽은 폴란드인 아기들의 검게 그을린 시체들을 본 적은 있다. 동지 가운데 아무도 그런 짓을 하지 않았다면, 그것은 우리가 유일하게 저지르지 않은 잔혹 행위일 것이다." 그들이 이제 유럽의 일상적인 공동체의 구성원을 이루게 되었다.

참고로, 힘러 스스로도 만행을 저지르는 것이 부하들에게 심리적 역효과를 불러일으킬 수 있다는 사실을 깨닫고 있었다는 점을 언급할 필요가 있다. 그래서 그는 나치친위대ss 지휘관들에게 지속적인 살인으로 인한 스트레스 때문에 부하 대원들이 '잔혹한 짐승'이 되지 않도록 하라고 지시했다. 힘러가 대원들을 시켜 살해하는 대상은 털끝만큼도 고려하지 않은 채 자신들을 잔혹 행위의 '피해자'로 간주했다는 것은 도덕 질서가 얼마나 뒤집혔는지를 보여주는 바로미터다.

강간

　지금까지 소개한 많은 주제를 서로 연결하고, 또한 앞으로 탐
구할 많은 주제를 예상하는 데 도움을 주는 하나의 항목이 있다.
전시의 강간 행위는 힘없는 민간인에 대한 군사적 남용과 부당한
폭력의 전형이다. 제2차 세계대전 기간에 벌어진 강간은 이전에
알려진 그 어떤 경우보다 규모가 큰 현상이다. 즉 역사상 다른 어
떤 전쟁보다 제2차 세계대전 시기에, 특히 후반부에 많은 강간 사
건이 발생했다. 전투를 끝낸 직후 강간의 가장 큰 동기는 복수였
다. 문제는 각 교전국의 군대 내 제도적 장치가 미비하여 이런 행
위를 제어하지 못했다는 사실이다. 강간이 가장 만연했던 중부와
동부 유럽에서 사람들의 정신적·육체적 피해는 참담했다.
　어느 때고 강간은 전쟁과 떼려야 뗄 수 없는 관계였다. 일반적
으로 전쟁이 잔인할수록 적대국 여성에 대한 강간 가능성은 높아
진다. 확실히 제2차 세계대전이 종식될 무렵 최악의 강간 사례는
전투가 치열했던 곳에서 일어났고, 여성들도 격전 중이나 직후에
신변의 위협을 더 크게 느꼈다는 많은 증거가 있다. 하물며 당시
어떤 목격자들은 군인이 겪은 전투의 광포함을 고려할 때 강간은
불가피하다는 주장을 은근히 드러내기도 했다. 한 러시아 장교는
이렇게 말했다. "도대체 어쩌란 말이지? 인간이 잔악무도해질 수밖

에 없는 전쟁 아닌가."

최악의 강간 사례는 동유럽, 소련군이 독일 땅에 처음 발을 디뎠던 실레지아와 동프로이센 지역에서 벌어졌다. 그러나 강간은 전투가 벌어진 주변 지역에 국한되지 않았다. 실제로 전쟁이 벌어지는 동안 모든 곳에서 강간 사건이 증가했으며, 전투가 없었던 지역도 마찬가지였다. 예컨대 1939년부터 1945년까지 영국과 북아일랜드에서는 강간을 포함한 성범죄가 약 50퍼센트나 증가하여 당시에도 큰 우려를 불러일으켰다.

전쟁의 마지막 시기와 종전 직후에 유럽에서 강간 사건이 급증한 점에 대한 해석은 간단치 않다. 하지만 대륙 전체에 공통되는 몇 가지 뚜렷한 추세는 존재한다. 여기서도 서부 전선보다는 동부 전선의 상황이 훨씬 더 심각했다. 때때로 민간인 남성도 범죄를 저질렀지만 그것은 압도적으로 군사적인 문제였다. 연합군이 모든 방향에서 독일로 집결함에 따라 성폭력 또한 다른 범죄를 동반한 채 밀려들었다. 전투 상황이 혼란스러울수록, 예를 들어 격렬한 전투 직후나 기강이 해이해졌을 때 강간 행위도 극악해지는 경향이 있다. 중요한 점은 해방된 나라보다 정복당한 나라에서 유독 심각했다는 것으로, 이는 복수와 지배 욕구가 1945년 발생한 집단 강간 사건들의 중요한 (사실은 가장 주된) 요인이었음을 암시한다.

여러 연구에 따르면, 전시 강간은 점령군과 현지 민간인 사이에 문화적 차이가 클수록 더 잔인했고 더 빈번했다. 이 이론은 제2차 세계대전 기간에 벌어진 일련의 사건을 통해 입증됐다. 독일

바이에른에 들어간 프랑스 식민지 부대는 유독 악명이 높았다. 검은 숲Black Forest[독일어는 슈바르츠발트Schwarzwald로 독일 서남부의 산림 지대] 부근 마을에 살던 영국 여성인 크리스타벨 빌렌버그의 증언에 따르면, 모로코인 부대는 도착하자마자 "계곡 곳곳을 오르내리며 강간했다." 나중에는 사하라 사막 출신의 다른 부대들이 "한밤중에 찾아와 마을의 모든 집을 포위한 채 열두 살부터 팔순 노인까지 닥치는 대로 여성을 강간했다." 튀빙겐에서는 열두 살 소녀부터 일흔 살 노파까지 모로코인 병사들에게 겁탈당했다. 나치가 수년 동안 인종 혐오 선전전을 펼친 탓에 이 아프리카 남자들의 낯선 외모에 대한 여성들의 공포는 특히 심했다.

이런 문화 차이는 동부 전선에서도 똑같은 요인으로 존재했다. 많은 독일 군인이 동쪽의 운터멘슈Untermensch[열등 인종. 나치가 유대인·슬라브족·집시 등을 가리키던 용어]에게 느낀 경멸감은 그들이 소련을 침략했을 때 독일군 손아귀에 떨어진 우크라이나와 러시아 여성들을 유린하는 데 일조했다. 바실리 그로스만의 인터뷰 중에는 독일 장교가 한 여교사를 강간하면서 태어난 지 6개월밖에 안 된 그녀의 아기를 총으로 쏴 죽이겠다고 위협한 내용이 있다. 지냐 데미아노바라는 또 다른 교사는 10여 명의 독일장교 중 한 명이 그녀를 말채찍으로 때려눕힌 뒤 윤간한 상황을 이렇게 표현했다. "그들은 나를 갈기갈기 찢었다. (…) 나는 그저 시체였을 뿐이다."

전세가 역전돼 소련의 붉은 군대가 유럽 중부와 동남부로 진격했을 때도 인종적 문화적 동기가 영향력을 발휘했다. 예를 들어

제1부 전쟁의 유산

불가리아는 이웃 나라들에 비해 강간 피해를 거의 입지 않았다. 이것은 불가리아에 입성한 부대의 규율이 다른 부대보다 잘 갖춰져 있었을 뿐 아니라 불가리아가 러시아와 비슷한 문화와 언어를 공유했고 한 세기에 걸쳐 양국이 우호 관계를 이어왔기 때문이다. 이곳에 도착한 붉은 군대는 많은 지역민으로부터 진심 어린 환영을 받았다. 반면 소비에트 정권들과 다른 언어와 문화를 지닌 루마니아는 1944년까지 소련을 상대로 격렬한 전쟁을 벌였고, 그 결과 루마니아 여성은 불가리아 여성에 비해 극심한 고통을 겪었다.

헝가리와 오스트리아의 여성들은 더욱 모진 일을 겪었고, 지역에 따라서는 끔찍한 일들이 벌어졌다. 이번에도 그 배경에는 무시할 수 없는 문화적 차이가 존재했지만, 이 경우 헝가리와 오스트리아는 루마니아와 달리 붉은 군대가 도착할 때까지 소련을 상대로 교전을 벌였다는 사실이 소비에트의 적대감을 자극했다. 이에 부다페스트 서쪽의 차크바르 지역에 거주하는 많은 여성은 허리가 부러질 정도로 폭력적인 강간을 당했다. 트란실바니아 출신의 스무 살 여성인 알레인 폴츠도 그러한 폭력을 당했지만 불행 중 다행으로 그녀의 척추 부상은 영구적이지 않았다. 그녀는 몇 주 동안 강간을 당했고, 하룻밤에 자신을 폭행한 남자들이 몇 명인지 셀 수도 없었다. 훗날 그녀는 이렇게 썼다. "이것은 포옹이나 섹스와 무관했다. 그 어떤 것과도 관련이 없었다. 이것은 단지 침범이었다(방금 나는 이 단어가 정확하다는 것을 깨달았다). 그것은 확실히 '침범'이었다." 당시 전국 곳곳에서 이런 일이 자행되고 있었다는 인식이 그녀를 더욱 괴롭혔다.

가장 광범위한 강간 사례가 발생한 곳은 독일이었다. 동프로이센, 실레지아, 포메라니아에서 수만 명의 여성이 그야말로 중세적인 광란의 폭력으로 강간당한 후 살해됐다. 포메라니아의 베르발데 출신인 젊은 주부 마리 나우만은 한 무리의 병사들에게 강간당한 뒤 남편과 함께 헛간에 매달아졌다. 그 사이 아이들은 그녀의 바로 밑에서 밧줄에 목이 졸려 죽었다. 몇 명의 민간인이 달려와 밧줄을 자르자 그녀의 숨이 아직 붙어 있었다. 그들은 누가 이런 짓을 했는지 물었고 그녀는 러시아인들이라고 대답했다. 그러자 그들은 거짓말쟁이라고 욕하면서 그녀를 구타했다. 그녀는 자신에게 벌어진 일들을 감당할 수 없어 근처 샛강에 몸을 던졌으나 죽음에 이르지 못했다. 흠뻑 젖은 몸으로 지인의 아파트로 갔다가 우연히 마주친 러시아 장교에게 또다시 강간을 당했다. 장교가 떠나자 네 명의 소비에트 병사가 나타나 그녀를 '변태적인 방식'으로 강간했다. 용무가 끝나자 그들은 그녀의 몸을 걷어차 기절시켰다. 그녀의 의식이 돌아왔을 때 다른 한 쌍의 병사가 방으로 들어왔다. "하지만 그들은 나를 혼자 내버려두었다. 나는 살아 있다고 할 수 없는 상태였기 때문이다."

독일 구술사 프로젝트, 교회 기록보관소 그리고 독일 정부에서도 수천 개의 유사 사례가 수집돼왔다. 소비에트 측의 자료도 이곳들의 주장을 뒷받침한다. 옛 소련의 비밀경찰인 내무인민위원회NKVD가 1945년에 작성한 소련의 과잉 행위에 대한 몇 편의 보고서도 있지만, 레프 코펠레프나 알렉산드르 솔제니친과 같은 러시아 장교들의 회고록에서도 광범위하게 자행된 강간 장면들이 묘사되어 있다.

붉은 군대가 슐레지엔과 포메라니아를 거쳐 베를린으로 진격하는 동안 강간은 계속됐다. 여성들이 매일 밤 윤간당한 사례는 이루 헤아릴 수 없을 만큼 방대하다. 바실리 그로스만이 슈베린에서 인터뷰했던 어느 여성은 "오늘만 벌써 열 명의 남자에게 강간당했다"고 털어놓았다. 베를린의 하넬로레 틸레는 "짐승 같은 일곱 명의 남자에게 연달아" 당했다. 자기 집 지하실 석탄 더미 뒤에 숨어 있다가 붙잡힌 베를린의 또 다른 여성은 훗날 말했다. "스물세 명의 병사들이 차례로 덮쳤죠. 저는 병원에 가서 꿰매야 했어요. 나는 어떤 남자도, 어떤 관계도 거부하게 되었죠." 동프로이센에 주재한 독일장교 카를 아우구스트 크노르는 한 주택에서 수십 명의 여성을 구출했다고 했다. "거기서 그녀들은 평균 하루에 60~70번씩 강간당하고 있었다." 이런 사건은 한정 없이 나열할 수 있다.

전쟁 중의 수많은 잔학 행위를 설명하는 것도 그러하지만, 1945년의 강간 통계는 양이 너무나 많아서 넌더리가 날 지경이다. 독일 코블렌츠에 있는 동부 기록보관소에 기록된 이야기들은 뉘른베르크 재판 과정의 유대인 대학살에 관한 기술처럼 단조롭게 읽힌다. 가장 견디기 힘든 것은 공포의 끝없는 반복이다. 중부 유럽의 여러 지역에서는 강간이 고립된 사건이 아닌, 모든 여성 주민을 대상으로 한 집단 폭력이었다. 빈의 진료소와 의사들은 8만 7000명의 여성이 강간당했다고 보고했다. 베를린의 상황은 더 심각해서, 약 11만 명의 여성이 피해를 당한 것으로 추정된다. 독일 동부, 특히 소련군 병영과 가까운 지역에서는 1948년 말까지 성폭행 위협이 계속됐다. 전쟁 직후에 전체적으로 독일 여성 200만 명이 강간당한 것으로 간주된다.

헝가리의 통계치는 확인하기 쉽지 않다. 독일과 오스트리아 여성에 대한 강간은 전후에 꼼꼼히 기록됐지만 헝가리에서는 전후에 세워진 공산당 행정 당국이 강간 사건 자체를 인정하지 않았기 때문이다. 1989년에 이르러 비로소 적절한 연구가 이뤄졌으나 그 시점에서는 많은 정보를 확보하기 어려웠다. 병원 기록을 바탕으로 한 열악한 통계에 따르면, 5만 명에서 20만 명의 헝가리 여성이 소련군에게 성폭행당했다. 서유럽의 통계치는 훨씬 낮은 편이지만 결코 적다고 말할 수 없다. 예를 들어 미 육군은 1942년부터 1945년까지 북아프리카와 서유럽에서 무려 1만7000명의 민간인 여성을 강간한 혐의를 받고 있다.

성폭력과 성 착취의 결과는 가혹했다. 선쟁이 끝난 뒤 독일에서는 해마다 200만 회의 불법 낙태가 이뤄졌음에도 독일 여성이 낳은 '외국 아기'가 15만에서 20만 명이었으며, 그중 일부는 강간으로 인한 결과였다. 이들 자녀 중 상당수는 평생 어머니의 울분에 시달릴 수밖에 없었다. 말할 것도 없이 수많은 여성이 성병에 감염됐다(어떤 지역에서는 60퍼센트에 달했다). 1945년 8월 독일에서 항생제 주사 1회분은 진짜 커피 2파운드를 살 수 있는 비용이었기 때문에 일반적으로 치료할 수 없었다. 이러한 신체적 문제와 더불어 (직접 피해를 당한 여성뿐만 아니라 여성 전체에게) 정서적이고 심리적인 악영향이 밀려들었다. 이토록 많은 여성이 전리품 노리

개로 전락했을 때 모든 여성은 자신이 안전하지 않으며 남성이 지배하는 세상에서는 그저 물건으로 평가된다는 메시지를 받았다. 그래서 유럽 전 지역의 여성들은 영구적인 불안 상태에서 살아갈 수밖에 없었다.

남성 또한 이 집단적 현상으로 인해 악영향을 받았다는 점을 기억해야 한다. 많은 남자가 자신의 아내와 어머니, 누이와 딸이 강간당하는 모습을 지켜보도록 강요되었다. 이를 막으려 했던 남자들은 대개 사살되었고, 일반적으로 독일 남자들은 그 자리에서 속수무책으로 지켜봐야 했던 자괴감에 내내 시달려야 했다. 따라서 헝가리와 오스트리아, 특히 독일에서 대규모 강간은 여자들에게 폭력적이고 모욕적인 경험이었으며 남자들에게는 '거세당하는' 경험이었다. 해방 후 귀향한 남자들은 아내와 애인이 끔찍한 경험 때문에 회복할 수 없을 만큼 피폐해진 모습을 발견하고 큰 고통에 사로잡혔다. 많은 남자가 변고를 감당할 수 없어 아내 곁을 떠났고, 남겨진 여자들은 더욱 깊은 슬픔에 빠졌다. 남편의 반응이 두려워 자신이 당한 일을 비밀에 부치는 여자도 많았다. 그녀들은 성병에 걸렸거나 낙태했거나 '러시아인의 아기'를 낳았던 사실을 숨겼다. 부부관계를 위협하는 다양한 스트레스로 인해 전후 독일에서는 전쟁 전에 비해 이혼율이 두 배로 늘었다.

마지막으로, 당시 강간과 성 착취를 탐닉한 군인들은 어떤 영향을 받았는지에 대해서도 살펴볼 필요가 있다. 특히 그들 중 대다수는 자신이 저지른 행동에 대해 어떠한 처벌도 받지 않았기 때문이다. 많은 사람이 강력히 주장하듯이, 전쟁이 끝난 뒤 수년 동안 강간 발생률이 높았다는 지표는 강간을 자극한 동기가 단지 복수심만은 아니었음을 암시한다. 대신 우리는 많은 군인이 단지 강간이 가능했기 때문에 저지른 것이라는, 훨씬 더 우려스러운 사실에 직면하게 된다.

당시 병사들의 진술은 그들의 사고방식을 노출하고 있다. 그들은 섹스를 누릴 권리가 있으며 필요하다면 완력을 쓸 수도 있다고 생각한 것이다. "우리가 당신들을 해방시켰는데 어떻게 우리의 하찮은 요구를 거절할 수 있지?" "난 여자가 필요해! 내가 피 흘린 이유는 그것 때문이라고!" "미국 병사와 영국 병사는 (독일) 아가씨들을 꾈 수 있는 담배와 초콜릿을 가지고 있으니까 강간할 필요가 없지. 러시아인은 둘 다 갖고 있지 않지." 병사들이 여성에 대한 무제한의 권력을 쥐고 있고 징벌의 우려가 거의 없으며 동료 병사들 모두 성폭력에 흠뻑 취해 있는 환경에서, 강간은 그야말로 일상의 행위였다. 그러므로 바실리 그로스만의 동료인 한 종군기자가 만취한 병사 무리를 피해 방 안으로 들어온 러시아 소녀를 강간한 것은, 그가 괴물이었기 때문이 아니라 단지 '유혹을 물리칠' 수 없었기 때문이었다.

오늘날 미국인들이 '가장 위대한 세대'라고 부르는 남자들은 종종 사심 없는 영웅으로 묘사된다. 하지만 모두가 그런 건 아니었다. 그들 중 일부는 도둑이거나 약탈자였고, 최악의 성적 학대자였다. 수십만 명의 연합군 병사들, 특히 붉은 군대 병사들은 연쇄 강간범이었다. 당시에 레프 코펠레프는 이렇게 주장했다.

불명예스러움은 나 몰라라 한 채 독일 여자를 찾아 전적戰績 순
으로 줄을 섰거나, 어린 소녀를 강간했거나, 늙은 여인을 살해한
이 병사들을 어쩌해야 한단 말인가? 그들은 우리의 도시로, 우리
의 아내에게, 우리의 딸에게 되돌아올 것이다. 수백만 명의 잠재
적 범죄자가, 그것도 영웅이라는 명예를 얻고 귀환하기에 두 배
로 더 위험하다.

군대에서 퇴역한 뒤, 이 남자들은 유럽 사회로 다시 스며들었
다. 일부는 캐나다, 미국, 오스트레일리아 그리고 전 세계의 다른
나라로 돌아갔다. 이 남자들이 전쟁 후 자국 여성들을 어떻게 대
했는지를 알아보는 것은 틀림없이 흥미로운 연구 과제일 것이다.

도덕성과 아이들

전쟁 직후의 분위기를 고려할 때 유럽 아동의 성장이 우려스
러웠다는 사실은 놀랄 일이 아니다. 그들은 항상 물리적 위험에
둘러싸여 있었을 뿐만 아니라(우리는 이미 아이들이 탄약고에서 놀고
산딸기를 따기 위해 지뢰밭을 건너는가 하면, 길가에 버려진 판처파우스
트를 불태웠다는 이야기를 알고 있다) 도덕적 위험에도 심각하게 노
출돼 있었다. 그들이 겪은 심리적 손상은 놀이문화에서도 여실히
드러났다. 엄마들은 아이들이 공습 놀이 또는 프라우콤(러시아 군
인들이 강간하고 싶은 독일 여자를 고를 때 쓰던 용어) 놀이를 하는 모

습에 절망했다. 윌리엄 버포드-존스 중령은 베를린 어느 건물의 삼면 벽에 한 남자가 교수형을 당하는 그림이 열다섯 개나 그려진 것을 보고 충격을 받았다. 구세군 고아원의 한 직원에 따르면, 자신이 돌본 독일 아이들은 예외 없이 인형에 제복을 입혔으며, 난민 고아들은 제복을 입은 남자가 다가오는 모습을 보면 비명을 질렀다고 한다.

사실 아이들이 제복을 입지 않은 남자를 보는 일은 드물었다 (대륙의 몇몇 지역에서는 아이들이 남자를 보는 일 자체가 흔치 않았다). 이처럼 남성 롤모델이 부족한 현실은 권위 있는 어른의 상징이 부족한 것과 맞물려 아이들의 행동에 지대한 영향을 끼쳤다. 영국에서는 전시에 미성년자 비행 범죄가 거의 40퍼센트나 증가했다. 특히 가택침입죄나 악의적인 파손 및 절도죄(두 배 이상 증가)가 두드러졌다. 독일에서도 상황은 유사했다. 마르틴 보어만의 통계에 따르면, 1937년부터 1942년 사이에 청소년 범죄가 두 배 이상 증가했고, 1943년까지도 여전히 상승했다. 전쟁 중에 함부르크와 같은 몇몇 도시에서는 미성년자 비행이 세 배로 늘어났다. 1945년 중반에 이르러 소비에트 점령지구에서는 '아동 갱단'이 음식과 돈을 위해 사람들을 습격하고 때로는 살해한 것으로 보고됐다. 부모의 관리 부족 또는 완전한 방치가 그들을 '작은 야만인'으로 만들었다.

독일계 아동은 가장 큰 우려를 낳았다. 어떤 사람들은 그들이 순전히 독일인 혈통이라는 점 때문에 위협적이라고 믿었다. 노르웨이에서는 독일군 아버지를 둔 모든 아동을 추방하라는 요구가 일어났다. 그들이 성장하면 나치 제5열Nazi fifth column[적과 내통하

여 국내에서 파괴 행위를 일삼는 자들]이 될 수 있다는 걱정 때문이
었다. 나치가 자신들을 '지배자 민족Herrenvolk'이라 믿게 만든 우
생학적 원리가 이제는 독일 혈통 아이들에게 적용되어 그들을 미
래의 위협과 동일시하는 사태가 벌어진 것이다.

독일 내에서 연합군은 유아보다 십대들을 더 걱정했다.
1945년 독일 십대들은 12년간의 학교생활과 독일소녀동맹이나 히
틀러유겐트 같은 나치 청년단체에 강제로 가입되어 줄곧 나치 이
데올로기를 주입받았기 때문이다. 이 세대는 재교육될 수 없을 거
라고 두려워하는 사람도 많았다. 1944년과 1945년에 참전한 영국
병사들은 종종 "독일인은 젊을수록 더 오만하고 '안하무인'이었
다"고 기록했다. 『데일리 익스프레스』에 실린 한 놀라운 기사에서
R. 크리스프 소령은 예전에 그가 접했던 평범한 독일 병사들은 야
만적 만행 외에는 할 줄 아는 게 없는 광적인 열다섯 살과 열여섯
살의 군대로 대체됐다고 진술했다.

> 그들에게서는 품위라거나 온유함 또는 겸손함은 전혀 찾아볼 수
> 없었다. 오로지 야수성, 탐욕스러움, 잔인함만 엿보였다. 이 녀석
> 들은 의도적으로 야만인이 되도록 교육받은, 미치광이의 끔찍한
> 명령을 실행하도록 훈련받은 세대였다. 그들은 어떤 올바른 사상
> 도 만나본 적이 없었다. (…) 1920년 이후 태어난 모든 독일인은
> 이 악마 같은 저주에 걸려 있다. 나이가 젊을수록 사악한 독이
> 더욱 지독하게 스며들어 있다. 히틀러 체제 아래에서 태어난 모
> 든 아이는 미아迷兒다. 그야말로 '길 잃은 세대'다.

이 신문 기사는 계속해서 이토록 많은 아동이 전쟁통에 사망했다는 것은 실로 신의 가호이며, 나머지 아이들도 이 세계의 이익을 위해 비슷하게 처리돼야 한다고 암암리에 주장했다. "그들을 절멸하든 단종시키든, 마지막 나치주의자가 죽기 전까지는 지구상에서 공포의 극치인 나치즘이 사라지지 않을 것이다."

드디어 나치 통치의 끔찍한 그늘이 연합군의 사상과 글에 거울처럼 반영되었다. 즉 히틀러가 유럽에 퍼트린 악에 대한 도덕적 해결방안인 '절멸'을 영국의 주류 신문이 제안한 것이다. 이런 착상은 괴벨스가 『민족의 감시자Völkischer Beobachter』에 발표한 몇 편의 가장 광포한 독일어 문장들과 조금도 다르지 않다. (엄청난) 차이점이 있다면 영국에서는 이런 발상에 홀린 남자들이 실제로 정권을 장악한 적이 없으며, 그래서 그 제안들이 실행에 옮겨진 적은 없었다는 것이다. 그러나 전국적인 매체에서 이러한 사상이 진지하게 표명될 수 있었다는 것, 심지어 전시 중 독일군 점령을 모면한 국가에 존재했다는 것은 부인할 수 없는 도덕적 타락이었다.

6장

희망

인간다운 생활과 물리적 환경이 심각하게 훼손되었음에도 불구하고 전쟁 종식은 크나큰 낙관주의를 불러들였다. 1945년 5월, 주위를 둘러본 유럽인들은 자랑스럽게 느껴야 할 일이 많다는 것을 깨달았다. 그들에게 닥친 모든 변화가 오로지 부정적인 것만은 아니었다. 독재정권의 축출은 유럽 대륙을 전쟁 전보다 자유롭고 안전하고 공정하게 만들었고, 드디어 (한때나마 동유럽의 많은 곳에서도) 민주 정부들을 재건할 수 있었다. 장차 무슨 일이 일어나더라도 최소한 이제 막 벗어난 시기보다는 밝을 것이라는 보편적 인식이 존재했다.

전후 수년간 사람들은 사회 각계각층의 활동과 이상주의가 폭발적으로 증가하는 것을 지켜보았다. 예술, 음악, 문학이 다시 꽃피기 시작했고 수백 개의 새로운 잡지와 신문이 대륙 전역에서 창간됐다. 낙관적이고 활기찬 세계를 내다보는 새로운 철학들이 등장해, 인류는 "온전한 헌신과 온전한 자유"를 실현할 수 있을 거라고 예상했다. 노선을 달리하는 수십 개의 신정치 운동과 정당이 탄생했고, 그중 일부는 다음 반세기 동안 정치사상을 좌지우지했다.

유럽인들이 의기소침하거나 지쳐 나자빠졌거나 퇴폐했다면 근본적으로 이런 변화들은 불가능했을 터였다. 희망은 적어도 전후 분위기를 이루는 더 어두운 요소들만큼이나 중요했다. 그것은 대륙에 활력을 불어넣고 무거운 몸을 일으키도록 독려하는 힘이었다. 또한 그것은 사람들이 낡은 정부를 대신해 등장한 신정부와 신제도에 대한 냉소주의를 누그러뜨린 것이기도 했다. 이러한 희망은 대체로 히틀러의 몰락에 따른 권리와 자유의 재생을 받아들이는 자연스럽고도 자발적 반응이었다. 하지만 어떤 면에서 이 희망은 유럽 사회의 뿌리 깊은 요구와 갈망, 심지어 편견에 의해서 만들어졌다.

영웅 숭배

전쟁이 끝난 뒤, 유럽은 신물 날 정도로 분쟁 기간에 발생한 이야기에 열중했다. 어떤 면에서는 최근까지 자신들이 경험한 사건을 이해할 필요가 있었기 때문이다. 하지만 전후에 쏟아진 이야기들의 유형은 그러한 이유가 전부는 아님을 증명해줬다. 가장 인기 있게 회자된 이야기들은 유럽 대륙 곳곳에서 벌어졌던 숱한 영웅담으로, 그 속에 등장하는 영웅들은 동포들의 진정한 정신을 대변할 만한 용기와 희생적 업적을 드러내는 지역 남녀들이었다. 한편 전쟁의 악은 이야기 속 악당들에게 투사되었는데, 대부분은 외국인 또는 독일인이었다. 외국인의 사악함과 자국인의 고결함 간의 이러한 대조는 전후에 민족적 정체성을 재건하는 데 대단히 중요한 요소로, 부상을 입은 유럽 국가들이 제 상처를 핥기 위해 선택한 주요 방식 중 하나였다.

영웅 숭배는 전쟁 후 긍정적인 분위기 전환이 필요했던 영국에서 가장 두드러졌다. 1945년 영국은 기진맥진한 상태였다. 훼손된 인프라와 파산 지경의 경제를 회복해야 했을 뿐만 아니라, 다른 유럽 지역과 아프리카 및 중동에서 와해되고 있는 대영제국의 치안도 재건해야 하는 부담을 지고 있었다. 향후 10년간의 고난과 배급 현실에 대한 보상으로 영국인을 위로할 만한 것은 전쟁에 패하지 않았으며 악에 맞서 고귀하게 행동했다는 인식이다. 한마디로 말해서 영국은 영웅들을 배출한 국가라는 자부심이었다.

해외의 끔찍한 이야기와 국내의 비참한 이야기에 대한 해독제로서, 영국인은 여러 영웅담을 소집했다. 그 결과 1940년대 말부터 1950년대 초에 수많은 전쟁 이야기가 쇄도했다. 유명한 작품 가운데 몇 편만 열거하면 『대탈출The Great Escape』『잔인한 바다 The Cruel Sea』『댐 버스터The Dam Busters』『일 멧 바이 문라이트Ⅲ Met by Moonlight』『콜디츠 스토리The Colditz Story』『리치 포 더 스카이Reach for the Sky』 등이다. 이 이야기들의 주인공은 도저히 극복할 수 없을 것 같은 장애에도 불구하고 대의의 정당성, 능력, 성공에 대한 확신을 결코 의심하지 않는다. 이것은 전시 프로파간다의 재활용이 아니었다. 전쟁이 끝난 뒤 자신들을 들여다볼 때 필요한 형상이었다. 영국인들은 결코 절망하지도 의심하지도 않았으며 불평하지도 않았다는, 사실 전시의 '여론조사' 기록보관소들을 잠깐만 방문해도 모순을 발견할 수 있는 이러한 신화는 지금까지도 전형적인 위안거리다.

전쟁 직후 유럽에서는 자기 민족에 대한 긍정적 이야기를 퍼뜨릴 필요가 있었다. 특히 나치에게 점령당했던 국가의 경우 더욱 그러한 서사가 중요했다. 영국에서 그러했듯 전후 생활의 가혹함으로부터 국민의 주의를 돌려야 했고, 또 독일에 부역한 불쾌한 사실로부터 벗어나야 했기 때문이다.

노르웨이에서는 국민적 전쟁 영웅들을 공개적으로 칭송하는 것과 함께 독일 부역자에 대한 사회적 숙청이 이뤄졌다. 결국은 후자가 전자를 압도했지만, 저항운동이라는 용감한 행위를 찬양하는 대중 연설이 수십 차례 진행됐고 대중을 크게 고무시킨 이야기의 주역들에게 훈장을 수여하는 행사가 열렸다. 1940년대 중후반부터는 노르웨이 군인, 첩보원, 폭파 공작원의 공적을 상세히 기록한 일련의 전쟁 회고록이 출간됐다. 옌스 밀러의 『세 명의 생환자Tre kom tilbake』는 스탈라그 루프트 3 전쟁포로수용소에서 '위대한 탈출'에 성공한 실화를 소개했다. 밀러 자신이 먼 곳에서 고향으로 귀환한 세 명의 생환자 중 한 명이었다. 올루프 올슨의 회고록은 나치 침공 후 그가 어떻게 리사케르 다리를 폭파하고 영국으로 탈출했으며, 이후 영국 특수작전 집행부 요원으로서 1943년

낙하산을 타고 노르웨이로 돌아갔는지를 들려주고 있다. 크누트 하우켈리트는 그와 동료 요원들이 어떻게 리우칸에 있는 나치 중수重水 공장을 파괴했는지를 회고했다. 이 이야기는 훗날 영국에서 「텔레마크의 영웅들The Heroes of Telemark」이라는 영화로 제작돼 세상에 전해졌다. 막스 마누스의 남다른 경력은 일련의 아슬아슬한 탈출과 음모 그리고 파괴 활동을 포함하고 있다. 그의 회고록은 1946년 노르웨이에서 출판됐지만, 그 이야기는 내가 이 책을 쓰고 있는 2008년 후반에야 장편 영화로 제작됐다. 이 영화는 노르웨이 역사상 가장 큰 예산이 투입됐다는 점에서 국가적 전쟁 영웅에 관한 서사가 지닌 불후의 호소력을 입증한다.

이야기가 충분히 자주 반복될 때 전시 저항활동이 그 나라의 일상적인 경험이었다는 것을 쉽게 상상할 수 있다. 그런 이야기들에는 다른 긍정적 효과도 있었다. 전시 저항운동과 영국 간의 연결 관계를 부단히 언급함으로써 노르웨이는 자국의 해방뿐만 아니라 유럽 전체의 해방에도 적극적인 역할을 한 것으로 인정될 수 있다.

이와 같은 배경에서 저항운동 이야기는 나치에게 점령당한 모든 나라에서 전시 경험에 대한 지배적 서사가 됐다. 네덜란드는 '위대한 탈출자' 중 한 명이자 가장 많은 서훈을 받은 군인 브람 반 데르 스톡과 같은 남자들의 용맹함을 기념했다. 덴마크에는 레지스탕스 신문사 『자유 덴마크Frit Danmark』의 창립자인 모겐스 포그라는 인물이 있었는데, 그는 영국 공군RAF이 코펜하겐에 있는 신문사 본사를 폭격했을 때 운 좋게 게슈타포로부터 탈출했다. 체코 공산주의자들에게는 나치 지배에 항의하다가 처형된 마리에 쿠데르이코바와 같은 학생 영웅이 있었다. 한편 체코 보수주의자로는 유명한 스파이이자 폭파 공작원이었던 요제프 마신이 있었다. 그의 아들들은 아버지의 발자취를 좇아 공산 정권에 저항했다.

제2차 세계대전에 적극 가담한 나라들에는 이러한 이야기가 수천 개 정도는 못 돼도 수백 개쯤은 있다. 물론 더러 과장되거나 이상화된 부분도 있지만, 보통 사람들이 엄청난 역경을 이겨내고 승리하는 모습을 진솔하게 묘사함으로써 유럽 차원의 광범위한 투쟁을 대표하게 됐다. 이러한 이야기들은 그러한 높은 이상에 부응하는 삶을 살지 못한 모든 세대에게 영감을 주었을 뿐만 아니라, 전후 유럽의 삶이 아무리 고달프다 해도 나치 폭정 아래 사는 것보다 훨씬 낫다는 진리를 상기시켰다.

우애와 단결

전후에 보편적으로 칭송된 것은 영웅주의만이 아니다. 1945년 5월 9일 유고슬라비아의 지도자 요시프 브로즈 티토는 승전 연설을 할 때 전쟁 중 자신이 이끈 빨치산들의 '영웅 행위'에 경의를 표하면서 그들의 "비길 데 없는 위업"이 "미래 세대를 격려하고, 어떻게 조국을 사랑할 수 있을지를 가르친다"고 말했다. 하지만 그 연설의 주요 강조점은 영웅적 행위에 대한 찬사라기보다는 오히려 단결에 대한 찬사였다.

유고슬라비아 인민이여!
세르비아인, 크로아티아인, 슬로베니아인, 마케도니아인, 몬테네
그로인, 무슬림이여!
여러분이 갈망하던 대망의 그날이 마침내 찾아왔습니다! (…) 여
러분을 노예로 굴종시키려던 권력이 패배한 것입니다. 독일과 이
탈리아 파시스트는 여러분을 서로 적대하게 만들었고, 서로를 죽
이는 분쟁 속에 공멸하도록 획책했습니다. 하지만 여러분의 우수
한 아들딸은 조국과 각 민족에 대한 사랑으로 용기를 얻어 이 극
악무도한 적의 계획을 좌절시켰습니다. 오늘 여러분은 각 민족 간
의 불화와 적대감 대신 새롭고 행복한 유고슬라비아에서 하나가
되었습니다.

연설 후반부로 접어들자 티토는 동포들뿐만 아니라 발칸반도
의 모든 국가, 연합국과 연합군 그리고 국제연합 전체에게 '우애와
단결'을 호소했다. 그는 유럽 전승기념일은 모두를 위한 "공통 승
리"의 날이며 "전쟁터에서의 이 위대한 승리의 여파로, 전시와 마
찬가지로 평시에도 유엔의 조화와 화합이 계속 유지되길 바란다"
고 역설했다.
　　사실 이러한 감성은 전쟁 중 유럽의 모든 지도자가 다양한 방
식으로 호소했던 부분이다. 예를 들어 처칠은 "영연방 및 대영제
국이 (…) 그 길고도 낭만적인 역사 속의 어느 시대보다도 더 단결

되어 있음"을 보장했을 뿐만 아니라 연합국 사이에 존재하는 "화합, 동지애 및 우애"를 거듭 강조했다. 그는 "거의 전 세계가 악한 자들에 대항하여 연합했기" 때문에 승리할 수 있었다고 말했다. 해방 후 루마니아의 최초 지도자였던 콘스탄틴 서너테스쿠는 "국가 전역"에 걸친 "완벽한 단결 정신"을 강조했다. 스탈린조차도 어떻게 "각 민족 간의 우애 이데올로기가 히틀러주의자의 (…) 인종 증오 이데올로기에 맞서 완전한 승리를 얻게 되었는가"를 언급했다.

'단결'이라는 낱말은 당대의 표어 중 하나였다. 샤를 드골은 '단결'을 전쟁 회고록의 가장 중요한 권 제목으로 삼기도 했다. 단결은 모두가 갈망하는 이상이었고, 전쟁이 그것을 가능하게 만들었다. 서유럽 전역에서는 정치 신조가 다른 빨치산 조직들이 서로의 차이를 잠시 접어두고 '민족저항위원회'를 결성했다. 1945년에 이르러 유럽의 거의 모든 국가는 각 정당이 협력하는 '국민통합정부'를 형성했다. 전쟁이 끝나갈 무렵, 연합국의 단결 정신을 고취하는 차원에서 50여 개국이 모여 새로운 국제기구의 헌장 초안을 마련했다. 바로 국제연합이다.

민족과 계급이 다르고 정치적 신념이 다른 사람들 간의 협력은 대다수 평범한 사람들에게 전쟁이 안겨준 가장 고무적인 일이었다. 테오도라 피츠기번은 그녀의 회고록에 이렇게 썼다. "온갖 공포에도 불구하고 전쟁은 완전히 파괴적이지는 않았다. 왜냐하면 서로를 대하는 영국인의 태도에 현저한 변화를 가져왔기 때문이다. 공통의 위난을 경험한 것이 낯선 사람들 사이에 계급이나 성별이라는 전통적인 장벽을 뛰어넘는, 거의 사랑에 가까운 우애를 싹트게 한 것이다."

벨기에인, 노르웨이인과 함께 복무했고 프랑스인, 러시아인, 폴란드인과 함께 야전병원에 머문 적이 있었던 영국인 병사 리처드 메인에게 전쟁은 '유럽 교육'의 현장이었다. 훗날 그는 유럽의 정치가가 되었고, 장 모네와 발터 할슈타인의 동료이자 유럽연합의 가장 열성적인 옹호자 중 한 명이 됐다. 그는 훗날 이렇게 기억하며 말했다.

유럽의 온갖 '위대한 기대'가 모조리 충족된 건 아니었다. 그러나 다른 모든 것의 밑바탕이 된 하나가 있었다. 바로 많은 사람이 전시 중에 감지한 '결속감'이다. 동의 여부를 떠나서, 이러한 연대감은 더 나은 세계, 더 나은 유럽, 그리고 더 나은 사회, 즉 더 공평하고 덜 편견적이고 덜 위계적이며, 제2차 세계대전이 형성한 인위적 장벽들로부터 해방된 세계를 건설하려는 인류의 노고를 깨닫도록 했다.

역사가 보여주듯, 보편적 연대에 대한 기대감은 불행하게도 단명하고 말았다. 냉전이 유럽을 동서로 가르고 40년 이상 좌우 진영이 왕래하지 못하게 하는 균열을 불러일으킨 것이다. 유고슬라비아와 유럽의 다른 지역에서 '우애와 단결'이라는 수사는 현실과 동떨어진 것이었고, 경쟁 집단 간의 평화는 자발적이라기보다는 강요된 경우가 더 많았다. 어떤 경우에서든 '낯선 사람들 간의 우애'는 증오나 복수 중 하나와 공존했다.

그럼에도 전후의 가장 암울했던 시기에 전시의 핵심적인 이상은 늘 살아 있었다. 결국 오늘날까지 계속 확대되고 있는 유럽 국가 간 공식적인 협력관계의 기초를 이루고 있기 때문이다.

멋진 신세계

전쟁 시기의 결핍과 파괴가 모든 사람에게 동등한 영향을 끼치지 않았다는 사실을 기억해둘 필요가 있다. 실제로 누군가는 전쟁 전보다 전후에 형편이 더 나아졌다. 전쟁은 많은 지역의 사회구조를 변화시켰고, 새로운 위계질서와 새로운 권력을 등장케 했다.

누구나 참가할 수 있는 전후의 무한경쟁에서 가장 큰 승자는 말할 것도 없이 대륙 전역에서 당원이 기하급수적으로 늘어난 유럽 각국의 공산당이었다. 이로 인해 상당수의 좌파는 전쟁이 초래한 온갖 파괴에도 불구하고 전쟁을 축복으로 생각하는 법을 배웠다. 크로아티아 자그레브 출신의 언론인 슬라벤카 드라쿨리치는 이렇게 썼다. "유고슬라비아의 전후세대에게도 전쟁은 쓸모없고 무의미한 유혈이 아니었다. 오히려 100만 명의 희생자보다 더 가치 있는 영웅적이고 의미 있는 경험이었다."

전쟁이 가져온 혁명적 결과는 공산당 정권의 지배를 받게 될 국가들뿐만 아니라 서유럽에서도 감지됐다. 영국은 그 변화를 가장 먼저 맛본 나라 중 하나로, 전쟁의 초기 단계에서 일찍이 배급제를 경험했다. 적대 행위가 발생했을 때 영국의 배급제는 공산주의자들이 꿈꿀 수 있는 그 어떤 것보다도 혁명적이었다. 의복이나 생활용품 같은 필수품들과 마찬가지로 거의 모든 기본적인 식료품이 배급됐다. 이웃보다 부유하거나 사회적 지위가 높아도 더 많은 음식을 받을 권리는 주어지지 않았다. 더 나은 배급을 받을 자격이 있는 유일한 대상은 군에 복무하거나 힘든 육체노동에 종사하는 이들뿐이었다. 다시 말해 사회적 또는 경제적 특권이 아닌 '필요'에 바탕을 두고 식량이 분배된 것이다. 그 결과 전쟁 기간에 전반적으로 인구의 건강이 개선됐다. 1940년대 후반까지 영국의 유아 사망률은 꾸준히 하락했고, 각종 질병으로 인한 사망자 수도 전쟁 전보다 대폭 감소했다. 공중보건의 관점에서 보자면, 전쟁은 영국을 훨씬 더 공정한 사회로 만들었다.

전시에 영국에서는 비슷한 효과를 낳은 다른 변혁들도 있었다. 예를 들어 모든 계급과 성별을 대상으로 한 징병제 도입이다. 테오도라 피츠기번은 "사회적·성적 구별이 일소됐고, 이러한 극적 변화가 일어나자 다시는 예전의 방식으로 후퇴하지 않았다"고 했다. 영국에서 일어난 사회 변화를 목격한 미국인 종군기자 에드워드 R. 머로는 한층 더 강한 어조로 썼다. "그것의 상징적 의의나, 일반 시민에 관하여 이 전쟁은 이전의 전쟁과는 완전히 다르다. 낡은 가치관, 케케묵은 편견, 권력과 위신의 오래된 기반이 대표하는 구세계가 무너지고 있다는 것을 이해해야 한다."

유럽 대륙에서도 비슷한 변화가 일어났지만 다소 다른 방향으로 전개됐다. 일단 물자 결핍이 더 심각했고 나치와 그 동맹자가 유럽을 착취적으로 지배한 탓에 배급제가 효과를 발휘하지 못했다. 대신 사람들은 암시장에 훨씬 더 많이 의존했다. 도시 거주자들은 자기 물건을 음식과 교환하기 위해 정기적으로 시골을 오갔다. 결국 전쟁 기간에 도시에서 시골로 부의 거대한 재분배가 형성됨에 따라 수 세기 동안의 흐름이 역전되었다. 예컨대 이탈리아의 도시 중산층 주민들은 식량이 더 풍부한 고향 마을로 향하는 하인들에게 버림받았다. 북이탈리아의 한 귀부인이 불평했듯이, 농부와 소매상이 "현재의 부자"가 된 것이다. 체코슬로바키아의 일부 농촌 지역사회는 극적인 변화를 보였다. 정치범 포로였다가 전쟁이 끝난 뒤 체코슬로바키아로 돌아온 헤다 코발리는 이렇게 썼다. "농가의 규모는 전쟁 전보다 두 배로 불어났다. 부엌에는 냉장고가, 복도에는 세탁기가 놓여 있을 터였다. 마루에는 어김없이 동양풍 카펫이 깔려 있고 벽에는 원작 그림이 걸려 있을 것이다." 체코 농민들조차도 이러한 변화를 기꺼이 인정했다. "부정할 수 없다. 우리는 전쟁 중에 정말로 잘 지냈으니까."

전쟁이 조성한 사회 변동에 편승할 수 없었던 자들에게는 해방이 다른 기회들을 제공했다. 헝가리에서는 소유한 토지가 없거나 그 비슷한 처지의 농부가 40퍼센트였으나, 붉은 군대가 밀어닥치자 농지개혁의 길이 열렸다. 헝가리 정치이론가 이슈트반 비보에 따르면, 1945년은 온갖 폭력과 불화에도 불구하고 고루한 봉건제의 막을 내렸다는 점에서 확실히 해방의 해였다. "1514년 이래 처음으로 경직된 사회제도가 흔들리기 시작했고, 더 큰 자유를 향해 이동했다." 마찬가지로 해방은 프랑스나 북이탈리아 같은 유럽의 공업지대 노동자들에게도 기회를 가져다줬다. 산업계와 금융계

제1부 전쟁의 유산

의 큰손들은 전시 괴뢰정부에 부역했고, 이는 노동자로 하여금 전쟁 전에는 불가능했을 방식으로 일터를 장악할 구실을 제공했다.

때때로 전쟁으로 인한 사회 변동에는 더 어두운 요인들이 존재했다. 특히 동유럽에서는 전쟁 전의 엘리트 계층이 해체되었는데, 처음에는 나치에게 소탕되었고 그다음에는 소련이 자신들이 지배한 사회를 의도적으로 참수했다. 또한 유대인 학살도 다른 집단이 사회적으로나 경제적으로 자리를 차지할 수 있는 길을 열어주었다. 1944년 헝가리에서 추방된 유대인들의 재산을 많은 농부가 공유함으로써 비로소 멀쩡한 옷과 신발을 가질 수 있게 됐다. 유대인이 중산층의 큰 비중을 차지했던 폴란드에서는 새로운 폴란드인 중산층이 부상했다.

이런 변화들이 어떻게 일어났든 간에, 오래전부터 무르익어 나타났다고 여기는 사람이 많았다. 영국의 자유주의 개혁가이건, 프랑스 공장 노동자건, 헝가리 농민이건, 전쟁과 그 여파에는 긍정적인 측면도 있다는 결론을 내렸다. 그 일부는 확실히 인정할 수밖에 없다.

전후 시기에는 사회 각계각층에서 정치 활동과 이상주의가 폭발적이었다. 하지만 이러한 희망과 이념은 특히 새로운 독재정권 수립을 앞둔 유럽 지역에서 단명했다. 수많은 희망과 이념이 정치 쟁론이나 경제적 곤경 혹은 고지식한 관료주의와 타협하고 말았다. 어쨌든 이 세계가 일찍이 겪어보지 못한 가장 파괴적인 전쟁 직후에 그러한 도전이 피어났다는 사실은 결코 무의미한 게 아니었다. 유럽은 다음 세대로부터 '기적'이라 칭송될 경제부흥과 정신적 갱생을 앞두고 있었다.

비록 오늘날 우리가 생각하는 것과 같은 '기적'의 도래를 당시 사람들이 직접 경험하지 못했다 해도 적어도 보편적인 안도감은 형성되어 있었다. 대부분의 유럽 지역에서 더 이상 억압적인 독재 정권이 존재하지 않는다는 것, 더 이상 폭탄을 떨어지지 않는다는 것, 그리하여 전쟁이 완전히 끝났음을 알게 된 것으로 충분했다.

혼돈의
풍경

서구의 일부 역사가와 정치가들은 제2차 세계대전 직후에 대해 장밋빛 안경을 끼고 반추하곤 한다. 특히 21세기 초 아프가니스탄 전쟁과 이라크 전쟁의 재건과 화해에 좌절한 이들은 1940년대 유럽에서 수행된 비슷한 프로젝트의 성공에 눈길을 돌린다. 그중에서도 마셜 플랜을 전후 경제 재건의 본보기로 꼽는다. 하지만 그들은 이 재건 과정이 유럽에서 곧바로 시작되지 않았다는 점을 간과하고 있다. 마셜 플랜은 1947년까지 언급조차 되지 않았다. 또한 얼마 전까지 이라크와 아프가니스탄이 그랬던 것처럼, 1940년대 말까지 유럽 대륙은 경제, 정치, 윤리적으로 불안정한 상태였다. 유엔은 각 지역의 지도자가 직접 행정기관을 지휘해야 한다고 보았지만, 그런 지도자들이 나타나기까지는 시간이 필요했다. 전쟁 직후, 신뢰할 만한 도덕적 권위를 갖춘 인물은 저항활동이 입증된 이들뿐이었다. 그러나 게릴라전이나 파괴 공작 또는 폭력 행위에 능하고, 모든 사업을 은밀하게 수행하는 데 익숙해진 인물이 민주 정부를 이끌기에 적합한 지도자라 할 순 없었다.

따라서 오랫동안 통제력을 발휘할 수 있는 권위를 지닌 당국은 연합국 자신들뿐이었다. 나치와 결탁하지 않은 연합국 관리들은 더럽혀지지 않았다는 게 사람들의 일반적인 생각으로, 오직 그들만이 어떤 형태로든 법과 질서를 강제할 수 있는 힘과 신뢰를 얻고 있었다. 그리고 그들만이 민주주의로 복귀하는 전제 조건인 안정성을 제공해줄 수 있었다. 사실은 너무 오래 주둔한 탓에 환영받지 못하는 상황이긴 했지만, 유럽 대륙 전역에 존재하는 거대한 연합군을 유지하는 것 외에는 다른 선택지가 없었다.

불행히도 연합군은 전쟁 직후 밀려드는 복잡하고도 광범위한 도전들에 대처할 준비가 되어 있지 않았다. 연합군 병사와 관리는 수백만 명의 난민보다 수적으로 훨씬 적었다. 하지만 난민에게 먹거리를 주고 옷을 입히고 집을 마련해주고 더군다나 어떻게든 본국으로 송환해야 했다. 어쨌거나 연합군은 전쟁으로 집을 잃고 굶주림과 심리적 충격에 시달리는 수천만 명의 현지 주민에게 음식과 약을 배급해줄 것으로 기대되었다. 이런 경우 연합군 병사들이 이해하지 못하는 언어와 관습을 가진 주민의 민감한 부분을 고려해 민정 기관을 설치한 뒤 추진되어야 했다. 또한 온갖 종류의 무기를 자유롭게 구할 수 있는 혼란한 상황에서 연합군은 경찰 역할도 수행해야 했다. 동시에 상심에 빠진 유럽인들로 하여금 잔해를 치우고 부서진 삶을 재건하도록 동기를 부여해주어야 했다.

이 모든 재건 과정은 분노와 증오의 분위기 속에서 이뤄질 수밖에 없었다. 독일인은 전쟁의 갈등을 일으켰다는 이유로, 또한 나치가 저지른 만행으로 인해 모든 곳에서 혐오에 시달렸다. 국가 간의 증오가 다시 불타오르거나 지난 6년간의 과정에서 새로운 민족적 증오가 점화되기도 했다. 그리스인은 불가리아인을, 세르비아인은 크로아티아인을, 루마니아인은 헝가리 마자르족을, 폴란드인은 우크라이나인을 박해했다. 전쟁 이후 사회가 나아갈 방향에 대한 사회적, 정치적 구상이 엇갈리면서 같은 민족끼리도 동족상잔의 갈등이 불거졌다. 이런 상황은 전쟁 중 서로의 행동을 주시해온 이웃 국가들 간의 불화를 부채질할 뿐이었다. 대독 부역자들과 저항자들은 여전히 유럽 곳곳의 지역사회에서 함께 살아가고 있었다. 히틀러의 희생자들이 속박에서 풀려나 돌아오는 동안 잔학 행위를 저지른 가해자들은 민간사회 속으로 숨어들었다. 공산주의자들과 파시스트들은 정치에 대한 모든 신뢰를 잃어버렸거나 온건한 정치관을 가진 주민들 사이에 섞인 채 밀접한 관계를 형성했다. 셀 수 없이 많은 도시와 마을에서 가해자와 피해 당사자가 함께 살아가고 있었다.

그런 가운데 연합군은 종종 주민들로부터 반감을 샀다. 그들 중 다수가 점령군과는 다른 우선권을 가지고 있었기 때문이다. 전쟁의 여파 속에서 연합군은 자신들이 시한폭탄 위에 앉아 있다는 사실을 차츰 깨닫기 시작했다. 1945년 연합군의 보고서나 비망록을 보면, 전쟁에 이겼어도 평화를 잃어버릴 수 있다는 문장이 자주 언급되어 있다.

1944년 12월, 그리스에 체류하고 있던 미국 국무부 차관보

　　　　　　　　　　　　7장 혼돈의 풍경

딘 애치슨은 루스벨트 대통령의 특별보좌관 해리 홉킨스에게 짧은 공문을 보냈다. 그 내용은 유럽이 빨리 복원되지 않으면 대학살이라는 잠재적 위협이 폭발할 수 있다는 경고였다. 그는 해방된 민족들은 "이 세계에서 가장 불타오르기 쉬운 가연성 물질이다. 그들은 호전적인 사람들이다. 폭력적이고 들떠 있다. 이미 견딜 수 없는 고통을 겪었다"라고 했다. 연합군이 그들을 먹이고 재활시키고 그 나라의 사회와 윤리 체제를 회복시키는 데 적극적으로 힘쓰지 않는다면 '좌절' '선동과 불온'이 뒤따를 것이며, 결국 '정부 전복'으로 이어질 것이라는 의미다. 이 시나리오는 이미 유고슬라비아와 그리스에서 전개되고 있었다. 애치슨은 그러한 현상이 대륙 전역으로 확대돼 유럽 전역에 내전이 발발하는 사태를 우려했다.

연합군이 승리하고 몇 주가 지났을 때 교황 비오 12세도 새로 구축된 평화가 얼마나 취약한지 경고했다. 그는 추기경단을 향한 연설에서 전쟁은 "좌절하고, 환멸을 품고, 낙담하고, 절망한 군중"을 만들어냈으며, 그들은 "정복을 계획한 자들 못지않게 전제적 폭정에 대한 되갚음으로써 혁명과 무질서의 대열에 뛰어들기를" 마다하지 않을 거라고 주장했다. 교황은 전체적 폭정의 대상을 지목진 않았지만, 이미 공산당이 중부유럽 및 동유럽 여러 국가를 합병하는 공작 과정에 나선 스탈린의 소비에트 정권을 지목한 게 분명했다. 교황은 새로운 정치적·문화적 억압에 대해 작은 나라들의 저항 권리를 지지하면서도 "질서와 안정을 학수고대하는 인류의 억눌린 열망에 비해 이 과정은 너무 길다"라고 발언함으로써 국가 안팎의 평화를 향해 나아가는 데 긴 시간이 걸린다는 점을 인정했다.

유감스럽게도 서구 동맹국에게 충분한 시간은 주어지지 않았다. 그들이 처리해야 할 막대한 과업들을 고려할 때 향후의 유혈 사태를 방지하기 위한 사안들에 신속히 대응할 수 없었다. 물리적 황폐함에 대한 연합군의 조치는 (물론 피해 규모를 감안할 때 어쩔 수 없는 노릇이라 해도) 충분치 못해서, 우선적으로 대륙을 가로지르는 보급선을 재건하기 위해 도로를 치우고 교통망을 재구축하는 정도에 그쳤다. 인도적 위기에 대한 대응도 부족했다. 향후 수년 동안 보급할 식품과 의약품의 수량 부족은 절망적이었다. 또한 난민들, 특히 '무국적' 유대인과 폴란드인은 1950년대까지 니슨 오두막Nissen huts[반원형의 조립식 막사] 수용소에서 지내느라 날로 쇠약해졌다. 도덕적 위기에 대한 연합국의 대응은 그보다 훨씬 미흡했다. 1944년과 1945년의 여건을 고려할 때 모든 전쟁범죄자를 색출해서 제거하는 작업, 특히 전시에 적과 내통한 타락한 지도자들을 잡아 구속하고 그들에게 불리한 증거를 수집해 재판에 회부하는 절차를 '신속하게' 진행하기란 거의 불가능했다.

전쟁 말기 곳곳에서 폭력이 난무하는 혼란 속에서 사람들이 스스로 법을 집행하려는 움직임은 별로 놀라운 현상이 아니다. 그들은 물리적 파괴나 인적 손실을 해결할 수는 없었지만 적어도 도덕적 불균형을 시정하는 데 기여할 수 있다고 믿었다. 2부에서 소개하겠지만, 그러한 믿음은 환상일 뿐이었다. 그저 손쉬운 희생양을 찾고, 전체 인구를 소수 범죄자의 공모자로 간주해 유죄를 내리는 수준에 지나지 않았다. 이렇게 해서 전쟁이 만들어낸 도덕의 타락에 복수라는 새로운 범죄가 추가됐다.

제2부 복수

우리에게는 오직 두 개의 신성한 단어만 남아 있다. 하나는 '사랑'이
고 다른 하나는 '복수'다.
ㅡ바실리 그로스만, 1943년 10월 15일

8장

피에
굶주림

소련군과 독일군이 2년 넘게 학살을 주고받은 뒤, 마침내 1944년 10월 붉은 군대가 국경을 넘어 독일 땅을 밟았다. 소련군이 처음 통과한 네메르스도르프라는 작은 마을은 이후 잔학 행위의 대명사가 되었다. 폭력에 사로잡힌 붉은 군대 병사들은 이곳에서 발견된 모든 사람을 (남성, 여성, 아동 가리지 않고) 살해하고 시체를 훼손한 것으로 알려져 있다. 소련이 일시적으로 반격을 당한 뒤 이 마을에 들어왔다고 주장하는 스위스 신문 『르쿠리에Le Courrier』의 한 특파원은 자신이 목격한 광경이 너무 처참해서 차마 전할 수 없었다고 했다. "절단된 채 전장에 흩어져 있는 소름 돋는 시체들에 대한 묘사는 삼가고 싶다. 인간의 상상력을 초월하는 가장 야만적인 광경이었다."

소련군이 진격하는 동안 독일 동부 주 전역에서 이런 장면이 반복됐다. 쾨니히스베르크 근처의 포바이엔에서는 죽은 여성들의 시체가 곳곳에 널려 있었다. 그녀들은 강간당한 뒤 총검이나 소총 개머리판에 머리를 맞아 살해됐다. 네 명의 여자는 발가벗겨진 채 소련 탱크 뒤에 묶여 끌려가다가 죽었다. 그로스 하이데크루크에 서는 한 여성이 교회 성찬대 십자가에 못 박혔고 그 양쪽에는 독 일군 병사 두 명이 비슷한 방식으로 매달려 있었다. 다른 마을에 서도 강간당한 여자들이 헛간 문에 못 박히는 등 더 많은 십자가 형이 행해졌다. 메트게텐에서는 여자들뿐만 아니라 아이들도 살해 되고 몸이 훼손되었다. 시체들을 검시한 독일인 육군 대위에 따르 면 "아이들은 대부분 둔기로 머리를 가격당해 죽었는데, 자그마한 몸에는 총검에 수차례 찔린 자국이 있었다"고 한다.

여성과 아이를 대량 학살한 데는 어떠한 군사적 목적도 없었 다. 이는 붉은 군대로서는 재앙적인 선전 활동이었고 독일군의 강 한 저항을 불러일으켰다. 독일 도시와 시골 마을을 무자비하게 잿 더미로 만든 것도 역효과를 낳았다. 독일 마을들을 불태우는 것 을 목격한 소련군인 레프 코펠레프는 이렇게 지적했다. "복수하는 건 통쾌한 일이지만 그다음 우리는 어디서 밤을 보내야 하나? 부 상자를 어디에 수용하지?" 그러한 사건들을 실용주의적인 관점에 서만 바라보는 건 핵심을 놓치는 것이다. 복수하겠다는 갈망은 어 쩌면 부당함에 대한 불가피한 반응일 것이다. 그러므로 잔학한 보 복 행위를 한 군인들은 대개 뼈에 사무치는 원한을 품고 있었다 고 봐야 한다. 1944년 벨라루스 크라스노폴레(폴란드식으로는 크라 스노폴)에서 나치에 의해 아내와 두 아이를 잃은 소련군 병사 고프 만은 "나는 복수해왔고, 앞으로도 계속 복수할 것"이라고 공언했다. "나는 독일인 시체들이 널려 있는 들판을 보면서 왔다. 하지만 그걸로 충분치 않다. 살해된 아이들 모두를 위해 얼마나 더 많은 놈을 죽여야 할까! 크라스노폴레의 참극은 내가 숲속에 있든 엄폐호에 있을 때조차 눈앞에 어른거린다고. (⋯) 그래서 나는 양손으로 무기를 쥘 수 있는 한 복수하겠다고 맹세한다."

다른 병사들도 비슷한 비극을 겪었고, 마찬가지로 피를 보기를 갈망했다. 살만 키셀레프는 아내와 여섯 명의 자식을 잃은 후 "내 삶은 이미 완전히 뒤틀려버렸다. 그놈들은 나의 어린 니우센카를 죽였다"라고 썼다. "우크라이나에서 아인자츠그루펜Einsatz-gruppen[나치가 인종청소를 목적으로 창설한 민간인 학살 부대]에게 아내와 딸을 잃은 소련 영웅 크라초프 소위는 "나의 인생에 남은 단 한 가지 일은 복수다"라고 말했다.

제2차 세계대전 직후에는 곳곳에 복수에 관한 위협이나 징후가 퍼져 있었다. 그것은 나치와 나치에 부역한 자들의 체포를 비롯해 이후 수십 년 동안 유럽을 형성한 전후 조약 문구에 이르기까지, 전쟁 후에 일어난 모든 사건을 관통하는 하나의 맥락이다. 루스벨트부터 티토에 이르기까지, 지도자들은 부하들이 복수심에 불타는 환상에 빠져들도록 기꺼이 내버려두었고, 자신들의 정치적 목적을 이루기 위해 복수에 대한 대중의 열망을 이용하기도 했다. 모든 연합군 지휘관들은 병사들의 잔혹 행위를 못 본 척했다. 마찬가지로 민간인도 다년간 독재자와 비열한 폭군의 통치로 인한 무력감과 희생을 보상받기 위해 혼란을 이용했다.

전쟁 직후기를 연구한 어떤 자료에서든 가장 보편적으로 나타나는 주제는 복수일 것이다. 그럼에도 이 주제는 상세하고 깊이 있게 분석되지 않았다. 복수와 관계된 정당한 징벌, 즉 합법적이고 공명정대한 정의의 실천에 관한 연구 성과는 많지만, 전쟁 직후기에 복수가 수행한 역할을 총체적으로 다룬 연구는 없다. 복수에 대한 언급은 대체로 특정 사건들에 관한 피상적이고 당파적인 설명에 그친다. 어떤 경우에는 역사가들에 의해 의도적으로 경시되거나 명백히 부정되었고, 다른 경우에는 지나치게 과장되었다. 이두 가지 태도는 정치적이고 감정적 요인에 따른 것으로, 여러 사건에 대한 공정한 이해가 이뤄지려면 반드시 고려해야 할 점이다.

많은 역사가가 복수에 대한 당시 이야기의 배후에 숨겨진 최초 작성자의 동기를 전혀 의심하지 않고 받아들였다. 네메르스도르프에 대한 이야기가 전형적인 예다. 거의 반세기에 걸친 냉전 시기에, 서방의 역사가들은 이 사건에 대한 나치의 진술을 곧이곧대로 받아들였다. 여기에는 러시아인을 유럽의 악령으로 묘사하는 나치의 프로파간다가 일정 정도 작용한 것도 있겠지만, 이 사건에 대한 소련 기록보관소의 진술에 접근할 수 없었기 때문이기도 하다. 하지만 더 최근의 연구들은 나치가 네메르스도르프에 관한 사진들을 변조했으며, 대학살이 자행된 기간과 사망자 수를 부풀렸다는 사실을 보여준다. 진실 왜곡은 전쟁 직후에 흔한 일이었다. 당시에는 양 진영이 선전 효과를 위해 잔학 행위를 무분별하게 이용했기 때문이다. 그러므로 전통적인 방식으로는 네메르스도르프에서 일어난 사건의 진실을 규명할 수 없다. 진실은 우리가 오늘날

제2부 복수

'스핀spin'이라고 부르는 행위, 즉 선전을 위해 계략적으로 정보를 짜깁기하여 왜곡 조작된 것 밑에 묻혀 있다.

다음 장에서는 전쟁 직후에 벌어진 가장 일반적인 복수 형태 중 몇 가지를 개인적 및 공동체적 차원에서 설명하기로 한다. 이는 복수에 대한 인식이 얼마나 중요한지, 또한 복수 그 자체만큼이나 중요하다는 점을 보여주기 위한 것이다. 복수심에 불타는 사람들이 자신의 지위를 강화하고 싶은 자들의 속셈에 의해 어떻게 조종됐는지를 증명할 것이다. 또한 유럽 각국의 새 정권은 애초에 복수의 에너지를 통제할 수 있을 때 비로소 권력을 쥘 수 있었음을 보여주고자 한다.

복수는 전후 유럽이 다시 일어서는 데 필요한 중요하고도 기초적인 부분이었다. 전쟁 후 발생한 모든 사건과 이제부터 이 책에서 묘사되는 모든 사건에는 복수가 각인되어 있다. 오늘날에 이르기까지 개개인과 공동체 그리고 심지어 모든 민족이 여전히 이 복수로 인한 쓰라린 고통 속에서 살아가고 있다.

9장

해방된
수용소

제2차 세계대전 중 폭력과 악행의 상징 가운데 가장 치 떨리는 것은 강제수용소일 것이다. 이 수용소들 그리고 수용소가 대표하는 모든 것은 전쟁 직후에 복수를 정당화하는 데 이용되었기 때문에 당시 수용자들이 겪은 충격과 전적인 불신을 이해하는 게 중요하다. 많은 유형의 수용소 가운데 가장 널리 알려진 곳은 '죽음의 수용소death camp'로, 사람들은 이곳에서 굶어 죽거나 가스실이나 총살형 집행대에서 몰살되었다.

발견

처음으로 발견된 나치의 '죽음의 수용소'는 1944년 7월 하순 붉은 군대가 점령한 폴란드 루블린 근처의 마이다네크였다. 이 무

144   제2부 복수

렵 러시아인들은 독일의 만행에 대해 익히 알고 있었다. 그들은 바비 야르Babi Yar[1941년 독일군이 유대인을 학살한 키예프 교외의 협곡]와 러시아 서부 전역 및 우크라이나에서 자행된 다른 수많은 소규모 학살을 이미 전해 듣고 있었다. 당시 한 신문기자가 주장했다. "이 모든 학살은 비교적 넓은 지역에 퍼져 있었고 마이다네크 수용소에서보다 훨씬 더 많은 사람이 살해됐다. 하지만 루블린에서 2마일가량 떨어진 그 믿을 수 없이 거대한 규모의 '죽음의 공장'만큼 '산업적'인 성격을 띠고 있진 않았다."

독일인들은 붉은 군대가 도착하기 전에 마이다네크 수용소를 비우기 위해 최선을 다했지만, 서둘러 떠나느라 증거를 숨기는 데는 실패했다. 수용소 단지 안으로 진입한 소련군은 한 채의 독가스실을 발견했다. 그곳 주위에는 검게 그을린 유해들이 남아 있는 여섯 개의 커다란 소각로가 있었고, 사람의 뼛조각을 쌓아 만든 거대한 잿더미들이 있었다. 잿더미들은 드넓은 채소밭을 내려다보고 있었다. 소련군은 마이다네크 관리자들이 사람의 뼛가루를 비료로 사용하고 있었다는 명백한 결론을 얻어냈다. 당시 한 소련 기자가 썼다. "이것은 바로 '사람을 죽여 양배추를 기름지게 한' 독일의 식품 생산방식이다."

마이다네크 수용소와 인근의 다른 수용소들에서 자행된 학살 규모는 소련군이 가스실들과 화장장 사이에 있는 몇 동의 건물을 열자 비로소 명백해졌다. 그들은 거대한 헛간 같은 건물 한 동에서 수십만 켤레의 신발과 부츠를 발견했다. 또 다른 큰 건물은

"마치 거대한 5층짜리 백화점 같았다." 여기서 그들은 면도용 솔, 펜촉, 장난감 곰, 어린이 직소 퍼즐이 놓여 있는 선반과 수천 벌의 외투와 여성용 드레스가 늘어선 긴 복도를 발견했다.

나치가 미처 파괴하지 못한 이 건물 1층에는 회계과가 있었다. 소련 관리들은 이곳에서 훗날 홀로코스트로 알려지게 될 가장 저주스러운 문서의 일부를 발견했다. 마이다네크는 죽음의 수용소 체계에서 중앙 저장창고 역할을 맡고 있었다. 즉 소비보르, 트레블링카, 벨제츠에서 살해된 유대인들의 소지품이 이곳으로 옮겨져 분류되었다가 제3제국으로 운송되어 피란 중이거나 집이 폭격당한 독일인 가족들에게 분배됐다. 1944년 초 수개월 동안 이 저장소에서 열차 18대 분량의 화물이 독일로 보내졌다. 훗날 조사원들은 수용소에서 살아남아 해방된 소련인 전쟁포로들에게 이야기를 들은 뒤, 1943년 11월 '추수감사절'이라는 섬뜩한 이름의 대살육 사건에 대해 알게 됐다. 생존자들은 유대인 1만8000명이 매장된 일련의 공동묘지로 조사원들을 안내했다.

이러한 발견 효과는 곧바로 나타났다. 소비에트 선전작가 콘스탄틴 시모노프가 수용소에 관한 이야기를 쓰기 위해 마이다네크로 파견됐고, 8월 초 소련의 『프라우다』와 『크라스나야 즈베즈다』에 관련 기사가 실렸다. 외국 기자들이 수용소로 초청됐고, 러시아인과 폴란드인 군인들도 대규모 견학을 통해 자기가 본 것을 붉은 군대에 널리 퍼뜨릴 수 있었다. 히틀러는 마이다네크 수용소가 사실상 온전한 상태로 빼앗겼다는 소식을 듣고 격분했다고 전해졌다. 힘러는 홀로코스트를 은폐하기 위해 주요 살인시설을 해체한 다음 폐허로 만드는 데 심혈을 기울였지만 마이다네크가 발견됨으로써 폴란드에서 전해진 끔찍한 소식들이 모두 진실이라는 최초의 구체적인 증거를 얻게 됐다.

그로부터 몇 달 사이에 나치가 점령했던 영토 전역에서 노예노동 수용소, 전쟁포로수용소, 절멸 수용소의 전체 네트워크가 발견됐다. 마이다네크가 발견된 직후 트레블링카 수용소를 찾아냈다. 탈출자와 붙잡힌 간수들은 이곳에서 유대인 90만 명이 살해됐다고 증언하면서 "거대한 분화구를 떠올리게 하는" 소각로들을 불타는 "지옥"으로 묘사했다. 그로부터 6개월 뒤 붉은 군대는 아우슈비츠 수용소를 점령했다. 이곳에서 약 100만 명의 유대인과 10만 명 이상의 폴란드인, 집시 및 소련인 전쟁포로가 가스실로 보내졌으며, 사살되거나 죽음에 이를 때까지 강제노동에 시달렸다. 오랫동안 굴라크gulag라는 강제 노예노동 체계를 운영해온 소련조차 그 살인의 속도와 효율성, 광범위한 규모에 충격을 받았다.

참고로, 소련은 이 죽음의 수용소에서 희생당한 사람이 대부분 유대인이라는 사실을 밝히지 않았다는 주장이 종종 제기되었다. 이것은 정확한 주장이 아니다. 1944년 12월 일리야 에렌부르크는 『프라우다』에 발표한 기사에서 이렇게 주장했다.

포로가 된 독일인에게 물었다. 왜 당신의 동포는 600만 명의 무고한 사람을 죽였는가? 그러자 그가 대답했다. "그자들은 유대인이다. 그놈들의 머리카락은 검정색이거나 빨강색이다. 그자들에게는 다른 피가 흐르고 있다." (…) 이 모든 사태는 어리석은 농담에서, 거리 아이들의 함성과 풋말에서 시작됐고, 그것이 마이다네크, 바비 야르, 트레블링카, 아이들 시체로 가득 찬 도랑으로 이어졌다.

『프라우다』에 실린 또 다른 아우슈비츠 관련 기사도 유대인 희생자들을 구체적으로 다루었다. 그러나 러시아의 대다수 신문 기사와 연설 그리고 나중에는 사망자 위령비까지 히틀러의 희생자들을 단지 "소비에트 인민들"이라고 표현했다. 죽음의 수용소가 발견되고 있는 동안에도 크렘린궁은 나치의 제노사이드를 유대인에 대한 범죄가 아니라 소비에트 국가에 대한 범죄로 묘사하기로 결정했다.

이 사건들은 곧바로 소련의 보도 지면을 채운 데 비해 영국과 미국은 한동안 침묵을 지켰다. 영국은 일찍이 1942년 12월에 수십만 명의 유대인이 "노동수용소들에서 서서히 죽어 나갈 때까지 노역에 시달리고" 있고, 심지어 "고의적으로 집단학살을 당하고 있다"는 사실을 알고 있었다. 하지만 영미 정부는 이에 대해 어떤 조치를 취해야 할 경우를 대비해 진상이 널리 알려지는 걸 꺼렸다. 영국 정보부는 전쟁 초기 단계에 하달된 다음 지침을 계속 준수했다. "잔혹한 사건은 반드시 매우 신중하게 접근하되, 항상 반박의 여지 없이 무고한 자들과 관련이 있는 경우에만 대처한다. 광포한 적대 진영과 연관이 있을 때는 상대해서는 안 된다. 또한 유대인과 연루되면 안 된다." 그런 배경으로 영국 국민은 독일의 잔학

행위를 동시대의 소련인들만큼 잘 알지 못했다.

미국 정부 역시 다른 집단에 비해 유대인의 상황이 훨씬 심각하다는 것을 인정하는 데 주저하는 듯했다. 이미 1940년 초부터 정기적으로 유럽 내 유대민족이 위협받고 있다는 보고를 받았음에도 불구하고, 또한 1944년 3월에 "역사상 가장 사악한 범죄들 가운데 하나인 (…) 유럽 유대인에 대한 무차별적이고 조직적인 살해"에 대한 루스벨트의 솔직한 성명이 공표되었지만, 미국인들은 홀로코스트의 실체를 믿고 싶지 않은 듯했다. 루스벨트 행정부 내에서조차 회의론이 존재했고, 육군장관 헨리 스팀슨과 차관보 존 매클로이 등의 고위 인사들은 유대인들의 특별탄원 건을 의심의 눈초리로 바라봤다. 이러한 태도는 단지 반유대주의 정서 때문만은 아니었다. 제1차 세계대전 때 나돌았던 잔학한 이야기들, 예컨대 인간의 지방으로 비누를 만드는 공장이 '발견'되었다는 소문들이 상당 부분 사실이 아니었던 점을 돌이켜볼 때 미국인들은 죽음의 수용소에 대한 정보를 얼마나 신뢰해야 할지 확신이 없었다.

일부 언론도 죽음의 수용소에 대해 회의적으로 바라봤다. 『선데이타임스』의 특파원 알렉산더 워스는 해방 후 얼마 지나지 않아 마이다네크를 방문했고 가스실과 공동묘지 및 인간의 유해 더미를 두 눈으로 확인했다. 그러나 그가 기사를 전송하자 BBC는 그것들이 "잘 짜인 러시아의 프로파간다 활동물이라고 생각"하고 방송을 내보내지 않았다. 『뉴욕 헤럴드트리뷴』 역시 이 이야기에 대한 언급을 피하면서 "우리 모두는 광적인 나치의 무자비함을 숙지하고 있지만 이 사례는 도저히 믿기 어렵다"고 공언했다.

이들의 태도가 달라진 것은 서방 연합군이 유사한 강제수용소를 발견하기 시작하면서부터였다. 서유럽 쪽에서 발견된 첫 번째 수용소는 알자스의 나츠바일러-슈트루토프 수용소로, 1944년 11월 23일 프랑스군이 이곳에 진입했다. 나츠바일러-슈트루토프는 주요한 '밤안개 작전' 수용소(저항군으로 의심되는 전사들을 '밤안개' 속으로 사라지게 만들도록 고안된 시설) 중 하나였다. 이곳에서 프랑스군이 찾아낸 작은 가스실은 죄수의 손목을 갈고리에 매달아놓고 치클론 비Zyklon-B 가스를 실내에 주입하는 장소였다. 이곳에서 죽은 많은 희생자는 스트라스부르대학의 부검실로 보내졌다. 그곳은 아우구스트 히르트 박사가 유대 인종의 열등성을 입증하기 위해 해부학적 연구를 하는 곳으로 주로 유대인의 해골이 수집되고 있었다. 나머지 죄수들은 대부분 아우슈비츠에서 이곳으로 끌려온 집시로, 의료 생체 실험 대상자로 전락했다.

1944년 12월 초 『뉴욕타임스』 특파원 밀턴 브래커가 이 수용소를 방문했다. 브래커는 많은 미군 장교가 수용소 내부를 둘러보고 다녔음에도 여전히 참극의 중대성과 세부 사항을 받아들이지 않고 있음을 알아차렸다. 눈앞에 보이는 수많은 증거를 의심하는, 즉 눈앞에 독일인이 저지른 만행의 결과가 있는 데도 알아보지 못하는 '복시複視' 상태에 빠졌다고 그는 말했다. 그 당시의 다른 보고들에 따르면, 현지 주민들이 독일군 범죄에 대해 진술할 때 미군은 의심하거나 비웃기까지 해서 주민들을 분노하게 했다.

이런 '복시' 현상은 이듬해 4월 말 미군이 부헨발트 강제수용소의 부속 수용소 중 하나인 오르트루프를 해방시키면서 끝을 맺었다. 그곳이 발견된 지 일주일 만인 4월 12일에 유럽의 연합군 최고사령관 드와이트 아이젠하워 장군이 오르트루프를 방문했기 때문에 특히 중요해졌다. 오마르 브래들리 장군과 조지 패튼 장군을 대동한 그는 수용소를 '구석구석' 둘러보겠다고 고집하면서 이렇게 말을 덧붙였다. "나는 나치의 잔인성에 관한 이야기들이 단지 선전 활동에 불과하다는 믿음이나 가정이 미국 내에서 무성해질 경우, 이 사건들의 진위를 직접 증언하는 게 나와 같은 위치에 있는 사람의 의무라고 생각한다." 그들은 이곳에서 고문 도구들과 시체의 입에서 떼어낸 금니 충전재를 부수는 데 사용한 정육점의 도마, 시체가 천장까지 채워진 방, 심지어 커다란 구덩이 속에서 마치 "어떤 거인의 인육 바비큐"처럼 타버린 수백 구의 시체 잔해를 살폈다. 전쟁터의 참극에 꽤 익숙했던 패튼 장군마저도 구덩이에 채워진 "녹색 구정물 밖으로 튀어나온 팔과 다리 및 시신 일부"를 흘긋 보고는 헛간 뒤로 물러나 구토할 수밖에 없었다.

오르트루프가 발견되고 얼마 지나지 않아 노르트하우젠을 찾아냈다. 이곳에는 지하의 V-1 및 V-2 비행폭탄 제조공장에서 노역하던 3000명의 노예노동자 시신이 뒤엉켜 쌓여 있었다. 같은 날 바이마르에서 북쪽으로 불과 몇 마일 떨어진 부헨발트에서 가까스로 살아남은 2만1000명의 포로가 발견됐다. 이들 중 많은 남성, 여성, 아동은 동쪽 수용소들에서 부헨발트를 향해 훗날 이른바 '죽음의 행진'이라 불리는 강제 행군을 당한 나머지 많이 지쳐 있었고 질병에 노출돼 있었다. 미국 심리작전부는 전쟁 중에 이 강제노동수용소에서 약 5만5000명의 남성과 여성 및 아동이 숨진 것으로 추정했다.

이런 소식들이 널리 알려지자 미군은 독일인을 더욱 혐오하게 됐다. 노르트하우젠 해방을 도왔던 오스트리아 태생의 미군 병사 프레드 봄에 따르면, 그의 동료 사병들은 대개 "독일군과의 교전에 특별한 감각이 없었으며" 그들이 들었던 많은 이야기는 "사실이 아니거나 적어도 과장된 것"이라고 여겼다. 그들이 비로소 나치의 만행을 '납득'하게 된 것은 노르트하우젠에 도착했을 때였다. 아이젠하워는 이런 잔학행위를 미군에게 철저히 각인시켜주기 위해 최전선 임무를 맡지 않았던 인근의 모든 부대에게 오르트루프와 노르트하우젠 수용소를 방문하라고 지시했다. 아이젠하워 장군은 일반 사병들이 지금껏 "무엇을 위해 싸우고 있는지" 잘 알지 못했다 해도 이제는 "무엇과 싸우고 있는지를 알게 될 것"이라고 했다. 아이젠하워는 또 영국과 미국 정부의 고위 관리들은 물론 세계 각국의 언론을 초청해 최근 해방된 강제수용소를 방문할 것을 촉구했다. 이들이 참관한 결과 뉴스릴 필름이 제작되었고, 5월 1일 미국 극장에 상영되자 미국인들은 크나큰 충격을 받았다.

유럽에서 전쟁이 종식되기 직전, 그러니까 9일을 앞둔 4월 29일에 분노의 물결은 최고조에 달했고, 그날 제45사단은 사투 끝에 다하우로 가는 활로를 뚫었다. 이곳에서 그들은 벌거벗긴 시체가 '장작더미'처럼 창고에 쌓여 있는 끔찍한 광경을 목격했다. 철로 지선에서는 동쪽 지역에서 강제 퇴거당한 포로들을 실어 나르던 기차를 발견했다. 이 39칸짜리 화물열차를 열어보니 200명의 포로가 죄다 죽어 있었다.

다른 강제수용소들과는 달리 다하우는 주요 전투에서 벗어나 있던 부대에 의해 해방됐다. 교전을 대비하고 있던 미군 병사 중 일부는 자신이 목격한 잔학행위를 침착하게 받아들일 수 없어 스스로 법의 심판을 내리기로 결심했다. 제157보병연대의 중대장 중 한 명인 윌리엄 P. 월시는 항복한 나치친위대 병사 네 명을 철로 위 화물열차 안으로 데려가 직접 총살했고, 곧이어 부하 앨버트 프루이트 사병이 열차에 올라 소총으로 확인 사살했다. 그 후 월시는 또 다른 장교 잭 부시헤드 중위와 함께 독일군 포로들을 독일 국방군 소속과 나치친위대 소속으로 분리하도록 했다. 친위대 병사들은 인근의 석탄 야적장으로 끌고 가 일렬로 세운 뒤 기관총 분대가 그들을 향해 발포하여 최소 12명이 즉사했다. 이 사건을 조사하고 난 뒤 작성된 공식 보고서에는 월시, 부시헤드, 프루이트의 이름이 구체적으로 언급됐고, 마찬가지로 대대장 펠릭스 L. 스파크스 중령의 이름도 거론됐다. 얼마 지나지 않아 현장에 나타난 군의관 하워드 뷰히너 중위 역시 총격 후 숨이 붙어 있던 독일군 병사들에 대한 지원에 나서지 않았다는 이유로 비판을 받았다.

수용소 주변에 세운 감시탑에서는 투항하는 친위대 대원 17명에게 총격을 가했다. 수용소의 다른 곳에서도 25명에서 50명이 분노한 수용자들에 의해 살해됐는데, 이들은 종종 미군의 도움을 받았다. 당시 살육 현장을 목격한 미군 대원 중 잭 할렛은 훗날 섬뜩했던 보복 살인의 장면을 이렇게 떠올렸다.

우리가 이 광경을 지켜본 이후 통제가 되지 않았다. 사병들은 수용소 간수들에게 일부러 상처를 입힌 뒤 이들을 죄수들에게 인계하고 복수를 가하는 것을 허락했다. 실제로 한 병사가 수용자들 가운데 한 명에게 총검을 주고 그가 간수의 목을 베는 것을 지켜보는 모습을 본 적이 있다. 피로 얼룩진 꽤 끔찍한 장면이었다. 많은 간수가 다리에 총을 맞아 꼼짝할 수 없게 됐고······ 그리고 이것이 내가 말할 수 있는 전부다······.

이런 사건들에 대한 보고서를 작성하라는 명령이 하달되었지만, 미군 병사 중 전쟁포로 권리에 대한 제네바조약을 위반했다는 이유로 재판에 넘겨진 자는 아무도 없었다.

영국군도 히틀러의 강제수용소의 의미를 깨닫기 시작했다. 그들은 4월 15일 베르겐-벨젠에 도착했을 때 눈앞에 펼쳐진 광경과 사건 그리고 도전에 대응할 준비가 돼 있지 않았다. 꽤 문명화된 방식으로 항복한 수용소 사령관 요제프 크라머는 영국군 장교들을 직접 안내하며 수용소를 둘러보도록 했다. 하지만 그들이 수용소 내부에서 목격한 모습은 문명과는 거리가 멀었다. 두툼한 곤봉으로 죄수들을 때려눕히려고 달려드는 카포kapo[수용소 내에서 독일군 앞잡이 노릇을 하던 죄수 반장]들, "초췌하고 누르칙칙한 얼굴의 살아 있는 해골" 같은 수감자들, "살이 썩어가는 악취" 그리고 공터 또는 임시막사 바닥에서 공공연히 용변을 보는 자들이 있었다. 역시 가장 심란한 풍경은 셀 수 없이 많은 시체였다. 시체들은 외따로 쓰러져 있거나 실내에 쌓여 있거나 공터 주위에 수북이 쌓여 있었다. 수용소에 처음 들어간 장교 중 데릭 싱턴은 그 시체들이 "가득 채워진 정육점 판매대처럼" 보였다고 말했다. "빳빳이 굳은 사체가 인간의 얼굴로 연기할 수 있는 온갖 표정을, 아무렇게나 볼썽사납게 내던져진 인간의 해골이 취할 수 있는 모든 기형적 자세를, 햇빛 아래 자작나무들 사이를 걸으면서 그 느낌을 형용하기가 얼마나 어려웠던지."

그 후 며칠 동안 가장 충격적인 광경 중 하나는 살아남은 죄수들이 시체들 사이에서, 마치 지극히 일상적이라는 듯 태연히 생활하는 모습이었다. 경악을 금치 못한 어느 군의관은 몇몇 장면을 이렇게 묘사했다.

너무 쇠약해진 나머지 우리에게 받은 음식물을 모닥불에 데우는 동안에도 서 있을 수 없어 시체 더미에 몸을 기댄 여자, 창자를 비벼 빠는 듯한 이질로부터 벗어나기 위해 야외 아무 데서나 웅크리고 앉아 설사하는 남녀들, 배급된 비누를 받아 벌거벗은 채 아이 시체가 떠 있는 수조의 물로 자기 몸을 씻던 한 여자……

워낙 많은 시체가 각각의 부패 단계를 드러내고 있었기 때문에 사람이 얼마나 죽었는지 가늠할 수조차 없었다. 수감자 인원을 체크하는 임무를 맡았던 나치친위대 장교 빌헬름 에머리히는 영국군이 도착하기 전 두 달 동안 약 1만6000명이 죽었다고 했다. 하지만 다른 추정치에 따르면 3월 한 달 동안의 사망자는 1만

8000명에 달했다. 벨젠 강제수용소의 작은 화장터에서는 그 정도로 많은 시체를 처리할 수 없었다. 더구나 연료가 부족해 구덩이에서도 시신을 태울 수 없었다.

영국군이 이곳의 수용자들에게 질문을 던지자 그들은 각자 경험한 공포를 털어놓기 시작했다. 수용소 내에서는 발진티푸스와 이질이 극심했다. 순무를 끓인 국물뿐인 음식으로 연명해온 포로들은 막대기처럼 비쩍 말라 있었다. 굶주림과 결핍이 극에 달하자 많은 이가 살아남기 위해 인육을 먹는 야만을 택했다. 얀 벨루네크라는 체코인 죄수는 심장이 사라진 시체들을 보았으며, 어떤 수감자가 "그런 시체 옆에 앉아 의심의 여지없이 인육을 먹고 있는" 광경을 보았다고 털어놓았다. 이 이야기는 의무실에서 일했던 두 명의 다른 수감자에 의해 확인됐다. 그들은 드레스덴 출신의 프리츠 레오라는 의사와 즈데네크 비스너라는 체코인 의사로, 둘 다 시체들의 간이 정기적으로 도난당했다고 했다. 비스너는 죄수들이 그것을 먹는 모습을 직접 보았다고 증언했고 레오는 수용소에서 약 300건의 식인 행위가 있었다고 보고했다. 심지어 "삶은 성기"를 먹는 참상이 목격되기도 했다.

수감자들은 또 이곳과 제3제국 전역의 다른 강제수용소에서 자행된 수많은 만행, 살인, 의료 실험과 집단 처형에 대해서도 이야기했다. 1945년 4월 27일 작성된 벨젠에 대한 초기 보고서는 "수용소의 목적은 인구 집단의 일부를 파괴하는" 것이었다고 결론짓고, 이어서 "강제수용소에서 발생한 일은 단순한 감금이 아니라 즉각적이거나 지연된 절멸"이었다고 거듭 밝혔다. 벨젠 강제수용소는 원래 '환자 수용소Krankenlager'로 지정됐지만 그곳은 "포로들을 회복시키려는 의도가 전혀 보이지 않으므로 어떤 의미에서든 의료 수용소가 아니었다."

영국군 병사들은 다하우 수용소에서 미군이 독일군을 상대로 벌인 것과 같은 폭력적인 복수를 하지는 않았다. 그러나 서로의 상황이 매우 달랐다. 다하우와 달리 영국군은 전투를 위해 벨젠에 진입한 게 아니며 단지 의료, 행정, 경비 임무만 주어졌다. 다하우와 달리 독일군은 어떤 저항의 시도를 드러내지 않았고, 오히려 영국군을 환영하는 듯했다. 첫 접촉은 상당히 우호적이었지만 수용소 내 참혹한 진상이 드러나자 영국군 병사와 수용소 간수의 관계는 갑자기 악화됐다. 영국군은 나치친위대 대원들에게 제복을 껴입고 땡볕 아래 사망자들을 매장하는 노역을 시켰다. 나치 대원들은 부패 중인 시신들을 맨손으로 옮겼다. 누더기나 천 조각으로 손을 감싸려고 한 자는 즉시 소총 개머리판으로 얻어맞았다. 수용소 내 수감자들은 나치친위대 대원들이 일하는 모습을 구경하기 위해 공동묘지 주위로 몰려들어 이전 고문자들에게 모욕적인 말들을 내뱉었다. 4월 22일 영국 의료진 중 한 명은 "유일하게 나를 즐겁게 한 일은 나치친위대 대원들이 노역으로 괴롭힘을 당하는 것"이었다고 썼다.

나치친위대 대원들은 시체와 감염된 옷가지를 모았다. 양손으로 짐수레를 밀고 가 뒤섞인 짐을 거대한 공동묘지에 (각 구덩이마다 5000구씩) 던져 넣었다. 그동안 우리는 전부 무장한 채 끊임없이 그들에게 고함치고, 발로 차고 위협하며 한시도 쉬지 못하게 했다. 할리우드 범죄자 꼴인 친위대 놈들은 얼마나 역겨운 자들인가! 그놈들에게 숙소는 없었다. 그놈들은 노역을 마치면 오직 창고 안에서 얌전히 대기할 수밖에 없다는 것을 알고 있었다.

또 다른 병사인 제369포병 부대 선임하사관 샌더슨은 가끔 영국군의 보복이 극심할 때도 있었다고 말했다.

우리는 친위대 대원에게 허기를 채우지 못할 만큼의 배급량만 주었고, 쉴 틈을 주지 않고 더러운 작업을 시켰다. 우리 병사들은 아무런 거리낌 없이 개머리판으로 그들을 때리고 총검으로 찌르면서 계속 일하라고 윽박질렀다. 한번은 친위대 한 명을 산 채로 공동묘지 구덩이에 내던졌다. 시체들에 뒤덮여 그자의 숨통이 끊어지기까지는 그리 오래 걸리지 않았다. 그는 달아나려 시도했던 자로, 총에 맞고 부상을 입었다. 병사들은 그자를 무덤구덩이로 데려갔고, 그가 예전에 수용자들에게 했을 행위를 돌려주었다.

거의 70년이 지난 지금으로선 그러한 사건들이 실제로 일어났는지, 아니면 단지 영국 병사들이 바라던 바를 전한 것인지는 알 수 없다. 나는 벨젠에서 생매장된 친위대 대원에 대한 어떤 확증도 찾을 수 없었지만, 그런 이야기가 유포되었을 때 심리적 효능을 발휘한다는 면에서 나름의 의미가 있다. 영국 군인들은 나치친위대가 저지른 최악의 만행 가운데 일부를 가해자들에게 돌려주었다는 통쾌함을 느낄 필요가 있었던 것이다.

벨젠에서 가혹한 대우를 받은 쪽은 수용소 간수들만이 아니었다. 이곳에서 붙잡힌 친위대 대원 중심으로 구성된 기술자와 사무원 그리고 수용소에서 근무한 자들도 그와 같이 취급되었다. 셀레 인근 도시에서 온 독일 민간인들도 벨젠 강제수용소에 와서 독일이라는 이름 아래 어떤 범죄가 자행됐는지 두 눈으로 직접 볼수밖에 없었다. 현지 지방 관리들을 모아오는 임무를 맡은 한 영국인 공병에 따르면, 그와 동료 병사들은 발진티푸스에 전염될 수있어 수용소 내부에 들어갈 수 없었지만 독일인들은 그런 배려를받지 못했다고 한다. 그들이 돌아갈 때 영국군 사병들은 그들에게 "영국군이 매우 분노했다는 것"을 보여주기 위해 일부러 그들의 발등 위로 소총 개머리판을 떨어뜨려 발가락을 부러뜨리려 했다. 독일 민간인들은 자신이 목격한 광경에 큰 충격을 받은 듯했다. "어떤 자는 구토를 했고, 어떤 자는 목 놓아 큰소리로 울었고, 몇몇은믿을 수 없다는 눈빛으로 허공만 응시하고 있었다."

러시아가 마이다네크에서 그랬던 것처럼, 영국도 벨젠을 선전의 기회로 활용할 수 있음을 깨달았다. 영국군 군정 당국의 촬영기사들이 즉시 이곳으로 파견되고 신문기자와 사진작가들도 초청됐다. 하지만 수용소가 발견된 지 8일 뒤인 4월 23일에 도착한 영국 「뮤비에톤 뉴스British Movietone News」[당대에 일어나는 주요 사건들을 필름에 담는 기록 영화] 측이 더 큰 영향력을 발휘했다. 공동묘지와 시체 더미의 영상이 영국 각지의 영화관에서 상영됐고, 이후다른 나라에서도 상영됐다.

시체 더미 위에서 노는 아이들과 서 있기도 힘들 만큼 앙상하게 말라빠진 사람들, 수백 구의 시체를 무덤구덩이에 내던지는 불도저의 모습이 담긴 영화와 그 밖에 충격적인 다른 영상들은 나치 독일에 대한 세계인의 인식에 결정적 역할을 했다. 여기에는 마침내 단순한 선전 활동으로 치부할 수 없는, 독일의 잔학행위에 대한 생생한 시각적 증거가 담겨 있기 때문이다. 더 중요한 점은 당시 독일계 민족 전체가 이에 연루된 것처럼 여겨졌다는 것이다. 군정 사령관 스포티스우드 대령은 벨젠을 방문한 독일 민간인들을 상대로 카메라 앞에서 연설하면서, 이러한 수용소들의 존재는 "독일 국민에게 너무나 불명예스러운 것이므로 그들의 이름이 문명국가 명단에서 지워져야 한다"고 말했다. 처벌받아야 할 대상은 범죄를 저지른 나치당원뿐만 아니라 독일이라는 국가 전체라는 말이다. "당신들은 자녀들이 저지른 만행과 그것을 막지 못한 것에 대해 고생과 땀으로 속죄해야 한다."

강제수용소의 '발견'은 도덕적 지형을 불가역적으로 바꿔놓았다. 전쟁 과정에서 연합군이 독일 도시들에 가한 폭격, 무조건적 항복 주장, 유럽의 상당 지역에 기아를 초래한 경제 봉쇄 등 모든 부분을 정당화하는 듯했다. 연합군이 향후 몇 달 동안 진행하게 되는 많은 작전에도 정당성을 제공했다. 독일인은 아무리 힘든 고통을 겪게 된다 해도 관용을 요구할 수 없었다. 다하우에서 그랬던 것처럼, 독일 동부에서 붉은 군대가 강간을 저질렀던 것처럼, 나치 독일군과 독일 민간인에 대한 부당한 행위는 무시될 터였다. 앞으로 살펴보겠지만, 때로는 연합군 군정 당국에 의해 맹목적 복수가 조장되기도 했다. 한 역사가가 결론지었듯이, 마이다네크, 다하우, 벨젠과 같은 강제수용소에서 폭로된 폭력과 타락은 "모든 사람, 심지어 해방자들까지 휩쓸리게 하는 악마적 습성을 띠고 있었다."

유대인 포로들의 복수

강제수용소를 해방한 연합군 병사들이 나치를 향해 복수심을 드러냈듯이, 그들이 구출한 포로들도 마찬가지였다. 마이다네크, 아우슈비츠, 군스키르헨 수용소의 생존자인 이스라엘인 구트만은 "때로는 복수에 대한 갈망과 기대"가 "수용소 생활의 마지막이자 가장 힘든 단계"에서 수감자들이 죽지 않게 해준 "희망"이었다고 했다.

연합군 병사들이 동료의 행위를 눈감아주었던 것과 마찬가지로, 역사학자들도 강제수용소 생존자들이 실행에 옮긴 복수를 가볍게 다루는 경향이 있다. 포로들이 몸소 겪었던 고통에 비하면 그런 복수 행위는 핀으로 살짝 찌른 정도일 뿐이므로 논할 가치가 없다는 인식이다. 다른 몇몇 민족에 의해 발생한 대재앙과 비교할 때 유대인의 복수 따위는 사소했다는 게 그들의 견해로, 1947년 미군정 장관 루시어스 클레이가 인정한 바와 궤를 같이한다. "독일인에 대한 당연한 증오에도 불구하고, (유대인 강제 추방자들은) 독일인 주민과 관련된 심각한 사건에 얽히지 않으려 매우 조심해왔다. (…) 법과 질서를 유지해온 유대인들에 관한 기록은 내가 2년 넘도록 독일에 있는 동안 목격한 것 가운데 주목할 만한 성취라 할 수 있다."

유대인의 극히 일부만 복수 행위에 빠져들었다는 게 사실이라 할지라도, 복수는 흔히 생각되는 것보다 더 광범위했을 것이다. 강제수용소 생존자 대부분은 자신이 직접 가담하진 않았더라도 어떤 형태로든 복수를 목격한 것으로 보인다. 첫 번째 표적은 수용소 간수들이었다. 그들을 찾아낼 수 없을 때(간수들 대부분은 연합군이 도착하기 전에 수용소에서 달아났다) 수용자들의 공격은 동료들 사이에서 나치의 꼭두각시 역할을 했던 카포로 향했다. 수용자들의 불행에 직접적인 책임이 있는 자들을 응징할 수 없을 때 그들의 좌절은 나치친위대, 독일군 병사, 나치 관리 등 다른 독일인에게로 옮겨졌다. 이마저 실패할 때는 모든 독일인이 목표가 됐다.

남자와 여자 심지어 아이들도 복수에 참여했다. 예컨대 체코슬로바키아에 있는 테레지엔슈타트 수용소가 해방된 후, 벤 헬프고트는 두 명의 유대인 소녀가 라이프니츠로 가는 길에 한 독일 여성을 손수레로 공격하는 광경을 보았다. 그는 소녀들에게 그만하라고 말했지만 뛰어들어 뜯어말릴 때까지 공격을 멈추지 않았다. 이후에는 수용소 안에서 군중이 나치친위대 한 명을 때려죽이는 장면을 목격했다. 세월이 한참 흐른 뒤에 그는 말했다. "나는 그 광경을 지켜보면서 가슴이 아팠다. 난 아무도 미워하지 않지만, 폭도는 증오한다. 사람들이 폭도로 변질되는 순간 그들은 더 이상 인간이 아니기 때문이다."

하스키엘 로젠블럼도 테레지엔슈타트에서 해방됐지만 어떤 독일인도 죽이지 않았다. 어떤 특별한 도덕적 양심 때문이 아니라 단지 그러고 싶지 않았기 때문이었다. 하지만 그는 열 살 때 부모가 살해되는 것을 목격한 뒤 "나치를 연이어 죽인" 어떤 사람을 알고 있었다. 핑커스 쿠르네츠는 테레지엔슈타트 수용소에서 카포였던 사람이 인근 마을에 숨어 있다가 자신의 친구들에게 발견돼 살해되는 모습을 봤다. "그 카포는 헛간 안에 숨어 있었고 우리는 그를 밖으로 끌어냈다. 작은 광장에는 러시아 탱크 두 대가 있었고 러시아인들은 협조적이었다. 그래서 우리는 말 그대로 그를 때려죽였다."

명백한 이유를 가지고 복수한 사실을 인정하는 유대인의 진술을 찾기란 극히 어렵다. 하지만 몇몇 용감한 인물은 되도록 역사 기록이 정확하기를 바라는 뜻에서, 또는 정당하다고 믿는 보복 행위를 부끄러워하지 않기 위해 자신이 한 일을 공개적으로 밝혔다. 예컨대 1988년 슈물레크 곤타시라는 이름의 폴란드계 유대인은 런던의 제국전쟁박물관에서 진행한 인터뷰 녹음에서 자신이 해방기에 친구들과 함께 독일인을 상대로 복수 행위를 했으며 이후에도 오랫동안 실행했음을 인정했다.

우리 모두 가담했죠. 즐거웠습니다. 딱 한 가지 아쉬운 점은 더 많이 복수하지 못했다는 겁니다. 닥치는 대로 했죠. 가령 독일 놈들을 열차에서 던져버리기도 했습니다. 기회다 싶으면 어디에서든 그놈들을 때리곤 했어요. 오스트리아에서는 한 가지 특별한 경험을 했죠. 우리가 마구간에서 지내고 있을 때였는데, 갑자기 독일군 장교가 안으로 숨어들었습니다. 우린 그놈을 찾아내 독일군이 우리에게 했던 짓을 그대로 돌려줬습니다. 나무에 그놈을 묶고 총으로 쏴 죽였죠. 당신이 지금 나에게 그런 짓을 시킨다면 실행할 리 없겠지만, 그때는 통쾌했어요. 그걸 즐겼죠. 그때 우리에게 만족감을 주는 건 그것밖에 없었으니까요. 그리고 지금이 자리에서 말하지만, 저는 그런 상황이 즐겁지 않았을 거라고 말하는 사람을 의심합니다. (⋯) 전쟁에서 살아남을 만한 가치를 느끼게 하는 유일한 이유는 복수를 할 수 있다는 것이라고 생각해요. 만족감이 매우 크니까요.

벨젠 강제수용소에서 해방된 오스트리아계 유대인 알프레트 크놀러는 영국 군인에게 허락을 받고 현지 농장을 습격해 식량을 훔친 일을 기억한다. 어떤 때는 헛간 근처에 놓인 자루들 뒤에 숨겨져 있는 히틀러 사진 몇 장을 친구들과 함께 발견했으며 몇 자루의 총도 찾아냈다. 너무 흥분한 나머지 그들은 히틀러 사진을 찢어버렸고, 자신들은 반나치주의자라고 둘러대는 농부와 그의 아내를 총으로 쏴 죽였다.

우리가 한 일이 매우 비인간적이란 것쯤은 알고 있습니다. 그러나 유감스럽게도 우리에게 그것은 오랫동안 무의식적으로 원했던 복수였을 것입니다. 우리는 독일인과 싸우고 싶었습니다. 그놈들과 싸울 수는 없었지만, 여하튼 차선책을 해낸 거죠. (⋯) 우리는 언제나 간절히 복수하고 싶었습니다. 그것은 절대적으로 필요한 복수 행위였죠. 그렇게 할 수밖에 없었습니다.

크놀러와 친구들에게 이 사건은 죄책감을 느끼게 하기는커녕 절실했던 감정의 해방을 가져다준 것으로 보인다. "우리는 그 일에 대해 꽤 솔직했어요. 모두에게 말해줬죠. 수용소로 돌아왔을 때 우리는 의기양양했죠."

처음에 연합군 병사들은 그들의 습격을 못 본 척하거나 협조했다. 강제수용소의 생존자들은 일반적으로 일정 시간 원하는 대로 행동할 수 있는 백지위임장을 부여받았지만, 마침내 법과 질서를 위해 독일인에 대한 공격이 금지된 것으로 짐작된다. 예를 들어 아렉 헤르쉬는 "러시아인들은 우리가 독일인들에게 원하는 모든 것을 할 수 있는 24시간을 허용해주었다"라고 말했다. 테레지엔슈타트 수용소에서 해방된 또 다른 생존자인 해리 스피로는 러시아인들이 그들에게 24시간 동안 "우리가 원하는 무엇이든 저지를 수 있고, 심지어 독일인을 죽이는 것조차 가능하다"고 말한 것을 기억한다. 벨젠 수용소에서 해방된 폴란드계 유대인 막스 데사우에 따르면, 영국인 또한 "일정 시간 동안 복수를 하도록 내버려두었다"고 했지만 "그 시간이 지나자 영국인들은 이 정도로 충분하니 끝내자고 말했다"고 한다. 미국인들도 포로들이 마음대로 하도록 내버려뒀다. 죽음의 행진 중에 풀려난 폴란드계 유대인 쿠르트 클라프홀스는 두들겨 맞아 얼굴에 멍이 든 나치친위대 한 명을 미국인 중위로부터 넘겨받으면서 "미국인은 나에게 '당신을 고문한 놈

중 하나가 여기 있으니 보복할 수 있다'는 말을 들었다." 그는 주어진 기회를 이용하지 않았지만, 많은 이들이 그런 기회를 놓치지 않았던 것은 분명하다.

시간이 지남에 따라 포로였던 이들은 대부분 마음이 누그러지기 시작했다. 복수에 대한 열망은 대개 유대인들을 감금한, 이른바 '지배자 민족master race'을 자처했던 나치 독일인의 우스꽝스러운 본성을 확인했을 때 녹아내렸다. 노르트하우젠 수용소에서 해방된 피터 프랭크는 25킬로그램을 간신히 웃도는 체중으로 전쟁의 종말을 맞이했을 때 "독일 민족을 모조리 절멸시키고 다시는 이런 종류의 재앙이 벌어지지 못하게 하는 것"이 유일한 소원이었다. 그러나 혼자서는 다닐 수 없을 만큼 쇠약했기 때문에 그의 '말' 역할을 할 독일인 전쟁포로 한 명이 주어졌을 때, 그의 분노는 처음에는 경멸로 나타났다가 결국엔 동정으로 바뀌었다. "그가 나에게 할당됐으니, 말하자면 나의 소유물이었다. 그는 자신이 전쟁으로 인해 얼마나 심한 곤욕을 치렀는지 내게 불평하곤 했다. 그러나 그는 금세 교활해졌다. 그러니까 그는 불쌍한 놈이었고, 그런 놈에게 복수를 해봤자 무의미했다. (…) 일단 개별적으로 상대하기 시작하면 그들 또한 어떤 면에서는 희생자인 셈이므로 복수를 포기할 수밖에 없었다." 부헨발트와 렘스도르프 수용소의 생존자인 알프레드 후버만도 이에 동의했다. "해방 초기에 나는 독일이 지도에서 완전히 사라져야 한다고 생각했다. 하지만 시간이 흘러 내가 독일인을 만나게 되면 과연 무슨 말을 할 수 있을까 싶었다. 죄책감 속에서 살아야 하는 그는 불쌍한 존재일 뿐인데 말이다."

그렇다고 해서 바로 분노가 잠재워지지는 않았고, 독일인에 대한 기념비적인 복수가 이뤄지기 전까지 유대인은 결코 안심할 수 없다고 생각하는 사람들도 있었다. 유대인 빨치산이었던 아바 코브너가 설립한 '어벤저스Avengers(복수자들)'가 그러한 집단 중 하나다. 이 조직은 전쟁범죄 용의자를 100명 이상 암살했다. 그것으로 성에 차지 않아 나치친위대 대원들을 감금한 수용소 내부에 폭탄을 설치해 수용자 80명을 살해한 것으로 추정된다. 그들의 철학은 가능한 한 많은 독일인에게 무차별 공격을 가하는 것이었으며, 그 복수의 방식은 홀로코스트 동안 유대인이 살해당한 비인간적 수법을 역으로 이용하는 것이고, 그들의 슬로건은 "유대인 한 명당 독일인 한 명"이었다. 이 조직의 구성원인 가비크 세들리스에 따르면, 그들이 노리는 것은 정확히 600만 명의 독일인을 암살하는 것이었다. 이 목표를 달성하기 위해 그들은 독일 내 5개 도시의 상수도에 독약을 섞어 넣는 음모를 꾸몄으나 코브너가 팔레스타인에서 독극물을 밀반입하려다가 체포되어 계획은 실패했다. 대신 뉘른베르크 근처 포로수용소에 수용돼 있던 나치친위대원 1만 5000명의 빵에 독을 묻히는 계획은 성공적이었다. 실제 사망자 수가 몇 명인지는 확실치 않지만 적어도 2000명의 독일인 포로가 비소에 중독된 것은 사실이다.

이런 계획들은 전쟁 직후 극심했던 혼돈기에 전개됐다. 대규모 난민 이동은 복수를 결심한 자들에게 (물론 도망치는 전범자들에게도) 훌륭한 엄폐물을 제공했고, 법과 질서가 부재했기에 이런 사건은 보고나 수사가 이루어지지 않았으며 자주 묵과되었다. 그러나 결국 상황이 바뀌자 '어벤저스' 조직은 복수의 꿈을 접고 그 대신 팔레스타인에 유대인 독립국가를 건설한다는 미래를 위해 투쟁하는 길을 택했다.

유대인의 복수가 더 광범위하게 확산되지 않은 실마리가 여기에 있을지도 모른다. 홀로코스트 직후에는 대부분의 유대인 생존자들이 병들고 쇠약했기 때문에 어떤 형태로든 적극적인 응징을 고려할 수 없었다(애초에 생존했다는 것만으로도 충분한 저항이었다). 하지만 복수가 모종의 도덕적 균형을 되찾는 데 관심을 지닌 사람들에 의한 행위였다는 점이 중요하다. 많은, 아마도 대다수 유대인에게 복수는 중요한 관심사가 아니었을 것이다. 그들은 유럽을 떠나 도덕적 균형이 위태롭지 않은 대안의 땅, 즉 미국이나 영국 그리고 가장 중요한 팔레스타인으로 탈출하기로 결심했다. 유대인이 한꺼번에 유럽을 떠난다는 것은 그들의 복수심을 상징한다. 1945년 말, 어느 유대인 작가는 이렇게 설명하고 있다.

우리는 적에 대한 복수를 경멸과 거부, 견책 그리고 적과의 거리를 계속 유지함으로써 달성하려 했다. (…) 오직 이 살인자들과 완전히 떨어져 있어야 (…) 복수에 대한 욕망을 충족시킬 수 있을 것이라는. 본질적인 의미는 유럽에서 유랑 생활을 끝내고 이스라엘 땅에 조국을 건설하는 것이었다.

팔레스타인은 유대인이 주인이 되어 남에게 박해받지 않는 유대민족 국가 건설이라는 희망을 심어주었다. 그런 까닭에 유대인들은 유럽 본토에서 탈출해 새로운 이스라엘 땅의 초석을 다지기 위서라면 무슨 일이든 발 벗고 나섰다. 더 이상 독일에 복수를 시도하거나 유대인을 완전한 멸종에서 구해낸 연합국과 갈등을 빚는 것은 그들의 장기적 이익에 부합하지 않으므로 복수는 나치에게 박해받은 옛 포로들에게 떠맡겨졌다. 확실히 무언가 속셈을 지닌 민족 집단으로서는 부족함이 없는 영리한 계획이었다.

억제된 복수:
강제노역 노동자

유독 참혹했던 유대인의 역사를 돌이켜보면, 그들이 수용소 해방
이라는 고통스러운 드라마의 중심에 서고자 하는 경향은 충분히
이해할 만하다. 하지만 많은 역사가가 지적한 대로, 오늘날 우리
가 알고 있는 '홀로코스트'는 거의 회고로써 구성된 것이다. 당시
적어도 연합국 간에는 인종 집단에 대한 차별이 드물었다. 실제로
연합국은 의도적으로 그들을 차별하지 않았으며, 히틀러의 희생
자들을 국적에 따라 분류했다. 이루 셀 수 없이 끔찍한 사례를 마
주한 국제연합구제부흥사업국 등의 구호 기관에서는 처음에는 유
대인의 내력을 특별 사례로 인식하지 않았다. 즉 폴란드계 유대인
은 다른 폴란드인과 함께, 헝가리계 유대인은 다른 헝가리인과 함
께 묶어 다뤘다. 1945년 9월에 이르러 비로소 유대인은 따로 수용
될 권리를 얻었고, 특별히 유대인 구제 기구들의 보살핌을 받았다.
　현장에 있었던 연합군 병사와 구조대원의 시선에 유대인이

다른 집단보다 더 큰 고통을 겪었다는 사실이 즉각적으로 발견되지는 않았다. 고통은 어디에나 존재했다. 강제수용소는 제3제국 전역을 뒤덮은 착취와 절멸의 광활한 네트워크에서 그저 수용소의 한 종류에 지나지 않았다. 동유럽에는 소련군 포로들 수백만 명이 굶주림에 시달리던 전쟁포로수용소가 여기저기 흩어져 있었고, 강제노동수용소는 모든 주요 공장, 광산, 농장 및 건설 현장마다 설치돼 있었다. 예컨대 영국·프랑스·미국 신문들의 머리기사를 장식했던 다하우 수용소는 남부 바이에른 전역의 240개 하위 수용소에 온갖 국적의 죄수들을 공급하는 시스템의 중심에 불과했다. 또한 이곳에서 저곳으로 포로들을 이동시킬 때 필요한 임시 체류 수용소도 많이 세워졌는데, 전쟁이 끝날 무렵에는 음식 제공을 비롯해 아무런 관리가 이루어지지 못해 사실상 수용자들을 철조망 울타리 안에 버리는 공간이 됐다. 고아와 비행 청소년을 위한 특별 수용소와 범죄자와 정치범을 위한 징벌 수용소도 존재했다. 철조망을 둘러친 이 수천 개의 야영지를 종합한다면, 한 역사가의 표현대로 '공포의 풍경'일 것이다.

이러한 수용소에 대해 여기서 언급해야 할 부분은 인간에 대한 처우가 천차만별이었다는 것이다. 영국인 및 미국인 전쟁포로는 대체로 적십자에서 보낸 소포 덕분에 굶지 않았고 문화 활동도 허용됐던 반면, 이탈리아인이나 소련인은 구타와 과도한 노역 그리고 기아로 죽어갔다. 마찬가지로 '의무 노동'에 복무하는 프랑스 노동자는 가끔 보수를 받고 충분한 식사를 제공받았지만, 폴란드인 오스트아르바이터Ostarbeiter(동방 노동자)는 문자 그대로 뼈가

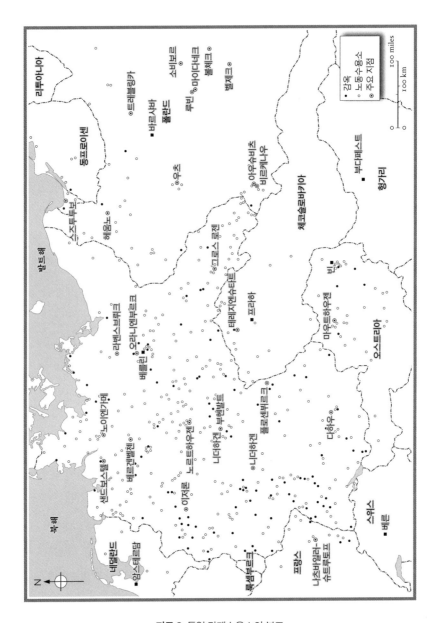

지도 3 독일 강제수용소의 분포

닳도록 혹사당했다. 심지어 강제수용소에서는 가혹행위에도 등급이 있어 아리아인은 유대인과 집시처럼 '열등'하다고 평가된 민족보다 훨씬 덜 학대받았다.

독일인이 이 모든 외국인의 존재를 몰랐다거나 그들이 견뎌야했던 곤경에 대해 몰랐다는 건 터무니없는 헛소리다. 비록 전쟁 직후기에 많은 독일인이 모른 척하려고 노력했지만 말이다. 절정기에는 외국인 노동자가 독일 노동인구의 약 20퍼센트를 차지했고, 무기나 항공기 제조와 같은 특정 산업에서는 40퍼센트를 넘어서기도 했다. 독일인은 가까운 거리에서 외국인 노동자들이 어떤 대우를 받았는지 똑똑히 지켜보았다. 실제로 많은 독일인이 그들을 돕고 싶은 마음에 몰래 음식을 나눠주기도 했고 푼돈이라도 벌 수있게 했다.

전쟁이 끝날 무렵, 독일인은 외국인의 상황을 잘 알고 있었으므로 수백만 명의 외국인이 풀려나면 자신들에게 해코지할까봐 두려워했다. 함부르크에서 나치 당원들은 1944년 말 외국인 노동자들이 들고일어날 것을 대비해 특별 긴급경비대를 편성했다. 아우크스부르크에서는 새로운 외국인 노동자들이 몰래 무기를 가지고 들어왔다는 소문이 퍼졌다. 베를린에서는 외국인들이 적에게 정보를 흘림으로써 '트로이 목마' 역할을 하고 있다는 소문이 나돌았다. 많은 외국인 노동자는 의도적으로 이러한 공포를 부추겼다. 프랑스 전쟁포로들은 자신들이 잠입 부대의 '선발 낙하산병'이라고 농담했고, 폴란드인 노동자들은 승리 후 살해당할 독일인 '명단'에 관한 이야기로 독일인을 조롱했다. 독일인과 외국인 노동자 간의 공포와 원한을 감안할 때 양측의 심각한 대립이 현실화 되는 건 시간문제였다.

노예노동자의 복수

외국인 노동자들의 반격은 연합군이 독일에 진입하자마자 시작됐다. 영국, 프랑스와 미국 군대의 보고에 따르면 독일에 진공하자 해방된 외국인들은 바로 약탈과 난동을 일으켰으며, 대개 그들을 진정시킬 수 없었다. 1945년 4월 초 라인강을 건넜던 영국 민정위원회의 루벤 세든 대위는 "약탈이 만연했다"고 주장했다. "러시아인, 폴란드인, 프랑스인 그리고 현지 민간인들까지 이런 기회는 일생에 한 번뿐이라는 듯 약탈을 일삼았다. 약탈은 제지되어야만 했고 그것은 빠르면 빠를수록 좋았다." 동쪽으로 갈수록 상황은 더 나빴다. 메클렌부르크 슈베린 마을의 새로운 군정부 장관에 따르면 "난민 수천 명이 배회하며 살해, 강간, 약탈을 일삼고 있었다. 간단히 말해 중심가에서 멀리 떨어진 곳에는 법이 존재하지 않았다." 5월 베를린에서는 난민 갱단 100명이 마치 서부영화의 한 장면처럼 안할트 기차역에서 열차를 털었다.

많은 사람은 그러한 행동을 나치 정권에 대한 불만과 분노를 분출하고자 하는 정당한 욕망과 진취적 정신이 결합된 것으로 간주했다. 하지만 해방된 노동자들의 환희에는 독일 주민과 연합군 모두를 섬뜩하게 하는 난폭함이 포함되어 있었다. 여러 해 동안 노동에 혹사당한 그들은 이성이 마비된 상태였고 음식과 술에 굶주려 있었던 터라 어떻게든 음식과 술, 섹스에 탐닉함으로써 잃어버린 시간을 만회하려 했다. 수년 동안 남녀를 갈라놓았던 강제노동수용소는 곧 '난장판'이 됐다. 그들은 수용소 내 아무 데서나 용변을 보고 거리낌 없이 '숙소에서 간통'을 했다. 훗날 민덴의 노르트헤메른 마을 근처에 있는 노동수용소의 법과 질서를 확립하라는 지시를 받은 공병工兵 데릭 헨리는 자신이 목격한 광경을 이렇게 묘사했다.

> 그곳에는 남녀 수감자들이 모두 있었고, 우리가 막사 안으로 들어가자 우리 주위로 몰려들었다. 그들 대부분은 수제 보드카에 취해 있었고 우리에게 술병을 들이밀기도 했다. 일부는 침대에서 섹스를 하고 있었고, 어떤 이들은 노래하고 춤추고 있었다. 그들은 우리를 끌어들이려고 했지만, 다행히도 우리는 소총을 가지고 있었다. (⋯) 이 강제 추방자들은 불결했고 막사에서는 코를 찌르는 악취가 진동했다. 우리는 어쩔 수 없이 수제 보드카를 맛본 다음, 식탁 위에 술을 붓고 불을 붙여 얼마나 독한지 보여줘야 했다.

훗날 헨리는 한 폴란드 수감자가 "밤에 여자 동료와 즐기라고 제안했지만 거절했다"고 진술했다.

술은 해방으로 인한 무질서에 톡톡히 한몫했다. 독일 하나우에서는 수백 명의 러시아인이 공업용 알코올을 마셔 최소 20명이 죽고 200명 이상이 반신마비가 되었다. 볼프스부르크에서는 이 도시의 폭스바겐 공장에서 일하던 수백 명의 노동자가 무기고와 베르무트 와인 양조장에 난입했다. 군중의 무장해제를 위해 소집된 어느 미군 중대장은 "폭도 중 일부는 만취한 상태로 둑이나 건물 위에서 총을 발포하다가 반동에 의해 뒤로 고꾸라지곤 했다"고 기억했다. 언론인 앨런 무어헤드는 베저 계곡의 슈타이어베르크 마을에 들어갔을 때 "여태껏 마셔본 술 중에서 가장 훌륭한" 포도주가 가득한 저장고를 약탈하고 있는 마을 주민과 난민들을 마주쳤다. 대부분은 술에 취했거나 "반쯤 정신이 나간" 상태였고, 바닥에 '발목 높이'까지 질퍽거리는 1891년산 샤토 라피트와 깨진 유리 조각 외에는 저장고가 텅 비었을 정도로 약탈하고 부쉈다.

가장 야만적인 장면 중 일부는 하노버에서 일어났다. 해방 이후 혼란스러운 시기에 옛 강제 노동자 수만 명이 거리의 술집들을 약탈하고 건물에 불을 지르며 난동을 부렸다. 독일 경찰 잔당이 제지하려 나섰다가 그들에게 사로잡혀 두들겨 맞은 뒤 가로등에 매달아졌다. 강제 노동자 중 일부는 독일 민간인들을 붙잡아, 몇 주 전까지만 해도 자신들이 하던 일(예컨대 나치친위대에게 사살된 러시아군 장교 시체 200구를 파묻는 일)을 시켰다. 그들은 일하는 독일 민간인들을 "몽둥이로 내리치거나 총 개머리판으로 때렸다." 다른 폭도들은 이 도시에 사는 여성들을 찾아내 그녀들의 집에서든 거리에서든 겁탈했다. 이 도시에 배속된 한 영국군 포병 중대장에 따르면, 술 취한 러시아인들이 "독일군이 버린 88밀리미터 포를 빼앗아 끌고 다니면서 흥을 돋우고 싶을 때 또는 눈앞에 보이는 건물 중 방해가 된다 싶은 건물을 향해 포탄을 날렸다."

1945년 6월, 하노버가 연합국의 관리 아래 들어간 지 10주 후, 현지에 도착한 영국인 종군기자 레너드 모즐리는 이 도시가 여전히 혼란 상태라는 것을 알게 됐다. 새로운 군정부는 어떻게든 전기와 가스, 수도 공급을 재개하고 잔해를 치워 길을 정비하는 한편 독일인 시장과 임시 경찰대를 모집했지만 법과 질서를 회복하진 못했다. "문제가 너무 컸다. 임시변통으로 긁어모은 이런 종류의 경찰력으로는 몇 년 만에 자유를 맛보게 된 10만 명 이상의 외국인 노예노동자들을 상대로 질서를 유지할 수 없었다."

그 심각성은 군정 장관이 라타우스에서 몇 마일 떨어진 거주 지역까지 모즐리를 차에 태우고 데려다주는 과정에서 입증됐다. 군정 장관인 G. H. 램 소령은 도중에 허공을 향해 권총을 쏘아대며 폭도들을 해산시키느라 다섯 번이나 차를 멈춰야 했다. 그는 모즐리에게 이렇게 말했다고 한다. "이런 사건은 하루 종일 벌어집니다. 약탈, 싸움, 강간, 살인, 정말 대단한 곳이죠!"

하노버의 약탈과 폭력은 오로지 약탈과 폭력 자체가 목적인 듯했다. 전후 혼돈에 관한 가장 인상적인 모즐리의 목격담 중 하나는 시 외곽의 창고를 미친 듯이 약탈하는 광경이다.

누군가 일찍이 나에게 말했다. 약탈에 미친 인간은 훔칠 가치가 없는 것이라도 그걸 손에 넣기 위해 남을 죽이거나 상해를 가하는 법이라고. 하노버는 그것을 입증했다. 우리는 그 짧은 여정에서 한 패거리가 어느 창고로 침입하는 장면을 보았다. 쇳소리를 질러대는 오합지졸 중에는 외국인 노동자뿐 아니라 독일인도 섞여 있었다. 그들은 문과 창문을 부수고 들어갔다가 다시 나왔는데, 그들의 손에는 죄다 문고리가 들려 있었다! 문고리를 파는 상점이었던 것이다. 이자들이 그 물건으로 무엇을 하려는 건지, 집들의 절반은 문짝이 없는 도시에서 도대체 뭘 하려는 건지 나로선 알 수가 없었다. 그런데도 그들은 문고리를 약탈했을 뿐만 아니라 그것 때문에 싸움질을 해댔다. 그들은 자신보다 문고리를 더 많이 가진 자를 걷어차고 밟고 쇠막대기로 때려눕혔다. 나는 외국인 노동자가 한 소녀를 넘어뜨리고, 그녀의 양팔에서 문고리를 낚아챈 뒤 그녀가 피투성이가 될 때까지 얼굴과 몸을 걷어차는 모습을 보았다. 그는 곧장 큰길로 내달리더니 문득 정신을 차린 듯 손에 들려 있는 물건을 보고는 혐오스럽다는 듯 그것을 내던졌다.

해방 초기에는 어디에서나 이런 광경이 펼쳐졌다. 독일인 경찰은 대부분 도망쳤거나 물러났기 때문에 현지 주민들은 연합군 병사들에게 도움을 청하는 것 외에는 도리가 없었지만, 어쨌든 순찰할 인원은 부족했다. 하노버에서 군정부는 연합군의 전쟁포로들을 임시 경찰대로 모집했으나 그들은 경찰 업무에 암담할 정도로 미숙했고, 종종 현지 독일인을 상대로 자기 안의 적의를 드러냈다. 독일의 모든 주요 도시에서 독일인 경찰을 모집했지만 이들 역시 경험이 부족했다. 연합군은 명백한 이유로 그들에게 무기 소지를 허락하지 않았고, 그런 까닭에 그들은 폭동을 일으키는 난민들과 증가하는 외국인 무장갱단들을 상대할 수 없었다.

한 영국인 중위가 들려준 이야기는 당시 고조된 분위기에 대처하는 연합군 병사들의 무력함, 그리고 나치에게 유린당한 자들과 그렇지 않은 자들 사이의 도덕적 격차를 잘 보여준다. 1945년 5월, 레이 헌팅은 베젤시 인근의 조용한 시골길을 따라 여행하고 있었고, 남은 생애 내내 잊지 못할 사건을 목격했다.

나는 앞쪽에 걸어가는 두 남자를 보았다. 러시아인은 베젤로 가고 있었고, 늙은 독일인은 지팡이를 짚고 역 쪽으로 천천히 가고 있었다. 우리가 가까이 갔을 때 두 남자는 멈춰 섰다. 언뜻 보기에 러시아인이 시간을 물어본 것 같다. 노인이 조끼 주머니에서 쇠줄 달린 회중시계를 꺼냈기 때문이다. 러시아인은 즉시 시계를 낚아채더니 연결 동작인 양 자연스럽게 독일인의 가슴에 긴 칼을 꽂았다. 노인은 비틀거리다가 도랑에 거꾸로 처박혔다. 노인의 두 발은 허공을 향하고 있었고 바짓부리가 두 다리에서 흘러내려 앙상하고 하얀 장딴지가 보였다.

러시아인이 칼을 빼내고 칼날에 묻은 피를 유유히 노인의 외투로 닦고 있을 때 나는 권총 총구를 러시아인의 갈빗대에 밀어 넣었다. 나는 그에게 양손을 들고 길거리에 서게 한 뒤 권총을 패트릭에게 넘겨주고 희생자를 도우려고 도랑에 뛰어들었다. 그 노인은 죽어 있었다. 발음이 분명치 않은 이 짐승 같은 러시아인은 뉘우치는 기색도, 아무런 감정도 없이 시체 옆에 무릎을 꿇고 있는 나를 내려다보고 있었다.

나는 칼과 시계를 압수하고 트럭 뒤로 그를 밀어넣은 다음 권총을 들고 맞은편에 앉았다. 우리는 이 러시아 놈을 그럽 대위에게 인계하려고 군정부 당국으로 갔지만 그는 외출 중이었다. 우리는 범인을 병영 막사로 데려갔고, 그가 소비에트 법률에 따라 처벌받기를 기대했다.

나는 범인의 목덜미를 잡고 지휘관실로 데려가 칼과 시계를 가리키며 살인 혐의로 고발했다. 행정장관Administrator(이 단어의 러시아어 뜻과 영어 뜻은 같다)이라고 자신을 소개한 지휘관이 앞으로 나서더니 비죽비죽 웃으며 물었다. "이 남자가 독일인 한 명을 죽였다는 말인가요?" 나는 그에게 살인 흉기를 보여줬다. 그는 맞은편 동료에게 다가가 모자에서 붉은 별 휘장을 떼어내더니 살인범의 가슴에 꽂아준 뒤 그자의 뺨에 입을 맞췄다! 훈장을 단 노인 살인범은 방을 빠져나가자마자 막사로 몰려드는 수백 명 사이로 감쪽같이 사라졌다. 그 후로 두 번 다시는 그자를 볼 수 없었다.

난민에 대한 군사 관리체계

무정부 상태를 끝내기 위해 분투하던 독일 각 점령지구의 연합국 군정부는 급진적인 조치를 시행할 수밖에 없었다. 가장 먼저 단행한 조치는 최근 석방된 죄수와 노동자를 가능한 한 많이 잡아들여 안전한 곳에 다시 가두는 것이었는데, 이는 본국으로 귀환하기만을 바라던 많은 사람에게 분노와 낭패를 안겨주었다. 일부 지역에선 오후 6시부터 발효되는 엄격한 야간 통행금지령을 선포하여 해가 떨어진 뒤 수용소 밖에서 발견된 자는 체포하거나 사살하도록 했다. 폭력을 앞세운 위협은 종종 질서를 바로잡는 유일한 길이 되었다. 가령 북스테후데에서 군정 지휘권을 쥔 A. G. 문 소령이 난민센터 거주자들을 향해 누구든 약탈 현장에서 잡히면 사살하겠다고 선포하자 이 지역에서는 거의 소동이 일어나지 않았다. 이후 8월 독일 서북부의 영국 군정부는 약탈자에 대한 총격을 정식 방침으로 삼았다. 헤센의 미국 군정부도 식량난으로 폭동을 일으킨 자는 예외 없이 사형에 처하겠다고 경고했다. 이와 같은 선포들은 나치의 지배 아래 발포된 명령과 별 차이가 없었다. 실제로 그런 선포가 효과적이었던 까닭은 두 관리체계가 일맥상통했기 때문일 수 있다.

외국인 포로가 계속 독일에 머무르는 한 법과 질서에 위협이 될 게 뻔했기 때문에 연합군은 난민을 본국으로 송환하는 작업을 서둘렀다. 먼저 누구를 우선 대상으로 해야 하는가에 대한 논쟁이 벌어졌다. 영국인 및 미국인 전쟁포로와 저항운동 조직 대원은 특별대우를 요구할 정당한 자격이 있었다. 게다가 아직도 소련 전선 뒤에는 수천 명의 해방된 연합군 포로들이 억류되어 있었기 때문에, 이 부분은 소련 인민을 본국으로 돌려보내려는 소련 당국의 조바심과 저울질할 수밖에 없었다. 누군가는 법과 질서를 재확립하기 위해서는 가장 감당하기 힘든 구성 분자부터 송환해야 한다고 주장했다. 그러나 파괴된 유럽 철도망으로 이들을 수송해야 하는 병참 문제와 더불어 대상 난민이 대부분 본국 송환을 바라지 않는다는 점 때문에 더욱 복잡해졌다. 많은 유대인, 폴란드인, 발트인은 자신이 이제는 돌아갈 곳 없는 무국적자로 여겼다. 다른 집단들, 특히 러시아인, 우크라이나인, 유고슬라비아인들은 본국으로 돌아가면 처벌을 받을 거라는 두려움 때문에 송환을 원치 않았다. 이들 중 상당수는 전쟁에서 숱한 죽음의 고비를 넘긴 자들로, 전쟁이 끝난 상황에서도 기대할 만한 게 없었다.

본국에 송환되기를 기다리는 동안 난민들은 대규모 중앙 집합 시설로 옮겨져 국적을 기준으로 분류된 뒤 독일, 오스트리아 및 이탈리아 전역의 난민캠프로 보내졌다. 이곳들은 이전의 군용 막사이거나 도시에서 떨어져 있는 격리 구획이었다. 난민을 수용하기 위해 특별히 지어진 시설을 제외한 다른 곳들은 과거의 노동수용소거나 강제수용소였다. 피난처가 태부족인 유럽 대륙에서 연합군은 어떤 건물이든 이용할 수밖에 없었다. 얼마 전까지도 수감자들이 이를 잡고 수염을 깎으며 지내다가 겨우 벗어나게 된 강제수용소로 다시 들어간다는 사실을 깨달은 난민들은 당혹감에 빠졌다.

당시 공식 보고뿐만 아니라 일반 병사들의 회상록과 일기를 보면 연합군 당국이 독일인보다 난민을 훨씬 경계하고 있었음이 분명하다. 수개월에 걸쳐 해방되기는커녕 감시와 통제 아래 난민으로 지내고 있는 사람들의 분노와 절망을 연합군은 두려워하기 시작했다. 8월에는 영국군이 폴란드인 난민 중에서 동포들에게 규율을 강제할 경찰을 채용하기 시작했다. 난민을 단속하기에는 연합군 병사가 충분하지 않았고 독일 경찰은 존중받지 못할 것이라는 이유에서였다. 11월까지 영국군과 미군 양측은 '난민의 활동이 위협적인' 지역에서 독일 경찰을 재무장시키는 사안을 고려하고 있었다. 다가올 겨울에 발생할 수 있는 위험에 관한 합동정보위원회의 보고서는 연합군의 두려움을 단적으로 드러내고 있다. "겨울에 난민의 생활이 더 힘들어지게 된다면 그들은 수용소 안에서 단결할 것이다. 게다가 독일인과 달리 일정량의 무기를 입수할 수단도 있으므로 독일인보다 더 큰 문제를 일으킬 가능성이 있다."

이와 같은 보고서는 다소 지나친 우려가 포함되었을 수 있다. 독일 서부의 국제연합구제부흥사업국 수장은 "사업국의 관리 아래 있는 난민은 다른 지역 주민에 비해 폭력적 행동이 많지 않다"고 믿었다. 실제로 독일인들의 약탈 행위 때문에 난민 전체가 비난을 받은 방대한 사례가 있다. 또한 공식 보고서들은 꽤 많은 난민이 본국으로 송환된 뒤에도 한동안 독일의 지역 범죄율이 높았다는 사실을 드러낸다. 어느 군정 장교의 말에 따르면 "난민들은 버림받았다. (…) 모든 우려가 난민의 머리 위로 떨어졌다." 전쟁이 끝난 뒤 난민은 새로운 적으로 취급당할 위험에 처해 있었다.

해방 콤플렉스

해방 후 난민의 상황을 고려할 때 그들이 느낀 행복이 곧 환

지도 4 독일, 오스트리아, 이탈리아 북부의 난민캠프

멸로 바뀌었다는 건 놀라운 일이 아니다. 1945년 4월 영국 군정 팀을 따라 보홀트에 들어간 폴란드인 사회복지사 마르타 코르빈은 독일에서 대규모 난민 집단을 처음 관찰한 사람 중 한 명으로, 당시 그녀가 진행한 대화나 평가를 보면 그들은 다음과 같은 방식으로 전쟁에서 살아남았다.

해방이 되면 전쟁 전과 같은 행복하고 아름다운 세계로 돌아갈 수 있으리라 상상하는 것으로써 그들은 극도로 힘들고 비루하고 끔찍한 현실을 상쇄했다. 지난 세월의 고통은 다 잊어버리게 될 것이고, 자유는 그들을 도의에 벗어난 적이 없던 세상으로 데려갈 터였다. (⋯) 모든 사람이 착하고 (⋯) 모든 집이 아름다운 낙원으로.

하지만 그들은 '낙원'으로 귀환하는 대신 자신들이 "수용소에서 무리를 짓고, 많은 경우 해방 전보다 더 열악한 상태에 처해 있다는 것을 깨달았다." 그런데다 장기간의 수감 생활은 그들이 꿈꿔 왔던 낙원이 더 이상 존재하지 않는다고 생각할 기회를 제공했다. 주변을 둘러싼 폐허 속에서 그들은 "더 나은 미래에 대한 희망이 이미 파괴된" 광경만 보게 된 것이다.

국제기구가 실시한 더 큰 규모의 연구가 마르타 코르빈의 관찰을 뒷받침했다. 1945년 6월 국제연합구제부흥사업국 산하의 국제연합심리연구회는 난민의 심리 상태에 관한 보고서를 작성했다. 보고서에 따르면 많은 난민은 자유로워지는 것을 기뻐하기는커녕 쓸쓸하고 성마른 예민함에 빠져 있었다. 많은 연합국 병사가 기대했던 해방시켜준 것에 대한 고마움도 부재했다. 대신 불안감 증가, 완전한 냉담, 동기부여 상실 그리고 '모든 권위에 대한 중대하고 음울한 의심'이 자리하고 있었다. 실제로 많은 난민은 냉소적으로 변해서 "도와주려는 사람들의 어떤 행위도 진심이거나 진실하다고 여기지 않았다." 일부 연합군 장교는 그러한 태도를 '해방 콤플렉스'라고 부르기 시작했다.

이 콤플렉스가 형성되는 데는 연합군의 책임도 없지 않았다. 영국군과 미군 인력이 지난 2년간 구호 활동에 큰 성과를 보였음에도 불구하고, 대부분의 군 간부들은 여전히 난민 문제를 인도적 차원이 아닌 병참학적으로 바라보는 경향이 강했다. 그들의 눈에 비친 난민은 목록에 넣고, 이를 잡게 하고, 입히고 먹이고, 다양한 국적으로 분류하고, 유용한 일에 투입하고, 마침내 본국으로 송환해야 하는 대상이었다. 1945년에 이르러 연합군은 이런 종류의 임무를 해내는 데 매우 유능해졌으나 오늘날 우리가 '대인관계 기술'이라고 부르는 부분에는 서툴렀다. 그들은 시스템적으로 난민들을 처리하려 했을 뿐 트라우마를 지닌 존재를 다루고 있다는 사실을 잊어버렸다.

인도주의자들은 난민에 대한 군 관계자들의 둔감함에 실망했다. 국제연합구제부흥사업국에 고용된 한 영국인 직원은 미군 중위가 아무 예고도 없이 많은 여성과 아이를 퇴거시키라고 명령했을 때 분노한 그녀는 미군 중위를 향해 소리쳤다. "나는 군대가 징글징글해. 나가서 누군가랑 싸우는 게 낫지 않아? 왜 쓸데없이 민간인에게, 평화를 바라는 사람들에게 끼어드는 거지? 당신들 반대쪽에 있는 사람들이라고. 전쟁터에서 보병이나 포병들을 이동시키듯이 엄마와 아이와 환자를 옮길 수 있다고 생각하다니, 당신들이 이해할 수 있는 일이나 하란 말야."

난민들이 지쳐 있거나 냉담할 때 군대는 그들을 권위적인 방식으로 몰아붙였다. 예를 들어 란츠베르크 유대인 난민캠프의 불결한 상태를 확인한 어느 미군 장교는 위생 규칙과 규제를 '강제하거나 징계하는' 식으로 이끌어야 한다고 제안했다. 이들은 군의 규율이 신병을 훈련시키기에는 적합하지만 오랜 비인간화와 학대로부터 풀려난 홀로코스트 생존자들에게는 부적절하다는 사실을 이해하지 못한 것 같다.

마찬가지로 1945년 9월에 빌트플레켄의 폴란드인 난민캠프를 기습적으로 조사한 미군 장군들은 군대 규율로 기강을 잡으라고 지시했다. 이후 바닥에 쓰레기를 버리거나 나무 사이에 빨래를 널거나 지하실 구석에 쓰레기를 숨긴 자들은 즉시 투옥됐다. 어떤 폴란드인이든 일을 거부하면 체포되었고, 캠프 안 모든 여성은 성병 검사를 받아야 했다. 민주적으로 선출된 폴란드인 수용소위원회는 해산됐으며, 필요할 경우 2주마다 1500명의 폴란드인을 강제적으로 송환해야 했다.

두말할 나위 없이 이런 명령들은 무척 씁쓸하게 받아들여졌다. 나치의 손에서 수년간 비슷한 취급을 받았던 난민들이 가장 원치 않았던 것이 바로 그러한 대우였기 때문이다. 빌트플레켄 난민캠프의 어느 감독자는 이렇게 비꼬았다. "구호 활동에서 군대의 재능은 결코 일류라고 할 수 없다."

연합국의 구제와 부흥

연합국 정부들은 군사 조직이 이런 임무에 적합하지 않다는 사실을 빠르게 인식했다. 그로 인해 난민의 일상에 관한 관리는 군의 손을 떠나 새로운 국제 인도주의 기구인 국제연합구제부흥사업국(운라UNRRA)으로 넘겨졌다. 이 기구는 1943년 유럽의 해방된 지역에 식량과 의료 원조 업무를 조정하기 위해 설립됐다. 초기에는 발칸반도 지역에 국한됐지만 1945년 봄에는 유럽의 다른 지역들, 특히 동유럽으로 확장되었으며, 난민과 강제 추방자들 간의 복지 조정이 가장 중요한 임무 중 하나였다.

1945년에서 1947년까지 운라는 독일, 오스트리아, 이탈리아의 수용소에 있는 수백만 난민이 필요로 하는 것에 주의를 기울였다. 그 필요란 물질적인 것을 포함해 정신적, 사회적, 감정적인 요구를 말하는 것이다. 운라 정신의 핵심은 난민들에게 음식, 주거, 의료 돌봄뿐만 아니라 상담, 교육, 휴양, 심지어 정치 활동의 기회까지 보장하는 것이다. 이것은 단순히 난민들의 에너지를 건설적인 방향으로 돌리는 데 그치는 게 아니라 그들이 인격체로서 재활할 수 있도록 자존감을 심어주고자 함이다.

운라 직원은 '스스로를 도울 수 있도록 돕는' 이 프로그램에 진심과 열의를 다했다. 대부분의 난민캠프에서 처음 설립된 기구는 주로 학교였다. 그동안 박탈당했던 교육의 기회를 아이들에게 제공했으며 때로는 수년 만에 처음으로 사회구조와 정상적인 감각을 심어주기도 했다. 1946년 4월 미군 보고서에 따르면, 난민 학교의 출석률은 90퍼센트에 이를 정도로 높았다. 또한 난민캠프 곳곳에 침투한 불건전하고 공격적이고 부도덕한 분위기로부터 아이들을 떼어놓음으로써 소년단 조직과 청년 클럽도 큰 호응을 얻었다.

운라는 최악의 무절제를 억제하고 문란한 남녀에게 요구되는 정신적 도움을 위해 난민 스스로 교회와 종교조직을 설립하도록 권장했다. 직원들은 난민이 자체적으로 신문을 발행할 수 있도록 인쇄용지를 확보하기 위한 노력을 아끼지 않았으며 운라는 신문을 검열하지 않기로 했다. 콘서트, 연극 등의 문화 활동은 물론 모든 종류의 성인 교육도 장려됐다. 난민들은 자체적으로 견습 제도의 틀을 마련했고 심지어 뮌헨에서는 난민 대학을 설립하기도 했다.

처음부터 연합군과 운라는 난민캠프의 자치를 의도했고 장려했다. 대부분의 난민캠프에서 선거가 치러졌으며, 제멋대로 구는 구성원을 다루기 위해 자체적으로 법정과 경찰대를 조직했다. 물론 이러한 캠프의 제도가 항상 신뢰할 만한 것은 아니었다. 예컨대 빌트플레켄의 폴란드인 난민캠프에서 "암시장, 슈냅스 증류기, 소절도와 닭장 습격을 멈추게 하겠다는 약속을 열변하는" 캠프 평의원들은 구운 쇠고기, 닭고기, 브랜디 병이 잔뜩 놓여 있는 탁자에 둘러앉아 있었다고 운라 직원들이 지적했다. 일부 캠프에서는 극단주의자, 특히 국수주의 정치집단이 형성되는 우려스러운 경향도 보였다. 하지만 캠프 직원들이 깨달았듯이, 범죄와 극단주의 행동을 통제하는 것은 승산 없는 싸움이 될 공산이 컸다. 다만 중요한 것은 그들에게 전쟁이라는 시련을 겪는 내내 부족했던 어떤 것, 즉 방향 감각과 자존감을 심어주는 일이었다.

불행하게도 운라의 관대함은 악용될 여지가 많았다. 난민들은 종종 운라의 보급품을 활용해 캠프를 암시장의 중심지로 바꿔놓곤 했다. 빌트플레켄 난민캠프에서는 부패 때문에 폴란드인 경찰을 전원 해고하고 신입으로 교체해야 했다. 이 일은 첫 18개월 동안 다섯 번이나 반복되었다. 도둑질, 강탈, 불법 술 제조는 너무 빈번했기 때문에 사람들은 운라의 머리글자가 "너희는 누구도 진실로 갱생될 수 없다You Never Really Rehabilitate Anyone"는 뜻이라는 농담이 나돌았다.

이 기구가 무능하고 공상적인 박애주의자 조직이라는 평판을 얻게 된 것도 바로 이런 배경에서였다. 비판의 목소리는 고위급 지도부에서 나왔다. 독일 내 영국 군정부 수장 버나드 몽고메리 육군 원수는 처음부터 난민 구제사업을 감당하기에 운라는 '매우 무능'하다고 믿었다. 또한 운라가 난민에 대한 책임을 양도받기로 한 데는 영국 정부가 더 이상 영국군의 구제사업에 자금을 댈 수 없었기 때문이라고 확신했다. 미국의 정치인들 역시 운라 예산의 거의 4분의 3을 미국이 부담한다는 사실에 분개했고, 이 국제기구의 낭비와 잘못된 재무 관리 그리고 부패에 격분했다. 심지어 이 기구의 주된 목적이 난민 구제가 아니라 공산당과 같은 "군사 조직이나 정치집단들에게 양분"을 제공하는 "국제적 갈취"라고 비난하는 목소리도 있었다.

그러한 온갖 실패에도 불구하고 난민들에게 운라는 애정 어린 기억으로 남아 있다. 운라의 직원들은 난민들이 만난 최초의 비폭력적인 외국인이었을 뿐만 아니라 자신들이 가장 갈망했던 것을 보여주었다. 그것은 바로 '연민'이었다. 군대는 결코 수행할 수 없었던 방식, 즉 친절과 공감이 옛 강제 노동자들의 복수를 막는 효과적인 방법이라는 것을 운라는 이해하고 있었던 것이다.

이것을 본능적으로 이해한 대상은 아마도 아이들이었을 것이다. 많은 아이들은 운라가 운영하는 난민캠프에서 처음으로 더 빛나는 미래를 꿈꾸었을 것이다. 유럽 대륙에서 제복으로 몸을 감싼 남자들은 아이들에게 두려운 존재였으나, 운라 제복을 입은 남자를 만났을 때 보인 어느 프랑스 아이의 반응은 많은 것을 말해준다. 이베트 루빈은 1942년 독일로 강제 이송된 열세 살 유대인 소녀로, 엄마의 죽음을 비롯해 수많은 공포를 경험한 뒤 3년 만에 파리로 돌아왔다. 집으로 돌아온 그녀는 가족들에게 자신의 끔찍한 경험담을 털어놓다가 갑자기 삼촌이 입고 있는 옷을 알아차리자 표정이 밝아졌다.

"삼촌, 삼촌은 군인이 아니군요. 삼촌은 운라군요. 나는 그들을 알아요. 난 영국군에게 해방된 뒤 2주가 넘게 그들과 함께 있었어요. 그들은 좋은 분들이에요. 그들이 내 목숨을 구해줬어요. 내가 장티푸스를 앓고 있었을 때 낫게 해줬거든요. 나에게 음식

　10장 억제된 복수: 강제노역 노동자

도 주었고, 지금 입고 있는 이 드레스도 주었고 (…) 나는 그들을 좋아해요. 처음으로 나에게 잘해준 사람들이에요."

개인 권력의 문제

전후 독일에서 해방된 옛 강제 노동자들의 특징적 행태에 대해 단적으로 표현하기는 어렵다. 그들의 행동은 대륙 전체를 휩쓸었던 극단적인 무법 행위와 어느 정도 비슷하긴 하지만, 그 계기는 단순히 범죄적 차원이라 할 수 없다. 그들은 수년간 억눌린 좌절감으로 인해 폭력, 음주, 성적 일탈을 정당한 자기표현의 방식으로 간주했다. 그들의 행동에는 강한 분노의 성격도 담겨 있었다. 그들은 자신들이 겪은 참혹함을 규탄하는 방법으로써 어느 정도의 약탈과 폭력은 정당하다고 믿었다. 그들은 자신들이 집단적 징벌이라 여긴 것, 정확하게는 복수로 묘사될 수 있는 것을 갈망하고 있었다.

이 모든 동기는 난민들 스스로도 이해할 수 없는 모순된 감정들과 함께 혼란스럽게 뒤엉켜 있었다. 운라와 같은 인도주의 단체는 이러한 행동이 대체로 개인 권력의 문제로 귀결된다는 점을 인지했다. 전쟁을 치르는 동안 많은 강제 노동자가 학대 속에서 비인간화되었다. 말하자면 그들은 수년 동안 자기 삶의 모든 측면을 잔인하게 통제받았다. 그렇게 오랫동안 자기 권력을 약탈당한 그들은 해방되었을 때 시곗바늘을 거꾸로 돌리기 시작했다. 그리하여 얼마간 자유로웠을 뿐 아니라 완전한 면책권이라도 얻은 듯 행동할 수 있었다. 그때 그들이 스스로를 통제하지 못했던 것은 단지 그런 행동이 가능했기 때문으로, 새로 발견한 권력에 그들은 한껏 도취됐다. 운라의 심리보고서에 따르면 그들은 '브레이크가 망가진' 상태였다.

일부 군사기관에서는 엄격한 규제로 이 폭력적인 에너지를 제어하려 했지만 운라 직원들은 난민들에게 평정을 되찾아주는 방식을 원했다. 난민들에게 자기 삶을 스스로 통제할 수단을 부여하겠다는 방침은 분명히 좀더 계몽적인 접근방식이었다. 시간과 예산이 충분히 투입됐다면 개인을 재활시킬 가능성은 규제에 의존하는 방식보다 훨씬 높았다. 하지만 전쟁 직후의 혼란스러운 상황을 고려할 때 그것은 가망 없는 이상주의였다. 캠프에 체류하는 난민들은 자주 옮겨졌기 때문에 운라의 프로그램 효과를 얻지 못하는 경우가 많았으며, 운라 직원들은 트라우마를 가진 개인을 감당할 수 없었다. 많은 경우, 특히 전후 초기에 난민에게 권력을 돌려주는 것은 그들이 복수할 기회를 증가시켰을 뿐이다. 결과적으로 운라 직원들은 난민에게 책임을 부여하는 것과 그들을 견제하는 것 사이에서 위태로운 길을 걸어야 했다.

해방 초기를 넘어선 뒤 노예노동자들에 의한 대규모적 복수가 발생하지 않았던 것은 독일 내 난민들이 실질적인 권력을 쥐고 있지 않았기 때문으로, (유럽의 다른 곳처럼) 독일군이 포로가 된 수용소에 넣어졌다면 상황은 달라졌을 것이다.

말하자면, 독일에서 진정한 지배권을 가진 유일한 사람들은

(실제로 어떤 상황에서든 절대적인 힘을 가지고 있다고 말할 수 있는) 연합군뿐이었다. 점령군은 전쟁 직후기에 복수를 할 기회가 난민보다 훨씬 더 많았다. 이런 기회를 틈타 연합군 병사와 지휘관들이 반응한 부분은 이후 논쟁거리로 남겨졌다.

독일인
전쟁포로

전쟁 최악의 잔학 행위는 대체로 전투가 벌어지는 기간보다 끝난 뒤에 발생한다. 병사는 전장에서 맹렬하게 싸움으로써 숨진 전우들의 원수를 갚을 수도 있지만, 싸움에 이겨서 무장 해제된 적군이 자비를 구할 때 훨씬 유리한 위치에서 복수할 수 있다. 군인은 자신이 전쟁포로를 책임지고 있다고 느낄 때 가장 강하고, 적은 가장 무력하다.

국제사회가 1929년 제3차 제네바협약을 마련한 까닭은 이 권력 차이의 남용을 막기 위해서였다. 이 협약은 전쟁포로에 대한 폭력적이거나 굴욕적인 취급을 금지했을 뿐만 아니라 포로를 수용하고 먹이고 보살펴야 하는 조건들도 규정했다. 그러나 제2차 세계대전 동안 이 규칙들은 모든 진영에서 빈번히 무시된 탓에 얼마 안 가 무의미해지고 말았다. 독일군은 전쟁포로를 처형하고 모욕하고 굶겼으며, 특히 동부 전선에서 더욱 심했다. 전세가 역전되었을 때 포로로 잡힌 독일군은 그들이 했던 것과 똑같이 자신들을 다루고 싶어하는 욕망과 맞닥뜨려야 했다.

윈스턴 처칠은 여러 권의 전쟁 회고록을 집필하면서, 당시 전쟁포로에 대한 지배적인 태도에 대해 이야기했다. 그는 심지어 가장 높은 지위에 있는 자들도 복수를 생각하고 있었다고 폭로했다. 이 일화는 1943년 말 테헤란에서 열린 '빅 쓰리'의 첫 회담에서 발생했다. 회담 이틀째 되는 날 스탈린, 루스벨트와 함께하는 만찬에서 스탈린은 "독일군 사령부의 최소 5만 명, 어쩌면 10만 명"을 제거하기 위한 건배를 제의했다. 전쟁 초기에 카틴에서 수많은 폴란드인 장교들이 소련군에 의해 사살된 사건을 잘 알고 있던 처칠은 이 언사에 불쾌함을 표현하면서 영국인은 절대 대량 처형을 용납하지 않을 것이라고 말했다. 스탈린이 적어도 5만 명은 '사살해야 한다'고 우기자 처칠은 더 이상 참지 못하고 말했다. "이토록 수치스러운 행동으로 나 자신과 조국의 명예를 더럽히느니 차라리 지금 마당으로 끌려나가 총살 당하는 게 낫겠소."

이때 루스벨트가 끼어들어 신중하지 못한 발언으로 분위기를 바꾸려 시도했다. 그보다 적은 인원, 즉 4만9000명으로 타협하는 게 어떻겠느냐고 제안한 것이다. 농담으로 꺼낸 말이었겠지만 그도 스탈린의 과거를 명백히 알고 있었던 만큼 몹시 객쩍은 소리였다. 처칠은 만찬에 참석했던 루스벨트의 아들 엘리엇이 대화에 끼어들기 전까지 아무 대꾸도 할 수 없었다. 엘리엇이 스탈린에게 말했다. "보세요, 미군이 서쪽에서 전진해 나가고 소련 군대가 계속 동쪽에서 밀어붙이면 모든 문제를 해결할 수 있지 않겠습니까? 적군 5만 명쯤이야 러시아군과 미군, 게다가 영국 병사들이 전장에서 단번에 처리할 테고요. 또한 저는 전범 5만 명뿐만 아니라 수십만 명의 나치까지 처리되길 바랍니다."

이 말을 듣자 스탈린은 일어나 엘리엇을 껴안고 잔을 부딪쳤다. 처칠은 실망하며 말했다. "엘리엇, 자네를 정말 좋아하지만 그런 비열한 말은 용납할 수 없네. 감히 그 따위 소리를 내뱉다니!" 처칠은 벌떡 일어나 화를 내고는 방을 나갔다. 남겨진 스탈린과 외무장관 뱌체슬라프 몰로토프는 그저 '장난'일 뿐인데 처칠이 너무 진지하게 받아들인다며 뒤쫓아 나갔다.

이 일화는 스탈린의 무자비함에 대한 증거로, 루스벨트의 순진함에 대한 증거로, 그리고 두 사람의 그림자에 가려진 처칠이 차츰 무력해졌다는 증거로 많은 역사가에 의해 언급됐으며 다양하게 해석됐다. 루스벨트 대통령의 발언은 예상치 못했다는 점에서 꽤 놀라운 것이었다. 하지만 루스벨트는 독일 포로 5만 명을 처형하는 사안에 사로잡혀 있었던 듯, 정확히 1년 뒤에 세 명이 얄타에서 두 번째 회담을 가졌을 때 이 사안을 첫 번째로 언급했다. 루스벨트의 발언을 있는 그대로 받아들인다면, 그리고 잘 알려진 미국 대통령의 반독일 편향성을 고려한다면, 그는 스탈린만큼 무자비해 보일 수밖에 없다.

연합국이 주장해온 싸움의 명분과 가치에 의문을 제기하게 만드는 1945년 독일인 전쟁포로 처우는 항상 논란거리가 되었다. 스탈린과 루스벨트, 처칠이 논의한 것은 수백만 명의 유럽인이 풀려나는 것이 아니라 수감되고, 수천 명이 구원을 받는 게 아니라 죽음에 이르는 해방 과정의 이면에 대한 것이었다. 미래 안목을 지닌 처칠은 이것이 가볍게 다뤄질 주제가 아님을 간파하고 있었다. 세계의 강력한 지도자들이 복수하려는 것은 해방된 노예노동자들이 복수하려는 것과 차원이 다른 문제이기 때문이다.

전쟁 직후, 독일인 포로의 운명은 전적으로 체포자들의 변덕에 달려 있었다. 독일인 포로들의 무력함이 동정을 불러일으켰든 경멸이나 냉담함을 불러일으켰든, 이것은 단순히 운의 문제가 아니었다. 다양한 지휘 계통을 지닌 연합군이 어떤 지배적 태도를 가지고 있느냐에 달려 있었다.

미군 관할 전쟁포로

전쟁 기간에 1100만 명 이상의 독일병사가 연합군에게 포로로 잡혔다. 러시아 전선에서 벌어진 수많은 전투 규모를 고려하면 소련군에게 잡힌 독일인 포로가 가장 많을 것 같지만, 실제로는 전체의 3분의 1 미만(약 315만 5000명)이었고 미군(약 380만 명)과 영국군(370만 명)에게 잡힌 포로가 훨씬 더 많았다. 심지어 1년이 못 되는 기간 포로 생포에 관여한 프랑스군도 비교적 작은 군대를 보유했음에도 불구하고 25만 명에 가까운 독일군을 사로잡는 데 성공했다.

이러한 포로의 수치 차이는 소련군이 상대적으로 용감했다기보다는 소련군에 대한 독일군의 두려움을 말해준다. 전쟁 말기에 독일 병사들은 어떻게든 붉은 군대에 포로로 잡히지 않으려 안간힘을 다했다. 항복이 불가피하다는 판단이 내려졌을 때도 소련군에 잡히면 무슨 짓을 당할지 모른다는 두려움 때문에 많은 부대가 끈질기게 저항했다. 또 다른 부대들은 동부 전선에서 벗어나 영국군이나 미군에게 투항하는 데 희망을 걸었다. 그리고 전면적인 항복이 코앞에 닥치자 투항이 최우선 순위가 됐다. 독일군 참모총장 알프레트 아우구스트 요들 대장은 항복문서 조인을 위해 아이젠하워의 사령부에 도착했을 때 이틀가량 교묘하게 시간을 지연시킴으로써 독일 부대들이 서쪽으로 활로를 찾을 수 있도록 시간을 벌어주려 했다. 유고슬라비아의 독일군은 5월 8일 항복 명령이 내려졌는데도 이를 무시하고 크로아티아군을 상대로 일주일 동안 전투를 벌이면서 오스트리아 국경 쪽으로 진로를 뚫었다. 그로 인해 전쟁이 끝나갈 무렵 서방 연합군에게 투항하는 독일군 병사의 수가 폭발적으로 증가했으나(미군은 1945년 4월과 5월에만 약 180만 명의 독일군 병사를 포로로 붙잡았다), 동부 전선에서는 그에 상응하는 증가가 없었다.

영국군과 미군은 서방 연합군에게 투항하는 독일군 병사의 엄청난 수치에 크게 놀란 듯했다. 그들은 한시적 조치로 이 포로들을 '라인비젠라거Rheinwiesenlager(라인 초원 수용소들)'로 알려진 독일 서부 안쪽의 16개의 드넓은 울타리 안에 가두었다. 수용소들은 각각 약 10만 명의 병사를 가둘 수 있는 공간이었지만 항복 시점이 되자 훨씬 더 많은 포로를 수용할 수밖에 없었다. 11만

8000명이 넘는 포로가 진치히 울타리 안에 채워졌고, 레마겐의 수용자 수는 곧바로 13만4000명을 넘어섰다. 규모가 다소 작은 몇몇 수용소는 초만원 상태가 되었는데, 1만 명이 정원인 뷜은 3배 이상을 수용했다. 연합군은 포로를 관리하는 데 곤욕을 치러야 했고 연합군 사령관들에게는 추가 자원을 요청하는 긴급 메모가 빗발쳤다.

전쟁 후 대학 연구자와 독일 정부기관이 수집한 사진과 목격자 보고서를 보면 당시 포로들이 어떤 환경에 처해 있었는지를 짐작할 수 있다. 우선 막사나 오두막 시설이 거의 없는 이 수용소들은 전통적인 의미의 '수용소'가 아니었다. 황량한 야외에 철조망을 둘러쳐놓은 공간에서 포로들은 숙소도 없이 허구한 날 비바람에 노출된 채 지내야 했다. 라인베르크 울타리에 수용된 한 포로는 화장지에 쓴 일기에 이렇게 썼다.

나는 평소 땅 위에 누워 지냈다. 더울 때는 땅속 구덩이로 기어들어 갔다. 외투를 입고 장화를 신고, 보병 작업모를 귀까지 내려썼다. 은수저와 포크가 들어 있는 잡낭은 베개 역할을 한다. 비바람이 몰아칠 때면 구덩이 한쪽 벽이 무너져 내 몸을 덮었고, 외투와 양말이 흠뻑 젖었다. (…) 우리는 얼마나 오랫동안 수용시설도 없이 담요나 텐트도 없이 버텨야 할까? 한때 모든 독일 병사는 비바람을 피할 수 있는 숙소가 있었다. 심지어 개조차도 비가 오면 기어들어갈 개집이 있다. 오직 우리가 바라는 것은 6주 후에 우리의 머리 위로 지붕이 얹히는 것이었다. 야만인도 이보다 더 좋은 집을 가지고 있다.

　수용시설의 부족은 담요나 제대로 된 의복의 부족이라는 더욱 큰 고통으로 이어졌다. 포로들은 붙잡힐 때 걸쳤던 옷을 그대로 입고 있었으며 대개는 표준 군장과 거리가 멀었다. 그들은 "대체로 몸에 지닌 것이 거의 없었다. 코트도, 모자도, 재킷도 없이 민간인의 의복에 평범한 신발뿐이었다." 하이데스하임에 수용된 열네 살짜리 소년들은 잠옷 말고는 입을 옷이 없었다. 그들은 잠재적인 '늑대인간들(광적인 최후의 저항자들을 일컫는 용어)'로 규정되어 심야에 체포된 탓에 잠옷 차림 그대로 수용소로 끌려왔던 것이다.

　의복과 주거지의 결핍이 비참했던 것처럼 위생 상태도 마찬가지였다. 포로들은 몸을 씻을 수 없었고 변소로 쓰기 위해 파놓은 구덩이조차 부족했다. 라인베르크에 감금된 자들에 따르면, 수용소는 "각자 서 있는 곳에서 쪼그리고 앉아 대변을 보아야 하는 거대한 하수구에 불과했다." 바트 크로이츠나흐 수용소 병사들은 군데군데 "말 그대로 오줌 바다"를 이루고 있는 공간에서 잠을 잘 수밖에 없었다. 지급되는 화장지가 워낙 부족해서 독일 지폐를 쓸 수밖에 없는 경우가 많았지만 어차피 독일 화폐는 유통되지 않는다는 소문이 나돌았기 때문에 그들 사이에서는 놀랄 일도 아니었다.

　그들에게 가장 큰 걱정거리는 식량 부족이었다. 레마겐 수용소가 처음 열렸을 때 하루 배급량은 포로 25명당 빵 한 덩어리에 불과했다. 이후에는 10명당 한 덩어리로 나아졌지만 여전히 생명을 유지하기에는 역부족이었다. 바트 크로이츠나흐에서는 6주 동안 빵이 배급되지 않은 탓에 마침내 빵이 도착했을 때 난리법석을 일으켰다. 그때까지 하루 배급량은 "채소 세 숟갈, 생선 한 숟갈, 자두 한두 숟갈, 마멀레이드 한 숟갈, 너덧 개의 비스킷"이 전부였다. 바트 헤르스펠트에서는 수용자의 5분의 1 정도가 '해골'이 될 때까지 고작 800칼로리로 하루를 버텨야 했다. 먹을 게 너무 없었던 탓에 그들은 수용소 내에 자라는 잡초 가운데 먹을 수 있는 것들을 찾아내야 했고, 모닥불을 지펴 따가운 쐐기풀과 민들레로 수프를 끓여먹었다는 사실도 보고됐다. 또한 많은 사람이 깡통으로 땅을 파헤쳐 캐낸 순무를 날것으로 먹는 바람에 설사병이 퍼지기도 했다.

물 부족은 훨씬 더 큰 문제였다. 전차 수리공인 조지 바이스는 "사흘 반 동안 우리는 물이 전혀 마시지 못했다"고 말했다.

우리는 자기 소변을 마시곤 했다. 맛이 끔찍했지만, 우리가 무엇을 할 수 있었겠는가? 조금이라도 습기를 얻으려고 땅바닥에 엎드려 흙을 핥는 자들도 있었다. 마침내 마실 물을 조금 얻었을 때 나는 너무 기운이 없어서 무릎을 꿇고 있었다. 그 물이 없었다면 아마도 나는 죽었을 것이다. 그런데 철조망 바로 바깥쪽에는 라인강이 흐르고 있었다.

5만6000명이 넘는 포로가 지내는 바트 크로이츠나흐 수용소에는 수도꼭지가 단 하나밖에 없었다. 그래서 연합군은 날마다 울타리가 둘러쳐진 데까지 트럭으로 물을 실어 날라야 했다. 뷔데리히에서는 7만5000명의 포로에게 공급하는 5개의 수도꼭지가 매일 밤 한 시간만 열렸다. 수용소의 미군 지휘관은 포로들이 왜 비인간적인 상황을 겪고 있느냐는 질문에 "그래야 포로들이 군인 생활의 즐거웠던 기억을 영원히 잊어먹을 테니까"라고 대답했다.

이미 전투에서 다치고 지친 병사들인지라 수용소에서 높은 사망률을 나타낸 것은 당연해 보인다. 하지만 그 정확한 수치는 계속 논란거리가 됐다. 제임스 바크는 논란거리가 된 자신의 책 『그 밖의 손실Other Losses』에서 루스벨트가 독일인 살해에 대해 던진 악취미적인 농담은 미국 정부 전체를 관통하는 복수 문화의 징후를 보여준다고 했다. 그는 미군이 관리하는 기간에 독일인 포로 80만 명이 죽었다고 주장했다. 이 수치는 미국의 복수심을 소련과 나치가 전쟁 중에 저지른 최악의 만행과 동등하게 하는 것으로, 많은 나라의 연구자들은 바크의 다른 많은 주장과 더불어 이 수치를 믿지 않았다. 공식 수치는 훨씬 밑돈다. 에리히 마슈케가 의장을 맡은 독일정부위원회에 따르면, 단 4537명만이 라인비젠라거에서 사망한 것으로 추정된다. 정확한 집계를 방해하는 당시의 혼란을 고려할 때 실제 사망자 수가 더 많았을 수 있다고 보는 학자들도 있지만, 그렇다 해도 기껏해야 5~6만 명을 넘지 않는다는 게 중론이다.

이는 바크가 제기한 정도의 손실이 발생하지 않았다는 게 아니라 수치에 대한 착오를 범했다는 것을 의미한다. 진정한 공포는,

언제나 그렇듯 서쪽이 아니라 동쪽에서 일어났다.

소련군 관할 전쟁포로

서방 연합군의 포로들이 열악한 환경에 처했다면, 동부 전선의 포로들은 지독한 대가를 치렀다. 사실 너무 끔찍해서 비교할 수 없을 정도다. 라인비젠라거에서 전쟁포로들이 겪은 일은 소련 포로수용소에서도 모두 똑같이 벌어졌지만 더 오랫동안 더 대규모로 진행됐다. 게다가 독일군 포로들은 대개 수용소까지 강제 행군했다. 일주일 또는 그 이상 이러한 '죽음의 행진'을 하는 동안 포로들은 물과 음식을 제대로 얻지 못했다.

전쟁 중 소련에 잡혀간 300만 명의 독일군 가운데 3분의 1 이상이 포로 상태로 죽었다. 유고슬라비아에서는 비율적으로 훨씬 심각했다. 약 8만 명의 전쟁포로가 처형당하거나 굶주리거나 의료를 거부당하거나 강제 행군 중에 사망했다. 이는 다섯 명 중 두 명꼴로, 서구 세계에서는 상상도 할 수 없는 수치다. 212쪽의 〈표 1〉을 살펴보면 독일 군인들이 붉은 군대나 소련과 연합한 빨치산에게 잡히지 않으려고 그토록 조심했던 이유를 알 수 있다. 동부 전선에서 잡힌 포로는 사망할 확률이 서부 전선보다 90배나 높게 나타나 있다.

왜 동부 전선에서는 전쟁포로 사망자가 그토록 많았을까. 우선 자원이 훨씬 부족했다. 소련군과 그 동맹국들은 전쟁 내내 식량과 물자 공급을 서방 열강에 크게 의존하고 있었기 때문에 우선적으로 자국민, 특히 군인들에게 공급하고 난 뒤에 남은 음식을 포로들에게 나눠줄 수 있었다. 교통시설과 인프라의 훼손 정도 역시 서쪽보다 동쪽이 훨씬 더 심각했으며 포로들이 도보로 이동해야 할 거리도 훨씬 더 멀었다. 소련과 동유럽의 광활한 풍경을 가로지르는 강행군 속에서 수만 명의 추축국 포로들이 줄줄이 숨졌다. 러시아의 혹독한 겨울을 그려보았을 때 서방의 수용소보다 소비에트 수용소에서 더 많은 포로가 죽음에 노출되었다는 사실 자체는 놀라운 일이 아니다. 그러나 이것들은 모두 주변적인 요인이다. 그토록 많은 독일인이 소련군 포로를 벗어나지 못하고 죽은 주된 원인은 관리자들이 그들의 생사에 관심이 없었기 때문이다.

전쟁 동안 소련 사회에서는 독일과 독일인에 대한 절대 증오가 팽배했다. 1945년 봄까지 소련 병사들은 온갖 방식으로 독일과 독일인을 악마화하는 극렬한 선전 활동에 노출돼 있었다. 소련군 기관지 『크라스나야 즈베즈다』는 알렉세이 수르코프의 「나는 증오한다」와 같은 제목의 시를 실었고, 그 마지막 행은 "나는 그놈들 모두를 목 졸라 죽이고 싶다"였다. 『프라우다』는 보로실로브그라드를 함락시킨 날 출간된 콘스탄틴 시모노프의 「그놈을 죽여라!」와 같은 시를 실어 러시아 병사들에게 강력히 요구하고 있다.

(…) 독일인을 죽여라, 바로 죽여라.
그리고 그놈을 볼 때마다, 당장 그놈을 죽여라.

미하일 숄로호프와 바실리 그로스만 같은 작가들도 독일의 모든 것에 대한 증오를 부추기기 위해 구상된 독설적인 이야기와 보고서를 저술했다. 하지만 소련 군인들의 가슴속에 특별한 자리를 차지한 사람은 일리야 에렌부르크였다. 『크라스나야 즈베즈다』에 실린 에렌부르크의 선동적인 송가들은 수없이 인쇄되고 복창됐기 때문에 소련군 병사들은 구호를 외우고 있었다.

독일인은 인간이 아니다. 지금부터 '독일인'이라는 낱말은 우리가 상상할 수 있는 최악의 저주다. 지금부터 '독일인'이라는 단어는 우리의 심장을 뛰게 한다. 그러나 우리는 흥분하지 말아야 한다. 우리는 죽일 것이다. 당신이 하루에 적어도 한 명의 독일인을 죽이지 않았다면 그 하루를 허비한 것이다. (⋯) 독일인을 총탄으로 죽일 수 없다면 총검으로 죽여라. 당신의 전선이 평온하거나 당신이 전투를 기다리고 있다면, 그 사이에 독일인을 살해하라. (⋯) 당신이 독일인 한 명을 죽였다면, 다른 한 명을 더 죽여라. 독일인의 시체 더미보다 더 즐거운 것은 없다.

에렌부르크의 작품에서 독일인 비인간화는 변함없는 주제였다. 일찍이 1942년 여름에 그는 이렇게 주장했다.

사람은 역병, 굶주림, 죽음 따위는 견딜 수 있다. 하지만 독일인은 견딜 수 없다. (⋯) 이 회녹색 민달팽이들이 살아 있는 한 우리는 살아갈 수 없다. 오늘날 세상에 책은 존재하지 않는다. 오늘날

하늘에 별은 없다. 오늘날 단 하나의 사상만이 존재한다. 독일인
을 죽여라! 그놈들을 모조리 죽여라, 그리고 땅속에 파묻어라.

여기 등장하는 '회녹색 민달팽이'는 다른 글에서 전갈, 전염병
을 옮기는 쥐, 미친개, 심지어 박테리아로 묘사됐다. 나치가 슬라브
인을 열등 인종으로 비인간화했듯이, 소련의 선전도 독일인을 해
충으로 격하했다.

이렇듯 피에 굶주린 어조는 다른 나라가 전파하는 선전 내용
과 별반 다르지 않다. 필리프 비아네는 독일군 점령하의 프랑스에
서 독일인과 부역자, 경관들을 살해하자는 글을 썼다. 그러나 대개
의 프랑스인과는 달리 소련인은 선동 내용을 실행에 옮길 수 있는
능력을 갖추고 있었다. 그런 까닭에 이러한 선전 활동이 붉은 군
대가 독일 땅을 밟자마자 벌어진 '살육전'의 주요 원인이었다는 지
적이 종종 제기되기도 했다. 프로파간다는 또한 전투 중에 붙잡
힌 독일 병사를 취급하는 방식을 좌우했다. 즉 독일군이 포로들
을 비인간적으로 대했기 때문에 자신들도 비인간적으로 대응할
자격이 있다는 주장이다. 정반대의 명령이 떨어진 경우에도 수많
은 독일인은 항복하는 도중에 또는 그 이후에 사살되었으며, 술
취한 붉은 군대 병사들에 의해 승리 의식의 일환으로 살해당했
다. 1941년 독일군이 소련군 포로에게 한 것처럼, 소련군 병사들
은 때때로 독일군 전쟁포로들을 기둥에 묶어놓고 재미 삼아 총질
을 해댔다. 유고슬라비아에서도 독일군 포로들은 극히 사소한 잘
못으로, 옷과 장비 문제로, 복수심으로, 단지 기분 전환용으로 사

11장 독일인 전쟁포로

살됐다.

우리가 기억해야 할 것은, 독일군 포로가 가장 많았다고 해서 그들만 이러한 대가를 치른 건 아니었다는 사실이다. 이탈리아인 7만 명도 붉은 군대에 포로로 붙잡혔고, 대다수는 귀환하지 못했다. 동부 전선에서 30만9000명이 넘는 루마니아 병사가 실종됐다지만, 그들 중 포로가 될 때까지 살아남은 병사가 어느 정도인지는 알려지지 않았다. 또한 전투병만 포로였던 것도 아니다. 사실 공식 통계에서 민간인과 군인을 구분하는 것은 불가능하다. 전쟁 직후 민간인이든 군인이든 최소 60만 명의 헝가리인이 그릇된 국적을 가졌다는 이유로 붉은 군대에게 끌려가 소련 전역의 노동수용소로 보내졌다.

모든 면에서 이 불행한 포로들이 감내해야 했던 모욕은 나치 독일에 의해 강제 노동자들이 당한 것만큼이나 심각했다. 가장 먼저 그들은 강탈당했다. 소련 병사들이 가장 선호한 것은 그들의 시계와 결혼반지 그리고 다른 귀중품이었고, 뒤이은 약탈자들은 군용품과 옷가지를 빼앗았다. 1945년 2월 부다페스트가 함락되었을 때 붙잡힌 헝가리 의사 졸탄 토스는 "누구든 승마 부츠를 신은 자는 재앙을 맞았으리라. 러시아인들은 쓸만한 부츠를 신은 포로를 발견하면 어김없이 그를 줄 밖으로 데려가 머리에 총알을 박고 부츠를 벗겨냈다."

몇 가지밖에 안 되는 소지품 약탈은 포로 3분의 1의 죽음을 알리는 신호탄이었다. 이 박탈은 종종 의도적이었다. 미군 관할 포로들이 적절한 배급을 받지 못한 이유는 공급이 부족했기 때문이었지만 소련군 관할 포로들의 배급은 고의적으로 중단됐다. 맨 처음에는 그들을 사로잡은 병사들이, 그다음에는 그들을 이송한 경비병들이, 마지막에는 수용소 간수들이 식량과 물을 주지 않았다. 한스 쉬츠의 사례가 바로 그러한 경우다. 그는 종전 직전에 독일 동부에서 붙잡힌 독일군 병사로, 동쪽을 향해 긴 행군을 하는 동안 많은 지역 주민이 샌드위치 상자나 우유 주전자를 들고 나왔다. "그러나 경비병들은 아무것도 손대지 말라고 엄하게 명령했다. 그들은 주전자와 캔과 샌드위치 더미를 향해 총을 쏘았다. 우유와 물이 땅속으로 스며들었고 샌드위치가 산산이 흩어져 바닥에 떨어졌다. 우리는 감히 아무것도 만지지 못했다."

미군 관할 포로들은 물을 마시기 위해 줄을 섰지만, 소련군 관할 포로들은 종종 물을 훔치거나 눈덩이를 긁어먹으며 버텨야 했다. 미군이 질병 전염에 대처할 의약품을 충분히 지급하지 못했지만, 소련군 의사들은 종종 약이 있어도 죄수들에게 나눠주지 않았고 심지어 몇몇은 갈취용 협상 도구로 삼았다. 미군 수용소에 갇힌 자들 가운데 그 누구도 소비에트 굴라크의 수용자들처럼 떠돌이 개나 길고양이를 잡아먹거나 빵조각을 미끼로 쥐를 잡아먹지 않았다. 소련군 수용소의 기아 식단은 미군 관할 포로들이 견뎌야 했던 그 어떤 상황보다 열악했고, 그 지속 기간도 며칠이나 몇 주가 아닌 몇 달이었다. 베르겐-벨젠 수용소에서 그랬던 것처럼, 1946년 굴라크의 임시 의료센터에서 일했던 졸탄 토스는 시체 안치소에 둔 시신이 잘려나가고 장기가 도난당하는 광경을 수시로 목격했다. 그가 수석 의사에게 이 사실을 보고했을 때 "자네가 한 해 전에 여기서 일어난 일을 봤다면……"이라는 답변이 그의 우려를 해소해주었다.

　1947년 초 몇몇 포로는 운 좋게도 집으로 돌려보내졌지만 대부분은 1950년 스탈린이 '모범 노동자'라 인정한 이들에게 '사면령'을 내릴 때까지 계속 굴라크에 남겨졌다. 또한 일부 포로는 다시 정치범으로 지목되어 1953년 스탈린 사후 흐루쇼프가 추가 사면령을 내릴 때까지 수용생활을 했다. 마지막 포로들이 독일로 귀환한 시기는 종전 후 12년이 흐른 1957년이었다. 소련의 외딴 광산, 숲, 철도, 무두질 공장, 집단농장, 갖가지 공장들에서 수년간 노역에 시달린 이들은 대부분 망가진 존재가 돼 있었다. 하인리히 폰 아인시델 백작은 훗날 가장 먼저 화물열차를 타고 고향으로 돌아온 사람들을 이렇게 묘사했다. "저 열차가 운송한 화물들! 굶주리고 여윈 뼈다귀들, 식량 부족으로 설사병에 걸려 경련을 일으키는 인간 잔해들. 떨리는 손발과 눈이 퀭하고 몹시 수척한 모습들. 무표정한 잿빛 얼굴들. 그리고 빵이나 담배를 보았을 때만 빛나는 혼탁한 눈빛들." 한때 신념 있는 공산주의자였던 아인시델은 그런 광경을 보자 자신의 신념이 뿌리째 흔들리고 있다는 것을 깨달았다. 그는 이 포로들 한 명 한 명이 "소비에트 연방에 대한 살아 있는 고발장이자 공산주의에 대한 사형선고"였다고 말했다.

악행의 대가

독일인 전쟁포로에 대한 대우는 미군 관할지보다 소련군 관할지에서 기하급수적으로 악화됐다. 이는 국제적으로 확인된 사상자 규모 그리고 수백 명의 포로 증언으로도 확인된 사실이다. 그러나 일부 작가는 이와 다른 주장을 제기했다. 제임스 바크는 1989년 『그 밖의 손실』을 통해 독일인 포로 수십만 명의 죽음을 몰아간 쪽은 러시아가 아니라 미국이라고 주장하면서, 미국 지도부에게 그 책임을 물었다. 또한 미군이 복수 정책을 의도적으로 추구하고, 그 이후 날조된 통계수치 아래 '진실'을 은닉했다고 비난했다. 바크의 주장은 도덕적 전쟁을 치렀다는 미국인의 믿음을 의심하게 했을 뿐 아니라 미국 지도자들을 반인륜적 범죄로 고발하는 효과를 낳았다.

하지만 이것은 전형적인 음모론이었다. 그 책이 출판됐을 때 논란이 일지 않았다면 언급할 가치조차 없었겠지만, 세계 각지의 학자들은 바크의 그릇된 역사 연구와 인용문헌의 오류를 지적했고 광범위한 비체계적 연구를 기각했으며, 무엇보다 통계에 대한 완전한 오해를 쓰레기 취급했다. 반면 전쟁 후 교도관으로 근무한 미국의 퇴역군인 중 일부는 바크를 변호하고 나서기도 했다. 그들은 미군 관할 수용소들의 환경은 최악이었고, 포로가 죽거나 말거나 무관심했으며, 내부에 복수의 분위기가 존재했다고 지적했다. 설령 바크를 비난하는 입장일지라도 이런 상황이 실재했다는 사실은 부인하지 못했다.

역사서의 각주 중 하나가 되었어야 마땅하지만 수십 년이 지 난 지금까지도 이 주제에 대한 논란의 기운이 맴돌고 있다면, 그 것은 바크의 주장에 진실의 작은 씨앗이 묻어 있기 때문이다. 어 쩌면 바크가 가장 비판받아야 했던 부분은 오독이 아니라 사람들 의 주의력을 진실로부터 다른 데로 돌렸다는 데 있다. 이것은 그 가 발굴하고자 했던 만큼 선정적이진 않을지도 모르지만 꽤 충격 적이었다.

1962년 독일인 전쟁포로의 생사를 조사하기 위해 독일 정부 가 설립한 마슈케 위원회Maschke Commission는 공식적으로 통계자 료를 작성했는데, 미군정은 물론 프랑스 군정부도 해명해야 할 사 례가 있어 보인다. 미군 관할 수용소의 포로 사망률은 소련군 관 할 수용소만큼 높지는 않지만, 영국군이 운영한 전쟁포로수용소 의 사망률의 4배 이상이다.(표 1 참조) 더 심한 곳은 프랑스군이 운 영하는 수용소로, 포로가 영국군 수용소의 3분의 1도 안 되었는 데도 사망자 수(총 2만4178명)가 거의 20배에 달하는 것으로 나타 나 있다. 우리는 이 통계들이 보수적인 수치라는 사실을 잊지 말 아야 한다. 심지어 공식 역사가들조차 수천 명의 사망자가 기록에 서 누락됐을 거라고 인정했다.

[표 1] 전쟁포로 사망자 수

소재 국가	포로 수	사망자 수	퍼센트
영국	3,635,000	1,254	< 0.1
미국	3,097,000	4,537	0.1

프랑스	937,000	24,178	2.6
소비에트 사회주의 공화국 연방	3,060,000	1,094,250	35.8
유고슬라비아	194,000	80,000	41.2
폴란드	70,000	5,400	7.7
체코슬로바키아	25,000	1,250	5.0
벨기에, 네덜란드, 룩셈부르크	76,000	675	0.9
총	**11,094,000**	**1,211,544**	**10.9**

* 참고: 유럽 본토에서 관리하는 수용소의 통계수치 포함

프랑스군 관할 수용소에서의 높은 사망률은 당시의 식량 부족으로 설명이 가능하다. 1945년 가을의 식량 공급이 매우 저조했기 때문에 국제적십자위원회는 상황이 개선되지 않으면 20만 명의 독일인 전쟁포로가 사망할 수 있다고 경고했다. 그리하여 기아 단계를 극복하기 위해 배급량을 늘리는 구제사업이 전개됐고, 미군 보급품을 프랑스군 관할 수용소에 공급함으로써 더 이상의 재앙은 피할 수 있었다.

하지만 영국과 미국의 사망률 차이는 설명하기 쉽지 않다. 미군이 전쟁포로들에게 공급하는 보급품이 영국군보다 적었을 리는 없다. 오히려 미군은 전체 연합군 가운데 필수품 지급이 가장 많았다. 어떤 이들은 미군 관할 수용소에서 더 많은 포로가 사망한 까닭은 악명 높은 라인비젠라거 수용소들을 책임졌기 때문이라고 보았다. 그렇다 해도 이 미군이 관리하는 수용소들의 배급이 실질

적으로 어려웠던 이유를 설명하긴 어렵다. 어쨌든 전쟁이 끝난 후 얼마 지나지 않아 그곳 수용소 일부는 영국군에게 넘겨졌다. 전쟁 직후 위급한 시기에 미군이 영국군보다 많은 포로를 떠맡긴 했지만 미군은 259만 명이고 영국군은 212만 명이었으니 과도한 정도는 아니었다. 사실 서로의 군대 규모를 비교하면 영국군이 상대적으로 더 많은 포로를 책임진 셈이다.

영국군과 미군의 여러 수치를 비교할 때 유일한 실질적 차이는 포로를 석방시키는 속도에 있었다. 영국군이 1945년 가을까지 80퍼센트 이상을 풀어준 반면 미군은 포로 대부분을 겨울까지 잡아두고 있었다. 이는 루스벨트가 독일 병사들을 가장 낮은 계급에 이르기까지 전쟁범죄로 재판할 것을 고집했기 때문으로, 결국 미군이 억류한 포로들은 심리를 받기 위해 더 길게 수용소에 머물러야 했다.

어쩌면 미군이 영국군보다 포로 사망률이 더 높을 수밖에 없었던 단서가 여기에 있을지 모르겠다. 앞서 암시했듯이, 독일인에 대한 공식적인 태도는 영국보다 미국이 훨씬 더 가혹했다. 테헤란 회담에서 영국 측은 패배한 독일을 3개의 행정지구로 분할하자고 주장한 반면 루스벨트는 독일이라는 국가를 더 여러 갈래로 찢어 놓길 원했다. 그는 "독일은 107개 주로 나뉘어 있었을 때 문명 세계에 덜 위험했다"고 말했다. 1944년 퀘벡에서 열린 영미회담에서 미국 재무장관 헨리 모겐소는 독일의 산업 기반시설은 해체함으로써 사실상 이 나라를 중세시대로 되돌리는 계획을 내놓았다. 루스벨트는 이 계획을 승인했으나 영국은 미국의 압력 아래 동조했을 뿐이었다. 그리고 양국은 전쟁이 끝난 뒤에도 오랫동안 포로들을 강제노동에 사용하기로 합의했다(실제로 영국이 제안한 기한이 미국보다 더 길었다). 하지만 포로들을 지뢰밭 제거에 이용하자고 제안한 쪽은 미국(그리고 프랑스)이었다.

사망률을 높이는 결과를 초래할 수밖에 없는 이러한 정책들은 대부분 시행되지 않았다. 결과적으로 포로에 대한 영국과 미국의 방침은 매우 비슷했으나 당국의 태도는 방침만큼이나 상황에 영향을 줄 수 있다. 상부에서 적의에 찬 말들이 계속 흘러나오면 하부로 내려갈수록 포로를 가혹하게 다루는 행위가 묵인 정도를 넘어 장려될 수 있다. 적극적인 적대 문화가 허용되면 결국 포로들은 부당한 대우를 받게 될 수밖에 없다. 극단적인 상황에서는 잔혹행위가 발생할 수 있고, 좀더 온화한 상황일지라도 이미 전쟁 패배로 좌절 상태인 포로들에게 불필요한 고통이 따를 수 있다.

독일인 전쟁포로에 대한 미국의 태도와 사망률 사이에 어떤 상관성이 있는지는 여전히 미지수이며, 더욱 광범위한 연구조사가 요구된다. 이는 프랑스도 마찬가지다. 제임스 바크가 정교한 허구적 이론 대신 이 부분을 조사하는 데 전념했다면 그의 책은 학계에서 좋은 평가를 받았을지 모른다. 아무튼 연구와 조사가 정밀하게 전개되기 전까지, 루스벨트가 농담조로 독일인 전쟁포로 살해를 운운했을 때, 비록 유머였다고는 해도 분명 어떤 효과가 있었을 가능성을 배제할 수 없다.

12장

억제되지 않은 복수: 동유럽

복수가 권력을 행사하는 것이라면, 가해자와 피해자의 권력 관계가 완전히 역전되었을 때 진정한 복수가 이뤄진다. 피해자는 가해자가 되어야 하고, 권력이 없던 자가 전능해져야 한다. 그리고 앙갚음의 고통은 어떤 식으로든 이전에 당했던 것과 동등해야 한다.

독일 내에서는 연합군이 이를 저지했기 때문에 대규모 복수가 발생하지 않았다. 해방된 노예노동자들은 이전의 주인들에게 강제 노역을 시킬 수 없었다. 강제수용소 생존자들에게 독일인 포로들을 직접 관할할 기회가 주어지지 않았기 때문이다. 하지만 다른 국가에서는 개인 차원에서나 공동체 차원에서 복수가 실행됐다.

폴란드와 체코슬로바키아를 비롯한 헝가리, 루마니아, 유고슬라비아 등의 발트해 국가들 그리고 러시아에는 오래전부터 독일에서 온 많은 독일어 사용자가 정착해 있었다. 폴크스도이체Volksdeutsche[독일 혈통·언어·문화는 가졌으나 독일 국적은 아닌, '민족독일인'이라 불리는 독일계 재외동포]라 하는 이 집단은 전쟁 중에 온갖 특권을 누렸던 만큼 이제는 대중적 분노의 표적이 됐다는 사실을 받아들였다. 그들은 집에서 쫓겨났으며 배급을 받을 수 없었다. 또한 전시 중에 나치가 자행했던 것과 똑같은 방식으로 굴욕을 당했다. 예전에 나치가 그랬던 것처럼 수십만 명의 독일계 사람이 지역의 공장과 탄광, 농장에서 강제 노역을 당했다. 나머지는 감옥으로 보내지거나 임시 수용소로 끌려가 독일로 추방될 날을 기다렸다.

이 장에서는 전시 수감자들이 비워진 뒤 유럽의 전쟁포로수용소, 임시 수용소, 강제수용소를 다시 채운 수백만의 민간인 독일어 사용자의 경우를 살펴볼 것이다. 일부 수용소는 가장 악명 높은 나치 수용소와 비교되기도 하지만, 이 경우의 잔학행위는 나치의 전쟁범죄와는 규모가 다르다는 점을 명확히 해둘 필요가 있다. 중요한 것은 그러한 일들이 실제로 발생했고 충분히 야만적이었음을 인정하는 것이다.

극단적인 사디즘은 피해자가 누구든 간에 인정받기 어려운 법이지만, 피해자가 독일인이라는 사실은 우리에게 결이 다른 불편함을 제공한다. 유럽 어느 나라든, 그리고 세계적으로 독일인은 언제나 잔학행위의 가해자였을 뿐 피해자가 아니었다. 그렇기에 세상 사람들은 전후에 얼마간의 복수 행위가 있었다면 그것은 독일계 사람들이 마땅히 받아야 할 부분이라고, 그리고 당시 상황을 고려할 때 독일인에게 가해진 복수는 상당히 온당했다고 믿고 싶어 한다. 반면 독일인(나치 신봉자뿐만 아니라 평범한 남자와 여자, 어린이까지) 역시 몇 가지 끔찍한 고문과 치욕을 당했다는 사실, 그리고 우리 편도 그러한 범죄를 저지를 수 있다는 인식은 연합국의 주류 문화가 본능적으로 회피해온 주제들이다.

우리가 과거의 진실로부터 배우려면, 그리고 지금 살아가고 있는 세상을 제대로 이해하려면 그러한 이야기를 직시해야 한다. 최근 수십 년간 극단주의자와 음모론자들은 이 주제가 우리에게 죄스러운 비밀로 취급되어 왔다는 데 힘입어 번성해왔다. 새로운 신화와 과장이 뿌리를 내리기 시작했으며 어떤 내용은 상당히 위험하다. 그러므로 불편하더라도 불쾌한 진실과 그로부터 증식된 신화들에 빛을 비춰볼 필요가 있다.

체코슬로바키아의 독일인

유럽에서 독일계 민간인에 대해 가장 적대적인 지역은 주로 독일인과 다른 민족이 함께 살아온 곳이다. 그 전형적인 지역이 체코의 수도 프라하다. 프라하는 수백 년 동안 독일인과 체코인 모두의 고향으로, 두 공동체 간의 원한은 오스트리아-헝가리 제국 시대로 거슬러 올라간다. 오스트리아의 수도 빈을 제외하면 프라하는 최초로 나치에게 점령되고 마지막으로 해방된 외국 수도로, 체코인은 유럽 그 어느 곳보다 오랫동안 점령에 시달렸다. 그에 따라 체코인은 독일계 이웃을 1938년 독일 침략의 길을 닦아준 배신자로 간주했다.

그런 탓에 전쟁의 마지막 주에 프라하 시민들이 나치에 맞서 들고일어났을 때 오랫동안 쌓였던 울분이 폭력으로 분출되었다. 독일군 병사들은 붙잡혀 두들겨 맞았고 몸에 휘발유를 뒤집어쓴 채 불에 태워졌다. 이 도시의 가로등 기둥에는 스와스티카swasti-ka[나치당 상징 문양인 어금꺾쇠 십자표지 만卍 자] 표식이 붙은 수십 구의 시체가 매달려 있었다. 게릴라들은 독일계 남자와 여자, 아이들이 숨어 있는 지하실로 쳐들어가 구타하고 강간하고 학살했다. 수천 명의 독일인이 집에서 끌려 나와 학교와 영화관, 막사에 억류됐고 상당수는 정치적 부역을 확인하기 위한 잔인한 심문을 받았다.

며칠 동안 도시는 자욱한 공포에 휩싸였다. 프라하의 어느 주민은 제1차 세계대전 당시 독일 참호에서 느꼈던 감정을 떠올리게 했다면서 '전염성' 공황을 이야기했다. 어느 독일계 공무원은 당시의 프라하를 "바리케이드와 겁에 질린 사람들"의 연속으로 묘사했다. 그는 집으로 돌아가는 동안 격분한 남자들, 욕설을 퍼붓는 폭도들, 날카로운 비명을 지르는 여자들, 항복하는 독일 군인들, 그리고 그 사이에서 체코 국기 색깔의 페넌트와 배지를 파는 젊은 애들을 수차례 마주쳤다. 그는 훗날 "어느 집에서나 총소리가 들렸다"고 썼다.

체코인 십대들이 종종 권총을 양손에 들고 신분증 제시를 요구했다. 나는 어느 집 현관에 숨었다. 위층에서 머리끝이 쭈뼛해지는 절규가 들렸다. 이어서 총소리가 한 번 울렸고 곧 조용해졌다. 매서운 새처럼 생긴 젊은 남자가 계단을 내려오더니 재빨리 무언가를 왼쪽 바지 주머니에 숨겼다. 관리인 노파가 이렇게 외쳤다. "당신이 저 독일 계집년을 죽였나? 그렇지, 저것들은 모조리 몰살시켜야 해!"

도시 전역에서 독일인들은 폭도의 분노를 피해 지하실 또는 체코인 친구나 지인의 집에 숨어들었다.

1945년 5월 5일 폭동이 시작될 때 프라하에는 약 20만 명의 독일인이 있었으며, 대부분은 민간인이었다. 체코의 보고에 따르면, 폭동으로 인해 수십 명의 여성과 적어도 8명의 어린이를 포함해 1000여 명 가까이 살해됐다. 도심지와 주변에서 일어난 폭력의 범위와 성격, 더불어 민간인에 대한 폭력을 경시하려는 당국의 입장을 고려할 때 이 수치는 확실히 과소평가됐다. 예컨대 나중에 브레브노프 외곽의 공동묘지에서 집단 무덤이 발견됐는데, 거기에는 "서쪽에서 전투가 벌어지는 동안 살해된" 300명의 독일인이 포함돼 있었다. 희생자들은 거의 민간인 복장이었지만 체코 측에서는 그중 4분의 3을 군인으로 단정했고, 그래서 그들을 민간인 사망자 명단이 아닌 군인 사망자 명단에 포함했다. 신뢰할 수 없는 자료 그리고 사망자로 기록되지 못한 소재 불명의 독일인 수를 고려하면, 프라하 폭동에서 살해당한 독일계 민간인의 수치를 파악하기란 불가능하다.

전쟁이 끝난 지 며칠 만에 수천 명의 독일인이 프라하에 억류됐다. 처음에 그들은 임시 구류 시설에 있다가 스트라호프의 스포츠 경기장 같은 대규모 집합 시설로 옮겨졌고, 결국에는 시 외곽의 억류수용소에 갇혔다. 목격자들에 따르면, 이 시설에 들어간 독일인들은 일상적으로 구타당했고 때로는 재판 없이 처형됐다. 예를 들어 커트 슈미트라고 불리는 민간인 엔지니어는 5월 말에 브르노에서 프라하까지 행군한 뒤 스트라호프에 억류됐던 인물로, 나중에 "배고픔과 죽음이 수용소에 만연했다"고 회고했다.

수용소 안 모두가 볼 수 있는 공개적인 곳에서 사형이 집행되었고, 그로 인해 우리는 죽음의 공포를 느껴야 했다. 수용소에서 나치친위대 대원으로 발각된 이들은 모두 공개적으로 살해됐다. 어느 날 여섯 명의 청년이 엎드린 채 꼼짝도 못 할 때까지 매질을 당했고, (독일 여성이 길어온) 물이 그들 위에 뿌려진 뒤 생명의 기운이 다할 때까지 매질이 이어졌다. 며칠 동안 변소에는 심하게 훼손된 시체들이 전시됐다. 열네 살 소년은 가위로 혁명수비대원을 찌르려 했다는 신고를 받아 부모와 함께 사살됐다. 이런 일들은 거의 매일, 대부분 총으로 집행되는 사형의 작은 사례에 지나지 않는다.

슈미트에 따르면, 음식 공급은 항상 불규칙했고 충분치 않았다. 최근 체코 측 연구는 이런 인상을 확실히 뒷받침하고 있다. 위생 상태는 기껏해야 원시적이었고, 음식을 가져오는 데 필요한 양동이는 야간에 '다른 용도로' 쓰였다. 수용소 내에 유행성 이질이 확산됐고, 15개월 된 슈미트의 아들은 여기에 굶주림까지 더해져 목숨을 잃었다. 위생과 충분한 배급의 결여는 전쟁 후에 억류된 모든 사람의 진술에서 반복적으로 언급되는 문제다.

스트라호프에 수용된 여성들은 체코인 간수와 러시아 병사들에 의해 계속 겁탈당하는 끔찍한 고통을 겪었다. 슈미트가 말한 것처럼 그와 다른 남자들은 그녀들을 지키기엔 무력했다.

> 아내를 보호하려는 남자는 목숨을 걸어야 했다. 러시아인들은 체코인들과 마찬가지로 종종 여성들을 끌고 가는 수고조차 하지 않고 아이들 보는 데서, 모든 수감자의 눈앞에서 강간하는 등 짐승처럼 행동했다. 밤마다 이 불쌍한 여자들의 신음과 처량한 흐느낌이 들렸다. 곳곳에서 총살이 집행됐고 총알이 우리 머리 위를 지나갔다. 많은 사람이 밀집해 있었기 때문에 소음이 끊임없이 일어났다. 탐조등이 어둠을 밝히고, 러시아인들은 잇따라 조명탄을 쏘아 올렸다. 밤낮으로 우리는 어떤 평온함도 찾을 수 없는 신경 상태였고, 마치 지옥에 끌려온 듯싶었다.

이러한 상황에서 벗어나기 위한 노력으로 많은 독일인은 야외 노동일에 자원했다. 특히 폭동 당시 주민들이 세운 바리케이드를 해체하는 일이나 도시에 필요한 보수작업에 나섰다. 물론 그들이 수용소 밖에 있다고 해서 더 나은 대우를 받았을 것이라는 생각은 오산이다. 슈미트는 작업장 주변에 모여든 군중이 자신들을 향해 침을 뱉고 돌을 던지거나 구타하는 상황을 묘사했다. 그의 묘

사는 전쟁 때 프라하의 독일 여성 통신부대에서 복무했던 여성에
의해 확인됐다.

거리에서 폭도들은 교도관들보다 훨씬 더 심하게 굴었다. 특히 나
이 든 여자들은 쇠막대기, 곤봉, 개 목줄 따위의 휘두를 것을 사
용하곤 했다. 우리 중 몇몇은 너무 심하게 얻어맞아서 쓰러졌는
데 다시 일어나지 못했다. 나와 나머지 사람들은 다리에서 바리
케이드를 치워야만 했다. 체코 경찰은 우리가 일하는 공간에 비
상 경계선을 쳤지만 폭도가 쳐들어와 우리는 또다시 무기력하게
학대에 노출됐다. 괴로워하던 동료 중 몇 명이 절망한 나머지 몰
다우강으로 몸을 던지자 그들은 곧장 강을 향해 총을 쏘아댔다.
(…) 어느 체코인은 커다란 가위를 가지고 있었고, 우리는 한 명
씩 머리카락이 잘려나갔다. 또 다른 체코인은 우리 머리 위에 빨
간 페인트를 퍼부었다. 나도 이가 네 개나 부러졌다. 우리의 부어
오른 손가락에서 반지를 억지로 빼냈다. 다른 이들은 우리의 신
발과 옷에 관심을 보였다. 마침내 우리는 거의 벌거벗은 상태가
되었다. 심지어 속옷조차 벗겨갔다. 사내아이들과 남자들이 우리
의 복부를 걷어찼다. 나 역시 절망스러운 심정으로 강물에 뛰어
들려고 했지만 누군가가 나를 낚아챘고 다시 얻어맞아야 했다.

학대를 견딜 수 없어 자살을 택한 독일인도 적지 않았다. 프
라하의 판크라크 감옥에서는 두 명의 젊은 독일인 여성이 아이들
을 목 졸라 죽인 뒤 목숨을 끊으려 했다. 자살에 실패한 그녀들은

간수들이 "독일인들이 체코 아이들에게 저질렀던 것처럼 아이들의 두 눈을 후벼내고 고문한 뒤 죽이겠다"고 위협했기 때문에 그런 짓을 했다고 진술했다. 전쟁 직후의 자살에 관한 믿을 만한 통계는 존재하지 않지만, 1946년 체코 측의 통계 보고서는 보헤미아와 모라비아의 독일계 주민 중 5558명이 자살한 것으로 되어 있다. 다시 한번 말하지만, 실제 수치는 훨씬 더 많을 것이다.

체코의 다른 지역에서도 프라하에서 발생한 것과 크게 다르지는 않지만, 이후 여름까지는 전반적으로 최악의 잔학행위가 일어나지 않았다. 그중 가장 유명한 학살은 아마도 7월 말에 우스티나트라벰(이전에는 독일인에게 '아우지히'로 알려진 곳)에서 100명이 넘는 독일인이 살해된 사건일 것이다(충격을 받은 목격자들은 나중에 희생자 수를 10배 또는 20배까지 과장했다). 이보다 훨씬 심각한데도 덜 알려진 만행은 보헤미아의 북부 도시 포스톨로프리티에서 열광적인 체코군 파견대가 독일인 지역을 '정화'하라는 명령을 수행한 것으로, 독일 자료에 따르면 800명이 잔인하게 살해됐다. 체코 측 사료도 일치한다. 사건이 발생한 지 2년 뒤 체코 당국은 이 도시를 둘러싼 집단 묘지에 763구의 시신이 묻혀 있다고 밝혔다. 타우스(체코인들에게 '도마즐리체'로 알려진 곳)에서는 120명이 철도역 뒤에서 사살된 뒤 공동묘지에 묻혔다. 프르제로프의 모라비아인 도시 인근의 호르니 모슈테니체에서는 카롤 파주르라는 체코 장교가 나치 잔당을 축출한다는 이유로 슬로바키아계 독일인이 가득 찬 열차를 정차시켰고, 그날 밤 병사들을 시켜 남자 71명, 여자 120명, 아동 74명을 사살했다(가장 어린 생명은 8개월 된 갓난아기였다). 그들 역시 집단 무덤에 묻혔다. 훗날 파주르는 아동 살해에 대해 "우리가 부모를 죽이고 나서 아이들을 어떻게 해야 했겠는가?"라는 반문으로 정당화했다.

체코 신정부는 종종 과잉 행위를 비난했지만 이런 행위가 통제되지는 않았다. 그렇다고 해서 체코 신정부에 아무 책임이 없는 것은 아니다. 체코슬로바키아로 귀환함과 동시에 에드바르트 베네시 대통령은 독일인을 선별해 처벌하는 일련의 법령을 내놓았다. 여기에는 독일인 토지 수용, 재산 몰수, 체코 시민권 박탈, 모든 독일인 고등교육기관 해산이 포함됐다. 신정부 내에서 베네시와 다른 고위직들이 사용한 수사학은 불 위에 기름을 끼얹은 격이라 할 수 있다. 예를 들어 망명지에서 돌아온 베네시는 프라하에서 첫 연설을 하는 자리에서 전쟁의 도덕적 범죄에 대해 나치뿐만 아니라 "온 인류로부터 무한한 경멸"을 받아 마땅한 독일 국민 전체를 비난했다. 더 나아가 미래의 법무부 장관 프로코프 드티나는 "좋은 독일인은 없고, 오로지 나쁜 독일인과 더 나쁜 독일인만 있을 뿐"이라며 그들은 "우리 몸속의 이질적 궤양"이라고 했다. 또한 "히틀러, 힘러, 콘라트 헨라인, 한스 프랑크의 책임은 독일 국민 전체에게 있으며, 저지른 범죄에 대한 처벌을 독일 국민이 받아야 한다"고 공공연히 주장했다. 1945년 7월, 미래의 체코 대통령 안토닌 자포토츠키는 『프라체Práce』에 쓴 칼럼에서 "나무를 자르면 가시가 날아간다('달걀을 깨지 않고 오믈렛을 만들 수 없다'와 비슷한 의미의 체코 속담)"는 이유로, 독일에 부역한 혐의가 있는 자를 처벌할 때 당국은 굳이 법률에 따를 필요가 없다고 주장했다. 총리 즈데네크 네예들리, 부총리 요세프 다비트, 법무장관 야로슬라프 스트란스키, 그 밖의 많은 인사도 비슷한 의견을 피력했다.

이렇듯 체코 당국의 권력층이 모든 독일인에게 악담을 퍼붓는 데 흡족해했다면, 자국민이 가한 복수를 용서하는 데도 재빨랐다. 종전 1주년 기념일에 나치 관계자들이나 그 '공범자들'에 대한 모든 '정당한 보복'에 대해 (설사 범죄로 여겨지는 경우라 해도) 너그러이 봐주는 법률이 마련됐다. 이 사면은 전시 중의 복수뿐 아니라 1945년 5월 9일부터 10월 28일 사이에 행해진 보복에도 적용됐다는 데 주의해야 한다.

전쟁 직후 체코슬로바키아의 혼란 속에서 정확히 얼마나 많은 독일인이 죽었는지는 단언하기 어렵지만 분명 수만 명에 달하는 수치다. 이 문제는 아직도 논쟁의 여지가 있고 양국의 정서를 자극하는 사안으로, 사망자 수에 관한 모든 통계가 다툼 거리다. 독일 측 자료는 체코슬로바키아에서 추방되기 전과 추방 기간에 1만8889명이 사망했으며 그중 5596명이 폭력 사건으로 죽었다고 판단하고 있다(죽음이 기록되지 않은 자들은 계산에 포함하지 않은 수치다). 주데텐에 거주하는 독일인의 실제 사망자는 25만 명에 가깝다고 주장하지만 이것은 노골적인 과장이다. 반대로 일부 체코 역사가는 전쟁 직후 일어난 어떤 폭력도, 오늘날 여전히 보상을 원하는 독일인들이 지어낸 허구일 뿐이라고 주장한다. 가장 신뢰성 있고 공평한 추산은 체코인 역사가 토마스 스타네크가 제시한 것으로, 그는 신중하게 2만4000명에서 4만 명 사이의 독일인이 전후 혼란기에 체코슬로바키아에서 겪은 폭력 행위로 사망했다고 주장했다. 하지만 이는 그들이 겪은 고통의 후유증으로 건강이 악화돼 수년 안에 사망한 이들은 포함되지 않은 수치다.

스타네크는 전쟁 직후 감금된 독일인 수에 대해서도 나름의 통계를 제시했다. 체코 측 기록에 따르면 공식적인 추방을 앞두고 대대적인 억류가 시작되기 이전에 수감된 독일인은 9만6356명이지만 스타네크가 추정하는 실제 수치는 2만 명이 넘는 정도다. 실제로 1945년 8월 중순, 보헤미아와 모라비아에서 구속된 죄수 중 90퍼센트 이상이 독일 국적이었다. 그들은 표면적으로 위협의 표상으로 여겨졌으나 그들 중 1만 명가량은 14세 이하의 어린이로 추정된다.

이 죄수들 가운데 일부는 비난받아 마땅한 범죄자들이었을 것이다. 그러나 그들이 전후에 그토록 오랫동안 수용소에 갇혀 있었던 (또한 많은 사람이 1948년까지 석방되지 않았던) 주된 이유는 그들이 특히 중요한 농업과 광산업에 공짜 노동력을 제공하는 유용한 공급원이었기 때문이다.

1948년 초까지도 영국을 포함해 유럽의 나머지 지역에서 11만 명의 독일인 포로가 노동하고 있었고, 체코슬로바키아의 독일인 노동력 징발도 그와 다르지 않았다. 오히려 독일인 강제노동 이용은 얄타 및 포츠담 회담에서 국제 협약으로 승인받고 있었다. 하지만 영국에서는 군인 포로만 강제노동에 동원된 반면, 체코슬로바키아에서는 징용자 대부분이 민간인이었다. 그들을 대우하는 방식에도 큰 차이가 있었다. 국제적십자위원회에 따르면, 영국에서 독일인 노동자는 영국인 노동자와 똑같은 음식을 먹었고 똑같은 안전 규칙을 적용받았다. 적십자사의 접근을 허락하지 않은 체코 지역의 죄수들은 하루에 (건강 유지를 위해 필요한 열량의 절반도 안 되는) 1000칼로리 이하의 음식을 먹었고, 지뢰밭 청소를 포함해 온갖 종류의 위험한 노역을 강요받았다.

더구나 체코슬로바키아에서 강제 노동자들은 나치가 유대인에게 했던 짓을 모방하는 방식으로 일상적인 모욕을 당했다. 그들은 나치 문양 만卍자 스와스티카, 흰색 완장, 또는 'N'자가 그려진 (체코어로 독일인을 뜻하는 네메츠Nemec) 헝겊 조각을 착용하고 생활해야 했다. 강제노역을 하러 수용소 밖으로 나갈 때는 대중교통을 이용하거나 가게나 공원에 들어갈 수 없었으며 심지어 포장도로를 걷는 것조차 금지되곤 했다. 구타가 아닌 다른 '처벌'이 필요할 때, 특히 수용소 간수가 나치 학대의 희생자였을 때 나치즘 망령이 소환되었다. 예컨대 한 독일인 공무원은 자신을 고문하던 자가 이렇게 외쳤던 것을 기억한다. "이 개새끼들아, 드디어 너희들을 물리쳤다! 네놈들은 강제수용소에서 나를 4년 동안이나 고문했다. 이제 네놈들 차례다!"

테레지엔슈타트 수용소에 감금된 적이 있는 유대인 한스 귄터 아들러에 따르면, 전쟁이 끝난 후 바로 그 수용소에 수감된 독일인들은 자신이 겪은 것과 크게 다르지 않은 처우를 받았다고 했다.

그들 중 일부는 독일군 점령 기간에 죄를 지었지만 상당수는 독일인이라는 이유만으로 감금된 어린이와 청소년이었다. 단지 그

비노흐라디 시민 여러분!

프라하 제12구 지역민족위원회 상임간부회는 독일인, 헝가리인과 반역자 문제 해결을 다음과 같이 결의했다.

1. '독일인'이라는 단어와 그 모든 곡용曲用(격변화)은 앞으로 항상 소문자로만 쓴다. '헝가리인'이라는 낱말도 마찬가지다.
2. 독일인과 헝가리인 및 배신자에게는 향후 다음 규정들이 적용된다.

   a) 14세 이상의 모든 독일인, 헝가리인, 배신자 또는 대독 부역자의 범주에 속하는 사람은 스와스티카(하켄크로이츠)와 앞으로 배정될 등록번호를 적은 10×10센티미터 크기의 흰색 천을 왼쪽에 보이는 형태로 착용한다. 스와스티카가 표시된 자는 누구든지 정상적인 배급권을 받지 못할 것이다. 등록증명서 제6란(국적)에 'D[Deutsche, 독일인]'라고 적힌 자에게도 똑같이 적용된다.

   b) 스와스티카가 표시된 자는 트레일러를 타고 출근할 때를 제외하고는 그 누구도 노면전차를 이용할 수 없다. 또한 이자들은 좌석에 앉을 수 없다.

   c) 스와스티카가 표시된 자는 인도를 이용할 수 없고 오로지 차도로만 이동한다.

   d) 스와스티카 표시가 있는 자는 일간지나 기타 신문을 구매하거나 정기구독할 수 없고, 읽을 수도 없다. 이들에게 빌려주는 자에게도 같은 조치를 적용한다.

   e) 스와스티카가 표시된 자는 공공 정원이나 공원 또는 숲에 머물거나 통과할 수 없으며, 이발소나 식당을 비롯해 극장, 영화관, 강연장과 같은 오락 시설을 이용할 수 없다. 마찬가지로 빨래터, 세탁소, 인쇄소 등을 이용할 수 없다. 이들이 물건을 구매하는 시간은 오전 11시~오후 1시 사이, 오후 3시~4시 사이이다. 규정된 시간을 무시할 경우, 구매자와 판매자 모두 처벌을 받는다. 이들이 관공서를 이용할 수 있는 시간은 오전 7시 30분~8시 30분까지로 정한다.

   f) 스와스티카가 표시된 자는 오후 8시 이후부터는 외출할

수 없다.

g) 등록증명서에 'D'자가 기재된 14세 이상의 모든 사람은 늦어도 2일 안에 프라하 제12구 지역민족위원회 상임간부회에 배지와 등록증 교부를 신청해야 한다. 기한 내에 신청하지 않아 지정된 배지를 부착하지 않은 자는 나치 당국이 비슷한 사례에 대해 적용한 것과 같은 방식으로 엄벌에 처한다. 어떤 식으로든 이들을 교사하거나 어떤 목적으로든 공모한 사람 또한 똑같이 처벌받을 것이다.

h) 등록증명서에 'D'자가 기재돼 있는 모든 사람은 이동의 자유 등에 관한 임시 증명서를 발급받았다 해도 곧바로 해당 조사위원회에 출두해야 한다. 동시에 그들은 모든 재산에 대한 적확한 목록을 제출하고, 모든 귀중품과 함께 제12구 지역민족위원회 상임간부회의 국유재산 관재인에게 넘겨야 한다. 저축 장부와 은행 또는 기타 예금도 마찬가지로, 어떠한 자본 이자를 어떤 방법으로 취득하고 있는지 상응하는 증거와 함께 보고해야 한다. 또한 이들은 모든 무선 기기를 면허증과 함께 인도해야 한다. 어떠한 금융 거래도 금지되며 무효다. 독일인은 담배 공급을 받을 자격이 없으며, 공공장소나 일하는 동안 담배를 피울 수 없다.

시민들, 노동자들, 그리고 땀 흘리며 일하는 자들이여! 우리는 우리 정부의 원칙에 따라 적절한 숙청을 실행하고, 우리 관할지의 질서를 확립할 것이다. 그러므로 가능한 한 신속하게 비노흐라디를 우리 것으로 만들기 위해 여러분도 우리에게 힘을 실어주기 바란다.

이러한 조치들은 독일인이 모두 국외로 추방될 때까지 한시적으로 시행한다.

> 1945년 6월 15일 프라하에서 선포
> 프라하 제12구 지역민족위원회
> 오르드리히 하라스 의장

1945년 6월 프라하의 한 구역에 붙어 있던 포스터 번역.

들이 독일인이기 때문이다. 이 말은 소름끼치게 익숙하다. '유대인'이라는 단어가 그저 '독일인'으로 바뀌어 있을 뿐이다. 독일인들이 입었던 누더기에는 스와스티카가 칠해져 있었다. 그들은 형편없는 음식을 먹고 학대를 당했으며, 나치 독일의 강제수용소를 겪은 사람들보다 나을 것 없는 환경에서 지냈다. 유일한 차이점은 노역이라는 방식의 비정한 복수가 나치친위대가 자행한 대규모 멸종 체계에 바탕을 두지 않았다는 것뿐이었다.

아들러의 도덕적 주장에는 반박의 여지가 없다. 어느 모로 봐도 무고한 독일인에 대한 학대는 무고한 유대인에 대한 박해만큼이나 그릇된 것이다. 그렇다고 해도 양자 간의 규모 차이를 축소한 것은 잘못이다. 그는 또한 독일인들이 개인적으로는 고통을 당했지만 그들에 대한 고문이나 살해는 체코 정부의 공식 방침이 아니었다는 사실을 얼버무렸다. 체코 당국은 단지 독일인 추방을 원했을 뿐 독일인 멸종을 원한 건 아니었다. 당연히 이런 차이는 완전히 다른 세계를 구성한다.

체코의 테레지엔슈타트 수용소에서는 독일인에 대한 철저한 절멸이 일어나지 않았다 해도 다른 곳에서는 분명히 그러한 일이 있었을 거라고 주장하는 의견도 있다. 1945년 가을, 다치거나 굶주린 수백만 명의 독일 난민은 독일로 몰려들었고 '지옥의 수용소' '죽음의 수용소' '절멸수용소'라고 부르는 곳에 대한 불온한 이야기들을 풀어냈다. 그곳에서 독일인들은 일상적으로 중노동에 시달리다가 죽거나 굶어 죽었으며, 집단으로 처형되기도 했다는 내용이다. 수용소 간수들이 사용한 가학적인 방법은 아우슈비츠에서 나치친위대가 사용한 방법과 비슷하거나 어쩌면 그 이상이었을 것이다. 어떤 수용소에서는 생존자가 5퍼센트밖에 안 되었다고 한다.

독일 정부는 이러한 주장을 매우 심각하게 받아들였고, 이는 자신들을 가해자라기보다는 잔혹 행위의 희생자로 간주하려는 많은 독일인에게 환영받았다. 이러한 신념은 20세기와 그 이후 지금까지 오랫동안 정치적 효과를 가져왔다.

수용소 가운데 가장 악명 높은 곳은 체코슬로바키아가 아니라 폴란드에 존재했던 만큼, 우리는 이제 이 나라에 주의를 기울여야 한다.

새로운 독일인 절멸수용소

1945년 2월 붉은 군대가 독일 영토 깊숙이 진입한 후, 오늘날 폴란드 서남부의 작은 지방 도시인 시비엥토흐워비체 인근의 즈고다에서 버려진 노동수용소가 발견됐다. 군사 조직에 준하는 폴란드의 공안국UBP은 이곳을 '징벌수용소'로 재활용하기로 결정했다. 곧이어 수천 명의 현지 독일인이 이곳에 끌려와 노역을 강제당했다. 현지 주민들은 나치 추종자나 독일인 활동가만 수용된 것으로 알고 있었으나, 실제로는 누구라도 그곳에 내던져질 수 있었다. 예컨대 옛 나치가 속한 독일인 스포츠클럽의 회원이었거나 신분증을 갖고 있지 않다는 이유로, 때로는 아무 근거 없이 체포되어 수용소로 끌려왔다.

그들은 수용소에 도착했을 때 무엇이 기다리고 있을지 짐작했을지도 모른다. 즈고다 수용소는 고압 전기가 흐르는 울타리로 둘러싸여 있었고, 교차시킨 두 개의 뼈와 해골이 그려진 그림 아래 "사망 위험, 접근 금지"라는 문구가 새겨진 불길한 표지판이 걸려 있었다. 몇몇 목격자에 따르면, 철조망에 시체들이 걸려 있는 광경 때문에 이 경고 문구가 더욱 강렬한 공포를 안겨주었다. 출입구에서 죄수들을 맞이한 살로몬 모렐 수용소 소장은 "아우슈비츠가 무엇을 의미하는지 보여주겠다"고 떠벌였다. 혹은 이렇게 조롱했다. "나의 부모님과 형제(자매)는 아우슈비츠에서 독일인에게 가스로 살해당했다. 그래서 나는 독일인들이 모조리 정당한 처벌을 받을 때까지 멈추지 않을 것이다." 전쟁 중에 즈고다 수용소는 아우슈비츠의 부속 수용소였다. 이 연계성을 강조하려 한 것인지 누군가 출입구 위에 "노동이 너희를 자유롭게 하리라"라는 글귀를 휘갈겨놓았다.

누구든 나치 조직원으로 의심되면 즉시 고문당했다. 히틀러 유겐트 단원들은 땅에 누워 간수들에게 짓밟혔고, 고무 곤봉으로 구타당하는 동안 두 팔을 들고 나치당 송가인 「호르스트 베셀의 노래Horst Wessel Song」를 부르도록 강요받았다. 때때로 모렐은 피라미드 모양이 만들어질 때까지 죄수들을 겹쳐 쌓아 던지곤 했다. 그는 걸상으로 죄수들을 두들겨 패거나 교도관들의 눈요기를 위해 죄수들에게 서로를 때리도록 했다. 때때로 죄수들은 징벌방인 지하 엄폐호로 보내져 얼음처럼 차가운 물에 가슴까지 잠긴 채

12장 억제되지 않은 복수: 동유럽

몇 시간 동안 서 있어야 했다. 특별한 날은 추가 구타로 기념했다. 예를 들어 히틀러 생일에는 간수들이 7동(나치 혐의를 받은 자들을 위해 마련된 막사)에 들어가 의자 다리로 그들을 두들겨 팼다 유럽 전승기념일에 모렐은 11동에서 한 무리의 죄수를 끌어내 또 다른 경축 구타 행사를 벌였다.

죄수들의 생활환경은 의도적으로 열악하게 조성되었다. 수용소 내 인원은 1400명으로 설계됐지만 7월에 이미 죄수의 수는 정원의 3.5배를 넘겼다. 극에 달했을 때는 5048명이었으며, 66명을 제외한 전원이 독일인이거나 독일계 주민이었다. 이가 득실득실한 7개 동의 목조 막사는 수용자들로 미어터질 지경이었으며 적절한 음식은커녕 세탁 시설에 접근하는 것조차 불가능했다. 배급은 탐욕스러운 수용소 직원들에 의해 일상적으로 보류됐고, 외부에서 친족이 보낸 음식 꾸러미는 압수됐다. 남자 죄수의 3분의 2는 날마다 지역 탄광으로 보내졌고, 때때로 현장에서 문자 그대로 '죽도록' 노역했다. 나치 혐의를 받은 7동의 죄수들은 노역에 나가지는 않았지만 수용소 내 공안국 간수의 끊임없는 감시를 받았다. 발진 티푸스가 유행했을 때 병에 걸린 죄수는 격리되지 않고 그대로 과밀한 막사 안에 방치됐다. 그 결과 사망률이 급속히 치솟았다. 사망자 매장에 동원되었던 한 죄수는 매일 스무 명에 이르는 사람들이 죽어나갔다고 했다.

이 지옥을 탈출하려 시도한 자는 즉각 특별 징벌에 처해졌다. 열네 살짜리 독일 소년 게르하르트 그루슈카는 불운하게도 탈출에 실패한 자가 가혹한 처벌을 받는 장면을 목격했다. 그의 이름은 에릭 반 칼스테렌이었다. 붙잡힌 그가 막사로 돌아오자 간수들이 주먹과 곤봉으로 그를 난타했고 다른 죄수들은 그저 지켜볼 수밖에 없었다. 그루슈카는 자신이 본 가장 잔인한 구타 장면이라고 했다.

에릭은 (…) 갑자기 민병들에게서 몸을 떼어내 널빤지 침대 중 하나로 기어 올라갔다. 민병 네 명이 그 뒤로 돌아가더니 그 침대를 방 한가운데로 끌어당겼다. 그의 저항에 민병들은 신경질이 치솟은 듯했다. 그들 중 한 명이 음식통을 보관하는 방에서 쇠막대를 가져왔다. 그 쇠막대는 음식통의 양쪽 손잡이에 꿰어 쉽게 운반하기 위해 사용하는 도구였지만 이제 그것은 고문 기구가 됐다. 분노에 찬 민병들은 돌아가면서 쇠막대로 에릭의 다리를 내리쳤다. 에릭이 바닥에 주저앉을 때마다 그를 마구 걷어찬 뒤 다시 끌어올려 또다시 쇠막대로 두들겨 팼다. 에릭은 절망 가득한 목소리로 고문자들을 향해 "그냥 나를 쏴, 그냥 나를 쏴 죽여줘!"라고 간청했다. 하지만 그들은 그를 더욱 거칠게 때렸다. 즈고다에서 가장 끔찍한 밤이었다. 우리는 모두 동료 죄수가 죽을 거라 생각했다.

에릭 반 칼스테렌은 기적적으로 이 구타에서 살아남았다. 그의 나이는 그루슈카와 동갑으로, 겨우 열네 살이었다. 더구나 그는 네덜란드 시민으로, 애초에 폴란드 감옥에 끌려올 이유가 없었다. 즈고다 수용소에서는 매일 이런 종류의 사건들이 일어났다.

이 수용소와 나치 강제수용소는 비슷한 것끼리 줄긋기가 가능하다. 특히 즈고다 수용소 소장은 의식적으로 아우슈비츠의 분위기를 살리려 노력한 게 역력하다. 당시 외부인도 그런 유사점을 인식했다. 현지의 한 성직자가 베를린의 영국 관리에게 수용소에 관한 정보를 흘렸고, 영국 관리는 런던 외무부에 그 사실을 전달했다. 영국의 보고서는 이렇게 썼다. "강제수용소는 폐쇄되지 않고 새로운 소유자에게 인계됐다. 슈비엔토흘로비츠(폴란드어로는 시비엥토흐위비체)에서는 굶어 죽거나 맞아 죽지 않은 죄수들이 매일 밤 차가운 물속에 목까지 잠겨 죽을 때까지 서 있다." 즈고다에서 풀려난 독일인 죄수들도 나치 수용소에 비교해 증언했다. 불행하게도 아우슈비츠와 즈고다를 모두 겪은 귄터 볼니라는 남자는 훗날 "폴란드 수용소에서 하루를 보낼 바에야 차라리 독일 수용소에서 십 년을 보내는 게 낫다"고 술회했다.

즈고다에서 자행된 온갖 고문에도 불구하고, 가장 주요한 살인자는 식량 부족과 장티푸스였다. 그러나 살아남은 자들에게 전염병은 구세주였다. 전염병 대유행에 관한 자세한 내용이 폴란드 신문에 유출됐고, 죄수와 수용소를 관장하는 폴란드 정부 부처에 그 책임이 돌아간 것이다. 수용소 상황을 극심하게 악화시켰고 죄수들에게 너무 많은 무기를 사용했다는 이유로 모렐은 견책되었고, 수용소의 주임 관리관 카롤 작스는 배급을 억제한 혐의로 해고됐다. 그리하여 폴란드 당국은 죄수들을 석방하거나 다른 수용소들로 이송하기 시작했다. 1945년 11월까지 자신이 겪은 고초를 절대로 누설하지 않는다는 조건으로 수감자 대부분이 풀려났고 수용소는 폐쇄됐다.

공식 통계에 따르면, 즈고다 수용소를 거친 6000명의 독일인 중 1855명이 사망했다. 폴란드와 독일의 일부 역사가들은 이곳에 대해 징벌수용소에서 노동수용소로 공식 격하됐음에도 부당한 음식 배급과 의료 활동으로 독일인 죄수를 죽이기 위한 장소로 기능했다고 결론지었다.

다른 많은 폴란드 내 수용소와 감옥에서 이와 비슷한 상황이 만연하지 않았다면, 즈고다의 경우는 잔혹한 수용소 소장에 의한 개인적 복수로 치부되었을 것이다. 가령 트셰비차(독일 트레브니츠)에 있는 폴란드 민병대 교도소에서는 운동 삼아 독일인 수감자들이 정기적으로 두들겨 맞았고 간수들은 종종 개들을 풀어 공격했다. 한 죄수는 교도관이 쇠막대로 그를 때리는 동안 몸을 웅크린 채 감방 주위를 뛰어다닐 수밖에 없었다고 주장했다. 글리비체(또는 독일어로 글라이비츠) 감옥은 빗자루, 곤봉, 용수철이 달린 경찰봉으로 독일인 죄수들을 심문한 유대인 홀로코스트 생존자들에 의해 운영됐다. 크워츠코(또는 독일어로 글라츠) 감옥에서 살아남은 생존자들은 간단히 살해된 죄수들을 포함해 "굵은 고무 곤봉으로 눈알이 튀어나올 정도로" 얻어맞는 등 온갖 종류의 폭력이 있었음을 증언했다.

여성도 남성 못지않게 고통을 겪었다. 포툴리체 노동수용소에 수용된 여자들은 간수에게 일상적으로 구타를 당하거나 성적 학대에 시달렸다. 더 심각한 문제는 아이들을 엄마와 떨어뜨려놓고 일요일 한두 시간만 볼 수 있게 한 것이다. 어느 증인은 (비록 그녀의 아이와 1년 반 동안 떨어져 있어야 했던 고통에 대한 감정적 반응일 듯하지만) 전쟁 중 나치가 폴란드의 아동을 독일화하려고 했던 것처럼, 이 또한 독일계 아이들을 데려가 폴란드화하려는 정책의 일환이었다고 주장했다. 포툴리체의 다른 수감자들은 옷을 벗은 채 노역을 하다가 똥거름 속에 파묻힌 사람도 있었고, 교도관이 두꺼비를 독일인 죄수의 목구멍에 밀어 넣어 질식시키는 걸 보았다고 증언했다.

그러나 아마도 가장 악명 높은 폴란드 수용소는 왐비노비체(혹은 독일 점령자들에게 익숙했던 이름으로는 람스도르프)에 있었다. 예전에 이곳은 전쟁포로수용소였으나 신생 폴란드에서 추방될 독일계 민간인을 수감하기 위해 1945년 7월에 강제노동수용소로 이용되었다. 이곳은 "죄수를 발로 차는 행동으로 명령하는 사악한 폴란드인"인 스무 살의 체슬라프 게보르스키에 의해 운영됐다.

처음 들어온 죄수 중 한 명의 증언에 따르면, 수용소에 도착하자마자 그의 만행이 시작됐다. 당도한 다음 날 저녁, 그를 비롯한 40명의 죄수가 막사에서 연병장으로 끌려 나왔다. 그들은 민병들이 등 위로 뛰어내리는 동안 땅바닥에 드러누워 있어야 했다. 그다음에는 채찍과 개머리판으로 얻어맞으면서 마당을 뛰어야 했으며, 땅바닥에 쓰러지면 민병대 무리에게 두들겨 맞았다. 이 목격자는 공언했다. "다음 날 아침 우리는 남자 열다섯 명을 매장했다. 그 후 며칠 동안 나는 움직일 때마다 끔찍한 고통을 느꼈고 피오줌을 봤으며 심장박동이 불규칙했다."

며칠 후 많은 죄수가 도착했을 때도 잔학행위는 계속됐다. 구
타에 탐닉한 것은 폴란드 민병들뿐만 아니라 독일계 심복들도 마
찬가지였는데, 그중에서도 특히 요한 푸어만이라는 '선임 간수'이
자 루블리니에츠(독일어로 루블리니츠) 출신의 가학적인 독일인이
그랬다. "한 엄마가 아이를 위해 람스도르프에서 가장 어린 아이
들에게 제공되는 수프를 좀더 달라고 간청했을 뿐인데 그는 아기
를 때려죽였다. 그는 피투성이가 된 작은 아기를 품에 안고 있는
여자를 쫓아가 마당에서 채찍으로 때려눕혔다. (…) 그런 다음 '조
수들'을 거느리고 방으로 들어가 유아들을 위한 곡물 수프를 후딱
먹어치웠다."

이 목격자에 따르면, 수용소 간수들은 가학 행위에 점점 더
창의적 재능을 보였다. 수용소 지휘관은 순전히 재미를 위해 마당
에 있는 나무에 한 남자를 기어오르게 한 뒤 그에게 "나는 큰 원
숭이입니다"라고 외치게 했다. 그들은 킬킬거리며 웃다가 그가 땅
에 떨어질 때까지 총을 쏘아댔다. 어쩌면 이 목격자의 진술 중 가
장 끔찍한 대목은 그루벤(지금의 폴란드 그라빈) 인근 마을 여성들
에게 일어난 사건일 것이다. 전쟁포로수용소에서 죽은 수백 명의
소련 병사가 나치에 의해 매장된 공동묘지가 수용소 근처에서 발
견되자 그녀들은 무덤을 파헤치기 위해 보내졌다. 여성들은 장갑
도 방호복도 받지 못했다. 여름이었고, 부패가 진행된 시체들은 견
딜 수 없이 심한 악취를 풍겼다.

시신들이 밖으로 드러나자 부녀자와 소녀들은 이 끈적끈적하고

메스꺼운 시체들 위에 엎드려 누워야 했다. 폴란드 민병들은 소총 개머리판으로 그녀들의 얼굴을 징그러운 시체 더미 속으로 깊숙이 밀어 넣었다. 그녀들의 입과 콧속으로 시체의 잔해가 파고들었다. 폴란드인들의 이 '영웅적' 만행으로 64명의 부녀자와 소녀가 숨졌다.

이런 증언의 사실성을 입증하기는 불가능하고 일부 과장된 면도 있을 테지만, 무덤에서 시체를 파내는 사진 기록이 남아 있기 때문에 폴란드 역사가들도 독일 여성들이 시체 발굴 노역을 떠맡았다는 사실을 인정했다. 수용소의 다른 생존자들에 의해 다른 세부 정황도 입증됐다. 한 여성 죄수는 그녀의 아들 후고 역시 맨손으로 시체를 파내도록 강요받았으며, 부패가 극심한 탓에 아들의 신발에 점액이 스며들었다고 했다.

왐비노비체에 사디즘 현상이 일상적으로 존재했다는 정황은 부인할 수 없다. 몇몇 목격자는 사람들이 구타당해 죽거나 탈출을 시도한 대가로 사살되는 모습을 보았다고 했다. 독일 내 미군정 지역으로 도망가고 싶은 심정을 표현하거나(그 이유로 십대 소년 한 명이 구타당해 죽은 것으로 추정된다), 이성에게 말을 걸거나 하는 사소한 일탈에도 어김없이 처벌이 내려졌다. 한 여성은 수용소에서 살아 있는 남편을 발견하고 기뻐서 소리를 질렀다는 이유로 남편과 함께 뙤약볕 아래 사흘 동안 묶여 있었다고 했다. 죄수들은 이런 폭력 문화와 함께 혹독한 물질적 조건을 견딜 수밖에 없었다. 다른 수용소와 마찬가지로 그들은 턱없이 부족한 음식으로 연명해야 했다. 보통은 하루에 두 번 삶은 감자 두어 개가 제공되고 점심때는 묽은 국물뿐이었다. 위생은 엄두도 낼 수 없었고, 사망자를 싸는 데 사용된 시트는 병원의 매트처럼 재사용해야 했다. 수용소에서 무덤을 파는 인부 중 한 명은 가끔 자신이 매장한 시신에 '2센티미터'의 이가 기생하는 걸 봤다고 했다. 다른 곳과 마찬가지로 수용소에서 가장 큰 죽음의 원흉은 질병과 영양실조라는 쌍둥이 악마였다. 폴란드 측 자료에 따르면 이곳에서 사망한 자의 60퍼센트는 발진티푸스가 원인이며, 그 밖에 열병과 이질, 옴 등의 질병으로 죽은 것으로 확인되었다.

수용소에서 살아남은 자들에게 그런 기억은 지옥의 환영과 같았다. 그들이 석방되어 독일로 이송될 때 그들은 집, 자산, 건강 그리고 체중의 절반까지 잃었지만, 그들을 가장 짓눌렀던 악몽은 사별로 인한 심리적 고통이었다. 한 여성은 수용소를 떠난 지 몇 년 뒤 이렇게 이야기했다.

수용소에서 저는 열 살짜리 딸, 엄마, 여동생, 남동생, 시누이 둘, 형부 한 명을 잃었습니다. 나 역시 죽을 뻔했지만 살아남은 딸과 아들을 데리고 서독행 열차에 올라탔습니다. 우리는 수용소에서 14주를 보냈습니다. 우리 마을 사람들 절반 이상이 죽었죠. (…) 그리움 속에서 우리는 남편의 도착을 기다렸습니다. 1946년 7월, 우리에게 무서운 소식이 날아들었습니다. 우리가 떠난 뒤 수많은 사람과 함께 남편도 지옥 수용소의 희생자가 되어버렸죠.

이후 이런 사연들은 독일의 집단 기억의 일부가 됐다. 이것들을 소재로 한 저작물들이 모든 도서관을 채웠다. 결과적으로 폴란드 노동수용소에 대한 시각은 여전히 주관적 인상에 머물고 있다. 이어서 설명하겠지만, 통계를 수집하려는 독일 정부의 노력에도 불구하고, 정확히 얼마나 많은 사람이 그런 수용소에 억류됐고 그 안에서 사망했는지에 관한 확실한 정보를 얻기란 어려운 실정이다.

숫자의 정치

람스도르프에서 가장 유명한 사건 중 하나는 1945년 10월 한 막사에서 갑자기 화재가 발생한 일이다. 불이 난 정확한 원인은 아무도 모르지만 잇따라 일어난 혼란스러운 사건들에 관해서는 기록이 남아 있다. 독일인 목격자들에 따르면, 수용소 간수들은 이 화재를 학살의 구실로 삼았다. 그들은 불을 끄려는 사람들을 향해 무차별적으로 총질을 해댔으며, 나중에는 죄수들을 닥치는 대로 불길 속으로 던져 넣었다. 화재 직후에 죄수들은 공동묘지를 파야 했다. 병동에서 회복 중이던 환자들도 이때 땅속에 묻혔다. 그들 중 몇몇은 묻히기 전에 사살됐지만 상당수는 구타당해 기절한 상태에서 생매장됐다.

1965년 폴란드 공산당 정부는 이런 증언을 단호히 부인했다. 당시 화재를 기회로 죄수들이 폭동을 일으키려 했기 때문에 폴란드 교도관들이 무력으로 진압할 수밖에 없었다는 것이다. 폴란드 정부는 수용소 지휘관 체슬라프 게보르스키에게 제기된 모든 혐의에 대해서도 무죄라고 변호했다. 또한 그런 이야기는 폴란드의 신용을 훼손하고 1945년 포츠담 회담으로 폴란드에 할양된 땅들을 돌려받으려는 목적으로 독일의 정치 로비 단체가 지어낸 선전일 뿐이라고 주장했다.

이 화재가 발생했을 때와 이후에 몇 명이 사망했는지에 대한 논쟁 역시 치열했다. 최소한으로 제기된 수치는 9명에 불과했다(시체를 매장했던 남자들이 증언한 수치로, 전후 폴란드 공산당 당국도 인정했다). 그러나 몇몇 독일인 목격자는 이 수치는 너무 축소되었다고 주장했다. 수용소의 독일인 의사 하인츠는 정확한 집계를 방해하기 위해 게보르스키가 자신에게 시체들을 세 곳의 다른 장소로 옮기라고 명령했으며, 여성과 아이들의 시신은 정식 무덤에서 멀리 떨어진 곳에 묻게 했다고 주장했다. 하인츠는 화재로 죽은 사람들, 화재 중에 사살된 사람들, 화재 직후 생매장된 사람들, 부상을 입고 며칠 뒤 죽은 사람들의 희생자 명단을 비밀리에 보관하고 있었다. 그가 제공한 최종 사망자 수는 581명이었다. 유감스럽게도 이 수치는 하인츠가 수년 전에 132명이라고 주장한 수치와는 차이가 확연하다. 신뢰할 수 없는 첫 번째 자료와 정식 기록의 부재, 전후의 긴장된 정치 분위기를 고려할 때 당시 람스도르프에서 죽은 인원을 정확히 밝혀내긴 어려울 듯하다. 9명이라는 수치와 500명 이상이라는 수치는 너무 차이가 크다(2000년 수용소 지휘관 체슬라프 게보르스키의 재판에서 확인된 화재 사망자 수는 48명이었다).

수용소가 운영된 첫 1년간의 사망자 수에 대해서도 비슷한 논쟁이 불거졌다. 하인츠의 통계에 따르면 1945년부터 1946년 사이에 6488명의 죄수가 그곳에서 사망했다. 폴란드 공산당 정부는 람스도르프에 수감된 죄수가 4000명이므로 그의 수치는 말이 안 된다고 일축했다. 폴란드 측의 최신 연구에서는 약 6000명의 죄수가 갇혀 있었고 그중 약 1500명이 사망한 것으로 추산했으며, 그 중 1462명의 이름이 확인됐다.

통계수치에 대한 이러한 언쟁은 단순히 학문적인 의견 대립에 그치지 않는, 개인적으로든 국가적으로든 민감한 감정이 뒤엉켜 있는 사안이다. 뜻밖의 화재로 9명이 사망한 것은 불행한 사건이지만, 수백 명이 의도적으로 불에 타죽고 산 채로 묻힌 것은 잔학 행위다. 발진티푸스로 수백 명이 죽는 것은 불가피한 비극일 수 있지만, 수천 명을 고의로 기아에 빠트리고 의료 지원을 하지 않는 짓은 인류에 반하는 범죄다. 수치는 그 자체로 말한다는 점에서 무척 중요한 근거다.

이 문제를 국가적 평가로 본다면 독일과 폴란드 간의 격차가 심하다. 1974년 독일 의회에 제출된 추방자·난민 및 전쟁 피해자에 관한 연방부 연구는 람스도르프, 즈고다, 미스워비체 및 토셰크에 있는 소련 내무인민위원회NKVD 감옥을 포함한 폴란드 노동수용소들에서 전쟁 후 20만 명이 감금됐다고 주장했다. 전체 사망률은 20퍼센트에서 50퍼센트 사이로 추정됐다. 이것은 대략 4만 명에서 10만 명이 수용소에서 사망했다는 것으로, 이 보고서는 "그곳에서 6만 명 이상이 죽은 것은 확실하다"고 주장했다. 대

조적으로 폴란드 공안국의 보고서는 6140명의 독일인이 노동수
용소에서 사망했다고 주장했다(그 당시 이 보고서의 작성자들조차
너무 적은 수치라고 생각했을 것이다). 독일 측의 수치는 폴란드 측의
수치보다 거의 10배나 많았다.

다시 말하지만, 양국 모두에게 이 수치들은 매우 중요했다. 폴
란드인에게 그것은 도덕적 우위를 유지하는 문제였다. 제2차 세계
대전은 수십 년에 걸친 독일과 폴란드 간 긴장의 정점이었다. 더욱
이 나치(와 그 이후 소련)의 손아귀에 조국이 파괴되고 분열되는 모
습을 지켜본 폴란드인으로서는 전쟁 직후기의 짧은 기간에 발생
한 혼돈에 대해 책임지고 싶지 않았을 것이다. 따라서 이 난처한
수치들을 가능한 한 낮게 유지하는 게 그들의 이익에 부합했다.
즉 사망률이 턱없이 낮은 당시의 공식 기록에는 일부 노골적인 조
작 사례가 있었다.

이와 대조적으로 독일은 수치를 부풀리는 데 깊은 관심을 두
었다. 폴란드의 반인륜적 범죄에 대한 이야기들은 전쟁 중 일부 독
일인이 품고 있던 인종적 편견에 기름을 부었을 뿐만 아니라 독일
인이 가해자인 동시에 잔혹 행위의 '피해자'라는 점을 부각하기
때문에 국가적 죄책감을 다소 경감시키는 데 도움이 됐다. 독일이
겪은 비극이 클수록 독일인은 죄책감에서 더 멀어질 수 있었다.
어떤 의미에서 동유럽의 독일인에게 가해진 보복은 독일인이 유대
인이나 슬라브인에게 자행한 죄과를 부분적으로 '상쇄'하는 효과
를 가져다준다. 이것이 독일에서 주류적 시각이 된 적은 없었지만
동유럽에서 독일인들이 '똑같은' 일을 겪었다는 사실을 앞세워 홀

로코스트의 실재를 인정하지 않는 정치집단이 오늘날에도 존재한다. 이것은 지극히 위험한 관점이다. 물론 폴란드 노동수용소가 독일인에게 혐오스러운 극단적 사디즘의 행위를 보인 것은 틀림없지만, 그것이 독일인 멸종 정책의 한 부분이었다는 공식적 증거는 존재하지 않는다. 게다가 폴란드 당국은 수용소 지휘관들에게 죄수를 구타하거나 다른 식의 학대 행위는 불법이며 그런 죄를 지은 자는 예외 없이 처벌하겠다고 선언했다. 죄수를 학대한 것으로 밝혀진 자들은 (비록 가볍지만) 징계를 받았고, 직위에서 해임됐다. 람스도르프나 즈고다의 잔학행위를 홀로코스트와 동일시하는 관점은 질과 규모의 측면에서 터무니없다.

이 문제를 잠재울 수 없는 주요 원인 중 하나는 전후 수용소에서 자행된 범죄의 책임자들이 거의 법정에 세워지지 않았기 때문이다. 람스도르프 수용소의 지휘관 체슬라프 게보르스키는 1956년 공산당 정부에 의해 재판에 넘겨졌지만 무죄 판결을 받았다. 1989년 공산주의 붕괴 후, 람스도르프 사건 조사가 재개되면서 게보르스키는 2001년 오폴레에서 재판받을 예정이었다. 그러나 재판은 게보르스키와 그에게 불리한 증인들의 건강 악화로 인해 반복적으로 연기됐고, 결국 2005년에 취소됐다. 게보르스키는 1년 후에 죽었다.

즈고다와 시비엥토흐워비체의 수용소 지휘관이었던 살로몬 모렐 역시 가까스로 공판을 피했다. 공산주의가 몰락하자 그는 이스라엘로 건너가 줄곧 그곳에서 살았다. 폴란드 법무부는 도피 범죄인인 그의 송환을 요청했지만, 이스라엘은 거절할 수밖에 없었다. 왜냐하면 공소시효에 따라 범죄가 발생한 이후로부터 너무 많은 시간이 흘렀기 때문이었다.

두 사람은 1940년대에 다른 수백 명과 함께 기소되어야 했으나 폴란드 당국이 다른 것을 염두에 두고 있었던 까닭에 처벌을 피할 수 있었다. 나치의 점령을 견뎌온 다른 모든 국가와 마찬가지로 폴란드인은 독일 민간인의 권리를 보호하기보다는 자기 세력을 재건하는 데 관심을 기울이고 있었던 것이다. 이 사실에 대해 우리는 분개할 수는 있지만 놀랄 만한 건 아니다. 어떤 경우라도 전쟁 직후에 정의는 지극히 주관적인 문제였고, 오늘날 우리가 생각하는 법적 틀 안에서 행사되는 경우는 드물었기 때문이다.

이러한 사정은 폴란드나 동유럽에 국한되지 않았다. 앞으로 설명하겠지만, 유럽 대륙 곳곳에 이러한 문제가 존재했다. 유일한 차이점은 처벌 대상이 독일인이 아니라 그들에게 부역한 자들이었다는 것이다.

13장

내부의
적

전쟁이 한창일 때 독일은 유럽 전역에서 직간접적으로 12개국 이상을 지배했고 6개국 이상에서 막대한 영향력을 행사했다. 이러한 군사적 강세에도 불구하고 각 나라에서 수만 혹은 수십만 명의 나치 협력자가 없었다면 지배할 수 없었을 것이다. 그런 까닭에 전쟁 직후 유럽인은 독일인을 증오했지만 독일 협력자들을 더 증오했다. 적어도 독일인에게는 그들이 외국 문화, 외국 세력의 일부였다는 핑계를 댈 수 있었다. 반면 유럽인에게 부역자들은 조국의 배신자였고, 전쟁이 끝날 무렵 유럽에 퍼진 맹렬한 애국주의 분위기에서 대독 협력은 용서할 수 없는 죄악이었다.

전쟁 직후 대독 부역자들에 대한 비인간적 대우를 오늘날 세대는 이해하기 어려울 것이다. 당시 유럽 언론은 그들을 사회로부터 '정화'할 필요가 있는 '해충' '미친개' 또는 '열등 분자'로 묘사했다. 덴마크와 노르웨이의 경우 부역자들은 대중미술에서 시궁쥐로 표현됐고, 부역자에 대한 벨기에인들의 집단적 적대감은 '종교적 열정'과 유사하다고 영국인 관찰자들은 말했다. 그런 분위기에서 부역자에 대한 일부 난폭한 반응이 표출되었다. 네덜란드 레지스탕스와 함께 일했던 의사 피터 부트는 전후에 이렇게 말했다.

> 반역자들에 대한 증오와 복수에 대한 열망이 너무 광범위하게 퍼져 있어서 모종의 처벌이 불가피했다. 모두가 그런 생각을 품고 있었지만 어떤 형태로 보복이 일어날지 아무도 알 수 없었다. 항간에는 대중이 몸소 법률을 집행하는 '참수의 날'이 있을 거라는 소문이 나돌았다.

이 '참수의 날' 혹은 프랑스인이 '야만인 숙청'이라 부르는 작업이 모든 나라에서 일정 정도 수행됐다. 표적으로 지목된 자들의 명단은 끝이 보이지 않을 정도였다. 전시 지도자나 정치인뿐만 아니라 현지 시장과 행정관이 포함됐고, 유럽의 극우 민병대원을 비롯해 억압적인 법률을 강제한 일반 경찰과 헌병, 나치와 손잡고 돈벌이에 나선 저명한 기업가, 독일 병사들을 상대로 영업한 카페와 상점 주인들도 표적이 됐다. 나치의 선전을 널리 퍼뜨린 언론인, 방송인, 영화 제작자가 비난받았고, 배우와 가수는 독일군을 즐겁게 해주었다는 이유로 공격당했다. 파시스트들을 돕고 응원한 성직자, 독일 군인들과 동침한 매춘부들, 심지어 독일인에게 미소를 지어 보인 평범한 부녀자와 소녀들도 공격받았다.

체코슬로바키아와 폴란드에서 독일인에게 쏟아졌던 온갖 형태의 복수가 유럽 전역의 부역자와 파시스트를 겨냥했다. 네덜란드인과 벨기에인 대독 부역자들은 해방기의 혼돈 속에서 즉결 처형되었고 그들이 살던 집은 "경찰의 냉담한 방관 또는 묵인 아래" 불탔다. 이탈리아에서는 파시스트들의 시체를 거리에 전시해 행인들이 발로 차거나 침을 뱉을 수 있도록 했다. 무솔리니의 시신도 밀라노 로레토 광장의 주유소 지붕에 매달리기 전에 그러한 취급을 받았다. 헝가리의 극우 화살십자당 당원들은 무더위 속에서 유대인 공동묘지를 파내는 노역을 했고, 현지 주민들은 그들을 향해 나무토막과 돌멩이를 던졌다. 프랑스에서는 비밀리에 지하 감옥을 만들어 부역 혐의자들을 그 안에 몰아넣고 팔다리 절단, 강간, 강제 매춘 등 상상 가능한 온갖 고문과 성적 학대를 동원했다.

이처럼 격렬한 행동을 지켜본 신정부와 연합군은 전율했다. 레지스탕스조차도 그런 이야기를 접하고 착잡함을 느꼈다. 1944년 10월 29일, 이탈리아의 『라 테레 비바루아즈La Terre Vivaroise』 신문은 이렇게 보도했다.

게슈타포가 저지른 가장 악질적인 수법 몇 가지를 우리가 반복하고 있다는 건 끔찍하다. 나치즘은 많은 사람으로 하여금 폭력이 항상 합법적이고, 적대자로 간주하는 자들에게는 무슨 짓이든지 할 수 있으며, 누구나 타인의 생명을 앗아갈 권리가 있다고 믿게 만든 것 같다. 야만인을 타도한다 한들 그들을 모방해서 똑같이 될 뿐이라면 무슨 의미가 있겠는가?

그러한 상황이 계속되도록 방치할 수는 없는 일이었다. 특히 연합군으로서는 아직 전쟁이 끝나지도 않은 상황인데 후방에서 무정부 상태가 연출되는 것을 허용할 수 없었다. 신정부에게도 현지 주민들이 스스로 법을 집행하는 행위는 권위에 대한 도전이었기 때문에 받아들일 수 없었다. 1944년 8월 파리에 입성한 샤를 드골은 "공공질서는 생사의 문제"라고 선언했다. 그는 대국민 라디오 방송에서 이제부터는 임시정부에게 전권이 있다면서 "모든 즉흥적 권력은 반드시 중단되어야 한다"고 역설했다.

서유럽 각국의 신정부는 이 문제를 여러 측면에서 해결하려 했다. 먼저 경찰에 대한 대중의 신뢰 부족이 문제의 일부라는 점을 깨닫고 법과 질서의 근간인 경찰의 지위를 강화하기 위해 노력했다. 일부 지역, 특히 이탈리아와 그리스에서는 주둔 연합군이라는 강력한 존재에게 위임할 수밖에 없었지만 다른 지역에서는 경찰 내부에 존재하는 용의자를 제거함으로써 정면 돌파했다. 예를 들어 프랑스에서는 해방 후 1년 이내에 8명 중 1명의 경찰관이 정직됐고 5명 중 1명의 형사가 해고됐다. 다른 나라에서도 이러한 선례를 따랐다. 비교적 약한 편이기는 하지만 노르웨이와 덴마크에서도 인상적인 경찰 숙청이 있었다. 중요한 것은 많은 도시와 그 인근 지역을 장악한 자경단에 과감히 맞설 수 있도록 경찰에게 사법적 권위를 돌려주는 것이었다.

다음으로, 신정부는 대부분의 폭력을 저지르는 저항 조직에 대한 무장해제에 나섰다. 그러나 말이 쉽지 실제로는 여간 까다롭지 않았다. 파리의 애국 민병대는 공공연히 당국의 지시를 무시한 채 여전히 무장 순찰을 하고 있었고, 발랑시엔에서는 수류탄, 대공 기관총, 대전차용 소총까지 엄청난 양의 비밀 무기를 은닉하고 있었다. 브뤼셀에서는 '비밀조직' 대원들에게 2주 안에 해산하라고 했을 때 이에 항의하는 시위가 소규모 폭동으로 확대되었으며, 45명이 경찰이 쏜 총에 맞았다. 이탈리아와 그리스에서는 수천 명의 빨치산이 신정부를 신뢰하지 않는다는 이유로 무기를 내려놓기를 거부했다. 과거 정권과 가까웠던 많은 부패 인사들이 신정부에 포진해 있었기 때문이다.

이에 대해 여러 나라는 해방의 이름으로 저지른 범죄에 대해서는 사면하겠다고 선언함으로써 옛 빨치산들을 민간인으로 돌려보내려 했다. 예를 들어 벨기에 당국은 독일군이 쫓겨난 뒤 41일 동안 발생한 거의 모든 저항활동에 대해 기꺼이 모른 척해주었다. 이탈리아는 전쟁 종결 후 첫 12주 동안 발생한 복수 살인에 대해 사면하기로 했고, 체코슬로바키아는 놀랍게도 5개월 반 동안 그러한 조치를 시행했다. 이렇듯 해방의 열기 속에서 벌어진 감정적 범죄가 관대한 처분을 받은 반면, 권력이 국가에 환수되고 신정부의 권위가 공고해진 뒤로 자행된 범죄에 대해서는 매우 가혹하게 처벌됐다. 가령 프랑스에서 1944년부터 1945년 겨울까지 이전의 마키maquis[코르시카섬의 관목림을 뜻하는 말로, 제2차 세계대전 중 독일 점령에 저항한 프랑스 지하 조직과 유격대] 대원들이 잇따라 체포된 일은 레지스탕스에게 린치(사적 제재)를 멈추도록 하는 경고의 의미로 해석됐다.

그러나 이러한 조치는 임시방편에 지나지 않았다. 진짜 문제,

즉 린치를 가하는 활동이 그토록 빈번했던 이유는 복수가 정의를 되찾는 유일한 진정한 방법이라고 믿는 사람이 많았기 때문이다. 프랑스에서 일어난 사적 제재에 대해 여러 편의 보고서를 쓴 파리 주재 영국대사 더프 쿠퍼는 이렇게 말했다. "죄를 지으면 마땅한 처벌이 따른다고 믿고 있는 한 사람들은 죄인을 법의 손에 맡길 수 있다. 하지만 그들이 의심하기 시작하면 스스로 법을 장악하려 할 것이다." 전쟁 직후 그런 의심을 확인할 수 있는 일들이 곳곳에서 나타났다. 보복 공격을 멈출 수 있는 유일한 방법은, 벨기에 신문에서 말했듯이 "엄정하고 신속한 정의"를 국가가 집행할 능력이 있음을 모두에게 확인시키는 것이다.

따라서 유럽 각국의 신정부는 법과 제도를 쇄신하는 모습을 보였다. 법정이 새로 설립되고 새로운 판사가 임명되었으며, 갑자기 늘어난 죄수들을 관리할 새로운 수감 시설과 수용소가 문을 열었다. 시대에 뒤떨어지고 부적절한 법령을 대체할 새로운 반역죄 법이 제정됐다. 이적 행위의 규모와 연관하여 정의에 대한 새로운 개념을 고안하고 소급 적용해야 했다. 서유럽에서는 경미한 범죄에 대해 '시민권 박탈'이라는 새로운 형벌이 도입됐고, 대독 부역자는 선거권을 포함한 공민권을 고스란히 박탈당했다. 더 심각한 범죄에 대해서는, 덴마크와 노르웨이의 경우 오래전 역사에서 사라졌던 사형제도를 되살렸다.

유럽의 일부 국가는 이런 방법이 효력을 발휘했다. 벨기에, 네덜란드, 덴마크, 노르웨이의 저항 세력들은 대체로 부역자들을 당국에 넘겨주는 것으로 끝내는 데 만족했다. 그러나 프랑스 일부 지역과 이탈리아, 그리스, 동유럽 많은 지역의 일반 시민을 포함한 빨치산은 스스로 법을 집행하려는 열망이 강했다. 여기에는 여러 이유가 있었지만, 훗날 밝혀진 바에 따르면 정치적인 동기가 상당 부분을 차지했다. 그러나 가장 중요한 이유는 당국에 대한 신뢰 부족이었다. 수년간 이어진 파시스트 통치로 인해 유럽인들은 정부 당국의 '정의'에 대해 매우 비관적인 시선을 갖게 된 것이다.

아마도 이탈리아에서 있었던 일이 그런 불신의 대표적인 사례일 것이다. 이 나라는 확실히 극단적인 경우로, 유럽의 다른 나라들은 대독 협력의 기간이 비교적 짧았던 반면 많은 이탈리아인은 20년 넘도록 파시스트에 대한 분노가 쌓여 있었다. 이탈리아의 해방 과정은 다른 어느 나라보다 더 (거의 2년 동안) 지연됐고, 이 기간 내내 이탈리아 북부 지역은 극심한 내전에 휘말렸다. 이곳에서도 유럽의 다른 곳과 마찬가지로 많은 복수 행위가 일어났지만 훨씬 더 심각한 수준을 보였다. 결과적으로 이탈리아는 유럽 대륙 전역에서 보편적으로 대중의 불만을 불러일으킨 요인들을 극명히 보여주는 장이 되었다.

이탈리아의 대숙청

1945년 이탈리아는 분열된 국가였다. 지리적인 이유로 전쟁의 마지막 2년 가까이 분단이 지속되었는데, 남부는 영국군과 미군이 점령하고 북부는 독일군이 점령했다. 이 분열의 배경에는 정치적인 요인도 포함돼 있었는데, 특히 북부에서 그랬다. 그 한쪽에는 독일군의 침공 이후 자국민을 향해 나날이 잔혹함을 드러낸 파시스트 세력이 있었고, 다른 한쪽에는 서로 당파가 다르긴 하지만 무솔리니와 그의 추종자들에 대한 공통된 증오로 결속된 공산주의 세력의 저항 단체가 있었다.

1945년 4월 마침내 파시스트가 패배하자 빨치산은 거센 복수전에 돌입했다. 파시스트 당원과 관계된 자는 예외 없이 표적이 됐다. 검은 여단Black Brigades[베니토 무솔리니가 이끌었던 준군사 조직인 검은 셔츠단]이나 데치마 마스Decima Mas[이탈리아 해군 소속 특수부대] 전투원뿐만 아니라 여성보조의용군 대원이거나 공화 파시스트당Fascist Republican Party의 일반 서기관이나 행정관도 겨냥했다. 이탈리아의 기록에 따르면, 피에몬테와 에밀리아 로마냐 그리고 베네토 지방이 가장 폭력적이었으며, 각 지역에서 수천 건의 총격 사건이 발생했다. 영국의 기록에 따르면 유럽전승기념일을 앞두고 밀라노에서 500명, 토리노에서는 1000명이 더 처형됐다. 연락 장교들은 로마 주재 영국대사에게 "총살당한 자는 모두 징벌을 받아 마땅했다"고 보고했다. 이러한 수치는 실제보다 적게 보고됐을 것이다.

연합군은 적어도 초기에는 이 피의 숙청에 개입하기 어렵다는 것을 깨달았다. 토리노에서 지역해방위원회 위원장이었던 프랑코 안토니첼리는 연합국 사절단 단장인 존 스티븐스 대령에게 다음과 같은 말을 들었다고 했다. "위원장님, 잘 들으세요, 2, 3일 안에 사건을 정리하세요. 사흘째 되는 날에는 더 이상 거리에서 쓰러져 죽은 사람들을 보고 싶지 않습니다." 많은 빨치산 역시 자신들이 독자적으로 정의를 집행하는 것을 연합군이 허용했다고 주장했다. 빨치산으로 활동한 누군가는 전쟁이 끝난 뒤 이렇게 말했다. "미군은 우리가 그렇게 하도록 허락했다. 그들은 우리를 보았지만, 우리가 어느 정도 놈들을 고문하도록 내버려두었다가 놈들을 데려갔다."

이와 같은 요인들로 인해 전후 이탈리아 북부에서 일어난 폭력은 서유럽의 그 어느 곳보다 심각했다. 통계가 그러한 실정을 말해준다. 해방기 동안 벨기에에서 살해된 대독 부역자는 약 265명이었고, 네덜란드에서는 100명 정도였다. 더 오랫동안 폭력적 해방을 치렀던 프랑스에서는 수개월 동안 무려 9000명의 비시 정권 지지자들이 죽었고, 해방 후에는 수천 명이 죽었다. 그에 비해 이탈리아에서는 마지막 시기에 사망한 사람들이 훨씬 더 많았다. 누구의 수치를 믿느냐에 따라 다르지만 대략 1만2000명에서 2만 명이다. 다시 말해서 네덜란드에서 보복 살해된 대독 부역자가 10만 명당 1명꼴이라면, 벨기에에서는 3명 이상, 프랑스에서는 22명 이상, 이탈리아에서는 대략 26명에서 44명이다.

이탈리아 북부에서 벌어진 복수전의 놀라운 점은 살육의 규모가 아니라 빠르게 자행된 속도였다. 1946년 이탈리아 내무부가 발표한 바에 따르면, 1945년 4월부터 5월까지 약 900명의 파시스트 당원과 그 동조자들이 살해됐다. 일부 역사가들은 이에 대해 통제 불가능한 광인적 폭력의 향연으로 묘사했다. 이 격정적 범죄가 거듭되면서 더 냉정하고 체계적인 방식으로 조직화된 측면도 있다. 특정 인물은 군대식 총살부대가 수색해 처형했고, 포로를 처형하기 전에 간단한 즉석 재판을 거친 몇몇 사례가 있다.

빨치산은 연합군이 도착하기를 기다리면서 죄수들을 기존의 관습적인 사법제도에 맡기기보다는 (대부분의 다른 서유럽 국가에서 저항 조직 대원들이 그랬던 것처럼) 자신들이 직접 법을 행사하기로 결단을 내렸다. 파시스트 당원이 이탈리아 법원에 맡겨지면 제대로 처벌 받을 것이라고 믿는 자는 아무도 없었던 것이다. 전 빨치산 사단장인 로베르토 바탈리아는 말했다. "해방 후에는 불가능하기 때문에 우리는 지금 숙청을 단행해야 한다. 전쟁터에서는 쏴죽일 수 있지만, 전쟁이 끝나면 더 이상 그럴 수 없기 때문이다."

그들이 이탈리아 사법부를 냉소적으로 바라보는 데는 이유가 없지 않았다. 북이탈리아 빨치산은 지난 18개월 동안 남이탈리아에서 일어난 일을 지켜보면서 숙청 대상을 예상할 수 있었다. 남이탈리아에서는 피에트로 바돌리오의 부패한 지휘 아래 여전히 사회 각 분야에서 파시스트 잔당이 권력을 누리고 있었다. 연합군은 파시스트 당원을 축출하라고 압박했지만, 해방된 지역의 통제권이 이탈리아 당국에 반환되자마자 그들은 본래의 지위를 회복했다. 경찰은 여전히 공산주의자들을 괴롭히고 좌익 동조자들을 공공연히 습격했으며, 공공연히 파시스트당 송가를 부르기도 했다. 1944년 남이탈리아 갈라브리아의 한 지역에서는 파시스트당이 부활했고, 파시스트 당원에 의한 테러와 파괴가 반복됐다. 해방된 지 일 년이 넘도록 남이탈리아 지역사회는 파시스트당 통치 시절의 시장과 경찰서장 및 지주들에 의해 폭력적이고 압제적으로 주민들을 지배했다.

이탈리아 북부가 해방될 무렵 남부의 숙청은 이미 실패한 상황이었다. 문제는 파시스트가 되는 것이 죄악시되지 않았으며 그렇게 간주될 수도 없었다는 것이다. 원래 이탈리아 파시스트정부는 전쟁이 일어나기 훨씬 전부터 국제적으로 합법하다고 인정되었기 때문이다. 하지만 북부의 상황은 조금 달랐다. 1943년 파시스트당은 권력을 잃었음에도 불구하고 살로 지역을 기반으로 여전히 북부 주민을 지배하고 있었다. 더 중요한 사실은 그들이 독일군의 이탈리아 점령을 지원하고 도왔다는 것이다. 그 결과 살로 공화국[제2차 세계대전 당시 히틀러의 지원을 받아 무솔리니가 이탈리아 북부에 세운 나치 독일의 괴뢰국] 당국에서 직책을 맡았던 자는 누구든 파시스트 당원이자 대독 부역자로 소추될 수 있었다.

원래 이탈리아 남부보다는 북부에서 숙청이 원활할 것으로 전망되었으나, 실제로는 그런 변화를 추구하는 정치적 의지가 부족했다. 연합군이 도착했을 때 많은 정부 관리와 공무원은 자신들이 자리에 남아 있어야 할 명분, 즉 해방 후 혼란스러운 정국을 통제하는 데 자신들의 경험이 도움이 될 거라고 설득함으로써 자리를 보존할 수 있었다. 또한 연합군은 경찰권이 빨치산에게 넘어가는 상황을 염려하여 많은 경찰과 카라비니에리carabinieri(헌병) 역시 기존 그대로 유지되었다. 대독 협력 사업체는 노동자 일자리가 파괴되지 않도록 상거래를 유지할 수 있게 했고, 경제가 어려워질 것을 우려해 그 소유자나 경영자도 원래 자리에 머물도록 했다. 사실 빨치산이 변화를 강제한 지역들을 제외하고는 현행 권력 구조를 유지하는 게 기본 노선이었다.

숙청이 정말로 임박했을 때는 법원에게 권한이 위임됐지만, 그에 앞서 사법제도를 개혁하려는 시도는 없었다. 새로운 법률과 새로운 법정, 새로운 판사와 법률 전문가를 요구하는 목소리가 터져 나왔음에도 불구하고 법조계의 전반적인 분위기는 변화보다는 연속성이었다. 몇몇 새로운 법률이 규정됐지만 1930년에 제정된 파시스트 형법전Fascist Penal Code은 폐지되지 않았다(실질적으로 지금까지도 여전히 사용되고 있다). 대독 부역 사례를 심리하기 위한 새로운 법정, 즉 입법회의 특별재판소가 신설됐지만 대체로 무솔리니 집정 당시의 판사들과 변호사들로 구성됐다. 그리하여 이탈리아에서 법정에 선 많은 부역자가 적어도 그들과 같은 죄과가 있는 자들에 의해 재판을 받는 황당한 상황이 벌어졌다. 그들의 판결은 죄인이 유죄를 선고받을 때조차 추해 보일 정도로 관대했다. 판사들은 솔직히 자신의 역할이 의문스러울 때 공무원에게 불리한 판결을 내리기가 쉽지 않았다.

그들의 모든 착오에도 불구하고, 입법회의 특별재판소도 악명 높은 검은 여단에 의한 민간인 살해나 고문 같은 폭력 범죄에 대해서는 유죄 판결을 내렸다. 그러나 이러한 판결조차도 이탈리아 최고 법원인 로마 대법원에 상소함으로써 뒤집힐 수 있었다. 이 대법원의 재판관들은 뻔뻔스럽게도 파시즘과 가까웠고, 분명히 옛 정권의 행위를 변호하는 경향이 강했다. 특별재판소가 내린 판결을 계속 무효화하고, 검은 여단이 저지른 최악의 잔학행위 중 일부를 사면하고 무시하고 은폐함으로써 대법원은 파시스트 범죄자들을 재판에 부쳐 처벌하려는 모든 시도를 조직적으로 훼손했다.

전쟁이 끝난 지 1년도 채 지나지 않아 이탈리아 당국의 숙청은 희극으로 전락하고 말았다. 1946년 2월에 이르기까지 조사를 받은 39만4000명의 정부 공무원들 가운데 고작 1580명만이 해고됐고, 대다수는 곧 원직으로 복귀했다. 또한 구속된 파시스트 당원들 가운데 실제로 장기간 투옥된 자는 극소수였다. 1946년 여름, 5년 미만의 모든 금고형이 취소됐고 죄수들은 풀려났다. 서유럽에서 최악의 만행을 저지른 사실이 증언됐음에도 불구하고, 이탈리아 법정이 내린 사형선고 비율은 다른 어떤 서구 국가보다도 적었다. 전후 4500만 명이 넘는 인구 가운데 고작 92명으로, 이 수치는 프랑스에서 사형이 집행된 수치의 20분의 1이었다. 나치 독일의 동맹국들과는 달리 이탈리아인 가운데 어느 누구도 국외에서 저지른 전쟁범죄로 재판에 회부된 자는 없었다.

이처럼 엄청난 사법적 실패에 직면하자 대중의 좌절감은 다시 표면화되기 시작했다. 당국에 맡기면 어떤 숙청도 불가능하다는 판단에 이르자, 법을 다시 뺏어와 엄정하게 처벌하기로 결정하기까지는 얼마 걸리지 않았다. 전쟁이 끝난 지 몇 달 만에 이탈리아 곳곳에서 대중 폭력의 두 번째 파도가 밀려들었고, 사람들은 감옥 문을 부수고 들어가 죄수들을 그 자리에서 린치함으로써 당국의 숙청에 대한 강한 불신을 드러냈다. 에밀리아로마냐 그리고 베네토의 도시들뿐 아니라 다른 북부 지역에서도 이런 현상이 일어났다. 가장 유명한 사례는 비첸차의 스키오에서 옛 빨치산들이 그 지역 교도소에 난입하여 재소자 55명을 학살한 사건이다. 이 범행에 연루된 몇몇 사람의 증언은 당시 얼마나 많은 사람이 숙청 실패에 격분했는지를 보여준다. 어떤 사람은 이렇게 말했다. "그들이 두세 번의 재판을 열기만 했더라면, 그들이 뭔가를 하려고 시도하기만 했다면, 민중의 가슴에 맺힌 울분을 풀어주기에 충분했을 것이다." 다른 한 사람은 50년이 더 지났을 때 이렇게 말했다. "저는 항상 그런 행위를 옹호해왔습니다. 왜냐하면 저에게 부역자들을 살해하는 행위는 정의로운 일이었기 때문입니다. (…) 그들이 죽었다 해도 저는 아무런 연민을 느끼지 않습니다."

부역자 숙청 실패

이탈리아의 사례는 서유럽 곳곳에서 일어난 정황의 극단적인 경우다. 전후의 숙청은 어디에서나 부분적으로는 실패였다. 연합국이 숙청의 '철저성'과 '유능함'을 칭찬한 프랑스에서도 사법부에 대한 환멸이 널리 퍼져 있었다. 프랑스에서 조사된 31만1000건 이상의 사건 가운데 어떤 식으로든 처벌을 받은 사례는 전체의 30퍼센트인 9만5000건 정도밖에 안 된다. 그중 금고형이나 더 무거운 형벌을 받은 사람은 약 4만5000명으로 절반에도 못 미쳤다. 가장 흔한 처벌은 선거권과 공직에 나설 수 있는 공민권을 박탈하는 것이었다. 그러나 이마저도 1947년 사면을 통해 대부분의 구형이 번복되었고 많은 수감자가 석방됐다. 1951년 추가 사면 이후에는 최악의 전범들 가운데 단 1500명만이 감옥에 남아 있었다. 숙청 첫날 직장에서 쫓겨난 공무원 1만1000명은 대부분 6년 안에 원래의 직위로 복귀했다.

네덜란드에서 처벌받은 사람의 절반은 투표권만 박탈당했고, 나머지 절반은 감금되었으나 형량은 대체로 짧았다. 벨기에는 처벌이 조금 더 엄격해 4만8000건의 금고형이 선고됐고, 그중 2340건은 종신형이었다. 그러나 이것은 조사된 전체 건수의 12퍼센트에 불과했다. 벨기에 재판관들은 또 2940건의 사형선고를 내렸지만, 이들 중 242건을 제외한 나머지가 감형됐다.

유럽 대륙 전역에서 많은 사람이 그러한 형량 선고에 대해 형편없는 관용이라 생각했다. 그들은 불만을 확실히 알렸다. 1945년 5월 벨기에 각지에서는 일련의 시위가 벌어졌고, 대독 부역자들이 린치당하고 그들의 가족은 모욕을 당했으며 집은 약탈당했다. 덴마크에서는 중대한 대독 협력 사례가 거의 알려지지 않았음에도 불구하고 1만 명가량이 올보르 거리로 나와 부역자들에 대한 엄정한 처리를 요구했고, 이어서 총파업이 소집됐다. 그 밖의 지역에서도 소규모 시위가 발생했다. 프랑스에서는 이탈리아와 마찬가지로 성난 시민들이 교도소로 쳐들어가 수감자들을 린치하는 시도가 있었다.

북유럽과 서유럽에서 국민이 숙청에 만족한 곳은 아마도 노르웨이뿐일 것이다. 이 나라의 재판은 신속하고 효율적이었으며 처벌은 가혹했다. 300만 명에 불과한 인구 중 9만 건의 사례가 조사됐고, 이들 중 절반 이상이 모종의 처벌을 받았다. 다시 말해 전

인구의 1.6퍼센트 이상이 전후에 어떤 식으로든 처벌을 받은 셈이다. 게다가 이 수치는 다음 장의 주제가 될 여성과 아동에게 부과된 비공식 징벌을 제외한 것이다.

사실상 사법적 제재는 국가마다 큰 차이가 있었다. 개인이 조사받을 가능성이 가장 높은 국가는 두말할 것 없이 독일로, 비非나치화 과정이 필연적으로 전 국민을 악마로 만들었다. 하지만 더 놀라운 사실은 개인이 구속될 가능성이 가장 높은 나라는 벨기에였고, 노르웨이가 그 뒤를 바짝 쫓았다. 개인이 처형될 확률이 가장 높은 나라는 뜻밖에도 1500건 이상의 사형선고가 집행된 불가리아였다. 그러나 동유럽의 나머지 국가와 마찬가지로, 대부분의 사형 판결은 실제 범죄에 대한 징벌이라기보다는 공산주의자의 권력 탈취와 더 관련이 있었다.

대독 부역자를 취급하는 방식이 나라마다 다르게 나타난 배경에 대해서는 중부 유럽에서 발생한 일이 설명이 될지도 모르겠다. 오스트리아와 체코슬로바키아는 국경을 맞대고 있었지만 각자 숙청의 결과는 크게 달랐다. 오스트리아에서 대독 협력은 압도적 다수가 경범죄로 취급돼 벌금이나 공민권 박탈로 처리됐다. 50만 명 이상이 이런 식의 처벌을 받았으나, 이런 사법적 제재도 오래가지 못했다. 1948년 4월 사면으로 48만7000명의 옛 나치주의자가 시민권을 회복했고, 나머지도 1956년에 사면됐다. 약 7만여 명의 공무원이 면직되긴 했지만, 다른 나라들과 마찬가지로 이는 일종의 회전문 인사였던 것으로 판명됐다.

이와는 대조적으로, 체코에서는 부역이 훨씬 더 심각하게 받아들여졌다. 체코 법원은 전쟁 중 저지른 범죄에 대해 723건의 사형선고를 내렸고, 판결 후 3시간 이내에 형을 집행한다는 당국의 독특한 방침 아래 유럽의 다른 어느 곳보다도 사형 집행률이 높았다(거의 95퍼센트로, 모두 686건이다). 절대 수치로는 프랑스보다 훨씬 적지만 체코 인구가 프랑스 인구의 4분의 1이라는 사실을 기억할 필요가 있다(따라서 체코의 사형 집행률은 프랑스의 4배에 달한다). 대독 협력으로 처형된 체코인은 벨기에인의 2배, 노르웨이인의 6배, 국가의 동쪽 절반을 차지하고 있는 슬로바키아인 동포의 8배에 달한다. 중요한 것은 오스트리아와의 비교다. 오스트리아에서는 43건의 사형선고 중 단 30건만 집행돼 오스트리아를 유럽에서 부역자에게 가장 안전한 곳으로 만들었다. 그런 오스트리아에 비하면 체코인이 '전쟁범죄'로 처형될 확률은 16배 높은 것으로 나타났다.

물론 이 차이에는 온갖 종류의 문화적, 정치적, 민족적 이유가 존재한다. 독일인에 대한 재판이 진행되는 동안에도, 심지어 독일인들이 추방되고 있는 동안에도 체코인들은 조국의 분열 그리고 이웃으로 함께 살아온 독일인에게 소외당한 것에 대한 복수를 원했다. 이와는 대조적으로 오스트리아인은 1938년 독일·오스트리아의 안슐루스Anschluss(합병)를 크게 환영했고, 독일어를 구사하는 이들에 대해 친밀감을 느끼고 있었다. 이 모든 것은 오스트리아가 히틀러의 '첫 번째 희생자'라는 정부의 공식 입장을 조롱거리로 만들었다. 오스트리아인의 대독 협력은 너무나 보편적인 현상이었기 때문에 당국이 그들을 제대로 처벌할 수 없다고 본 것이다.

두 나라 간 부역자에 대한 취급이 공정한가 아닌가는 전혀
다른 문제다. 국제적 관점에서 한쪽의 엄격함과 다른 쪽의 관대함
을 동시에 정당화하는 것은 불가능하다.

[표 2] 서유럽의 협력자들에 대한 사법적 처벌

	노르웨이	덴마크	벨기에	네덜란드	프랑스	이탈리아	체코	오스트리아
1945년 인구	3.1	4	8.3	9.3	40	45.4	10.5	6.8
사형 집행*	1	0.7	3	0.4	3.8	0.2	6.5	0.4
징역형*	573	33	582	553	110	110	208	200
경징계*	1,083	—	378	663	188	—	234	7,691
처벌 합계*	1,656	33	963	1,216	309	—	449	7,892

* 참고: 10만 명당 수치. 위의 몇몇 수치는 정확하지만 절대적인 수치에 대한 논쟁의 여지가
있으므로 추정치로만 간주해야 한다. 그러나 국가 간 비교를 목적으로 할 때는 대체로 정확한
윤곽을 제공한다.

국가마다 부역자들에 대한 서로 다른 처리는 전후 유럽에서
정의를 추구하는 데 방해가 되는 여러 모순 가운데 하나일 뿐이
다. 어디에서나 법원은 가난한 자와 젊은이에게 더 가혹한 경향이
있다. 그들은 힘 있는 연줄이 별로 없고, 변론에 서툴고, 고액의 변

호사 비용을 지불할 여유가 없기 때문이다(이것은 공산주의자들이 정치적 목적을 실현하기 위해 숙청을 구실로 내세웠던 몇 달 전의 동유럽에서도 마찬가지였다). 법원은 또한 감정이 고조되어 있던 숙청 초기에 재판을 받은 자들에게 더 가혹했다. 1944년에는 사형을 언도할 만한 많은 범죄가 전쟁이 끝난 후에는 단지 몇 년의 징역형으로 처리되었다. 같은 부역자라도 어떤 분야에서 활동했는가에 따라 처벌이 달랐다. 예를 들어 군사적, 정치적 대독 부역자는 밀고자들과 더불어 엄하게 처벌받았다. 언론인들은, 상대적으로 그들의 죄가 가벼운 점을 고려할 때 아마도 가장 가혹한 벌을 받았다고 볼 수 있다. 이는 그들의 유죄 증거가 기록으로 충분히 남아 있어 본보기로 삼기 쉬웠기 때문이다. 반면 경제적 부역자는 적어도 유럽의 서쪽 절반에서는 거의 처벌받지 않았다. 기업인 대다수에 대한 유죄를 입증하기가 어려웠을 뿐 아니라 그들은 무죄 전망이 높아질 때까지 재판을 지연시킬 수 있는 유능한 변호사를 고용했기 때문이다. 게다가 기업인에 대해서는 재판에 회부할 정치적 의지도 없었다. 전후 유럽의 빈궁한 상황에서는 아무리 기업인들이 맘에 안 들어도 그들이 필요했기 때문이다.

이런 지경에 이른 책임이 전적으로 법원에만 있는 건 아니다. 국민의 정서적 요구는 접어두고라도, 법원은 곤혹스러운 몇 가지 딜레마를 안고 있었다. 우선 '부역'이 정확히 무엇인가라는 질문에 대한 법적 논쟁을 해결할 수 없었다. 피고가 정말로 국가 이익을 위해 행동했다고 믿었다면 과연 그것을 반역죄라 할 수 있을까? 많은 정치인과 행정가들은 자신들이 단체로 저항했다면 엄청난 규모의 탄압이 따랐을 테니 나치에 협력하는 편이 더 낫다고 판단했다고 주장했다. 경제적 협력자들 역시 자신들이 공장을 포기했다면 많은 사람이 굶주렸을 테고, 노동자들은 징발되어 독일로 강제 이송됐을 거라고 주장했다. 오히려 독일에 협력함으로써 그들은 조국이 더 끔찍한 운명을 맞이하는 최악의 사태를 막았다는 논리다. 어떤 이들은 대독 협력을 처벌하려는 새로운 법률이 소급 적용되고 있다고 지적했다. 바꿔 말해 그들이 한 행동은 당시 어떤 법률에도 저촉되지 않았는데 어떻게 범죄로 여겨질 수 있는가? 누군가 억압 아래 '부역'할 수밖에 없었다면 그 행동에 어떻게 책임을 지울 수 있는가? 그리고 전후 당국이 결사의 자유에 대한 보편적 권리를 신봉하는 동시에 극우 정당 가입을 (소급하여) 불법으로 선고할 근거는 무엇인가?

프랑스, 슬로바키아, 헝가리, 루마니아, 크로아티아에서 검찰은 국가 자체가 독일과 협력했다는 문제까지 더해졌다. 이들 국가의 지도자들은 확실히 독일인에게 협력했다는 비난을 받을 수 있지만, 대부분의 평범한 관료와 행정가는 독일이나 나치당과 아무 연관이 없었다. 그들이 합법적으로 정부의 지시를 따랐을 뿐이라면, 반역자가 될 수 있을까?

냉철한 정의에는 관심이 없고 단지 부역자가 처벌받는 것을 보려 하는 감정적 욕구 가득한 대중에게 이러한 법적 논쟁의 미묘함은 전달되지 않았다. 필연적으로 많은 재판이 세부 사항에서 수렁에 빠졌다. 심판은 '신속하고 엄정한 정의'와 거리가 멀었으며 종종 미온적이고 고통스러울 만큼 지지부진했다. 예를 들어 벨기에에서는 해방 6개월 후 18만 건의 모두진술이 이뤄졌지만 불과 800건만 심리에 부쳐졌다. 연합군의 한 참관인은 쓴웃음을 지으며 "이토록 느리게 진행된다면 마지막 사건을 법정에 세우기까지 10년은 걸리겠다"고 지적했다.

속도를 높이는 유일한 방법은 간단히 판결하거나 법정에서 사건을 다루기 전에 소송을 취하하는 것이다. 정확히 벨기에서 이런 상황이 벌어졌다. 경제적 부역을 이유로 고발된 11만 건 가운데 2퍼센트만 심리에 부쳐졌다. 다른 유럽 국가에서도 안건 대부분이 재판에 회부되기 전에 취하됐다.

편리한 신화 구축

솔직히 유럽의 숙청이 기세만 요란할 뿐 실행은 흐지부지된 주요 원인은 더 강력한 정치 의지가 뒷받침되지 않았기 때문이다. 어느 나라에서도 엄격한 처벌에는 관심이 많지 않았다. 예컨대 전쟁 동안 드골의 망명정부는 비시 정권 당시 독일인들과 소수 엘리트에 맞서 투쟁하는 프랑스인을 단결된 국민으로 묘사하는 데 많은 시간을 바쳤다. 해방 후 집권한 드골은 단결된 국민의 지지를 등에 업고 있었으므로 이 '단결 신화'를 포기할 이유가 없었다. 게다가 프랑스가 자체적으로 재건 역량을 키우려면 국민 통합이 우선되어야 했다. 부역자든 저항자든 전쟁이 끝난 후에는 지역사회에서 함께 살아가야 했기 때문에 그들 간에 적대감을 조장하는 것은 골칫거리를 낳을 뿐이었다.

유럽 전역의 다른 정부와 저항 조직도 같은 수순을 밟았다. 노르웨이, 네덜란드, 벨기에, 체코의 망명정부도 각각의 국민이 나치에 대항하여 일치단결했다고 묘사함으로써 국가 내부의 긴장 관계가 무마되길 원했다. 레지스탕스는 전후에도 자신들의 전시 위업이 여전히 만트라 주문처럼 되풀이되는 데 만족했기 때문에 저항 행위가 일상의 부역 행위보다 보편적인 것처럼 여겨지는 점을 감수했다. 특히 공산주의자들은 동유럽에서 그들의 권력 장악에 더 큰 정통성을 부여했기에 하나로 단결된 인민이 그들 뒤에 있는 척 행세했다. 전후의 모든 정부에게 숙청보다는 단결에 대한 환상이 훨씬 더 중요했다. 그러므로 일반적으로 숙청은 단결을 위협하는 자들을 배제하는 차원에서만, 가령 적대적 민족 집단 추방을 정당화하거나 동유럽의 권력 지형에서 거슬리는 정적들을 제거하는 경우에만 강한 의지를 보였다.

단결에 대한 강조는 전후 시기의 가장 강력한 신화, 즉 전쟁의 모든 악에 대한 책임은 독일인에게 있다는 인식에 근거한다. '우리'에게 잔혹 행위를 저지른 대상이 오직 '그들'뿐이라면, 독일을 제외한 유럽의 모든 국가는 스스로 저지른 불의에 대한 책임에서 해방될 수 있었다. 더 좋은 점은 독일에 대한 '승리'를 공유할 수 있다는 것이었다. 그러므로 전쟁 직후 독일과 독일인을 향한 모든 유럽인의 혐오는 독일이 실제 저지른 일에 대한 부분적 반응일 뿐이며 각국이 상처를 치유하는 방법이기도 했다.

패전국 독일로선 꾹 참아내는 것 외에는 어쩔 도리가 없었다.

여하튼 전쟁을 시작한 건 독일이었으니 말이다. 독일은 유럽 곳곳에서 수백만 명의 강제 노동자를 노예로 삼았고 홀로코스트를 운영했다. 그럼에도 독일조차 이러한 범죄에 대한 책임을 교묘하게 피할 수 있었다. 전쟁범죄를 끊임없이 사과하는 독일인이라는 전형적 이미지는 사실 1960년대의 창조물이다. 그 이전에는 독일인도 여느 나라 국민과 똑같이 1939년부터 1945년까지의 사건에 대한 개인적·집단적 책임을 부정하곤 했다. 대다수 독일인은 스스로를 가해자가 아닌 희생자로 여겼다. 다시 말해 스스로를 나치즘, 전쟁에서 이기지 못한 지도자들의 실패, 폭격, 연합군의 복수, 전후 궁핍 등의 희생자로 생각한 것이다. 책임은 쉽게 다른 곳으로 옮겨졌다.

독일의 비非나치화, 곧 나치즘 제거를 위한 재판은 대체로 다른 국가의 경우와 비슷하거나 완전히 똑같은 모순을 낳았다. 독일의 몇몇 지역에서는 다른 곳보다 강력한 나치 청산이 전개되어 일부 죄수는 다른 범주의 죄수들보다 훨씬 가혹한 처벌을 받았다. 그런데 많은 악명 높은 나치는 자신의 '동조자들'이 처벌을 받은 것과 달리 무혐의로 자유의 몸이 되었다.

1946년 뉘른베르크에서 열린 나치 지도자들에 대한 재판은 다른 모든 재판을 압도했다. 이 심판과 함께 독일 국민에게 나치즘의 공포를 알리는 교육 차원에서 엄청난 홍보가 전개됐으나, 이는 독일 국민의 책임마저 나치 지도자들에게 떠넘기는 듯한 인상을 지울 수 없었다. 뉘른베르크 재판이 끝나면 정의가 실현된 것으로 받아들일 우려가 있었다.

그 후 몇 년간 독일에서 추진된 나치 근절 작업은 유독 미군 점령지구에서 분노를 일으켰다. 이런 분위기는 1949년 서독에 새로운 연방공화국이 설립될 때까지 이어졌다. 유럽의 다른 곳과 마찬가지로, 숙청이 공식적으로 종료됨과 동시에 나치에게 내려졌던 많은 형벌이 정식으로 파기되거나 번복됐다. 1949년 9월 20일 서독의 신임 총리 콘라트 아데나워는 첫 의회 연설을 하면서, 이제는 "과거를 과거로 흘러가게 할 때"라고 선언했다. 전쟁의 악몽은 미래의 새로운 꿈을 위해 유유히 잊힐 터였다.

이러한 전후 신화 만들기는 꽤 적절했다고 생각하기 쉽다. 단결 신화가 진정한 단합을 가져왔다면, 그 반대로 해를 끼친 점은 없었을까? 또한 유럽이 앞으로 나아가고 더 나은 미래를 만들기 위해 전시의 범죄행위와 부역 사실을 잊는 것이 최선이었을까? 불행하게도 이 특효약에는 몇 가지 중대한 부작용이 있었다. 서유럽에서 우파 세력의 정치적 회복을 위한 시도는 단순한 왜곡에 그치지 않았다. 황당하게도 어떤 경우에는 우익 극단주의자들이 자신들을 피해자로 묘사하도록 허용했다.

책임은 오로지 '독일'에 있다는 신화가 뿌리내리기 시작하자 대독 부역자에 대한 엄격한 처벌은 덜 거친 정의 실현으로 보이거나 무고한 자에 대한 학살처럼 보이기 시작했다. 프랑스에서는 1950년대까지, 마키단maquisards(레지스탕스) 대원들이 민간인을 상대로 고문과 학대를 저지른 수백 개의 무시무시한 이야기가 언론에 노출되기 시작했다. 이런 이야기는 피해자들의 무고함을 조작하거나 과장한 것으로, 주로 발가벗겨지고 삭발당하고 모욕당하고 쇠막대로 맞는 등 성적 학대 및 여성 강간에 초점을 맞춘 내용이 많았다. 실제로 전후에 이런 일이 벌어지긴 했지만 언론에 소개된 이야기는 사실보다는 풍문을 토대로 한 과장이 많았다.

이와 함께 날조된 통계도 출현했다. 1950년대의 여러 저자는 해방 후 몇 달 동안 10만5000명가량의 대독 부역자가 프랑스 레지스탕스에 의해 처형됐다고 주장했다. 이 수치는 아마도 1944년 11월 당시 내무장관 아드리앙 틱시에가 무심코 내뱉은 발언을 토대로 한 것이다. 그러나 틱시에 본인은 1946년에 사망했으며 이 수치를 뒷받침할 어떠한 증거 문서자료도 발견되지 않았다. 정부 기관과 독립적인 학술연구에 의해 재확인한 결과는 위 수치의 10분의 1에도 미치지 못했다.

이탈리아의 우파 세력 역시 이 기회를 이용해 자신들을 희생자로 묘사하기 시작했다. 1950년대부터 그들은 전쟁 직후기를 '피의 숙청'으로 묘사해왔으며, 최대 30만 명이 살해됐다고 주장해왔다. 어처구니없는 주장이지만 충분히 반복적으로 언급됨에 따라 진정성 있게 여겨졌다. 더 중요한 것은 전쟁 중 파시스트들에게 살해된 빨치산 수를 축소(겨우 4만5000명)함으로써 저항 세력을 훨씬 더 거대한 악당으로 몰아간 것이다. 사실 전쟁 후 빨치산에 의해 살해된 희생자 수는 도저히 30만 명으로 추산할 수 없으며, 그 20분의 1 정도였다.

이탈리아에서 우파의 무죄 신화는 프랑스 못지않게 강력했으며, 최근에 그 강도가 더해졌다. 21세기 초 이탈리아에서 출판돼 큰 파장을 부른 잠파올로 판사의 『패자의 피Il Sangue dei vinti』는 해방기와 해방 이후에 벌어진 살인을 상세하게 묘사함으로써 이 탈리아 저항운동에 깃든 영웅주의 환상을 공격했다. 판사는 살해된 많은 사람의 억울함에 집중했고, 종종 그 결백함의 증거로 법원의 '무죄' 판결을 인용했다. 이 책은 그러한 살인들이 일어난 맥락과 파시즘에 대한 당시 대중의 분노, 그리고 법원 판결에 대한 수긍할 만한 신뢰 결여에 대해 깊이 연구한 다른 성과들에 비해 정밀하지 못하다는 이유로 좌파의 분노를 샀다. 그러나 좌파를 정말로 자극한 지점은 이 책이 출간 첫해에 35만 부 이상 판매될 만큼 인기를 얻었다는 점이다. 판사는 잘 정리된 논쟁(뿐만 아니라 입장이 더 애매모호한 역사가들의 저술들)에 기꺼이 집착하는 이탈리아 신우파의 뻔뻔한 심리 상태를 실컷 이용했고, 그리하여 그의 책은 우파가 과거를 세탁하고 명예를 복권하는 수단으로 활용됐다.

1990년대 초 공산권 몰락과 더불어 우파 정당이 부상한 이후, 이와 비슷한 과정이 유럽 전역에서 일어났다. 한때는 조롱거리였던 인물들이 공산주의와 소련이라는 '더 강대한 악'에 맞섰다는 이유로 이제는 모범적인 본보기로 부활하고 있었다. 대중의 상상력 속에서 무솔리니나 루마니아의 이온 안토네스쿠와 같은 전시 독재자의 범죄는 그들이 미덕으로 여기는 면을 옹호하기 위해 용서받거나 심지어 무시됐다. 헝가리, 크로아티아, 우크라이나 또는 발트 3국의 극단적 국수주의자들, 즉 전쟁 중과 전쟁 후에 유대인, 공산주의자, 자유주의자들을 무차별적으로 살해한 자들은 이제 국가적 영웅으로 복권되고 있었다. 이미 이것들은 선의의 신화가 아니며, 그 자체로 폭로될 필요가 있는 위험한 진실의 왜곡이다.

우리는 전쟁 중에 독재정권들과 광범위한 협력이 존재했던 현실은 이해할 수 있을지도 모르지만, 그렇다고 해서 파시즘과 나치즘 체제를 너그럽게 묵인해야 하는 건 아니다. 단지 그들의 천박한 정치관이 우리의 정치적 전망과 화해할 수 있다는 이유만으로 도덕의 선을 넘은 부역자들의 행태를 용서할 수는 없다. 마찬가지로 우리는 전쟁 직후 빨치산들이 자행한 잔인한 복수도 너그럽게 넘길 수 없다. 물론 그들의 행위를 오늘날의 기준으로 판가름할 수도 없는 노릇이다. 이미 불의가 발생했고, 많은 사람이 죄 없이 살해당했다. 오랫동안 억압과 만행을 겪으면서 과격해진 유럽인들에게 지나친 행동을 멈추라고 요구하는 건 너무 무리한 부탁이었을 것이다.

14장

여성과
아동에 대한 복수

서유럽에서 부역자에 대한 복수는 대부분 소규모 사건으로 그치는 경향이 있었다. 보통은 특정한 원한을 풀기 위해 개인 또는 빨치산 소집단에 의해 행해졌다. 대량 복수, 즉 도시나 마을 전체가 공동으로 나서는 보복은 상당히 드물었고, 대개는 유난히 폭력적인 해방 과정을 겪은 지역에 한정돼 있었다. 앞서 말했듯이, 서유럽 지역사회들은 부역자들을 적절한 당국에 넘기는 것으로 거의 만족했다. 당국을 신뢰하지 못해서 자체적으로 법을 집행하려 한 지역들에는 질서 회복을 위해 경찰이나 연합군이 신속하게 개입했다.

서유럽 전역에서 발생한 유일하고도 중요한 예외의 경우는 독일군과 놀아난 여성을 취급하는 방식이었다. 이 여성들은 법적 판결을 받을 만한 범죄를 저질렀던 건 아니지만 일반적으로 반역자(프랑스식으로 표현하면 '수평 부역자들horizontal collaborators')로 여겨졌다. 전쟁이 끝난 뒤 그녀들이 공동체로부터 공격을 받을 때 옹호하고 나선 사람은 거의 없었다. 경찰이나 연합군 병사들은 성난 군중이 제멋대로 하도록 내버려뒀다. 오히려 몇몇 도시에서는 당국이 이 여성들에 대한 모욕을 조장함으로써 대중의 분노를 누그러뜨리는 압력 조절 밸브로 삼는 경우도 있었다.

서유럽에서 부역자들에게 가해진 복수 가운데 가장 공개적이고 일반적인 방식은 모욕 주기였다. 그리고 여성에게 주로 이 방식이 채택되었던 데는 여러 이유가 있지만, 그 모든 이유가 그녀들이 저지른 실제 배신행위와 관련된 것은 아니었다. 부녀자들에 대한 징벌과 그녀들의 자녀에 대한 후속 처리는 자세히 살펴볼 만하다. 왜냐하면 전후에 유럽 사회가 스스로를 어떻게 바라보았는가에 대해 많은 것을 설명해주기 때문이다.

삭발당한 '수평 부역자'들

1944년 가을, 프랑스 욘 지역의 생클레망에서 한 여성이 독일군 장교와 '성관계'를 했다는 혐의로 체포됐다. 경찰이 심문하자 그녀는 그 사실을 솔직히 인정하며 이렇게 말했다. "저는 그의 애인이 됐습니다. 제 아버지가 아프실 때마다 그가 집에 와서 도와줬어요. 그는 이곳을 떠날 때 자신의 군사 우편번호를 알려줬고, 제가 쓴 편지는 다른 독일인들을 통해 그에게 전달됐어요. 저는 프랑스 우편 제도를 이용할 수 없었으니까요. 두세 달 동안 저는 그에게 편지를 보냈지만 지금은 그가 어디에 사는지 모릅니다."

전시에 유럽 곳곳에서는 많은 여성이 독일인과 친밀한 관계를 맺었다. 그녀들은 '사랑에 기초한 관계'는 '범죄가 아니다'라고 하거나 '마음의 문제는 정치와 상관이 없다'고 하거나 '사랑에 눈이 멀었다'라는 항변으로 자기 행동을 정당화했다. 하지만 그녀들이 속한 공동체의 시선으로 볼 때 이것은 변명이 될 수 없었다. 일단 독일인과 섹스를 하는 것 그 자체가 정치적이었다. 그것은 유럽 대륙 전체가 독일에게 정복당하는 것을 상징하기 때문이다. 다시 말해 여자인 프랑스, 덴마크 혹은 네덜란드가 남자인 독일에게 능욕을 당한 것이다. 이미 4장에서 언급했듯이, 이 문제는 유럽 남성의 거세를 표상한다. 이미 독일의 군사력 앞에서 무기력함을 드러낸 남자들은 이제 자신의 여자들에 의해 다 같이 오쟁이 졌음을 깨달았다.

전쟁 중 유럽인 여성과 독일인 사이의 성관계 건수는 어마어마하다. 전시에 노르웨이에서는 15세에서 30세 사이의 여성 10퍼센트가 독일인 남자친구를 사귀었다. 그들 사이에서 태어난 아이들의 수치를 토대로 추산해보면 서유럽 각지에서 독일 남성과 관계한 여성은 족히 수십만 명에 이를 수 있다.

점령 국가의 저항 세력들은 자국 부녀자와 소녀의 행동에 대해 다양한 배경을 제시했다. 즉 독일인과 관계한 여성은 대개 무지하고 가난하며, 심지어 정신적 결함이 있다고까지 둘러댔다. 그리고 이미 강간당했거나 단지 물질적 궁핍 때문에 독일인과 잤을 뿐이라고 주장했다. 분명 그런 경우도 있기는 하겠지만, 최근 조사

나치 독일의 괴뢰정권인 비시 정부 지도자 프랑수아 다를랑이 독일 군인에게 '그녀'의 방 열쇠를 던져주고 있다.

에 따르면 그녀들의 사회적 신분은 모든 계층에 골고루 퍼져 있다. 더욱이 전반적으로 유럽 여성들이 독일인과 사귄 까닭은 강요당했기 때문도 아니고, 자신의 남편이나 애인이 부재했기 때문도 아니고, 돈이나 음식이 필요했기 때문도 아니었다. 단지 독일 군인의 '기사 같은' 강한 이미지, 특히 자국 남자들의 나약한 인상에 비해 강렬하고 매혹적으로 느껴졌기 때문이다. 예컨대 덴마크의 전시 여론조사원들은 덴마크 여성의 51퍼센트가 자국 동포 남성보다 독일 남성이 더 매력적이라고 인정한 통계치를 확인하고 놀라지 않을 수 없었다.

여성들의 이런 욕구가 프랑스만큼 절실한 곳은 없었다. 200만 명의 프랑스 남성이 독일에서 포로 또는 노동자로 잡혀 있고 국내에는 거의 독일인 남성만 존재했다는 점에서, 독일의 프랑스 점령은 그 자체로 성적 함의를 내포하는 것이다. 프랑스는 '매춘부'가 되어 스스로 독일에게 몸을 바쳤고, 비시 정부는 그녀의 '뚜쟁이' 역할을 한 셈이다. 장 폴 사르트르가 전후에 썼듯이, 심지어 부역 언론조차도 프랑스와 독일의 관계를 "프랑스가 항상 여성 역할을 맡은" 결합체로 묘사하는 경향이 있었다.

애국심이 강한 사람들조차도 이에 대해서는 어쩔 수 없이 성적 굴욕을 인정할 수밖에 없었다. 앙투안 드 생텍쥐페리는 1942년에 쓴 글에서, 모든 프랑스인 남자가 전쟁으로 인해 오쟁이 졌다는 불가피한 감정에 더럽혀졌지만, 그 치욕이 그들의 타고난 애국심을 훼손하도록 내버려둬서는 안 된다고 주장했다.

남편이 집집마다 돌아다니면서 이웃을 향해 아내가 창녀라고 소리쳐야 하나요? 그리하여 그런 행동이 그 남자의 명예를 지켜줄 수 있을까요? 그렇지 않습니다. 아내는 가족의 일원이기 때문입니다. 그럴 순 없습니다. 남편이 아내를 폄훼해서는 자기 존엄성을 세울 수 없기 때문입니다. 그를 아내가 있는 집으로 돌아가게 하고, 그곳에서 스스로 분노를 내려놓게 하세요. 그래서, 나는 때때로 굴욕을 안겨주는 이 패배로부터 나를 분리하지 않을 겁니다. 저는 프랑스의 일부고, 또한 프랑스는 저의 일부이기 때문입니다.

이런 감정은 프랑스인뿐만 아니라 모든 점령국의 남자들이 경험한 바였다. 생텍쥐페리는 적어도 자유프랑스군 소속 전투비행사로서 조국의 해방을 돕는 일을 하고 있었다. 그러나 아무런 반격 수단도 얻지 못한 채 집에 틀어박혀 있는 남자들은 이런 경험에서 쓰디쓴 좌절감을 느꼈을 것이다.

해방은 이런 몇 가지를 바로잡을 수 있는 기회였다. 프랑스 남자들은 다시 무기를 들고 자국 침략에 참여함으로써 마침내 자신들의 여자와 세상이 바라보는 앞에서 존엄함을 되찾을 수 있게 된 것이다. 아마 이것이 전쟁기의 프랑스인에게 샤를 드골이 그토록 중요한 존재가 되었던 이유 중 하나일 것이다. 여자처럼 나약하게 애원하는 비시 정권과 달리 드골은 군인다운 의지를 굽히지 않았고, 동맹국들을 포함해 그 어떤 상대에게도 굴복하기를 완강히 거부했다. 그가 BBC에서 발표한 연설에는 "싸우는 프랑스" "날로 자랑스럽고 용감하며 위대한 프랑스인" "프랑스의 강한 군사력" 나아가 "프랑스 민족의 천부적인 전투 능력"에 대한 남자다운 언급이 가득했다. 디데이(노르망디) 상륙작전을 앞두고 알제리의 수도 알제에서 열린 협상평의회 연설에서 드골은 열렬한 찬사를 보냈다.

당당한 우리 군대의 공적 (⋯) 대전투를 준비하는 우리 군대의
충정, 우리 해군 함대원들의 정신, 우리의 용감한 공군 비행 편대
의 무용, 제복도 없고 제대로 된 무기도 없이 마키단 유격대원으
로서 가장 순수한 군인의 열정을 불태운 영웅적 소년들⋯⋯.

이런 어휘는 장군들이 부대원의 상무 정신을 고취하기 위해
빈번히 사용하던 것이다. 그러나 여기서 특히 의미심장하게 느껴
지는 까닭은 프랑스의 군사력을 패배주의적이고 '여자처럼 유약한'
방식으로 표현했던 비시 정권과 강렬한 대조를 이루기 때문이다.

프랑스의 남성성 회복은 드골과 '자유프랑스군' 병력이 프랑스
로 귀환한 시점인 1944년 6월 노르망디 상륙작전 이후에 본격적
으로 시작됐다. 이어진 수개월 동안 그들은 연이어 군사적 승리를
쟁취했다. 첫 번째는 파리 해방으로, 필립 르클레르 장군이 지휘
하는 프랑스군 단독으로 이뤄냈다(르클레르를 견제하려는 미국의 시
도에도 불구하고 프랑스군은 미국 사단과 함께 더욱 협조적인 공격을 조
직했다). 두 번째 승리는 8월 15일 프로방스에 다다른 프랑스군이
알자스까지 진격하고, 마침내 국경 너머 독일로 들어가 슈투트가
르트를 점령한 것이다. 도중에 그들은 프랑스 제2의 도시 리옹을
해방시켰다. 더욱이 미군의 지원을 받지 않고 이룬 쾌거였다. 천천
히 그러나 확실하게 그들은 1940년의 군사적 낭패를 만회하기 시
작했다.

하지만 프랑스인의 자존심을 가장 크게 끌어올린 것은 어쩌
면 영국인과 미국인이 갖고 있지 않은 그 어떤 것, 즉 프랑스 내에

서 봉기하여 독일군에 맞서 싸운 별도의 군대를 자체 조직한 것일 수도 있다. 프랑스국내군FFI(또는 스스로를 낮추면서 정감을 담아 표현한 레피피les fifis)은 명목상 피에르 쾨니히 장군의 지휘 아래 결성된 프랑스 레지스탕스 조직들의 가장 중요한 연합체였다. 1944년 여름에 그들은 영미 정규군과 손잡고 도시를 차례차례 장악해나갔다. 그들은 외부의 어떠한 지원도 없이 프랑스 서남부의 거의 모든 지역을 해방시켰고, 또한 마르세유에서부터 북상하는 연합군을 위해 리옹 동쪽 지역을 일소했다. (456쪽 지도 8 참조)

프랑스국내군의 위업은 프랑스인의 사기, 특히 참전하기 위해 지원한 수많은 프랑스 청년의 의기를 크게 진작시켰다. 1944년 6월과 10월 사이에 프랑스국내군의 병력은 10만 명에서 40만 명으로 불어났다. 노련한 레지스탕스는 겸손한 태도가 몸에 배어 있었지만 신병들은 새로 발견된 사내다움을 과시하는 데 매우 열심이었다. 연합군 병사들은 종종 프랑스 신병들이 "총알이 가득한 탄띠를 온몸에 두르거나" 혹은 "어깨와 벨트에 수류탄을 매달고" 나타나 "여기저기서 허공을 향해 계속 발포하는" 상황을 보고했다. 영국 왕립기갑군단에서 소령으로 복무한 줄리어스 니브에 따르면, 그들은 쓸모 있는 존재라기보다는 큰 골칫거리라고 했다. "그들은 민간인 차를 타고 굉음을 내며 돌아다니다 자기들끼리 충돌하거나, 그들 자신을 비롯해 아군 그리고 보슈Boche[프랑스 군대에서 독일인과 독일 병사를 가리키는 속어]를 가리지 않고 싸움질을 벌였다." 심지어 프랑스 마을 사람들조차 "프랑스국내군이라는 부적을 달고 행진하며 영웅인 척 개폼을 잡는 (…) 젊은 것들"이라고 싸

잡아 개탄하는 시선도 있었다. 하지만 그들이 다소 지나치게 자신을 증명하는 데 열중한 데는 영미 남자와는 달리 수년 동안 독일에 대항해 무기를 들 수 없었던 배경이 있다. 이제 그들은 처음으로 공개적으로 정정당당하고 남자답게 싸울 기회를 얻은 것이다.

불행하게도 새로 발견된 이 남성성 과시에는 부정적인 측면도 있었다. 젊은 남자들이 레지스탕스 대열에 갑자기 쇄도하면서 그들보다 경험이 풍부한 여성 레지스탕스들이 뒷전으로 밀려난 것이다. 가령 생 마르셀에서 더없이 존경받았던 여성 폭발물 전문가 잔 보에크는 갑자기 자신이 저항활동의 주변으로 밀려났다는 것을 깨달았다. "저는 이제 신경 쓰지 않아도 된다는 정중한 말을 들었죠. 이토록 많은 남자가 조직에 가담했는데 굳이 여자까지 나서서 싸울 필요가 없다고요. 하지만 기관단총을 어떻게 사용해야 하는지에 대해서는 이제 막 무기를 쥐어본 애송이 FFI 지원병들보다 제가 나았죠." 독일군 점령기의 마지막 겨울 동안, 여성들이 레지스탕스에 적극적으로 참여하는 추세는 점차 줄어들었고, 공산당의 지휘를 받는 프랑스의용유격대FTP는 여성 대원을 단계적으로 축소하라는 명령을 내렸다. 이것은 상당수 여성이 종전에 이를 때까지 최전선에서 빨치산으로 싸웠던 이탈리아나 그리스와는 선명한 대조를 이룬다.

'좋은' 여성들이 프랑스 남성미의 갑작스러운 재확인 때문에 뒤로 밀려났다면, 국가를 '오쟁이 지게' 한 '나쁜' 여성들은 훨씬 가혹한 대우를 받았다. 해방 직후 프랑스국내군은 이 '수평 부역자'들을 일제히 공격했다. 그녀들에게 내려진 처벌은 대부분 삭발이었다. 이 작업은 부역에 연루된 여성에게 더 큰 굴욕감을 안겨주기 위해 대부분 공개적으로 실행됐다. 해방 후 프랑스의 모든 지방에서 여성 부역자에 대한 삭발 의식이 진행됐다.

영국의 한 포병 장교는 전쟁 후 북프랑스에서 목격한 전형적인 삭발 의식을 이렇게 묘사했다.

우리가 지나갈 때 사람들이 우리에게 꽃다발을 건네주고 술병을 내밀던 생 앙드레 드 쇼퍼의 시장에서 섬뜩한 광경, 이른바 악녀라고 불리는 한 여성 부역자에 대한 징벌이 펼쳐지고 있었다. 이발사가 의자에 앉아 있는 그녀의 머리카락을 정수리까지 밀어버리는 동안, 그녀는 구경꾼들의 시선을 한 몸에 받고 있었다. 나중에 듣게 된 바로는, 구경꾼 중에는 몇 명의 유격대원과 한 명의 자유프랑스군 장교 그리고 그녀의 어머니도 섞여 있었다. 이발사가 그녀의 머리카락을 깎고 있는 동안 그녀의 어머니는 빙 둘러싼 구경꾼들 밖에서 발을 동동 구르며 호통을 치면서 미친 듯이 손짓을 해댔다. 삭발 여성은 꽤 기개가 있었다. 머리카락이 완전히 깎이자 그녀는 벌떡 일어나 "독일인 만세"라고 외쳤으니까. 그러자 누군가가 벽돌을 집어 들고 그녀를 때려눕혔다.

영국 육군 공병대 소속 리처드 홀보로 중위도 디에프 근교의 소도시에서 "하루 종일 해방을 축하하고 다닌 모양인지, 대부분 술을 병째로 마셔대는" 군중 속에서 비슷한 광경을 목격했다. 대략 열여덟 명의 부녀자와 소녀가 가설무대까지 행진했고, 단상에 올라 현지인 이발사 앞에 앉았다.

이발사는 주머니에서 접이식 면도칼을 꺼내 펼친 뒤, 여자의 머리 카락을 걷어 올리고는 몇 차례 현란한 면도 솜씨로 머리카락을 잘라 군중 속으로 내던졌다. 이발사가 대머리가 된 그녀의 두피를 마른 헝겊으로 계속 문지르자 그녀는 비명을 질렀다. 그런 뒤 그녀를 일으켜 세워 소리치고 야유하는 사람들에게 보여줬다.

그녀들의 시련은 이것으로 끝나지 않았다. 2, 3일 뒤 홀보로의 부대가 도시 밖으로 이동할 때 도로 위에서 소리 지르는 사람들 때문에 차를 멈춰야 했고, 그곳에서 그는 두 번째로 부역자 여성들을 처벌하는 장면을 목격했다.

그녀들은 삭발당한 한 무리의 여성들이 플래카드를 목에 걸고 맨손으로 말똥을 주워 양동이에 채우고 있는 모습을 재미있다는 듯 지켜보고 있었다. 양동이에 말똥이 가득 채워지면 발로 걷어차 쏟은 뒤 처음부터 다시 하라고 명령했다. 이 마을 여성들은 독일 군인과 부정한 짓을 저지른 여자들에게 보복하고 있는 게 틀림없었다.

수십 개의 도시에서 '수평 부역자' 여성들은 반나체 또는 완전 나체로 호된 시련을 겪을 수밖에 없었다. 1944년 9월 『라 마르세유』에 실린 한 기사에 따르면, 앙둠의 젊은 남자들이 여성 한 명에게 "집 밖에서 놀고 있는 순진한 아이들 앞에서 알몸으로 거리를 달리게 했다"고 한다. 트루아에서도 마찬가지로 프랑스국내군이 여성들을 체포해 발가벗기고 군중 앞에서 머리카락을 밀어버리는 광경이 연출됐다. 현지 지방해방위원회의 리플릿은 이렇게 기록하고 있다.

거의 알몸 상태인 그녀들의 몸에는 하켄크로이츠 낙인이 찍혀 있었고, 끈적끈적한 타르가 발라져 있었다. 신랄한 우롱과 욕설을 한바탕 듣고 난 뒤에는 으레 그렇듯이 삭발이 기다리고 있었다. 그러고 나면 매우 기묘한 죄수들처럼 보였다. 전날 밤부터 시작된 이 무자비한 사냥은 하루 내내 계속됐고, 그녀들이 독일군 모자를 쓰고 지나가는 것을 보기 위해 거리 양쪽에 줄지어 선 주민들은 크게 즐거워했다.

아마도 이 분야에서 가장 권위 있는 전문가인 파브리스 비르질리에 따르면, 적어도 프랑스 전역의 50개 주요 도시와 마을에서 여성들이 발가벗겨졌다고 한다.

이런 광경은 결코 프랑스에 국한되지 않았다. 비슷한 일들이 온 유럽에서 일어났다. 덴마크와 네덜란드에서는 국민의 손상된 자존심과 현지 여성의 성적 시샘이 착종돼 수천 명의 여성이 머리를 깎이는 결과를 낳았다. 영국 섬들 가운데 독일이 유일하게 가까스로 침공했던 채널 제도[프랑스 북서 해안 인근에 있는 영국령 제도]의 작은 섬에서는 독일군 병사와 동침한 여성들이 머리를 깎이는 일이 여러 번 있었다. 북이탈리아 베네토 지방에서는 빨치산들이 부르는 노래 중에 파시스트와 동침한 여성의 머리카락을 자르는 노래가 있다.

너무 어여쁜 아가씨들아
파시스트와 간통한 예쁜 아가씨들아
치렁치렁 기다랗고 아름다운 머리카락아
곧 깎일 거라네

널리 유행한 이 삭발 형벌과 이를 둘러싼 의식은 해방 후 대독 협력에 대한 혐오를 표출하고 싶은 사람들의 내밀한 갈망과 영합한 듯했다. 이 시기의 프랑스에 대한 객관적인 연구를 개척한 역사가 피터 노빅에 따르면, 삭발당한 여성들은 지역사회에 감정적 배출구를 제공함으로써 더 심각한 대독 협력자들에 대한 대규모 유혈 참사를 막는 '희생 제물'이었다고 할 수 있다. 해방 후 몇 주 동안 삭발당한 여성들은 시장 광장에서 구경거리가 됨으로써 현지의 긴장된 분위기를 확연히 누그러뜨렸으며 다른 부역자들에 대한 유혈 사태를 감소시켰다. 일부 역사가는 이런 견해에 의문을 제기해왔지만, 분명 여성 부역자에 대한 응징은 공동체를 하나로 묶었다. 이것은 상대적으로 안전하고 비영구적인 방식의 폭력으로 누구나 개입할 수 있는 유일한 복수 행위였다. 비록 오늘날에는 유럽사의 부끄러운 삽화로 남겨진 복수극이지만, 당시에는 의기양양하고 자랑스럽게 거행된 의식이었다. 1944년 레지스탕스 신문들은 군중이 애국가를 즉흥적으로 변안해 부르는 등 삭발 의식을 카니발적 분위기로 묘사했다. 프랑스의 한 지역에서는 경사스러운 날을 기념하기 위해 의식을 실행하는 사람들에게 칼과 면도날을 '기념품'으로 증정했다.

　오늘날 돌이켜보면 애국의 복수극은 전체 이야기의 한 부분이었을 뿐이다. 여성의 머리카락을 깡그리 밀어버리는 의식은 새로운 현상이 아니었고, 전쟁 이전에도 간통녀에 대한 유서 깊은 처벌이었다. 하지만 유럽사의 다른 어떤 시기에도 이 징벌이 그토록 광범위하게 발현된 적은 없었다. 독일인과 동침했다는 이유로 처벌받은 프랑스 여성 대다수가 미혼이었다는 점이 중요하다. 그러므로 그녀들의 '간통'은 남편을 배반한 게 아니라 조국을 배반한 것이었다. 미묘한 방식으로 프랑스는 여성스럽고 순종적인 존재에서 남자답고 기개 있는 존재로 이미지 변화를 꾀하고 있었던 셈이다.

　삭발 의식 자체의 성적 본질에도 주의를 기울여야 한다. 덴마크에서는 삭발당하는 동안 여성들의 옷이 벗겨지고 가슴과 등에 나치 상징이 그려졌다. 프랑스의 많은 지역에서도 여성들은 알몸으로 엉덩이를 걷어차였고 가슴팍에 스와스티카가 그려졌다. 이런 의식들이 시장 광장이나 시청 계단에서 행해졌다는 것은 공동체 전체에 보내는 암시, 즉 프랑스 국내군이 이들 여성의 신체를 공공재산으로 회수했다는 명확한 메시지를 전한 것이다. 또한 그녀들이 남성의 재산임을 천명한 셈이다. 처벌이 진행되는 장면을 찍은 수백 장의 사진이 보여주듯, 전적으로 남자에 의해 진행되었다는 점이 이를 증명해준다.

일부 프랑스 여성은 자신들이 이런 상징물로 이용되고 있다는 사실을 잘 알고 있었고, 전쟁과 무관하다고 생각하는 '사적 행위'로 수모를 당하는 데 분개했다. 프랑스 여배우 아를레티가 전시 중에 독일 장교와 사통한 혐의로 1945년 투옥됐을 때, 소문에 따르면 그녀는 재판에서 "내 마음은 프랑스에 속해 있지만, 내 질은 내 것이다"라고 말하면서 자신의 정당성을 주장했다고 한다. 사람들은 당연히 이런 항변을 귓등으로 흘려들으며 묵살했다. 최근 연구에 따르면, 2만 명 정도의 프랑스 여성이 대독 부역에 대한 징벌로 삭발을 당했으며, 그중 가장 많은 죄목이 독일 병사와 잤다는 것이었다.

약 70년이라는 세월이 흐른 마당에 그런 처벌 방식이 마땅했는지 부당했는지를 판단하기는 쉽지 않다. 연합군 병사나 행정관들은 확실히 판단할 자격이 없다고 생각했다. 당시 영국 외무장관이던 앤서니 이든의 말을 빌리자면 "점령의 공포"를 겪어보지 못한 사람들에게는 "점령당한 국가가 하는 일에 이러쿵저러쿵 따질 권리가 없는" 것이다. 하지만 부인할 수 없는 것은 이들 여성이 희생양이었다는 사실이다. 그녀들의 머리카락을 밀어버리는 짓은 그녀들의 죄업을 잘라내는 것을 넘어 공동체 전체의 죄업을 떼어내는 상징적 수단이었던 것이다. 프랑스 언론인 로베르 브라실라크의 말에 따르면, 독일 점령을 가능케 한 수천 가지의 일상적 행동으로써 서유럽 전체가 "독일과 동침"한 것이다. 그러나 이 일로 처벌받은 대상은 오직 독일인과 실제로 동침한 여자들뿐이었다.

해당 여성들에게 유일한 위안거리는 상황이 훨씬 더 나쁠 수도 있었다는 점이었다. 앞서 동유럽에서 민족적 남성성의 재확인이 광범위한 강간을 통해 이루어졌음을 보았듯이, 서유럽에서의 삭발은 훨씬 덜 사악한 형태의 성폭력이란 걸 알 수 있다. 비록 그 정치적 목적은 같더라도.

아동 배척

유럽 전역에서 일어난 광범위한 '수평 부역'에 대한 증거는 그 행위의 결과로 태어난 아이들의 존재다. 덴마크에서는 5579명의 아기가 독일인 아버지로부터 태어났다는 기록이 있지만, 친자관계가 숨겨진 채 태어난 아기가 훨씬 더 많다. 네덜란드에서는 독일인 아버지에게서 태어난 아기가 1만6000명에서 5만 명 사이 어디쯤일 것으로 추정되고 있다. 노르웨이 인구는 네덜란드의 3분의 1밖에 되지 않는데도 8000명에서 1만2000명이 그러한 배경 속에서 태어났다. 프랑스에서는 그 수가 약 8만5000명이거나 그 이상일 것으로 추산한다. 나치가 점령한 유럽에서 독일군 병사의 핏줄을 물려받은 아이가 얼마나 되는지는 정확히 알 수 없지만, 여러 추정치에 따르면 100만 명에서 200만 명 사이를 요동친다.

확실히 이 아이들은 자신이 태어난 공동체에서 환영받지 못했다. 경솔한 남녀관계는 무시되거나 무마되거나 잊힐 수 있으나, 그로부터 태어난 아이는 여성의 수치심 그리고 공동체의 치욕을 끊임없이 일깨워주는 존재였다. 삭발당한 여성에게 머리카락은 금방 자라니까 견딜 수 있다고 스스로 위로할 수 있겠지만 아이는 되돌릴 수 없었다.

어떤 경우 독일 병사들이 현지에 뿌려놓은 자녀는 골칫거리로 취급받을 테니 즉시 해결하는 게 최선이라고 여겨졌다. 가령 네덜란드에서 일부 목격자들은 태어난 지 얼마 안 된 많은 아기가 소녀들의 부모에 의해 살해되었다고 했다. 아마도 그런 영아 살해는 가족의 '명예' 회복을 위해서였을 것이다. 하지만 때로는 가족이 아닌 자가 공동체의 명예 회복을 위해 영아를 살해하기도 했는데, 이는 노골적인 정치 행위였다. 페트라 라위흐록의 설명에 따르면, 네덜란드 북부의 어느 레지스탕스 대원은 요람에 있는 아기를 꺼내 바닥에 내동댕이쳤다.

다행스럽게도 그러한 사건은 드물었지만, 전쟁 중에 독일인 아버지에게서 태어난 아이들을 나라의 수치로 여긴 유럽 사회의 강한 감정을 반영하고 있었다. 그토록 강렬한 감정은 노르웨이의 일간지 『루포트포스턴Lufotposten』의 1945년 5월 19일자 사설에 요약돼 있다.

이 모든 독일인 자녀는 노르웨이 사람들 틈에서 대규모 사생아 소수민족으로 양육되고 성장할 수밖에 없다. 출신 성분 때문에 그들은 이미 호전적 태도를 보일 운명에 처해 있다. 그들에게는 민족이 없고, 아버지가 없다. 단지 증오만 있을 뿐으로, 이것이 그들의 유일한 유산이다. 그들은 노르웨이인이 될 수 없다. 그들의 아버지는 독일인이다. 그들의 어머니는 사상과 행동의 측면에서 독일인이다. 그들이 노르웨이에 머물도록 허용하는 건 제5열fifth column〔국내에서 적과 내통해 파괴 행위 등을 일삼는 집단. 스페인 내전 때 파시스트 장군이었던 에밀리오 몰라 비달은 자신의 4개 부대가 마드리드로 입성하자 수도 안에 있던 맹렬 지지자들에게 '제5열'이라는 명칭을 붙이고 인민공화파 정부를 내부에서 붕괴시키려 했다〕을 합법적으로 배양하는 것이나 다름없다. 그들은 순수한 노르웨이 사람들 사이에서 영원히 불평분자 또는 불온분자일 뿐이다. 노르웨이뿐만 아니라 그 아이들을 위한 최선의 길은 그들이 본래 속한 나라의 하늘 아래에서 살아가도록 하는 것이다.

다른 국가와는 달리, 노르웨이는 독일 병사들이 씨를 뿌린 '전쟁아동'에 대한 국민 인식을 관찰한 연구 자료가 풍부하다. 전쟁 직후 노르웨이 당국은 이 아이들을 어떻게 관리할지 검토하기 위해 전쟁아동위원회를 설립했다. 따라서 짧게나마 유럽의 다른 어느 곳에서도 이뤄지지 않은 방식으로 이 문제가 공개 논의됐다. 또한 더 최근에도 진지한 조사가 이뤄졌다. 2001년 전쟁아동 단체의 정치적 압력에 따라 노르웨이 정부는 이 아이들이 전쟁 직후 어떤 대우를 받았는지, 그들의 삶에 어떤 영향을 미쳤는지, 그리고 무언가 잠재적인 불공평이 있었다면 시정하기 위해 어떤 일이 필요한지 파악하는 연구 프로그램에 자금을 지원했다. 이 조사 프로그램의 성과는 현재까지 유럽에서 전쟁아동에 대한 가장 완벽한 연구라는 평가를 받고 있다.

전후 초기에 노르웨이인들은 일부 여성과 소녀들의 부적절한 짓에 대해 매우 불쾌하게 여겼다. 1945년 초여름 독일인과 동침한 혐의로 고발당한 수천 명(오슬로에서만 약 1000명)의 여성이 검거돼 교도소와 포로수용소에 투옥됐다. 그중 상당수가 해방기에 삭발을 당했고 일부는 성난 군중에 의해 공개 모욕을 당했다. 그녀들의 시민권을 박탈하고 독일로 추방하라는 대중의 요구는 당국을 곤혹스럽게 했을 것이다. 그러나 독일 군인과 성관계를 나눈 것이 범법 행위는 아니었기 때문에 그러한 조치는 정당화되기 힘들었다. 전범과 배신자를 심판하는 국가기구는 시민권 박탈이라는 처벌을 적용할 수 없다는 내용을 공식화했다. 그 결과 독일인과 동침한 여성을 추방하라는 요구가 서서히 잦아들었다.

그러나 독일인과 결혼까지 한 여성들은 쉽게 빠져나갈 수 없었다. 1945년 8월 노르웨이 정부는 외국인과 결혼한 여성은 자동으로 남편의 국적에 따른다는 20년 전 법률을 부활시켰다. 이 법률에 제한을 가하기 위해 적국 시민, 사실상 독일인과 결혼한 사람에게만 적용한다는 취지의 개정안이 마련된 것이다. 이 법률은 노르웨이의 모든 사법 원칙에 반하여 소급 적용됐다. 따라서 법의 테두리 안에 있다고 믿었던 수백 명(어쩌면 심지어 수천 명)의 여성이 하룻밤 사이에 시민권을 잃었다. 그녀들은 이제 '독일인'으로 지목됐고, 따라서 자녀와 함께 독일로 추방될 상황에 직면했다.

독일 군인 때문에 태어난 자녀를 어떻게 할 것인가의 입장은 훨씬 더 간단하게 처리됐다. 동일 법률에 따르면, 전쟁아동의 국적은 친부를 따른다고 정해져 있기 때문이다. 설령 이 법률이 없더라도 전쟁아동을 옹호하는 자는 거의 없었고, 그 아이들은 무조건 독일인으로 간주해야 한다는 여론이 압도적이었다. 그 결과 아이들도 즉각적인 추방에 직면했다. 당국을 비롯해 많은 사람은 아이들의 엄마가 국내에 남게 되거나 말거나, 아이들의 추방은 단행돼야 한다고 생각했다.

그러한 계획은 자연스럽게 모든 종류의 도덕적·정치적 문제를 불러왔다. 이 '독일인' 고아 추방에 반대하는 사람은 거의 없었지만, 버젓이 노르웨이인 어머니가 있는 아이들을 추방하는 문제는 복잡했다. 1945년 7월 초 설립된 전쟁아동위원회는 아이들과 그 친모들을 추방하기 위해 필요한 법률안을 구체적으로 연구하라는 요구를 받았다. 만약 이들을 추방하기 어렵다면 분개한 사회로부터 아이들을 보호하는 한편 언젠가 위험한 존재가 될 수 있는 전쟁아동 집단으로부터 사회를 보호하기 위한 조치에 대해서도 고려해야 했다.

전쟁아동위원회는 1945년 말까지 5개월간 이 문제를 진지하게 검토했다. 하지만 위원회의 조사 결과는 논란의 여지가 컸으며, 지금도 여전히 그렇다. 위원회는 지역사회가 이 아동들을 받아들일 수 있도록 정부가 공개적으로 캠페인을 벌일 것을 제안했다. 그리고 지역사회가 이를 거부할 경우 아이들만 따로 국내 다른 지역이나 외국으로 보내는 방안도 내놓으면서, 이들이 강제로 추방돼서는 안 된다고 권고했다. 그러나 전해지는 바에 따르면, 위원장 잉게 데베스는 아이들의 엄마가 어떻게 받아들일지 고려하지 않은 채 9000명의 모든 전쟁아동을 호주 이민대표단에게 넘겨주자고 제안했다. 결국 이 제안은 병참학적 이유로, 그리고 호주가 '독일인' 아동을 원하지 않는다고 최종 결정함에 따라 취소되었다.

점차 아이들을 강제 추방하기 어려워지자 위원회는 아이들을 노르웨이에 남겨둘 경우 발생할 여러 가지 문제를 조사하기 시작했다. 노르웨이 사람들이 가장 우려한 부분은 이 아이들이 정신적으로 표준 이하일지도 모른다는 것이었다. 다른 나라에서와 마찬가지로 노르웨이에서도 독일 병사에게 유혹당한 여성이라면 지적 장애가 있을 거라는 인식이 널리 퍼져 있었다. 그렇게 정신적으로 결함이 있는 상대를 받아들인 독일인의 정신 상태도 마찬가지일 터였다. 이 순환 논리에 따르면, 그들의 자녀도 태생적으로 똑같은 결함을 지녔다는 결론에 도달할 수밖에 없었다. 이 문제를 판별하기 위해 위원회는 외르눌브 외데고르라는 저명한 정신과 의사를 임명해 전쟁아동의 정신 상태에 관해 진단하도록 했다. 수십 명의 환자 표본을 바탕으로 외데고르는 9000명 중 4000명가량의 전쟁아동이 지적장애가 있거나 유전적으로 열등하다고 주장했다. 위원회는 이 진술을 그대로 받아들이진 않았지만, 위원 중 한 명이 어머니와 아이들 모두에게 정신적 결함이 있을 확률이 있다는 글을 신문에 발표하는 것을 막지는 않았다.

그 결과 아무런 근거도 없이 많은 전쟁아동에게 '지진아'라는 딱지가 붙여졌다. 그들 중 일부, 특히 독일인이 운영하는 오래된 고아원에 보내진 아이들은 시설에서 평생 살아가야 하는 저주가 내려졌다. 1980년대에 그런 집단을 돌본 한 의사는 그들이 다른 '비독일인' 고아들과 똑같은 대우를 받았다면 완전히 정상적인 삶을 살았을 거라고 평가했다. 전쟁아동위원회는 아이들의 정신건강 상태를 판정하기 위해 모두에게 심리학적 평가를 하라고 권고했지만, 비용이 비싸다는 이유로 한 번도 이뤄지지 않았다.

국가와 지역사회가, 심지어 학교 교사까지 전쟁아동을 지적장애아로 취급하는 것은 가뜩이나 상처받기 쉽고 취약한 집단에 대한 박해를 추가할 뿐이었다. 어떤 아이들은 자라는 동안 학교 친구들로부터 조롱당했고, 종전기념일 행사에서 쫓겨나거나 '순수한' 노르웨이인 아이들과 어울릴 수 없었으며, 교과서와 가방에 스와스티카가 그려지곤 했다. 그 가족들 역시 아이들을 가문의 수치로 취급하며 무시했다. 훗날 어머니가 결혼한 경우에는 '적의 자식'이라는 이유로 의붓아버지들에게 언어적, 정신적, 육체적 학대에 노출됐다.

심지어 자식을 모든 고통의 근원으로 여기는 친모로부터 버림받는 일도 있었다. 예컨대 독일 소녀로 자라기 위해 전쟁 중에 나치에 의해 독일로 보내진 여섯 살짜리 토베 라일라는 1947년 노르웨이의 가족에게 돌아오게 되었다. 그때까지 소녀가 배운 유일한 언어는 독일어였기 때문에 어머니와 의붓아버지는 석 달 동안 소녀의 머릿속에서 독일어를 지워주려는 노력이 학대와 모욕으로 이어졌다. 오늘날 노르웨이에서는 당연한 것으로 여겨지는 사회복지 서비스가 부재한 상황에서, 이 불행한 소녀는 어린 시절 내내 어머니로부터 "저주받은 독일 돼지"라고 불렸다.

전쟁아동들의 가장 흔한 경험은 친부에 대한 수치스러운 침묵이었다. 이 침묵은 국가적 차원으로나 개인적 차원으로 모두 존재했다. 노르웨이 정부는 맨 처음 전쟁아동의 운명에 관심을 보였던 시기, 특히 그들을 제거할 수 있을 것처럼 보였던 때 이후로 이 아이들로부터 독일 유산의 모든 흔적을 지우려는 새로운 정책을 추구했다. 정부는 아이들을 관리하기 위해 독일인 친부를 찾아내거나 친부와 접촉하는 것을 적극적으로 방해했다. 아이가 독일어처럼 들리는 이름을 갖고 있으면 정부는 좀더 전통적인 노르웨이어로 바꿀 수 있는 권리를 주장했다.

개인적 차원에서 이런 침묵은 아이들에게 더 큰 상처를 주기도 했다. 아이들의 어머니는 아버지에 대해 아무것도 알려주지 않았고, 아이들이 묻지 못하게 했다. 어떤 아이들은 학교에 가서 놀림을 당하기 전까지 아버지의 국적을 모르고 있었다. 이런 식의 침묵은 아이들이 가정 밖에서 언어폭력을 당하는 일을 막을 수 없었다.

최근에야 이러한 보편적인 방치가 아이들에게 어떤 파괴적 영향을 끼쳤는지 세상에 드러났다. 2001년에 이르러 노르웨이 정부가 후원한 연구에 따르면, 전쟁아동은 노르웨이 인구 전체와 비교해 사망률과 이혼율이 높으며, 건강 문제로 고통받고 있었다. 그들은 전형적으로 교육 혜택을 덜 받았으며 소득도 낮았다. 또한 같은 나이의 다른 사람들보다 자살할 가능성도 훨씬 높았다. 최악의 사망률은 1941년과 1942년 출생자들에게서 나타났다. 이 연구의 진행자들에 따르면, 이들은 전쟁 말기에 무슨 일이 벌어졌는지를 부분적으로 이해할 수 있는 나이였다는 점과 영향 관계가 있다고 분석했다. 이 아이들에게는 전쟁 직후 수년간이 가장 쓰라린 시기였을 것이다.

노르웨이에서 전쟁아동은 한동안 버림받은 자로 남아 있어야
했다. 그들은 몇몇 중요한 부분에서 친모보다 훨씬 더 잔인한 취
급을 받았다. 독일인과 결혼했던 여성은 1950년 새로운 국적법에
따라 노르웨이 시민권을 재취득할 권리가 주어졌으나 전쟁아동은
18세가 될 때까지 시민권이 주어지지 않았다. 1960년대 초반까지
이 아이들과 보호자들은 지역 경찰서에 국내 체류 허가를 신청하
는 수모를 연중행사로 치러야 했다.

일반적으로 노르웨이 전쟁아동의 경험은 서유럽 전역의 경우
를 대표하다시피 한다. 독일인 아버지한테서 태어난 아이는 어디
서든 위협받고 희롱당하고 따돌림받았다. 신체적 학대를 당하기도
했지만 대개 언어적 학대에 시달렸다('독일 새끼' '독일인 자식' 또는
'매춘부 아이' 같은 경멸적인 별명으로 불렸다). 어느 나라에서건 전쟁
아동들은 다른 아이들, 교사들, 이웃들, 가끔은 가족들에게 괴롭
힘을 당했다고 토로했다. 그들은 교실에서 무시됐고 공동체로부터
배척됐다.

노르웨이에서 그랬듯이, 어딜 가나 수치스러운 침묵 문화가
이 아이들을 따라다녔다. 그것은 사생활이나 관공서 업무에서도
마찬가지였다. 예컨대 덴마크의 전쟁아동들은 훗날 "고통, 치욕, 거
짓말의 분위기 속에서 생활했다"고 주장했다. 독일인 친부에 대한
정보를 구하려는 덴마크인은 적극적인 방해를 받았다. 유럽 각국
정부는 지속적으로 '독일인' 아동의 수를 축소 보고했다. 실제로

폴란드에서는 아직도 전쟁아동의 공식적인 수치가 제로다. 나치 점령에 맞선 '보편적 저항'이라는 민족 신화를 확립하는 데 전쟁아동을 파악하는 일은 전혀 도움이 되지 않기 때문이다.

물론 이것이 사실의 전부는 아니다. 아버지의 존재로 인해 거의 또는 전혀 차별을 받지 않은 아이들도 많았다. 실제로 베르겐 대학의 한 연구에서는, 질문을 받은 절반의 전쟁아동이 출생 배경으로 문제를 겪은 적이 없었다고 답변했다. 이를 거꾸로 생각하면, 절반 이상이 문제를 겪은 적이 있었다는 뜻이다.

대다수의 경우, 멸시받는 어머니 말고는 이 아이들을 지켜줄 사람이 없었다. 자신에 딸에게 '독일놈 잡종'이라고 말한 학교 교사에게 "이것 보세요, 독일인이랑 잔 건 내 딸이 아니라 바로 나예요. 시비 걸고 싶으면 내가 상대해줄 테니, 순진한 아이 괴롭히지 말아요"라고 맞붙은 프랑스인 어머니의 기개에 박수를 보낼 수밖에 없다.

14장 여성과 아동에 대한 복수

15장

복수의
의도

전쟁 직후기의 복수는 큰 비난을 받았음에도 드물게 연구된 주제 중 하나다. 오늘날에는 그 모든 형태의 복수가 개탄스러울 수도 있겠지만, 그것이 몇 가지 목적을 이루는 데 도움이 되었음을 인정할 필요가 있고 모든 복수가 부정적이었던 것도 아니다. 승리자에게 복수는 나치 독일과 부역자의 패배를 돋보이게 했으며 이제 누가 전후 권력의 지배권을 쥐고 있는지를 입증한 것이었다. 복수로 인해 몇 가지 도덕적 우위성을 포기하는 대가를 치렀을지언정 히틀러의 희생자들에게만큼은 도덕적 균형감을 회복시켜줬다. 그리고 유럽 공동체 전체에게는 수년간 나치의 탄압으로 인해 쌓인 울분을 마침내 발산하게 했다.

　복수 행위는 공동체뿐만 아니라 개인에게도 더 이상 역사적 사건의 수동적인 방관자가 아니라는 느낌을 심어주었다. 옳건 그르건, 프라하 거리에서 독일 군인들을 사적으로 교수형에 처하거나 밀라노 거리에서 검은 여단 대원을 린치한 군중은 집단적 만족 감을 얻었다. 게다가 그들은 파시즘에 타격을 입혔을 뿐만 아니라 권력을 손에 넣었다. 독일에서도 감금 생활에서 풀려난 수백만 명 의 외국인 노예노동자는 독일인 가정에서 음식이나 값비싼 물건 을 훔치며 기뻐했고, 때때로 집 안에 숨어 있던 독일인 가족을 학 대했다. 그들은 이런 행동을 수년간 굶주리고 혹사당한 대가라고 여겼다.

법과 질서 제도에 대한 신뢰를 상실한 몇몇 지역에서는 복수 를 통해 일종의 정의를 실현할 수 있다고 믿었다. 다른 지역에서는 복수라는 덜 폭력적인 형태가 사회에 꽤 긍정적인 효과를 가져다 준다고 인식했다. 당시 서유럽에서 가장 흔한 형태의 복수(부역 여 성 삭발)는 폭력을 줄이되 지배받았던 도시와 마을에 새로운 자존 감을 심어준 것으로 인정받았다. 오늘날에는 그러한 일들을 비판 적으로 생각하지만, 공동체를 단결시키고 구성원들에게 힘을 북 돋워주었다는 점은 부인할 수 없다. 물론 이 사실을 인정하는 것 이 복수를 묵인해야 한다는 의미는 아니다. 그러나 우리가 복수 행위를 인정하지 못하면 이 혼돈의 시기에 일련의 사건들을 몰고 온 폭력의 힘을 제대로 이해할 수 없을 것이다.

복수를 둘러싼 이슈는 제2차 세계대전 직후 줄곧 뜨거운 논 쟁거리였으며, 오늘날에도 여전히 정쟁의 도구로 이용되고 있다. 위조된 통계수치를 반복적으로 사용한 점이 이를 가장 생생하게 보여주는 지표다. 전쟁 직후 극심한 고통을 겪은 자들과 그들의 고

생을 이용하고 싶은 특정 집단은 과장되고 감정적인 주장들을 펼쳤다. 예컨대 프랑스에서는 해방기와 그 이후에 10만 명 이상(전시에 살해된 레지스탕스 활동가의 수에 필적하는 수치)이 부역 혐의를 받아 레지스탕스에게 살해됐다는 주장이 수십 년 동안 정치적 우파 작가들에 의해 제기돼왔다. 실제로 살해된 부역자는 그 수치의 10분의 1가량이며, 실질적으로 보복 공격에 의해 죽은 경우는 1000명에서 2000명으로 파악된다. 프랑스 우익은 전쟁 중 자신들의 죄과에 주시되는 시선을 다른 데로 돌리려 노력했으며, 수치를 날조해 면죄부를 얻으려 하기도 했다.

종전과 함께 삶의 터전에서 추방된 독일인들도 동유럽에서 일어난 유명한 잔학행위에 대해 과장된 주장을 펼쳤다. 그들은 체코 아우시크에서 독일계 민간인 2000명이, 람스도르프 포로수용소에서는 6500명이 살해됐다고 했다. 그러나 실제로는 각각 100명과 1500명일 가능성이 높다. 또한 의도적으로 '제노사이드'와 '홀로코스트'와 같은 단어를 사용해 독일인도 희생자라는 점을 강조하려 했으며, 뜬소문이 확실한데도 가장 소름 끼치는 이야기들이 목적 달성을 위해 반복적으로 회자됐다. 그러한 과장은 불필요할 뿐만 아니라 역효과를 낳는다. 덧보태지 않아도 실제 수치들과 검증 가능한 이야기만으로 충분히 소름 끼치기 때문이다.

역사학자들은 입증할 만한 자료가 부족하다는 이유로, 때로는 과장된 수치가 자신의 정치적 성향과 맞아떨어지는 까닭에 이러한 주장에 이의를 제기하지 못했다. 이것은 제2차 세계대전사 자체를 괴롭혔던 것만큼이나 전후사를 괴롭히는 문제였다. 또 다른 예로, 1945년 드레스덴 폭격 때 무려 10만 명에 달하는 사람이 죽었다고 주장하는 책과 기사가 오늘날에도 정기적으로 출간되고 있지만, 2009년 독일 정부의 공식 위원회를 비롯해 최근 10년에서 15년 사이에 가장 신뢰할 만한 사료는 약 2만 명으로 추산하고 있다. 이렇게 과장된 수치가 일으키는 문제는 다음 장에서 자세히 언급될 것이다.

전후에 일어난 복수 규모를 지나치게 과장한 사람들이 있었던 반면, 그 반대의 경우도 더러 있었다. 많은 유대인은 자신들의 복수가 실제로는 상당히 드물었다고 밝히며 넘어가려 했다. 테레지엔슈타트 수용소에서 해방된 베레크 오부호프스키는 이렇게 주장했다. "우리는 복수를 할 수 없었습니다. 그렇게 했다면 독일인들과 다를 게 없죠. 살아남은 모든 유대인 중 독일인을 향해 적극적으로 복수한 사람은 5퍼센트가 넘을까 모르겠네요." 그 당시에도 유대인들은 그런 주장을 하고 있었다. 잘만 그린버그 박사는 1945년 5월 말 다하우에서 열린 유대인 집회 연설에서 동료들에게 "우리는 복수를 원하지 않는다"고 선언했다. "우리가 이 복수에 손을 댄다면, 그것은 지난 10년간 독일 민족이 저질러왔던 타락한 윤리와 도덕의 수렁에 우리도 빠지는 겁니다. 우리는 여자와 아이를 살육할 수 없습니다! 우리는 수백만 명의 사람을 불태울 수 없습니다! 우리는 수십만 명의 사람을 굶겨 죽일 수 없습니다!"

역사가들은 대부분 이 주장에 동의할 것이다. 다시 말해 복수는 단지 소수의 행위였을 뿐이었다. 유럽 전역에서 군인, 빨치산, 석방 포로들이 복수를 자제하려 노력한 덕분에 어느 정도 법치가 가능했다. 노르웨이와 덴마크에서는 전쟁 후에 폭력이 거의 없었다. 다만 남유럽과 동유럽 지역에 비해 물질적·정신적 파괴를 거의 겪지 않은 북유럽권에서도 독일 병사와 통정한 여자에 대해서는 복수가 불가피했다. 설령 그것이 상대적으로 온건한 복수였다 해도 복수는 복수였을 뿐 책임을 덜어주지는 않는다.

유대인에 의한 복수가 전후 유럽의 다른 어떤 집단에 비해 훨씬 덜하다는 것도 사실이다. 그러나 복수를 선택한 자들은 그 선택을 진심으로 받아들였고, 게다가 자신의 삶뿐만 아니라 무고한 사람들의 삶까지 위험에 빠뜨리는 걸 마다하지 않을 정도였다. 다하우 연설에서 그린버그 박사가 이 문제를 그토록 강조했다는 것 자체가 유대인에게 복수에 대한 뜨거운 갈망이 존재한다는 방증이었다. 그리고 우리가 알고 있다시피 이 갈망은 다하우 수용소에서 수감자들과 미군 양쪽에 의해 실행됐다.

유대인에게 복수 문제는 여전히 극도로 민감한 부분이다. 그 당시 유대인은 대부분 그린버그 박사가 연설에서 간결하게 설명한 이유들, 즉 나치처럼 도덕적 시궁창에 빠지고 싶지 않았기에 복수의 유혹을 재빨리 물리쳤다. 그러나 오늘날 유대인은 조금 다른 이유, 즉 세계가 자신들의 행위를 어떻게 생각할까 하는 우려 때문에 복수가 없었던 것이라 생각한다. 다른 종교를 믿는 사람들은 유대인이 자신들의 이미지에 대해 느끼는 불안을 이해하지 못할 것이다. 1933년에서 1945년 사이에 벌어진 나치의 유대인 증오 캠페인은 그 정점에 불과했을 뿐, 지난 수백 년 동안 반유대주의적 비방과 음모론에 시달려온 유대인은 어떤 종류든 불필요한 논란을 피하려는 의지가 강하다. 여러 연구가 보여주듯, 무언가 이스라엘 문제와 관련된 논란이 일어나버리면 유럽 전역에서 또다시 전통적인 반유대주의가 표면화된다. 2006년 레바논 남부에서 이스라엘 전쟁 이후 발생한 유대인에 대한 잇따른 공격이 그러하다.

따라서 1990년대에 저널리스트 존 색이 유대인이 저지른 복수에 관한 책을 냈을 때, 유대인 공동체에서 (특히 미국에서) 시끌시끌했던 것은 놀랄 일이 아니다. 저자는 전후 폴란드 내 억류수용소 체제에서 독일인 죄수들을 고문했다고 인정한 몇몇 유대인을 인터뷰했다. 그의 문체는 꽤 선정적이긴 하지만 증거 자료가 뒷받침되어 있으며, 그의 모든 녹음 인터뷰도 공개되었다. 하지만 그의 에이전트는 이 책을 추천하기를 거절했고, 미국 출판사들은 색에게 선인세를 지불해놓고도 정식 출간을 취소했다. 연재권을 구매한 한 잡지는 발행 이틀 전에 기사 게재를 철회했다. 색은 그 자신이 유대인임에도 불구하고 활자 매체와 텔레비전을 통해 반유대주의와 홀로코스트를 부인했다는 근거로 고발당했다. 유럽에서도 그의 책과 관련해 비슷한 논란이 벌어져 폴란드어판을 내기로 한 출판사는 비판이 두려워 출간을 취소했다. 독일에서도 마찬가지였다. 색의 책은 무신경하고 불량한 데다, 독일 전쟁포로에 대한 진실의 씨앗을 담고 있기 때문에 제임스 바크의 책처럼 위험하게 여겨진 것이다.

민족적·종교적 정서에 영향을 끼치지 않는 경우라도 전후에 벌어진 복수 행위를 인정하는 것은 어느 역사가에게나 매우 불편한 문제다. 그러나 누군가의 발끝을 밟아 불쾌하게 만들지 않고 이 문제를 논하기란 불가능하다. 우선 역사가들이 어떤 행위를 인과응보 방식으로 논하는 것은 부분적 정당화로 이어질 우려가 있다. 가령 소련 병사가 독일인 여성을 강간한 사건이 복수로 묘사되면, 그로 인해 그 행위가 이해받을 수 있게 되고 어느 정도 수용할 여지가 생긴다. 이러한 식으로 유추하면, 독일 여성은 독일 남성과 마찬가지로 나치 정권의 일부이므로 강간은 그녀들이 자초한 업보인 셈이다. 이것이 당시에 많은 소련인이 내세운 주장이었다.

반대로, 복수 행위가 너무 끔찍하게 묘사되면 배후의 원죄가 감춰질 수 있다. 앞선 사례를 다시 보면, 독일에서 발생한 집단 강간이 너무 혐오스럽게 느껴질 때 현대 독자들은 독일의 강간 피해 여성들도 사악한 나치 정권의 일부였다는 점을 잊어버릴 것이다. 우리의 마음속에서 나치즘의 이름으로 자행된 만행(심지어 홀로코스트처럼 거대한 범죄조차도)은 전쟁이 끝나고 난 뒤 독일인들이 감내해야 했던 고통으로 부분적으로나마 '탕감'될 수 있다. 이것은 확실히 독일의 많은 학자가 우려하는 점이다. 한 예로 1992년에 집단 강간에 관한 획기적인 다큐멘터리가 방영되었을 때 독일 언론출판계는 떠들썩했다. 격분한 해설자들은 독일인들이 스스로를 잔학행위의 희생자로 여기기 시작하면 자신들도 범죄자였다는 사실을 망각할 수 있다는 점에서 이 다큐멘터리가 방송돼선 안 되는 것이었다고 비판했다.

이런 양극단 사이에서 좌충우돌하는 상황을 피하려고 많은 역사가는 자신을 기만하고 타인도 속인다. 예컨대 제2차 세계대전에 관한 역사서는 대부분 전쟁 이후에 일어난 복수를 다루지 않았다. 마찬가지로 전쟁 후 독일인들에 대한 강간과 살인을 다룬 대부분의 책은 걷잡을 수 없는 복수의 열망을 초래한 (독일인에 의한) 동유럽에서의 잔혹 행위를 살짝이라도 언급하지 않았다. 복수의 배경이 되는 더 넓은 맥락을 생략하는 방식은 전쟁 직후에 왜 그런 행동이 있었는지 이해할 수 없게 만들 뿐이다. 또한 현대정치 관점에서는 '누가 진짜 피해자인가'라는 쟁론을 초래한다.

조만간 이런 논쟁은 민족적 또는 정치적 노선에 따른 갈등을 낳게 마련이다. 역사가들이 독일인(독일계 사람)들의 고통을 이야기하면 마땅히 독일인의 손아귀에서 야만적 점령의 세월을 견뎌야 했던 폴란드인과 체코인은 불쾌할 수밖에 없다. 프랑스 공산주의자들은 수만 명의 레지스탕스 투사를 체포하고 고문하고 처형하는 일을 주관했던 우파가 자신들의 과잉 행위를 강조하면 크게 분노한다. 러시아는 애초부터 루마니아와 헝가리가 소련을 상대로 전투에 나서지 말았어야 했다는 주장을 내세워 전쟁 후 양국의 민간인이 겪은 고통에 대한 원망을 일축한다. 그 밖의 경우도 마찬가지다.

사실은 전쟁으로 인해 생겨난 도덕적 수렁에서는 아무도 벗어날 수 없다는 것이다. 정도와 과정은 서로 다르지만 모든 민족과 온갖 정치 종파가 희생자인 동시에 범죄자였다. 지금도 역사가들은 이러한 사건들의 회색지대를 주시하면서 제대로 이해하고자 노력하고 있지만, 당시에는 전쟁에 대한 이해가 표면적인 데 그쳤고 일반적으로 흑백논리로 바라볼 수밖에 없었을 것이다. 지금 우리가 여전히 목격하는 정치적·민족적 대립은 1945년 당시 어디에나 있었고 극심했다.

사실상 전후 폭력에 대한 논의가 인종이나 정치 이슈와 얽히면 미궁에 빠지고 마는 것은 우연이 아니다. 이것은 전시와 전후 초기 뒤에 숨어 있는 더 심층적인 과제들을 지적한다. 유럽인 저마다의 이유로 복수 행위가 두드러지긴 했지만 그것만으로는 전쟁 직후의 폭력을 충분히 설명할 수 없다. 거기에는 이데올로기적인 형태의 다른 힘들이 작용하고 있었다. 때때로 폭력은 전쟁으로 야기된 거대한 변화의 반작용이 아니라 그것의 연속이었다. 때때로 복수는 그 자체가 목적이 아니라 더 급진적인 목표를 달성하기 위한 수단에 불과했다.

이러한 목표 추구와 그 배후에 숨어 있는 격렬한 인종 편견이 다음 장의 주제다.

제3부 인종청소

당신은 그런 조건을 만들어야만 한다. (…) 그들 스스로 탈출하고 싶
어 하는.
—이오시프 스탈린

16장

전시의
선택

제2차 세계대전은 단지 영토를 둘러싼 분쟁이 아니었다. 그것은 또한 인종 전쟁이자 민족 전쟁이었다. 이 전쟁의 일부 결정적 사건들은 물질적 영토 쟁취나 유지와 아무런 관련이 없는, 점령한 땅 위에 자신의 민족적 각인을 새기는 행위였다. 유대인 홀로코스트, 우크라이나 서부의 인종청소ethnic cleansing[이민족을 조직적으로 박해·추방·살해하는 전쟁범죄], 크로아티아 내 세르비아인에 대한 제노사이드 기도 등은 어떻게 봐도 군사적 전쟁만큼이나 격렬한 기세로 밀어붙인 사건이다. 이루 셀 수 없이 많은 사람(아마도 1000만 명이나 그 이상)이 어쩌다 그릇된 민족이나 인종 집단에 속해 있다는 이유만으로 몰살당했다.

이 인종 전쟁을 감행한 자들의 고민은 유럽, 특히 다양한 공동체들이 섞여 있는 동유럽에서 한 명 한 명의 인종과 민족을 구분하기가 쉽지 않다는 것이었다. 운 좋게 금발에 파란 눈을 가지고 태어난 유대인은 나치가 생각하는 인종적 고정관념에 들어맞지 않았으므로 그들의 그물망을 빠져나갈 수 있었다. 집시는 복장과 행동을 바꾸는 것만으로 다른 민족인 양 위장할 수 있었고, 실제로 그렇게 했다. 헝가리의 슬로바키아인, 세르비아의 보스니아인, 우크라이나 루마니아인도 구별해내기 어려웠다. 누가 이웃이고 적인지를 식별하는 가장 일반적인 방식인 언어도 언제나 정확한 잣대가 될 순 없었다. 여러 민족이 섞여 사는 공동체에서 자란 사람들은 여러 언어를 구사할 수 있기 때문에 대화 상대에 따라 얼마든지 이 언어에서 저 언어로 전환할 수 있었다. 이것은 전시와 전후의 가장 암울한 시기에 수많은 목숨을 구한 기술이었다.

유럽인을 분류하기 위한 노력의 일환으로, 나치는 민족에 따라 다른 색깔의 신분증이 발급되어야 한다고 주장했다. 그런 뒤 유럽인 전체를 인종별로 분류하기 위한 거대한 관료 제도를 만들었다. 가령 폴란드에서는 제3제국에서 출생한 독일인을 최상위층으로 정하고, 그다음으로 민족독일인 그리고 우크라이나인과 같은 특권적 소수민족, 그다음으로 폴란드인, 집시, 유대인 순으로 하는 인종 계층제가 고안됐다. 분류는 여기서 끝나지 않았다. 가령 민족독일인은 다음과 같은 하위 범주로 더 세분화됐다. 나치당에 입당할 자격이 있는 지극히 순수한 혈통, 제국 시민권을 가질 수 있을 만큼 충분히 순수한 자들, 폴란드인의 피가 섞였거나 폴란드의 문화에 오염된 자들, 그리고 마지막으로 신체적 특성이나 생활방식 면에서 독일인이라 여겨질 만한 폴란드인들.

그 어느 민족성ethnicity으로도 선택받지 못한 자들은 스스로 결정을 내려야 했다. 이런 경우 문제가 간단치 않았다. 우선 혼혈 부모나 조부모를 둔 사람이 워낙 많기도 했다. 그리고 태어난 곳은 폴란드지만 국적은 리투아니아인이고 민족성은 독일이라는 사실을 모순으로 여기지 않았기 때문에 다양한 선택지가 있었다. 어느 하나를 선택하도록 강요받았을 때 그들의 결정은 기껏해야 부모, 배우자, 심지어 친구에게 영향을 받아 순진하게 되는 대로 선택하는 경우가 많았다. 좀더 계산적인 자들은 어떤 이익을 얻을 수 있는지를 고려해 정체성을 선택했다. 예컨대 독일 민족성을 주장하면 노역 동원 면제, 특별 배급, 세금 감면을 받을 자격이 주어지는 반면 징병의 의무가 따르는 것이다. 때때로 이 고민은 러시아 전선이 강제노동수용소보다 나은지 여부로 결정되기도 했다.

민족성에 관한 선택은 전쟁 이후 자신의 운명에 영향을 미칠 수 있었다. 유럽의 교전은 공식적으로 1945년 5월에 종식됐지만 인종과 민족을 둘러싼 갖가지 갈등은 이후 수개월 동안 또는 수년 동안 끝나지 않았기 때문이다. 이러한 갈등은 지역끼리 심지어 개인끼리도 긴장 관계를 유발했다. 소도시나 작은 마을 주민들은 이웃이 어느 민족에 속하는지 잘 알고 있었기 때문에 그에 따라 행동했다. 그러나 분쟁은 점차 지역 단위로, 심지어 나라 전체로 번져갔다. 전쟁 직후, 국민 전체가 오직 전시 신분증에 근거해 수세기 동안 살아온 고향에서 추방될 처지에 놓였다.

인종적 순결성에 대한 파시스트들의 강박은 독일군 점령지가 아닌 지역에서도 유럽인에게 큰 영향을 끼쳤다. 그것은 이전에는 볼 수 없었던 방식으로 유럽인으로 하여금 인종을 의식하게 만들었다. 그들은 원치 않는 편 가르기를 강요당했다. 그리고 그것은 수 세기에 걸쳐 대체로 평화롭게 공동체를 이루며 살아온 사람들에게 인종 문제라는 골칫거리를 안겨주었다. 실제로 파시즘은 인종을 해결해야 할 첫 번째 문제로 비화시켰다.

전쟁이 사람들에게 가르쳐주었듯이, 어떤 문제 해결책은 급진적이고 '최종적'일 수 있다.

17장

유대인
난민

1945년 5월 초, 18세의 폴란드계 유대인 로만 할터는 러시아인에 의해 자유의 몸이 됐다. 그와 다른 두 명의 유대인은 죽음의 행진에서 탈출한 뒤, 어느 독일인 부부의 도움으로 드레스덴 근처에 숨어 지냈다. 아우슈비츠를 포함해 여러 곳의 강제노동수용소에서 살아남은 그는 수척하고 쇠약해져 있었지만 죽지 않았고, 자신이 운이 좋았다는 것을 깨달았다.

해방된 다음 날, 할터는 자신을 보호해준 부부에게 작별인사를 남기고 떠났다. 어떻게든 가족 중에 홀로코스트에서 살아남은 사람이 있는지 찾아내고 싶었기 때문이다. 그래서 그는 자전거를 손에 넣고 버려진 농장에서 찾아낸 고기 병조림 몇 개를 챙겨 다시 폴란드로 향했다. 길을 나선 지 얼마 되지 않아 그는 우연히 러시아인 해방자 한 명과 마주쳤다. 러시아인은 오토바이를 타고 있었다. 할터는 그를 구해준 러시아인들에게 고마움을 표현했다. 그는 그들을 유대인의 친구, 해방자, '좋은 사람들'이라고 생각했다. 심지어 그는 어린 시절에 배운 러시아어 몇 마디를 건네기도 했다. 불행히도, 그가 곧 깨달았듯이, 그의 친밀한 감정은 거절되었다.

나는 그를 만나서 기뻤다. (…) 나는 부모님께 배운 러시아어 낱말들을 여전히 기억하고 있었다. "러시아인, 저는 당신을 사랑합니다." 나는 러시아어로 이렇게 말하고 나서 "안녕하세요, 친구"라고 덧붙였다. 그는 나를 의아하게 바라보더니 러시아어로 빠르게 말하기 시작했다. 나는 미소를 지으며, 알아들을 수 없다고 폴란드어로 대답했다. 그는 나를 발끝에서 머리끝까지 쭉 훑어보았다. 그런 다음 내 자전거를 보고는 러시아어로 말했다. "시계 내놔." 나는 그 말을 알아들었다. 그는 셔츠 소매를 걷어 올려 손목시계가 가득 감긴 팔뚝을 보여주더니 다시 두 마디를 내뱉었다. "시계 내놔."

그의 두 눈은 무섭고 차갑게 빛나고 있었다. 나는 그에게 시계를 갖고 있지 않다고 폴란드어로 말하고 나서 내 앙상한 팔뚝을 보여주었다. 그는 자전거 핸들에 묶여 있는 불룩한 담요를 가리키며 러시아어로 무엇이냐고 물었다. 나는 유리병 하나를 꺼내 그에게 내밀었다. 그리고 폴란드어로 "고기. 동지여, 고기입니다"라고 말했다. 그는 유리병 안의 고기를 확인하더니 다시 나를 보았다. "동지, 당신에게 드릴게요. 맛있게 드세요."

그는 유리병을 들더니 머리 위로 1초쯤 들고 있다가 땅에 내리쳐 박살냈다. 유리와 고기가 사방으로 튀었다. 나는 러시아 병사를 보았고 공포가 밀려들었다. 뭐라고 말해야 나를 내버려둘까? 잠시, 나는 멍했다. 순간적으로 마비된 느낌이었다. "바지 내려." 그가 러시아어로 지시했다. 나는 그 자리에 떨면서 서 있었을 뿐 그 말의 의미를 이해하지 못했다. 그는 명령을 반복하며, 몸짓으로 나에게 무엇을 하라는 건지 보여줬다.

(…) 나는 작은 자루에 넣어둔 유리병이 깨지지 않도록 조심스럽게 자전거를 땅에 내려놓고 바지를 내리기 시작했다. "그는 왜 이렇게 하라는 걸까?" 나는 의아했다. 어쩌면 그는 내가 허리 벨트에 시계를 매고 있다고 생각했을지도 모른다. 나는 독일인이 아니며 폴란드어만 할 줄 안다고 말해야 했다. 그래서 바지를 내리고, 허리에 벨트도 시계도 없다는 사실을 그에게 보여주면서 천천히 폴란드어로 내가 유대인임을 알렸다. 나는 '유대인'을 러시아어로 어떻게 말해야 하는지 알고 있었다.

"저는 유대인입니다." 나는 되풀이했다. "저는 유대인입니다, 저는 당신의 동지입니다."

그가 신발을 가져가서 나를 맨발로 남겨둘 경우를 대비해 나는 본능적으로 좋은 끈이 묶인 부츠를 벗지 않았지만, 하반신을 다 드러낸 채 그의 앞에 서 있었다. 나는 맨발로는 호데츠까지 갈 수 없었다. 그래서 바지와 속옷을 양말과 부츠 위에 떨어뜨린 채 두었다. 다시 한번 나는 그의 두 눈을 힐끗 바라보았다. 발가벗겨진 내 몸을 보고 있는 그의 두 눈에 경멸의 빛이 스쳤다. 나는 그의 두 눈에서 살인자의 공허함을 보았다.

그는 권총집에서 연발 권총을 꺼내 내 머리를 겨누고 방아쇠를 당겼다. 짤까닥하는 소리가 크게 났다. 그는 나에게 한마디 말도 하지 않고 오토바이 시동을 걸고 떠났다. 나는 한동안 바지와 팬티를 내린 채 우두커니 서서 그가 멀어져가는 모습을 쳐다보았다.

이 만남의 기억은 할터가 살아가는 내내 그를 괴롭혔을 것이다. 이것은 일종의 불길한 예감이었다. 독일의 희생자라는 경험을 공유했음에도, 할터가 자발적으로 우정의 제스처를 보였음에도, 이 익명의 러시아인은 나치친위대 장교가 했을 법한 방식으로 그를 상대했다. 그는 할례의 유무로 그가 유대인임을 확인한 뒤 그의 머리에 총구를 들이댔다. 할터는 자신의 목숨을 구한 것이 권총의 결함이었는지, 단지 탄알이 부족했기 때문이었는지는 끝내 알 수 없었다.

이후 몇 달 동안 이런 광경이 유럽 곳곳에서 반복됐다. 모든 국적의 유대인들은 나치 독일의 종말이 박해의 끝을 의미하는 게 아니라는 사실을 깨닫게 됐다. 그 끝은 아직 멀었다. 유대인이 겪은 온갖 고통에도 불구하고 많은 지역에서 전쟁 이후 반유대주의가 증가한 것이다. 유대인을 향한 폭력은 어느 곳에서나, 심지어 한 번도 점령된 적 없는 영국 같은 곳에서도 다시 등장했다. 유럽의 몇몇 지역에서는 이 폭력 행위가 최종적이고 결정적이었다. 나치조차도 지역 공동체로부터 유대인을 영구히 제거하지 못한 과제가 현지 지역민들에 의해 완수될 판이었다.

고향으로 돌아가는 선택

전쟁 직후, 유럽의 유대인들은 이제 막 자신들이 겪은 일에서 얻은 교훈을 생각하기 시작했다. 일부 유대인 사상가는 홀로코스트가 발생한 데는 전쟁 전이나 전시에 유대인들이 스스로를 너무 드러냈기 때문이라고 생각했다. 그리고 미래에 유사한 파국이 일어나지 않게 할 유일한 방법은 자신들이 거주하는 각 나라에 완전히 동화됨으로써 유대인이 눈에 띄지 않게 하는 수밖에 없다고 주장했다.

그러나 시온주의자들은 말도 안 되는 소리라고 외쳤다. 이미 충분히 동화되었던 유대인들마저 히틀러 심복에게 발각되어 살해되었기 때문이다. 이제 안전을 확보하는 유일한 길은 유럽을 완전히 떠나 (팔레스타인에) 유대인 국가를 수립하는 것이라고 주장했다. 세 번째 그룹은 이러한 접근법은 모두 패배를 인정하는 것이나 다름없다고 생각했다. 그들은 고국(고향)으로 돌아가 공동체를 재건하기 위해 최선을 다하는 게 본인들의 의무라고 믿었다.

유럽의 유대인은 처음에는 마지막 시각에 동의하는 경향이 강했다. 어떤 특정 이념에서가 아니라 단순히 고향으로 돌아가겠다는 희망에 의지해 추방과 감금의 세월을 견뎌왔기 때문이다. 이제는 자신들이 떠나기 전의 공동체가 더 이상 존재하지 않는다는 것을, 감정적으로는 아니더라도 머리로는 알고 있었지만 어쨌든 고국으로 귀환하자는 쪽이었다. 한편으로는 태어난 고향에 대한 애정으로, 다른 한편으로는 지금까지 알고 있는 유일한 정상적인 생활을 되찾고 싶었기 때문이었다. 그러한 바람을 이룰 수 있을지는 그들이 고향에 돌아왔을 때 환영받을 수 있느냐에 달려 있었다.

유대인이 보기에 전후의 유럽은 극히 혼란스러운 곳이었다. 독일 패배 이후 많은 변화가 일어나기도 했지만 동시에 많은 것이 여전히 그대로 남아 있었다. 한편으로는 유대인 박해에 전념하던 조직들이 이제는 그들을 돕는 데 헌신하는 조직들로 대체됐다. 미국 유대인 공동분배위원회는 수백만 달러에 해당하는 식품, 의약품, 의류를 들여오는가 하면, 유럽 대륙 전역에 시나고그(유대교 회당)와 유대인 문화센터를 재건하는 사업을 지원했다. 운라와 적십자사 등 비유대인 원조 기관에서도 유대인을 위한 난민캠프 설립을 지원하고 친구와 가족 찾아주기 등의 목적 지향성 지원을 제공했다. 유럽 각국의 신정부에서도 반유대주의 법률을 폐지하는 등 유대인에 대한 태도 변화를 보이기 시작했다.

그런 반면 수년간 이어온 나치 선전은 몇 주나 몇 달 만에 뒤집히지 않았다. 여전히 곳곳에 노골적인 반유대주의가 존재했으며, 때로는 꽤 충격적인 방식으로 표현됐다. 가령 1945년 그리스 도시 테살로니키로 돌아온 유대인들은 "아, 살아 있었어?"라거나 "유감이야, 너희가 비누가 되지 않았다니!"라는 인사를 받기도 했다. 네덜란드 에인트호번에서 유대인 송환자들은 등록을 담당하는 관리로부터 "독일 놈들이 그들을 가스실로 보내는 걸 까먹었나 봐"라는 조롱을 받았다. 가르미슈와 메밍겐 같은 독일 도시에서는 극장에서 600만 유대인의 죽음을 언급하는 뉴스릴 영화를 보면서 "그들을 충분히 죽이지 못했어!"라는 외침과 함께 귀청을 찢을

제3부 인종청소

듯한 박수가 이어졌다.

고향으로 돌아온 유대인들에게 가장 큰 공포는 정부 및 원조 기관에 의해 시행된 모든 조치에도 불구하고 뿌리박힌 반유대주의라는 진짜 문제가 사라지지 않을지도 모른다는 걱정이었다. 그들이 경험으로부터 배운 것은 민주주의도, 명백한 권리 평등도, 심지어 자신들의 애국심도 스스로의 안전을 보장할 수 없다는 사실이었다. 그들 앞에 놓인 가장 큰 도전은 작은 사건 하나하나를 "미래 폭발의 징후" 또는 "새로운 대량 살인 준비"의 증거로 취급하지 않는 것이었다. 유대인들이 이런 도전을 극복하려면 지역사회의 도움이 필요했다.

그래서 고향집으로 돌아온 유대인들이 요구한 것은 다른 무엇보다도 '안심'이었다. 유대인들이 다시금 자기 삶을 되찾으려면, 일반적으로 다른 귀환자들에게 제공되는 것과 같은 음식과 피난처 그리고 의료 서비스 이상의 것이 주어져야 했다. 그들에게 가장 필요한 건 '환영'이었다.

프리모 레비와 같은 몇몇 유대인은 참으로 "따스한 생명력이 넘치는 친구들, 안전한 식탁의 온기, 일상적 직업의 견실성, 내 이야기를 자세히 말할 수 있는 해방의 기쁨"으로 되돌아왔다. 유대인들이 흡사 기적처럼 사랑하는 사람과 재회한 일화들, 자발적으로 음식이나 피난처를 제공하거나 그들의 경험에 귀 기울여준 낯선 자들의 동정심에 관한 이야기들은 있다. 그러나 불행하게도, 그런 사례는 생각만큼 흔하지 않았으며, 유대인 대부분의 경험은 다소 달랐다.

귀환: 네덜란드

전쟁 중에 강제수용소로 이송된 11만 명의 네덜란드계 유대인 가운데 귀환한 사람은 겨우 5000명 정도였다. 그들은 1945년 네덜란드로 돌아오는 7만1564명의 네덜란드 난민에 포함되어 암스테르담으로 향했다. 중앙역에 도착하자마자 그들은 인터뷰를 하고 등록한 다음 배급 카드와 의류 배급표를 받았다. 앞으로 어디에 머물러야 하며 어디서 도움을 구해야 하는지 조언을 받기도 했지만, 이따금 구호 기관 창구에 담당자가 없을 때도 있었다. 공식적인 환영식은 효율적이었고 냉담했다. 깃발도 꽃다발도, 악단도 없이 그저 한 줄로 늘어선 책상이 전부였다. 질문이 끝나면 신속하게 도심으로 흩어져야 했다.

처음부터 귀환자들 사이에는 미묘한 차별이 있었다. 그러나 이것은 유대인을 구분하기 위해서가 아니라 부역자를 솎아내기 위한 것으로, 독일을 위해 일하겠다고 자원했던 자는 송환 카드에 V(vrijwilliger, 네덜란드어로 지원자)자가 날인됐다. 따라서 이런 자는 환영의 음식 꾸러미와 배급표를 받지 못했을 뿐만 아니라 실질적으로 거의 모든 기관으로부터 외면당했다.

가장 뜨겁게 환영받은 대상은 레지스탕스로 활동한 사람들뿐이었다. 이들에 대한 특전은 즉각적이었다. 그들은 빌헬미나 여왕의 궁전 별관을 비롯해 특별히 호화롭게 꾸며놓은 회복 센터로 보내졌다. 그들은 언론과 정부는 물론 거리에서도 찬사를 받았다. 레지스탕스 일원이었던 카렐 드 브리스는 말했다. "저항 조직 출신은 모든 것이 가능했습니다! 돈이 필요하면 누구에게나 받을 수 있었습니다. 당시 건축 자재를 구하기가 하늘의 별 따기였지만 '이것은 강제수용소에서 귀환한 레지스탕스 투사를 위한 겁니다'라고 하면 즉시 구할 수 있었죠!" 훗날 그들은 저항군 활동을 인정받아 특별 연금까지 받았다.

귀환자에 대해 네덜란드인이 관심을 보인 부분은 오직 부역자인가 저항자인가 하는 점이었음이 명백해졌다. 유대인을 포함해 다른 모든 민족 집단은 하나로 뭉뚱그려졌다. 네덜란드뿐만이 아니었다. 이탈리아인 강제 추방자들이 모국으로 돌아왔을 때도 유대인이든 강제 노동자든 전쟁포로든 상관없이 모두 '정치범'으로 함께 묶였다. 마찬가지로 프랑스 귀환자들도 단일 집단으로 묶였다. 사실 이 시기를 다룬 최근의 가장 인기 있는 대중 역사서들도 그들을 그러한 방식으로 취급하고 있다. 그 자체가 유대인에 대한 차별이라 할 순 없지만, 유대인을 무시한 처사라는 관점에서는 차별만큼 나쁜 짓이다. 수용소에서 생존한 한 네덜란드인은 말했다. "연민이 필요한 곳에서, 나는 '관료주의'라고 알려진 냉담하고 접근하기 어렵고 쌀쌀맞고 모호한 집단과 마주쳤다."

네덜란드 당국이 돌아온 유대인들에게 마땅히 해야 할 특별 지원을 하지 않은 데는 여러 가지 이유가 있었다. 우선 네덜란드 정부는 연합국의 방침, 특히 유대인을 별개의 범주로 취급하지 않는다는 영국의 지침을 따르고 있었다. 전체 귀환자 중 유대인의 비율은 얼마 되지 않았기 때문에 우선순위로 고려되지 않았으며, 네덜란드는 유럽에서 마지막으로 해방된 국가 중 하나였기 때문에 당국은 몰려들 귀환자를 맞이하기 위한 준비를 서둘러야 했다.

네덜란드가 좀더 신중했다면 유대인이 다른 어떤 집단보다 도덕적이고 인도적인 특별대우를 받을 자격이 있음을 인식했을 것이다. 그들은 확실히 네덜란드 사회의 그 어떤 집단과도 비교할 수 없는 큰 고통을 겪었기 때문이다. 제2차 세계대전 당시 21만 명의 네덜란드인 희생자 가운데 절반이 유대인이었다. 더욱이 전쟁 전 네덜란드 인구에서 유대인의 비율은 겨우 1.5퍼센트를 간신히 넘는 정도였다. 대부분 지역에서 유대인 커뮤니티는 완전히 파괴됐고, 암스테르담에도 극히 일부만 남아 있었다. 다른 귀환자들은 자신을 환영하고 지지해줄 공동체가 있었지만 대부분의 유대인은 아무도, 심지어 가족조차 남지 않았다.

비단 '관료 사회'만 이런 상황을 무시한 게 아니었다. 일반인 역시 놀랄 만큼 무감각하고 무심한 반응을 보였다. 역사학자 딩커 혼디위스는 평범한 네덜란드인이 귀환한 유대인에게 보인 태도에 관한 사례를 꼼꼼히 모아 제시했다. 예컨대 리타 코프만은 옛 지인에게서 "당신은 여기에 없어서 운이 좋았어요. 우리는 심한 굶주림에 시달렸거든요!"라는 말로 환영을 받았다. 아브 카란사는 이전 직장에 찾아갔을 때, 그가 아우슈비츠에 있었다는 이유로, 즉 "머리 위에 지붕이 있고 언제나 음식을 먹을 수 있었다"는 이유로 복직을 거부당했다. 대부분의 유대인은 자신이 겪은 공포를 굳이 꺼내려 하지 않았다. 가령 게르하르트 두를라허는 그저 다른 사람들의 이야기에 귀를 기울이며 '수긍'해주었으나 유대인의 고난에 대해서는 '신중한 침묵'을 유지했다. 다른 한 네덜란드계 유대인은 이렇게 털어놓았다. "사람들은 이해하지 못했다. 또는 믿지 않았다."

이런 반응은 대개 무지에서 비롯됐다. 코앞에서 홀로코스트를 치른 동유럽과 달리 서유럽에서는 유대인이 강제 이송된 후 무슨 일을 겪었는지 전혀 알지 못했다. 강제수용소에서 촬영된 영상이 공개되기 전까지 산업적 대량 살인에 관한 이야기는 과장으로 치부됐다. 사람들은 영화관에서 그 영상들을 본 후에도 그것이 생존자들에게 어떤 의미인지 제대로 이해하지 못했다.

그러나 사람들의 무지함보다 더 중요한 것은 그런 이야기가 불러일으키는 불편함이었다. 프랑크 카이저에 따르면, 네덜란드 사람들은 그가 테레지엔슈타트 수용소에서 경험한 이야기를 들었을 때 "그런 일은 알고 싶지 않아요. 이제 다 끝났잖아요. 살아남은데 감사하세요"라고 대꾸했다. 다른 나라의 유대인들도 비슷한 반응이었다고 보고했다. 아우슈비츠에서 살아남은 프랑스의 알렉상드르 콘은 "보편적으로 무시"를 당했으며 그 경험에 대해 침묵할 것을 종용받았다. 헝가리의 유대인들은 이웃 기독교도들보다 더 큰 고통을 겪었다는 투로 말했다가 뭇매를 맞기도 했다. 미국으로 이민을 간 유대인 생존자들도 그곳에서 짜증스러운 대응을 받았다. "전쟁은 끝났어. 그만하면 됐어!"

일반 유럽인도 제2차 세계대전 당시, 특히 마지막 해에 몹시 끔찍한 고통을 받았다는 사실을 기억해야 한다. 그러나 그들은 모두가 한마음으로 대재앙을 극복했다는 것을 위안으로 삼았고, 해방 이후 유럽 대륙 전체가 역경 속에서 '단결 신화'를 구축하기 시

　　　　　　　　　　17장 유대인 난민

— Vous savez, jeune homme
nous avons terriblement souffert
des restrictions, nous aussi

영양상태가 좋은 프랑스 부부가 강제수용소에서 귀환하는 포로를 맞이한다. "당신도 알겠지만 우리도 제약으로 끔찍한 고통을 겪었어요."(1945년 6월 13일, 『라 마르세예즈』).

작했다. 이 신화는 지역사회로 다시 돌아올 기회를 엿보는 옛 부역자부터, 전쟁을 간절히 잊고 싶어 하는 지친 대중, 국가적 자부심을 재건하려는 정치인에 이르기까지, 거의 모든 사람에게 적합했다. 국제적 차원에서도 유럽의 여러 국민과 민족이 나치즘 아래 함께 고통받았다는 인식은 상처 입은 국가들 간에 우애의 공감대를 형성하기에 편리한 방법이었다. 그러나 유대인의 출현이 그러한 신화를 비웃었다. 유대인들은 훨씬 더 큰 고통을 받았을 뿐만 아니라 그들을 도우러 달려온 다른 집단들도 없었다. '모두 함께 같은 운명'이었다는 유럽인의 안일한 생각은 분명 진실이 아니었다.

어쩌면 네덜란드뿐만 아니라 서방 곳곳에서 전쟁 직후 귀환한 유대인이 무시당한 이유가 여기에 있는지도 모르겠다. 사람들에게 저항활동 이야기는 자신들을 자랑스럽게 느낄 수 있게 하고 많은 영웅을 배출했다는 안도감을 주지만, 유대인의 이야기는 정반대의 효과를 안겨주기 때문이다. 즉 유대인은 사회 모든 차원에서 과거의 실패를 상기시키는 존재였다. 마치 언제 어느 때건 사람들을 당혹스럽게 만드는 비밀을 폭로할 것 같은 불편한 존재였다. 따라서 유대인의 경험을 다른 모든 사람에게 일어났던 일과 똑같이 치부해버리는 것이 훨씬 간편한 방법이었다. 유대인들은 환영받기는커녕 무시당하고 소외됐고, 침묵해야 했다.

유대인 재산 쟁탈전

유대인들이 귀향을 환영받지 못하는 데는 더 어두운 까닭들이 있었다. 전쟁 직후 헝가리에는 이런 식의 우스갯소리가 나돌았다. 수용소에서 살아남은 한 유대인이 부다페스트로 돌아와서 우연히 기독교인 친구를 만났다. 그 친구가 물었다. "어떻게 지내?" 유대인이 대답했다. "말도 말게. 난 수용소에서 돌아왔잖아. 이제 자네가 입고 있는 그 옷 말고는 아무것도 가진 게 없다네."

동유럽의 거의 모든 도시(또한 서유럽의 꽤 많은 도시)에서 비슷한 농담이 떠돌았다. 여기에는 그럴 만한 배경이 있었다. 즉 전쟁 중에 모든 나라의 모든 사회 계층에서 유대인은 재산을 약탈당했다. 이 약탈은 놀라울 만큼 광범위했다. 가령 암스테르담의 오래된 유대인 구역에서는 주택의 나무 창문과 문틀까지 떼어갔다. 헝가리, 슬로바키아, 루마니아에서는 유대인의 토지와 재산이 빈민에게 분배되기도 했다. 어떤 경우에는 유대인들이 떠날 때까지 기다리지도 않았다. 전쟁 중에 폴란드에서는 유대인에게 이런 말로 접근하는 친구들이 있었다. "어차피 자네는 죽을 텐데, 모르는 사람이 자네 신발을 가져가게 할 필요 있나? 자넬 기억할 수 있도록 나에게 주지 그래?"

전쟁이 끝난 후 살아남은 유대인이 집으로 돌아왔을 때 문제없이 재산을 돌려받은 사례도 있었지만, 이는 예외적인 경우였다. 이 시기의 역사를 보면 자기 재산을 되찾으려 고군분투하다 좌절한 유대인의 이야기가 수없이 많다. 그들이 떠나 있는 동안 귀중품을 맡아 관리해주겠다고 약속했던 이웃과 친구들은 되돌려주기를 거부했다. 시간이 흐르자 자신의 소유물로 간주한 것이다. 전쟁 중에 유대인의 땅을 빌려 농사짓던 사람들은 자신의 노동으로 수확을 거둔 것이니 돌아온 유대인에게 나눠줄 필요가 없다고 생각했다. 전시 당국으로부터 빈 아파트를 부여받은 기독교인들은 그 집을 자기 소유로 여겼고, 그것을 증명해주는 서류를 구비하고 있었다. 이런 사람들은 각각 정도의 차이만 있을 뿐 적개심 어린 시선으로 유대인을 바라보았다. 전쟁 중에 '사라진' 모든 유대인 가운데 왜 자기만 돌아온 유대인을 맞이해야 하느냐고 한탄했다.

헝가리의 소도시 쿤마다라스에서 일어난 일은 전쟁 중에 유대인의 재산이 어떻게 분산되었는지, 그리고 이것이 얼마나 무서운 귀결로 이어지는지를 보여준다. 개전 당시 이곳의 주민은 약

8000명이었고 그 가운데 유대인은 250명이었다. 1944년 4월 이곳의 모든 유대인은 아우슈비츠나 오스트리아로 강제 이송됐고, 불행하게도 생존자는 겨우 73명이었다. 그들이 떠나 있는 동안 그들의 재산은 현지 당국이 '몰수'해 관리들의 호주머니로 들어가거나 가난한 사람들에게 분배됐다. 그들의 주택과 상점 일부는 당국이 눈감아주는 가운데 지역사회가 약탈했다. 기타 재산은 이곳을 거쳐 간 다양한 군대가 접수했고, 가구 같은 세간은 지역 주민들이 가져갔다. 붉은 군대가 도착하자 소련 군인들은 차례로 상류층과 중산층 유대인의 집을 상대로 값나가는 많은 물건을 약탈했다. 이렇게 획득한 물건들은 식량을 교환하는 데 쓰이거나 이동하는 동안 버려졌으며, 이 손에서 저 손으로 옮겨지다가 지역 농민의 손에 들어갔다. 마지막으로, 새로 들어온 공산주의자들은 개인적 용도 아니면 당의 이익을 위해 그들의 재산을 징발했고 이 역시 현지에서 거래됨으로써 약탈의 그물망을 만들어냈다.

그리하여 유대인의 재산은 몰수, 약탈, 절도, 재판매의 과정으로 온 도시에 분산됐다. 부다페스트와 같은 대도시에서는 귀국한 유대인들이 자기 재산을 추적할 수 없는 경우가 많았다. 그러나 쿤마다라스 같은 소도시에서는 자기 물건을 갖고 있는 사람을 어렵지 않게 찾아낼 수 있었다. 문제는 그것을 돌려받는 것이다. 어떤 자들은 돌려주길 노골적으로 거절했으며 나중에는 유대인의 출현을 비난하면서 잠재적 위협의 대상으로 간주했다. 때로는 경찰로부터 재산을 반환하라는 명령을 받았거나 자발적으로 응한 자들도 있었는데, 마지못해 돌려주었기 때문에 매우 분개했다. 특히 부유했던 유대인들에게 재산을 반환하도록 강요당한 가난한 자들은 더욱 불만이 컸다. 쿤마다라스의 한 여성은 현지 신문과의 인터뷰에서 이렇게 내뱉었다. "유대인들은 돌아왔을 때 아무것도 없었지만 지금은 흰 빵을 먹고 있습니다. 심지어 저는 허리가 부러져라 밭을 갈고 있는데도 여전히 가진 게 없습니다."

1945년 겨울에서 1946년 봄 사이에 쿤마다라스에서는 반유대주의 분위기가 팽배해졌다. 5월 말 쿤마다라스 시장에서 여성들이 페렌츠 쿠티라는 유대인 달걀 장수를 공격하고 진열된 달걀을 모두 박살냈다. 공격에 앞장선 에스터 토트 카바이라는 여자는 '피의 비방blood libel', 즉 유대인들이 종교의식에서 기독교도 아동을 희생물로 바쳤다는 고대 신화를 내세워 자신의 행동을 합리화했다. 당시 유대인이 아이들을 유괴해 살해한 뒤 '인육 소시지'를 팔았다는 터무니없는 소문이 떠돌고 있었던 것이다. 카바이는 나막신으로 쿠티를 때리며 "내 여동생의 자식이 유대인들에게 끌려갔다"고 소리치기 시작했다. 유대인이 아닌 다른 행상들이 쿠티를 구하러 달려오자 그들까지 공격받았고, 결국 쿠티는 노점을 버리고 집으로 달아났다.

그를 따라온 사람들은 집을 에워쌌다. 그러나 그가 총을 가지고 있을까봐 집 안으로 쳐들어가지 못하고 머뭇거렸다. 경찰이 와서 그에게 무기가 없다는 사실을 확인했으나 사람들에게 그 사실을 알리는 실수를 저지르고 말았다. 사람들은 집 안으로 쳐들어갔고 쿠티는 그들에게 자비를 구했지만 결국 벌라즈 칼만이라는 남자의 손에 죽었다. 그는 "누가 헝가리 아이들의 살로 소시지를 만들라고 했어!"라고 외치며 쇠막대기로 쿠티를 때려죽였다.

페렌츠 쿠티에 대한 공격은 이후 한 명의 유대인이 죽고 15명이 중상을 입는 포그롬pogrom(유대인 집단학살)의 시작을 알렸다. 유대인의 집은 파괴되고 강탈당했으며 상점도 공격받았다. 포그롬 내내 아동 유괴와 '피의 비방'이 제기되었고, '유대인이 우리 아이들을 몰래 훔칠 테니 그들을 때려죽여야 한다'는 식의 주장과 구호가 난무했다. 그러나 폭동의 배후에 숨겨진 진정한 목적은 유대인의 재산을 약탈하는 것이었다. 납치된 세 아이를 구하기 위해 사람들은 한 옷가게로 쳐들어갔지만 아이들을 찾기는커녕 옷을 훔치기 바빴다. 사라 케레페시라는 여성은 전후 법정에서 로젠베르크 부인의 물건을 돌려주라는 명령을 받은 데 앙심을 품고 그녀의 집을 습격했다. 로젠베르크 부인은 그녀가 자신을 때리면서 "이건 나의 오리털 이불을 위해서다!"라고 소리친 것을 기억하고 있었다.

쿤마다라스의 경우는 전쟁 직후 유럽 전역에서 벌어진 현상 가운데 도드라지는 폭력 사례일 뿐이다. 귀국한 유대인은 재산을 되찾고 지키는 어려움만 겪은 게 아니었다. 전반적으로 퍼져 있는 반유대주의가 그들을 훨씬 더 위태로운 상황으로 몰아넣었다. 헝가리 어느 지역의 법원에서는 유대인 농장의 소유물인 말과 가축은 그 동물들을 '구조'한 자들에게 그대로 남겨줘야 한다고 판결했다. 이탈리아 정부는 유대인 사업체를 돌려주기를 주저했을 뿐만 아니라 전쟁 중에 그 업체들을 '관리'한 것에 대한 '관리 수수료'를 청구하려 했다. 폴란드에서는 유대인의 소유였던 모든 '방치'

된 재산을 지역 당국이 통제했다. 바꿔 말해서 이 지역 당국의 '기
득권'은 전쟁 후 돌아온 유대인을 다시 몰아내는 분위기를 만들게
했다. 이러한 사례는 거의 모든 유럽 국가에서 찾아볼 수 있다.

　전쟁 중에 유대인은 시쳇말로 '봉'이었고, 그들의 재산은 공유
자원으로 여겨졌다. 분명한 사실은 전쟁이 끝난 뒤에도 많은 사람
과 일부 정부가 여전히 유대인들을 그러한 시각으로 대했다는 것
이다.

자본주의자 유대인, 공산주의자 유대인

　전쟁 직후기, 헝가리 전역에서는 쿤마다라스의 포그롬과 같
은 사건이 속출했다. 오즈드 광산촌에서 발생한 집과 상점의 약
탈, 미슈콜츠에서 벌어진 린치와 살인, 마코에서 벌어진 시나고그
유대인 건물 방화 등 곳곳에서 반유대주의 폭력이 벌어졌다. 더욱
이 유대인들은 비폭력적 반유대주의, 즉 차별과 협박 그리고 언어
적 학대에 일상적으로 노출됐다. 인종 증오의 수위는 매우 높고도
보편적이어서 단순한 물질적 다툼으로는 또렷이 설명하기 어렵다.
훨씬 더 깊은 무언가가 진행되고 있었다.

　우선 이런 지나친 행위에 탐닉한 자들은 극심한 궁핍에 내
몰려 있었다. 모든 지역의 경제가 붕괴 직전인 1946년 무렵의 헝
가리는 특히 심각한 상황이었다. 최악의 시기에는 물가 상승률이
15만8486퍼센트나 치솟았다. 작가 죄르지 펄루지는 회고록에서

이것이 보통 사람들에게 무엇을 의미하는지를 제시했다. 출판사가 1946년에 그의 책 하나를 새로 출간했을 때 펄루지에게 3000억 펭고pengo[1925년에서 1946년까지의 헝가리 통화 단위]를 지급했다 (이 액수는 1938년 기준 미화로 약 600억 달러에 해당한다). 그는 이 돈을 받자마자 시장으로 급히 달려가야 했다. 시장에 도착할 때쯤이면 인세를 받을 당시의 가치에서 10퍼센트가 빠진 90퍼센트까지 화폐가치가 떨어진다는 사실을 알고 있었기 때문이다. 그가 전액을 털어서 살 수 있었던 것은 고작 닭 한 마리, 올리브기름 2리터, 채소 한 움큼뿐이었다. 이와 같은 인플레이션은 물물교환으로 식량을 구해야 하는 평범한 사람들에게 치명적인 타격을 주었다. 임금을 받아봤자 금전 가치가 없었기 때문에 노동자들은 공장 식당에서 제공하는 식사에 의존하는 경우가 많았다. 급기야 어떤 고용주는 노동자에게 월급 대신 식량을 지급하기 시작했다.

이런 상황에 대한 비난은 대개 두 집단을 겨냥했다. 우선 소련은 그들이 저지른 파괴, 광범위한 약탈 그리고 전쟁 배상으로 징벌금을 요구한 것 때문에 비난을 피할 수 없었다. 여기에 조직적으로 약탈을 저지른 공산주의자들도 연루되었는데, 보편적으로 사람들은 유대인을 공산주의자로 여겼다. 이것은 헝가리에 국한된 이야기가 아니었다. 동유럽 전역에서 공산당은 '유대인의 당'으로 지목됐는데, 여기에는 그렇게 생각할 만한 요인이 없지 않았다. 공산주의자들이 널리 미움을 받았기 때문에 유대인에 대한 감정도 좋을 리 없었다. 예를 들어 공산당의 유대인 지도자인 마차시 라코시가 경제 상황에 관한 연설을 하러 미슈콜츠에 왔을 때 공장 벽에는 그를 "유대인의 왕"이자 "러시아인들에게 나라를 팔아먹은 자"라고 낙서가 쓰여 있었다.

헝가리의 절망적인 경제 상황에 대해 비난받아야 할 두 번째 그룹은 인플레이션을 노리고 식료품을 사재기한 암거래상과 투기꾼이었다. 대중의 눈에는 그들 역시 유대인이었다. 예컨대 쿤마다라스 시장에서 여성들이 달걀을 파는 유대인 상인을 구타한 까닭은 그들이 달걀을 터무니없이 비싸게 팔았기 때문이기도 하다. 유대인들은 경제적 재앙을 이용해 어디서나 소비자에게 바가지를 씌우고 식량과 금을 사재기한다는 비난을 받고 있었다. 그러한 주장들은 수 세기에 걸쳐 확산된 '유대인은 수전노'라는 고정관념에 기댄 것이다.

'유대인의 정당'이라는 이미지를 떨쳐버리고 싶었던 공산주의자들은 '유대인은 수전노'라는 편견을 이용해 대중의 인심을 얻으려 했다. 1946년 여름, 공산주의자들은 암시장 반대 연설을 벌이면서 유대인을 은근히 '투기꾼'이라 폄하했다. 그들은 그들이 이 문제에 대한 포스터를 제작하면서 '투기꾼'은 셈족의 특징이라고 과장했다. 사실 이것은 나치가 퍼뜨렸던 '유대인은 기생충'이라는 이미지와 별 차이가 없는 것이다. 심지어 공산주의자들이 대중의 분노를 자극하기 위해 미슈콜츠에서 유대인 린치를 사주했다는 설득력 있는 증거도 있다.

1946년의 정치적·경제적 혼란 속에서 헝가리의 유대인은 의지할 데가 거의 없었다. 야노슈헐머 출신의 유대인 모르 라인하르트는 그해 8월 헝가리 유대인 사무소 회장에게 보내는 편지에 그들이 겪고 있는 어려움을 다음과 같이 요약했다.

유감스럽게도, 미슈콜츠 사건과 그 비슷한 다른 사건들이 벌어진 이후로 유대인이 공산당과 소자작농당으로부터 미움받고 있는 게 분명합니다. 그들의 슬로건과 포스터를 보면 한쪽에서는 "공산주의자와 유대인에게 죽음을!"이라 외치고, 다른 쪽에서는 "소자작농과 유대인에게 죽음을!"이라 외치고 있습니다. 너나 할 것 없이 유대인을 증오하고 있고, 모든 정당은 유무죄를 떠나 최후의 한 명까지 소탕할 준비가 되어 있습니다. (⋯) 제가 보기에 점령군의 보호를 기대하는 것 말고는 다른 희망이 없습니다. 우리는 그들의 도움을 구해야 합니다. 여기(헝가리)에서 유대인이 생존하기란 불가능합니다. 그러니 우리는 떠나야 합니다. 이주해야 합니다. 우리는 소련군 당국에 이 나라를 떠날 수 있게 해달라고 청원해야 합니다. (⋯) 그리고 이주가 진행되는 동안 (⋯) 붉은 군대는 우리를 보호하기 위해 이 나라를 계속 점령해야 합니다.

이 편지는 당시 유럽 전역에 퍼져 있는 유대인 수십만 명의 정서, 즉 더 이상 유럽 대륙이 유대인이 살기에 안전한 장소가 아니라는 인식을 드러내고 있다.

폴란드 키엘체 대학살

전쟁 후 헝가리보다 반유대주의가 더 심했던 나라는 폴란드였다. 1945년 여름, 나치 강제노동수용소를 전전하다가 살아남은 16세의 벤 헬프고트와 그의 사촌은 테레지엔슈타트에서 폴란드로 돌아가는 여정에 나섰다. 두 사람은 폴란드 쳉스토호바에서 열차를 갈아타다가 무장한 제복 차림의 폴란드인 두 명에 의해 제지당하고 신분증명서를 제시해야 했다. 그들은 서류를 살펴보더니 통상적인 점검을 위해 경찰서로 가야 한다고 했다. 두 사람은 아무 문제도 없을 거라고 생각했지만 그들을 따라 도시로 향했다. 이동하는 동안 헬프고트는 이 낯선 자들과 대화해보려고 여러 번 말을 걸었는데, 그들 중 한 명이 휙 돌아보면서 거칠게 내뱉었다. "입 좀 닥쳐, 빌어먹을 유대인아." 그 즉시 두 소년은 곤경에 빠졌음을 깨달았다.

이 남자들은 두 소년을 경찰서가 아닌 어두운 공동주택으로 데려가더니 여행 가방을 열라고 명령했다. 그들은 가방 안을 뒤져서 값나갈 만한 물건을 챙긴 뒤 이제 경찰서로 향한다면서 더 어두운 곳으로 데려갔다. 소년들은 더 이상 그들을 믿지 않았지만 그들에게 무기가 있었기 때문에 따를 수밖에 없었다. 그들은 인적 없는 으슥한 곳으로 데려가 권총을 뽑더니 소년들에게 벽 쪽으로 걸어가라고 했다. 벤 헬프고트는 그들의 애국심에 매달려 호소하기 시작했다. 우리는 전쟁의 고통을 함께한 같은 폴란드인이며, 전쟁이 끝났으니 서로 도와야 하지 않겠느냐고 외쳤다. 결국 측은하게 생각한 남자가 동료에게 말했다. "이놈들은 내버려두자고. 아직 어리잖아." 그들은 권총을 치우더니 기차역으로 돌아가는 길은 알아서 찾아가라며 낄낄대면서 떠났다.

전후 폴란드는 유대인들에게 가장 위험한 나라였다. 독일이 항복하고 난 뒤 1946년 여름까지 적어도 500명의 유대인이 폴란드인에게 살해됐다. 그러나 대부분의 역사학자는 약 1500명으로 추정하고 있다. 보고된 사건 중 벤 헬프고트의 경험처럼 개별적인 사건은 드물다. 심지어 살인이 벌어진 경우에도 거의 기록으로 남겨지지 않은 탓에 정확한 수치를 파악하기는 불가능하다. 그들은 기차에서 쫓겨났고, 소지품을 빼앗기고 숲으로 끌려가 사살됐다. 지역의 민족 집단들은 유대인들에게 쫓겨나거나 살해될 거라는 경고의 편지를 보냈다. 버려진 시체들의 주머니에는 이런 메모가 있었다. "이것이 살아남은 모든 유대인의 운명이다."

헝가리에서 있었던 '피의 비방'이라는 중상모략이 또다시 거론됐다. 제슈프에서는 "수용소에서 돌아온 뒤로 피가 필요해진 유대인들"이 사람을 제물로 삼기 위한 살인을 벌이고 있다는 소문이 퍼졌다. 그런 소문 중에는 1945년 6월 브로니스와바 멘돈이라는 9세 소녀가 "종교의식을 위해 피를 빨려" 죽었다는 이야기도 포함되었다. 그로 인해 폭동이 일어났고 유대인은 구타당하고 재산을 빼앗겼다. 당시 한두 명의 유대인이 살해된 것으로 추정된다. 크라쿠프에서는 기독교인 아동 한 명이 유대교 회당 안에서 살해됐다는 소문이 퍼지자 본격적인 포그롬이 발생했다. 유대인을 추격하다 시나고그로 몰려간 군중 중에는 폴란드 경찰과 민병대도 섞여 있었다. 결국 수십 명의 유대인이 크게 다치고 다섯 명 이상 살해되는 폭력 사태가 벌어지고 말았다. 병원에 수용된 유대인들은 또다시 두들겨 맞았다. 간호사들은 그 광경을 방관하며 그들을 "총살당해도 싼 유대인 쓰레기"라고 불렀다.

하지만 전후에 가장 유명한 (또한 단연 최악의) 포그롬은 폴란드 중남부 키엘체에서 일어났다. 이 사건은 1946년 7월 4일 아침, 헨리크 브와슈치크라는 여덟 살 소년의 거짓 신고로 시작되었다. 소년은 어떤 유대인이 자신을 유괴해 플랜티 거리 7번지에 있는 유대인위원회 건물 지하에 가둬두었다고 고발했고, 지목된 유대인은 곧 붙잡혀 흠씬 두들겨 맞았다. 사람들은 종교의식에 희생될 위기에 처한 다른 아이들을 구출하기 위해 모여들었다. 지역사회에는 아이들이 납치되고 있으며 유대인이 기독교도 아이들을 죽이고 있다는 소문이 빠르게 퍼졌다. 사태를 진정시키려는 유대인위원회 위원장의 노력은 무의미했다.

한 시간 뒤 경찰이 문제의 건물을 수색하러 왔으나 아이들을 찾아내기는커녕 지하 공간도 없었다. 그들은 거짓말을 한 소년을 꾸짖고 집으로 돌려보냈으나 이미 엎어진 물이었다. 건물 주변에 모여든 사람들이 창문을 향해 돌을 던지기 시작했다. 얼마 후 소란을 진정시키기 위해 100명이 넘는 군인이 도착했다. 이때 누군가 총을 발사하자 군인들은 경찰과 합류하여 건물 안으로 달려들었고, 그곳에서 찾아낸 남녀를 끌어내 흥분한 군중 속으로 떠다밀었다.

바루흐 도르프만은 스무 명의 다른 사람들과 함께 그 건물

3층에 있었는데, 방 앞에 바리케이드를 치고 있었다.

하지만 그들은 문으로 총을 쏘아대서 우리 중 한 명을 다치게 했고, 나중에 그는 이 부상 때문에 죽었다. 그들은 쳐들어왔다. 제복을 입은 병사들과 약간의 민간인이었다. 나는 그때 다쳤다. 그들은 우리에게 밖으로 나가라고 명령했다. 그들은 우리를 두 줄로 세웠다. 계단 쪽에는 민간인과 여성들이 모여 있었다. 군인들이 총 개머리판으로 우리를 때렸다. 민간인 남자와 여자들도 우리를 구타했다. 나는 제복 같은 조끼를 걸치고 있었는데, 그래서인지 그들에게 맞지 않았던 것 같다. 나는 광장으로 내려왔다. 나와 함께 끌려 나온 다른 사람들은 총검에 찔리고 총에 맞았다. 우리에게 돌이 던져졌다. 그때까지도 나는 무사했다. 나는 광장을 가로질러 출구로 향했지만 그들은 내 표정에서 유대인이라는 걸 알아챘다. 누군가 "유대인이다!"라고 외치자 그들은 나를 공격했다. 돌멩이들이 날아들고 총 개머리판으로 맞았다. 내가 의식을 잃었다가 다시 정신을 차릴 때마다 그들은 돌과 개머리판으로 다시 때렸다. 내가 땅바닥에 나뒹굴 때 누군가 나를 죽이려 하자 다른 사람이 "쏘지 마, 어차피 이놈은 뒈질 거야"라고 말하는 걸 들었다. 나는 또 기절했다. 정신을 차렸을 때는 누군가가 나의 양다리를 잡고 질질 끌고 가더니 트럭 위에 던져 올렸다. 이건 다른 군인들이었다. 왜냐하면 나는 키엘체에 있는 병원에서 깨어났기 때문이다.

몇몇 목격자는 유대인들이 창문 밖으로 내던져진 장면을 기억하고 있다. 유대인위원회 위원장은 도움을 청하러 전화를 걸다가 등 뒤에서 총에 맞았다. 정오 직후 루드비코프 주물 공장 노동자 600명이 도착했을 때 15명 또는 20명의 유대인이 쇠막대기에 맞아 죽었다. 다른 유대인들은 사람들이 던진 돌이나 군경의 총에 맞았다. 사망자 명단에는 폴란드를 위해 싸워 최고 무공훈장을 받은 유대인 병사 3명 그리고 외관상 유대인처럼 보이는 폴란드인 2명이 포함돼 있었다. 또한 이날 사망자 중에는 임신한 여성과 갓난아기와 함께 총에 맞은 여성도 있었다. 결국 키엘체에서 총 42명의 유대인이 살해됐고 80명이 부상을 입었다. 추가로 약 30명이 현지 철로와 관련된 공격으로 사망했다.

이 학살에서 놀라운 점은 남성뿐만 아니라 여성 그리고 법과 질서를 유지해야 할 경찰 민병대와 군인까지 폭력에 가담했다는 사실이다. '피의 비방'이라는 인종차별적 신화가 소환되었으나 가톨릭교회는 이 신화를 물리치기 위한 어떠한 반박도 하지 않았고 포그롬을 비난하는 어떤 규탄도 하지 않았다. 실제로 폴란드 대주교 아우구스트 흘론트 추기경은 대학살에는 인종주의적 동기가 없으며, 만일 사회에 어떤 반유대주의적 징후가 있다면 이는 "현재 폴란드 정부에서 주도적인 위치를 차지하고 있는 유대인들"의 과실 때문이라고 주장했다.

지역 및 전국 공산당 지도자들은 주요 참가자들 가운데 일부를 기소하고 부상자들을 우치로 보호 이송하기 위해 특별 열차를 내줌으로써 우호적인 반응을 보였으나, 당일에는 침묵을 지켰다.

지역 당서기가 밝힌 이유는 "사람들이 공산당을 유대인의 옹호자라고 말하는 걸 원치 않았기 때문"이었다. 내무장관 야쿠브 베르만은 유대인이었지만 포그롬이 계속되는 동안 폭도를 막기 위해 과감한 조치를 단행해야 한다는 제안을 거부했다. 결국 고위 당국자조차 도울 수 없거나 돕고 싶지 않다는 것을 스스로 입증한 셈이었다. 헝가리에서와 마찬가지로 폴란드 공산당원들(심지어 유대인 당원들조차)은 모든 관계에서 유대인과 가능한 한 거리를 두려고 노력했다.

유대인 대탈주

동유럽에서 반유대주의적 폭력에 대한 반응은 극적이었다. 전후에 폴란드로 귀국한 많은 유대인 생존자 중 일부는 고향에서 사는 것보다 차라리 그들을 박해한 나라가 더 안전하다고 느끼고 다시 독일로 돌아갔다. 그들이 전해준 이야기들은 다른 유대인들이 집으로 돌아가는 것을 포기하게 했다. 미하엘 에트킨트가 들은 충고는 "무슨 짓을 해서라도 폴란드로 돌아가지 말라. 폴란드인들이 나치 수용소에서 돌아오는 모든 유대인을 죽이고 있다"는 말이었다. 하리 발삼도 같은 말을 들었다. "폴란드에선 놈들이 유대인들을 죽이고 있는데 폴란드로 돌아가길 바라다니, 분명 미친 게틀림없다고 그들은 말했다. (…) 폴란드인은 독일인이 저지르지 못한 짓까지 자행하고 있으며, 그들은 운 좋게도 도망쳐 살아남을 수 있었다고 말했다." 일찍이 1945년 10월에 공동배급위원회의 요 제프 러빈은 뉴욕에 보내는 편지에 "모두가 폴란드인에 의한 살인 과 약탈을 증언했으며, 모든 유대인이 폴란드에서 탈출하기를 원 하고 있다"고 썼다.

다행히도 많은 폴란드계 유대인을 비롯해 동유럽 몇몇 국가 의 유대인을 위한 탈출로가 마련돼 있었다. 전쟁 직후 여러 유대 인 단체는 브리차Brichah('탈출Flight'이라는 뜻의 히브리어)라 불리 는 조직을 결성해 폴란드, 체코슬로바키아, 헝가리, 루마니아 곳 곳에 일련의 아지트와 운송 수단, 비공식 월경越境 지점을 확보하 기 시작한 것이다. 처음에는 경비병들에게 돈과 술을 주고 유대인 들을 트럭에 태워 국경을 빠져나가게 하는 은밀한 조직이었으나, 1946년에는 동유럽 정부들로부터 준공식적인 지위를 얻었다. 그 해 5월 폴란드 총리 에드바르트 오숩카-모라프스키는 유대인들이 팔레스타인으로 이주하려는 것을 정부가 막지 않겠다고 공개적으 로 밝혔다(이는 키엘체 포그롬 이후 그가 거듭 선언한 내용이다). 포그 롬 직후, 바르샤바 게토 봉기 지도자 중 한 명인 이츠하크 '안테크' 추키에르만과 폴란드 국방부 장관 마리안 스피할스키 사이에서 공식적인 월경 지점이 교섭됐다. 브리차에 참가한 다른 저명한 인 사들도 헝가리, 루마니아, 나아가 독일에서도 미군 당국은 국경 통 과 지점을 편제했고, 게다가 체코에서는 유대인 난민 수송을 위해 전국을 횡단하는 특별 열차를 제공하기로 합의했다.

서방으로 향하는 유대인의 수는 상당했지만, 키엘체 포그 롬 직후 극적으로 증가했다. 1946년 5월 브리차는 폴란드에서

3502명의 탈주를 조직했다. 이어서 6월에는 약 8000명으로 증가했다. 그러나 포그롬 이후 7월에는 수치가 1만9000명으로 갑절 이상 증가했고, 8월에는 3만5346명으로 다시 거의 두 배가 됐고, 9월에는 1만2379명으로 다시 감소했다. 다만 개인 투기꾼이나 밀수업자의 도움을 얻어 다른 방식으로 폴란드를 탈출한 1~2만 명은 이 수치에 포함되지 않았다. 또한 브라티슬라바의 공동배급위원회는 키엘체 이후 3개월 동안 약 1만4000명의 헝가리계 유대인이 체코슬로바키아를 거쳐 빠져나왔다고 보고했다. 이로써 1946년 7~9월까지 9만 명에서 9만5000명의 유대인 난민들이 동유럽에서 탈출한 것으로 추정된다.

종전 후 2년간 서방으로 빠져나온 유대인의 수는 폴란드에서 약 20만 명, 헝가리에서 약 1만8000명, 루마니아에서 약 1만9000명, 그리고 체코슬로바키아에서 약 1만8000명가량으로 추정된다. 마지막 그룹은 대부분 유대인이었기 때문이 떠났다기보다는 체코인들이 그들을 독일인으로 여겼기 때문에 쫓겨났다고 할 수 있다. 여기에 1948년부터 1950년에 앞의 나라들에서 도망친 4만 명가량의 유대인을 포함하면, 반유대주의 박해로 고국에서 쫓겨난 사람은 총 30만 명에 육박한다. 이 수치는 다소 절제된 추산이다.

이 유대인은 모두 어디로 갔을까? 단기적으로 그들은 독일과 오스트리아, 이탈리아의 난민 수용소를 목적지로 삼았다. 자신들에게 구원을 제공한 곳이 과거의 추축국이라는 것은 아이러니가 아닐 수 없다. 하지만 그들의 장기적 목표는 유럽 본토를 완전히 떠나는 것이었다. 많은 사람이 영국이나 대영제국 내 여러 지역으로 가기를 원했고, 더 많은 사람이 미국으로 이주하기를 원했다. 하지만 대다수는 팔레스타인으로 가기를 바랐다. 그들은 시온주의자들이 유대인 국가 건설을 추진 중이라는 것을 알고 있었고, 그러한 국가만이 현실적으로 반유대주의로부터 안전한 장소라고 판단했다.

그들은 이 목표를 달성하는 데 영국을 제외한 거의 모든 나라의 도움을 받았다. 소련은 유대인이 유럽에서 탈출하는 데 완전히 만족했기 때문에 그들의 앞길을 방해하지 않고 (오로지 그들에게만) 국경을 개방했다. 폴란드인과 헝가리인은 이미 우리가 살펴봤듯이, 유대인의 삶을 불편하게 하는 일이라면 무엇이든 했던 만큼 그들을 떠나보낼 수 있는 모든 수단을 동원했다. 루마니아인, 불가리아인, 유고슬라비아인, 이탈리아인, 프랑스인은 유대인들이 성지로 향하는 배에 오를 수 있도록 항구를 제공했고, 그들을 단념시키려는 노력을 거의 하지 않았다. 무엇보다도 유대인을 도운 사람들은 미국인이었다. 유대인이 미국으로 들어오는 것을 허용하는 차원이 아닌, 그들이 영국이 지배하고 있는 팔레스타인으로 향하도록 지원한 것이다. 난민에 관한 트루먼 대통령의 특별 지시에 따라 미국 입국을 허가받은 유대인은 겨우 1만2849명이었지만, 미국은 팔레스타인이 10만 명의 유대인을 받아들이도록 영국에 외교적 압력을 행사했다.

영국은 동유럽에서 밀려오는 유대인 대탈주를 막으려고 절치부심한 유일한 국가였다. 영국은 국가 건설을 추진하는 유대인 대다수는 히틀러 강제수용소의 생존자가 아니라 카자흐스탄과 소련의 다른 지역에서 전쟁의 나날을 보낸 자들이라고 지적했다. 또한 유대인이 고향으로 돌아가는 게 '안전'하다고 봤기 때문에 영국인들이 왜 유대인들에게 피난처를 제공해야 하는지 이해하지 못했다(소련과 동유럽 국가들도 공평하게 부담을 져야 한다고 생각한 것이다). 영국은 독일 내 히틀러의 희생자들에게는 기꺼이 피난처를 제공했지만, 전쟁과 거의 관련이 없는 새로운 유대인 난민 물결을 환영하는 문제에는 분명히 선을 그었다. 미국과는 달리 영국은 자국이 관리하는 난민 수용소에 새로운 유대인이 유입되는 것을 거부했다.

나중에 깨닫긴 했지만, 영국은 이 새로운 유대인 난민 물결이 반유대주의에 대한 두려움 때문이 아니라 유대인 국가 수립이라는 대의 아래 이스라엘에서 동유럽으로 간 시온주의자들이 신병들을 모집할 목적으로 일으킨 것이라 믿었다. 영국의 입장을 고려해서 공정하게 말하자면, 브리차 운동조직은 실제로 팔레스티나인 시온주의자가 대부분이었지만 팔레스타인으로 피난하고 싶은 유대인들의 새로운 열망이 시온주의자로부터 비롯되었다는 가정은 완전히 잘못 짚은 것이다. 예후다 바우어와 같은 역사학자들이 결정적으로 보여주었듯이, 탈주의 추진력은 오로지 난민들로부터 비롯됐다. 시온주의자들은 단지 그들에게 지향해야 할 장소를 제시했을 뿐이다.

또한 영국은 유럽의 유대인들이 팔레스타인으로 떠나도록 허용하는 것, 특히 홀로코스트 직후에 그렇게 하는 것은 도덕적으로 옳지 않다고 열렬히 주장했다. 영국 외무부에 따르면, 그것은 "확실히 궁여지책"이며 "실제로 유럽에 유대인을 위한 자리는 없다고 한 나치의 주장이 옳았음을 입증"하는 것이다. 영국 외무장관 어니스트 베빈은 "유대인들이 재건에 사활을 걸고 있는 이 유럽에 머물 수 없다면, 제2차 세계대전을 치른 것에 의미가 없다"라고 확신했다.

영국의 도덕철학적인 호소는 그렇다 치고, 그들이 꺼리는 진짜 이유는 정치적인 것이었다. 영국은 중동에서 아랍인과 유대인이 충돌할 수 있는 잠재적 상황을 만들고 싶지 않았다. 그러나 유럽에 있는 파트너들의 강력한 협조 없이는 서방으로 계속되는 유대인의 탈주를 막을 수 없었다. 유대인들이 팔레스타인에 도착하는 것을 막으려는 영국의 노력은 다소 성공적이었다. 수만 명의 유대인 이민자를 태운 지중해의 배들에 영국 해군이 승선해 키프로스의 특별 난민수용소로 진로를 변경시킨 것이다.

그러나 이것은 단지 카뉴트주의Canutism[멈출 수 없는 조류를 멈추려는 헛된 수고]에 지나지 않았고, 결국 유대인 국가 설립이라는 역사적 사건의 흐름을 막기 위해 영국이 할 수 있는 일은 거의 없었다. 1946년 여름, 시온주의자들은 팔레스타인에서 영국인을 상대로 일련의 테러 작전을 개시했다. 이것은 전후 영국에서 반유대주의를 고조시킨 주요 원인으로, 이듬해 영국군은 예루살렘 주둔지의 군사력을 축소하기 시작했다. 1947년 1월 말 시온주의자들의 맹렬한 로비 끝에 유엔은 유대인이 그들의 국가를 세울 수 있도록 팔레스타인 일부를 떼어주는 안을 표결했다. 그리고 마침

지도 5 팔레스타인으로 향하는 유대인

내 1948년 유대인과 아랍계 팔레스타인 사람들 간의 아슬아슬한 내전을 거친 뒤 이스라엘 국가가 공고히 수립됐다. 유대인들은 세상의 작은 한구석에 독립국가를 이룰 수 있는 자유를 얻은 것이다.

이 책에서는 그 후로 이스라엘인과 아랍인 사이에 벌어진, 오늘날 신문 지면을 채우고 있는 잔인한 분쟁에 대해 논하지 않겠다. 다만 유대인은 당시에 천재일우의 기회를 얻었다고만 언급하고 넘어가겠다. 비록 한 팔레스타인 역사학자는 "왜 홀로코스트에 대한 대가를 (아랍인들이) 치러야 하는지 모르겠다"고 불평했지만, 그들의 최근 역사를 돌이켜볼 때 국가를 수립하고자 한 유대인의 소망을 비난하기는 어렵다. 어쨌거나 수많은 유럽계 유대인들은 자신이 주인이고, 박해받을 걱정이 없으며, 스스로 의제를 결정할 수 있는 나라를 마침내 갖게 됐다. 이스라엘은 '약속된 땅'일 뿐만 아니라 '희망의 땅'이기도 했다.

하지만 그로 인해 한때 유대인이 살았던 유럽의 여러 지역은 돌이킬 수 없을 만큼 변해버렸다. 특히 폴란드는 전쟁 전의 문화적·민족적 용광로의 면모를 찾아볼 수 없게 되었다. 그보다는 덜할지언정 전체적으로 동유럽도 마찬가지였다.

1948년까지 동유럽 지역은 히틀러 시대보다 훨씬 더 유덴프라이Judenfrei[독일어로 '유대인으로부터 자유로운'이라는 뜻으로, 나치의 홀로코스트로 유대인이 인종청소된 곳을 가리킨다]가 됐다.

우크라이나와
폴란드의 인종청소

전쟁 직후 고향에서 쫓겨난 사람들은 유대인만이 아니었다. 또한 그들만 폭도, 경찰, 무장 민병대로부터 폭력을 당한 것도 아니었다. 홀로코스트 생존자들의 주장대로 전쟁 중에는 유대인만 선별적으로 고통을 당했더라도 전쟁이 끝난 후에는 더 이상 그런 상황이 이어지지 않았다. 앞서 소개한 대로 유대인 학대 이후, 즉 해방 이후 민족주의 폭력의 진짜 초점은 다른 소수민족으로 향했다. 키엘체에서 유대인 학살이 벌어진 바로 그해, 폴란드의 다른 지역에서 일어난 사건을 살펴보기만 해도 알 수 있다.

1946년 1월 말, 스타니슬라프 플루토 대령 휘하의 폴란드 제34보병연대의 병사들이 폴란드 동남부 사노크 근처에 자리한 자바트카 모로호프스카(또는 우크라이나어로 '자바드카 모로치브스카') 마을을 포위했다. 이 촌락에는 오로지 우크라이나 민족만 살고 있었는데, 그곳에서 사건이 일어난 유일한 이유는 그들의 혈통 때문이었다. 목격자들에 따르면, 전쟁 중에 일어난 모든 참사가 그렇듯이 군대의 도착은 피비린내 나는 학살의 전조였다.

새벽에 폴란드 군인이 마을에 들이닥쳤어요. 마을 남자들은 모두 숲으로 도망치기 시작했고, 남아 있던 사람들은 다락방이나 지하실에 숨으려 했지만 소용이 없었죠. 군인들은 모든 곳을 샅샅이 뒤졌으니까요. 남자는 잡히자마자 그 자리에서 살해당했죠. 남자를 찾을 수 없을 때는 여자나 아이들을 때려눕혔습니다. (…) 제 아버지는 다락방에 숨어 있었는데, 그들은 아버지를 찾기 위해 엄마에게 사다리를 타고 올라가라고 위협했죠. 그들은 소총 개머리판으로 몇 번씩이나 엄마를 때리면서 지시했어요. 엄마가 사다리를 오르는데 갑자기 사다리가 부서졌고 바닥으로 떨어진 엄마는 팔꿈치를 다쳤는데, 폴란드인 다섯 명이 총 개머리판으로 또다시 엄마를 짓찧었어요. 엄마가 못 일어나자 놈들은 군홧발로 걷어차기 시작했어요. 네 살배기 딸과 함께 있던 저는 엄마에게 뛰어가 막아주고 싶었지만, 군인들이 저와 아이마저 때리기 시작했습니다. 의식을 잃었다가 깨어나보니, 엄마와 딸은 죽었고 마을이 불타고 있었습니다!

이튿날 우크라이나인 빨치산들이 이 지역에 도착했을 때 마을은 완전히 잿더미가 되어 있었다. "오직 연기가 자욱하고 검게 그을린 폐허와 인간이라기보다는 몇몇 유령을 닮은 그림자만 움직이고 있었다." 마을은 철저히 약탈당했으며 가축은 남아 있지 않

제3부 인종청소

았다. 폴란드 군인들은 마을 사람 수십 명을 죽였으며 대개는 여자와 어린이였다. 더 가혹한 것은 그들이 살해한 방식이었다. 맞아 죽거나 배가 갈라졌거나 불에 태워졌다. 여자들은 유방이 잘리거나 눈이 도려내졌고 코가 깎이거나 혀가 잘렸다. 학살에 가담한 어느 폴란드 군인은 "우리 가운데 도살을 즐기는 자들이 있었다"고 했다.

이 대량 학살에 관한 역사 자료는 대부분 폴란드인의 잔인성을 묘사하는 데 기득권을 가진 우크라이나 측에서 나왔지만, 어느 정도 윤색을 감안하더라도 그 잔인함을 부인할 수 없다. 더욱이 그것으로 끝난 게 아니었다. 두 달 뒤 자바트카 모로호프스카로 돌아온 폴란드 군대는 살아남은 마을 주민들에게 물건을 챙겨서 소련 영내의 우크라이나로 이동하라고 지시했다. 학교와 교회를 제외한 나머지 건물은 모조리 불태워졌고, 만에 하나 마을 사람들이 머무를 경우 어떻게 되는지 경고하기 위해 열한 명의 남자가 사살됐다. 마지막으로 4월에 마을 사람 몇 명이 더 살해되고 교회와 학교도 파괴됐고, 주민 전체가 폴란드령에서 강제 추방됐다. 이 학살 작전에서 약 56명이 도륙당하고 더 많은 사람이 치명적인 부상을 당했다. 이 마을은 지도에서 지워졌다고 할 수 있다.

자바트카 모로호프스카 학살은 무법적인 폭도가 아닌 군대가 저지른 것이라는 점에서 키엘체 포그롬(유대인 대학살)과 다르다. 폴란드에서 유대인 학대와 살해는 반유대주의 풍조가 불러온 보편적 현상이었다. 반유대주의자들은 유대인을 공격해도 처벌받지 않을 것이라 확신했다는 점에서, 그것은 정부가 방조한 결과였다. 결국 키엘체 포그롬의 가해자 중 몇 명은 재판에 회부됐고, 그 죄과로 처형을 당했다. 이와 대조적으로, 자바트카 모로호프스카에서 우크라이나어를 쓰는 주민을 대량 학살한 사건은 정부의 공식 방침에서 비롯된 직접적인 결과였다. 군대는 우크라이나계 사람들을 제거하기 위해 폴란드 동남부에 파견됐다. 유대인은 마을에서 떠나도록 '촉구'되었던 반면 우크라이나인은 강제로 쫓겨났으며, 떠나기를 거부한 자는 죽거나 강제로 퇴거당했다. 자바트카 모로호프스카에서 그랬듯이, 일반적으로 군대가 과도하게 열성적으로 행동한 경우에도 제재를 받지 않았다. 정부 입장에서 중요한 것은 그들이 성공적으로 임무를 수행하는 것이기 때문이다.

자바트카 모로호프스카는 수천 개의 사건 중 하나로, 빙산의 윗부분이었다. 민족적 소수자에 대한 박해와 추방은 유럽 전역, 특히 유럽 중부와 동부 지역에서 일어났다. 그러나 폴란드에서 발생한 사건들은 특히 중요했다. 부분적으로는 인종청소가 가장 포괄적으로 발생한 국가이기 때문이기도 하지만, 폴란드·우크라이나 문제가 유럽의 나머지 지역에 중대한 영향을 끼쳤기 때문이다. 소련은 폴란드뿐만 아니라 동유럽권 전역에서 민족주의를 이용하려는 아이디어를 바로 여기에서 얻었다. 그리고 유럽 대륙 전역에 인종청소의 본보기를 제공한 것 역시 폴란드인과 우크라이나인의 상호 추방이었다.

하지만 자바트카 모로호프스카 마을과 비슷한 사건들을 제대로 이해하기 위해서는 그 시작점으로 돌아갈 필요가 있다. 많은 역사가가 지적했듯이, 폴란드의 인종청소는 고립적으로 일어난 게 아니라 전무후무한 대전쟁의 여파로 생겨난 것이다. 폴란드인은 단순히 추방이라는 목적으로 우크라이나인을 제거한 게 아니다. 제2차 세계대전이라는 거대한 전쟁이 있었기에 이렇듯 과격한 행동 욕구가 솟구쳤고 가능했다.

폴란드와 우크라이나 간 민족적 폭력의 기원

폴란드 동부 국경지대는 전쟁 중에 한 번도 아닌 세 번이나 침공을 당했다. 처음에는 소련, 이어서 나치, 마지막에는 다시 소련이 공격한 것이었다. 다양한 민족이 거주하는 이 지역의 민족 공동체들은 저마다 다른 방식으로 대응했다. 폴란드계 주민 대부분은 폴란드가 어떻게든 전쟁 전의 상태로 돌아갈 수 있을 거라는 희망으로 나치든 소련이든 저항했다. 반면 우크라이나계 주민은 분열 양상을 보였다. 그들은 1930년대에 우크라이나의 소련령 지역을 지배한 잔인한 통치 방식 때문에 러시아인을 두려워하고 증오했고, 그런 이유로 처음에는 독일인을 해방자로서 환영했다. 그러는 동안 유대인들은 어느 쪽을 의지해야 할지 몰랐다. 많은 유대인은 소련이 들어왔을 때 폴란드인과 우크라이나인의 반유대주의로부터 자신들을 구원해주지 않을까 기대했다. 그 이후에는 독일이 소련의 박해로부터 자신들을 구해주기를 희망하는 유대인도 있었다. 1943년 말, 세 번째 침략을 받을 때까지 살아남은 소수의 유대인은 외부자의 국적이 무엇이든 누구도 믿을 수 없게 됐다.

소련과 나치는 이곳의 민족 집단들이 서로 싸우도록 부추겼다. 나치는 특히 우크라이나인의 민족 정서를 이용해 다른 민족들을 탄압하고자 했다. 심지어 침공 이전에도 나치는 우크라이나 극우 정치단체들, 특히 우크라이나 민족주의자 조직OUN, Organisation of Ukrainian Nationalists과 접촉했다. 이 조직은 크로아티아의 우스타샤나 루마니아의 철위단鐵衛團, Iron Guard[1936년에 결성된 파시스트당]과 같은 비합법적 민족주의 운동단체로, 목적을 달성하기 위해서라면 폭력 사용을 마다하지 않았다. 나치는 협력의 대가로 (소련으로부터) 우크라이나 독립을 약속했다. 이 음습한 조직의 가장 강력한 파벌은 독일을 신뢰하지 않았지만 다른 파벌들은 나치에게 이용당하기를 갈망했다. 자신들이 원하는 것을 나치가 제공할 거라고 생각하기도 했지만 나치의 불순한 목적을 공유했기 때문이기도 하다.

우크라이나 민족주의자 조직과 나치의 가장 부끄러운 합작은 유대인을 절멸시키려는 의도였다. OUN은 수년간 '우크라이나인을 위한 우크라이나'라는 민족적 순수성과 혁명 테러의 이점을 부르짖어왔다. 특히 볼히니아 지역에서 '최종적 해결Final Solution'[나치 독일에 의한 계획적인 유대인 민족 말살]을 실행한 것은 OUN 추종자들에게 이 슬로건이 그럴싸한 수사가 아니라는 걸 입증했다. 사람들 앞에서 공공연하게 자행된 그들의 대량 학살은 향후 이 지역에서 벌어지는 모든 인종청소의 본보기가 됐다. 과거에는 상상할 수 없었던 일이 이제 뚜렷한 가능성으로 바뀐 것이다.

1만2000명의 우크라이나인 경찰은 1941년부터 1942년까지 나치가 볼히니아 유대인들 20만 명 이상을 제거하기 위해 사용한 전술에 익숙해졌다. 그들은 대독 부역자로서 이 작전 수행에 끼어 들었고, 현지 주민들을 안도시키기 위해 확신을 심어주었다. 하지만 주민들은 돌연 유대인 마을과 정착촌을 포위하는 데 이용됐고, 심지어 살육 행위에 가담하게 됐다. 유대인 대학살은 이후에 자행될 사건에 대한 완벽한 예행연습이었다.

　　1942년 말, 독일군이 힘을 잃고 있다는 사실이 명백해지자 우크라이나계 경찰들은 한꺼번에 직책을 내려놓았다. 그러고는 무기를 가지고 우크라이나 민족주의자 조직의 새로운 무장 빨치산 단체인 우크라이나 봉기군UPA, Ukrainian Insurgent Army에 합류했다. 그들은 나치 밑에서 배운 솜씨를 민족의 적(이 지역에 남아 있는 소수의 유대인뿐만 아니라 많은 폴란드계 주민)을 상대하는 데 발휘했다.

　　폴란드인 대학살은 우크라이나계 경찰이 유대인 대학살과 가장 밀접하게 연루됐던 지역, 즉 볼히니아에서 시작됐다. 이곳에서 인종청소가 시작된 데는 여러 요인이 있었다. 우선 광활한 삼림과 습지대가 갖춰져 있어 빨치산 활동에 매우 적합했고, 고립된 폴란드인 공동체를 공격하기에 다른 곳보다 쉬웠다. 이전에 유대인을 척결할 때도 이러한 이점을 활용했다. 이미 금기는 깨져 있었다. 이곳의 우크라이나인 청년들은 살상 훈련을 받았고 대량 살상에 길들여졌다. 그래서 그들은 1942년 말 이 지역에서 인종청소가 벌어졌을 때 상대적으로 외부적 제약이나 개인적 제약으로부터 자유로웠고 두려울 게 없었다.

　그로부터 몇 년간 이어진 광란의 도륙에서 폴란드인 공동체는 노인과 여성뿐만 아니라 갓난아기에 이르기까지 살해됐다. 가령 폴란드계 주민이 사는 올렉시에타 마을은 1943년 부활절 기간에 공포감을 조성하기 위해 면밀히 고안된 작전으로 불태워졌다. 비소츠코 비즈네에서는 열세 명의 아동이 가톨릭교회에 갇힌 채 불태워졌다. 볼라 오스트로비에츠카에서는 폴란드인 주민이 모두 학교 운동장에 갇혔다. 남자들이 다섯 명씩 근처 축사로 끌려가 도륙되어 죽어가는 동안 여자와 아이들은 학교 안으로 내몰린 뒤 수류탄과 방화로 몰살됐다.

　포트카미엔 마을에서는 외딴곳의 농장과 소규모 촌락들이 심야 기습을 당해 거주자들이 집에서 쫓겨났다. 그들은 공격당할까 봐 들판에서 머물렀으나 결국 피난처를 찾아 현지 수도원으로 들어갔다. 그러나 1944년 3월 12일, 수도원은 우크라이나 봉기군에게 포위됐다. 몇 사람은 창문 밖으로 뛰어내려 가까스로 탈출했지만 (수도사들을 포함해) 나머지 주민은 모두 죽임을 당했다. 살아 있는 나머지 폴란드인에 대한 경고로 그들의 시체가 수도원 주변에 거꾸로 매달려졌다.

　이런 사례들은 1943년과 1944년 사이에 폴란드인이 거주하는 수백 개 마을에서 벌어진 폭력에 비하면 한 줌의 사례에 불과하다. 폴란드를 비롯해 독일과 소련이 보관하고 있는 사료에 따르면, 우크라이나인 빨치산들은 희생자의 목을 베고, 십자가에 못 박고, 손발을 절단하고, 내장을 뽑는 데 탐닉했으며, 아직 남아 있는 폴란드인 공동체가 공포에 휩싸이도록 시신을 전시하기도 했다. 그들은 집과 교회를 불태우고 마을을 파괴했고, 손에 잡히는 대로 약탈했다. 폴란드 동부와 우크라이나 서부 전역에서 이런 짓이 벌어졌다. 폴란드인 이웃을 보호하려는 우크라이나인도 죽음을 피할 수 없었다.

우크라이나 봉기군의 보고서도 이를 인정했다. 유대인을 몰살한 것처럼 폴란드인들을 철저하게 학살하기 시작했으며 많은 지역에서 성공적이었다고 기록했다. 우크라이나 봉기군의 최고사령관 중 한 명인 드미트로 클리아츠흐키우스키이는 휘하 지휘관들에게 "16세부터 60세까지의 모든 폴란드인 남자를 죽이라"고 통지했고, 또한 "숲속 마을과 숲에 인접한 마을을 초토화하라"고 명령했다. 자비크호스트 지역의 현지 지휘관인 이우리이 스텔마스흐츠후크는 "우크라이나 서부의 모든 주에서 폴란드계 주민에 대한 육체적 말살을 지시받았고, 우크라이나 민족주의자 조직의 지도자들은 이 명령에 따라 우크라이나 봉기군을 여러 부대로 편제해 1943년 8월에 1만5000명이 넘는 폴란드인을 학살했다"고 인정했다.

이런 사태에 대한 대응으로, 일부 지역의 폴란드인들은 독자적으로 민병대를 설립해 자기방어에 나섰다. 폴란드인 지하조직도 우크라이나 봉기군으로부터 공동체를 보호하기 위해 독일 점령자들과 협력하기 시작했다. 볼히니아의 일부 폴란드인은 나치 경찰에 자원해 복수의 기회를 엿보기도 했다. 독일인들은 그들을 영입하게 된 것을 반겼고, 그로 인해 새로운 부역의 물결이 형성됐다. 아이러니하게도 살기등등하게 날뛰고 있는 옛 대독 부역자들(우크라이나인)을 통제한다는 명목으로 말이다. 1944년 소련군이 도착했을 때 많은 폴란드인은 복수를 목적으로 붉은 군대나 내무인민위원회NKVD에 합류했다. 이제 우크라이나계 마을이 불태워지고 수천 명의 농민이 살해당하는 등 우크라이나 봉기군에 대한 공식적, 비공식적인 복수가 감행됐다.

이러한 보복은 우크라이나인 빨치산들에게 추가적으로 폴란드인과 폴란드인 마을을 공격할 명분을 내줬다. 결국은 복수의 악순환에 빠졌다. 전쟁의 마지막 해와 그 직후에, 이 지역 전체는 사실상 내전에 휩싸였다. 볼히니아에서 시작된 민족분쟁은 갈리치아와 폴란드 중부로 확대됐다. 폴란드인과 우크라이나인은 독일군이나 소련군에게 맞섰던 정도를 초월한 에너지로 서로를 살육하고 서로의 마을을 불태웠다. 당시 폴란드인 빨치산이었던 발데마르 로트니크는 이 갈등을 냉정한 어조로 묘사했다.

놈들은 이틀 전 밤에 일곱 명을 죽였고, 우리도 그날 밤에 놈들을 열여섯 명 죽였다. (…) 일주일 뒤 우크라이나인은 폴란드인 거주지 한 곳을 소탕하고 집에 불을 지른 뒤 주민들을 가뒀고, 여자들을 강간하는 짓으로 응수했다. 우리는 훨씬 더 큰 우크라이나인 마을을 공격함으로써 보복했고, 이번에는 우리 부대 소속의 남자 두어 명이 우크라이나계 여자와 아이들을 죽였다. (…) 우크라이나인은 결국 폴란드인 500명이 사는 마을을 파괴했고, 잡아둔 주민을 남김없이 고문하고 살해함으로써 복수했다. 우리는 그놈들의 더 큰 마을 두 군데를 파괴하는 것으로 응징했다. (…) 이런 식으로 싸움이 격화됐다. 매번 더 많은 목숨이 희생되고 더 많은 집이 불태워지고 더 많은 여성이 강간당했다. 남자들은 빠르게 무감각해져서, 마치 다른 건 전혀 느끼지 못하는 것처럼 살인에 몰두했다.

이 시점에서 이 장의 첫머리에서 묘사한 자바트카 모로호프스카의 대학살을 돌아볼 필요가 있다. 이 사건을 단독으로 떼어서 본다면, 인종청소라는 이름으로 자행된 폴란드인의 잔혹한 범죄라는 결론에 쉽게 다다를 수 있다. 하지만 시간 범위를 좀더 넓혀보면, 하루 전날 폴란드 부대가 우크라이나 봉기군 빨치산에게 습격당해 많은 희생자가 발생했다는 인과관계가 드러나면서 그들의 보복 행위가 더 이상 냉혈한적인 소행처럼 보이지 않는다. 시간의 폭을 더욱 넓혀보면 대학살에 가담한 일부는 폴란드인과 우크라이나인 간의 볼히니아 내전에 참여한 적이 있었다는 사실이 드러나면서, 복수의 동기가 훨씬 더 강력해진다. 물론 이러한 맥락이 있다고 해서 자바트카 모로호프스카의 대학살이나 1946년 폴란드 동남부에서 벌어진 다른 우크라이나인 마을에 대한 공격이 정당화되는 건 결코 아니지만, 그러한 사건을 이해하는 데 부분적으로나마 도움이 된다.

심지어 가장 보수적인 추정치에서조차도 볼히니아에서 우크라이나인 빨치산에 의해 약 5만 명의 폴란드계 민간인이 살해됐다고 하고, 더욱이 갈리치아에서는 2만 명에서 3만 명이 희생되었다. 합산하면 9만 명 가까운 폴란드인이 볼히니아 내전 동안 접경

지대 전역에서 목숨을 잃은 것이다. 우크라이나인 사망자도 수천 명에 달했지만, 폴란드인은 노골적인 제노사이드를 계획하고 나선 게 아니었으므로 우크라이나인 공동체의 사망자는 그들이 죽인 폴란드인 수보다 훨씬 더 적은 수치(아마도 총 2만 명)일 것으로 추정된다. 전시 유럽사의 다른 많은 지역과 마찬가지로 이 수치에 대해서는 논쟁의 여지가 있으며, '희생자'라고 주장할 자격이 어느 쪽에 있는가는 폴란드와 우크라이나 역사가들의 지속적인 논쟁거리다. 어떤 의미에서 정확한 수치는 중요하지 않다. 흉포한 내전이 벌어져 양쪽 진영에서 수많은 희생이 발생했다는 정도로 기록해버리면 그만이다. 그러나 다른 의미에서, 특히 유럽 전역에서 민족주의가 다시 창궐하고 있는 풍토에서 수치는 포기할 수 없는 부분이다. 물론 우크라이나인은 폭력의 악순환을 일으킨 OUN이나 UPA의 역할을 인정하길 꺼리고 있으며, 폴란드인 사망자 수를 최소화하기 위해 수치를 왜곡하기도 한다. 반면 일부 폴란드인은 통계를 무기로 내세워 내전의 역사 그 자체를 재편하려 한다. 이렇듯 긴장된 분위기에서는 수치를 둘러싼 어떤 합의에도 도달할 수 없을 듯하다(물론 앞서 내가 제시한 수치들이 인용 가능한 가장 공평한 추정치다).

소련식 민족분쟁 해결방안

1944년 우크라이나와 폴란드를 재침공한 소련은 현지의 민족

분쟁 규모를 알고 놀라움을 금치 못했다. 소련으로서는 제2차 세계대전이 여전히 진행 중인 상황에서 그런 혼란 때문에 보급선이 끊기는 위험을 용납할 수 없었다. 게다가 UPA가 소련군을 공격하기도 했기 때문에 상황을 안정시키기 위해서는 조치를 취해야 했다. 소련의 해법은 간단했다. 같은 영토에서 서로 다른 민족이 평화롭게 살 수 없다면 분리되어야 한다는 것이다. 이 분리는 국가적 규모로 이뤄져야 했다. 다시 말해 폴란드인은 폴란드에, 우크라이나인은 우크라이나 소비에트사회주의공화국[구소련을 구성하는 15개 공화국 중 하나로, 1922년 소비에트연방에 참여했지만 1991년 소련 붕괴 후 현재의 우크라이나로 독립]에 살아야 한다는 것이다.

두 나라의 경계는 1930년대의 폴란드 국경이 아니었다. 국경선이 서쪽으로 이동함에 따라, 우크라이나인이 '서우크라이나'로 여겼던 대부분이 '동우크라이나'로 재통합되는 것이다. 이는 소련 영토를 확장하는 동시에 우크라이나인이 싸워 얻으려 했던 땅을 우크라이나인에게 제공함으로써 OUN과 UPA의 공을 가로채는 것이었다. 이 국경선의 동쪽 구역에 사는 폴란드인은 폴란드로 추방되고, 마찬가지로 이 국경선의 서쪽 구역에 사는 우크라이나인은 '본국 송환'될 참이었다.

이에 대해 논쟁적인 해법이라고 말하는 건 당시 상황을 고려할 때 너무 가벼운 표현일 것이다. 런던의 폴란드 망명정부로서는 우크라이나-폴란드 국경선을 그토록 먼 서쪽으로 변경한다는 건 터무니없는 일이기 때문이다. 소련이 제안한 이른바 커즌 라인 Curzon Line[제1차 세계대전 중에 영국 외상 조지 커즌이 제안한 폴란드와 러시아 간의 국경선]은 발트해 연안국인 에스토니아, 라트비아, 리투아니아의 전체 면적을 합친 것만큼이나 광대한 땅을 폴란드 동부에서 잘라내는 셈이다. 더욱이 나중에 폴란드 도시인 리비우를 우크라이나에 넘기고, 브레스트 리토프스크는 벨라루스에게, 빌노(지금의 빌뉴스)는 리투아니아에게 할양한다는 설계였다. 폴란드에게 이 제안을 받아들이는 것은 사실상 1939년 소련의 폴란드 침공을 승인하는 격이었다.

서방 연합국도 겉으로는 소련식 해결방안에 반대했다. 처칠과 루스벨트는 소련이 이 영역을 장악하는 것에 관한 어떤 제안에도 분노를 표했다. 하지만 두 정치인은 현실주의자였다. 이제는 소련이 이 지역 전체를 점령하고 있는 이상 소련식 해결책에 반대하기 어렵다는 것을 알고 있었다. 어느 국가 정상도 이 사안으로 스탈린에게 맞선 대가를 감수하고 싶지 않았다. 폴란드 주재 미국 대사가 이 문제에 미국이 단호히 맞서야 한다고 제안했을 때 루스벨트는 "당신은 나더러 러시아와 전쟁을 벌이라는 말인가?"라고 날카롭게 쏘아붙였다.

1943년 11월 초, 처칠과 루스벨트는 테헤란에서 스탈린을 처음 만났을 때 폴란드 동부 국경지대를 합병하려는 소련의 계획에 반대하지 않겠다는 뜻을 내비쳤다. 처칠은 이것을 비밀로 하지 않았다. 그리고 얼마 지나지 않아 폴란드 총리 스타니스와프 미코와이치크에게 이를 기정사실로 받아들이도록 설득했다. 물론 미코와이치크는 완강히 거부했다. 루스벨트는 좀더 계산적이었다. 그는 수백만 명의 폴란드계 미국인 유권자의 지지에 의존하고 있었기 때문에 이듬해 재선될 때까지 입장을 분명히 밝히지 않았다. 1945년 2월 얄타 회담에서 3국의 수뇌는 폴란드 동쪽 국경지대가 커즌 라인에 따라야 한다고 공식 선언함으로써 폴란드의 희망은 강타당했다.

이 문제의 비극은 처음부터 끝까지 해당 지역에 거주하는 폴란드계 주민의 의사가 전혀 고려되지 않았다는 것이다. 심지어 테헤란에서 담합이 조율될 때조차 폴란드인 대표단의 의견을 구하지 않았다. 전 세계 폴란드인들에게 이것은 전적으로 영미권의 배신이었다. 처칠과 루스벨트는 1941년 대서양헌장에 서명할 때 "해당 국민이 자유롭게 표현한 희망과 일치하지 않는" 그 어떠한 영토적 변경도 결코 승인하지 않겠다는 약속을 했다. 하지만 테헤란과 얄타에서 소련의 요구에 동의함으로써 그 약속을 저버리고 말았다. 영미 지도층에서도 이에 대한 문제의식을 공유한 사람이 많았다. 폴란드 주재 미국 대사였던 아서 블리스 레인은 그것이 스탈린에 대한 '조건부 항복'인 동시에 전쟁 전 히틀러의 회유와 비슷한 '유화 정책'이고, 심지어 폴란드 동맹국에 대한 미국의 '배신'이라고 말하길 개의치 않았다. 영국에서는 노동당 의원인 존 리스 데이비스가 하원에서 통렬하게 비판했다. "우리는 이 전쟁을 위대한 동기와 고매한 이상으로 시작했습니다. 우리는 대서양헌장을 발표했지만, 그 후 그것에 침을 뱉고 그것을 짓밟고 그것을 화형에 처해, 이제는 아무것도 남지 않았습니다."

소수민족의 강제 '송환'

국경선 변경이 이 지역 주민들에게 어떤 의미인지 얄타 회담에서는 거의 고려하지 않았다. 그것은 스탈린 권력 범위 안의 거래이지 서방 연합국이 현실적으로 영향력을 행사할 수 있는 게 아니었다. 실제로 소련은 이 지역에 도착했을 때부터 평소 방식대로 사람들을 체포하고 추방하기 시작했다. 하지만 스탈린은 신중을 기했고, 얄타 협정이 체결되기 전까지는 대규모적인 폴란드인 강제 이송을 본격화하지 않았다.

소련 입장에서 이것은 꽤 새로운 사태였다. 사실 소련은 민족 문제로 한 지역의 인구를 다른 지역으로 강제 이송하는 작전에 꽤 정통한 상태로, 1920년대와 1930년대에 걸쳐 소련 내 민족 집단들이 체스판 위의 말처럼 옮겨진 바 있었다. 가장 나중의 이동은 1944년 5월 크림반도(당시에는 우크라이나에 속하지 않았다)에서 타타르족을 추방한 것이었다. 그러나 이런 강제 이송은 온전히 민족적 이유라기보다는 정치적이거나 군사적인 고려에 따른 것이었다. 또한 소련 영토 내에서만 실시됐을 뿐으로, 이전까지는 어떤 소수민족도 다른 나라로 추방한 적이 없었다. 그런 까닭에 우크라이나와 폴란드 간의 주민 교환은 소비에트 정책의 현저한 변화를 의미한다.

1944년부터 1946년까지 폴란드인 약 78만2582명이 소련령 우크라이나에서 추방돼 폴란드에 재정착했다. 이에 더해 벨라루스에서는 23만1152명이, 리투아니아에서는 16만9224명이 추방되어 총 120만 명에 가까운 수치를 나타냈다. 이 가운데 상당수는 당국에 의해 떠밀리듯 퇴거할 수밖에 없지만, 1945년 내내 그리고 심지어 1946년까지 이어진 민족적 폭력으로부터 자발적으로 벗어 나도록 독려되기도 했다. 소련과 우크라이나 봉기군UPA은 공통의 목표를 달성하기 위해 특이한 제휴를 한 것처럼 보였다. 가령 마리 아 유제포프스카와 그녀의 가족은 1945년 7월 우크라이나 봉기 군이 체르보노호로드를 불태웠을 때 고향 마을에서 쫓겨났다. 그 러자 소련 당국은 기회를 놓칠세라 곧바로 특별 열차를 보내 우크 라이나 밖 폴란드 갈리치아의 야로슬라프로 추방하도록 했다.

폴란드인도 대부분 폴란드 서남부 갈리치아 출신인 48만 2000명의 우크라이나인을 '본국 송환'하는 것으로 대응했다. 이 과정에서 벌어진 사건이 자바트카 모로호프스카의 대학살로, 그 송환 과정이 얼마나 잔인하게 수행되었는지를 보여준다. 다시 한 번 폴란드 정부의 공식 행동은 민족주의 단체들과 지하조직인 아 르미아 크라요바Armia Krajowa('국내군Home Army')의 비공식 활동 을 동반하게 했다. 무고한 민간인, 심지어 우크라이나인이 아니라 고 생각하는 사람들에게도 잔학행위가 자행됐다. 예컨대 카르파티 아산맥의 베스키디 산계에 거주하는 렘코스Łemkos 민족은 어떤 종류의 민족주의에도 역사적 관심이 없었고 오로지 자신들의 땅 이 온전히 유지되길 원했다. 그러나 그들은 다른 우크라이나어 사 용자들과 함께 표적이 되어 추방됐다. 우크라이나인과 렘코스인의 차이를 설명하려는 지역 지도자들의 시도는 묵살됐다.

당연히 우크라이나인과 렘코스인 중에는 추방에 맞서기 위해

18장 우크라이나와 폴란드의 인종청소

우크라이나 봉기군에게 기대는 자들도 있었다. 폴란드령 갈리치아의 우크라이나 봉기군은 우크라이나 경내의 봉기군처럼 무차별적이지는 않았지만 여전히 적을 살해하고 고문하고 사지를 자르는 데 망설임이 없었다. 당시에 전직 폴란드인 군인이었던 헨리크 얀미엘차레크는 우크라이나 봉기군 빨치산에게 맞아 죽거나, 두 눈이 도려지고 혀가 잘리거나, 나무에 묶여 죽도록 내버려진 전우들에 대해 격정적인 글을 썼다. 그들을 도와줄 존재가 전무했던 현실을 고려할 때 우크라이나인으로서는 빨치산 조직에 합류하거나 그들을 지원하는 것 외에 대안이 없었다. 그러나 갈리치아에서 점점 증가하는 우크라이나 봉기군의 인기는 상황을 격화시킬 뿐으로, 우크라이나인 공동체를 추방하는 폴란드군과 폴란드 당국의 정책에 정당성을 부여했다.

1945년부터 1946년까지, 폴란드의 (우크라이나인) '본국 송환' 작전은 여느 때처럼 잔인했지만 꽤 성공적으로 끝났다. 하지만 중대한 문제에 직면했다. 1945년 말에 이르자 자발적으로 폴란드를 떠났던 우크라이나인 일부가 다시 돌아오기 시작한 것이다. 이들은 설령 폴란드인에게 괴롭힘을 당할지라도 자기가 떠나온 곳보다 우크라이나에서 살아가기가 훨씬 더 힘들다는 걸 확인했기 때문이다. 우크라이나는 폴란드 서남부에 비해 발전이 덜 되었을 뿐만 아니라 전쟁 중에 정권이 수차례 바뀌면서 더욱 피폐해졌다. 더군다나 소련은 많은 폴란드계 우크라이나인에게 그들이 '귀환'하기로 되어 있는 바로 그 나라에 정착하는 것을 허락하지 않았다. 우크라이나 민족주의자 조직 및 우크라이나 봉기군 문제가 확대되는 상황을 막기 위해 75퍼센트가 넘는 폴란드계 우크라이나인을 소비에트 연방의 다른 곳에 강제 정착시킨 것이다. 그 결과 수천 명의 폴란드계 우크라이나인이 다시 폴란드로 돌아왔고, 마을 이웃들에게 그쪽(소련령 우크라이나)으로 가지 말라고 경고했다. 이것은 점점 더 폭력적이고 인종차별적인 폴란드인의 공격에도 왜 수많은 우크라이나인이 추방을 거부했는지를 설명해주는 단서다.

1946년 말, '송환'을 끝내기 위해 소련이 우크라이나와 폴란드 사이의 국경을 폐쇄함으로써 우크라이나어 사용자들을 폴란드에서 모조리 추방하려던 폴란드 당국의 시간도 마침내 끝났다. 그러나 이는 폴란드 당국으로서는 억울한 처사였다. 우크라이나로 추방되지 않은 7만4000여 명의 우크라이나인이 아직 폴란드에 있는 것으로 추정되었기 때문으로, 실제로는 훨씬 더 많은 20만 명이었다. 폴란드 정부는 추방 기한을 연장해달라고 소련에 청원했지만 소용이 없었다.

이제 우크라이나인 추방이 불가능해졌기에 더 이상의 문제는 발생하지 않아야 마땅했다. 만약 우크라이나 봉기군이 테러 활동을 중단했다면, 폴란드 정부는 남아 있는 우크라이나인과 렘코스인을 내버려두려 했을지도 모른다. 폴란드 내부 차원에서 1947년 초에 실행하려던 강제 퇴거 계획도 취소되었을 수 있다. 그렇다면 수 세기에 걸쳐 형성된 갈리치아 우크라이나인 문화는 존속됐을 것이다. 아마도.

그러나 그러한 추정은 무의미하다. 왜냐하면 폴란드인과 우크라이나어 사용 소수민족 간의 긴장이 누그러지지 않았기 때문이다. 그러기는커녕 오히려 고조됐다. 고비는 1947년 3월 28일에 찾아왔다. 그날 폴란드 국방부 차관 카롤 스비에르체프스키 장군이 우크라이나 봉기군에게 암살된 것이다. 이 살해는 폴란드 영내의 우크라이나인들에게 재앙이 되었고, 그들에 대한 온갖 억압적 조치의 정당화 수단으로 이용됐다. 다음 날 폴란드 장교들은 공개적으로 "폴란드 동남부 접경 지역에 남아 있는 우크라이나인 잔당을 쓸어버릴" 계획을 언급하기 시작했다. 폴란드 행정 당국은 즉시 우크라이나어 사용자들을 뿌리 뽑기 위해 이 지역에 대한 또 한 번의 소탕 작업에 돌입했다.

이 군사행동은 비스툴라Vistula(폴란드어로는 비스와Wisła) 작전이라 불린다. 그 목적은 폴란드에서 우크라이나 봉기군을 궤멸하고 나아가 작전 입안자들이 싸늘하게 내뱉은 우크라이나인 문제의 '최종적 해결'을 완결하는 것이었다.

강제 동화정책

비스툴라 작전은 1947년 4월 말에 시작되어 늦여름까지 계속됐다. 그 목적은 우크라이나 봉기군 부대들을 궤멸하고, 국가송환국State Office of Repatriation과 연계하여 "모든 우크라이나 민족을 이 지역에서 서북부 영토로 강제 퇴거시킨 뒤 되도록 분산하여 재정착하게" 만드는 것이었다. 이 작전의 유일한 목적이 우크라이나 봉기군의 지지 기반을 제거하는 것이었다고 주장하는 역사학자들은 폴란드 국가안보국이 폴란드 영토 내에서의 인종청소를 노골적이고 독립적인 임무라고 선언한 사실을 무시한다.

이 작전은 폴란드에 남아 있는 모든 우크라이나어 사용자를 뿌리 뽑는 것으로, 그 대상에는 폴란드인과 우크라이나인 혼혈 가족까지 포함돼 있었다. 그들에게 주어진 시간은 짐을 꾸릴 수 있는 몇 시간이 전부였다. 그들은 등록을 위해 임시 체류 시설로 연행됐고, 옛 독일령에서 지금은 폴란드령이 된 서부 및 북부 지방의 여러 곳으로 이송됐다. 원칙적으로 가족은 함께 이주되어야 했지만 실제로는 모든 강제 추방자에게 번호가 배정될 때 동시에 등록한 자들끼리 같은 조가 되어 이송됐다. 따로 등록된 가족들은 관리에게 함께 지낼 수 있게 해달라고 간청하거나 뇌물을 바치지 않는 한 수 마일 떨어져 살아야 했다. 또한 이들이 추방된 곳에서 살아가려면 옷과 귀중품은 물론 가축도 어느 정도 챙겨야 했지만 대체로 짐을 꾸릴 시간도 촉박했고, 때로는 귀한 물건들을 (폴란드인 이웃이 훔쳐가도록) 남겨둔 채 떠나야 하는 경우도 있었다. 이송 도중에 파렴치한 경비원이나 현지 갱단에게 강도를 당해 분통을 터뜨리는 사람도 많았다.

이제 마을 사람들을 한데 모아 유럽의 어떤 곳으로 추방하는 행위는 더 이상 놀라운 일이 아니었다. 제2차 세계대전은 이를 흔해빠진 관행으로 만들었고, 우크라이나인을 추방하는 특별 행동은 1947년까지 2년 넘도록 계속되고 있었다. 실질적으로 그 규모는 그리 크지 않았다. 오히려 다음 장에서 소개할 독일인 추방에 비해 상대적으로 작은 사건이었다. 다만 우크라이나인 강제 퇴거가 다른 모든 사례와 구별되는 점은 그 '목적'에 있다. 폴란드 당국은 우크라이나 민족을 몰아내기만 바란 게 아니라 독립적인 민족의 권리 주장을 완전히 포기하도록 강제한 것이다. 따라서 우크라이나인은 자신들의 언어표현 방식, 옷 입는 방식, 예배하는 방식, 교육받는 방식을 바꾸도록 강요받았다. 폴란드 당국은 "그들 모두가 폴란드인이 되기를" 원했기 때문에 더 이상 그들이 우크라이나인이거나 렘코스 사람인 것을 허용하지 않았다.

최근 우크라이나어를 사용하는 폴란드인들이 증언했듯이 이 모든 과정은 매우 처참했다. 폴란드 갈리치아의 베드나르카 마을에서 쫓겨난 렘코스인 안나 클리마스즈와 로잘리아 나이두츠흐에게 가장 고통스러운 것은 추방 그 자체였다. 특히 폴란드인 이웃들이 보인 행동이었다. 폴란드인 이웃들은 그들을 지원하거나 돕기는커녕 쫓아내는 데 혈안이 되어 있었고, 그들이 떠나기도 전에 집과 재산을 약탈하려 했다. 몇몇 이웃은 집 안으로 쳐들어가는 약탈자들을 막으려다가 두들겨 맞았고, 나머지 사람들은 우두커니 서서 약탈 과정을 지켜봤다. 강제 추방자들이 짐수레에 물건을 싣고 있을 때 몰래 훔쳐가는 자도 있었다. 하물며 "이건 가져가지 마, 저것도 가져가지 마. 이제 당신에겐 필요 없잖아"라고 조롱하기도 했다.

강제 퇴거당한 사람들은 고향을 떠난 뒤 어디로 가게 될지 알지 못한 채 누추한 임시 체류 수용소에서 지내는 동안 극심한 스트레스에 시달렸다. 그 기간은 며칠 또는 몇 주까지 이어지기도 했다. 갈리치아의 그라지오바 출신인 우크라이나인 올가 즈다노비치는 3주 동안 트슈치아니에츠의 임시 체류 수용소 야외에서 잠을 청해야만 했다. 베드나르카에서 온 촌민들은 머물 곳이 없어 자고르자니 수용소에서 2주간이나 지내야 했고 자신들이 챙겨온 음식 외에는 먹을 게 없었다. 로잘리아 나이두츠흐는 그녀의 가축들을 먹이기 위해 현지 농가에서 사료를 훔치는 처지가 됐다. 안나 셰프치크와 미코와이 소카치는 비바람을 피할 데가 없어 가축들과 나란히 짐수레 밑에서 잠을 청했던 일을 기억하고 있다. 이 모든 과정에서 강제 이송자들은 자신이 우크라이나 민족이라는 점 때문에 잠재적 테러리스트 혐의를 받아 폴란드 관리에게 심문을 당했다.

빨치산 활동에 연루되었다고 판단된 사람들은 임시 체류지에서 체포되었다. 이제 강제 이주는 그들에게 악몽이 됐다. 그들은 감옥과 억류수용소로 보내졌는데, 그중 가장 악명 높은 곳은 예전의 나치 포로수용소인 야보주노였다. 이곳에서 그들은 두들겨 맞고 약탈당했으며, 형편없는 식사와 위생, 부당한 처우에 시달릴 수밖에 없었다. 이 수용소에는 과거 즈고다의 독일인 수용소를 관리했던 악명 높은 지휘관 살로몬 모렐이 있었다.(12장 참조) 의심을 받은 이주자들은 즈고다 수용소 특유의 가학적인 고문을 당했다. 간수들은 그들을 파이프에 매달아 핀으로 찌르거나, 각종 액체를 억지로 먹이거나, 쇠막대와 전선, 소총 개머리판 등 여러 도구를 써서 구타했다. 결국 야보주노의 우크라이나인 부속 수용소에서 161명의 죄수가 영양실조로 사망했고, 5명은 발진티푸스로 죽었으며, 여성 2명이 자살했다.

한편 나머지 우크라이나인에게는 새 거주지로 향하는 다음 여정이 기다리고 있었다. 그들은 친구나 지인들과 분리된 채 가축과 함께 기차에 실려(화물차 한 칸에 네 가족과 그들의 가축), 폴란드의 맞은편에 위치한 옛 독일령인 동프로이센, 포메라니아, 실레지아로 수송됐다. 이 과정은 야보주노 수용소로 끌려간 사람들이 당한 것만큼 혹독하지는 않았지만 아우슈비츠에서 몇 킬로미터 떨어진 곳을 지날 때는 거의 공황 상태에 빠졌다. 2주일가량 걸리는 이 여정에서 추방자들은 불결함과 벼룩에 물어뜯기는 고통에 시달렸다.

이러한 불안과 고통 속에서 한 가닥 위안거리는 새롭고 낯선 땅에 가서 살아간다는 기대감이었다. 그 후의 역경은 대략 다음과 같았다. 각 가족에게 행선지가 주어진 뒤 그곳에 도착하면 현지의 국가송환국에 신고한다. 그들은 새로 거주할 집을 배정받거나 추첨으로 정해진다. 이 집들에는 독일인 소유주가 버리고 간 가구가 비치돼 있어야 했다. 강제 이송된 우크라이나인과 렘코스인은 옛집에 가구를 남겨두고 떠나야 했기 때문에 새로 살 집에는 가구가 있을 것이라 기대한 것이다. 그러나 쓸 만한 가재도구는 이미 약탈당했거나 부패한 관리에 의해 몰수된 상태였다. 1947년까지 좋은 저택들은 앞서 이주해온 폴란드인들이 다 차지한 상태로, 이제는 버려지거나 약탈당한 건물과 아파트 또는 황폐한 토지에 버려진 농장들밖에 없었다. 힘들게 도착한 우크라이나인 가족들은 할당된 공간을 포기하고 더 나은 곳을 찾아 시골을 떠돌아야 했다.

그들을 받아주는 과정은 따뜻함과는 거리가 멀었다. 원래 그들을 공동체 사회에서 쫓아낸 목적이 그들을 흩어놓는 것이었기 때문에 새로 이주한 곳에서도 같은 마을 사람끼리 모여 사는 것은 허락되지 않았다. 실제로 핵가족 형태로 함께 사는 것만 가끔 허용됐을 뿐 대가족은 뿔뿔이 찢어졌다. 대부분의 경우 가족은 자신들이 함께 살았던 공동체에서 도움을 받을 수 없는 완전히 고립된 상황에 처하게 되었다. 더 나쁜 것은 자신들을 노골적으로 멸시하는 적대적인 자들에게 둘러싸여 있다는 사실이었다. 그 후로 볼히니아를 비롯해 소련령 우크라이나의 다른 지역에서 추방된 폴란드인도 이들 지역으로 배치되고 있었다. 자기 고향에서 벌어진 야만적인 내전에서 살아남은 폴란드인이 가장 이웃으로 삼고 싶지 않은 이들이 바로 우크라이나 사람들이었는데 말이다. 비스툴라 작전으로 강제 이송된 우크라이나인 중에는 새로 이주한 마을의 폴란드인들에게 구타당하거나 따돌림당한 이들도 적지 않았다. 결국 그들은 일자리를 구하거나 친구를 사귀기 어렵다는 사실을 깨닫게 됐다.

우크라이나인에 대한 편견은 어디에나 존재했다. 미코와이 소카치는 자신을 우크라이나 봉기군 대원으로 간주한 민병대원들에게 체포돼 구타당한 일을 기억한다. 그로서는 자포자기 심정으로 현실을 받아들이는 것 외에는 방법이 없었다. 그는 "렘코스인은 무지막지하게 구타당했다"고 말한다. 현지 폴란드인들은 야보주노 수용소로 이송된 사람들에게 돌을 던지고 침을 뱉었다. 아마도 스비에르체프스키 장군 암살에 대한 책임이 그들에게 있다고 여겼기 때문일 것이다. 테오도르 셰프치크는 자신을 고용한 폴란드인 소자작농이 "나는 개새끼 같은 우크라이나인들에게는 품삯을 주지 않을 거야! 이 빌어먹을 놈들은 밥이나 먹여주는 걸로 충분해"라고 우겨대는 말을 엿들었다고 했다. 이와 유사한 예는 일일이 셀 수가 없었다.

우크라이나인과 렘코스인은 같은 처지였으나 서로 돕고 살 수 없었으며 사귈 기회도 거의 없었다. 우크라이나 봉기군을 병적으로 경계하는 폴란드 당국은 우크라이나어 사용자가 두세 명 이상 모이는 행위를 금지하는 규정까지 만들었기 때문이다. 우크라이나어로 말하다가 적발된 자는 자동으로 모반 혐의가 씌워졌다. 동방 정교회와 동방 가톨릭교회Uniate church 역시 금지된 탓에 우크라이나인은 어쩔 수 없이 (로마) 가톨릭교회에서 외국어로 예배를 하거나 그마저도 거절되곤 했다.

비스툴라 작전의 핵심은 우크라이나인을 폴란드 공산주의 국가에 동화시키는 것이었으므로 그들의 아이들은 폴란드 당국의 관심사였다. 모든 우크라이나 아이는 학교에서 폴란드어를 사용하도록 강요받았으며 우크라이나 문학은 금지됐다. 모국어를 사용하다 걸리면 질책을 받거나 때론 처벌당했다. 아이들은 의무적으로 가톨릭교 수업을 받았으며, 스탈린주의적 공산주의 교화도 받아야 했다. 폴란드인의 정체성에 반하는 대안적 정체성을 드러내는 것은 그 어떤 것이든 금지됐다.

이러한 조치에도 불구하고 동화는 불가능했다. 폴란드인 아이들이 우크라이나인 아이들을 향해 폴란드인이 아니라는 사실을 잊지 못하게 했기 때문이다. 폴란드 아이들은 그들의 억양을 비웃고 조롱했고 신체적으로 괴롭히기도 했다. '우크라이나인' 아이는 폴란드인 아이들의 집에 초대받지 못했다. 반 친구들과의 차이, 그리고 또래 아이들로부터 고립되었다는 점에서 그들은 스칸디나비아의 '독일인' 아이들과 비슷한 처지였다. 이 아이들이 이후 어떤 삶을 살아갔는지에 대한 연구는 아직 이루어지지 않았지만, 노르웨이에서 그랬던 것처럼 아마도 그들은 살아가는 동안 불안, 스트레스, 우울증에 시달렸을 것으로 짐작할 수 있다. 오늘날 많은 우크라이나인은 노르웨이의 독일인들보다 더욱 강한 어조로, 폴란드 사회에서 자신들은 별개의 집단이라고 '공개적으로' 주장하고 있다. 1950년대 초까지만 해도 이러한 발언은 생각조차 할 수 없었던 일이다.

이들을 비롯해 제2차 세계대전 이후 고향에서 쫓겨난 수백만 명의 사람들을 하나로 묶는 것은 '태어난 곳'으로 돌아가고 싶다는 열망이었다. 그러나 이러한 소망은 결코 용납될 수 없는 것이었다. 갈리치아에 있는 고향 마을로 돌아가려 시도한 자들은 폴란드인 민병대원의 폭력과 마주하거나 감금됐다. 그 밖의 사람들에게 귀향은 의미가 없었다. 더 이상 자신들의 공동체가 존재하지 않는다면 그곳은 꿈에 그리는 고향이 아니었기 때문이다. 올가 즈다노비치가 몇 년 뒤에 그라지오바를 방문했을 때 그녀는 고향을 떠올릴 만한 것을 찾아볼 수 없었다. "마을은 불타버렸습니다. 그곳에는 아무것도 존재하지 않았죠."

1947년 폴란드의 인종청소는 고립적인 사건으로 볼 수 없다. 그것은 수년간 벌어진 내전의 산물이었고, 1939년 독일군이 폴란드 서부를 침공했을 때부터 7년 넘도록 전개된 인종차별적 폭력의 산물이기 때문이다. 인종청소는 근본적으로 폴란드계 유대인에 대한 나치의 홀로코스트, 특히 볼히니아 대학살에 그 원인이 있으며, 뒤이어 우크라이나 민족주의자들이 독일에 부역하는 시기에 자행한 잔학 행위에서 비롯되었다. 전쟁 후 폴란드의 소수민족 추방은 소련의 지원 아래 수행됐지만, 그다음에 추진한 우크라이나인과 렘코스인 강제 이주와 동화는 폴란드인이 주도한 것이었다. 비스툴라 작전은 실질적으로 히틀러가 개시하고, 스탈린이 이어받고, 폴란드 당국이 최종 완수한 인종 전쟁이었다.

1947년 말까지 폴란드에는 소수민족이 거의 남아 있지 않았다. 폴란드의 인종청소에 가장 큰 동기부여를 제공한 대상은 우크라이나인이었으나, 아이러니하게도 폴란드인과 우크라이나인은 다른 나라에 비해 민족적으로 훨씬 더 동질적이었다. 우크라이나 민족주의자 조직이 신봉한 '우크라이나인을 위한 우크라이나'는 달성된 적이 없었다. 특히 우크라이나 서부에서 폴란드와 주민을 교환하느라 분주한 기간에 많은 폴란드인과 유대인 소수민족이 거주하고 있던 우크라이나 동부 지역에서 더욱 그랬다. 이와는 대조적으로 '폴란드인을 위한 폴란드'는 1940년대 말까지만 해도 단순한 열망이 아닌 실제 현실이었다.

수 세기 동안 이어져온 문화적 다양성을 고작 몇 년이라는 짧은 기간에 파괴한 이 인종청소는 다섯 단계로 완성됐다. 첫 번째

는 나치에 의해 촉발되었으나 폴란드에 의해 추진된 유대인 홀로
코스트였다. 두 번째는 폴란드에 귀환한 유대인을 탄압한 것으로,
앞장에서 논했듯이 이것은 유대인들이 유럽 대륙에서 벗어나는
원인을 제공했다. 세 번째와 네 번째는 1944년부터 1946년까지
우크라이나인과 렘코스인에 대한 배척 그리고 1947년 비스툴라
작전으로 동화정책을 강제한 것이다.

폴란드의 민족적 퍼즐 게임에서 마지막 조각이자 아직 언급
하지 않은 것은 독일인 추방이다. 유럽 전역에서 유사하게 벌어진
이 '독일인 추방'이 다음 장의 주제다.

독일인
강제 추방

폴란드의 동쪽 접경지대가 1945년에 변경된 유일한 국경선은 아니었다. 테헤란 회담(1943년) 당시 폴란드의 서쪽 국경에 대해서도 논의가 있었다. 처칠과 루스벨트는 독일과 동프로이센 일부를 폴란드에게 떼어줌으로써 스탈린에게 빼앗긴 땅을 보상해주려 했다. 처칠은 회담 첫날 심야 모임에서 이 제안에 대해 설명했다. "폴란드는 서쪽으로 이동할지 모릅니다. 마치 병사들이 '왼쪽'으로 두 걸음 옮겨놓는 것처럼 말입니다. 폴란드가 독일의 발가락을 조금 밟는다고 해도 어쩔 수 없죠." 그는 말하고자 하는 바를 정확히 전달하기 위해 세 개의 성냥개비를 탁자 위에 한 줄로 늘어놓은 뒤 하나씩 왼쪽으로 옮겨갔다. 바꿔 말해 스탈린이 폴란드 동쪽 지역을 빼앗은 것에 대한 보상으로 국제사회가 서쪽 지역을 폴란드인에게 내준다는 뜻이었다.

이 제안으로 스탈린은 폴란드 동쪽 국경지대 점유를 정당화했을 뿐만 아니라 모스크바와 서방 연합국 사이의 경계선을 더욱 서쪽으로 밀어냈다는 점에서 매우 기뻐했다. 영토를 크게 잃게 된 유일한 나라는 독일이었고, 그것은 독일의 죄에 걸맞은 처벌로 여겨졌다.

다시 한번 대서양헌장에서 약속된, 즉 "해당 국민의 자유로운 의사 표현"에 따른 협의는 이뤄지지 않았다. 전쟁이 진행되는 동안 독일 동부 주민들에게 이러한 협의는 당연히 불가능했고, 초강대국 중 어느 나라도 전쟁이 끝날 때까지 기다려야 한다고 생각하지 않았다. 영국 외무장관은 영국 의회에서 이러한 계획이 정당하다고 확언하면서 이렇게 말했다. "대서양헌장에는 형식적인 용어로 승자와 패자를 똑같이 언급하는 특정 부분이 있습니다. (…) 하지만 독일은 헌장의 어떤 부분도 똑같이 적용되어야 한다고 주장할 권리가 없다고 생각합니다." 폴란드와 독일 간 국경을 둘러싼 논의는 1945년 초 얄타에서 계속 진행됐고, 이듬해 여름 포츠담 회담에서 결론을 내렸다.

논의 결과 오데르강과 나이세강의 동쪽 땅이 폴란드에 귀속됐다. 여기에는 옛 독일 속령인 포메라니아, 동부 브란덴부르크, 하부 및 상부 실레지아, 러시아가 보유하게 될 영토를 제외한 동프로이센의 대부분, 그리고 단치히 항구가 포함됐다. 수백 년 동안 독일령으로 여겨졌던 이들 지역에 거주하는 독일인은 공식 통계에 따르면 1100만 명 이상이었다.

이 결과는 그들에게 몹시 중차대한 문제였다. 여러 국가에 살고 있는 독일계 소수민족의 역사를 되돌아볼 때, 또한 이들이 어떻게 히틀러에 의해 전쟁을 부추기는 구실로 이용됐는가를 생각할 때 독일인 1100만 명이 새로운 폴란드 땅에 계속 거주하는 것이 허용될 리 없었다. 이 문제를 얄타에서 논의할 때 처칠이 말했듯이 "폴란드 거위에게 이렇게 많은 독일 음식을 쑤셔 넣으면 소화불량을 일으킬 것 같아 유감스럽기 그지없는 일"이었다. 이들 독일인이 이주해야 한다는 것은 담판의 당사자들 모두가 이해하고 있는 바였다.

얄타 회담 당시 조상 대대로 살아온 터전에서 많은 독일인을 몰아내는 것에 대한 현실성과 비인간성 문제가 제기됐으나 스탈린은 "이 지역 독일인들 대부분이 이미 붉은 군대를 피해 도망쳤다"고 단조롭게 말했다. 대체적으로는 그의 말이 맞다. 이들 지역의 많은 독일계 주민은 소련군의 보복이 두려워 달아났기 때문이다. 그러나 전쟁이 끝날 무렵까지 약 440만 명의 독일인이 그곳에 살고 있었고, 전쟁 직후에는 125만 명의 독일인이 (대부분 실레지아와 동프로이센으로) 돌아와 이전의 삶을 되찾을 수 있을 거라고 믿었다. 소련의 계획에 따르면, 이들은 독일의 전쟁 배상금을 갚기 위해 강제 노동에 끌려가거나 강제 이주를 당할 참이었다.

엄밀히 말해서 소련과 폴란드는 국경이 확정될 때까지는 이 지역에서 독일인을 추방하지 않기로 했고, 1945년 여름 포츠담 회담이 열리기 전까지 잠정 국경선조차 합의되지 않았다. 최종 국경선은 연합국 모두가 독일과 평화 조약을 체결한 뒤에 그어질 거라고 예상됐다. 그러나 소련과 서방의 관계는 냉전으로 단절되고, 그에 따른 독일의 분단 때문에 평화 조약은 실제로 45년 동안 조인

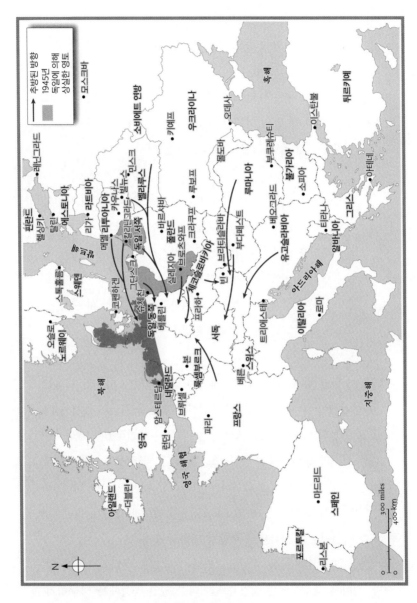

지도 6 독일인 추방

되지 않았다.

그동안 폴란드와 소련은 국제 협정에 상관하지 않고 자신들의 추방 프로그램에 착수했다. 이 사실은 미국 대사 아서 블리스 레인이 1945년 초가을 브로츠와프를 방문했을 때 명백해졌다. 브로츠와프는 불과 몇 달 전까지만 해도 브레슬라우라는 이름의 독일 도시였지만 이미 폴란드화가 진행되고 있었다.

이곳의 독일인들은 날마다 독일 내 영토로 강제 이송되고 있었다. 폴란드군은 브로츠와프를 일시적으로 점령했고, 강화회의의 최종 승인을 받아야 한다는 사실을 무시하고 있는 게 분명해 보였다. 모든 독일어 표기는 폴란드어 표기로 대체되고 있었다. 폴란드인들은 송환된 독일인들을 대체하기 위해 폴란드의 다른 지역에서 브로츠와프로 유입되고 있었다.

이 무렵 몇 달째 지역 전체에서 독일인 추방이 이루어지고 있었다. 전쟁이 끝나자마자 폴란드인은 독일인들을 그들의 집에서 내쫓고 그들의 재산에 대한 소유권을 주장하기 시작했다. 붉은 군대뿐 아니라 폴란드인도 독일인을 강간하고 약탈했다. 슈체친(슈테틴), 그단스크(단치히), 브로츠와프 같은 도시에서는 잡음 없이 독일인의 재산을 차지할 수 있도록 그들을 게토에 가뒀다. 많은 지역의 독일인들은 정식으로 추방될 때까지 수용소에 감금된 채 노예노동을 하거나 갇혀 지냈다. 그러나 정식 발표가 나기도 전에 일부 성마른 폴란드인은 국경을 넘어와 독일인 공동체를 사냥하기 시작했다. 폴란드의 공식 기록에 따르면, 1945년 6월 마지막 2주 동안에 27만4206명의 독일인이 오데르강을 넘어 독일 경내로 불법 추방됐다.

그러한 행위는 폴란드에 국한된 게 아니었다. 1945년 봄과 여름에 수데텐에 사는 수십만 명의 독일인 역시 광포한 방식으로 국경 밖으로 쫓겨났다. 이렇듯 체코슬로바키아에서 추방이 전광석화처럼 진행되었다는 사실은 이것이 중앙 당국에 의해 추진된 것이 아니라 민간의 증오에 의해 발화된 자발적 추방이었음을 대변한다. 폴란드인이나 체코인 모두 외부 세력이 개입해 중단되기 전에 독일계 소수민족을 모두 내쫓아버리고자 하는 열망에 차 있었다는 말이다.

3국 수뇌부가 독일인 이송을 진행하는 방식에 대한 공식 성명이 필요하다고 느낀 것은 바로 이런 이유에서였다. 1945년 7월과 8월 포츠담에서 그들은 "질서정연하고 인도적인 방식으로" 수행될 수 있을 때까지 폴란드, 체코슬로바키아, 헝가리의 모든 독일인 추방을 중단할 것을 요구했다. 이는 잔인한 추방 방식 때문만은 아니었고, 독일 내 연합군이 대규모 난민의 유입을 감당할 수 없다는 게 큰 문제였다. 연합군이 새로운 이민자들을 통합하고 독일의 다른 지역에 골고루 분산시킬 시스템을 구성할 시간이 필요했다.

이 성명이 독일인 이송 속도를 늦추는 데는 효력이 있었지만 중단시키는 데는 명백하게 실패했다. 특히 폴란드 실레지아와 슈체친에서는 추방 중단을 거절했다. 게다가 포츠담 선언은 추방의 '불가피함'을 인정함으로써 당장은 아니더라도 아주 가까운 미래에 모든 관련 국가의 추방 행위에 대한 지지를 밝혔다. 결과적으로 유럽 전역에서 독일인 추방은 시간이 지남에 따라 흐지부지될 수 있는 자발적이고 일시적 현상에 머물지 않았다. 이제 유럽의 다른 모든 곳에서 독일인 남성과 여성, 아동에 대한 공식적이고 영구적이며 전면적인 퇴거가 일어날 상황이었다. 『뉴욕타임스』의 앤 오헤어 매코믹이 "인권을 수호하기 위해 헌신한 여러 정부가 내린 가장 비인간적인 결정"이라고 부른 까닭은, 바로 이것 때문이었다.

비인도적 독일인 추방의 실상

1945년 7월 1일 일요일 저녁 5시 30분 무렵, 폴란드군이 포메라니아[옛 독일 동북부의 주였으나 현재는 대부분 폴란드 영토로, 서쪽 끝부분만 독일령이다. 독일어로는 포메른Pommern]의 마후스베르더 마을에 도착해 주민들에게 반시간 안에 짐을 꾸려 떠나라고 했다. 이 마을 주민은 거의 독일인으로, 오랜 전쟁으로 남자들은 거의 죽고 여성, 어린이, 노인만 남아 있었다. 겁에 질린 주민들은 귀중품과 가족사진, 옷가지와 신발 등 필수품을 가방과 손수레에 챙겨 넣고 나와 마을 어귀에 모였다. 그런 다음 폴란드군의 감시 아래 60킬로미터 떨어진 새로운 폴란드-독일 국경선을 향해 걷기 시작했다.

그들 중에는 농부와 결혼해 세 아이를 둔 아나 킨토프라는 여성이 있었다. 그녀는 훗날 독일 정부를 위해 증언하는 자리에서 자신과 마을 사람들이 겪은 가혹한 시련에 대해 설명했다. 그들은 엿새 동안 전쟁의 잔해더미로 뒤덮인 황폐한 광경을 보면서 앞서 걸어간 난민들의 흔적을 따라 걸었다. 란트베르크를 지났을 때 그들은 첫 번째 시체와 마주쳤다. 그녀의 얼굴은 푸르죽죽하고 몸은 부패되어 부풀어 있었다. 그 이후로 많은 시체를 목격했다. 숲을 빠져나가는 길에서는 죽은 사람과 동물 사체가 묻혀 있는 곳에서 머리와 다리가 튀어나온 광경을 보기도 했다. 함께 걸어가던 이주자 중에서도 완전히 기력을 잃고 쓰러져 죽은 자가 있었다. 그녀의 딸 아넬로레와 몇몇은 가는 길에 여물통에 고인 물이나 오염된 우물물을 마신 뒤 병에 걸렸고, 어떤 사람은 기아로 쓰러졌다.

이동하는 난민의 태반은 들판에서 발견한 먹을거리로 연명하거나 길가의 덜 익은 열매를 먹고 버텼어요. 우리에겐 빵이 거의 없었죠. 그래서 많은 사람이 병에 걸렸습니다. 먹일 우유가 없어서 많은 아기가 이동 중에 죽었어요. 하다못해 엄마들은 죽조차 만들어줄 수 없었죠. 아기들에게는 너무나 긴 여정이었죠. 날씨도 변덕스러워서, 처음에는 뜨거운 햇볕이 내리쬐다가도 곧 차가운 소나기가 쏟아져서 견디기 힘들었어요. 우리는 매일 조금씩 걸어서 9킬로미터나 3킬로미터 정도 걸었던 날도 있고, 어떤 날엔 20킬로미터나 걷기도 하고 (…) 어떤 사람은 큰길 옆에 쓰러진 채 파랗게 질린 얼굴로 숨을 헐떡였고, 어떤 사람은 지쳐 쓰러졌는데 그 자리에서 다시 일어나지 못했습니다.

그들은 공습으로 불타버린 집이나 헛간에서 밤을 보냈지만, 그런 곳은 더럽고 지저분할 때가 많아서 아나는 야외에서 잠을 청하곤 했다. 낯선 사람으로 가득한 공간에서 벗어나 있었던 덕분에 약탈하러 온 폴란드인의 손길을 피할 수도 있었다. 그녀는 종종 어둠을 틈타 폴란드인이 침입했을 때 총소리를 들었다. 이주자가 재산을 빼앗기지 않으려고 버티다가 사살된 것이다.

어느 날 무장한 패거리가 일행의 앞길을 막았을 때 그녀는 위기를 절감했다.

그리고 끔찍한 광경이 눈앞에 펼쳐졌고, 우리는 가슴 찢어지는 아픔을 느꼈어요. 폴란드 병사 네 명이 한 소녀를 부모에게서 떼어내려고 했고, 부모는 필사적으로 딸을 붙잡았죠. 폴란드인들은 부모를, 특히 아버지를 개머리판으로 구타했고, 휘청거리는 그를 뒷걸음치게 해서 도로 바깥 둑까지 밀어냈어요. 그가 넘어지자 한 폴란드인이 권총을 뽑아 발사했죠. 잠시 주위는 죽음의 정적에 휩싸였어요. 곧이어 두 여자의 비명소리가 허공을 갈랐죠. 그녀들은 죽어가는 남자에게 달려갔고, 폴란드 병사들은 숲으로 사라졌습니다.

아나 킨토프는 폴란드 병사들이 어린 소녀를 강간하려 한 것이라 의심했지만, 그저 어떤 강제 노동을 시키려 했을 수도 있었다. 물론 그렇다고 해서 그녀가 강간을 모면했을 거라는 의미는 아니다. 실제로 이미 수백수천 명의 여자가 강간을 당했다. 1940년대

후반과 1950년대 초반 독일인 추방자·난민·전쟁 피해자를 위한
부서에 수집된 많은 사연을 보면 이와 비슷한 상황에서 반복적으
로 성폭행을 당했다는 증언이 상당히 많다. 그녀들은 국경으로 이
동하는 중에 농장이나 현지 공장으로 끌려가 강제 노동을 했고,
가족이 없는 경우 손쉽게 군인이나 공장 현장감독의 강간 표적이
됐다.

아나 킨토프가 탐젤에 도착해 목격한 장면은, 당시 그녀로서
는 무슨 상황인지 짐작하기 어려웠겠지만 강제 노동을 위한 검거
과정의 일환이었을 것이다.

> 우리는 폴란드 군인들이 둘러싸고 있는 좁은 길을 지나가야 했
> 고, 몇몇 사람이 그 사이에서 끌려 나왔습니다. 이 사람들은 손
> 수레와 휴대한 모든 물건을 가지고 큰길을 따라 농장으로 떠나
> 야 했죠. 아무도 이게 무슨 상황인지 알 수 없었지만 나쁜 징조
> 라는 건 느낄 수 있었어요. 그들은 따르지 않으려고 했죠. 보통
> 한 명 한 명 뽑혔는데, 어린 소녀가 특히 많았어요. 엄마들이 딸
> 을 붙잡은 채 울부짖자 병사들은 강제로 떼어놓으려 했고, 쉽게
> 안 되니까 개머리판과 채찍으로 겁에 질린 불쌍한 사람들을 때리
> 기 시작했습니다. 채찍을 맞는 사람들의 비명소리가 멀리까지 들
> 렸죠. 나는 살아 있는 동안 그 참혹한 모습을 절대 잊지 못할 거
> 예요.
> 채찍을 든 폴란드 병사들은 우리에게 다가왔습니다. 그들은 화
> 난 표정으로 우리에게 줄지어 농장으로 가라고 명령했죠. 울음을

터뜨린 엘즈와 힐데 미타크에게 제가 말했죠. "이리 와, 저항해도 소용없어. 저들은 우리가 죽을 때까지 때릴 거야. 나중에 기회를 봐서 도망치자." 러시아인들은 비웃는 듯한 표정으로 지켜만 보고 있었습니다. 우리는 필사적으로 그들에게 도움을 청했지만, 그들은 어깨를 으쓱하며 "폴란드인들 맘대로야"라고 대꾸했죠. 모든 게 절망적인 상황에서 나이 든 폴란드 장교가 제 눈에 들어왔어요. 저는 세 아이를 가리키며 "제겐 세 아이가 있는데 어떡해야 하나요"라고 물었어요. 절망에 빠진 상황에서 제가 뭐라 말했는지 그 말밖에는 기억이 나지 않아요. 그때 그 장교가 "큰길로 돌아가"라고 했죠. 우리는 손수레를 잡고 되도록 빨리 그 자리를 떠났습니다.

아나와 그녀의 아이들은 7월 6일에 마침내 퀴스트린(또는 현재 코스트진 오드잔스키라고 불리는 곳)에 도착했다. 오데르강을 건너려 다리로 갔지만 국경 수비대에 의해 쫓겨났다. 하는 수 없이 그들은 프랑크푸르트안데어오데르를 향해 남쪽으로 나아갔다. 그날 밤에는 천둥번개가 치고 비바람이 불었다. 그들은 비를 피할 곳이 없어 강가에서 음식도 물도 없이 밤을 지새웠지만, 긴 여정 끝에 독일로 들어갈 수 있다는 보장도 없었다.

아나 킨토프는 꽤 운이 좋았다. 다리를 지키는 러시아인 국경 수비대가 마침내 강을 건널 수 있도록 허락해준 덕분에 여러 번 약탈을 당하긴 했지만 그나마 멀쩡한 몸으로 비교적 빨리 국경을 넘을 수 있었다. 고향에서 같이 쫓겨났던 사람 중에는 국경을 넘

제3부 인종청소

는 과정에서 난관에 봉착한 이들이 많았다. 소련군 관할 독일 점령지구에 사람들이 우르르 몰려들어 북새통을 이루자 깜짝 놀란 당국이 수비대에게 더 이상 난민이 강을 건너지 못하게 하라고 지시한 것이다. 한 증인은 1945년 6월 25일 추방된 뒤, 폴란드 경비대의 호위를 받으며 국경으로 향했지만 폴란드인 경비대원들은 소련군에 의해 무장해제를 당했으며, 독일인 추방자들을 다시 마을로 돌려보내라는 명령이 떨어졌다고 했다. 그다음 주에 그는 정확히 똑같은 과정을 다시 겪어야 했다. 수천 명의 독일인 민간인은 피난처를 제공할 뜻이 없거나 불가능하다는 이유로 쫓겨났으며 '가축 몰이' 당하듯이 국경 지역에서 오락가락해야 했다.

대다수 증언자는 이주 과정 내내 자신들이 겪어야 했던 무법천지를 강조했다. "날마다 독일 사람들은 눈물을 흘리며 제게 와서 폴란드인들이 모든 재산을 빼앗아갔다고 말했습니다." "폴란드인들의 행동은 반달족 같았습니다. (…) 어슬렁거리면서 약탈하고, 강탈하고, 강간했죠." "폴란드인들은 우리의 소지품을 닥치는 대로 빼앗고, 우리에게 욕하고, 얼굴에 침을 뱉고 채찍을 휘둘렀습니다." "폭도는 우리를 반복적으로 괴롭히고 강탈했습니다." 이러한 범죄 행위는 독일인들이 가져간 모든 귀중품을 몰수하겠다는 폴란드 당국의 방침으로 인해 더욱 부채질됐다. 폴란드 정부가 책정한 규칙에 따르면, 독일인은 폴란드에서 500라이히스마르크Reichsmark[1925~1948년의 독일 화폐단위] 이상 반출할 수 없으며 다른 화폐도 마찬가지로 가져갈 수 없었다. 적극적인 친폴란드 성향이거나 전쟁 중 나치에 반대했던 사람들이라고 눈감아주지 않았

19장 독일인 강제 추방

다. 반파시스트와 독일계 유대인은 독일인과 정확히 똑같은 대우를 받았다. 그들은 전적戰績이나 정치관이 어떠하든 '독일인'으로 정의돼야 했기 때문이다.

처음부터 독일인 강제 추방은 자연발생적이었고 극히 무질서했을 뿐만 아니라 약탈이 용이하도록 마을을 비워주는 차원에서 이뤄졌다. 독일계 지역사회 주민은 그 어떤 운송 수단을 이용할 수 없었기 때문에 국경까지 걸어가야 했다. 폴란드 정부 조직이 정식으로 열차 수송을 준비한 시기는 1945년에서 1946년으로 넘어갈 무렵이었다.

공정하게 논하자면, 폴란드 당국은 무슨 일이 벌어지고 있는지 파악하고 있었으며, 적어도 일부 지역에서 벌어지는 일에 대해서는 우려하고 있었다. 1946년 초, 폴란드 정부는 좀더 "질서정연하고 인도적인" 퇴거를 위한 규칙 목록을 작성했다. 가령 동행자가 없는 어린이, 노인, 환자는 여름철에만 의료품을 실은 열차로 이송돼야 하고, 출산을 앞둔 여성은 무사히 분만한 후에 이동하도록 하고, 모든 수송에는 독일어로 소통 가능한 의료진이 동행하며 충분한 식량과 물이 제공돼야 한다. 그리고 기초적인 안전 대책을 위해 10명의 폴란드 경비대원이 열차를 보호한다는 내용이다.

폴란드 당국과 영국군 간의 추가 협의를 통해 잠정적인 일정표가 마련됐고, 다시금 힘든 여정을 견딜 수 있는 건강한 사람들에게만 이주를 허가한다는 내용의 합의가 이뤄졌다. 이것은 지난해 여름 동프로이센의 고아원과 병원이 강제로 비워지고, 충분한 배급품과 의료 설비도 없이 열차에 실렸던 사실이 수십 개의 국제

　　　　　　　　　　　　　　제3부 인종청소

언론에 폭로된 후에 바뀐 것이다. 그러나 노골적인 학대는 억제됐다 해도 철저히 새로운 규칙에 따르기란 불가능했다. 한시라도 빨리 폴란드를 떠나고 싶은 독일인들이 수송 열차를 놓치지 않기 위해 질병이나 병약함 또는 임신 사실을 감추려고 애를 썼기 때문이다. 또한 송환을 맡은 일부 폴란드 관리와 뒷거래하여 떠나는 사람도 있었다. 이런 관리들은 독일인이 번거롭고 귀찮았을지 모르지만, 사실 폴란드 당국은 국내 노동력을 확보하기 위해 청장년들을 남겨두기를 원했다. 그래서 별 쓸모가 없는 노인과 환자는 우선적으로 추방됐다. 그 결과 국가송환위원회는 지방 관리들에게 송환 규칙이 제대로 지켜지지 않는다는 불만을 터트렸다.

독일인이 보기에, 수송 열차의 환경은 무척 열악했다. 추방자들이 국경에 도착하는 모습을 목격한 한 독일인 성직자는 다음과 같이 묘사했다.

수많은 남자, 여자, 아이들로 꽉 들어차 있는 가축 수송용 화차는 문이 바깥에서 잠겨 있었다. 사람들은 이런 상태로 며칠 동안 갇혀 있었고, 괴를리츠에 도착했을 때 처음 문이 열렸다. 나는 한 대의 화차에서만 10구의 시체가 옮겨져 관에 던져지는 장면을 두 눈으로 똑똑히 보았다. 나는 게다가 몇몇 사람이 정신착란을 일으켰다는 사실을 알아차렸다. (⋯) 사람들은 배설물로 뒤덮여 있었다. 그제야 나는 그들이 지정된 장소에서 용변을 볼 수 없을 만큼 꽉꽉 채워져 있었다는 사실을 알게 됐다.

독일인 난민들은 나흘 분량의 식량을 준비하라는 지시를 받았다. 하지만 열차는 때때로 독일 내 소련군 점령지구에서 통관 절차를 기다리는 동안 며칠 또는 몇 주씩 측선에 멈춰 있기도 했다. 1946년 초, 한겨울에 추방된 나이세 출신의 한 난민은 열차가 국경 근처에서 3주 동안 정차해 있었다고 주장했다. 식량이 바닥나자 그는 음식을 얻기 위해 챙겨온 물건으로 현지 사람들과 교환해야 했다. 그런가 하면 이송자들의 귀중품을 갈취하기 위해 폴란드인 민병대원들이 날마다 화차에 올랐다. 돈과 손목시계만 빼앗길 때도 있었지만 다른 때는 신발과 부츠, 심지어 그들이 최근에 간신히 구한 음식을 빼앗길 때도 있었다.

그러나 우리가 굶주림과 추위를 견뎌낸 고통에 비하면 폴란드인의 습격은 아무것도 아니었다. 3주 동안 우리는 화차 안에서 지냈고, 얼음처럼 차가운 비바람과 눈까지 틈새로 들이쳤다. 밤은 무섭고 끝이 없는 듯했다. 우리는 앉거나 눕기는커녕 서 있을 공간도 충분치 않았다. 매일 아침 동틀 무렵이면 폴란드 경비대원들이 화차 문을 열고 지난밤에 사망한 이들을 실어냈다. 죽는 사람들은 날이 갈수록 눈에 띄게 늘었다. 때로는 열 명씩이나 되었다.

살벌한 날씨와 난민들을 위한 국경 건너편의 시설 부족으로 인해 소련 측은 독일인을 실은 기차를 입국시키지 않으려 한껏 노력했지만, 폴란드 측은 '본국 송환'이 지속되기를 진심으로 바랐기 때문에 독일인 퇴거를 중단하지 않았다. 한 난민은 국경 부근에서 그들이 기차에서 내려 독일 내 러시아 점령지구로 걸어 들어가게 된 과정에 대해 증언했다. 가는 길에 그들은 여행 가방과 신발을 도둑맞았다. "오후 3시에 포르스트에 도착하자 (…) 러시아인들은 우리가 마을에 들어가는 걸 허락하지 않았고 돌아가라고 했다. 마침내 저녁 8시가 돼서야 그들은 밖에서 얼어 죽지 않을 수 있는 피난처를 찾도록 허락해주었다."

국경선을 따라 펼쳐진 소련군 점령지구가 이미 난민으로 넘쳐나고 있다는 사실을 고려한다면, 폴란드인이 국경을 넘어오는 독일인 난민을 막거나 피난처를 거부한 것을 이해할 수 있을 수 있다. 1945년 여름 자신의 재산을 회수하기 위해 나이세강을 오가며 여행하던 한 실레지아인 공장주는 괴를리츠 교외의 전신주에서 지역을 봉쇄한다는 경고문을 발견했다. 지역 당국은 통제할 수 없을 만큼 상황이 악화되는 것을 막기 위해 난민이 들어오는 것을 막은 것이다. 경고문에는 이렇게 적혀 있었다. "괴를리츠에 기근이 들었다. 난민 문제를 해결하려는 지역의 모든 시도는 실패했다. 집으로 돌아가는 모든 사람과 난민에게 식량문제가 심각하지 않은 곳으로 향할 것을 권한다. 이 경고를 무시한다면 당신은 굶어 죽을 것이다."

당시 그가 적어둔 기록에 따르면, 강변 쪽의 상황은 끔찍하기 그지없었다. 독일인 난민은 국경을 넘어 독일로 들어오기만 하면 고난도 끝나리라는 희망에 가득 차 있었다.

하지만 마침내 나이세강에 도착한 지금, 희망은 물거품이 됐다. 그들을 도울 수 있는 사람은 아무도 없었다. 피난처를 구할 방법을 알려줄 사람이나 잠시나마 쉼터를 제공할 사람도 없었다. 그들의 운명은 이리저리 불쌍하게 떠돌아다니는 나병 환자 같았다.

어떻게든 독일 영토 내 깊은 곳까지 파고든 난민도 없지는 않았지만, 어디를 가든 그들 앞에는 절망적인 상황뿐이었다. 1945년 여름 윌리엄 바이포드-존스 중령은 동쪽에서 화차를 타고 온 난민들이 도착하는 광경을 목격했다. "열차는 가축 칸과 화물칸이 뒤섞인 것으로, 사람들이 지붕에 눕거나 측면 또는 완충기에 매달려 있을 정도로 내부가 꽉 들어차 있었다. 아이들은 통풍구 입구와 난방관, 금속 부품에 밧줄로 묶여 있었다." 열차가 멈추자, 그들은 환영받을 수 없다는 사실을 깨달았다. 플랫폼은, 먼저 도착했지만 아직 갈 곳을 찾지 못한 난민들로 북적이고 있었다. 바이포드-존스에 따르면, 난민 무리가 너무 빽빽한 상태였기 때문에 사람들이 화차에서 내리기까지도 긴 시간이 걸렸다.

며칠 전에 도착한 사람들은 쉴 자리를 마련하기 위해 말없이 서로를 밀어내고 있었다. 막 도착한 사람들이 그동안 자신들이 어떻게 기만당했는지 또는 스스로 기만했는지 깨달았을 때 플랫폼은 환멸의 곡소리로 가득 찼다. 그들은 무리지어 선 채 소지품을 움켜쥐거나 그 위에 주저앉았다. 그들의 머리카락은 부스스했고 그을음과 먼지로 뒤덮여 불결하기 짝이 없었다. 종기 난 곳을 긁

제3부 인종청소

임없이 긁어대는 아이들은 피부를 상처 내는 쾌감에 빠져 있는 듯했다. 수염이 덥수룩하고 눈이 충혈된 노인들은 마치 듣지도 보지도 못하는 무감각 상태의 마약 중독자 같았다. 이들에게 왜 와서 추방자 대열만 늘리고 있느냐고 묻는다면, 아마 그들 중 절반은 대답할 수 없었을 것이다.

독일 곳곳의 기차역 광경을 수십 차례 목격한 영국과 미국의 관계자들은 각자의 정부에게 대응책을 마련해야 한다고 촉구하기 시작했다. 독일에 파견된 미국인 정치고문 로버트 머피는 국무부에 서한을 보내, "포츠담에서 표명한 대로 이행하도록" 폴란드 및 체코 정부를 압박해야 한다고 권고했다. "최근 몇 차례의 대량 강제 이송은 전 세계를 소름 끼치게 했습니다. 나치에 의해 교묘하게 실행된 대규모 추방은 우리가 전쟁을 벌이는 도덕적 기반의 일부를 제공했고 우리의 대의에 힘을 실어주었습니다. (…) 하지만 다른 경우에 우리가 종종 규탄해 마지않던 방식의 공범자라는 비판이 기록으로 남는다면 매우 개탄스러울 것입니다."

미 국무부는 실제로 미국의 불쾌감을 폴란드 측에 표명하라고 외교관들에게 지시했지만, 바르샤바 주재 미영 대사들은 '친독일파'로 여겨질까봐 주저했다. 당시 그들은 서방 정부를 파시스트로 낙인찍어 꽤 이득을 챙기고 있는 공산주의자로부터 공세를 받는 상황이었다. 잔인해 보일지 모르지만, 영미 외교관들은 독일인 난민을 책임져야 한다는 주장으로 그런 공세를 가중시키고 싶지 않았다. 특히 폴란드 정부는 그러한 불만에 귀 기울일 가능성이 없다고 판단했다.

그보다는 1946년 초에 영국 의료팀을 슈체친에 파견해 수송 열차 배치를 감독하고 병자들과 보호자 없는 아이들이 기차에 오르지 않게 하는 편이 더 효과적이었다. 그해 연말, 추위가 닥치자 독일 내 서방측 군정 당국도 체코와 폴란드 정부에게 열차 운행을 취소하도록 설득했다. 그 결과 지난해 겨울에 발생한 최악의 사례 중 몇 가지를 방지했다. 적십자사 국제위원회도 1947년 1월의 조건이 허락하지 않는 이유를 내세워 추방 행위를 미루는 데 약간의 성공을 거뒀다. 그러나 전반적으로 형세가 개선된 주요 원인은 시간이 지남에 따라 국경 양쪽에서 효과적인 시스템을 적용했기 때문이다. 적절한 임시 수용시설과 난민캠프가 지어졌고, 열차 노선이 개수되고 수송 열차에는 난방이 설치됐다. 폴란드 정부는 많은 사람을 짧은 시간에 실어 나르는 데 능숙해졌고 소련, 영국, 미국은 국경 맞은편에 도착한 난민을 받아들이고 분산시키는 데 익숙해졌다. 이것이 본래 포츠담 회담에서 요구한 내용의 전부였다. 즉 국경지대 정부 당국들이 이송 체계를 효과적으로 조직화할 수 있도록 추방을 일시 중단하라는 요구였다. 수많은 비극은 이것이 준수되지 않았기 때문에 발생했다. 독일인 소수민족을 제거하려는 조급함 속에서 폴란드와 체코는 방침을 강행했을 때 어떠한 결과가 발생할지에 대해서는 관심을 기울이지 않고 단행했고, 그 결과 헤아릴 수 없는 (그러나 수천만 명의) 독일인 난민이 가장 비참한 환경에서 불필요한 죽음을 맞았다.

제3제국으로의 '귀로'

1945년부터 1949년까지의 독일인 추방에 관한 통계는 상상을 초월한다. 가장 많은 수가 추방된 지역은 신생 폴란드에 편입된 오데르강과 나이세강의 동쪽 지역으로, 독일 정부의 통계에 따르면 거의 700만 명이 이곳에서 추방되었다. 체코슬로바키아에서는 거의 300만 명, 다른 나라에서는 180만 명 이상이 강제로 퇴거당해 총 1173만 명이 난민으로 전락했다.

이 거대한 인구의 유입에 대해 독일의 각 점령지구에서는 나름의 방식으로 대처했다. 가장 준비가 덜 된 곳은 소련군 점령지구였을 것이다. 그곳의 마을과 도시는 전쟁으로 인해 파괴가 가장 광범위했고, 소련에 지불해야 할 전쟁 배상금을 마련하기 위해 가치 있는 물자를 쥐어 짜내고 있었기 때문이다. 전쟁 직후에 난민의 물결은 거의 신생 폴란드와 체코슬로바키아에서 이곳으로 흘러들었다. 1945년 11월 말에 이미 100만 명이 소련군 점령지구에서 살기 위해 사력을 다했지만 방향을 찾지 못한 채 빈곤한 상태였다. 전쟁이 끝나고 4년 만에 적어도 320만 명, 아니면 430만 명 정도의 난민이 이 소련군 점령지구에 정착했다. 게다가 300만 명의 난민이 다른 지역으로 이동하기 전에 일시적으로 이곳에 체류하기도 했다.

영국군 점령지구는 추방 중인 어느 나라와도 국경을 맞대고 있지 않은 덕분에 준비할 시간이 있었다. 1945년 가을과 겨울에 영국은 수백만 명의 난민을 수용하기 위한 '스왈로 작전Operation Swallow'을 세웠다. 이후 1946년 2월부터 1947년 10월까지 총 2000명을 태울 수 있는 지붕 있는 화차로 구성된 8대의 열차가 슈체친(폴란드)과 독일의 뤼벡 사이를 왕복했다. 다른 열차들은 폴란드 카와프스카에서 마리엔탈, 알베르스도르프, 프리틀란트로 난민들을 실어 날랐다. 또한 1946년 4월부터는 난민을 바닷길로 뤼벡에 수송했다. 이러한 방식으로 6000명가량의 '동쪽 나라' 독일인들이 1년 반 동안 영국군 점령지구로 수송됐다. 1940년대 말까지 425만 명 이상의 새로 온 난민이 이곳에 정착했다.

남쪽에서는 미국 측이 체코슬로바키아와 헝가리, 루마니아, 유고슬라비아에서 온 난민들을 계속 받아들였는데, 총 350만 명 이상이다. 미군정 당국은 난민 수용에 대처하기 위해 분투했고, 1950년대 초까지 수십만 명이 난민캠프에서 고통스러운 나날을 견뎌야 했다. 서독에서 미 군정장관이었던 루시어스 D. 클레이 장군에 따르면, 난민 유입은 서독의 영미 점령지구 인구의 23퍼센트를 웃도는 상승을 보였다고 한다. 동독에서는 초대 대통령 빌헬름 피크에 따르면, 인구 증가가 25퍼센트에 달했다고 한다. 상대적으로 난민을 적게 받은 프랑스군 점령지구를 제외하고, 이것이 독일 전역에 미치는 영향은 재앙에 가까웠다. 독일 도시는 대부분 전시에 연합군의 폭격으로 폐허가 됐고, 망가진 인프라는 국가적 요구에 부응할 수 없었다. 심지어 서쪽으로 온 뒤에도 정착할 곳을 얻지 못하거나 의료 지원 또는 생명을 유지할 식량을 구하지 못한 수천 명의 난민이 사망했다.

돈벌이를 하거나 독일 사회에 통합되기에 가장 취약한 병자, 노인, 그리고 자녀가 있는 미망인 여성에게는 난민 수용소에서 보내는 몇 년이 그들이 의지할 수 있는 기간이었다. 물론 수용소 환경이 무너진 건물에서 피난처를 찾는 것보다 나을 것도 없었다. 가령 바이에른 적십자사의 딩골핑 수용소에 관한 보고서를 보면, 난민들은 과밀한 환경에서 수많은 병자, 특히 결핵 환자와 함께 지내야 했다. 제대로 된 신발이나 옷도 없고, 침구조차 갖출 수 없었다. 슈페를하머에 있던 다른 수용소에서는 막사의 벽에서 물이 새는 것을 막기 위해 두꺼운 판지를 붙여야 했다.

하지만 그들을 더 힘들게 한 것은 사회적·심리적 문제들이었다. 동부나 주데텐란트에서 온 난민은 현지 독일인으로부터 외국인처럼 여겨졌고, 때로는 양자 간에 긴장감이 고조되기도 했다. 1950년에 클레이 장군은 이렇게 말했다.

여러 세대에 걸쳐 독일을 떠나 따로 떨어져 살아왔기 때문에 심지어 추방당한 자들은 다른 언어로 말하기까지 했다. 난민들은 더 이상 같은 풍습과 전통을 공유하지 않았고 독일을 조국으로 생각하지도 않았다. 그들 스스로 영구 추방됐다는 사실을 수긍할 수 없었다. 그들의 눈과 생각과 희망은 그들이 태어나 생활했던 고향을 향해 있었다.

헝가리에서 추방된 한 남자에 따르면, 그의 동료들은 "고향과 물질적 재산을 사실상 모조리 잃었을 뿐만 아니라 정체성도 상실

했기 때문에" 새로운 삶을 꾸려나가기가 어려웠다고 한다. 사회민
주당원 헤르만 브릴은 자신이 만난 난민들이 깊은 충격에 빠져 있
었다고 묘사했다. "그들은 귀속감을 깨끗이 잃어버렸다. 우리가 당
연하게 여기는 것, 인생 경험에서 오는 안정감, 그들 개개인의 자유
와 인간적 가치에 대한 모종의 개인적 자존감, 그 모든 것이 몽땅
사라져버린 셈이다." 1946년 7월, 라이프치히 정치에 관한 소련의
한 보고서는, 난민들이 아직도 심각한 우울 상태에 빠져 있으며
"라이프치히의 모든 주민 집단 중 정치에 가장 무관심하다"고 기
록했다. 그들은 새로운 환경에 적응하지 못한 채 국경을 다시 넘어
옛 고향으로 돌아가기를 꿈꾸는 것 외에는 할 수 있는 게 거의 없
었다.

전면 추방, 독일화 제거

하지만 독일인 난민에게 귀향할 권리는 허용되지 않았다. 독일
인 추방은 처음부터 영구적으로 계획됐고, 이를 염두에 두었기에
더욱 엄격한 국경 통제가 이뤄졌다. 독일인에게 떠나는 것은 허용
되었지만 고향으로 돌아오는 것은 용납되지 않았다.

더군다나 독일인 추방은 훨씬 더 광범위한 작전의 첫 단계에
불과했다. 그들이 강제 이송된 후, 남겨진 존재의 흔적을 깡그리
지우려는 시도가 이뤄졌다. 심지어 폴란드와 체코슬로바키아에서
는 독일인이 떠나기도 전에 도시, 마을, 거리의 이름이 바뀌기 시

작했다. 이전에 폴란드어나 체코어 이름을 가져본 적 없는 마을의 경우 새 이름이 지어졌다. 독일어로 된 기념물이 헐린 자리에는 체코어나 폴란드어 기념물이 새로 건립됐다. 나치를 상징하는 문양인 스와스티카는 곳곳에서 지워졌지만, 향후 몇 년 동안 여전히 많은 벽에서 그 흔적을 찾아볼 수 있었다. 독일어로 대화하는 생활이 금지됐고, (독일 국적을 포기함으로써) 체류가 허용된 소수의 독일인은 개인적으로도 폴란드어나 체코어를 사용하도록 권고됐다.

학교에서는 수데텐란트[제2차 세계대전 이후 되찾은 체코슬로바키아 영토로, 수데티산맥 주변에 있는 보헤미아·모라비아 북부 지역, 독일어로는 주데텐란트]나 실레지아와 같은 독일 지역의 역사 교육이 금지됐다. 대신 역사적으로 독일인은 늘 폴란드나 체코 영토를 침략한 민족으로 표현됐다. 폴란드에 새로 편입된 지역은 '회복된 영토'라고 불렸고, 이곳의 폴란드 아이들에게는 "우리는 옛날부터 여기에 있었고, 지금도 여기에 살고 있고, 영원히 이곳에 머물 것이다" 또한 "이 지역들은 되찾은 자산이다"와 같은 민족주의적 구호를 가르쳤다. 국경지대 학생들은 독일어를 배울 수 없게 됐고, 폴란드의 다른 지역과는 대조적으로 독일어는 외국어로도 허용되지 않았다.

이 새로운 민족주의 신화는 학교에서만 가르친 게 아니었다. 성인들도 대대적으로 프로파간다를 주입받았다. 가령 브로츠와프(폴란드 서남부의 도시)에서는 '회복된 영토 전시회'가 열렸고 약 150만 명이 다녀갔다. 폴란드-소련의 형제애를 강조하는 온갖 의

무적인 정치 전시물에는 역사 부문이 방대한 분량을 차지하는데, 주로 폴란드와 독일의 역사적 관계를 강조했다. 그 내용은 천년에 걸친 양국 간 갈등 그리고 폴란드가 '피아스트의 길Piast Path'(독일의 역대 왕들에게 반기를 들고 실레지아 주변을 중심으로 독립 폴란드를 창건한 중세 폴란드 왕조를 일컫는다)로 복귀해야 한다는 것이다. 또한 "회복된 영토에 대한 우리의 아주 오래된 권리"라는 제목의 전시회도 열렸다.

이것은 단순히 영토권을 주장하거나 심지어 영토를 수복하는 게 아니라 역사를 '다시 쓰는rewriting' 차원이었다. 민족주의 관점에서 신생 폴란드에서는 오직 '폴란드인만을 위한 폴란드'가 되어야 하므로 독일 토착 문화의 모든 흔적을 뿌리째 뽑아야 했다. 당시 다음과 같은 정부 정책이 인정했듯이, 영토 수복은 상대적으로 쉬운 과정이었다. "우리는 더 어렵고 훨씬 복잡한 목표를 겨냥하고 있다. 즉 이 지역들에서 장대한 세월을 거쳐 침투한 독일화 흔적의 제거다. 단지 표지판이나 기념물을 제거하는 것보다 더 큰 사업이며, 삶의 모든 부분에서 독일화의 수액을 정화하고, 사람들의 정신에서 독일화를 제거하는 차원이다." 체코슬로바키아에서도 마찬가지였다. 베네슈 대통령은 "철저한 독일인 청소"뿐만 아니라 "우리나라에 대한 독일 영향력의 제거"를 호소했다.

이러한 방식으로 수데텐, 실레지아, 포메라니아 또는 프로이센에서 태어난 독일인들의 귀향은 더욱 어려워졌을 뿐만 아니라 마침내 완전히 무의미해졌다. 그들이 강제 퇴거를 당했을 때 남겨진 장소들은 더 이상 존재하지 않았다. 그들의 지역 공동체, 문화, 역사, 언어 그리고 때때로 전쟁으로 야기된 파괴를 돌이켜보면, 그들이 짜놓은 사회구조라는 직물조차 완전히 삭제됐다. 모든 것이 완전히 이질적인 무언가로 대체됐다. 새로운 사회는 거의 전적으로 다른 민족집단 구성원들에 의해 조성됐다.

1945년에 폴란드인이나 체코인이 취한 독일인 소수민족에 대한 인종차별적 태도를 힐난하기는 쉽다. 그러나 기억해야 할 점은 이런 태도가 어디선가 불쑥 생겨난 게 아니라는 것이다. 그것은 주로 전쟁 중 독일의 인종차별 정책으로 그들이 겪었던 잔혹한 대우의 반작용이었다. 폴란드인과 체코인이 채택한 잔인성은 부정할 수 없는 사실이나, 그 배후에 자리 잡은 이데올로기는 나치의 그것에 비하면 온건했다. 독일인 추방에 관한 좀더 극단적인 문헌이 주장하는 바가 무엇이든 간에, 그 어떤 나라도 독일 인종에 대한 제노사이드를 추구하지는 않았다. 그들의 목적은 단지 자국에서 독일인 소수민족을 영구히 '이주'시키는 것이었을 뿐 절멸이 아니었다. 또한 오로지 복수하기 위해서 독일인을 강제 이주시킨 것도 아니었다. 처음에는 장차 민족 간에 갈등이 발생하지 않게 하려는 실질적 조치였다. 비록 오늘날에는 전쟁 직후의 이데올로기, 즉 천박한 민족주의를 위해 수많은 사람을 몰아내는 발상 자체를 혐오할 수는 있지만, 당시 사람들은 그러한 생각을 쉽게 받아들일 수 있었다.

폴란드와 체코슬로바키아에서 벌어진 사건이 그곳만의 특수한 경우도 아니었다. 비슷한 과정은 다른 나라에서도 일어났다. 특히 헝가리와 루마니아에서 독일어를 사용하는 다뉴브강 유역의 슈바벤 사람들이 독일과 오스트리아를 향해 똑같이 추방됐다. 사실 루마니아에서는 독일인에 대한 진정한 적대감이 존재하지 않았기 때문에 독일인 추방이 열정적으로 실행되진 않았다. 하지만 루마니아인의 감정과는 무관하게, 독일인 추방이 루마니아 정부의 공식 방침이었기 때문에 추진됐다. 전후 몇 년 동안 유럽에서 독일인을 환영해줄 유일한 장소는 독일뿐이었다.

민족 정화된 동유럽 풍경

환영받지 못하는 나라에서 비인간적 대우로 고통받은 것은 독일인 소수민족만이 아니었다. 유럽의 여러 정부는 그 지역에 거주하는 주민에 맞춰 국경선을 옮기려 하지 않고 국경선에 맞춰 지역 주민을 이동시키기로 결정했다는 점에서, 이는 제1차 세계대전 직후에 시도된 형태와 정반대였다.

독일인만큼이나 미움을 받았던 슬로바키아 내 헝가리 소수민족에 대한 취급은 유럽 전역에서 벌어진 전형적인 사례라 할 수 있다. 슬로바키아인들은 제1차 세계대전 발발을 앞두고 헝가리가 슬로바키아 일부를 병합한 것을 용납할 수 없었다. 그래서 그 땅들이 슬로바키아로 반환되자마자 1938년 이후 이 지역으로 이주한 3만1780명의 헝가리인을 모두 추방하기 시작했다. 하지만 이것으로 충분하지 않았다. 정부 당국 관리들이 국내에 있는 총 60만 명의 헝가리인 '전원 추방'을 요구한 것이다. 그들은 헝가리 문제에 대해 냉랭한 어조로 '최종적 해결' 모색을 언급하면서 "우리는 민족적 소수자들을 인정하지 않는다"는 점을 노골적으로 드러냈다. 대중 언론도 동조했다. "슬로바키아와 그 남부 국경지대는 슬로바키아인이 아닌 다른 민족의 땅이 될 수 없다."

1946년 정부군은 헝가리인 4만4000명을 슬로바키아 국경지대에서 쫓아낸 다음 폴란드의 강제 동화 작전과 유사한 방식으로 여러 지역에 뿔뿔이 흩어져 살게 했다. 그 후 얼마 안 되어 약 7만 명의 헝가리인이 주민 교환 방식으로 헝가리로 보내졌고, 거의 같은 수의 슬로바키아인이 체코슬로바키아로 '송환'되었다. 그리고 추가적으로 헝가리인 6000명이 박해를 피해 체코슬로바키아를 떠났다. 파리강화회의[연합국 21개국과 독일군 진영이던 이탈리아·헝가리·불가리아·핀란드·루마니아 사이의 강화회의(1946. 7. 29~10. 15) 조약에 따라 헝가리는 트란실바니아를 루마니아에, 다뉴브강 서쪽 연안의 일부를 체코슬로바키아에 반환함]에서 체코슬로바키아 대표단은 이 작전을 마무리하기 위해 20만 명의 이주자를 추가로 요구했다. 이 무렵 독일인 강제 추방으로부터 교훈을 얻은 영국과 미국은 이 요구를 거절했다. 그 결과 체코슬로바키아는 원하는 만큼 동질적인 민족국가를 이룰 수 없었다. 그들의 다른 유일한 선택지는 헝가리인의 시민권을 회복시켜주는 '재슬로바키아화re-Slovakization' 정책이었다. 단, 그들이 헝가리인의 정체성을 포기하고 슬로바키아인임을 공식 선언해야 한다는 조건이었다. 말할 것도 없이 이 계획은 헝가리인을 체코슬로바키아 사회에 통합하는 데 아무 도움이 되지 않았으며, 도리어 그들을 더욱 소외시키는 요인으로 작용했다.

헝가리인은 전쟁 중 슬로바키아인이 저지른 독일 부역 행위로부터 주의를 돌리기 위해 자신들을 희생양으로 이용했다고 여겼다.

유럽 전역에서 이런 종류의 움직임이 빈번히 벌어졌다. 헝가리인이 루마니아에서 추방당했듯이, 루마니아인도 헝가리에서 쫓겨났다. 알바니아계 참족은 그리스에서 추방됐고, 루마니아인은 우크라이나에서 추방당했으며, 이탈리아인은 유고슬라비아에서 추방됐다. 핀란드에서는 전쟁이 끝나고 서부 카렐리야 지방을 소련에 넘겨주면서 핀란드인 25만 명이 이주해야 했다. 1950년 말 불가리아는 터키와의 국경 너머로 14만 명가량의 터키인과 집시를 추방하기 시작했다. 이와 같은 다른 사례를 많이 찾아볼 수 있다.

이 모든 강제적 인구이동으로 인해 동유럽은 현대 역사에서 그 어느 때보다 협소한 '다문화성'을 드러냈다. 한두 해 사이에 소수민족 비율이 절반 이상으로 감소한 것이다. 유대인, 독일인, 마자르인, 슬라브인 그리고 수십 개의 다른 민족과 다른 국적을 지닌 사람들끼리 결혼도 하고 사소한 문제로 힘껏 툭탁거리면서 오랫동안 혼융을 이룬 제국의 용광로는 사라졌다. 그리고 그 자리에는 단일문화적 민족국가 집합체가 들어서고, 인구가 많든 적든 민족적으로 균질해졌다. 동유럽은 거대한 규모로 민족적 '자기 정화'를 이뤄낸 셈이다.

20장

유럽의 축소판:
유고슬라비아

동유럽 전역에서 발생한 민족 인구의 이동과 교환이 잔인하게 진행됐더라도 최악이라 할 정도는 아니었다. 실제로 서방 연합국 정부들을 포함해 많은 정부가 그러한 결정을 내린 데는 그것이 최악을 최소화하는 방안이라 여겼기 때문이다. 전쟁 초기에 독일이 다른 나라의 소수민족을 침략의 구실로 삼았던 것은 소수민족 제거가 미래의 충돌을 방지하는 유일하고 실질적인 방법이라 간주했기 때문이다. 특히 인종차별적인 전투가 벌어진 지역들에서는 인구이동이 항상 시니컬한 동기에서 비롯된 것은 아니며, 취약한 주민들이 피해 입지 않도록 하는 최선의 방식으로 여겨졌다. 어쩔 수 없이 고국을 떠나야 하는 사람들조차 탈출을 유일한 선택지로 받아들이곤 했다. 삶이 견디기 힘들 만큼 고통스러웠기 때문에 다른 나라로 가는 것을 행운으로 인식했다.

그렇다고 인구이동이 전후에 불거진 모든 민족 문제에 대한 해답은 아니었다. 어떤 경우에는 아무리 맘에 들지 않는 민족일지라도 쫓아낼 수 없었다. 가령 유대인만큼이나 환영받지 못하는 집시들은 그 어디에도 의지할 만한 '자기' 나라가 없었기 때문이다. 몇몇 나라는 전쟁 중 불거진 내부 균열을 봉합하려 노력하면서 개별적으로 존재하는 공동체를 통합하지 않을 수 없었다. 체코인과 슬로바키아인, 혹은 더 작은 규모로 벨기에의 플라망인과 왈롱인의 경우가 그러하다. 가장 극단적인 경우, 정부는 정치적으로 민족 문제를 인정하기 어렵다는 이유로 아무 문제도 없는 것처럼 행세했다. 소련과 유고슬라비아가 그러한 경우다. 당국은 국민에게 전쟁 폭력이 민족적 차이라기보다는 계급적 차이의 결과라는 인식을 심어주려 노력했다.

유고슬라비아는 이러한 모든 문제 또는 그 이상을 안고 있었던 만큼 특별한 언급이 필요하다. 이 나라에서 전시 폭력의 책임을 져야 할 집단은 대부분 '외부인'이 아니었기 때문에 그들을 추방할 수 없었다. 실제로 그중 일부는 나라 밖으로 달아나려다 실패했다. 더욱이 이들 민족 집단은 국내에서도 서로 분리되기 어려운 실정이었다. 당시에 그들을 분리해야 한다고 주장이 제기되기는 했다. 유고슬라비아 정보기관 인민보안국의 한 보고서는 이렇게 진술했다. "어떤 자들은 왜 세르비아인들이 그들 자신의 슬라보니아Slavonia 정부를 가져서는 안 되는지, 왜 크로아티아인들은 크로아티아로, 세르비아인들은 세르비아로 이주해서는 안 되는지 묻고 있다." 하지만 유고슬라비아 연방을 재건한 목적은 단일한 기치 아래 각각의 민족 집단을 하나로 묶는 것이었다. 티토 원수는 어떻게 '형제애와 단결'을 내세우면서 다른 한편으로 각각의 민족을 영토의 구석구석으로 분산시킬 수 있었을까? 또한 어떻게 공산당 교리인 인터내셔널리즘internationalism(국제공산주의)을 계속 설파하면서도 민족주의적 경향이 번성하도록 내버려둘 수 있었을까? 그로 인해 서로 다른 민족 집단들은 서로를 증오의 눈초리로 노려보면서도 계속 함께 살 수밖에 없었다.

제2차 세계대전 당시와 직후의 유고슬라비아는 유럽에서 최악의 폭력 사태가 발생한 곳이었다. 여러 층위로 엉킨 갈등 때문에 이 나라에서는 독특한 형국이 조성됐다. 유고슬라비아 저항 단체들은 민족해방 전쟁에서 외국 침략자들에 맞서 싸웠을 뿐만 아니라 혁명전쟁에서는 자국 정부의 군대와도 싸웠고, 양립할 수 없는 이념을 지닌 조직을 상대로 싸웠고, 또한 법과 질서를 회복하기 위해 폭력배나 강도와 싸웠다. 이토록 각양각색의 가닥들이 서로 얽혀 있었던 탓에 때로는 상대를 식별하기가 불가능했다. 그러나 이 폭력의 난마 속에서도 두드러진 한 가닥은 바로 '민족 증오'라는 문제였다. 전쟁 기간에 모든 진영에서는 어떤 대안책이든 이 증오의 힘을 이용했다. '인종청소'라는 용어가 전 세계에 알려지는 내전이 일어나기 반세기 전, 유고슬라비아는 20세기 들어 가장 잔혹한 민족분쟁의 종막으로 휘말려들었다.

역사적 배경

제2차 세계대전과 그 직후 시기의 유고슬라비아는 20세기 인류사에서 가장 복잡한 연구 분야로, 도덕적이고 역사적인 함정이 산재해 있다. 곳곳에서 잔학 행위가 있었던 다른 나라들과 마찬가지로, 옛 유고슬라비아의 폭력에 대한 기록 역시 극히 편향적이다. 이에 여러 민족 집단이 너나 할 것 없이 피해자의 권리를 촉구하고 있다. 많은 원본 문건이 그것을 소유한 자들의 민족적 성향이나 이념에 맞아떨어지도록 조작됐다. 이런 함정이 없더라도, 객관적이고 공정한 역사가들조차 해결할 수 없다고 여기는 진정한 논쟁 영역이 남아 있다.

우선 '유고슬라비아(남슬라브인의 땅)'라는 개념은 당시 논란의 대상이었으며 오늘날에도 여전히 그러하다. 이 나라는 1918년 이후 제1차 세계대전의 폐허 속에서 비로소 수립됐다. 그 영토는 19세기 3대 강대국(러시아 제국, 오스트리아-헝가리 제국, 오스만 제국)이 전복되면서 남겨진 단층선을 가로지르고 있다. 그러므로 3대 종교, 곧 동방정교회, 가톨릭교, 이슬람교의 교차점이기도 하다(전쟁으로 청산되다시피 한 유대인 민족까지 포함하면, 실제로는 유대교까지 네 개 종교다). 말하자면 그곳은 몇 세대에 걸쳐 사소한 경쟁과 질투를 키워온 6개 이상의 주요 민족과 소수민족들의 고향이었다. 양차 대전을 치르는 동안 가장 강력한 두 정치세력(세르비아 군주파와 크로아티아 농민당)은 유고슬라비아가 단일 왕국에 머물러야 할지, 그렇다면 각 지역에 얼마나 많은 자치권이 인정되어야 할지를 두고 끊임없이 논쟁을 벌였다.

제2차 세계대전 와중에 민족, 종족, 정치, 종교 문제로 '유고슬라비아인들'끼리 벌인 갈등은 외국 점령자들을 상대하는 것만큼이나 격렬했다. 크로아티아인은 세르비아인을 가톨릭교의 이름 아래 대량 학살했다. 세르비아인들은 보스니아의 무슬림 마을과 보이보디나의 헝가리인 마을을 불태웠다. 군주제 지지파 체트니크 Chetnik[크로아티아의 우스타샤에 맞선 세르비아 왕당파 민족주의 무장 조직]는 공산주의자 빨치산을 상대로 격전을 벌였다. 이것만으로는 덜 복잡하다는 듯, 민병대는 종종 자신들이 저지른 만행의 책임을 서로에게 돌리려 했다. 예컨대 이슬람계 민병대는 세르비아 체트니크의 제복을 입었고, 크로아티아계 우스타샤는 무슬림으로 변장했으며, 체트니크는 세르비아인 빨치산으로 가장했다. 따라서 누가 누구를 학살하고 있는지 정확히 확인하기란 간단치 않았다. 배후 조정자는 독일인, 이탈리아인 그리고 다른 점령자들로, 전쟁 범죄를 저지른 자들이 민족 집단 간의 혼란을 조장했다.

이렇듯 난장판이 된 민족 집단끼리 폭력 경쟁을 치르는 사이에 양대 적대 세력이 윤곽을 드러냈다. 그 첫 번째 세력은 우스타샤 Ustasha로, 전쟁 중에 이탈리아 파시스트에 의해 크로아티아의 새로운 괴뢰정부로 세워진 극우집단이었다. 우스타샤는 유럽 대륙에서 가장 혐오스러운 정권 중 하나였다. 제2차 세계대전 당시 민족과 종교를 내세워 인종청소에 탐닉한 이들 조직을 능가할 집단은 나치밖에 없었다. 그들은 수십만의 세르비아인 민족을 조직적으로 살해했으며 또 수십만 명에게 가톨릭 개종을 강제했다. 가장 악명 높은 크로아티아의 야세노바츠 포로수용소에서 10만 명 가량이 살해당했는데, 그중 태반이 세르비아인이었다. 우스타샤가 유고슬라비아의 유일한 대독 부역자는 아니었지만(세르비아인과 슬로베니아인, 몬테네그로인 극우집단과 민병대에도 있었다), 최대 세력이었던 것은 자명하다.

유고슬라비아의 두 번째 주요 세력은 우스타샤에 대적하는 집단으로, 최후에 승리를 거둔 공산주의 빨치산이었다. 빨치산은 드라자 미하일로비치가 조직한 왕당파 체트니크를 포함해 다른 모든 반나치 저항운동 조직을 추월함으로써 연합군의 지원을 받는 전투 세력으로 성장했다. 그들은 모든 소수민족이 가담하는 남성과 여성으로 구성돼 있었지만, 대다수는 박해를 피해 도망쳐온 세르비아인이었다. 전쟁 후반에는 상당수의 (세르비아인이기도 한) 체트니크가 빨치산과 합류했다. 이것은 부분적으로는 세력이 강한 쪽에 붙으려는 욕망도 포함돼 있지만, 크로아티아 우스타샤를 분쇄해야 한다는 간절한 충동이 세르비아인 동족 간의 정치적 차이를 극복하도록 한 것이다. 이와 같은 배경 때문에 유고슬라비아에서 전쟁의 종결은 유난히 민족주의적 색채가 짙었다. 빨치산 지도부는 크로아티아 국가를 유고슬라비아 연방의 울타리에 포함하는 데 집중했을지 모르지만, 많은 기층 전사들에게는 가장 우선되는 일이 하나 있었다. 바로 크로아티아인 전체에 대한 앙갚음, 특히 우스타샤 극우 정권에 대한 복수였다.

'블라이부르크 비극'

제2차 세계대전의 마지막 6개월 동안 독일군은 발칸반도 전역에서 퇴각했다. 1945년 4월 유고슬라비아를 통과해 철수하던 그들은 현지의 여러 부역자 단체와 병사들, 민병대와 합류했다. 이들 집단의 목적은 오스트리아와 이탈리아 동북부의 영국군 점령지를 향해 가면서 싸우는 것이었다. 참혹한 전쟁에서 그들이 항복했을 때 공산주의자인 티토의 군대보다는 영국군이 자비를 베풀 가능성이 더 크다고 판단했기 때문이다.

1945년 5월 6일 우스타샤 정권이 마침내 자그레브(크로아티아 수도)를 포기하자 시민은 일종의 히스테리에 사로잡혔다. 우스타샤가 대대적인 탈출을 유도하기 위해 일부러 공포 분위기를 확산시킨 것이라는 해석도 있었다. 어쨌든 도주하는 우스타샤 군대에 수많은 난민이 합류했고 그들 중 일부에게는 총이 주어졌다(이로 인해 며칠 후 군인과 민간인을 가려내기 어렵게 만들었다). 수십만 명에 달하는 대규모 집단은 슬로베니아를 지나 오스트리아 국경을 향해 북쪽으로 이동했다. 그들은 빨치산에게 굴복하기 전에 오스트리아에 도달하기로 결심했기 때문에 전쟁이 끝나고 난 뒤에도 유럽의 나머지 지역에서는 한동안 싸움이 이어졌다. 전투는 1945년 5월 15일까지 이어졌고, 마침내 최초의 크로아티아인 부대가 오스트리아 영내인 블라이부르크에 도착했다. 그들은 즉시 영국군에게 항복하려 했다. 그러나 모든 추축국 군대는 그들이 맞서 싸워온 군대에 항복해야 한다는 연합군 방침에 따라 영국군은 그들의 투항을 받아들이지 않았다. 간신히 필사적으로 전투에서 헤어난 우스타샤와 그 추종자들은 꼼짝없이 빨치산에게 넘겨질 처지였다.

블라이부르크에서 발생한 사건은 오랫동안 불분명한 이야기이자 논쟁거리가 되었다. 전후 몇 년 동안 크로아티아인 망명자들은 크로아티아군 전체가 오스트리아 땅에 도착했다고 증언함과 더불어 영국군은 그들을 무장해제하고 빨치산에게 돌려보내 전멸시키려 했다고 주장했다.

영국이 그들을 보호하길 거절한 것은 1929년 제네바 협약을 위반한 것이라는 이유로 많은 사람은 영국군의 이러한 '배신'이 전쟁범죄에 해당한다고 봤다. 그러나 실제로는 크로아티아 군대와 극히 일부의 피란민(아마 2만5000명가량)만이 오스트리아 영내에 도착했고, 나머지 17만5000명은 대략 45킬로미터에서 65킬로미터에 이르는 좁고 긴 지대에 산재해 있었다. 오스트리아의 이 외딴 지역에 수많은 피란민을 수용할 시설이나 물자가 없었기 때문에 영국군은 빨치산에게 의탁하라고 알리는 것 외에 다른 도리가 없었다. 게다가 영국군은 빨치산에 맞서 군사 작전을 단행할 경우를 대비해 그 지역을 비워둘 생각이었다. 티토의 빨치산은 이미 오스트리아와 동북 이탈리아의 여러 지역을 침공해 유고슬라비아령으로 병합하겠노라 위협해왔기 때문이다.

배신에 대한 비난의 화살은 투항한 자들을 대우하는 영국의 태도를 겨냥한 것이기도 하다. 크로아티아인들이 도착하기 며칠 전, 약 1만에서 1만2000명의 부역자로 구성된 슬로베니아 국토

방위군Slovenian Home Guards(얼마 전 슬로베니아 국군Slovene National Army으로 개칭)이 오스트리아로 들어왔다. 영국군은 그들을 무장해제한 뒤 클라겐푸르트에서 서남쪽으로 몇 킬로미터 떨어진 작은 도시 빅트링(슬로베니아어로 베트린예)의 수용소로 보냈다. 그들을 계속 그곳에 묶어둘 뜻은 없었고 최대한 빨리 그들을 유고슬라비아로 돌려보낼 계획이었지만 슬로베니아인들이 저항할 것을 우려해 이탈리아 수용소로 이송하는 척했다. 이 지역에서 붙잡힌 코사크 포로에게도 그 비슷한 속임수를 사용했다. 코사크 장교들은 소련군에게 넘겨질 때 회의에 참석하게 된다는 말을 들었다는 것이다. 이런 기만을 당하고 이어진 학살 현장에서 운 좋게 살아남은 자들은 결코 영국군을 좋아할 수 없었다. 영국군은 포로에게 닥칠 운명을 확실히 알고 있었다는 증거에 더욱 무게를 실어줄 뿐이었다.

오스트리아에서 국경 너머로 돌려보내졌거나 슬로베니아 최북단 지역에서 티토의 빨치산에게 붙잡힌 자들에게는 서사시적이고도 비극적인 시련이 기다리고 있었다. 이들은 빨치산들이 임시 수용소를 세워놓은 마리보르[슬로베니아 동북부 도시]를 향해 드라바강을 따라 행군했다. 처음에는 대열이 흐트러지지 않고 질서정연하게 이동했지만, 생존자들의 증언에 따르면 연합군 전선의 안전지대로부터 멀어질수록 고통을 겪었다. 포로들은 물과 식량을 받지 못했고, 펜이나 시계, 결혼반지, 부츠나 신발 같은 값나가는 물건을 빼앗겼다. 그러다보면 대열 간격이 벌어질 수밖에 없었고, 뒤처진 사람들은 빨리 달려오라는 재촉을 받곤 했다. 행렬이 뒤처지지 않게 하기 위해 간혹 우물쭈물하는 자들은 경고도 없이 사살됐다.

1960년대에 크로아티아인 망명자 존 프르셀라는 그때 당시 행군하여 유고슬라비아 영내로 귀환했던 사람들로부터 증언을 수집했는데, 이러한 세부 사항의 진술들이 맞아떨어지고 있다. 1960년대에 독일정부위원회가 수집한 독일 병사들의 증언도 더 많은 증거를 제공한다. 이 '죽음의 행진'은 극단적으로 가혹했다. 마리보르를 향해 터벅터벅 무거운 발걸음을 옮기는 동안 크로아티아 군인이나 민간인은 말도 안 되는 온갖 핑계로 사살됐다. 도망치는 자들은 마땅히 사냥감으로 취급되었지만, 잠깐 볼일을 보기 위해 대열을 빠져나가는 것조차 위험한 짓이었다. 길 주변의 마을 사람들이 포로들을 위해 음식과 물을 남겨뒀지만 그것을 집으려 움직였다가는 총에 맞을 수 있었다. 도저히 걸을 수 없을 만큼 탈진한 사람도 예외가 아니었다. 스탄코비치라는 남성 생존자는 50대 성직자가 너무 힘들어서 걸을 수 없었다는 이유로 죽임을 당했다고 했다.

가끔은 닥치는 대로 표적을 무작위로 고르는 듯했다.

평소에는 세르비아인이지만 때때로 슬로베니아인이었던 한 공산당 장교는 느닷없이 이렇게 소리치곤 했다. "나머지 다른 적들보다 머리가 더 튀어나온 저 새끼를 죽여라!" 그러면 또 다른 장교가 외쳤다. "저 작은 애송이 놈을 죽여라!" 다른 어떤 군관은 턱수염을 기른 자나 셔츠를 벗은 누군가를 처단하라고 명령했다.

다른 목격자는 증언했다. "적색분자들은 불현듯 사격하고 싶은 충동이 일었는지 조준하지 않고 마구 총을 갈겨대기 시작했다. 그들도 처음에는 대열 속에서 개별적으로 끌고 나가 숲에서 죽였지만, 나중에는 포로 대열을 향해 직접 발포했다. 이 총격은 완전히 무차별적인 남살濫殺이었다."

어쨌거나 일부 빨치산은 무차별적인 살인을 즐겼으며, 눈에 띄지 않는 여러 살해 방식을 동원했다. 그들이 포로를 수색하는 이유는 귀중품을 빼앗기 위한 것도 있지만 우스타샤 장교 혹은 정예 대원을 색출하려는 목적도 있었다. 간혹 신분증이나 사진을 지니고 있을 만큼 어리석은 자가 있었기 때문이다. 값비싼 물건을 가진 자들은 대부분 지위가 높았기 때문에 장교들은 대부분 항복하기 전에 제복을 벗어버렸지만 차마 훈장이나 계급장을 버리지 못하는 자도 있었다. 마르크 스토이치라는 우스타샤 중위가 바로 그중 한 명이다. 그의 처제는 형부를 보호하기 위해 자기 다리에 그것들을 묶어 숨겼는데, 불행히도 끈이 풀리면서 길바닥에 떨어뜨리고 말았다. 병사들이 그것을 발견했고 스토이치의 처제에게 누구 것인지 물었다. 그녀가 대답하지 않자 많은 포로들이 지켜보는 가운데 그녀의 머리통을 박살냈다.

많은 생존자의 증언에 따르면 그들은 포로들을 몇 명씩 숲으로 데려가 사살했다. 이러한 증언은 거의 피해자들로부터 나왔기 때문에 빨치산 군관들이 어떤 기준으로 사살할 포로를 선정했는지 확신할 순 없지만 기본적인 선별 기준이 있었던 것 같다. 당시 빨치산 군관이었던 사람은 동지들이 포로 장교 54명을 고른 뒤 숲으로 데려가 죽였다고 증언했다. "무슨 일이 일어났는지 확인하려고 그쪽으로 올라갔더니 이미 사병 몇 명이 시체 54구를 묻고 있었습니다. 저는 피 웅덩이와 칼에 찔린 시체 한 구를 보고는 나머지도 칼에 찔려 죽었다고 생각했죠. 제가 들었던 리볼버(연발 권총) 소리는 두세 발이었는데 그곳에는 54명이나 죽어 있었으니까요."

프라뇨 크라카이라는 포로 역시 우스타샤 사병들이 어떻게 특별 취급을 받기 위해 차출되었는지 증언했다. 그는 우스타샤 간부로 지목되어 다른 사람들과 함께 숲속으로 끌려갔으나 누군가 경비병의 시선을 딴 데로 돌리기 위해 달려들었고, 그는 그 기회를 놓치지 않고 도주했다. 그러나 함께 끌려갔던 포로들은 모두 사살됐다.

크라카이는 한 번도 아니고 네 번이나 빨치산에게 잡혔다가 탈출했기 때문에 그의 이야기는 꽤 흥미롭다. 그는 탈출할 때마다 굶주림을 견디지 못하고 모습을 드러내는 바람에 발각됐다. 첫 번째 경우에 그는 운수 사납게 가장 혹독한 빨치산 부대의 손아귀에 떨어졌다고 생각했다. 그러나 두 번째로 처형될 위기에 처하자 대량 살상이 빨치산의 일반적인 방침이라는 것을 깨달았다. 그때 그는 등 뒤로 양손을 묶인 채 다른 포로들과 함께 여러 대의 트럭에 실려 있었다.

20분쯤 타고 간 뒤, 우리는 강 상류에 있는 마리보르섬에 밀 포대 자루처럼 던져졌다. 우리가 어떤 장소를 향해 다가갈수록 스타카토식으로 발사하는 기관총 소리와 단발의 소총 소리가 섞여서 들렸다. 우리는 죽음의 시간이 다가왔음을 알았다.

트럭에서 내던져졌을 때 나는 두 다리로 착지했다. 따라서 나는 주위의 잔혹한 광경을 똑똑히 볼 수 있었다. 마치 20세기의 단테가 묘사할 듯한 연옥을 바라보는 것처럼 (…) 나의 시선을 잡아끈 곳은 약 300야드 떨어진 곳에 파놓은 여러 개의 무덤구덩이였다. 구덩이가 얼마나 깊은지 알 수는 없었지만 시체로 가득 차 있었다. 짐작컨대 각각 300구 정도는 쌓여 있었을 것이다. 이 송장 더미 위에서 나는 어떤 움직임을 포착할 수 있었다. 몇몇 희생자가 아직 살아 있었다! 섬뜩한 구덩이에서 절규가 들려왔다. "형제여, 날 죽여줘! 한 번 더 쏴줘!" 그 외침이 여러 번 반복되었던 참혹함을 잊을 수 없다. 게다가 총에 맞지 않은 채 켜켜이 쌓인 시체들 밑에서 질식해 죽어가는 사람들도 있었다. 그들도 비명을 지르려고 꿍꿍댔다. 몇몇 희생자는 숲으로 도망치려 했고 빨치산은 그들을 향해 총을 쐈다.

트럭 몇 대가 다른 포로들을 데려왔다. 포로들은 땅을 밟자마자 달아나기 시작했고 경비병들은 소총과 기관총을 맹렬히 퍼부었다. 나 역시 손은 묶여 있었지만 펄쩍 뛰어내려 냅다 뛰었다. 총알들이 나를 스쳐 나무에 박히고 수풀을 갈랐다. 나는 나뭇가지에 걸려 넘어졌는데, 그것 때문에 살아남을 수 있었던 것 같다. 경비병들이 나를 맞췄다고 판단해 다른 곳으로 주의를 돌렸기 때문이다.

이와 같은 이야기에서 크로아티아인 포로 살해는 소수의 개인적 행동이 아니라 빨치산 부대 병사들 전체에 의한 소행이었으며, 상당히 조직적이었다는 사실을 알 수 있다. 포로들은 개별적 또는 소규모로 처형된 게 아니라는 뜻이다. 이런 대학살은 빨치산 지휘계통의 수뇌부인 공산당 중앙이 결정하지 않으면 불가능한 일이다.

이 대학살 사건에 책임이 있는 지방 지휘부는 마리보르 인근 도시에 소재했던 것으로 보인다. 이곳의 빨치산 부대를 비롯해 슬로베니아 중심지에 주둔한 나머지 부대는 절차에 따라 포로들을 해산시켰다. 우선 군인과 민간인을 나누고 난 다음 일반 예비역 또는 현역병이 아닌 우스타샤 대원을 가려냈고, 마지막으로 부사관이나 사병 가운데 장교를 가려냈다. 이후 '가장 무고한' 자들은 첼레와 자그레브로 돌려보내기 위해 기차에 태웠다. 수만 명이 슬로베니아 각지에 있는 포로수용소에 도착하기까지 몇 주가 걸리기도 하는 고난의 행군을 감내해야 했다. 현지에 그대로 남은 몇몇 집단에게는 가혹하기 짝이 없는 강제 노역이 기다리고 있었다. 그곳은 삶의 막장이었다.

도시 주변에는 독일군이 빨치산의 공격을 방어하기 위해 파놓은 대전차 참호가 둘러쳐져 있었다. 트럭에 실려 온 포로들은 참호 앞에 나란히 세워져 사살됐다. 참호 바닥에는 앞서 끌려온 포로들의 시체가 깔려 있었기 때문에 나중에 온 포로들은 자신의 죽음을 미리 알 수 있었다. 달아나거나 경비병에게 덤벼드는 행동을 방지하기 위해 포로들의 손은 뒤로 묶여 있었고 옷이 벌거벗겨져 있었다.

유고슬라비아를 탈출했지만 냉전 시기에 가족을 남겨두고 탈출한 어느 크로아티아 장교는 익명으로 다음과 같이 증언했다.

저녁 무렵 빨치산들은 우리의 옷을 벗기고 전선으로 양손을 등 뒤로 묶은 다음 2인 1조로 결박했다. 그리고 우리는 트럭에 실려 마리보르 동쪽으로 끌려갔다. 나는 간신히 손목의 줄을 풀어냈지만 여전히 다른 장교와 연결되어 결박된 상태였다. 우리는 시체가 산더미처럼 쌓여 있는 커다란 구덩이로 끌려갔다. 빨치산들이 뒤에서 총을 쏘기 시작하자 나는 재빠르게 시체 더미 위로 몸을 던졌다. 내 몸 위로 다른 시체가 떨어졌다. 구덩이는 아직 더 많은 시체를 쌓을 공간이 남아 있었기 때문에 그들은 우리를 묻지 않고 자리를 떠났다. 더 많은 희생자를 데려오기 위해 마리보르로 향한 것이다. 나는 죽어버린 장교와 묶여 있던 줄을 풀어내고 무덤에서 기어 나왔다. 나는 완전히 벌거벗은 상태였고 다른 희생자들의 피가 묻어 있었기 때문에 멀리 벗어나지 못할까봐 두려웠다. 결국 처형장에서 멀지 않은 나무 위로 올라갔다. 빨치산은 세 차례나 군관들과 사제들을 데려왔고 그들을 모두 죽였다. 나는 해가 떠오를 무렵 그곳을 떠났다.

마리보르에서 대학살은 며칠 동안 계속됐고, 대전차 참호가 시체로 가득 채워지자 특수매장부대가 도착해 흙을 쌓고 평평하게 고르는 작업이 이루어졌다. 그 밖에도 포탄 구멍, 폭탄 분화구, 그리고 특별히 파놓은 공동묘지에도 시체들이 묻혔다.

훗날 유고슬라비아를 떠난 옛 빨치산은 이러한 매장부대에서 복무할 때의 생생한 경험을 들려주었다.

우리가 소름 돋는 임무를 수행하는 동안 다른 조는 참호들이 끝나는 곳에서 시작되는 큰 구덩이를 파내기 위한 세부 작업을 진행했다. 끔찍하게도 이 구덩이 역시 시체가 가득 차 있었다. 죽은 자들은 며칠 전에 살해당했는지 몸이 뻣뻣하게 굳어 있거나 막 부패가 시작되고 있었다. (…) 오후 5시가 되도록 우리는 시체 묻는 일을 하고 있었는데, 포로 100명이 새로 파놓은 도살장으로 끌려왔다. 우리는 그들이 시체를 매장하는 일을 도와줄 거라고 들었다. 그러나 잠시 후 포로들은 오래된 시신이 누워 있는 구덩이의 가장자리에 일렬로 세워졌고 모든 소지품을 빼앗겼다. 마침내 기관총 사격으로 100명의 포로기 몰살됐다. 나는 100야드도 안 되는 거리에서 이 모습을 지켜보았다. 포로 중 일부는 기관총 탄알을 피해 몸을 던지고 죽은 척했지만 빨치산들은 일일이 이 시체에서 저 시체로 옮겨 다니며 숨이 붙어 있는 것 같은 포로의 몸통에 총검을 찔러 넣었다. 허공을 가르는 그들의 비명소리는 기관총의 참화를 모면했으나 죽음을 피할 수 없었던 무자비한 증거였다. 새로운 희생자들은 모조리 구덩이 속의 오래된 시신 위에 내던져졌다. 한 명도 살아남지 못하도록 빨치산들은 시체 더미를 향해 추가로 기관총을 갈겨댔다.

유고슬라비아의 전쟁 손실에 대해 가장 객관적이고 신뢰할

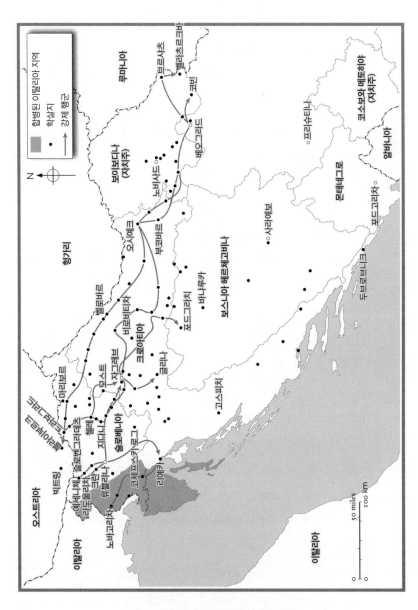

지도 7 1945년 유고슬라비아의 학살 현장

수 있는 권위자로 인정받는 인구통계학자 블라디미르 제르야비치에 따르면, 제2차 세계대전이 끝난 직후기에 블라이부르크와 마리보르 사이를 연결하는 지역에서 크로아티아인과 이슬람 군인이 대부분인 대독 부역자가 5만에서 6만 명 정도 살해됐다. 이는 1945년 5월 오스트리아 국경지대에서 빨치산에게 투항한 유고슬라비아군 전체의 절반에 해당하는 수치다.

마리보르에서만 이런 대학살이 발생한 건 아니다. 오스트리아로 탈출했다가 영국군에 의해 빨치산에게 넘겨진 1만2000명의 슬로베니아군은 코체베(슬로베니아 남부 도시) 인근 숲에서 대부분 살해당했다. 그들은 코체프스키 로그의 깊은 협곡까지 끌려가 총에 맞거나 산 채로 벼랑 아래로 던져졌다. 그런 후 바윗덩어리를 시체 위로 떨어뜨리기 위해 절벽을 다이너마이트로 폭파했다. 목격자들에 따르면 장교든 사병이든, 정치적 신념의 차이든 그들에 대한 어떠한 선별 작업도 이루어지지 않았다. "포로에 대한 어떠한 심문도 없었고, 어떤 종류의 재판도 치러지지 않았으며, 그들 간의 어떤 선별 작업도 없었다. 코체베로 끌려온 사람은 모두 죽을 운명이었다." 적어도 8000명에서 9000명의 슬로베니아 민족주의자가 이런 식으로 학살됐고, 일부 크로아티아인과 몬테네그로인 체트니크 및 세르비아 의용군 3개 연대의 대원도 마찬가지로 죽음을 맞이했다. 피해자 중에는 또 소수의 부녀자와 14세에서 16세 사이의 우스타샤 청년운동 대원 200명도 포함돼 있었다.

슬로베니아의 류블랴나에서 몇 킬로미터 떨어진 포두티크의 수심 깊은 계곡에서도 유사한 사건이 일어났다. 그러자 대량의 부패한 사체로 인해 류블랴나 상수도가 오염되기 시작했다. 결국 6월에 독일군 전쟁포로를 시켜 시체들을 끄집어낸 뒤 새로 만든 공동묘지에 깊이 매장됐다. 빨치산들은 온갖 방법을 동원해 포로를 죽였다. 라스코와 흐라스트니크에서는 크로아티아인 대독 부역자들을 갱도 아래로 던진 뒤 수류탄을 터뜨렸다. 리프니크에서는 포로들을 엄폐호 안으로 몰아넣고 폭파했다. 슬로베니아 베지그라드의 전쟁포로수용소에서는 죄수들을 급수조 안에 가둔 후 물을 부어 익사시켰다. 유고슬라비아와 이탈리아 국경지대인 이스트리아에서는 수백 명의 이탈리아인 포로를 구덩이나 협곡에 던져버렸다.

개중에는 간신히 살아남은 자도 있었다. 캄니크(슬로베니아 북부 도시)에서 총살당했다가 살아남은 한 사람은 끔찍한 정황만 아니었다면 우스꽝스럽기 짝이 없는 이야기를 들려줬다. 그와 동료 포로들은 명령에 따라 둥근 구덩이를 파기 시작했고, 작업이 끝난 뒤 빨치산 경비병들의 총을 맞고 구덩이에 떨어졌다. 그는 이마에 총을 맞았는데 어찌된 영문인지 살아 있었다. 그는 죽었거나 죽어가는 동료들 사이에 누운 채 빨치산들이 말다툼하는 소리를 들었다.

멍청한 빨치산들이 우리를 둥글게 세워놓고 발포하기 시작했을 때 그들은 갑자기 당황했다. 그들도 우리 바깥에서 둥글게 서 있었기 때문이다. 사실상 그들은 우리뿐만 아니라 자기들을 향해 서로 총질을 해댄 셈이다. 이 멍청한 짓으로 빨치산 두 명이 죽고 다른 두 명이 중상을 입었다.

이런 증언이 매우 많다는 사실은 꽤 충격적이다. 물론 탈출할 수 있을 때까지 닷새 동안 집단 무덤 안에서 보냈다는 밀란 자예츠의 증언처럼 믿기 힘든 경우도 있다. 그러나 대다수 증언은 그럴 듯할 뿐만 아니라 검증 가능한 세부 사실을 많이 포함하고 있다. 독일인 포로들, 학살이 일어난 지역의 주민들, 심지어 다양한 빨치산 문서와 증언들이 이를 입증한다. 다른 증거가 필요하다면, 이 지역 일대에서 발견된 수십 곳의 공동묘지가 뒷받침하고 있다. 옛 소련이 해체되고 유고슬라비아에서 공산주의 정권이 붕괴한 뒤 이 공동묘지들 가운데 일부가 발굴됐으며, 티토에게 죽임을 당한 희생자들을 추모하는 많은 추도비가 슬로베니아와 크로아티아 전역에 세워졌다.

이러한 대학살의 원인이 무엇이었을까? 이것이 현재 남아 있는 가장 큰 의문이다. 단순히 군사적 적대자에 대한 복수였을까? 아니면 잔혹한 복수의 악순환을 제공한 정권(크로아티아의 우스타샤)에 대한 (비공식적이지만) 정당한 처리였을까? 정치적인 동기가 개입된 것이었을까? 아니면 민족적 증오의 결과일까? 이에 대한 대답은, 이 모든 요인이 서로 구별하기 어려운 상태로 혼재해 있다는 것이다. 크로아티아의 우스타샤 극우 정권은 극단적 민족주의와 인종 혐오의 이념 위에 세워졌다. 따라서 이 정권과 연루된 군인과 관리에 대한 처형은 정치적인 동시에 민족적인 행위였으며,

복수심 때문에 잘못된 방향으로 엇나가긴 했지만 전쟁 중 우스타샤가 저지른 인종청소에 대한 징벌이었다.

하지만 살인자든 피해자든 그런 미묘한 동기는 별로 중요하지 않았다. 이미 강조했듯이, 내가 인용한 모든 희생자는 크로아티아인 중에서 선별됐다. 물론 많은 희생자의 극렬한 민족주의 입장을 고려하면 놀랄 것도 없다. 그러나 공산당 자료조차도 전후에 발생한 비공식적 폭력의 결정적인 요인이 거의 민족 갈등 때문임을 인정하고 있다. 1945년 7월 크로아티아에 파견된 유고슬라비아 정보국은 "쇼비니즘적 증오"가 "세르비아인과 크로아티아인 마을들 사이에서 맹렬하게 불타올라 절반 이상이 서로 싸우고 있다"라고 보고했다. 전후에 민족적인 동기로 벌어진 살인이나 폭력은 흔한 일이었다. 특히 고향 마을에 돌아온 세르비아인 민족주의자들은 크로아티아인과 보스니아인 이웃에 대한 적대감으로 "왜 크로아티아인들을 모조리 죽이지 않는 거야?"라고 물었다. 또한 전쟁이 끝난 뒤 바니야에 돌아온 세르비아인들은 마을 이웃에게 "도대체 뭘 꾸물거리는 거야?"라고 다그쳤다.

범유럽적 폭력의 상징, 유고슬라비아

이 모든 살인은 규모가 작든 크든 유고슬라비아가 특히 잔인한 곳이라는 인식을 형성하는 데 일조했다. 그런 인식은 1990년대 발생한 잔혹한 내전으로 더 강화되기도 했다. 유럽 전역에서 피에 굶주린 듯 잔혹한 폭력을 말할 때 '발칸 폭력Balkan violence'이라는 용어가 사용됐고, 이 가설을 뒷받침할 만한 여러 역사적 사건이 정기적으로 인용됐다.

전후 유고슬라비아와 관련된 통계가 다른 나라보다 심한 것은 틀림없다. 전쟁 직후 빨치산에게 살해된 대독 부역자 군인과 민간인은 약 7만 명으로, 전체 인구와 비교했을 때 이탈리아보다 10배 이상이고 프랑스보다 20배 이상이다. 그 당시 발생한 사건들도 유고슬라비아의 잔인성에 대한 고정관념을 뒷받침하는 듯하다. 11세에 빨치산에 가담한 두산 부코비치는 우스타샤 조직원의 피부가 산 채로 벗겨져 나뭇가지에 내걸리는 장면을 봤다고 했다. "나는 빨치산들이 코와 귀를 자르고 눈을 도려내는 광경을 두 눈으로 똑똑히 목격했다. 그들은 포로의 살에 다양한 종류의 표식을 새겨 넣기도 했다. 게슈타포 요원을 잡았다고 판단했을 때 특히 그랬다." 또한 희생자를 칼로 천천히 죽이거나, 말처럼 타거나, 남녀를 묶어 강물에 던져 익사시키는 등 경비원들의 가학 행위를 목격한 사람도 적지 않다.

그러나 통계 수치를 접어두면, 종전 무렵 유고슬라비아에서 발생한 폭력은 다른 나라의 경우보다 잔인하다고 볼 수 없다. 유럽 대륙 전체에서도 그와 같은 폭력 행위가 비일비재했다. 독일군 점령기에 레지스탕스 전사를 체포해 "두 눈을 찢어 눈 안에 벌레를 넣고 꿰맸다"는 프랑스 (비시 정권 아래 친독일) 의용대원에 관한 이야기는 앞서 소개한 사건과 별 차이가 없다. 체코인 폭도는 나치친위대원들의 피부에 나치를 상징하는 문양을 칼로 새겨 넣었

제3부 인종청소

고, 벨기에의 마키Maquis(반독일 유격대) 대원은 부역자들을 산 채로 태워 죽이는 행위를 대수롭지 않게 여겼다. 따라서 고정관념은 있을지언정 발칸반도라는 불운한 지역에서 일어난 잔인함을 특이하게 여겨서는 안 된다. 오히려 그것은 유럽 대륙 전역에서 일어난 비인간화의 상징이다.

민족 차원의 폭력도 유고슬라비아만 따로 떼어 논할 수 없다. 대부분의 서유럽에서는 그러한 민족적 긴장이 사라진 듯하지만 체코슬로바키아와 폴란드, 우크라이나에서는 전쟁과 그 직후에 필연적으로 발생했다. 또한 소수민족과 연루된 소규모 분쟁은 대륙 전체에서 빈번히 발생했으며, 그중 일부는 지역적 규모에 비례하여 폭력적이었다.

사실 유고슬라비아의 특이점은 이 책에서 지금까지 논의한 모든 주제가 잘 요약돼 있다는 것이다. 다른 유럽 국가들과 마찬가지로 유고슬라비아의 폭력은 대부분 복수에 대한 단순한 열망에서 발동한 것이다. 그리고 유럽의 다른 지역과 마찬가지로, 전쟁으로 야기된 불화는 전쟁이 끝나자 편리한 (단결) 신화의 단층 아래로 은폐됐다. 심하게 훼손된 법과 질서 또한 발칸 지역 및 대륙의 다른 지역과 어떤 차이도 없었다. 새로운 경찰력에 대한 사람들의 불신은 "그들이 약탈적인 범죄집단이 될까봐" 두려워했기 때문으로, 폴란드인, 루마니아인, 오스트리아인 및 동독인이 그들 자신의 민병대 또는 소련군 병사에 대해 느꼈던 공포와 다를 게 없었다. 사법부에 대한 신뢰 결여 역시 프랑스나 이탈리아와 마찬가지로, 종종 민간인이 사적 제재를 가하는 일이 발생했다. 이는 프랑스나

20장 유럽의 축소판: 유고슬라비아

체코슬로바키아처럼 대독 부역자들을 단죄하기 위한 비공식적인 감옥을 만들고, 소련이 전쟁포로를 감금하기 위해 굴라크가 은밀히 설치된 것과 다르지 않다. 유고슬라비아의 독일인과 헝가리인 주민은 유럽 대륙의 다른 나라들과 마찬가지로 추방됐다.

유고슬라비아라는 국가는 내가 아직 깊이 논의하지 않은 새로운 주제, 즉 폭력의 상당 부분이 정치적 동기에 의한 것이라는 관점의 방향성을 제시한다. 지금까지 기술한 거의 모든 사건은 국가의 통제권 밖에서 활동하는 개인이나 집단이 초래한 행위로, 결국 연합군과 전통적인 정치인의 협력으로 다시 정상화됐다. 그러나 유고슬라비아에서 폭력을 자행한 쪽은 '국가' 그 자체로, 연합군은 부재했고 전통적인 옛 정치인은 혁명가로 대체되었다. 따라서 이 전사(빨치산)들이 국가의 법과 질서를 회복시키는 데 무자비한 수단을 취했다는 것은 놀랄 일이 아니다.

티토의 오른팔이었던 남자 미로반 질라스는 1979년 영국 잡지에 실린 인터뷰에서 그 방법들을 간단명료하게 밝히고 있다. "유고슬라비아는 혼돈과 파괴 상태에 있었다. 거의 행정 당국이 존재하지 않았다. 정식으로 구성된 법정도 없었다. 2~3만 명에 달하는 사람과 거기에 얽힌 사건들을 확실하게 조사할 만한 방법이 없었다. 그러니 쉬운 타개책으로 그들 모두를 사살하게 함으로써 문제를 해결했다는 식이었다." 프랑스인과 이탈리아인이 법정을 통해 부역자들을 제거하려 노력하고 이후로도 숙청의 불완전함을 끊임없이 규탄했던 반면, 티토는 사법 체계의 미비함을 인정하고 그걸 통째로 불필요하게 만들었다. 그는 훗날 "우리는 이런 상황을 단번에 영원히 끝장내버렸다"라고 회고했다.

　전후 유고슬라비아에서 일어난 대학살은 적어도 부분적으로
는 정치적 동기가 작용했다. 공산주의자들은 크로아티아와 슬로베
니아를 유고슬라비아 연방에 재가입하도록 압력을 행사하려 했기
때문에 수만 명의 충실한 크로아티아인과 슬로베니아인 민족주의
자들이 훼방하도록 두고볼 리 없었다. 티토 역시도 미하일로비치
의 왕당파 체트니크가 건재함으로써 유고슬라비아 공산주의에 대
한 그의 비전이 위태로워지는 상황을 용납할 수 없었다. 따라서 길
이 다른 두 집단은 서로 함께 일을 도모할 수 없었다. 총에 맞아
죽지 않은 자들은 몇 년 또는 수십 년 동안 옥살이를 했다.

　정치적 동기에 의한 국가 폭력은 유고슬라비아에 국한된 게
아니었다. 유럽 전역의 다른 공산주의 집단들 역시 권력을 추구하
는 데 좀더 교묘했을지는 모르나 똑같이 무자비했고, 필요하다면
폭력에 의존하는 짓을 마다하지 않았다. 유럽 대륙의 동쪽 절반
에서 살아가는 무수한 사람들에게는, 그래서 전쟁 종식이 '해방'의
신호 따위가 되지 못했다. 그것은 그저 국가 억압의 시대를 예고했
을 뿐이었다. 나치 공포는 끝났지만 공산주의 공포가 막 시작되려
던 참이었다.

21장
서유럽의 관용,
동유럽의 불관용

제2차 세계대전과 그 여파는 동유럽과 서유럽 사이에 새롭고 불온한 대조를 가져왔다. 서유럽에서는 전쟁 전까지만 해도 사람들이 기대한 것 이상으로 세계주의 분위기가 조성됐다. 런던은 유럽 모든 망명정부의 외교 중심지이자 세계의 군사 문제를 논의하는 집결지로 변모했다. 파리나 베를린의 카페는 유럽 전역에서 오는 손님들이 자주 찾는 곳이 됐다. 전쟁 후 그곳은 호주인, 캐나다인, 미국인, 아프리카인, 흑인과 백인으로 붐볐다. 전쟁 전까지만 해도 외국인을 거의 볼 수 없었던 독일 농촌 지역은 폴란드인과 우크라이나인, 발트인, 그리스인, 이탈리아인들로 넘쳐났다. 일찍이 흑인을 본 적이 없었던 오스트리아인들은 이제 미국 흑인, 모로코인, 알제리인, 세네갈 부족민들과 섞여 사는 데 익숙해져야 했다. 약간의 불가피한 인종차별과 '술 취한 폴란드인' 또는 '법을 지키지 않는 우크라이나인'에 대한 많은 불평에도 불구하고 이 새로운 코즈

모폴리터니즘(세계주의)은 차츰 널리 용인됐다.

반면 동유럽에서는 몇 세기 동안 유지돼온 세계주의가 지엽적으로 또는 광범위하게 파괴됐다. 전쟁은 이 지역의 유대인과 집시를 대부분 쓸어냈다. 전쟁은 또한 전례 없이 이웃들끼리 반목하도록 만들었다. 슬로바키아인은 마자르인(헝가리인)과, 우크라이나인은 폴란드인과, 세르비아인은 크로아티아인과 충돌했으며 다른 모든 지역도 엇비슷한 사정이었다. 그러한 결과, 전후에 여러 공동체가 인종 또는 민족성 때문에 희생양이 되거나 부역자 또는 파시스트로 낙인찍혔다. 수 세기에 걸쳐 동유럽 사회에 통합돼 있던 소수민족들은 때로는 단 며칠 만에 제거되거나 추방당하는 고난을 겪었다.

유럽의 두 반쪽 사이의 차이는 어느 정도 오랜 역사 과정에서 기인한 것이다. 소수민족 문제는 특히 옛 러시아 제국과 오스트리아-헝가리 제국이 붕괴된 이래 동유럽에서 늘 엄중한 문젯거리였다. 심지어 1939년 이전에도 동유럽 여러 곳에서 민족주의적 폭력이 발생할 것이라는 경고 신호가 있었다. 그리고 이러한 문제들은 제2차 세계대전의 발발로 재앙의 정점에 이르렀다. 나치와 그 동맹자들은 인종주의적 태도에 살인적인 성격을 추가했을 뿐만 아니라, 민족 집단들을 분열시키고 정복하는 수단으로 증오를 조장했다. 그리하여 우크라이나의 우크라이나 봉기군이나 크로아티아의 우스타샤와 같은 조직들은 홀로코스트를 가까운 거리에서 목격함으로써 대규모 학살을 수행하는 방법을 학습했고 스스로 제노사이드를 실행하는 기회로 삼았다. 서유럽에서는 이러한 사건들이 일어나지 않았다. 서유럽에서 나치의 잔인함은 이보다 온건했고, 유대인 제노사이드는 시민이 볼 수 없는 곳에서 벌어졌으며, 민족주의자들 간의 갈등이 골칫거리로 확산되지 않았다.

그러나 서유럽보다 동유럽에서 민족적 긴장이 훨씬 극심했던 원인이 전쟁 수행 방식의 차이 때문만은 아니다. 전후에 양쪽에서는 서로 다른 정권이 수립됐고 각자의 책임을 수행해야 했다. 서방의 연합국은 민족 집단 간의 화합을 요구하는 체제를 마련했고 행동으로써 화합의 본보기를 보여줬다. 이들 연합군에는 수십 개 국가와 여섯 대륙 출신의 사람들이 모두 포함돼 있었다. 그들의 군정부에는 세계 4대 강국의 대표자를 포함하고 있었고, 그들은 서로 협조할 수밖에 없었다. 서방 행정 당국의 이러한 세계주의가 사람들의 적개심을 분산시켰다는 의미이기도 하다. 예컨대 벨기에 왈롱 지역의 사람들은 딸들이 미군 병사들에게 이용당하지 않을까 하는 염려 때문에 이웃 플랑드르와의 긴장 관계에 깊이 집중할 수 없었다.

사람들은 소련이 유럽 대륙의 절반인 동구에 대해 이와 비슷한 태도를 취할 것으로 기대했을 것이다. 소비에트 인터내셔널리즘 교리는 만국의 노동자가 공동의 목표를 위해 단결하기를 요구하기 때문이다. 하지만 소련인은 국내뿐 아니라 곧 소련 위성국이 될 동유럽 국가에게도 소수민족 박해를 조장했다. 폴란드와 우크라이나 간의 주민 교환을 추진한 쪽도 바로 소련이었다. 소련은 폴란드가 '회복된 영토'에서 독일인을 추방하는 방침을 지지했고, 동유럽의 다른 지역에서도 독일인을 추방해야 한다고 주장했다. 파리강화회의에서 영국과 미국은 체코슬로바키아에 헝가리인 소수 민족을 추방할 권리를 부여하기를 거부했으나 소련 대표단은 강력히 찬성했고, 나아가 권력이 우세한 모든 나라에 강제적 민족 추방을 지지했다.

소련은 자국이 영향력을 행사하는 지역에서 인종적 및 민족적 증오를 반대하기보다는 그것을 이용하려 했다. 실제로 전후 동유럽을 휩쓴 민족주의와 인종차별 정책은 소련에 유리한 측면이 많았다. 우선 난민은 고향과 전통에 단단히 의지하고 있는 사람들보다 장악하기가 수월했다. 또한 강제 추방으로 인한 혼돈은 혁명을 창도하기에 이상적인 분위기였다. 피난민이 떠난 뒤에 남겨진 토지와 재산을 몰수해서 노동자와 빈자에게 재분배함으로써 공산주의 과정을 촉진할 수 있었다. 뿐만 아니라 땅을 분배받은 자들로부터 새로운 충성심을 고취하고 공산당을 은인으로 여기게 만들었다. 소련은 유럽 전역에 공산주의를 확장함으로써 국제 공산주의의 본고장인 모스크바에 대한 충성심도 불러일으켰다.

불행하게도, 대부분의 민족주의자는 소련의 대의에 쉽게 이용당하지 않았다. 자신들의 추방 정책을 지지해주는 초강대국을 갖게 된 데는 기뻐했지만, 소련에게 자유 재량권을 주는 건 썩 내켜 하지 않았다. 또한 그들은 무력을 쓸 수 없는 상황에서 (소련의 괴뢰일 게 뻔한) 현지 공산주의자들에게 권력을 넘겨줄 의향도 없었다.

서방 연합국도 설득하기 어려웠다. 동유럽에서 소비에트 권력이 행사되는 방식을 지켜본 서방 세력은 소련이 '자유로운 의사 표현'을 무시한 대상이 추방당한 독일인뿐만은 아니란 것을 알아채기 시작했다. 그리하여 전쟁 직후에 민족 폭력이 우울하게도 증가하는 동안 더 큰 새로운 갈등이 시작됐다. 지역적 차원에서 볼 때 그것은 개별 국가 내에 민족주의자와 공산주의자 간의 권력 투쟁을 불러들이는 것이었다. 반면 유럽적 차원에서 볼 때는 초강대국 간의 충돌을 수반한, 유럽 대륙 전체에 걸친 내전의 신시대를 예고하는 것이었다.

제4부 내전

유럽 해방을 지켜본 우리는 인류가 자유에 집착할 것이라는 공산주
의자들의 두려움에 충분한 근거가 있다는 걸 안다. 이 때문에 공산
당 진영이 개인의 자유에 기초한 모든 정부 구조를 무너뜨리려는 공
격적 태세를 드러내는 것일 수 있다.
—드와이트 D. 아이젠하워, 1948년

22장

혼전:
전쟁 속의 전쟁

1943년 가을, 한 무리의 이탈리아 빨치산이 베네토 고지의 알프스 숲에 숨어 있을 때 그들의 충성심을 심각하게 시험하는 사건이 터졌다. 이들은 공산당 여단의 일부로서 독일군뿐 아니라 북이탈리아를 명목상 통치하고 있던 파시스트 지배계급(무솔리니의 살로 공화국)에도 적극 맞서 싸우고 있었다. 최근에야 결성된 작전 여단 조직이어서 게릴라 전력으로서는 아직 경험이 부족했다.

어느 날 이 유격대는 현지에서 요양 중인 독일 병사 세 명을 우연히 맞닥뜨렸다. 이들은 '공비共匪' 출현의 위험을 눈치채지 못한 채 숲속을 산책하고 있었다. 빨치산은 이들을 포로로 잡을 수밖에 없었고, 자신들이 딜레마에 빠졌다는 사실을 깨닫지 못했다면 독일 병사를 포획한 데 마냥 기뻐했을 것이다. 그들은 포로들을 어떻게 처리해야 했을까? 통상적인 상황이었다면 포로수용소에 가뒀겠지만 게릴라전이라는 특수 상황이 이를 불가능하게 만들었다. 몇 차례 논쟁 끝에 그들을 사살하는 것 외에는 도리가 없다는 결론이 내려졌다.

이 결정은 곧 빨치산 부대를 혼란에 빠뜨렸다. 아무도 이런 섬뜩한 임무를 수행하고 싶어하지 않았고, 처형 판결에 우려의 목소리를 내는 대원도 많았다. 심문하는 동안 세 명의 독일 병사는 전쟁 전까지 '평범한 노동자'였음이 밝혀졌기 때문이다. 아무리 독일인이라 해도 공산주의자가 노동자 동지를 죽이는 짓은 공산주의 교리에 어긋나는 행동이지 않겠는가? 더구나 이 포로들은 모두 징집병으로, 자기 의사와 상관없이 싸우도록 강제한 자본주의 세력의 희생자 동지들이었다. 거듭된 쟁론과 추가 심문을 거쳐 좌익 유격대는 재투표를 했고, 독일군 포로들을 풀어주기로 했다.

다음에 벌어진 사건이 없었다면, 이 이야기는 적군 간에 연민을 보여준 드물고도 신선한 사례로 남았을지 모른다. 사흘 뒤, 독일 국방군은 풀려난 독일군 포로들의 정보를 바탕으로 이 지역 전체를 급습해 광범위한 수색 작전을 벌였다. 빨치산들은 독일인 포로의 목숨을 살려주는 인정을 베풀어주었으나 국제공산주의 운동의 대의를 전진시키기는커녕 자신들이 전멸할 위기를 자초했을 뿐이다. 빨치산들은 다시는 같은 실수를 반복하지 않았다. 그날 이후, 빨치산들은 양심의 가책 없이 포로를 쏴 죽였다.

안전한 21세기에 살고 있는 우리는 제2차 세계대전을 한쪽이 연합국이고 다른 한쪽이 추축국인 양 진영이 모호하지 않은 방식으로 충돌한 전쟁으로 상상하는 경향이 있다. 우리의 집단 기억

속에서 양 진영의 동기와 목적은 명료했다. 즉 나치와 그 공범들은 유럽을 지배하기 위해 싸웠고, 연합국은 '자유세계'를 위해 싸웠다. 이것은 불의에 대항한 정의의 전쟁이었고, 더 단순화하자면 악에 대적한 선의 전쟁이었다.

현실은 물론 훨씬 더 복잡했다. 앞서 소개한 사건에서 이탈리아인 빨치산은 적어도 싸워야 할 세 가지 명분이 있었다. 첫째, 나치 독일군을 이탈리아반도에서 쫓아내는 것. 둘째, 1920년대부터 이탈리아를 지배해온 파시스트를 타도하는 것. 마지막으로, 자본가 지배자들과 그 통치제도를 몰아내고 이탈리아의 노동자와 농민에게 권력을 돌려줄 사회 혁명을 일으키는 것이다. 그런 이유로 그들은 티토의 유고슬라비아 빨치산처럼 민족 전쟁, 내전, 계급 전쟁이라는 세 가지 전쟁을 병행하고 있었다. 그러나 위의 사례가 증명하듯, 빨치산 집단에게는 이 세 가지 전쟁 중 무엇을 우선해야 하는지 분별하기 어려울 때가 있었다.

제2차 세계대전 기간과 직후에 이와 비슷한 상황이 유럽 전역에서 발생하고 있었다. 주요한 전투 안에는 각 나라, 각 지역마다 서로 다른 특징과 동기를 지닌 수십 개 또는 그 이상의 지역 분쟁이 숨겨져 있었다. 어떤 경우는 계급이나 정치적 견해 차이에서 발생한 갈등이고, 어떤 경우는 앞서 소개한 것처럼 인종 혹은 민족주의를 둘러싼 갈등이었다. 이렇듯 양자택일적이고도 평행적인 갈등은 제2차 세계대전에 대한 깔끔한 여러 가설을 방해하기 때문에 과거에는 거의 주목받지 못했다.

나는 전쟁에 대한 사람들의 기억이 민족 단결이라는 신화에 기초하고 있음을 여러 번 언급했다. 그러나 이와 같은 상황에서 그러한 신화들이 얼마나 취약한지 명확히 설명할 필요가 있겠다. 가령 프랑스는 전시와 전후에 단결했다고 말할 수 없다. 지리적으로는 연합군에 의해 해방된 북부 및 서남부의 여러 지역, 자력으로 해방한 중앙 및 서남부 지역, 그리고 한때 독일군에게 점령됐던 동부 및 대서양 연안의 여러 고립지대로 나뉘어 있었다. 정치적으로는 프랑스를 전쟁 전으로 되돌리기만을 바라는 집단과 공산주의자들처럼 전면적인 사회 혁명을 요구하는 집단으로 나뉘어 있었다. 프랑스 국민 저항 세력인 프랑스 국내군FFI, Forces Françaises de l'Intérieur은 친히틀러 비시 괴뢰정권을 몰아내길 바라는 것 외에는 공통점이 없는 이질적인 집단들로 구성돼 있었다. 일단 이 목표가 실현되자 조직의 단결을 이끌어줄 강력한 동기부여가 사라지면서 곧 여러 분파가 다투는 형국으로 돌아갔다.

프랑스의 주요 내분은 강력한 의용유격대FTP, Francs-Tireurs et Partisans를 거느린 좌파 세력과 드골의 중도우파 지지자들 사이에서 생겨났다. 심지어 이념이 같은 집단 안에서도 폭력적인 충돌이 벌어졌다. 좌익 세력에서는 아나키스트에 반대하는 공산주의자, 트로츠키주의자에 반대하는 스탈린주의자 등의 종파 간에 친나치 비시 정부를 위해 간첩 활동을 했다고 서로를 성토했다. 내통자 혐의로 총살된 일부가 진짜 비시 정권의 앞잡이였는지, 단순히 공산당이 내부적으로 숙청한 희생자에 불과했는지는 지금까지도 단언할 수 없다. 스페인 내전(1936~1939) 말기에 프랑스로 도망쳐온 스페인 공산주의자들은 내부 숙청에 특히 무자비했던 것으로 알려졌다. 관련 사료에 따르면, 1944년 마지막 3개월 동안 약 200명의 스페인인 망명자가 암살당했는데 이는 독일군 나치 점령자와 연루되었기 때문이 아니라 해방을 기회로 스탈린주의자들이 비스탈린주의자 경쟁자들을 제거한 것이다.

국민적 차원에서 프랑스는 단합된 것처럼 보였지만 지역적 단결은 사회 각 분야에서 매우 미흡했다. 전쟁이 끝나자마자 공산주의자 빨치산과 온건한 반파시스트들의 연합이 와해된 이탈리아에서도 사정은 마찬가지였다. 그리스에서도 다양한 저항 조직들이 곧바로 폭력적으로 대립했고, 심지어 민족 전쟁에 치중한 나머지 독일군과 부분 협정을 맺기도 했다. 슬로바키아에서는 1944년 독일군에 대항해 봉기했음에도 불구하고 국민은 소련이나 나치 독일 또는 체코와 운명을 같이할 것인지를 두고 결정하지 못한 채 엇갈린 반응을 보였다. 그 밖에도 비슷한 정황은 많다.

역사가들뿐만 아니라 더 넓은 세계에 엄중한 결과를 가져다줄 수 있기에 제2차 세계대전에 이러한 국지적 혼전이 섞여 있음을 인정하기란 언제나 쉽지 않은 일이다. 우선 제2차 세계대전에 얽힌 여러 이야기와 신화에는 정치적 척도가 있다. 만약 전쟁을 극단적으로 단순화하여 선과 악의 대결로 기억한다면, 거기에는 그럴 만한 명분이 있는 것이다. 또한 전쟁이 기억되는 방식에 어떤 변화가 생긴다면 우리의 인식도 변화될 수밖에 없다. 즉 누가 옳고 누가 그른지에 대한 우리의 소중한 선악 개념을 찢어놓을 뿐만 아니라 좋든 나쁘든 이전의 '악당들'에게 변명할 기회를 허용하게 된다. 유럽 전역의 신파시즘 단체들은 전쟁범죄를 단지 국제공산주의라는 '더 막강한 악'에 맞서 싸운 행동일 뿐이라고 우기며 정당화해왔다. 1990년대 초 소련 연방이 해체된 후 그들의 변명은 힘을 얻고 있다.

두 번째 더 직접적인 결과는, 이러한 국지적 혼전 양상을 인정할 때 제2차 세계대전이 정확히 무엇이었는지에 대한 인식은 도전을 받게 된다. 독일을 상대로 한 국제 전쟁이 혼전을 구성하는 하나의 전쟁에 불과했다면, 독일의 패배로써 전쟁이 종식된 게 아닐 수 있다는 생각에 미치게 된다. 즉 주된 전쟁(반파시즘 전쟁)이 끝났기 때문에 다양한 하위 전쟁들도 종결된 게 아니라는 의미다. 오히려 때로는 외부의 적이 사라짐으로써 지역 주민들끼리 서로를 죽이는 데 힘을 집중할 수 있었다고 해석될 수 있다. 우리는 이미 특정한 갈등을 지닌 민족 집단 사이에 이런 일들이 지역적 차원에서 어떻게 전개되었는지 살펴보았다. 하지만 유럽 대륙 차원에서 좌우 진영 간 전투가 더 광범위하게 전개된 것도 사실이다.

다음 장에서는 전후 유럽사에서 가장 폭력적인 몇 가지 사례를 개략적으로 설명함으로써 그것의 성격이 실제로는 '전후戰後'라고 말할 수 없다는 점을 제시하고자 한다. 그중 일부는 제2차 세계대전 와중에 시작되었으나 정점에 이르지 못한 정치 투쟁의 연속일 뿐이었다. 어떤 사례는 수십 년간 긴장이 극에 달한 채 부글부글 끓고 있었고 제2차 세계대전이 끝난 뒤에도 계속 이어졌을 뿐이다.

각 사례의 결말은 어느 정도 예정돼 있었다. 일단 처칠, 루스벨트, 스탈린이 모스크바, 얄타, 포츠담에서 거칠 것 없는 터치로 각자의 세력 범위를 획정한 이래로 이들 3인방은 자신이 대표하는 정치체제에서 크게 일탈하는 경우를 받아줄 생각이 없었다. 이제는 초강대국superpower의 시대였고, 지역적 정치 차이는 초강대국 정치에 밀려나 제2의 지위에 머무를 수밖에 없었다. 개별 국가의 내전은 소련이 지원하는 공산주의 세력과 미국이 지원하는 자본주의 세력 간의 새로운 양극 체제 전투로 표현될 터였다. '자유로운 인민'이 '각자의 자주적 방식으로 자신의 목표를 실현'할 수 있기를 바랐던 이상주의자들은 낙담할 수밖에 없었다.

프랑스, 이탈리아의 정치 폭력

전쟁의 먼지가 어느 정도 가라앉을 무렵, 유럽인들은 최근 겪은 사건을 설명할 방법을 찾기 위해 주위를 둘러보기 시작했다. 전쟁 기간 내내 잠잠했던 질문들이 공공연히 입 밖으로 흘러나왔다. 이 세계는 어떻게 해서 첫 번째 세계대전이 끝나자마자 곧 파괴적인 두 번째 세계대전에 휘말리게 됐을까? 왜 히틀러는 더 일찍 제지되지 않았을까? 왜 정치인들은 점령, 착취, 파괴로부터 자국민을 보호하지 않았을까? 책임은 누구에게 있으며, 그들은 왜 청산되지 않고 있을까?

당연한 일이지만, 이제 많은 사람이 구체제를 경멸의 눈초리로 주시하고 있었다. 유럽 대륙의 여러 제도를 정화하려는 시도들이 있었으나 그것으로는 부족하다고 여기는 사람들도 있었다. 그들은 전체 정치체제가 잘못됐다는 인식 아래 장차 전쟁과 불의不義를 피하고 싶다면 자신들을 관리할 더 새롭고 총체적인 방식을 찾아야 한다고 주장했다. 곧이어 전후 시기의 가장 폭력적이고 비극적인 사건 가운데 일부를 초래할 급진적인 바람이 불어닥쳤다.

아마도 연합군은 유럽 대륙 본토에 발을 들여놓자마자 사람들의 태도가 얼마나 달라졌는지 느꼈을 것이다. 1943년 9월, 이탈리아 남부에서 독일군을 몰아내기에 바빴던 영국군과 미군은 그들이 해방한 많은 마을이 이제 반란을 일으키고 있는 것을 발견하고 놀라움을 금치 못했다. 이는 연합군이나 독일군을 상대로 한 게 아니라 이탈리아 국가 자체에 대한 저항이었다. 20년 넘도록 파시스트 지배와 대를 이은 외부 지주들의 착취가 이어진 탓에 마을마다 많은 외지인이 들어와 있었다. 캄파니아주의 칼리트리 마을이 이에 딱 들어맞는 경우로, 해방 이후 이곳 주민은 회의를 통해 향후 이 마을의 일은 스스로 결정하기로 만장일치를 봤다. 그들은 이 결의를 표명하기 위해 마을 일대 지역을 지도자의 이름을 따서 바토키오 공화국으로 바꾸고, 이탈리아의 나머지 지역으로부터의 독립을 선언했다.

거시적으로 볼 때 이 일은 독특하지만 대수롭지 않은 사건으로 여겨졌을 수도 있으나, 사실 이 경우는 이탈리아 남부, 시칠리아, 사르데냐의 여러 마을에서 발생한 사건의 축소판이었다. 각 마을 주민이 처음으로 나선 일은 현지 귀족, 국가, 교회에 속한 미개간지를 점유하는 것이었다. 그들에게는 그렇게 할 만한 이유가 있었다. 마을 사람들은 배가 고팠고, 비어 있는 땅은 그들을 먹여 살리고 다소나마 공동체를 위한 이익을 가져다줄 수 있다는 측면에서 자원 낭비였던 것이다. 많은 지역에서 농부들은 리소르지멘토

Risorgimento[19세기 이탈리아의 국가 통일운동] 기간에 탐욕스러운 귀족들이 공유지를 강탈한 몰염치를 기억하고 있었다. 따라서 그들은 자신들의 토지를 되찾는 것이 역사적 과오를 바로잡는 것이라고 간주했다.

이 상황에 대해 지주들은 두말할 것 없이 다르게 바라보았다. 더 중요한 것은 신정부(우리가 보아왔던 것처럼 많은 지역의 신정부는 그다지 새롭지 않았다)는 현상을 유지하는 입장이었다는 사실이다. 칼리트리에서는 며칠 만에 연합군과 헌병이 진입해 공화국을 진압하고 땅(미개간지)을 이전 소유주에게 돌려줬다. 다른 곳에서도 똑같은 일이 벌어졌다. 사르데냐주의 오니페리에서는 이틀간 전투가 벌어져 주민 한 명이 죽고 여러 명이 다쳤다. 칼라브리아주의 카울로니아 농민공화국에서는 스티냐노, 스틸로, 모나스테라체, 리아체, 플라카니카, 비본지, 카미니, 파차노 등 다른 많은 곳에서 반기를 든 주민들이 무력으로 진압됐다.

상황이 이 정도까지 이르렀다는 것은 이탈리아 남부가 전쟁 이후 얼마나 분열되었는지를 보여준다. 개별 마을들은 물리적으로나 정치적으로 중앙정부로부터 단절돼 있었기 때문에 독립 공화국을 선언하는 행위를 정당하게 여겼다. 그들은 전쟁에 따른 일시적인 지도력 부재를 자신들이 권력을 움켜쥘 작은 기회의 창구로 여겼다.

이러한 사건들은 몇몇 마을이 사회 개혁을 이루기 위해 어떤 노력을 기울였는지를 보여준다는 점에서 의미 있다. 사람들의 예상과는 달리, 이러한 봉기들 가운데 이탈리아 공산당에 의해 조직된 경우는 극히 일부다. 1945년 이전까지 남이탈리아에서 공산당은 거의 영향력을 발휘하지 못하고 있었으며, 관련 사건들은 사회적 불평등에 분개한 민중에 의해 자발적으로 발생한 지역적 항거였다.

전후에 사회 개혁의 열망은 이탈리아뿐만 아니라 유럽 전역에서 물결쳤고, 그 여파로 대륙 전역에서 수십 개의 새로운 정당이 탄생했다. 이어서 좌파 작가들이 사회 변혁에 관한 효율적인 방안을 논의할 수 있는 수백 개의 신문이 창간됐으며 노동자 권리, 경제 개혁, 나아가 사회적·법적 불평등에 대한 직접행동을 주장하는 시위가 벌어지기 시작했다. 전후에 좌파적 주장이 폭발적으로 증가했으며, 이는 사실상 나치 점령기에 잔인하게 억압됐던 모든 목소리의 분출이다. 점령 지배를 당한 적이 없는 영국인들조차 사회 개혁에 찬성표를 던졌다. 1945년 여름, 그들은 처칠의 중도우파 정부를 몰아내고 영국 역사상 가장 급진적인 좌파 정부를 선출했다.

유럽의 대부분 지역에서 이러한 좌경화의 이점을 가장 잘 활용할 수 있는 정치 조직은 공산당이었다. 공산당은 사회 개혁에 대한 대륙적 차원의 열정을 이용하기에 이념적으로 적합했을 뿐아니라 나치 지배에 맞서 무장 투쟁을 펼친 중추 세력이라는 도덕적 영예도 갖고 있었다. 제2차 세계대전의 진정한 승자로 간주된 소련과의 연관성을 고려할 때 공산당은 유럽 정치에서 막을 수 없는 세력처럼 보였다. 그런 관점에서, 냉전에 대한 우리의 집단 기억은 전후 시기 유럽인에게 공산주의자들이 악당이 아니라 영웅으로 보였다는 사실을 다소 모호하게 만들었다.

　게다가 공산당의 인기는 동유럽권을 형성하게 될 국가들보다 철의 장막 서쪽에 위치한 나라들에서 더 높았다. 전후 노르웨이와 덴마크에서 치러진 선거에서 공산당은 국민투표에서 12퍼센트를 획득했고, 벨기에에서는 13퍼센트, 이탈리아에서는 19퍼센트, 핀란드에서는 23.5퍼센트를 얻었다. 1946년 11월 프랑스 선거에서는 공산당이 28.8퍼센트라는 엄청난 득표율을 거둬 가장 큰 정치세력으로 우뚝 섰다. 더 중요한 점은 공산당은 유럽 전역에 수많은 헌신적 활동가를 거느리고 있었다는 사실이다. 예컨대 프랑스의 공산당원은 90만 명이었고 이탈리아는 250만 명으로, 이는 폴란드나 유고슬라비아를 훨씬 웃도는 수치였다. 서구에서 공산주의는 매우 인기가 높았고 대체로 민주적인 운동이었다.

　하지만 이러한 대중적 인기를 매우 불온시하는 시선도 많았다. 처칠은 미주리의 풀턴에서 유명한 '철의 장막Iron Curtain' 연설을 하기 훨씬 전부터 사회주의라는 전체주의적 악 "또는 그보다 더 폭력적인 형태인 공산주의"에 격분하며 독설을 퍼부었다. 샤를 드골이 의심했던 많은 집단 중 공산당은 단연 앞줄에 있었다. 이탈리아 기독교 민주당의 지도자 알치데 데가스페리는 친구들에게 "미래의 공화국이 너무 왼쪽으로 기울어지지 않을까 두렵다. 공산주의자들의 단결, 용기, 조직력, 수단은 그들을 과거 파시즘과 같은 힘을 가진 블록으로 만들 것이다"라고 털어놓았다. 심지어 미국 국무부조차 "공산주의자들이 그들의 실제 규모와 어울리지 않는 영향력을 기반으로 공공연히 오명을 씌우거나 가능한 한 숙청함으로써 반대파를 제거하려는 패턴이 유럽에서 전개되고 있다"
고 우려했다.

그러한 두려움과 불신은 전쟁 내내 사수해온 '국가 주권'의 가
치를 공산주의가 이념적으로 반대한다는 데서 비롯됐다. 공산주
의의 궁극적 목표는 프랑스와 이탈리아의 해방이 아니라 만국의
무산자 계급이 초국가적 형제애로 단결하는 것이었다. 따라서 유
럽의 많은 정치인은 공산주의자들이 국가적 이익보다 계급적 이
익을 우선시할 것을 우려했다. 특히 드골은 아직 독일과 소련이 동
맹 관계였던 1939년과 1940년 당시 프랑스 공산주의자들이 나치
독일과 싸우기를 거부했던 사실을 또렷이 기억하고 있었다. 다시
말해 프랑스와 소련 사이에서 양자택일의 사안이 발생하면 공산
주의자들은 소련을 선택할 수 있다고 보았다.

좀더 세속적인 측면에서, 공산주의자들은 자신을 부각시키는
과정에서 유럽인의 민감한 부분을 너무 많이 건드렸다. 가령 공산
당은 종교와 가족 그리고 사유재산 등 중산층이 가장 소중히 여
기는 모든 가치에 반대했을 뿐만 아니라 목적 달성을 위해서라면
폭력도 옹호했다. 『공산당 선언』에 따르면, 공산주의자들은 다름
아닌 "실재하는 모든 사회적 조건의 강제 전복"을 바라고 있었다.

다년간의 야만적인 전쟁 이후, 대다수 사람이 가장 원치 않았
던 사태는 새로운 계급 전쟁이었다. 불행하게도, 일부 지역에서 그
것은 공산주의자들이 쟁취하려는 것이었다.

정치 폭력의 표적

프랑스와 이탈리아의 공산당에 관한 몇 가지 터무니없는 주장은 확실히 짚고 넘어갈 필요가 있다. 우선 이들 국가의 공산당 지도부가 종전 직후 권력을 장악하려 했다고 판단할 만한 증거가 없다는 것이다. 게다가 그들은 정치적 폭력을 허용하지 않았으며 오히려 그것을 만류하기 위해 최선을 다한 것처럼 보인다. 이탈리아 공산당PCI 당수인 팔미로 톨리아티는 살인 행위를 저지르는 공산당원들을 통제하기 위해 지역 및 주에서 가장 문제적인 곳을 개인적으로 방문했다. 그는 사적으로든 공적으로든 사회 변화를 위한 어떠한 운동도 민주적이고 비폭력적인 수단으로 진행돼야 한다고 단언했으며, 폭력을 옹호한 몇몇 인물을 당에서 쫓아내기도 했다. 마찬가지로 프랑스 공산당PCF 지도자인 모리스 토레즈는 "우리는 우리에게 소중한 것보다 국가적 단결을 더 사랑해야 한다"고 분명하게 밝혔다. 다시 말해 공산주의자들은 국가 재건을 위해 사회 변화에 대한 급진적인 욕망을 희생해야 한다고 생각했다. 그와 공산당 지도부 전반은 공공질서를 회복하기 위한 노력을 실천함으로써 정부로부터 정기적으로 찬사를 받았다.

그러나 공산당 지도부가 정치적 경쟁자들과 협치하기로 했다고 해서 평당원까지 같은 의지를 갖고 있었던 건 아니다. 이탈리아에서든 프랑스에서든 '정치인'과 '빨치산' 사이에는 불화가 존재했다. 후자는 모든 현장에서 직접 전투했으니 정치인에게 정책을 지시할 권리가 있다고 여겼다. 이탈리아 빨치산 지도자 중 한 명이던 발테르 사케티의 말을 빌리자면 "우리는 당신들을 해방해준 사람들"이었다. 양국 공산당 간부 중에는 해방 초기부터 지도부의 노선에 환멸을 느낀 자가 많았다. 프랑스와 이탈리아 여러 지역에 흩어져 있는 빨치산에서 중앙의 지시를 무시하고 스스로 법을 장악한 자가 나오기 시작했다. 어떤 소수파는 자기 구역에 있는 전통적인 계급의 적들을 숙청하도록 당원들을 부추겼다. 이것들은 사실상 소규모의 혁명이었다.

이 폭력적인 소수파가 정확히 무엇을 얻고자 했는지는 알기 어렵다. 지도부의 지지를 받지 못한 상태에서는 장기적으로 그들의 행동이 정치적 이익을 얻어낼 가능성이 희박하기 때문이다. 다만 그들의 행위 동기가 정치적인 것만은 부정할 수 없다. 아마도 그들의 과녁과 목표를 이해하는 가장 좋은 방법은 누가 그들의 희생자였는지를 살펴보고 그 안에서 공통점을 파악하는 것일지도 모른다.

이러한 소규모 혁명에서 공산당의 첫 번째 표적은 대체로 경찰부대였다. 신뢰를 잃은 전시 정부를 받쳐주는 경찰의 역할을 생각하면 당연한 것이다. 그러나 이러한 공격은 대부분 문제의 경찰관이 대독 부역을 했는지 여부와는 무관했으며, 그보다는 오랜 원한에서 비롯된 것으로 보였다. 가령 프랑스의 많은 지역에서 공산주의자들은 (히틀러와 동맹을 맺고 있던 당시) 스탈린에 대한 충성심 때문에 국가 안보에 잠재적 위협이 되었기 때문에 전쟁 초기에 그들은 경찰의 체포 대상이었다. 따라서 해방 후 복수할 기회가 생기자 일부 프랑스 공산주의자들은 자신들을 검거했던 경찰관을 표적으로 삼았다.

그런 피해자 중 한 명이 코냑의 경찰서장이던 아벨 보네였다. 그는 제1차 세계대전에서 부상을 당해 서훈을 받은 철두철미한 애국자로, 독일군 점령기에는 다양한 레지스탕스 활동에 용감하게 참여했다. 하지만 현지 공산주의자들은 1939년에 보네가 투쟁적인 동지 몇 명을 검거하라고 명령한 사실을 잊지 않고 있었다. 1944년 9월 코냑이 프랑스 의용유격대FTP의 대원들에 의해 해방됐을 때 이 전적은 보네를 괴롭히는 꼬리표가 됐다. 보네는 구속되어 근처 앙굴렘으로 끌려갔고 두 달간 지하 저탄고에 갇혀 지내야 했다. 그곳에서 그는 권총으로 머리를 얻어맞거나 목이 졸려 죽을 뻔하기도 했다. 석방됐을 때 그는 부축을 받지 않고는 걸을 수 없었고 극심한 구타로 인해 고막이 터져 있었다. 그는 그곳에 있는 동안 한 번도 심문을 받지 않았고 어떤 범죄 혐의도 들을 수 없었다. 현지 프랑스 의용유격대의 지도자 '피에르 사령관' 앞에 끌려나갔을 때 그는 자신이 왜 체포됐는지 물었으나, "나는 단지 스탈린의 지령만 받는다"는 이해할 수 없는 답변을 받았다.

보네의 내력은 앙굴렘의 지하 저탄소에 함께 감금됐던 다른 남자의 증언으로 뒷받침된다. 펠릭스 생귀네티는 레지스탕스 활동가였지만, 이념적 차이에도 불구하고 프랑스 의용유격대와 동맹을 맺은 것으로 추정되는 조직인 드골주의자 비밀군Gaullist Armée Secrète에 소속돼 있었다. 피에르 사령관 앞으로 끌려갔을 때 생귀네티도 같은 말을 들었다. "샤를 드골, 마리 피에르 쾨니히 그리고 나머지 놈들도 지옥으로 떨어져라. 내겐 단 한 명의 수령밖에 없다. 바로 스탈린이다." 그 뒤 생귀네티도 같은 지하실에 갇혔고, 그를 체포한 자들의 거듭된 만행을 목격했다.

프랑스와 이탈리아에서 얼마나 많은 경찰이 독일 점령군에 협력한 전력이 아니라 반공산주의 행적 때문에 공격을 받았는지 정확히 파악하기는 어렵다. 그러나 양국에서 그런 일이 꽤 흔하게 벌어졌음을 말해주는 증거 사례는 많다. 마찬가지로 단순히 권위를 훼손하기 위해 다른 많은 사람에게도 '파시스트' 또는 '부역자'로 낙인찍은 사례도 드물지 않다. 사람들은 경찰을 신뢰할 수 없는 상황에서 법과 질서를 유지하기 위해 빨치산 의용군에 더 의존했을 수 있다. 확실히 이것은 동유럽에서 큰 효과를 거둔 공산주의 전술이었다.

또 다른 전통적인 적 '계급'은 이윤을 위해 노동자를 착취한 공장 소유주와 경영자 등의 고용주들이었다. 이탈리아 북부와 프랑스 중부 및 남부의 많은 산업도시가 전후에 일시적인 권력 역전을 겪었고, 노동자들이 위원회를 설립해 고용주의 전시 행적을 조사했다. 1945년 초 리옹만 하더라도 공장과 기업에서 활동하는 '애국위원회'가 160개나 됐고, 당국의 정식 허가도 받지 않고 자체적으로 수십 명의 이사와 고용주를 체포했다. 토리노에서는 노동자들이 피아트 공장을 인수했으며, 상무이사는 현장에서 총살당할 뻔했다. 1945년 5월 미국 국무부의 한 관계자는 무장한 소총수들이 이 공장을 지키고 있으며 "경영진은 사실상 도외시되었다"고 보고했다. 해방 후 몇 달 만에 기독교 민주당 산업가인 주세페

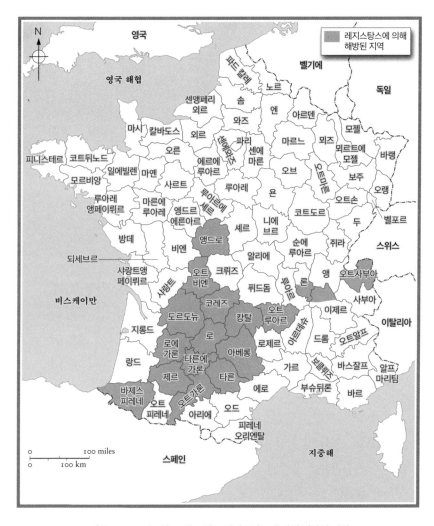

지도 8 1944년 8월 23일 프랑스 레지스탕스에 의해 해방된 지역

베르데리가 살해됐고, 에밀리아-로마냐주에서 가장 큰 산업단지에서는 부소장 아르날도 비스키를 포함해 저명한 이탈리아인 사업가 몇 명이 살해됐다.

공격받을 가능성이 훨씬 더 높은 계층은 귀족으로, 특히 파시스트와 관련이 있는 귀족이 표적 대상이었다. 에밀리아-로마냐주에서만 103명의 지주가 전쟁 직후 살해됐다. 가장 유명한 예는 라벤나시의 루고 근교에 있는 전원주택에서 만조니 백작의 일가족이 살해된 사건이다. 그는 그 지역의 주요한 토지 소유주이자 가장 힘 있는 귀족으로, 그와 두 형제 모두 공공연한 파시스트 당원이었다. 그들은 해방 기간에 진행된 대중의 공개재판은 그럭저럭 모면할 수 있었지만 전쟁이 끝난 직후 소작인과 재계약 협상을 거부하거나 전쟁으로 훼손된 농장을 보수해주지 않은 것이 화근이 되어 결국 최후를 맞았다. 1954년 7월 6일, 인내심을 잃은 옛 빨치산들이 백작의 저택에 들이닥쳐 세 형제뿐만 아니라 그들의 어머니와 하녀, 기르는 개까지 사살한 것이다. 이후 마을 주민들은 저택에 침입해 옷과 물건들을 나눠 가졌다. 이 사건에는 오랫동안 농민을 억압해온 봉건제도에 대한 반란의 기운이 어려 있다.

프랑스에서도 귀족은 나치에 부역했든 하지 않았든 표적이 됐다. 가령 작위가 있다는 것 말고는 아무 죄명이 없었던 레비 미르푸아 공작은 아리에 지역의 새로운 지사가 재판소를 폐쇄한 덕분에 간신히 파미에의 '인민 재판소'에서 사형선고를 면할 수 있었다. 툴루즈 북쪽에 있는 타르브의 피에르 드 카스텔바작 백작은 운이 따르지 않았다. 그가 적극적으로 독일에 부역했다는 확증은 없었으나 체포자들이 불의 십자단Croix-de-Feu(전쟁 전 극우 정당)의 당원증을 발견함으로써 유죄의 결정적인 증거가 됐다. 그는 구타당했고, 얼마 지나지 않아 처형됐다.

비슷한 사건은 프랑스 전역에서 일어났다. 특히 샤랑트, 도르도뉴, 리무쟁, 프로방스에서 표적이 된 몇몇 귀족은 불운했다. 비엔에서 앙리 리유술트 남작은 몇 주 동안 돼지우리에 갇혀 허구한 날 두들겨 맞다가 1944년 10월에 처형됐다. 그러나 그는 전쟁 중 부역자가 아닌 영국 첩보요원으로 활동한 인물이다. 카르카손에서 훈장을 받은 전쟁 영웅인 크리스티앙 드 로르제릴 백작은 단지 그의 작위와 군주를 지지하는 성향 때문에 처형당한 듯하다. 인민공화파 신문『로브L'Aube』에 따르면, 그는 죽기 전에 지독한 고문을 당했다. 그는 손가락과 발가락 사이가 찢기고 손발이 으스러졌으며 불에 달군 총검으로 여러 번 찔렸으며, 휘발유 욕조에 처박혀 불살라졌다.

공산당의 또 다른 공격 대상은 전통적인 성직자였다. 툴루즈에서는 파시스트인 밀리스Milice[비시 정부가 레지스탕스를 소탕하기 위해 조직한 친독 민병대]가 현지 교회들의 탑에 기관총대를 설치했다는 소문이 파다했다. 이는 1944년 8월 봉기가 일어났을 때 이 도시의 교회들이 파괴되고 기관총 소사를 당한 사실을 설명해준다. 프랑스 서남부 전역에서는 성직자들이 어떤 부역을 했는지 설득력 있는 증거도 없이 레지스탕스 대원에 의해 구타, 고문, 처형당하는 일이 적지 않았다. 이탈리아에서도 성직자들은 파시스트를 지원한 혐의로, 또는 설교할 때 공산당을 비난해야 한다고 주장한

죄로 공격받았다.

마지막으로 가장 중요한 점은, 더 과격한 공산주의자 세력의 일부가 민주적인 경쟁자들을 공격하기 시작했다는 것이다. 프랑스 해방 직후 다양한 공산주의 지도자들은 여러 지방, 특히 서남부를 장악하려 시도했다. 툴루즈의 드골파 공화국 위원은 공산당 지도자들이 그의 지위를 찬탈하려 공동 모의하는 상황에 맞서 싸워야 했고, 어느 레지스탕스 지휘관의 군사 지원으로 간신히 격퇴했다. 님 지역에서는 드골파 지사가 현지 공산당 지도자들에게 반복적으로 협박을 받다가 체포될 위기에 처했는데 때마침 공화국 위원 자크 부나가 도착한 덕분에 가까스로 화를 면할 수 있었다.

이탈리아에서는 정적에 대한 폭력 활동이 더 과격했다. 이런 폭력의 중심지는 '붉은 삼각지대' 또는 심지어 '죽음의 삼각지대'라고 불리게 된 에밀리아로마냐주 지역(볼로냐, 레조 에밀리아, 페라라 지역)이었다. 1945년 여름, 이곳에서 기독교 민주당과 공산당의 느슨한 동맹에 타격을 안겨주는 살인 사건이 벌어져 세상의 시선을 모았다. 6월 2일 엔지니어인 안토니오 리치와 그의 아들 에토레가 노난톨라에서 살해된 사건으로, 그들은 반파시스트(에토레는 빨치산이기도 했다)로 확인됐지만 기독교민주당원이기도 했다. 이것은 우발적 범죄가 아닌, 오히려 이탈리아인들이 '빼어난 살인omicidi eccellenti'이라 부르는 특정 유형의 정치적 살인이었다. 다시 말해서 거치적거리는 주요 인사를 제거하는 '필요'에 의한 살인이었다. 6주 후 같은 도시에서 해방위원회의 기독교민주당 당원 한 명이 더 살해됐다. 봄포르토(6월 8일), 라마 모코뇨(6월 10일), 메돌라

(6월 13일)에서도 기독교 민주당원이 비슷한 죽음을 맞았다.

이듬해 이미 반공 정서가 굳어지기 시작한 뒤, 같은 지역에서 '빼어난 살인' 제2탄이 벌어졌다. 그것은 1946년 6월에 앞서 언급한 기독교민주당 기업가 주세페 베르데리의 참살로 시작됐고, 8월에 자유주의자 법률가인 페르디난도 펠리올리와 카살그란데의 사회주의자 시장 움베르토 파리 및 헌병대장 페르디난도 미로티의 살해로 끝을 맺었다.

반드시 강조되어야 할 점은, 지금까지 소개한 모든 이야기는 프랑스든 이탈리아든 공산당이 전국적 차원에서 권력을 장악하기 위한 음모가 아니라 에피소드일 뿐이라는 사실이다. 오히려 앞서 언급했듯이, 공산당 지도부는 과격한 파벌을 억제하기 위해 그들을 주변부로 몰아넣으려고 최선을 다한 듯하다. 일부 당원은 이해하지 못했지만 두 나라가 혁명의 객관적 조건이 무르익지 않았음을 공산당 지도자들은 파악하고 있었다.

그러나 시야가 넓지 못한 일부 지역 지도자들은 혁명의 시간이 도래했다고 믿었던 모양이다. 프랑스와 이탈리아 양국에서 일어난 수많은 폭력 사건은 여전히 폭력혁명에 집착하고 있는 공산당원의 비율이 상당했다는 사실을 드러낸다. 일부 당원은 스스로 복수와 정의를 실행하지 않으면 정의가 이루어질 수 없다고 믿었던 것이다. 기타 당원들은 더 계산적이었다. 그들은 희생자들이 독일군 점령기 동안 어떤 역할을 했건 간에 계급의 적들을 공격 대상으로 삼았다. 어떤 당원은 정적들을 겁에 질리게 만들어 침묵시키

스위스

오스트리아

헝가리

발레
다오스타

트렌티노
알토 아디제

프리울리
베네치아
줄리아

아오스타

롬바르디아

스키오

밀라노

베네토

트리에스테

토리노

파도바

베네치아

피에몬테

레조 에밀리아

페라라

유고슬라비아

제노바

모데나

??????

프랑스

리구리아

볼로냐

라벤나

이몰라

피사

피렌체

안코나

토스카나

마르케

페루자

움브리아

N

코르시카

라치오

아브루치

로마

몰리제

이풀리아

바리

캄파니아

브린디시

나폴리

바실리카타

타란토

사르데냐

칼리아리

코젠차

칼라브리아

카울로니아

치중해

팔레르모

시칠리아

카타니아

1945년 유고슬라비아에 양도

칼라브리아에서 소작농이 점유한 토지

에밀리아로마냐주의 '붉은 삼각형'

0   100 miles
0   100 km

지도 9 1945~1946년의 이탈리아

려 했다. 다른 당원들은 전쟁 중에 그랬던 것처럼, 주민들에게 공포심을 자극하려 한 것 같다. 그들의 활동은 산만하고 동기도 가지각색이었지만, 혁명이 임박했을 뿐만 아니라 이미 도래했다는 확신을 갖고 있었다.

향후 몇 년 동안, 이탈리아와 프랑스 공산당의 많은 당원은 그러한 즉각적이고 폭력적인 행동의 가능성을 미리 깨닫지 못한 지도부를 비난했다. 그들은 지역 차원의 성공, 즉 이탈리아와 프랑스의 여러 도시와 한두 지역을 장악한 것을 자랑스러워했지만 공산당 지도층이 주도권을 잡았더라면 전국적 규모의 공산혁명에 성공했을 것이라 믿었다. 하지만 당 중앙의 적절한 조율이 없는 단편적인 혁명 기도는 결국 흐지부지될 운명이었다.

그렇다고 해서 전쟁 직후기의 정치 폭력이 아무런 영향력을 발휘하지 못한 건 아니다. 오히려 그 반대다. 그 영향은 광범위했지만, 지역 선동가들이 기대한 것과 사뭇 달랐을 뿐이다.

반동

사람들은 옛 빨치산과 공산당 평당원의 호전성을 주시하기 시작했다. 그들의 호전성은 해방과 함께 수반된 일반적인 분위기, 즉 자연발생적인 무법 상태에서 키워진 것이다(오늘날에도 많은 역사학자는 이 관점에 동의하고 있다). 이후에도 폭력 활동이 계속되자 사람들은 이것이 일시적인 현상이 아님을 깨닫고 두려워하기 시작했다. 공산주의자들이 통제력을 잃고 있으며, 더 나아가 그들이 권력 탈취를 위해 조직적인 음모를 꾸민다는 소문이 퍼졌다. 파리에서는 프랑스 서남부 지역이 공포정치를 겪고 있고 툴루즈가 인민공화국을 선포했으며 공산주의자들이 드골의 현지 대리인 피에르 베르토를 투옥시켰다는 소문이 떠돌았다. 이런 유언비어를 잠재우기 위해 베르토는 직접 파리를 방문해야 했다. 이탈리아에서는 밀라노와 토리노에서 폭동이 일어났다는 풍문과 경제 붕괴설, 공산당이 전국을 점령할 것이라는 말들이 나돌았다. 공산당의 적들은 확실히 그런 소문을 이용해 사람들의 공포심을 부추겼다. 이탈리아의 일부 반공주의자들은 "반공산주의 정서를 열망하는 우익분자들"이 의도적으로 퍼뜨린 헛소문이라고 대응했다.

이탈리아 남부의 지주, 사업가, 경찰서장, 치안 판사, 중산층 명사들은 좌익 관리들이 조직한 행정기구에 대항하기 위해 1943년 발생한 토지 점유의 기억을 소환했다. 그들이 가진 재산과 부와 지위를 잃을 것에 대한 우려 때문이다. 그러나 해방 지역의 연합군 정부를 가장 동요시킨 것은 공산주의가 사회 불안을 초래했다는 것이었다. 그 결과 공산주의를 막기 위한 수단으로 우익 후보나 옛 파시스트까지 권력 있는 지위에 임명됐다.

북이탈리아에서는 해방기 동안 훨씬 더 격렬한 폭력이 발생했기 때문에 우익과 중도우파 정당들은 이러한 폭력을 두려워하는 정서를 조직 운동의 디딤돌로 삼았다. 1947년 1월과 2월부터 『라 스탐파La Stampa』와 『코리에레 델라 세라Corriere della Sera』와 같은 신문에서는 에밀리아로마냐의 '죽음의 삼각지대'에 대해 언급하기 시작했다. 3월 『루마니타L'Umanità』에는 '붉은 전투단Red Squadristi' 이 "이념적이고 물리적인 테러" 활동을 벌인다는 기사가 실렸다. 이는 옛 빨치산을 영웅이 아닌 흉포한 암살자로 묘사함으로써 좌파들로부터 도덕적 우위를 빼앗으려는 노골적인 시도였다.

1940년대 말, 프랑스에서도 빨치산의 폭력에 대한 소름 돋는 이야기가 언론 지면을 요란하게 장식했다. 1947년 사회당원 총리 폴 라마디에는 악성 인플레이션과 식량 부족, 생활수준의 급격한 하락으로 파업 행위가 급증한 것은 공산주의자가 선동했기 때문이라고 주장했다. 5월 5일, 그는 정부에서 공산주의자들을 내쫓았다. 그 후 몇 건의 공산당 '음모'가 폭로됐고, 그중에는 정부조직 내 퇴역 군인사무부에 공산주의자가 잠입했다는 내용도 있었다. 심지어 프랑스에서 '국제 여단International Brigade'[1936년 일어난 스페인 내란에서 좌파 인민전선 정부를 돕기 위해 구성된 국제적인 좌파 연대 의용군]이 결성됐다는 소문도 퍼졌다.

하지만 프랑스와 이탈리아 정치인들이 제아무리 국내적 차원에서 공산당 선동을 규탄한들 진짜 걱정거리는 국제무대에서 활동하는 공산주의자들이었다. 중도와 우파 인사들을 정말로 두렵게 하는 것은 그들이 있는 지역에서 발생하는 단편적 폭력이 아니라 동유럽에서 일어나고 있는 전면적인 억압이었다. 프랑스와 이탈리아 신문들은 헝가리, 루마니아, 불가리아와 같은 나라에서 전해지는 우려스러운 일들을 더욱 빈번히 게재하면서 공산주의자들이 권력을 잡게 된다면 동유럽의 억압 체제가 이탈리아와 프랑스를 집어삼킬 거라고 암시했다.

이것은 또한 서방 연합국, 특히 미국을 걱정하게 만들었다. 1947년 2월 19일 주프랑스 미국 대사는 파리가 "코민테른 요원들의 진정한 소굴"이고, 또한 이 "소련의 트로이 목마"는 "수백만의 공산주의자 투사, 동조자, 심지어 기회주의자들로 하여금 프랑스를 방호하는 가장 좋은 방법은 프랑스의 국익을 소련과 같게 하는 것이라 믿게 만들 만큼 교묘하게 위장되어 있다"고 주장했다. 얼마 지나지 않아 딘 애치슨은 사회 각 분야에서 두각을 나타내고 있는 공산당의 역량을 고려해볼 때 언제 어느 때든 소련이 프랑스를 관리하게 될 수 있다고 했다. 뿐만 아니라 이탈리아 로마에 주재하는 외교관들 사이에서는 "공포라는 정신병"이 도지고 있으며, 5만 명 혹은 그 이상의 훈련된 무장 공산당원들이 이탈리아 북부에서 봉기를 일으키려 한다고 미국 국무부에게 경고했다. 이처럼 이탈리아와 프랑스 사회 내부에 유언비어가 만연했다는 것은 연합국 세력 전체에도 그러한 영향이 적지 않았음을 말해준다. 실제로 프랑스인이나 이탈리아인보다 미국인이 더욱 두 나라의 사회 불안을 우려하는 것처럼 보일 때가 있었다. 미국은 배후에서 반공산주의 정당들에게 상당한 지지를 보내면서 만약 공산당이 선거에 이겨 정권을 잡는다면 모든 원조를 철회하겠다고 위협했다.

이탈리아와 프랑스 정부는 다소 서투르긴 했지만 효과적인 대응을 보였다. 1947년 가을, 또 다른 연쇄 파업과 폭동 그리고 파리-투르쿠앵 특급 열차 탈선과 같은 몇 가지 놀라운 파괴 활동이 이어지자 프랑스 내무부 장관 쥘 모흐는 모든 예비군과 징집병을 소집하고 질서 유지군을 전면적으로 동원했다. 격렬한 의회 토론 중에 공산당 의원 에로가 내각에서 쫓겨났으며 정부는 소요를 진압하기 위한 긴급 조치를 단행했다.

　이탈리아에서는 1948년 선거에서 공산당이 대패했고, 그해 7월 팔미로 톨리아티(이탈리아 공산당 창립자)를 암살하려는 시도가 있었다. 이에 공산주의자들이 격분했고 사회 불안은 프랑스보다 심각해졌다. 공산당원들은 불만을 표출하기 위해 일련의 파업과 폭동, 납치, 심지어 이탈리아 국내를 남북으로 달리는 철도 파괴 행위도 마다하지 않았다. 이에 맞서 반공 조치 계획에 착수한 이탈리아 정부는 노동조합원, 옛 빨치산, 공산당 당원을 무더기로 검거했다. 체포 결과가 말해주듯 이는 노골적인 협박이었다. 1948년 가을부터 1951년에 걸쳐 체포된 9만에서 9만5000명의 공산주의자와 빨치산 중에서 기소된 자는 1만9000명이었고 7000명만이 범죄 혐의로 유죄 판결을 받았다. 나머지는 '예방' 차원에서 기간을 서로 다르게 배정해 구금됐다. 가장 가혹한 대우를 받은 쪽은 강경파, 특히 옛 빨치산들이었다. 1948년부터 1954년에 체포된 1697명의 옛 빨치산 중 884명이 총 5806년의 금고형 판결을 받았다. 그들 중 일부는 1944년에 승인된 것으로 추정되는 사면을 받았으나 해방기에 저지른 범죄 혐의로 재판을 받기도 했다. 그러한 판결이 적절했든 적절하지 않았든, 이 '저항 조직 재판'은 파시스트를 숙청했던 것보다 훨씬 더 가혹했다. 메시지는 명확했다. 1945년 북이탈리아를 파시스트 지배로부터 해방시켜준 '영웅들'이 이제는 새로운 적이 되었다는 것이다.

공산주의자의 '잃어버린 승리' 신화

전쟁 직후 프랑스와 이탈리아 사회에 드리웠던 공포의 농도를 고려할 때 머릿속에 떠오르는 물음이 있다. 공산당이 권력을 잡았을 가능성은 어느 정도일까? 당시에는 매우 심각한 위협으로 받아들여졌지만, 돌이켜보았을 때 그러한 일은 결코 현실화될 수 없었다고 말할 수밖에 없다. 프랑스와 이탈리아에서 모두 공산당의 지지율은 3분의 1에 그쳤고, 심지어 프랑스에서는 사회당이 같은 편에 섰음에도 불구하고 아주 잠깐 다수당이 되었을 뿐이다. 공산당이 권력 장악에 이르는 유일한 현실적 희망은 연합 파트너들에게 총리직과 모든 주요 부처에 통제권을 양보하겠다고 설득하는 것이었다. 그러나 1945년 7월 이탈리아에 파견된 연합국의 감시원들이 "좌파가 권력을 잡도록 허용하는 것은 자신의 사형집행 영장에 서명하는 것과 같다"라고 기술했듯이, 우파와 중도파 정당들은 공산당이 일당제 국가를 건립하는 데 여념이 없다고 확신했기 때문에 그런 사태가 벌어지도록 놔둘 리 없었다. 양국에서 공산주의자들은 대부분의 정부 요직에서 반복적으로 배제됐다.

결국 공산주의자들이 절대권력을 쟁취할 수 있는 유일한 방법은 전격적인 혁명뿐이었다. 이탈리아와 프랑스 국민이 그쪽으로 관심이 기울어지는 경향이 있었고 서방 연합군으로서는 방치할 수 없는 노릇이었다. 해방 후 몇 달 동안 영국과 미국은 프랑스와 이탈리아에 공산주의자들의 봉기를 진압하고도 남을 만한 대규모 육군을 주둔시켰다. 더 나중에 주둔 연합군이 축소되자, 미국은

23장 프랑스, 이탈리아의 정치 폭력

군사력보다는 경제력을 이용해 자신의 힘을 과시했다. 데가스페리[이탈리아에서 기독교 민주당을 설립하고 제2차 세계대전 이후 당수가돼 1945년~1953년까지 수상으로 활동]가 이탈리아 정부에서 공산당각료들을 축출할 수 있었던 데는 미국이 대규모로 지원한 덕분이다. 마찬가지로 프랑스도 산산조각 난 경제를 되살릴 유일한 방법은 미국 자금에 대한 의존이라는 것을 알고 있었다.

공산당이 권력을 쟁취할 수 있었을지도 모른다거나 권력을 탈취할 수 있었다는 생각은 환상에 지나지 않았다. 프랑스와 이탈리아는 연합국에 의존하고 있었고, 두 나라의 정부는 미국의 지원없이는 현실적으로 힘을 발휘할 수 없었다. 양국의 공산당원 중기민한 자들은 이 점을 잘 알고 있었다. 이탈리아 공산당 북부지도위원회의 일원이었던 피에트로 세키아가 1973년에 이렇게 썼듯이 말이다.

우리의 해방전쟁사를 낭만화한 이야기를 읽은 오늘날의 젊은이들은, 우리가 이미 권력을 보유하고 있었지만 (뭔가 알려지지 않은이유로) 권력을 계속 유지할 수 없었다고 생각할 수 있다. 더 나쁘게는 우리가 권력을 유지하려 하지 않았거나, 프롤레타리아 혁명을 일으킬 수 없었거나 바라지 않았다고 여길 수도 있다. 하지만적어도 진보적인 민주주의 체제에 대해서는 의문의 여지가 없다.사실 이탈리아와 유럽에서 해방 전쟁이 전개된 여러 객관적 형세를 보았을 때 우리(내가 '우리'라고 말하는 측은 반파시스트들, 즉 북이탈리아 민족해방위원회를 의미한다)는 결코 권력을 보유하지 못했고, 권력을 장악할 능력도 없었다.

톨리아티(이탈리아 공산당 지도자)와 토레즈(프랑스 공산당 지도자)는 전쟁 후 공산당을 민주적 노선으로 나아가게 한다는 결단을 내림으로써 좌익 인사들로부터 많은 비판을 받아왔다. 주도권을 움켜쥔 그들 때문에 그토록 많은 사람이 애타게 갈망했던 사회 개혁을 이루는 데 실패했다고 동지들은 비난했다. 그러나 두 지도자는 현실주의자로, 프랑스와 이탈리아의 조건들이 폭력적 사회 혁명에 적합하지 않다는 사실을 간파하고 있었다. 그들은 설령 민주 노선으로는 현실 권력을 쟁취하기 어려울지언정 그것만이 프랑스와 이탈리아가 공산주의로 나아갈 수 있는 유일한 길이라고 굳게 믿었다.

역사는 톨리아티와 토레즈의 결단이 옳았다는 것을 증명한 듯하다. 그들이 공산혁명의 길을 선택했을 때 뒤따랐을 혼돈의 예를 보고 싶다면, 그저 동시대에 아드리아해 건너편에서 발생한 사건들에 시선을 돌리기만 하면 된다. 그리스에서는 공산주의자 정치인들이 민주주의 무대를 떠나는 결정을 내림으로써 나치의 야만적 점령보다 훨씬 더 악질적이라고 판명된 유혈 내전이 시작되고 있었다. 다음 장에서 소개하겠지만, 영국과 미국의 지원을 받은 이 내전은 결국 그리스 공산당을 완전한 전멸로 이끌었고, 향후 30년에 걸친 무자비한 좌파 탄압 정치를 낳았다.

나는 이 장을 1943년에서 1944년 사이 이탈리아 남부 소작농들의 자발적인 토지 점거에 대한 묘사로 시작했는데, 그러한 사건들이 향후 수개월 또는 수년 동안 그 지역에 어떠한 영향을 끼쳤는지 설명하는 것으로 마무리하는 게 의미 있을 듯하다. 그리스에서 벌어진 사건들만큼 극적이지는 않지만, 이러한 토지 점거 운동과 그에 대한 반동은 어쩌면 서유럽의 나머지 지역에서 진행된 유사한 정황들을 대표하는 것일지도 모른다. 또한 마르크스주의 교리와 달리, 사회주의자와 '반동주의자' 간의 가장 중요한 투쟁은 대체로 도시가 아닌 시골에서 발생했다는 것을 입증하는 것이기도 하다.

새롭고 예상치 못한 주장을 펼쳤던 남이탈리아 소작인 계급의 봉기는 많은 사람에게 깊은 인상을 남겼다. 이러한 분위기를 계기로 공산주의자인 농업부 장관 파우스토 굴로는 농업개혁 계획을 추진했다. 가장 착취적인 소작 계약을 단번에 금지하고, 소작농과 지주 사이에서 농민을 착취하고 협박하기로 악명 높은 중개인의 활동을 중단케 했다. 더불어 초과 생산물을 조금이라도 정부 곡물창고에 판 소작농에게는 특별 상여금을 지급했다. 이는 소작농에게 최저생활 임금을 보장하는 동시에 극심한 피해를 끼치는 식료품 암시장을 부분적으로 파괴하는 조치였다. 그러나 가장 결정적인 법령은 모든 미경작지나 열악한 경작지를 특정 기간 농민이 경작할 수 있도록 하는 것, 그리고 농민이 자신들의 협동조합을 결성할 수 있도록 허용한 것이다.

오랫동안 무시당하고 착취당한 남이탈리아 소작인 계급은 마침내 국가로부터 인정받은 데 고마워했으며 즉시 협동조합을 조직해나갔다. 굴로의 토지 개혁은 공산당의 대대적인 선전 활동의 성공으로 판명됐다. 1945년 여름, 코센차(칼라브리아) 이탈리아 공산당 연합회의 보고서는 이렇게 주장했다. "한 해 전만 해도 소작농들은 우리를 완전히 낯설게 느꼈고 심지어 적대시했다. 하지만 이제는 우리에게 다가오고 있고 수많은 이에게 신뢰받고 있다. (…) 이것은 무엇보다도 우리가 이 지역 내에서 미개간지 분배와 토지 소유 계약 문제를 대대적으로 조치한 덕분이다." 동유럽의 많은 지역에서 공산당의 인기가 치솟은 현상은 귀족, 교회, 중산층이나 독일계 농장주들로부터 토지를 재분배할 때 일어난 정황을 반영한다.

불행하게도 이탈리아 소작농의 지독한 빈곤을 덜어주려는 법적 조치들은 결국 실패했다. 파시즘 체제 때부터 줄곧 자리를 차지하고 있는 지방 관리들은 법이 요구하는 사회 개혁을 거부했기 때문이다. 미개간지 경작을 요구하는 모든 청원은 지주와 지방 판사가 지배하는 지역위원회로부터 허락을 받도록 되어 있었는데, 시칠리아 같은 경우 90퍼센트의 청원이 기각됐다.

메조조르노의 농민들은 지방 당국이 법의 정신을 지키지 않는 데 불만을 품고 1949년 첫 번째보다 훨씬 더 광범위한 기세로 두 번째 토지 점거에 착수했다. 몇몇 추계에 따르면, 8만 여명의 소작농이 참여했으나 대개는 1943년보다 훨씬 더 잔인하게 점거한 땅에서 쫓겨났다. 카울로니아에서는 자경단을 데려온 현지 농장주로부터 위협을 받았고, 스트롱골리에서는 그들을 해산시키기 위해 군대가 최루탄을 사용했다. 이졸라에서는 농민들에 대한 경고로 노동회의소 간사의 장인이 암살당했다. 최악의 사건은 멜리사 근교에서 발생했다. 명백히 평화로운 집회를 열고 있는 600명가량의 군중을 향해 헌병대가 총격을 가한 것이다. 정확한 사망자 수는 알려지지 않았으나 몇몇 보고서에 따르면 대부분의 사망자와 부상자는 도망치다가 등에 총을 맞았다고 한다.

이런 사건들을 이해하면, 부패한 기성 정치체제에 희망을 걸려고 한 공산당 지도부에 대해 왜 그토록 많은 좌파 이탈리아인이 비난을 던졌는지 알 수 있다. 이후 수십 년간 공산당은 유권자들에게 인기를 얻었음에도 공산주의자들은 항상 주변부로 밀려났으며, 그들이 제시한 개혁주의 의제는 보류됐다. 남이탈리아 소작농들의 빈곤 상황과 마찬가지로, 이후 수십 년 동안 정치적 소외가 계속됐다. 톨리아티는 이탈리아를 내전 상황에서 구해냈을지 모르지만 해방 직후 많은 이탈리아인은 누대에 걸친 불평등한 제도를 전복시킬 기회를 놓치고 말았다.

24장

그리스
내전

다행히 드물긴 하지만 수백만 명의 운명이 한 사람의 결정에 맡겨지는 역사적 순간이 있다. 그런 순간 중 하나가 1944년 10월 9일 저녁, 모스크바에서 열린 처칠과 스탈린의 회담에서 발생했다. 이 회담은 테헤란, 얄타, 포츠담에서 열린 '3거두' 회담에 비해 규모도 작고 덜 중요했다. 미국은 이 자리에 참석하지 않았으나 루스벨트는 처칠과 스탈린을 향해 어떤 합의든 '우리 셋, 오로지 우리 셋'에 의해서만 이루어져야 한다고 압박하는 전보를 쳤다. 그러나 처칠은 그 스스로 "사악한 문서"라고 표현한, 전후 세계에서 영국과 소련의 세력권을 백분율로 나타낸 반쪽 분량의 문건을 작성했다. 이에 따르면 루마니아는 90퍼센트가 러시아 세력권에 포함되고 10퍼센트는 '다른 국가들'에 속하게 된다. 불가리아는 75퍼센트가 러시아에, 25퍼센트가 다른 나라들에 포함된다. 헝가리와 유고슬라비아는 각각 50 대 50으로 나뉠 것이다. 확실히 영국의 세력권에 포함될 국가는 그리스 하나뿐으로, (미국과 합의해서) 90퍼센트를 영국이 점유하고 10퍼센트만 러시아 세력권에 포함된다. 스탈린은 이러한 내용의 문서에 동의를 표명하기 위해 큼지막한 파란색 꺾자를 그려 넣었다.

겉보기에 이들 5개국의 전후 운명을 봉인한 문서는 우연한 방식으로 결정된 것 같으나, 사실 수개월간 영·소 양국 외교관들이 주고받은 비밀 담판의 최종판이었다. 그 내용은 매우 중요한 것이었다. 다음 장에서는 헝가리와 루마니아에서 벌어진 일을 되돌아볼 예정이다. 여기서 중요한 부분은 스탈린이 그리스에 대한 영국의 영향력을 기꺼이 승인한 것으로, 이 결정은 이후 30년 동안 '그리스'라는 나라에 심대한 영향을 끼치게 되었다.

✤

영국은 항상 그리스에 관심을 가져왔다. 그리스는 지중해 동부와 중동, 수에즈 운하 진입로를 억제하고 있었기 때문에 영국의 전략적 이익에 지극히 중요했다. 처칠은 1941년 독일군이 침공했을 때 그리스를 지원하기 위해 기꺼이 위험을 감수했고, 비참한 패배에도 불구하고 언제나 재기의 기회를 노렸다. 그리고 1944년 10월, 모스크바 회담을 며칠 앞두고 영국군은 펠로폰네소스반도에 재상륙했다. 그러고 보면 스탈린이 큼직하게 써넣은 파란색 꺾자는 영국군이 이미 아테네를 향해 진군하고 있는 현실을 인정한 것일 뿐이었다.

그렇다고 그리스에서 영국군의 권위가 겉보기처럼 기정사실화된 건 아니었다. 영국이 이 나라를 지배하기 위해 싸우는 유일한 세력은 아니었기 때문이다. 이탈리아와 프랑스에서 그랬던 것처럼, 이곳에는 많은 빨치산이 존재했다. 실제로 영국군이 도착하기 훨씬 전부터 안다르테andarte[제2차 세계대전 당시 그리스에서 활동한 게릴라 저항군]가 그리스 본토의 대부분을 장악하고 있었고 독일 점령군은 주요 도시들로 후퇴한 상태였다. 그때까지 가장 큰 저항 조직은 민족해방전선EAM, National Liberation Front과 그 휘하 군대인 그리스인민해방군ELAS, Greek People's Liberation Army이었다. 이 두 조직은 표면적으로 다종다양한 안다르테 종파를 대표하고 있었지만 실제로는 스탈린에게 충성을 바치고 있는 그리스 공산당의 통제를 받고 있었다. 영국은 전쟁 내내 다른 저항 단체들에 무기와 자금을 지원하여 좌익 세력을 상쇄하려 노력했지만, 민족해방전선과 그리스인민해방군이 광범위한 인기를 누리고 있는 판세를 바꿀 수 없었다.

결국 이 나라에서 러시아의 영향력은 영국의 영향력만큼이나 중요했으며, 적어도 처칠의 종잇조각이 부여한 10퍼센트보다는 컸다고 할 수 있다. 스탈린이 그리스 공산당에게 이 나라를 장악하라고 지시했다면 그들은 그렇게 할 수 있었을지도 모른다. 불가리아와 국경을 맞댄 그리스 북부에서 멀지 않은 곳에 붉은 군대가 주둔하고 있었고, 유고슬라비아의 공산주의자 빨치산도 그리스 북부의 동지들과 연계하고 있었기 때문이다. 당시 영국군의 역량은 민족해방전선과 그리스인민해방군에 비해 부족했으며, 1944년

10월 아테네에 도착한 영국군은 이미 안다르테가 눈앞의 도시를 해방시켰다는 사실을 깨달았다. 그럼에도 그리스 공산당이 전국적 차원에서 권력을 장악하려는 움직임은 보이지 않았다. 이는 저항 세력이 꽤 무질서했기 때문이기도 하고, 민족해방전선이 권력을 장악하면 지지를 철회하겠다고 위협하는 비공산주의자들이 있었기 때문이기도 하다. 그러나 가장 큰 이유는 스탈린이 약속을 지켰기 때문이었다. 스탈린은 모스크바 회담을 앞두고 그리스 공산당에게 사절단을 보내 영국과 협력하라고 지시한 것이다.

프랑스와 이탈리아에서 그러했듯, 그리스 공산당의 많은 평당원(또한 지도부 내부에서도)은 어째서 뒤로 물러난 채 다른 자들이 지배권을 잡는 상황을 바라봐야 하는지 납득할 수 없었다. 1944년 여름, 민족해방전선의 총서기 타나시스 하지스는 공산당 중앙위원회에서 저항 세력이 배신당하고 있다며 울분에 찬 연설을 토했다. 민족해방전선과 그리스인민해방군은 수년간 그리스 전역에서 독일 점령군을 상대로 싸우면서 세력을 형성해왔는데 왜 이제 와서 영국인에게 고개를 숙여야 하는가? 그는 "우리는 두 가지 길을 따를 수 없다. 우리는 우리의 선택을 해야 한다"고 주장했다. 많은 그리스인 저항운동 지도자는 이전에 독일이 그랬던 것처럼 영국이 자신들을 꼭두각시 정부가 통치하는 사실상의 식민지로 전락시키려는 것이 아닌지 의심했다.

해방 후 몇 주 동안 영국군과 민족해방전선·그리스인민해방군 간에는 팽팽한 긴장이 흘렀다. 영국 군사기관은 안다르테의 명분을 의심했으며, 프랑스에서 그랬듯 여차하면 자신들의 이익을 위

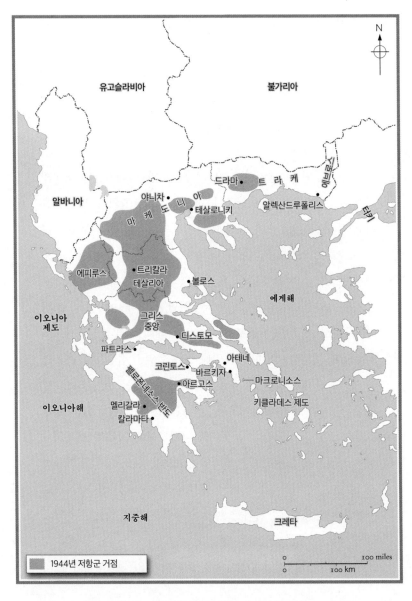

지도 10 1944년 그리스 저항군이 장악한 지역

해 무력을 동원할 변덕스러운 아마추어로 간주했다. 처칠도 민족해방전선과 충돌할 가능성을 고려하고 있다고 공언했으며, 그리스에서 연합군을 지휘하고 있는 로널드 스코비 장군에게 쿠데타에 대비하도록 지시했다. 그가 스코비에게 내린 지령은 정변이 발생할 경우 "그리스인민해방군을 분쇄"하는 데 필요한 무력을 총동원하라는 것이었다.

반대로 민족해방전선과 그리스인민해방군 대원들은 영국의 동기를 의심했다. 그들은 영국이 고약한 그리스 왕의 귀환을 종용하고 있다고 생각했으며, 몇몇 대독 부역자를 재판에 회부하지 않고 보호하고 있다고 의심했다. 더욱이 영국은 일부 맹렬한 반공주의자 관리들을 치안 기관의 요직에 앉히려 했다. 해방 이후, 게오르기우스 파판드레우의 이른바 '국민통합 정부'가 1944년 10월 파나기오티스 스필리오토풀로스 대령을 아테네 지역 군사령관으로 임명할 때 영국은 개입하지 않았다. 그는 독일군 점령기에 우익 반공 조직들을 통합하는 데 적극적으로 나섰던 인물로, 그리스인민해방군에게는 부역자로 지목된 상태였다. 이탈리아에 있는 일부 그리스 고위급 장교들이 공공연히 파판드레우 정부를 전복하고 극우 정권으로 교체하려는 움직임을 보였을 때도 영국은 개입하지 않았다. 이러한 태도는 미국 대사의 말을 빌리자면 "광적으로 자유를 사랑하는 이 나라를 마치 영국의 지배를 받는 원주민으로 구성된 것처럼" 취급하는 영국 관리들의 유감스러운 경향과 맞물렸을 때 어떤 극적인 분열이 발생할 수밖에 없음을 의미한다.

그 분열은 아테네 해방 후 2개월도 지나지 않은 12월 초에 발생했다. 파판드레우 내각에서 민족해방전선을 대표하는 각료들이 일제히 사임한 것으로, 그들의 불만은 프랑스와 이탈리아의 저항 조직 정당들과 다르지 않았다. 그들은 적어도 예전 우익 부역자들이 경찰권에서 철저히 제거되기 전에는 새로 결성된 국민방위군에게 통제권을 넘기려 하지 않았다. 그러나 프랑스와 달리, 그리스에는 공산주의자들을 단속하고 경찰 숙청을 수행할 만큼 강인하고 정치적으로 기민한 카리스마 있는 지도자가 한 명도 없었다. 또 이탈리아와 달리, 그리스 공산당원들은 마지못한 타협에 동의할 만큼 단결되지 않았다. 연합군 또한 합의를 강제할 수 있을 만큼 그리스에서 입지가 탄탄하지 않았다. 사실 프랑스와 이탈리아에 주둔했던 연합군의 거대한 규모에 비하면 그리스 내 영국군의 전력은 매우 미미한 수준이었다. 작가 조지 테오토카스가 일기에 "아테네는 휘발유 탱크처럼 타오르려면 성냥 한 개로도 충분했다"고 썼듯이, 정치적 교착 상태는 사회 모든 차원에서 가시적인 긴장을 촉발했다.

민족해방전선 각료들이 정부를 이탈한 다음 날인 12월 3일, 시위자들은 아테네 거리로 쏟아져 나왔다. 사람들이 신타그마 광장에 모였을 때 경찰의 총격으로 최소 10명이 사망하고 50명 이상이 부상을 당했다. 지금까지도 수수께끼로 남아 있는 발포 원인에 대해, 함께 있던 영국군은 아테네 경찰이 겁에 질려서 발포한 것이라 했지만 일부 그리스 좌파는 의도적인 도발 행위였다고 주장했다. 동기가 무엇이었든, 그날의 발포는 몇 주 동안 중단됐던 폭력의 순환을 촉발했다.

독일군 점령기에 그리스 치안 부대가 보인 잔인함을 되새기고 있던 민족해방전선 지지자들은 즉시 도시 전역의 경찰서를 봉쇄하고 공격했다. 영국군은 이제 법과 질서 유지를 위해 개입할 수밖에 없었다. 처음에는 그리스인민해방군 저격수들에 의해 아테네 중심부에 갇혔으나 서서히 아테네 남부와 '적화'된 교외로 진격하여 그리스 저항군 전사들과 시가전을 벌였다. 전쟁 중이나 해방 직후에 서유럽에서 연합군이 저항 조직과 전투를 벌인 것은 이때가 유일했다. 그야말로 제국주의적 오만함으로 가득 찬 처칠은 스코비 장군에게 "당신은 반란 중인 도시를 정복하는 것처럼 행동할 자유가 있다"고 통지했다. 이에 따라 영국군 포병 중대는 카이사리아니의 '공산당' 교외 지구를 향해 25파운드짜리 포탄을 쏘았고, 영국 공군 전투기들은 아테네 시내 중심부가 내려다보이는 솔 숲과 아파트 구획에 자리한 그리스인민해방군의 거점을 폭격했다. 이미 십자포화에 휘말려 겁에 질린 비전투원들에게 이는 마지막 결정타였다. 여성과 어린이들은 완전히 무차별적인 영국군의 공격에 부상을 당하거나 죽어나갔다. 킵셀리 교외의 응급진료소를 향한 영국군 위생병들은 분노한 아테네 시민들에게 린치당하지 않으려 미국인 행세를 해야 했다. 영국 공군이 현지의 한 구획을 폭격했을 때 부상을 당했던 한 사람은 "우리는 영국인을 좋아했지만, 이제는 독일인이 신사였다는 걸 알았다"고 말했다.

1944년 12월과 1945년 1월에 걸쳐 전투는 최악의 성격을 갖춘 계급투쟁으로 전개되기 시작했다. 한쪽에는 영국군이 군주제와 우익 독재를 복원시키려 한다고 생각하는 광신적인 민족해방 전선과 그리스인민해방군 투사들이 있었다. 다른 한쪽에는 민족 해방전선이 스탈린주의 혁명을 획책하려 한다고 믿는 영국군과 그 리스 군주파, 반공주의자들의 불안한 연합이 있었다. 그리고 영국 군이 약 1만5000명을 좌익 동조자 혐의로 검거하고 그 절반 이상 을 중동의 수용소로 추방하면서 사태는 격화됐다. 안다르테는 아 테네와 테살로니키에서 수천 명의 부르주아 인질을 붙잡아 눈보 라 치는 산속에서 행군시키는 식으로 맞대응했다. 단지 부유하다 는 이유로 잡힌 이들을 포함해 수백 명이 '반동주의자'로 지목되 어 처형을 당하고 공동묘지에 묻혔다.

1945년 1월 말 무렵, 양 진영은 지칠 대로 지쳐 있었다. 그 해 2월 그들은 해변 도시인 바르키자에서 평화협정에 서명했다. 인민해방군은 무기를 내려놓고 해산하는 데 동의했고, 과도정부 는 부역자를 숙청하는 데 합의했다. 그리고 1944년 12월 3일부 터 1945년 2월 14일 사이에 행해진 모든 정치범죄에 대해서는 사 면을 선언했다. 하지만 "정치적 목적 달성을 위해 불가피한 경우가 아닌 생명 및 재산에 대한 관습법적 범죄"는 제외됐다.

양 진영이 이 협정을 준수했다면 사태는 거기서 끝났을지도 모른다. 그러나 곧 명백히 드러나듯이, 과도정부는 전국적으로 형 성되고 있는 우익 무장 단체들, 심지어 자체 치안 부대를 통제할 실질적인 권한이 없었다. 민족해방전선과 인민해방군에 대한 반격 이 시작되면서 결국 내전으로 이어졌다.

공산주의 저항 조직의 특성

조국 해방을 위해 용감하고 성공적으로 싸웠음에도 불구하고 전후 정부로부터 보상을 받기는커녕 탄압을 받아야 했던 프랑스, 이탈리아, 그리스 레지스탕스 전사들은 연민의 감정을 느끼게 한다. 이 3개국의 전후 정부에서 공산주의자 저항 조직원은 실권을 행사할 만한 어떤 지위도 맡을 수 없었다. 전쟁 영웅으로 불리던 많은 사람이 전시에는 합법적이라 여겨지던 행위로 체포된 반면 옛 부역자에 대한 공식적인 대처는 방치되기 일쑤였다. 엎친 데 덮친 격으로, 유럽 전역에서 좌익 단체들을 숙청하는 동안 공산주의자의 '범죄'에 관한 수상한 신화를 만들어내기 위해 레지스탕스의 영웅적인 공로에 관한 이야기들은 무시됐다. 우파 유력자들은 가능한 한 모든 기회를 이용해 공산당의 무질서, 심지어 혁명마저 큰 위협이라고 과장했다.

중요한 점은 우파가 제기한 주장이 모두 거짓은 아니었다는 것이다. 좌익 저항집단들이 더 나은 세상을 위해 폭정 세력에 맞서는 순결한 이상주의자들로만 구성된 건 아니었다. 이념적 개혁을 완수하기 위해 스스로 폭정을 마다하지 않은 잔인한 현실주의자도 많았다. 우파와 좌파 사이의 싸움을 이분법적 용어로 형용하는 것은 불가능하다. 쌍방의 수단, 동기, 신념이 너무도 복잡하게 얽혀 있어서 대략적인 단순함으로 풀어낼 수 없다. 이것을 가장 잘 나타내준 국가가 바로 전쟁 중과 전쟁 후의 그리스다. 그 어느 나라보다 이데올로기 전쟁에 휘말리는 상황을 피하기 어렵게 된 이곳에서, 모든 진영은 공포에 사로잡힌 주민을 향해 거침없이 테러를 자행했다.

전시에 그리스에서 민족해방전선EAM이 급부상한 것은 완전히 신선한 현상이었다. 독일군 점령 전까지 이 나라에서는 대중적인 이념 운동의 전통이 없었고, 정치적으로도 노동자 계급 (특히 농촌 노동자 계급)과는 거의 관련성이 없이 위에서 국가가 주도하는 분위기였다. 그러나 전쟁 중에 독일, 이탈리아, 불가리아의 잔인한 점령으로 극심한 기아와 빈곤을 겪고 나자 사람들은 급진적으로 변했다. 예전에는 정치에 무관심했던 농민, 노동자, 여성들도 파괴로 미쳐가는 세상에 제정신을 가져다줄 유일한 해법은 정치뿐이라고 생각했다. 이들에게 민족해방전선은 지배로부터 벗어날 가능성을 제공했을 뿐만 아니라 전쟁이 끝난 뒤의 더 나은 세상을 약속했고, 수십만 명이 민족해방전선에 투신했다.

지역 차원에서 민족해방전선의 성과는 경이로웠다. 잔인한 전쟁 중에 점령 당국이 그들의 존재 자체를 불법으로 간주한 상황에서 일궈낸 것이기에 특별한 의미가 있다. 그들은 기근 속에서 토지 개혁과 비축 식량 분배를 체계화했다. 그리고 지방 도시가 아니라 향촌에서 진행되는, 몸값 높은 변호사와 판사가 아닌 현지 배심원들이 심리하는, 대부분의 농민에게 외국어처럼 낯설기만 한 고급 그리스어가 아닌 통속적인 구어가 쓰이는, 새롭고 대중적인 형태의 '인민재판'을 도입했다. 그들은 그리스 전역에 약 1000개의 마을 문화 단체를 창립했고, 수십 개의 순회 극단을 후원했으며,

24장 그리스 내전

전국적으로 배포되는 신문을 발행했다. 그들은 지금껏 교육받을 기회가 주어지지 않았던 사람들을 위해 많은 학교와 보육원을 창립했고, 청년단과 여성 해방을 장려했다. 사실 1944년 그리스 여성에게 처음으로 선거권을 준 단체가 민족해방전선이었다. 그들은 도로를 보수하고, 전례 없는 통신망을 구축했다. 특히 전쟁 전 정치인들에게는 관심 밖이었던 외딴 그리스 산악지대에서 그들의 성취는 두드러졌다. 전쟁 중 영국 첩보대원이었던 크리스 우드하우스는 "민족해방전선과 그리스인민해방군은 그리스 정부가 소홀히 했던 것, 즉 그리스 산악지대에 조직된 국가를 세우는 일에 속도를 냈다"고 했다. 또한 "문명화와 문화의 이익이 처음 산지로 졸졸 흘러 들어갈 수 있었던" 것은 오로지 민족해방전선 덕분이었다. 그리스의 많은 지역에서 그들이 인기를 얻은 것은 인민의 삶을 더 낫게 해주는 실력만이 아니라, 마을 유력자 외에 보통 사람들도 참여시키려는 의지 때문이기도 했다.

민족해방전선은 그다지 온화하지 않은 얼굴도 갖고 있었다. 무엇보다 그들은 경쟁을 용납하지 않았다. 프랑스와 이탈리아의 경우 독일군을 몰아내기 위해 서로 다른 저항 단체들이 협력했다면, 민족해방전선과 그리스인민해방군은 점령자보다는 다른 저항 조직들과 싸우는 데 더 많은 시간을 할애한 것이다. 예를 들어 1944년 4월 그리스인민해방군 부대가 루멜리에서 디미트리오스 파로스 대령을 처형한 이유는 그가 반역자였기 때문이 아니라 경쟁적인 저항 조직의 우두머리였기 때문이었다. 민족과사회해방조직EKKA이라고 불린 이 조직의 생존자 중 상당수가 재빠르게 부역자의 '보안대대'에 가입한 데는 이제 민족해방전선 그리스인민해방군이 독일인보다 더 큰 악이 되었다고 판단했기 때문이었다. 또한 공산주의자들은 그리스 중서부의 저항집단인 그리스민족공화연맹EDES, National Republican Greek League 역시 표적으로 삼아 그들의 식량과 가축을 징발했으며, 그리스민족공화연맹을 버리고 민족해방전선에 가입하지 않으면 죽이겠다고 협박했다. 그 결과 많은 그리스민족공화연맹 대원들이 변절해 보안대대 밑으로 들어갔다. 그러다 보니 그리스민족공화연맹의 지도자인 나폴레온 제르바스를 포함해 유수한 대원들도 비공식적으로 매국 정부와 반공산주의 동맹을 맺었으며, 심지어 독일인과도 긴밀한 합작 관계를 키워나갔다.

전쟁이 끝나자, 민족해방전선 대원들은 자신들이 저지른 과잉 행동에 대해 단지 '애국적 부정행위'에 지나지 않으며 애국적 투쟁과 연결된 것이기 때문에 처벌의 대상이 될 수 없다고 주장했다. 그러나 모든 민족주의적 수사(심지어 그리스인민해방군의 약어 'ELAS'는 의도적으로 그리스를 의미하는 단어 Ἑλλάδα'를 환기시킴)에도 불구하고 그들이 저항 집단들에게 폭력적으로 행동했던 사실은 레지스탕스 지도부 대다수가 민족해방 전쟁보다 계급 전쟁에 더 관심이 많았음을 말해주는 것이다. 영국이 온갖 정치 종파로 구성된 그리스인 저항 집단들에게 무기와 돈을 제공했음에도 불구하고 공산주의자들은 처칠이 군주제에 동조한다고 의심하고 영국에게도 대항했다.

민족해방전선·그리스인민해방군이 절대적인 권력을 행사하

는 지역에 거주하는 사람들은 종종 끔찍한 짓을 할 수 있는 옹졸한 공산주의 독재자들의 변덕에 얽매여 있음을 깨달았다. 가령 그리스의 동북부 외딴곳에서는 '오디세우스'라는 가명을 가진 그리스인민해방군 지도자가 정신 나간 사람처럼 권력을 휘둘렀다. 그는 에브로스 지역 대부분에서 암시장 활동을 근절시켰으며, 누구든 자신의 권위를 의심하거나 영국에 친화적인 기미를 보이면 '배반자'로 낙인을 찍고 탄압했다. 결국 사적으로 오디세우스 일당에게 미움을 받은 많은 사람이 죽음을 맞았다. 특수 기마대인 '죽음의 대대Death Battalion'가 처단할 '내통자' 명단을 들고 파견됐을 때 명단에 있는 몇몇 이름을 놓고 대원들 간에 논쟁이 벌어졌다. 대대장인 '텔레마코스'의 중재는 냉랭했다. 그가 말했다. "이것은 혁명이다. 그리고 어떤 일은 누군가 해야 한다. 설령 무고한 몇 명이 죽더라도 길게 보면 아무런 문제가 되지 않을 것이다." 에브로스 상황이 심각해진 탓에 그리스인민해방군은 그곳에 새로운 지도자를 보낼 수밖에 없었다. 오디세우스는 체포돼 재판받고 처형됐으며, 그 지역은 더 절제된 형태의 법과 질서를 회복했다.

아마도 전쟁 기간에 가장 유명한 안다르테 대장은 그리스 중부의 대부분을 전제군주처럼 지배했던 아리스 벨루키오티스였을 것이다. 그리스인민해방군의 창립자 중 한 명인 아리스는 전쟁 전 몇 년 동안 경찰이 '공포'를 이용해 공산주의자를 탄압하던 방법, 즉 그가 경찰에 체포되어 공산당원 활동을 포기하겠다는 서약서에 서명할 때 고문당했던 방식을 써먹었다. 자신이 겪은 잔인함에 감염이라도 된 듯, 그는 권좌에 오르자 부하에게 죄를 씌워 처형하는 일을 마치 닭을 훔치는 행위쯤으로 인식했다. 이는 사실상 부대 내 대원들이 규율을 어지럽히는 행위에 대한 정의의 본보기였다. 또한 그는 배신자나 죄인으로 간주한 자를 처형하거나 고문하는 데 고심하지 않았다. 1942년 가을, 그는 클리초 마을에서 존경받는 남자 4명을 잡아들인 뒤 거의 일주일 동안 무자비하게 고문했다. 그들에게 씌워진 죄는 마을 저장고에서 약간의 밀을 훔쳤다는 것이었으나, 몇 년 뒤 저장고를 경비하던 사람이 밀을 훔친 자는 바로 자신이며 네 사람은 죄가 없다고 마을 신부에게 고백했다.

이러한 과잉 진압에 대해 민족해방전선을 변호하는 자들은 전쟁으로 파편화된 나라에서 통제 불가능한 건달이나 이단자들의 탓으로 돌렸다. 그러나 그러한 제재는 국가적 차원은 아니더라도 최소한 지역적 차원에서 중앙이 의도한 것이었음을 암시하는 증거가 많다. 그리스 중부와 펠로폰네소스반도의 일부 지역에서 테러는 민족해방전선이 인민을 통제하는 비공식적인 방식이었다. 한 위원회에서 명단을 만들고 다른 위원회들이 이를 승인하면, 자신들이 어떤 죄를 저지르는지도 모르는 특수 암살단에게 명단이 전달됐다. 이런 오싹한 관료주의적 특성은 훗날 '적색 테러'로 칭해졌다.

펠로폰네소스반도에서 테러 대상은 반역자뿐만 아니라 '반동분자', 다시 말해 누구든 과거에 공산당에 반대를 표명했던 자들도 포함됐다. 그들은 다시 사형에 처할 '적극적' 반동분자와 산지에 있는 강제수용소로 보낼 '소극적' 반동분자로 나뉘었다(결국 산으로 보내진 많은 사람은 도착 후 처형됐다). 예전에 공산당에 반대했든 그러지 않았든 간에 마을 지도자, 의사, 상인 그 밖의 명사들이 살해당했다. 이들은 잠재적으로 민족해방전선과 그리스인민해방군에 충성할 거라는 예단만으로도 충분히 처형 사유가 됐다.

아르고스와 코린토스 주변 지역을 통제했던 테오도로스 젠고스 같은 그리스인민해방군 지도자들은 각각 관할하는 마을에서 처형할 '반동주의자'를 색출하도록 할당한 듯하다. 따라서 반동주의자와 부역자가 달아난 경우에는 그들의 가족이 표적이 됐다. 1944년 2월, 아카이아주의 공산당 신문은 보안대대의 대원을 향해 저항군에게 투항하라는 경고 기사를 게재했다. "그렇게 하지 않으면 우리는 당신들을 몰살하고 집을 불태울 것이며 친족도 파멸시킬 것이다."

완전히 새로운 현상인 이러한 테러는 주민을 당황케 했다. 일찍이 그리스에서 정치적 논쟁, 봉기, 심지어 쿠데타가 발생한 적은 있지만 대부분 피를 보지 않고 마무리되었다. 또한 그 사건들은 지금처럼 그리스인이 그리스인을 죽이는 짓이 일상화되는 결과를 초래하지는 않았다. 반동 혐의자들은 어느 모로 봐도 게슈타포 감옥만큼이나 끔찍한 산속의 강제수용소나 외딴 수도원으로 끌려갔다. 이곳에서 그들은 고문과 굶주림에 시달리다 목이 베어졌다. 간혹 마을 전체를 반역 행위로 내몰아 대량 학살이 벌어지기도 했다. 펠로폰네소스반도의 헬리 마을에서는 늙은 주민 60~80명을 인질을 잡아 학살한 뒤 그 주검을 우물에 빠뜨렸다.

물론 이러한 테러가 그리스에만 있었던 것은 아니다. 테러는 나치가 유럽에서 점령지를 지배하는 방식이었고, 그리스는 그중 하나였다. 또한 빨치산의 대대적인 활약이 전개된 국가들이 그러하듯, 나치만 이 전술을 취한 것도 아니다. 민족해방을 위해 투쟁해야 했던 그리스인 또한 테러를 자행했으며, 적어도 어느 정도는 효과가 있었다. 이를테면 민족해방전선이 지배하는 지역들에서 반대 의견은 허용되지 않았고, 반동분자와 그 가족은 도회지로 떠나버렸기 때문에 공산주의자가 절대적으로 지배할 수 있었다. 그런 반면 테러 전술은 많은 사람을 독일군 부대로, 특히 독일이 지원하는 보안대대로 몰아넣었다. 예를 들어 레오니다스 브레타코스는 1943년 가을 그리스인민해방군에게 살해된 형제의 복수를 하기 위해 펠로폰네소스반도에서 보안대대를 조직했다. 민족해방전선에게 부모를 잃은 다른 대대원은 이렇게 말했다. "나는 독일군에게 투항했다. 의지할 곳 하나 없는 내가 어떻게 해야 했을까?"

1943년부터 1944년까지 공산주의자들의 테러에 맞선 보안대대는 점차 확대 발전하기 시작했다. 안타깝게도 보안대대 역시 잔인했다. 그들은 닥치는 대로 체포해 고문과 처형을 일삼았으며, 민족해방전선 지지자로 의심받는 자의 집을 파괴하고 식량과 가축 등의 재산을 약탈하기 시작했다. 때로는 도시의 폭력배로부터 모집된 탓에 군대의 내부 규율을 어기는 수준에 머물렀으나, 어떤 경우에는 무고한 자와 죄인을 구별하지 않는 광적인 반공주의의 모습을 드러냈다.

펠로폰네소스반도에 주재한 어느 영국인 연락 장교는 양쪽의 격화된 폭력에 대해 다음과 같이 설명했다.

마침내 그리스인민해방군은 무장한 우익분자라는 진짜 적을 발견했다. (…) 그리스인민해방군은 그들에게 극도의 적대감을 드러냈다. 그리고 통상적으로 강제수용소에 이송된 보안대대 포로와 그 가족들을 상대로 최악의 만행을 저질렀다. 그러면 그럴수록 보안대대를 향한 분노는 나날이 커져만 갔고, 보안대대 역시 협박과 테러 기술에 통달한 실력을 증명했다.

더 북쪽으로 올라가, 테살리아와 마케도니아에서는 반공주의 정서 속에서 독일을 등에 업은 다른 조직이 결성됐다. 예컨대 볼로스에서 공공연하게 파시즘을 표방한 공포 통치를 주장한 반공행동전국농업연맹EASAD이 그러한 경우다. 마케도니아에서는 조지 풀로스 대령이 지휘하는 극우 단체가 야니차에서만 75명의 동포를 학살하는 등 숱한 만행을 저질렀다.

양 진영의 극단적 갈등 속에서 그리스 시민도 점차 온건한 입장을 견지하기 어려워졌다. 이탈리아에서 공산주의자와 파시스트가 대립했던 것과 같이 많은 그리스인은 어려운 선택에 직면했다. 어떤 이들은 공산당의 블랙리스트에 오른 것을 발견하고 부역자 민병대에 가입했고, 다른 이들은 가족의 생명, 자유, 재산을 잃는 위험을 감수한 채 민족해방전선 그리스인민해방군에 가담해야 했다. 중도란 거의 불가능했다. 이는 그리스인 사이에 불화의 씨앗을 뿌리고 "구경꾼으로서 느긋하게 그들의 싸움을 관망하려는" 독일군에게 더할 나위 없이 좋은 상황이었다.

이 국면에서 가장 비극적인 것은 극히 사적인 성질의 폭력 행위였을 것이다. 정치적 입장에 따라 마을 곳곳이 분열했고, 예전 같았으면 동네 카페에서 논쟁으로 그쳤을 만한 의견 차이가 이제는 가족이 몰살되는 정도의 '피의 복수'로 이어졌다. 더욱이 같은 마을 안에서도 집집마다 각기 다른 정치집단으로 간주되었으나, 사실상 그들의 주장은 정치와 무관한 것이었다. 소작농들은 단지 서로의 농작물을 손에 넣기 위해 민족해방전선에게 서로를 비난했다. 마을 사람들은 개인적인 말다툼이나 오랜 불화에 대한 앙갚음으로 서로를 배신자라고 고발했다. 직업적 경쟁 관계인 사람들은 상대를 배척하려는 목적으로 음해했다. 이러한 경우, 민족해방전선·그리스인민해방군(혹은 그들의 적대자들)은 기존에 공동체에 존재해 있던 갈등을 악화시키는 촉매제로 작용했다.

정치세력의 영향이 개인적인 원한을 걷잡을 수 없이 증폭시킨 사례는 수없이 많다. 여기서는 역사학자 스타티스 칼리바스가 밝혀낸 도리스 가문과 파파디미트리우 가문 간의 피비린내 나는 복수극 하나를 제시하고자 한다.

1942년, 바실리스 도리스라는 양치기 청년은 아르고스 서쪽의 산간 마을 두카에 사는 소녀 바실리키 파파디미트리우를 사랑하게 되었다. 안타깝게도 그녀는 이 청년의 마음을 받아주지 않았고, 그의 형제인 소티리스를 좋아했다. 마음의 상처를 입은 도리스는 복수심에 타올라 현지에 주둔 중인 이탈리아군에게 바실리키가 집 안에 무기를 숨겨두었다고 밀고했다. 결국 그녀는 집으로 쳐들어온 병사들에게 구타를 당했다.

이듬해에 민족해방전선이 이 마을을 장악하자 바실리키의 가족은 민족해방전선의 지지자가 됐다. 도리스에게 맺힌 원한을 갚을 기회가 주어지자, 그들은 도리스가 반역자라고 민족해방전선 관리들에게 수차례 고발했다. 결국 접수된 서류 중 하나가 민족해방전선의 지방위원회에 전달됐다. 마침 지역 공산주의위원회가 지역의 반동분자들을 소탕할 계획을 추진 중이던 1944년 7월이었다. 결국 바실리스 도리스와 그의 형제 소티리스는 함께 체포됐고 페네오스의 성 게오르기우스 수도원에 마련된 민족해방전선 감옥으로 끌려갔다. 일주일 뒤 간수가 감방으로 들어와 도리스 형제를 포함해 스무 명의 이름을 불렀다. 그들은 현지 그리스인민해방군 본거지로 이동한다는 통보를 받았지만, 실제로는 그들의 목이 베일 동굴이 있는 산으로 올라갈 운명이었다.

어리석지 않았던 도리스는 무슨 일이 일어날지 짐작할 수 있었다. 일행이 두 줄로 동굴을 향해 끌려가는 동안 그는 어렵사리 손에 묶인 줄을 풀었고, 처형 집행인과 마주쳤을 때 상대를 쓰러뜨리고 달아났다. 그를 향해 총알이 빗발쳤으나 그는 무사히 산 밑으로 내려와 아르고스로 향했다. 그가 탈출한 다음 날, 민족해방전선은 이에 대한 응징으로 도리스의 또 다른 형제 니코스를 처형했다.

몇 달 후 해방을 맞자, 도리스는 바실리키 파파디미트리우와 그녀의 가족에게 복수할 목적으로 무기를 가지고 돌아왔다. 1945년 4월 12일, 그와 그의 친구 및 친척 무리는 민족해방전선에 도리스를 고발하는 것을 도왔던 것으로 의심되는 파나요티스 코스타키스를 살해했다. 이에 대한 보복으로, 그해 6월 파파디미트리우 가문의 두 형제가 도리스의 처남을 죽였다. 이듬해 2월에 도리스 무리는 파파디미트리우의 집을 습격해 바실리키의 어머니와 그의 어린 아들 요르고스를 살해했다. 그리고 석 달 뒤 바실리키의 형제 한 명과 그녀의 형부 그리고 세 살짜리 외조카를 추적해 사살했다. 마을 사람 중 한 명은 이 일에 대해 이렇게 증언했다. "바실리스(도리스)와 바소(파파디미트리우)가 모든 사건을 시작했다. 두 사람은 살아남았지만 주변 사람들은 모두 죽임을 당하고 말았다."

이토록 유감스러운 일화는 펠로폰네소스반도의 작은 마을을 짓누른 전쟁과 정치세력이 사소한 개인 문제를 어떻게 폭력과 살인의 악순환으로 끌어들였는지를 보여주는 완벽한 사례다. 이 지역의 이탈리아인 점령자들이 도리스의 악의적인 고자질을 받아들이지 않았다면 아마도 사랑을 거절당한 그의 앙금은 시간의 흐름 속에 저절로 풀어졌을 것이다. 마찬가지로 민족해방전선이 바실리키 가족의 악의적인 고발에 과잉 대응하지 않았다면 유혈 사태를 낳지 않았을지도 모른다. 마지막으로, 해방 후 우익 당국이 도리스에게 적을 사냥할 백지 위임장을 내주는 대신 그를 체포했다면 그 지점에서 폭력의 악순환은 끊어졌을 것이다. 그러나 도리스 무리가 체포돼 재판에 회부됐을 때, 그들은 마치 순수한 애국심으로 폭력적인 민족해방전선 혁명가 가족을 응징한 것처럼 포장하며 기뻐했다. 그들의 범죄는 명백한 사적 제재였음에도 불구하고 도리스와 그의 공범자들은 무죄로 풀려났고, 이것은 1947년까지 반공주의에 대한 반동이 얼마나 광범위했는가를 말해주는 표지였다.

그리스에서의 공산주의 패배

정치 계보의 양 극단에 있는 자들의 확고한 입장을 고려할 때, 더욱이 양자 간에 강화된 긴장 관계와 사적 증오를 감안할 때, 전후에 그리스 국가를 중도로 이끌고자 하는 시도의 좌절은 예상된 것이었다. 파판드레우의 '국민통합 정부'는 날로 과격해지는 좌우 양측의 공격으로 궁지에 몰렸고 영국조차 판세를 통제할 수 없었다. 전쟁이 끝나고 몇 년 동안 그리스는 다차원적인 혼돈 국면에 휩쓸렸다.

영국은 그리스 우파를 지지하고 그에 따른 공포 통치를 조장했다는 이유로 종종 비난을 받아왔다. 사실 영국은 노골적인 공산당 억압보다는 '정치적 순진함'이라는 면에서 공산당에 대한 모든 불신에도 불구하고 죄가 더 크다. 영국의 가장 큰 실수는 1944년 12월 아테네 외곽의 수용소에 억류돼 있던 보안대대와 다른 우익 부역자 민병대를 재무장시키자는 군주제 지지파 군사령관들의 요구에 굴복한 것이다. 게릴라 부대에게 공격받고 있던 처지의 영국군은 비록 그러한 요구의 출처가 미심쩍긴 했지만 지원 요청을 거절할 수 없었다. 그러나 결과적으로는 최근에 물리쳤던 우익 부역자들을 새로운 국가방위군에 끌어들인 꼴이 돼버렸다.

마찬가지로 민족해방전선도 '순진함'이라는 죄를 저질렀다. 그들은 파판드레우의 국민통합 정부에서 물러남으로써 중대한 정치적 실수를 저질렀는데, 이 행동은 아이러니하게도 그들이 그토록 막으려고 노력했던 사태, 바로 우익 국가방위군의 공개적인 결성을 부채질한 것이다. 이후 몇 달 동안 상당한 대원이 우익부대에 가담해 그리스 시골 지역에서 백색 테러를 저질렀다. 보안대대 대원들은 감옥에서 풀려나고 좌익 혐의를 받은 자와 그 가족들은 공격을 받았으며, 좌익 단체 사무실들은 약탈당했다.

민족해방전선의 두 번째 실수는, 비록 그것 때문에 그들을 탓할 순 없다 해도 바르키자 정전 협정을 엄격히 준수하면서 무기 일부를 당국에 넘겨준 것이다. 일단 무장을 해제해버리는 순간 안다르테들은 더 이상 자신을 방어할 수 없는 처지가 되기 때문에 적에게 무자비하게 사냥을 당할 수밖에 없었다. 아리스 벨루치오티스처럼 해산을 거부한 자들은 다른 공산주의자들에게 규탄을 받았으며, 마침내 정부군에게 쫓기다가 학살당했다. 야만적인 중세의 한 장면처럼, 트리칼라 시내의 주 광장에 아리스의 잘린 머리가 내걸렸다.

이와는 반대로, 그리스 우익은 정전 협정을 지키려는 시늉조차 하지 않았다. 그들은 '어떤 상황에서든 혹은 모든 상황에서' 영국군이 자신들을 지지하리라는 믿음을 기반으로 어떤 짓이든 할 수 있다고 생각한 것 같다. 바르키자 정전 협정을 체결한 지 1년 뒤에 작성한 당국 자료에 따르면, 우익 세력은 1192명을 살해하고 6413명을 다치게 했으며 159명의 여성을 강간했다. 당연히 실제

수치는 훨씬 더 클 것이다. 일부 지역, 특히 북부와 펠로폰네소스 반도에서 우익 경찰은 조금이라도 민족해방전선과 연결되었다고 의심되는 자는 모두 잡아들이기 시작했다. 그러나 노골적인 박해를 강도 높게 비판해왔던 영국은 그리스 정부나 우익계에 대해 거의 압력을 행사하지 않았다. 이에 비춰볼 때 그리스 땅에 주둔하고 있는 영국군에 대한 공산주의자들의 분개심은 그리 놀랍지 않다. 그런 까닭에 향후 이어지는 '백색 테러'의 시기는 "군주제 파시즘의 대규모적인 테러 탐닉과 외국 제국주의자들에 의한 그리스 인민의 철저한 노예화"로 특징지어졌다.

그 후 몇 달 동안 그리스 우익은 국가의 군사력인 국가방위군, 헌병대, 경찰에 대한 지배를 확고히 하기 위한 노력을 기울였다. 파판드레우 정부의 내부 자료에 따르면, 공산당원들이 그리스 국익에 반하는 행동을 하지 않을 것이라 믿을 수 없었기 때문에 앞서 언급한 무장 기구에 가입할 수 없도록 했다. 그러나 '공산주의자'라는 용어는 곧 온건한 좌파적 신념을 가진 사람을 의미하게 됐다. 애초에 군이나 경찰에 복무하고 있었는데 좌익 동조자로 의심받은 자들은 곧바로 예비역으로 좌천됐다. 우파의 이런 움직임이 무척 광범위했기 때문에 많은 연합국 관계자는 우익 세력이 쿠데타를 계획하는 것은 아닌지 주시하기 시작했다. 최소한 그들은 다가올 1946년 3월 선거에 부적절한 영향력을 행사하려 했다.

이것은 그리스 공산당의 마지막 중대한 실수를 이끌었다. 바르키자 정전 협정을 반복적으로 위반하는 우익에게 격분한 공산당은 소련의 충고를 물리치고 3월 선거에 기권을 하기로 결정했고, 그리하여 왕당파 우익에게 압승을 안겨주었다. 그해 가을, 군주제 지지자들은 이 의심스러운 국민투표에서 왕의 귀환을 보장했다. 지역 차원에서는 우익 관리들이 새로운 직권을 이용해 반공주의에 대한 억압을 강화했다. 헌병대는 급속히 팽창해 1946년 9월 무렵에는 전년보다 세 배 이상의 규모를 갖췄다. 차츰 폭력이 격화되기 시작하자 정부는 더 이상 지방에서 벌어지는 일을 통제할 수 없는 정도에 이르렀고, 1946년 말에는 많은 그리스 좌파가 다시금 집을 떠나 산으로 숨어들 수밖에 없는 상황에 이르렀다. 공산당은 그리스인민해방군을 계승한 그리스민주군 DSE, Dimokratikos Stratos Ellados을 결성했고, 그리스는 점차 내전 상태로 돌아갔다.

여기서는 향후 2년 동안의 상황을 세세하게 설명하지 않겠다. 다만 전쟁 중에 그랬던 것과 거의 같은 방식으로 폭력과 그에 대항하는 폭력의 악순환이 진행됐다. 차이점이 있다면, 이제 우파 세력을 지원한 진영은 더 이상 독일, 불가리아, 이탈리아가 아니라 두 가지 악 중에서 반공주의를 덜 악한 것으로 판단한 영국과 미국이었다는 것이다. 영국과 미국이 군수품을 지원했듯이 서방의 원조가 쏟아져 들어왔다. 그리고 그리스 정부는 좌익 게릴라들을 굶겨 죽이기 위해 수만 명의 주민을 억류 수용소로 강제 이주시키는 오래된 영국식 폭동 진압법을 채택했다. 한편 그리스 공산당은 어떻게든 국외로부터 지원을 얻어내려 애를 썼다. 스탈린이 도움을 거절하자 공산주의자들은 티토의 유고슬라비아 빨치산에 의지하기 시작했고, 이 협상은 1948년까지 지속됐다. 그러나 티토와 스탈린이 분열했을 때 그리스 공산당이 스탈린 편에 서자 지원은 철회됐다. 그리고 불길한 징조가 발생했다. 1949년 좌파의 완전한 붕괴와 함께 그리스 내전이 종결된 것이다.

아마도 그리스 역사에서 이 시기의 가장 충격적인 사실은 사법제도의 이중 잣대일지도 모르겠다. 그리스인 대독 부역자에 대한 소추는 1945년에 대부분 중단됐지만 그리스인 공산주의자는 계속해서 체포되었고 엄청난 수가 기소되었다. 공식 통계에 따르면, 1945년 9월 투옥된 좌파는 대독 부역자로 판명된 자들보다 7배 이상이었다. 처형된 수치의 차이는 더욱 컸다. 1948년까지 그리스에서는 25명의 대독 부역자와 4명의 전범만이 법적으로 처형됐다. 1946년 7월부터 1949년 9월까지 사형 집행을 당한 좌파의 수는 그보다 100배 이상이었다.

처형되지 않은 좌익분자는 수년 또는 수십 년간 비참한 옥중 생활을 견뎌야 했다. 1945년 말까지 약 4만8956명의 민족해방전선 지지자가 감옥에 갇혔고, 1940년대 말까지 수감자 수가 5만 명 이하로 떨어진 적이 없었다. 1950년 마크로니소스의 악명 높은 억류 수용소가 폐쇄된 후에도 그리스에는 2만219명의 정치범과 3406명의 망명자가 존재했다. 게다가 1960년대 후반까지도 수백 명의 남녀가 저항 단체 소속으로 독일군과 싸웠다는 죄목으로 감옥에 갇혀 있었다.

이탈리아 역사가들이 말하는 이 '저항 조직 재판'은 전후에 여러 나라에서 있었지만, 그리스만큼 가혹한 곳은 없었다. 사반세기에 걸쳐 그리스 국가는 보수 정치인과 군 그리고 미국이 후원한 정체 모를 준군사적 조직의 결합체에 의해 통치됐다. 결정적으로 1967년부터 1974년 사이 군사독재정권이 집권한 시기가 가장 저급했다. 전쟁 당시 그리스 해방을 위해 싸웠던 이들에게 가장 치욕적인 법률이 바로 이 시기에 통과됐다. 그리하여 민족해방전선 그리스인민해방군은 공식적으로 국가의 '적'으로 인정됐고, 반면 보안대대에서 활동한 자들은 독일군 편에서 싸웠음에도 불구하고 국가 연금을 받을 수 있었다.

'철의 장막'의 강림

그리스 내전은 유럽의 나머지 지역에 뿌리 깊은 영향을 미쳤다. 무엇보다 서구와 동구, 좌파와 우파, 공산주의와 자본주의 사이의 새로운 냉전으로 이어진다는 점에서 그리스 내전은 최초이자 가장 피비린내 나는 충돌이었다. 몇 가지 측면에서 그리스에서 벌어진 일은 냉전을 규정지었다. 우선 철의 장막의 남방 경계선을 그었을 뿐만 아니라 이탈리아와 프랑스 그리고 서유럽 곳곳의 공산주의자들을 향해 지배권을 노린다면 어떤 일이 벌어질 수 있는지 경고했다. 어쩌면 미국에게 고립주의가 더 이상 선택사항이 아니라는 점을 이해시킴으로써 미국을 유럽으로 다시 끌어들인 게 가장 중요한 것일 수도 있다. 영국이 공산주의와 싸우고 있는 그리스 정부에 더 이상 자금을 조달할 형편이 못 된다고 선언했을 때 미국은 개입할 수밖에 없었다. 그리하여 미국은 남은 세기 동안 그리스를 비롯한 유럽 대륙 전역의 전략적 요충지에 계속 눌러앉게 된 것이다.

유럽 전역을 휩쓸고 있는 (미국 외교관 조지 F. 케넌이 '홍수'라고 표현한) 공산주의의 기세를 억제하는 정책으로서 트루먼 독트린이 제기된 것 역시 미국이 갑자기 그리스에 관여하지 않을 수 없었기 때문이었다. 1947년 3월 12일 트루먼 대통령은 의회 연설을 통해 향후 미합중국의 대외정책은 "무장한 소수자들 또는 외부 압력에 의해 시도되는 정복에 저항하고 있는 자유민들을 지원하는" 것이어야 하며, 그리스와 터키에 거대한 원조 패키지를 제공하는 것부터 시작해야 한다고 선언했다. 이는 사실상 넘지 못하게 선을 그어놓고, 이를 어기면 어떤 일이 벌어질지 모른다는 식의 엄포였다. 동유럽은 공산주의로부터 구출할 수 없을지도 모르지만 지중해 동부가 그 뒤를 따르는 것은 허용하지 않겠다는 뜻이었다.

이 새로운 미국 정책의 논리적 결론은, 1947년 6월 미 국무부 장관 조지 마셜의 이름을 따서 '마셜 플랜'으로 알려진 유럽 부흥 계획의 발표였다. 이 거대한 원조 패키지는 표면적으로 소련을 포함해 모든 유럽 국가에 대한 경제적 협력을 열어놓고 구상된 것이었다. 마셜 플랜의 목적은 유럽 전역의 혼란과 기아에 맞서 싸우는 것이었지만, 미 국무장관은 "인간의 고통에서 정치적 이익을 얻기 위해 인류의 비참함을 영구화하려는 정부, 정당 또는 단체"에 저항하기 위해 분투하는 국가에게 우선권이 주어질 거라고 강하게 암시했다. 다시 말해 경제적 원조 패키지라고 공언했음에도 불구하고, (1948년 4월에 실행된) 마셜 플랜의 진정한 목적은 거의 정치적('소련 봉쇄')이었다.

소련은 그러한 외교적 움직임에 격분했다. 스탈린과 처칠의 합의에 따라 소련은 영국과 미국의 확고한 세력권에 있는 그리스로부터 기꺼이 물러나긴 했지만 자신의 영역에 대한 서구의 참견을 받아들일 생각은 없었다. 스탈린은 소련의 직접적인 지배를 받는 국가들에게 미국의 마셜 원조 제의를 거절하라고 지시했고, 체코슬로바키아와 핀란드에도 똑같이 하도록 압력을 가했다. 최종적으로 16개국이 마셜 플랜에 참여했으며, 미래의 공산 국가는 한 나라도 참여하지 않았다. 대신 소련의 추가적인 압력 아래 소련과 통상조약을 맺었다. 이로써 유럽을 반으로 가르는 틈이 점점 더 벌어지기 시작했다.

이 연쇄적 사건들의 가장 중요한 귀결은 어쩌면 소련이 유럽의 다른 공산당에 대한 통제를 정식화한 결정인지도 모르겠다. 마셜 플랜이 발표된 지 석 달 만에 소련은 폴란드의 도시 스클라르스카 포레바에서 열리는 회의에 모든 공산당 지도자를 불러들였다. 여기서 그들은 공산당 정보국Communist Information Bureau 또는 코민포름이라는 새로운 명칭 아래 공산주의 인터내셔널 또는 코민테른을 개혁했다. 그와 더불어 실질적으로 서구권의 공산주의자들에게 반미 선동에 나서도록 명령했다. 이 지시는 1947년 말부터 갑자기 이탈리아와 프랑스에서 파업이 증가한 주된 이유 중 하나였다. 이를 기점으로 유럽 각국 공산당의 자율성과 다양성의 시대는 끝나고 소련이 실권을 쥐었다.

어쨌든 이러한 일련의 반응이 연쇄적으로 발생할 가능성은 컸을지언정 기폭제가 된 것은 그리스의 상황이었다. 그리스 내전은, 그래서 단순히 단일국가 차원의 비극이 아니라 진정으로 국제적 차원의 대사건이었다. 서구 열강은 이런 국면을 깨달았고, 공산주의 확산을 억제하기 위해서라면 부당한 조치도 추인할 태세였다.

평범한 그리스 사람들에게 이것은 그간의 경험 지층 위에 새로운 불행의 층이 쌓인 것일 뿐이었다. 그들은 (제2차 세계대전이 끝난 것으로 여겨진 지 한참 후에) 자국민의 극단주의 세력 사이에 끼였을 뿐만 아니라, 초강대국 간의 새로운 게임의 놀이도구로 전락해버린 것이다.

25장
동유럽 민주제의 침입자, 루마니아 공산당

전쟁 이후 서구권 국가의 행동은 비판받을 만했다. 돌이켜보면 그들은 스스로 소리 높여 지지하는 민주주의 원칙을 위반하면서까지 합법적인 좌파 시위자를 편집증적으로 타도하는 것처럼 보이곤 했다. 실제로 부당한 일들이 벌어졌다. 그리고 사람들이 희생됐다. 하지만 그들이 직면한 위협은 매우 현실적이었다. 이들 정부는 고압적이고 서툴러 보이는 접근 방식에도 불구하고 자신들이 가장 덜 나쁜 길을 가고 있다고 믿어 의심치 않았다.

스탈린주의자의 공산주의와 서구가 신봉하는 민주주의와 권위주의의 기괴한 혼합 사이에서 어느 한쪽을 선택해야 한다면, 틀림없이 후자가 덜 악하다고 할 수 있다. 동유럽 공산주의자들은 권력을 추구하는 과정에서 무자비함을 드러낸 데 반해 서유럽 정부들은 어설픈 아마추어 같았다. 철의 장막 뒤에 있는 약 12개의 동유럽 국가가 이에 대한 입증 사례를 보였지만 아마도 루마니아가 가장 대표적일 것이다. 이 나라에서 공산당이 권력을 탈취한 방식은 특히 재빠르고도 유난히 악랄했기 때문이다.

루마니아는 동유럽 국가 중 제2차 세계대전으로 인한 훼손이 비교적 적은 편이었다. 물론 일부 지역은 연합군에게 폭격을 당했고 서북부는 붉은 군대의 침공으로 파괴되긴 했지만, 전통적인 권력 구조가 거의 붕괴된 폴란드, 유고슬라비아, 동독에 비해 루마니아의 사회 제도는 온전한 편이었다. 따라서 공산주의자들이 이곳에서 권력을 장악하기 위해서는 백지상태에 신체제를 세우는 차원이 아니라 낡은 시스템부터 해체해야 했다. 루마니아의 전통적 제도들을 청산하고 대체하는 잔인하고 위협적인 과정은 전체주의 방식의 마스터 클래스masterclass라 할 만한 정도였다.

8월 쿠데타

전후 루마니아의 이야기는 1944년 여름 갑작스럽고 극적인 정권 교체와 함께 시작한다. 이때까지 이 나라는 안토네스쿠 원수가 지휘하는 군사독재정권이었으며, 독일과 탄탄한 동맹을 맺고 있었다. 전쟁에 열성적으로 가담한 루마니아 군대는 독일군과 함께 머나먼 스탈린그라드까지 진군해 전투를 벌였다. 하지만 전세가 역전되어 독일이 패배하리라는 전망이 뚜렷해지자, 많은 루마니아 사람은 붉은 군대에게 유린당하지 않으려면 입장을 바꾸는 수밖에 없다고 생각했다. 비밀리에 연합한 야당 세력은 안토네스쿠가 끝까지 히틀러를 고수할 것이라 판단하고 그를 축출하기로 결정했다.

쿠데타를 추동한 배후 세력은 민족농민당National Peasant Party의 지도자인 율리우 마니우였다. 그는 이 정변에 앞장섰을 뿐만 아니라 은밀히 연합군과 평화 회담에 가장 많이 관여한 인물이었다. 그의 정당은 전쟁 시기와 이후에 단연 인기 있는 야당으로, 쿠데타가 성공한다면 대부분의 정부 요직을 차지할 거라 예상됐다. 음모에 가담한 다른 이들은 사회민주당, 민족자유당, 공산당 소속의 정치인들 그리고 명목상 쿠데타 음모집단의 수뇌인 루마니아의 젊은 군주 미하이 왕이었다.

몇 주의 준비 기간을 거친 뒤 쿠데타는 8월 26일에 결행하기로 정해졌다. 계획은 미하이 국왕이 안토네스쿠를 오찬에 초대한 뒤 연합국과 새로운 협상을 하도록 지시하는 것이었다. 만약 안토네스쿠가 거절한다면 국왕은 즉시 그를 해임하고 야당 정치인들로 구성된 신정부를 임명하기로 돼 있었다. 이 신정부는 즉각적이고 원활하게 통치 권력의 고삐를 잡을 수 있는 태세를 갖추고 있었을 것이다.

불행하게도 상황은 계획한 대로 진행되지 않았다. 군사 정황이 급속히 악화되자 짧은 통지를 받은 안토네스쿠 원수가 8월 24일 서둘러 전선으로 향하기로 한 것이다. 어쩔 수 없이 쿠데타를 며칠 앞당기기로 결단을 내린 미하이 국왕은 23일 오후 안토네스쿠를 궁전으로 초대했고, 팽팽한 짧은 대치 끝에 그 자리에서 독재자를 체포했다. 이 한 수는 완전히 안토네스쿠의 뒤통수를 친

것처럼 보였다. 몇 달 후 미하이 왕은 한 영국 기자와 인터뷰하는 자리에서 이렇게 말했다. "그날 밤 안토네스쿠를 궁전 독실로 가뒀는데, 그는 변함없이 궁전 경비원들을 감탄케 하는 발언을 했다고 들었다."

하지만 워낙 갑작스러운 정변이었기 때문에 쿠데타 음모자들은 신정부를 어떻게 구성해야 할지 합의에 이르지 못했고, 그래서 미하이 국왕은 임시변통에 나서야 했다. 그는 고문들과 빠른 회의를 마친 후 즉석에서 임시 내각을 지명했다. 그날 밤 10시가 조금 넘은 시점에 미하이 왕은 라디오 방송으로 쿠데타를 선언했다. 또한 신임 총리인 콘스탄틴 서너테스쿠는 루마니아가 연합국과의 휴전 합의 조건을 받아들였음을 선언하는 성명을 발표했으며, 신정부는 안토네스쿠 군사독재정권과 대조적으로 "일반 국민의 자유가 존중되고 보장되는 민주주의 체제"가 될 것이라고 약속했다.

지금까지 작은 역할만 해왔던 공산주의자들은 일단 쿠데타가 실행되자 매우 빠른 반응을 보였다. 쿠데타 이후 가장 먼저 궁전에 도착한 인물은 공산당의 지도자급 정치인 루크레티우 파트라스카누로, 그는 즉시 법무부 장관 직책을 요구했고 승인받았다. 이는 무리한 요청이 아니었다. 파트라스카누는 법적 소양을 갖추고 있었기에 국민에 대한 국왕의 선언문 초안을 도왔다. 반면 다른 정당 대표자들은 한동안 어떤 장관직도 부여받지 못했다는 점에서 그의 행보는 대담하지 않을 수 없었다. 또한 그의 행동은 공산당이 주도적 역할을 한 것에 대한 보상이라는 인상을 심어줬다.

실제로 훗날 파트라스카누는 자신이 예정된 쿠데타에 자문을 해 준 유일한 야당 대표였다는 거짓 주장을 함으로써 이 인상을 이 용해먹었다.

쿠데타가 끝난 뒤 안토네스쿠와 다른 포로들을 통제하게 되었다는 것도 공산당에게는 뜻밖의 행운이었다. 여기에는 그만한 이유가 있었다. 얼마간 군인들은 옛 지휘관에게 충성심을 갖고 있는 데다 석방할 수도 있었기 때문에 안토네스쿠와 그의 각료들에 대한 통제권을 내주는 것은 좋은 생각이 아니었다. 경찰도 같은 이유로 신뢰할 수 없었다. 따라서 정변 가담자들은 민간인으로 구성된 민병 조직에게 포로들을 넘기기로 했다. 가장 유력한 집단은 마니우의 민족농민당 지원병들이었다. 하지만 쿠데타 당시 그들은 트란실바니아에서 독일군을 상대로 한 전투를 지원하고 있었다. 또 다른 반파시즘 민간인 민병대로는 공산주의자들에게 훈련받은 '애국방위대Patriotic Guards'가 유일했다. 군사 독재자를 이 민간 부대에 넘겨준 것은 공산주의자들이 실제로 쿠데타에서 수행한 역할에 비해 훨씬 더 영향력이 크다는 인상을 심어줬다.

그러나 공산당에게 안겨준 가장 큰 선물은 정전 협정 기간에 연합군이 제공했다. 정전 협정에 관한 대략적인 조건은 쿠데타 당시에 이미 합의됐지만 실제로 승인되려면 3주가 더 필요했다. 다만 연합국 중 누가 루마니아 국가를 책임질 것인가가 과제로 남았다. 소련은 붉은 군대가 루마니아를 점령했으니 마땅히 소련에게 통제 권한이 있다고 주장했다. 영국과 미국의 일부 관리는 소련이 루마니아에 대해 '러시아의 내정內政'인 것처럼 행동하고 있다고 우려했다. 그리고 연합국 주요 3국이 공동 책임을 져야 한다고 주장했다. 그러나 결국은 소련이 원하는 대로 결정됐다. 정전 협정의 최종 문구는 루마니아 국가는 "연합군(소련) 최고 사령부의 일반적인 지휘 체계 아래"의 연합국통제위원회Allied Control Commission에 의해 감독될 것이라고 명시했다. 이것은 훗날 소련이 루마니아를 지배하는 길을 열어준 셈이었다.

공산당의 권력 투쟁

1944년 8월 23일 쿠데타 이후, 루마니아 정부는 세 차례나 빠르게 교체됐다. 첫 번째 정부는 사나테스쿠 장군이 이끄는 과도 정부로, 고작 10주간 유지했다. 공산주의자들의 지위 권한이 별로 많지 않다는 단순한 이유를 내세워 소련이 정부 해산에 나선 것이다. 사나테스쿠는 두세 가지 취약점이 있었다. 첫째, 그는 소련의 전쟁 배상 요구를 충족시키지 못했고, 그로 인해 정전 협정에 명시된 약속을 어겼다는 비난을 받았다. 하지만 그가 실각된 진짜 원인은 사회에서 '파시스트 분자'를 숙청하는 데 실패했기 때문이다. 미국 전략사무국의 보고에 따르면, 8월 쿠데타 이후 첫 6주 동안 대독 부역자로 면직된 관리는 겨우 8명이었다. 소수의 고위 정보부원이 체포됐을 뿐 국가보안기구는 여전히 온존했다. 더욱 심각한 점은 1936년에 결성된 파시스트 민병대인 철위단의 옛 대원들이 여전히 부쿠레슈티 술집과 호텔에서 "어떤 정부도 감히 자신에게 손댈 수 없다고 으스대는" 모습을 볼 수 있었다는 것이다. 일부 내각 구성원은 즉각 법정을 열어 전쟁범죄자 심리를 하라고 촉구했지만 율리우 마니우가 법적 이의를 제기하자 묵살됐다. 이 민족농민당 지도자는 더 이상의 유혈 사태를 피하기 위한 조치라고 주장했지만, 사실은 수천 명의 옛 철위단원이 하루아침에 공산주의자들에게 충성을 바치는 상황을 만들고 싶지 않았기 때문이라는 의혹을 낳았다.

보잘것없는 이탈리아의 숙청조차 인상적으로 보이게 해주는 이러한 부작위에 일부 주민은 격노했다. 그리고 루마니아 공산당은 대중의 공분에 편승해 반발을 부추기기 위해 최선을 다했다. 10월 8일 공산주의자들은 부쿠레슈티에서 첫 번째 대규모 시위를 조직했고, 약 6만 명의 항의자들이 시 중심부에 모여 사나테스쿠와 그의 정부가 사임하도록 압박했다. 대개는 진정한 항의자였으나 공산당은 노동조합 내부에 영향력을 행사해 더 많은 인원이 참가하도록 했다.

소비에트 측과 국내 세력의 틈바구니에 끼여 압박 속에서 사나테스쿠 장군은 11월 2일 사임했다. 그러나 얼마 지나지 않아 국왕으로부터 새로운 선거 관리 임시정부를 구성해달라는 부탁을 받았다. 사나테스쿠의 신정부는 공산당을 위한 직위를 늘렸는데, 특히 공산당 지도자 게오르게 게오르기우-데지를 교통부 장관으로 임명했다. 그리고 공산당의 꼭두각시인 '쟁기꾼의 당Ploughman's Party' 지도자 페트루 그로자를 부총리에 앉혔다. 하지만 국가의 경찰력을 지휘하는 중요한 내무부는 민족농민당의 차지로 계속 남아 있었다. 특히 열렬한 반소련주의자인 니콜라에 페네스쿠가 내무장관을 차지한 데 공산당은 진저리를 쳤다. 신임 내무장관을 불신임하기 위해 추가 시위가 조직됐고, 항의자들에게 '타도 페네스쿠'를 외치라는 구체적인 지시가 내려졌다. 화려한 웅변과 강제력을 동원해 더 많은 사람을 끌어들이는 이러한 선동 행위는 노동조합에 대한 공산주의자들의 통제력을 꾸준히 강화했다.

2차 사나테스쿠 정부는 1차 때보다 훨씬 더 단명했다. 11월 말 노조원 두 명이 술자리에서 말다툼을 하다가 루마니아 군인들에게 사살된 사건이 벌어지자, 공산주의자들이 이끄는 민족민주전선NDF은 이 사건을 최대한 이용했다. 두 사망자를 위한 대규모 장례식이 치러졌고, 이는 정부에 반대하는 대중 시위로 격화됐다. 한편 공산주의 언론은 지배계층 내 "히틀러주의자 파시스트들"이 감쪽같이 살인을 저지르고 있으며 민족농민당이 그들을 지지하고 있다고 원색적으로 비난했다. 그러자 민족농민당과 자유당 의원들은 민족민주전선의 괴롭힘에 항의하는 차원에서 내각에서 물러났다. 사나테스쿠는 압력을 이기지 못하고 사퇴했으며 이후로 재기하지 못했다.

쿠데타 이후 세 번째 정부는 1944년 12월 2일에 수립됐다. 미하이 국왕은 자신의 참모총장 니콜라에 라데스쿠 장군을 지명했는데, 그는 소련의 승인을 받은 무당파 인사였다. 또한 국왕은 국내의 오랜 소요에 종지부를 찍기 위해 소련 외무부 차관 안드레이 비신스키에게 만일 공산주의자들의 선동이 계속된다면 자리를 내려놓고 루마니아를 떠나야 할 거라고 통보했다. 비신스키도 그러한 움직임이 소비에트 전선 후방에 혼란을 초래할 것이며 나아가 (영국과 미국 연합국이 소련을 안 좋게 볼 게 뻔한) 소련이 정식으로 루마니아를 통제하도록 만들 수 있다는 것을 잘 알고 있었다. 그래서 그는 루마니아 공산당에게 열기를 가라앉히고 한동안 가두시위를 중단해달라고 요구했다.

하지만 공산주의자들은 권력을 쟁취하기 위해 정부 개각을 이용하려 했다. 물론 라데스쿠가 내무부 장관을 겸직하고 있었기에 그들이 내무부를 완전히 제어하긴 어려웠지만 저명한 공산주의자를 내무부 차관으로 지명해둔 상태였다. 이 새로운 인물인 테오하리 게오르게스쿠는 머뭇거리지 않고 공산당을 위해 가능한 한 많은 통제권을 장악했다. 그는 지방의 16개 주 가운데 9개 주에 측근을 취임시킨 뒤 자기 외에는 누구의 지시도 받지 말라고 단단히 일렀다. 그는 공산주의자들이 훈련시킨 '애국방위대'를 루마니아 보안경찰인 시구란타Siguranta에 포함시켰을 뿐만 아니라 다른 안보 기관에도 공산주의자를 침투케 했다. 자신의 정무 차관이 무엇을 꾸미고 있는지 라데스쿠가 알아차렸을 때는 이미 늦어버렸다. 그가 '애국방위대'의 해산을 명령했을 때 간단히 무시당했을 뿐만 아니라 게오르게스쿠의 면직 명령도 승인되지 않았다. 그의 정무 차관은 계속해서 집무실에 들어와 지방 지사들에게 명령을 내렸다.

곧 다른 부관에게도 라데스쿠의 통제력이 먹히지 않게 되었다. 1945년 초, 부총리 페트루 그로자는 다가올 토지 개혁 계획에 대비해 대토지 소유자로부터 토지를 점유하도록 공개적으로 소작농에게 장려하기 시작했다. 2월 13일 루마니아 공산당 기관지 『스큰테이아Scinteia』는 프라호바와 듬보비트아 등의 농촌지구 토지가 소작농들에 의해 점거되었다고 전했다. 그리고 이틀 뒤 각료 회의에서 라데스쿠는 그의 정무차관이 내전을 선동하고 있다고 비난했다.

다시 한번 공산당원들은 라데스쿠의 사임을 요구하는 시위를 조직했고, 전국 여러 도시에서 이러한 집회를 열 수 있을 만큼 그들의 권력은 커졌다. 2월 24일 내무부 밖에서 대규모 시위가 벌어지면서 사태는 중대한 국면을 맞았다. 내무부 건물 안에 있던 라데스쿠는 군중을 해산시키기 위해 경비병들에게 허공을 향해 발포하라고 명령했다. 잇따른 혼란 속에서, 이번에는 알 수 없는 구역에서 많은 발포가 일어나 몇 명이 사망했다. 공산주의자들의 끊임없는 도발에 진저리가 난 데다 자신을 살인자라고 부르는 데 분노한 라데스쿠는 그날 밤 대국민 라디오 방송을 통해 공산당 지도자들인 아나 파우케르와 바실레 루카를 '하이에나'이자 '국가도 없고 신도 믿지 않는' 외국인이라 표현했다. 이는 주민들의 눈에는 루마니아 공산주의자들이 루마니아인이 아닌 러시아인, 우크라이나인, 독일인 또는 유대인 혈통으로 비치고 있다는 사실을 언급한 것이면서 소련의 후원자들을 우회적으로 질책한 것이다. 그러나 루마니아 민족주의에 바탕을 둔 이 호소는 그에게 아무런 이득이 없었고 공산주의자들은 계속 그의 체포를 요구했다. 이 사건 직후 소련과 루마니아 의사들로 구성된 합동위원회는 희생자들의 몸에서 빼낸 총알이 루마니아군이 사용하는 종류가 아님을 확인함으로써 라데스쿠의 경비병들이 군중에게 발포하지 않았다는 사실이 인정됐다. 하지만 그 사실은 이미 중요하지 않은 것이 돼 있었다. 라데스쿠는 이전의 사네테스쿠와 같은 함정에 빠졌고, 그의 정부는 붕괴 직전에 내몰려 있었다.

루마니아에서 일어난 대규모 파업과 시위는 본질적으로 프랑스와 이탈리아에서 발생한 것과 똑같았다. 차이점이라면 앞의 두 나라에서는 연합군이 확고히 정부를 지지했다는 것, 그리고 (부분적으로 정치적인 이유도 있지만 대부분 법과 질서를 유지하기 위해) 필요한 도덕적·재정적·군사적 지원을 제공했다는 것이다. 루마니아에서는 정부에 대한 연합국의 지원이 매우 부족했다. 소련은 루마니아에 재정적 원조를 제공하지 않았으며, 오히려 끊임없는 징발과 전쟁 배상 요구로 이 나라의 마지막 피 한 방울까지 짜내기에 여념이 없었다. 소련은 도덕적 지지도 제공하지 않았으며, 시민의 소요를 진정시키기 위해 군사적 영향력을 행사할 수 있다는 어떤 암시도 드러내지 않았다. 시위가 점점 폭력성을 더해가고 있는데도 수수방관함으로써 루마니아 정부가 파탄에 빠지는 것을 방치한 셈이다.

소련이 공산당 선동자들에 대해 수동적으로만 지원한 건 아니었다. 2월의 위기 당시 소련은 어느 정도 입장을 분명히 했다. 1945년 2월 27일 소련의 외무부 차관 안드레이 비신스키는 미하이 왕을 알현한 자리에서 라데스쿠를 해임하고 페트루 그로자를 총리로 취임시킬 것을 요구했다. 국왕이 시간을 끌자 소련은 부쿠레슈티에서 루마니아군을 철수시키는 대신 소련군을 투입함으로써 압력을 강화하고 시의 요충지를 점령하기에 이르렀다. 암시적 위협은 명백해졌다. 미하이 왕은 비신스키의 추가 압력을 이기지 못하고 2월 28일 라데스쿠를 해임했다. 국왕은 그로자와 공산주의자들이 지배하는 내각을 서임하지 않으려 시간을 끌었으나 소련이 직접 루마니아 국가를 접수할 준비를 하고 있다고 비신스키가 명백하게 밝힘으로써 항복하는 수밖에 없게 되었다. 그로자 정부는 1945년 3월 6일 권력을 잡았다. 쿠데타가 일어난 지 정확히 6개월 만에 민족민주전선은 어떻게든 공식적으로 정권을 장악하기에 이르렀다.

루마니아 민주제의 와해

향후 1년 반 동안 그로자 정부는 루마니아의 민주제를 빠르게 와해시켰다. 그로자 신내각에서 민족농민당과 자유당은 거의 완전히 배제됐다. 18개의 내각 직위 중 14개가 민족민주전선 인사에게 배분됐고, 나머지 4개는 부총리에 임명된 자유당 반주류파 게오르게 타타레스쿠처럼 다른 당에서 전향한 자들에게 주어졌다. 공산당은 법무부, 통신부, 선전부 그리고 결정적으로 내무부까지 가장 중요한 부처를 모두 장악했다. 그들은 또한 농림부와 통신부의 차관직도 차지했다.

결국 정부 기구는 공산당의 의도에 따라 조직적인 숙청과 재편의 대상이 됐다. 마침내 내무부를 완전히 장악한 테오하리 게오르게스쿠는 보안군 내의 '파시스트'와 '타협 분자'를 즉시 제거하는 계획을 발표했다. 또한 6300명의 내무부 관리 중 거의 절반이 보직 대기되거나 해임됐으며, 신정부가 권좌에 오른 지 몇 주 만에 수백 명의 경찰관과 방첩 군관이 체포됐다. 수사대에게는 아직 활동 중인 철위단 대원을 색출하라는 특수 임무가 부여됐다. 분명 이런 숙청은 필요한 일이었으나 그 실행 방식은 공산당과 소련의 다른 목적에도 도움이 됐다. 즉 수천 명의 애국방위대가 마침내 경찰부대와 보안기관에 합류하게 된 것이다. 지금까지 애국방위대의 책임자였던 소련 간첩 에밀 보드나라스는 무시무시한 특별정보국SSI의 지휘권을 부여받았다. 또 다른 소련 스파이인 알렉산드루 니콜스키는 곧 악명 높은 비밀경찰Securitate로 재탄생하게 되는 수사대의 책임자가 되었다. 여기서 루마니아라는 경찰국가의 기초가 마련됐다.

정부와 보안부대 양쪽을 가로챈 공산주의자들은 이제 민주제 사회의 다른 두 기둥, 즉 자유로운 언론과 독립적인 사법부를 해체하기 시작했다. 1945년 여름에 법무부 장관 루크레티우 파트라스카누는 1000명이 넘는 치안 판사를 숙청, 면직하거나 조기 퇴직시킨 후 공산당에 충성하는 관료들을 임명했다. 그는 대법원 판사들을 사무실로 불러들여 판결을 지시하는 것을 예사롭게 여겼으며, 어느 판사에게든 두 명의 '인민 배심원Popular Assessor'을 배정하여 법관의 판결이 공산당 정책에 어긋날 경우 인민 배심원이 판결을 부결할 수 있게 했다.

언론은 이미 통제가 진행되고 있었기 때문에 훨씬 쉬웠다. 8월 쿠데타 이후 소련은 적대적으로 여기는 신문에 대해 발행을 중단시키거나 아예 폐간하도록 했다. 예컨대 민족농민당의 최대 신문인 『쿠리에룰Curierul』은 1945년 1월 10일에 문을 닫았고, 사무실의 일부 공간을 공산당 신문인 『스큰테이아Scinteia』가 차지했다. 자유당계 신문 『데모크라툴Democratul』은 붉은 군대에 의해 정복된 것으로 알려진 많은 루마니아 지역이 실제로는 루마니아인 자체적으로 점령한 것이라고 폭로한 기사를 실어 탄압을 받았다. 더욱 어처구니없는 일은, 자유당 기관지 『비토룰Viitorul』이 암호화된 기사를 게재했다는 의혹을 받아 2월 17일 심야부터 18일 아침까지 발행이 중단됐다. 신문기사 가운데 영국군 대표인 공군 부사령관 도널드 스티븐슨의 이름 끝에 'OBE, DSO, MC'라는 '의심쩍은' 약어가 담긴 것으로 밝혀졌다.

그로자 정부가 들어선 지 1년 뒤에는 민주주의적 보도를 찾아볼 수 없게 됐다. 1946년 6월 7일 미국 국무부의 보고에 따르면, 루마니아에서 발행되는 총 26개의 신문 중 민족농민당과 민족자유당은 각각 1개의 일간지를 보유한 반면 정부는 부쿠레슈티에서만 10개의 일간지와 9개의 주간 또는 격월간지를 차지하고 있었다. 심지어 독립사회민주당에게는 신문 발행 자체를 허용하지 않았다. 이에 대해 사람들이 통신정보부에 수없이 청원했지만 정부는 용지 공급이 충분하지 않다는 핑계로 어물쩍 넘겨버렸다.

그로자 정부는 선거 전까지만 존재하는 과도정부로 알려져 있었다. 하지만 민족민주전선은 승리를 확신할 수 있을 때까지 선거를 미루고 싶어했고, 이에 그로자는 공산주의 세력이 막후에서 반대파를 약화시키는 동안 이런저런 핑계로 선거를 늦췄다. 20개월의 통치 기간에 자유당원이나 농민당원, 독립사회당원 그리고 공산당에 적대적인 자는 누구든 조직적으로 탄압받았다. 1945년 8월, 정부는 공교롭게도 민족농민당 당원이 연루된 두 개의 '테러' 음모를 발견했다. 1946년 3월 15일에는 라데스쿠 전 총리가 곤봉을 든 괴한들에게 구타당하는 일이 벌어졌고, 이 일은 그에게 국외로 도피하는 게 현명하다는 확신을 심어줬다. 1946년 5월, 제1차 사나테스쿠 정권에서 내무장관을 지낸 아우렐 알데아 장군이 "루마니아 국가 파괴를 꾀한 음모"로 체포됐다. 그는 '공범' 55명과 함께 재판받았고, 선거를 치르기로 예정된 하루 전날인 1946년 1월 18일에 종신 중노동 형벌을 선고받았다.

이렇듯 선거를 앞두고 공산당과 그 협력자들은 야당이 옴짝달싹 못하도록 최대한 옭아맸다. 민족농민당은 국제사회를 향해 자신들이 견뎌야 할 정치 상황에 대해 거듭 하소연했다.

집회는 자유롭게 열 수 없었다. 정부, 특히 내무부의 승인과 허용 아래 무장 단체가 조직돼왔다. 이 조직들은 공개 집회와 야당 지도자들을 습격하고 있다. 그들은 정권의 적대자를 살해하고 중상을 입히고 난폭하게 학대한다. 그들은 자동화 무기를 가지고 있다. 그들은 쇠막대기나 칼, 곤봉을 사용한다. 그들은 돈으로 고용돼 있으며 관련자 대부분이 전과자다. 그들은 살인을 포함해 그 어떤 잔학행위를 해도 전적으로 면책될 뿐 아니라 경찰과 헌병대의 비호 아래 행동한다.

이 보고서를 읽을 때 우리는 특정 정치적 의제를 가진 자들이 근거 없는 주장과 반론으로 가득한 분위기에서 작성했다는 점을 감안해야 한다. 하지만 그 내용이 진실에서 크게 벗어나지 않는다는 사실을 암시하는 중립적인 증거가 있다. 예컨대 영국 정부는 공식 항의서에 '난폭한 패거리'가 야당의 선거운동을 방해하고 반대파 집회를 해산시켰다고 주장했다. 게다가 영국과 미국은 루마니아 당국이 야당에게 언론매체와 라디오 방송국을 허용하지 않은 것과 선거인 명부를 조작한 것에 대해 이의를 제기했다. 선거 자체에 대해서도 『뉴욕타임스』의 한 사설은 이렇게 주장했다. "유권자 협박, 야당 탄압 그리고 선거 결과 조작은 불가리아보다 훨씬 두드러졌으며, 유고슬라비아 티토 원수의 표준과 거의 비슷했다."

1946년 공산당은 이른바 '민주당 블록'에 합류하기로 한 다른 좌파 정당과 함께 단일후보자 명단을 작성해 선거에 나섰다. 표가 집계되자 민주당 블록은 공식적으로 약 70퍼센트의 득표율과 새 의회의 의석수 84퍼센트를 얻었다. 대조적으로 민족농민당은 12.7퍼센트의 득표율과 7.7퍼센트의 의석수를 얻었고, 나머지는 다른 소규모 정당들에게 돌아갔다. 그러나 당시의 독립적인 소식통과 공산당 자체 기록보관소의 최근 연구에 따르면, 실제 결과는 정반대였음을 시사하고 있다. 과반수 득표를 얻은 쪽은 민족농민당이었던 것이다. 선거 결과는 간단하게 조작됐다. 가령 소메스에서는 민족농민당이 51퍼센트 이상 획득했음에도 불구하고 단 11퍼센트의 득표율만 인정됐다. 선거 결과를 이런 식으로 조작함으로써 공산주의자들은 권력 농단을 향한 또 다른 거대한 발걸음을 내디뎠다.

이제 서방이 한목소리로 압력을 발휘하지 않는 한 그 누구도 루마니아 공산당의 절대 통치에 도전할 수 없다는 게 분명해졌다. 불행히도 루마니아 민주주의를 위한 서방의 반응은 분연했으나 별 효력이 없었다. 선거가 치러질 때까지 2년 동안 영국과 미국은 몇 차례의 항의서를 보냈을 뿐 엄중한 후속 조치가 뒤따를 것이라는 암시는 한 번도 내비치지 않았다. 이는 철면피한 선거 조작에 서방이 무관심할 것이라 루마니아 공산당이 확신했음을 보여주는 증거로, 실제로 영국과 미국은 선거를 무효로 간주하겠다고 발표했으나 루마니아 정부에 대해 공식적으로 인정하지 않을 배짱은 없었다. 소련은 영미 양국의 항의가 엄포에 불과하다고 여겼고, 역사는 소련이 옳았음을 입증했다. 그로부터 10주가 지난 1947년 2월 10일, 연합국은 루마니아와 정식으로 평화조약을 맺었고, 서구는 루마니아에 대한 책임에서 실질적으로 손을 뗐다.

선거와 평화조약의 공식화를 등에 업은 공산주의자들은 이제 반대파를 완전히 분쇄하기 위한 일련의 최후 검거에 돌입했다. 1947년 3월 20일에 315명의 야당 당원이 날조된 혐의에 의해 체포됐고, 5월 4일 밤에 600명이 추가 검거됐다. 6월 2일 클루지에서는 공산당에 반대한 노동자 260명이 경찰에 체포됐다. 민족농민당 청년단체의 한 회원에 따르면, 그들은 지역의 군대 막사로 끌려갔다가 소련으로 향하는 열차에 실렸는데 그중 일부는 화차의 마루판을 뜯어내 탈출하기도 했다. 체포된 사람의 상당수는 정식으로 기소되지 않았다. 대개의 경우 6개월 만에 풀려났는데, 아마도 그때는 당국이 애초의 목적을 달성했기 때문일 것이다.

얼마 후 보안부대는 야당 지도부를 표적으로 삼기 시작했다. 7월 14일 민족농민당 소속의 전 내무장관 니콜라에 페네스쿠가 당원 100여 명과 함께 체포됐다. 그중 부주석인 이온 미할라케와 민족농민당 신문 『드렙타테아Dreptatea』의 편집발행인도 있었다. 민족농민당과 신문사의 사무실은 경찰에 점거되고 신문은 발행이 금지됐다.

7월 25일에는 민족농민당 지도자인 율리우 마니우도 체포됐다. 그해 가을에 열린 보여주기식 재판에서, 그를 비롯한 민족농민당 지도부는 영미와 공모해 루마니아 밖에서 망명 정부를 세우려 했거나 정부를 전복시키려 음모한 혐의로 고발됐다. 마니우는 자신이 고발당한 '위법행위'는 정치가라면 누구나 하는 통상적인 민주적 권리일 뿐이라고 합리적인 주장을 펼쳤지만 그의 변론은 아무런 변화를 불러오지 못했다. 그와 미할라케는 종신 노동의 형벌을 선고받았다. 그들의 공동 피고인들도 2년에서 종신형에 이르는 노동교화형이나 금고형을 선고받았다.

최후의 주요 반대파, 즉 미하이 국왕 자신은 두 달 뒤 중립을 표명했다. 그해 말, 그는 압박에 못 이겨 퇴위 조서에 서명했고, 며칠 뒤 국외로 도피했다. 그는 공산주의가 붕괴된 1992년까지 돌아오지 않았다.

고삐 풀린 스탈린주의

최종적으로 반대파의 흔적이 사라지자 공산당원들은 그들의
진정한 의제인 '국가 전체의 스탈린화'에 자유롭게 착수할 수 있었
다. 개인의 사상과 표현에 대해서는 교사 숙청, 온갖 외국인 학교
나 종교학교 폐쇄, 비공산주의 교과서 퇴출, 마르크스레닌주의 교
리의 스탈린주의적 해석을 가르치는 강제 수업으로 대응했다. 부
르주아 계층의 자녀는 노동자 자녀를 위해 교육 기회를 박탈당했
고, 일부 학생은 조부모가 과거에 주택을 소유했던 이력 때문에
종합기술학교에서 쫓겨났다. 도서관에서 스탈린주의적 세계관과
일치하지 않는 책은 모두 사라졌다. 시인과 소설가들은 공산당 신
문『스큰테이아』로부터 공격을 받았고, 그들의 작품은 혹독하게
검열되거나 금지됐다.

종교는 핵심 표적이었다. 당국은 교회 자산을 박탈하고 그들
이 세운 학교를 접수했다. 또한 교회에서 치르는 세례식과 결혼,
크리스마스와 부활절 등의 공개적인 행사를 금지했고, 공산당원들
에게는 교회 예배에 참석하지 말라는 지시를 내렸다. 가톨릭교회
는 새로 설립된 '가톨릭 행동위원회Catholic Committee for Action'의
통제 아래 놓였고, 이 위원회의 교령에 찬성하지 않는 자는 체포
됐다. 동방정교회는 숙청됐고, 공산당원과 공산 정권 동조자가 교

계 지도층을 차지했다. 150만 명의 교인을 거느리고 있던 동방가톨릭교회는 국가에 의해 동방정교회와 합병될 수밖에 없었다. 종교 신념에 대한 이러한 강탈 행위를 인정하지 않은 동방가톨릭교회 사제들은 한꺼번에 체포됐다. 1948년 11월 600여 명의 동방가톨릭교회 성직자가 구속됐다. 세 종파 모두에서 여러 명의 사제와 주교가 살해되거나 고문으로 죽었다.

표현의 자유에 대한 억압은 중앙집권화와 사유재산 폐지로 가는 거대한 흐름에 맞춰져 있었다. 교통, 공업, 광업, 보험, 은행에 이르기까지 모든 분야의 조직이 국유화됐다. 1950년까지만 해도 루마니아 생산 총액의 90퍼센트를 차지하는 주요 1060개 기업이 국가의 통제를 받았다. 이 과정에서 시장 기능은 파괴됐고 중소기업은 거의 사라졌으며, 경제는 '국가계획위원회'와 스탈린주의 '5개년 계획'에 예속됐다.

그러나 루마니아의 가장 큰 격변은 집단농장화가 초래했을 것이다. 1945년 3월 그로자 정부가 도입한 토지 개혁은 농촌 지역에서 공산당이 영도하는 민족민주전선의 지지율을 높이기 위해 꼼꼼히 계산된 조치였다. 공식 통계에 따르면 100만 헥타르가 넘는 토지가 '전쟁범죄자', 곧 독일인에게 부역한 자들과 지난 7년이 넘도록 땅을 미개간 상태로 내버려둔 지주들로부터 몰수됐다. 50헥타르 이상의 토지 소유주는 누구든 국가에 땅을 양도해야 했고, 공산당 정부는 그것을 가난한 농부들에게 분배했다. 이로써 총 79만6129명에게 총 105만7674헥타르의 토지가 분배돼, 농부들은 평균 1.3헥타르의 땅을 소유할 수 있게 됐다. 이것은 매우 환영받은 정치 운동이었지만 경제적으로는 훨씬 덜 성공적이었다. 이렇게 세분된 토지는 경작률이 매우 비효율적이었으며 과거 대농장이 갖추고 있던 농기계류를 사용하지 못해 식량 생산이 급격하게 저하됐다.

4년 후 국가를 완전히 장악한 뒤 공산주의자들은 마침내 농촌에 대한 진짜 의도를 드러냈다. 1949년 3월 초, 공산당은 기존 토지 개혁에서 면제됐던 50헥타르 이하의 모든 농장에 대해서도 앞으로는 보상 없이 국유화하겠다고 공표했다. 이에 지방 민병대와 경찰이 즉각 출동해 농업에 종사하는 1만7000호를 집에서 퇴거시켰다. 이러한 토지와 재산의 수용은 그로자의 토지 개혁 때와 달리 광범위한 저항을 불러일으켰다. 돌지, 아르제슈, 비호르, 부쿠레슈티, 티미쇼아라, 블라스카, 후네도아라와 같은 지역, 그리고 트란실바니아 서부의 일부 농민은 자신의 땅을 지키기 위해 투쟁에 나섰고, 경우에 따라 군대가 투입돼 그들을 진압하기 시작했다. 이후 게오르게 게오르기우데지에 따르면, 루마니아 국내 각지에서 대규모적인 농민 체포가 진행됐으며, 그 결과 "8만 명이 넘는 농민이 (…) 재판에 회부됐다." 그러나 이제 공산당 정부에는 더 이상 농민을 대표할 위인이나 새로운 보안부대의 난폭함으로부터 농민을 보호해줄 인사가 없었기 때문에 이들의 저항은 헛수고였다.

농민으로부터 수용된 토지는 거의 1000개의 집단농장을 설립하는 데 사용됐고, 토지가 없거나 가난한 농민들은 이들 농장에서 일하기 시작했다. 계획은 시작부터 참혹한 대재앙이었다. 정부는 트랙터와 다른 농기계류를 효율적으로 활용하는 공동 시스템을 제대로 갖추지 못했고, 그 결과 작물을 파종하거나 수확하는 데 어려움을 겪었다. 이는 전국적으로 심각한 식량 부족 사태로 이어졌다. 인민의 의지에 반해 정책을 밀어붙인 정부는 불과 1년 만에 계획을 대폭 축소할 수밖에 없었다. 하지만 이듬해 집단농장이 본격적으로 재개됐고, 마침내 10년 후 국가 총경작지의 96퍼센트가 국영 농장, 집단농장, 농업합작사에 소속돼 있다고 게오르기우-데지는 발표할 수 있었다.

균형적으로 보면, 더 가난한 농민들 가운데 일부는 새로운 제도에 의해 생활 형편이 더 나아졌다는 사실을 기억해둘 필요가 있다. 동시에 루마니아 농민 수천 명이 토지 개혁에 반대하며 싸우던 그해에, 이탈리아에서는 토지 개혁이 적극적으로 방해받았기 때문에 수만 명이 항의 시위를 벌였다는 점도 고려할 필요가 있다. 그러나 그 어느 것도 루마니아에서 수행된 무자비하고 반민주주의적인 농업 집단화를 변명해줄 순 없다. 경제적 관점이든 인도주의적 관점이든, 이 집단농장화 계획은 철두철미하게 대재앙이었다.

✣

1944년부터 1949년까지 루마니아에 불어닥친 변화는 꽤 놀라웠다. 그 짧은 몇 년 사이에 이 나라는 미성숙한 민주제에서 완전한 스탈린주의 독재 체제로 이행돼버렸다. 공산당이 폭력적인 혁명을 통해서가 아닌, 비록 조작하긴 했지만 대체로 정치 운동을 통해 달성할 수 있었다는 것은 뜻밖이었다. 하지만 루마니아가 그리스를 삼켜버린 것과 같은 내전에 빠져들지 않았다고 해서 어떤 식으로든 그 과정이 평화적이었다고 해석할 수는 없다. 노동조합원에 대한 협박에서부터 정치인 체포에 이르기까지, 또한 도심지의 통제할 수 없는 대규모 시위에서부터 소작농과 시골 농민에 대한 억압에 이르기까지, 전후 루마니아에서는 폭력 또는 폭력적 위협이 만연했다.

이 폭력적 위협의 배후에는 소련의 힘이 루마니아 공산당 뒤에 그림자처럼 버티고 있었다. 다음 장에서 소개하겠지만, 사실 이렇게 우뚝 솟은 존재(소련)가 없었다면 공산당이 루마니아와 동유럽 나머지 국가를 예속시키기란 근본적으로 불가능했을 것이다. 애초에 안토네스쿠 원수를 독재 권력에서 축출한 쿠데타는 붉은 군대에 의해 루마니아가 훼멸당하는 위기를 피하기 위해 단행됐다는 사실을 기억할 필요가 있다. 이런 소련의 위협은 지금까지 기술한 여러 사건의 배후에 내재해 있었고, 루마니아 인민이 공산당의 정치 공작에 맞서 크게 저항하지 못했던 주요 이유였다.

향후 수십 년 사이에 루마니아 정부는 동유럽권에서 가장 억압적인 체제 중 하나가 됐다. 1944년 8월 루마니아에 민주주의를 확립할 목적으로 발생한 정변이 안토네스쿠의 군사독재정권마저 온건하게 느껴질 만큼 40년 넘게 이어지는 공산당 압제의 신호탄이었다는 사실은 고통스러울 만큼 아이러니하다.

26장

예속된
동유럽

루마니아에 부과된 공산주의는 잔인했을지 모르지만 결코 유일
무이한 사례는 아니었다. 다양한 국적의 역사가들은 자국의 공산
주의 경험이 주변국과 어떻게 달랐는지에 집중하는 경향이 있다.
전쟁 직후기의 프랑스인과 이탈리아인, 체코인, 핀란드인의 경험은
대체로 민주적인 공산주의 운동 중 하나였기 때문에 공산당 지
도자들은 투표함을 통해 권력을 쟁취하고자 애썼다. 이와는 대조
적으로 그리스, 알바니아, 유고슬라비아 공산주의자들은 무력으
로 전통적인 권력 구조를 타도하는 데 헌신한 자들로, 엄밀한 의
미의 혁명운동가라 할 수 있다. 다른 나라의 공산주의자들은 이
두 가지 접근방식을 조합해 권력을 장악하려 애썼다. 즉 외재적으
로는 민주주의를, 내재적으로는 혁명의 방식을 취했다. 동독 공산
당의 지도자인 발터 울브리히트의 말을 빌리자면 "민주적으로 보
일 필요는 있지만, 우리는 모든 것을 통제할 수 있어야 한다"는 것

이었다.

제2차 세계대전 직후 각국은 서로 다른 여정을 거쳐 공산주의에 이른 것처럼 보이긴 했으나, 그러한 과정의 차이는 국가 간의 유사점보다 덜 중요하다. 동유럽권 국가들이 공유하는 첫 번째이자 가장 중요한 유사점은 대부분 소련의 붉은 군대에 점령당했다는 사실이다. 소련은 항상 평화 유지를 위해서만 붉은 군대가 주둔할 뿐이라고 주장했지만, 그들이 평화를 유지하는 방식에는 뚜렷한 정치적 의도가 깔려 있었다. 그러한 관점에서 그들의 정책은 그리스에서 영국군이 사용한 정책을 고스란히 반영하고 있다. 가령 헝가리의 공산당 지도자 마차시 라코시는, 붉은 군대가 없으면 헝가리 공산주의가 '공중누각'이 될 것 같은 두려움 때문에 붉은 군대를 철수하지 말아달라고 모스크바에 간청했다. 체코의 공산당 지도자인 클레멘트 고트발트는 1948년 2월 점령기 동안 그저 심리적 효과 차원에서 소련군 파견부대를 체코 국경 쪽으로 이동시켜달라고 요청했다. 동유럽권 인민에게 공산주의를 강요하는 과정에서 실제로 붉은 군대가 동원되진 않았다 해도 암시적인 위협은 절대적이었다.

붉은 군대와 함께 온 조직은 소련의 정치 경찰인 내무인민위원회였다. 소련의 군사력이 공산당 통치를 강요하는 데 곧바로 실행되지 않고 위협에 그쳤던 반면, 내무인민위원회는 특히 전쟁이 여전히 계속되는 동안에 꽤 직접적으로 개입했다. 전선의 배후에서 정치적 안정성을 확보하는 게 내무인민위원회의 책무였던 만큼 그들에게는 잠재적 위협으로 간주되는 자를 체포해 가두고 처형할 수 있는 백지 위임장이 주어져 있었다. 표면적으로 그들의 목표는 서유럽 영미 당국과 마찬가지로 전선 자원을 소모시킬 만한 내부 충돌을 방지하는 것이었다. 하지만 내무인민위원회와 그의 지역 기관들이 '정치적으로 믿을 수 없는 자'로 낙점한 자들을 검거하고 처리하는 조직적이고 무자비한 행태는 그들에게 숨겨진 동기가 있음을 노출한다. 이는 특히 폴란드에서 명백히 나타났는데, 폴란드 본토군Home Army(아르미아 크라요바Armia Krajowa 또는 AK) 대원들이 추적당하고 무장해제, 체포, 투옥, 추방됐다. 이들은 귀중한 잠재 전력이었지만, 폴란드의 대안 권력 기반으로서 소비에트의 영향력에 위협적인 존재였기 때문이다. 온갖 미사여구에도 불구하고, 소련은 독일과 싸워 이기는 데만 골몰한 적이 없었다. 소련의 한쪽 눈은 항상 점령 과정에 있는 국가의 정치 미래를 주시하고 있었다.

공산당의 지배를 보장하는 또 다른 방식은 연합국 관리위원회ACC, Allied Control Commissions를 이용하는 것이었다. 제2차 세계대전이 끝났을 때 연합국은 모든 추축국에 임시위원회를 설치해 현지 당국의 행정 업무를 감독하려 했다. 독일과 오스트리아에 파견된 연합국 관리위원회는 많든 적든 미국, 영국, 프랑스, 소련 위원이 동등하게 배분됐는데, 종종 이 대표자들의 논의는 교착 상태에 빠졌고, 종국에는 독일 분단을 초래했다. 이탈리아에서는 서방 연합국 위원들이 연합국 관리위원회를 장악했다. 이와는 대조적으로 핀란드, 헝가리, 루마니아, 불가리아에서는 소련이 통제권을 쥐고 영미 측 위원들은 정치적 감시원으로만 행세했을 뿐이다.

이들 국가의 정전 협정에 따르면, 연합국 관리위원회는 각국 정부의 정책 결정을 승인할 수 있고 나아가 정부의 특정 직책 임명을 인가하거나 거부할 권한도 갖고 있었다. 이것이 엄격했던 까닭은 민주적 원칙들이 확실히 관철돼 이전의 적성 국가들이 다시 친파시스트로 돌아갈 수 없도록 하기 위해서였다. 그러나 이른바 무엇이 '민주적'이고 무엇이 그렇지 않은지는 연합국 관리위원회가 결정하기에 달려 있었다. 소련은 핀란드와 동유럽에서 공산주의 정책들이 채택되고 공산당 인사를 주요 정부 기관에 앉히기 위해 권력을 남용했다. 사실상 연합국 관리위원회는 효과적인 와일드카드였고, 현지 공산당원들은 그들의 계획을 방해한다고 생각되는 다른 정치인에 대해 언제든 와일드카드를 사용할 수 있었다.

그 완벽한 사례를 보여주는 게 바로 1945년의 헝가리로, 거의 1000명의 위원으로 구성된 연합국 관리위원회가 실질적으로 정부와 평행 관계를 이루고 있었다. 연합국 관리위원회는 공산당에게 유리할 것이라는 생각으로 그해에 조기 선거를 치르도록 정부를 압박했다. 놀랍게도 소자작농당이 57.5퍼센트라는 표를 얻어내자 연합국 관리위원회는 가장 중요한 내무부를 장악하라는 공산당의 요구를 지지함으로써 소자작농당이 자유롭게 정부 조직을 구성하지 못하게 했다. 소련에 장악된 연합국 관리위원회는 또한 토지 개혁, 신문출판 검열, 선전 사무, 전시 관료 숙청을 조정했고, 심지어 헝가리 정부가 소련의 노선에서 벗어나는 내각을 구성하지 못하게 했다.

전쟁이 끝난 후 공산당이 권력을 잡은 모든 국가는 공통된 통치 패턴을 보였다. 가장 우선되는 사항은 공산당원이 실권을 가진 직책을 차지하는 것이었다. 전쟁 직후 동유럽 전역에서 연립 정부가 구성되기 시작했을 때 정부 수뇌부는 대체로 비공산주의자들이 맡고 있었으나, 내무부 장관 같은 실질적인 권력은 거의 공산당원에게 주어졌다. 헝가리 총리 페렌츠 너지가 내무부를 "전지전능한 부처"라고 표현했듯이, 이곳은 경찰과 보안부대를 통제하고 여권과 출입국 비자를 포함해 신분증을 발급하고 신문사에 발행면허를 부여하는 정부의 신경 중추였다. 말하자면 여론과 국민의 일상생활에 가장 큰 지배력을 발휘하는 부처였다. 루마니아뿐만 아니라 동유럽 전역에서 반공 정서를 분쇄하는 데 내무부를 이용했다. 1948년 2월 체코슬로바키아에서 발생한 위기는 내무부 장관 바츨라프 노섹이 공산당의 대의를 추진하기 위해 경찰력을 이용해왔다는 불만이 표출된 것이다. 핀란드 내무부 장관 위리외 레이노는 경찰부대가 숙청됐을 때 "당연히 새로운 인사들은 가능한 한 공산당원들"로 채워졌다고 인정했다. 실제로 1945년 12월 무렵 핀란드 경찰의 45~60퍼센트가 공산주의자였다.

판사의 채용과 해고 그리고 '파시스트 분자'를 행정부에서 축출하는 역할을 담당하는 법무부 장관도 중요한 자리였다. 앞서 말했듯, 루마니아에서 법무부는 가장 먼저 공산당의 통제를 받은 부처였다. 불가리아에서는 공산당이 권력을 장악하는 핵심 부처이기도 했다. 1944년 9월 소피아에서 조국전선Fatherland Front이 권력을 잡은 그 순간부터 공산주의자들은 경찰과 결탁해 적대 가능성이 있는 자들을 제거하고자 법무부를 이용했고, 3개월 만에 약

3만 명의 불가리아 공무원이 해고됐다. 경찰과 공무원뿐만 아니라 성직자, 의사, 교사도 면직 당했다. 종전 무렵에는 법무부가 '인민법정'을 인가해 1만1122명을 심리한 뒤 거의 4분의 1에 해당하는 2618명에게 사형을 선고했다. 이 가운데 1046명이 실제로 집행됐다(비공식적으로는 3000~1만8000명이 집행됐다는 추계가 있다). 인구 비율에 비춰볼 때 이 수치는 유럽에서 가장 빠르고 포괄적이며 잔인한 '공식적' 숙청 중 하나로, 불가리아가 한 번도 온전히 점령된 적이 없었고 동유럽 지역의 다른 국가를 집어삼킨 어떤 대규모 만행에도 연루되지 않은 나라였음을 고려하면 더욱 그러하다. 이러한 숙청의 이유는 단순했다. 이미 다른 나라에서는 게슈타포 또는 현지 기관들에 의해 지식계급이 격멸됐지만 불가리아에서는 공산당이 직접 그 작업을 해야 했기 때문이다.

그 밖의 나라에서는 다른 부처가 표적이 됐다. 예컨대 체코슬로바키아에서는 통신부, 폴란드에서는 선전부가 공략 대상이었는데, 이는 대중에 대한 정보의 흐름을 통제하기 위해서였다. 한편 체코슬로바키아와 헝가리에서는 루마니아와 마찬가지로 농무부가 높은 가치를 지녔는데, 이는 새로운 공산당원을 확보하는 데 토지 개혁이 큰 역할을 할 것이기 때문이다. 앞서 살펴보았듯이 공산당은 남이탈리아에서 토지 개혁을 통해 신속하게 지지를 얻어냈다. 그런데 동유럽에서는 훨씬 더 멀리 나아갈 수 있었다. 공산당은 법을 바꾸는 데 그치지 않고 대규모 영지나 독일인 가족을 내쫓을 때 몰수한 토지를 농민에게 직접 분배해주었다. 문자 그대로 그들은 수백만 농민의 지지를 얻어낼 수 있었다.

공산주의자들은 국가 권력을 차지하려 한 것처럼 지방 권력도 장악하려 했다. 다만 어떻게 하면 전국적으로 공산화하는 데 지방 권력을 잘 이용할 수 있을지를 항상 고려했다. 전쟁 직후 유럽 각국의 가장 중요한 과제는 경제 살리기였다. 이는 공장과 탄광의 조업을 계속 유지하는 동시에 유럽 전역에 재화가 유통될 수 있도록 보장하는 것을 의미했다. 따라서 공산당원들은 노동조합과 공장 내 노동자위원회에 침투해 산업과 운송을 통제하는 것을 목표로 삼았다. 이런 식으로 공산당의 국가 지도력이 정부 내 경쟁자들보다 대중적 지지를 더 많이 받는다는 '자발적' 쇼를 보여줄 필요가 있을 때마다 대규모 파업을 조직할 수 있었다. 체코슬로바키아에서는 그러한 시위운동이 '진짜 혁명'처럼 보이도록 1948년 2월 쿠데타를 의도적으로 이용했다. 동유럽권 국가뿐만 아니라 프랑스, 이탈리아, 핀란드에서도 노동자들은 정치적 목표를 달성하기 위해 정기적으로 파업을 벌였다. 기아의 위기가 지속되고 있는 유럽 대륙에서 노동 인구를 통제하는 것은 매우 강력한 수단이었다.

대중을 동원하고 싶은 이러한 갈망은 가능한 한 빠른 시일 안에 가능한 한 많은 당원을 모집하겠다는 공산당의 다음 목표를 촉진했다. 전쟁이 끝난 직후에 공산당은 당원 가입자에 대해 까다롭게 굴지 않았다. 그들은 새로운 안전 조직의 말단을 채우는 데 유용하리라는 판단 아래 깡패와 경범죄자를 입당시키기도 했다. 마찬가지 이유로 이전 정권의 구성원들도 입당시켰다. 그들은 전쟁범죄자로 소추되는 화를 면하기 위해서라면 어떤 일이든 할 터였기 때문이다. 은행가, 기업인, 경관, 정치인, 심지어 성직자들조차 공산당 가입만이 대독 부역자로 고발당하지 않을 수 있는 최고의 보험으로 여겼다. 프랑스인들 말마따나 "자신을 표백하기 위해 붉게 물들인" 셈이다. 또 단순히 바람이 어느 방향으로 부는가에 따라 합류한 '동조자'도 많이 있었다. 그러나 이러한 사람들을 계산에 포함한다 해도 중부 유럽과 남부 유럽 전역에서 공산당원의 폭발적인 증가를 설명하기엔 충분치 않다. 소련군 전차가 1944년 루마니아 국경지대에 접근하고 있을 때 부쿠레슈티에는 공산당원이 고작 80여 명밖에 없었고, 전국적으로는 1000명도 채 안 됐다. 그러나 4년 뒤에는 당원 수가 1000배로 늘어나 100만 명에 달했다. 헝가리에서도 1944년 당시 공산당원이 겨우 3000명 정도였으나 단 1년 만에 50만 명으로 증가했다. 체코슬로바키아의 공산당원은 1945년 5월 당시 5만 명이었는데 3년 만에 140만 명으로 증가했다. 이들 신규 공산당원은 진심으로 열광적인 지지자였을 것이다.

공산주의자들은 자신들의 권력 기반을 강화하는 동시에 적대자들의 권력을 약화시키기 위해 노력했다. 부분적으로는 언론을 통해 상대 정치인들을 중상 비방하는 방식을 사용했다. 즉 언론에 대한 검열 그리고 언론 노동조합 내에서 점점 늘어나는 공산주의자들의 영향력을 동원한 것이다. 가령 1948년 2월 체코슬로바키아 위기 때 공산주의자들은 라디오 방송국을 통제함으로써 클레멘트 고트발트의 연설과 대중 시위 요구가 최대한 홍보되는 효과를 얻었다. 그러면서 제지 공장과 인쇄소 내부의 노조원들이 신문을 제작하지 못하게 하여 다른 정당들의 호소를 잠재웠다. 결국 거의 모든 동유럽 국가에서 노조원들에 의한 '자발적' 검열이 일어났다.

유럽 각국의 공산당은 반대파들을 한꺼번에 와해시키는 게 불가능하다는 걸 깨닫자 가장자리부터 야금야금 갉아먹는 전술을 전개하기 시작했다. 헝가리인이 이른바 '살라미 전법'이라 부른 이것은 경쟁자들을 한 번에 한 조각씩 헤치워나가는 식이다. 매번 가능한 만큼의 집단을 부역죄 또는 실제 다른 범죄로 기소해 조금씩 정리했다. 이들 중에는 실제로 독일에 협력한 자도 있었지만, 폴란드 본토군의 지도자 16명(1945년 3월 체포), 불가리아 사회민주당 지도자 크루스투 파스투호프(1946년 3월 체포), 유고슬라비아 농민당 지도자 드라골류프 요바노비치(1947년 10월 체포)처럼 날조된 혐의로 검거된 사람도 적지 않았다.

다음으로 공산당은 경쟁자들을 분열시키는 공작을 펼쳤다. 다른 정당의 특정 파벌에 대한 평판에 흠집을 내고, 그들의 지도자로 하여금 이러한 파벌을 내치도록 압박했다. 혹은 경쟁자들을 통일 '전선'에 동참하도록 초대함으로써 공산주의자를 신뢰하는 자와 그렇지 않은 자 사이의 갈등을 조장했다. 이 전술은 좌파 진영에서 공산당의 최강 경쟁자들, 즉 사회주의자 및 사회민주주의자를 상대로 큰 성과를 거뒀다. 결국 공산당은 거듭된 분열 공작으로 좌파 정당들의 남은 유산을 통째로 삼켜버렸다. 동독, 루마니아, 헝가리, 체코슬로바키아, 불가리아, 폴란드 사회주의자들은 모두 공식적으로 공산당과 합병되면서 종말을 맞이했다.

이런 교묘한 책략에도 불구하고 유럽의 공산당들은 투표로써 절대적 권력을 쟁취하기에 충분한 인기를 얻지 못했다. 1946년 공산당이 합법적으로 38퍼센트라는 인상적인 득표수를 얻었던 체코슬로바키아에서도 여전히 반대파들과 타협을 통해 통치해야 했다. 그 밖의 다른 국가에서는 선거인단의 지지도가 낮아 공산당원들을 곤혹스럽게 만들곤 했다. 예컨대 1945년 10월 부다페스트 시의원 선거에서 공산당의 참패는 '대참사'와 같은 것으로, 공산당 지도자 마차시 라코시는 "죽은 사람처럼 창백한" 모습으로 의자에 푹 주저앉고 말았다. 그는 공산당 인기에 관한 선전 보고를 곧이곧대로 믿는 우를 범한 것이다.

이와 같은 광범위한 회의론에 직면한 공산당은 필연적으로 무력에 의존했다. 처음에는 은밀한 방식이었으나 나중에는 공공연한 테러로 발전했다. 인민에게 인기 있는 다른 정당 경쟁자들은 '파시즘'이라는 가짜 혐의로 협박당했고, 테러 위협을 받거나 체포됐다. 1948년 3월 외무부 창문에서 추락사한 체코 외무부 장관 얀 머셔리크처럼 의심스러운 죽음을 맞는 경우도 있었다. 불가리아의 가장 강력한 야당 정치가인 농민민족동맹의 지도자 니콜라 페트코프를 비롯한 몇몇 인사는 비정규 법정에서 재판받고 처형됐다. 결국 헝가리의 페렌츠 나지와 루마니아의 니콜라에 라데스쿠를 비롯한 많은 인사는 서구 세계로 망명하는 방식으로 위협에 대응했다. 사실 반대파 지도자들만 위협을 당한 게 아니었다. 전면적으로 발동된 국가 테러는 누구든 공산당에 반대하는 자를 위협했다. 유고슬라비아의 비밀경찰 수장인 알렉산다르 란코비치는 회고를 통해 1945년에 수행된 검거의 47퍼센트는 정당하지 못했다고 인정했다.

이러한 억압으로 인해 동유럽 전역의 선거는 순식간에 '협잡'으로 변질됐다. 공산주의자가 보기에 '바람직하지 않은' 후보자는 선거인 명부에서 간단히 삭제됐다. 다른 정당들은 공산당과 함께 '단일 블록'으로 등록되었기 때문에 유권자들에게는 적절한 정당 선택권이 주어지지 않았다. 유권자들은 투표소에서 깡패들로 구성된 보안경찰에 의해, 또한 익명 투표가 되지 않게 확인시키는 등의 직접적인 협박을 받았다. 이 모든 수단조차 공산주의자의 뜻대로 되지 않을 경우에는 단순히 개표 과정에서 부정 집계가 이루어졌다. 결과적으로 공산당원과 그들의 동맹자들은 터무니없는 표차로 이긴 뒤 최종적으로 '선출'됐다. 가령 불가리아에서는 70퍼센트(1946년 10월), 루마니아에서는 70퍼센트(1946년 11월), 폴란드에서는 80퍼센트(1947년 1월), 체코슬로바키아에서는 89퍼센트(1948년 5월), 헝가리에서는 어이없게도 96퍼센트(1949년 5월)의 득표율을 보였다.

루마니아에서 그랬던 것처럼, 공산주의자들은 도전자를 모두 제거하고 정부를 완전히 통제한 다음에야 비로소 진정한 개혁 프로그램에 착수했다. 이때까지만 해도 유럽에서 공산당이 천명한 정책은 상당히 보수적이었다. 가령 토지 개혁, 만인 평등에 대한 모호한 약속, 전시에 악행을 저지른 자들에 대한 처벌 등이었다. 공산화된 유럽의 나머지 지역에서 (유고슬라비아에서는 훨씬 일찍 시작했으나) 공산당은 루마니아에서 했던 것과 거의 흡사한 방식으로 1948년부터 기업 국유화, 토지 집단화 등의 급진적인 목표를 세우기 시작했다. 그들은 반인민적 법률을 제정하고 이미 자신들이 파괴한 행정기구를 재건함으로써 이전의 모든 행위를 정당화하기 시작한 것도 거의 이 무렵부터였다.

퍼즐의 마지막 조각을 채운 것은 공산당 내부의 모든 잠재적 위협을 뿌리 뽑기 위한 엄청난 내부 숙청으로, 이로써 다양성의 마지막 흔적까지 제거됐다. 폴란드의 브와디스와프 고무우카, 루마니아의 루크레티우 파트라스카누처럼 독립적인 견해를 지닌 공산주의자들은 권력층에서 축출되거나 감금되었다가 처형됐다. 소련과 유고슬라비아가 갈라서자 티토의 옛 지지자들은 체포돼 재판을 거쳐 처형당했다. 바로 이런 식으로 불가리아 공산당의 전 당수였던 트라이초 코스토프가 제거됐고, 알바니아의 전 내무부 장관 코치 조제도 마찬가지였다. 1940년대 후반과 1950년대 초반에 동유럽은 끔찍한 숙청의 수렁에 빠졌으며 그 어떤 사람도 혐의를 받을 수 있었다. 1948년부터 1953년까지 인구 950만 명이 안되는 헝가리에서 약 130만 명이 재판을 받았고, 거의 70만 명(전 인구의 7퍼센트 이상)이 일종의 공식 처벌을 받았다.

이것이 전쟁 전 20년 동안 소비에트 러시아를 휩쓸었던 현상과 정확히 같은 과정이었다는 것은 우연이 아니다. 1990년대 들어 러시아 기록 보관소가 개방된 이후, 소련이 배후에서 조종했다는 사실이 점점 더 명확해졌으며 이를 뒷받침하는 증거는 논란의 여지가 없다. 전후에 소련 외무장관이 사실상 불가리아 내각 구성을 지시하는, 즉 모스크바와 미래의 불가리아 수상 게오르기 디미트로프 간에 교환된 서신만 읽어봐도 소련이 동유럽 국가의 내정에 얼마나 간섭했는지를 알 수 있다.

스탈린은 붉은 군대가 동유럽에 진입한 그 순간부터 자국의 시스템을 거울처럼 고스란히 반영하는 정치체제를 확실히 심어놓기로 결심했다. 스탈린은 티토의 대리인인 밀로반 질라스와 대화하면서 "누구든 영토를 점령하는 자는 그 땅 위에 자신의 사회체제도 강요한다. 모두들 자신의 군대가 도달하는 범주 안에서 자신의 시스템을 이식하기 때문"에 제2차 세계대전은 과거의 전쟁들과 다르다는 유명한 말을 남겼다. 붉은 군대의 위협은 확실히 동유럽 전역에서 공산주의 체제를 확립시키는 데 중요한 역할을 했다. 하지만 이 정치체제를 논리적으로 성립시켜놓은 것은 공산주의자 정치인들 그리고 소련 및 기타 동맹자들의 무자비함이었다. 공포 수단의 사용 그리고 반대파에 대한 철저한 무관용을 통해 동유럽 공산당들은 소련과 서방 사이의 전략적 완충지대를 만들어냈을 뿐만 아니라 일련의 소련 체제 복제품을 창출하기도 했다.

27장

발트 3국 '숲의 형제들'의
저항활동

공산당이 동유럽을 접수하는 과정은 평화롭지 않았다. 소련에 동
조하는 자들과 저항하는 자들 사이에 빈번히 전투가 발생했고, 노
동자는 공산당의 잔인함에 저항했고, 농민은 집단농장화에 반대
하여 신정부를 상대로 무기를 들었다. 대부분 이것은 대중의 분노
가 자발적으로 표현된 경우로, 빠르게 진압됐다. 그러나 가끔은 조
직적인 형태의 저항활동이 생겨나기도 했다.

소련의 노예가 되는 것이 무엇인지를 알고 있던 국가에서는
특히 조직적 양상을 드러냈다. 발트 3국(에스토니아, 라트비아, 리투
아니아)과 서우크라이나에서는 민족주의 운동이 끓어오르고 있었
으며, 그 성원들은 열렬한 애국심으로 단단히 조직화되어 죽을 때
까지 싸울 각오가 돼 있었다. 그들은 남쪽의 이웃 국가들과 달리
스탈린의 계획에 어떠한 환상도 갖고 있지 않았다. 이미 제2차 세
계대전 초기부터 소련의 점령에 시달렸기 때문에 그들은 전쟁 직

후의 세월을 새 시대로 여기지 않았으며 오히려 1939년과 1940년에 시작된 역사의 연속으로 보았다.

소련에 저항한 투쟁은 20세기 서방에서 가장 과소평가된 싸움 중 하나다. 10여 년 동안 수십만 명의 민족주의자 빨치산들은 언젠가 서방이 지원하러 와줄 것이라는 쓸쓸한 희망을 품은 채 소련 점령자들에 맞서 패배로 향하는 전투를 이어나갔다. 이 전쟁은 족히 1950년대까지 계속됐고, 모든 진영에서 수만 명의 죽음을 초래했다. 가장 큰 저항은 서우크라이나에서 일어났다. 1944년부터 1950년 사이에 이곳에서 빨치산으로 활동한 인원은 총 40만 명에 달할 것이다. 그러나 우크라이나의 상황은 가닥을 잡을 수 없을 만큼 복잡했고, 앞서 소개했듯이 인종청소라는 요소가 얽혀 있었다.

발트해 국가들, 특히 스웨덴의 정보기관 보고서에 따르면 모름지기 '더 순수한' 형태의 반소련 저항활동은 "모든 반공 게릴라 집단 중에서 가장 잘 조직되고 잘 훈련된, 기강이 뛰어난" 리투아니아에서 일어났다. 발트 3국 전역에서 빨치산은 통칭 '숲의 형제들Forest Brothers'로 알려져 있었다. 1990년대부터 민족주의 분위기가 형성되면서 그들의 위업은 그야말로 전설로 자리하게 됐다.

칼니슈케스 전투

1944년 가을 붉은 군대가 발트 3국을 휩쓸고 난 뒤 수만 명의 에스토니아인, 라트비아인, 리투아니아인이 잠적했다. 그들은 쉽게 발각되지 않았다. 그러나 집과 재산을 포기하고 오랫동안 가족이나 친구들과 연락을 끊은 채 굶주림에 시달려야 했다. 어떤 사람은 한 곳에 오래 머물다가 발각되는 상황을 피하기 위해 몇 주 간격으로 이곳저곳을 전전하며 지인들과 함께 살았다. 대다수는 숲으로 도망쳤고, 비바람을 피할 공간도 변변한 옷도 없이 지내야 했다. 비가 내리는 가을 숲은 늪이나 다름없었다. 더욱이 전쟁이 끝난 후 유럽 북쪽 지역의 겨울 추위는 맹렬했다. 부상당하거나 병에 걸리면 제대로 치료받을 수 없었다.

그들이 순전히 애국심으로 이러한 선택을 한 건 아니다. 1944년 붉은 군대에 강제 징집되는 것을 피하려는 남자들 그리고 과거의 정치적 행적 때문에 소련을 두려워하는 사람들이 이들의 수를 늘리기도 했다. 나중에는 강제 이송을 피해 도망친 가족들, 집단농장화에 저항하는 농부들, 소비에트 연방의 정적政敵으로 이루어진 새로운 집단이 가담했다. 하지만 그 중심에는 민주주의와 국가 독립을 위해 헌신적으로 싸우는 강인하고 조직적인 핵심 인물이 존재했다. 그들은 주로 이런저런 유형의 군인들로, 어느 리투아니아인 유격대의 지도자에 따르면 "조국을 위해 목숨을 바치는 상황을 두려워하지 않는 훌륭한 병사들"이었다. 이 핵심 대원들은 사람들을 군대 단위로 편성해 지하 엄폐호를 파고 삼림 대피호를 구축하고 식량과 장비를 조달했으며, 또한 (가장 중요한) 빨치산 유격 작전을 조직했다.

N

핀란드   핀란드만

탈린   코흐틀라예르베   나르바

히우마   코흐틀라

에스토니아   페이프시호

사아레마   페르누   빌리안디   타르투   러시아

발트해   리가만   리보니아   필젠   프스코프

벤츠필스   발미에라

세수스   압레네

라트비아

유르말라   리가   마도나

리에파야   오그레   라트갈레

옐가바   레제크네

마제이케이   벤타   다우가프필스

미니야

클라이페다   샤울레이

리투아니아   파네베지스   자라사이

케다이니아이

베무나스   요나바

유르바르커스   카우나스

세슈페   빌뉴스   벨로루시아

칼리닌그라드   칼니슈케스   알리투스
(러시아)

바레나   민스크

0   50 miles
0   100 km

전후 리투아니아의 영토 획득
라트비아와 에스토니아의 영토 손실
숲

지도 11 발트해 연안 국가들

이 두려움 없는 남녀들은 처음부터 리투아니아에서 꽤 대담한 몇 가지 작전을 전개했다. 동북부 지역에서는 800명 또는 그 이상으로 조직된 빨치산 부대가 붉은 군대를 상대로 격전을 벌였다. 중부 지역에서는 대규모 반공 유격대가 소련 관원들을 공포에 빠트렸고, 심지어 카우나스 중심지의 관공서와 경계가 삼엄한 치안부대 건물을 습격했다. 남부 지역에서는 소련 내무인민위원회 부대를 매복 기습해 공산당 지도자들을 암살했으며, 포로로 잡힌 동지들을 구출하기 위해 감옥까지 습격했다.

소련군이 도착한 후 12개월간 벌어진 크고 작은 전투와 전초전의 전체 목록을 모두 열거할 수는 없다. 대신 수년에 걸친 모든 반소련 저항운동의 상징으로 남은 칼니슈케스 전투에 대해 소개할 필요가 있을 듯하다. 제2차 세계대전이 공식적으로 끝난 지 정확히 1주일 만에 리투아니아 남부 숲에서 벌어진 이 전투는 심나스 인근 도시 주둔지에 파견된 내무인민위원회의 대규모 분견대를 상대로 라쿠나스Lakunas('파일럿')라는 암호명을 가진 요나스 네이팔타가 지휘하는, 대원은 많지 않지만 투쟁 의지가 결연한 현지 빨치산들이 벌인 싸움이다.

네이팔타는 나치와 소련 양쪽에 저항한 인물로서 영향력 강한 지도자로 알려져 있었다. 전 육군 장교였던 그는 1940년 소련이 처음 이 나라를 점령한 이래 줄곧 제거 명단에 올라 있었다. 1944년 여름, 그는 흉부에 총탄을 맞은 채 붙잡혔고 소련군이 감시 중인 병원에서 가까스로 탈출했다. 친척의 농장에 숨어서 건강을 회복하자 그와 아내 알비나는 가을 무렵 숲으로 들어갔다. 6개월 동안 그들은 추종자들을 모아 훈련을 시킨 뒤, 현지에 눌러앉은 소련군과 그 부역자들을 상대로 기습 유격전을 펼쳐나갔다.

1945년 5월 16일, 네이팔타의 유격 활동을 끝장내기로 결의한 내무인민위원회는 대규모 부대를 칼니슈케스 숲으로 보냈다. 그들은 네이팔타가 숨어 있는 지역 일대를 에워싸고 서서히 포위망을 좁혀나갔다. 덫에 걸린 것을 눈치챈 네이팔타와 그의 추종자들은 깊숙한 구릉지대로 물러나 전열을 가다듬은 뒤, 영웅적으로 방어하면서 소형 무기와 수류탄으로 소련군에 막대한 타격을 입혔다. 리투아니아 빨치산의 주장에 따르면 당시 소련군 사상자는 400명이 넘었다. 물론 소련이 주장하는 희생자 수보다 많았다. 전투가 몇 시간 이어지자 빨치산의 탄약이 바닥나기 시작했다. 네이팔타는 자신들이 살아남을 수 있는 유일한 길은 소련군 방어선을 뚫는 것임을 깨달았다. 양손에 기관총을 쥔 채 죽은 네이팔타의 아내를 포함해 44명의 빨치산(그들의 전체 병력 절반 이상) 시신을 남겨둔 채 마지막 남은 탄약에 의지해 24명가량이 간신히 소련군 저지선을 뚫고 주빈타스 인근 늪지대로 피신했다.

네이팔타는 살아 있는 동안 싸울 수 있었지만, 죽음이 그를 따라잡기까지는 그리 오래 걸리지 않았다. 그해 11월 네이팔타와 그의 동지들은 또다시 외딴 농장에서 포위됐고 총격전을 벌이던 중 사망했다.

이 사건은 리투아니아 사람들이 1940년대와 1950년대의 반소련 봉기를 떠올릴 때마다 언급되었다. 그리고 이들의 전투는 리투아니아인의 용감성과 숭고한 대의로 기억되는 모든 것의 상징으로 남았다.

그러나 객관적으로 살펴보면 칼니슈케스 전투는 반소련 저항활동이 실패할 수밖에 없었던 많은 이유를 드러낸다. 우선 소련군은 빨치산보다 보급 형편이 우월했다. 탄약이 바닥난 쪽은 소련군이 아니었으며, 수적으로도 빨치산을 압도했다. 당시의 다른 모든 전투에서도 마찬가지였다. 1944년에서 1956년 사이에 10만 명의 리투아니아인 그리고 에스토니아와 라트비아에서는 각각 2만 명에서 4만 명이 저항활동에 투신한 것으로 추정되지만, 독일이 패배한 뒤 소련군이 동원할 수 있었던 수백만 명의 병력에 비하면 아무것도 아니었다. 지역적 규모의 전투에서 수십 명 또는 수백 명의 손실은 소련군에게 미미한 수준이지만 빨치산으로서는 감당할 수 없는 것이었다.

또한 리투아니아 저항군이 고귀하고 용감했다는 믿음과는 별개로, 소련에 맞선 그들의 작전 수행에는 중대한 문제가 있었다. 빨치산은 기습공격에는 매우 능숙했지만 총력전에서는 적의 물리력에 맞서 이겨낼 승산이 없었다. 결국 칼니슈케스 전투는 소련군에게 유리한 상황에서 무장 조직이 대항할 때 어떤 결말을 맞게 되는지를 보여주는 완벽한 사례였다. 이들에게 가장 슬기로운 전투 방식은 분산되어 있던 소규모 조직이 공격 직전에 집결했다가 잽싸게 흩어지는 게릴라 작전뿐이었다. 이후 빨치산들은 실제로 이러한 전술로 전환했다. 하지만 1945년 여름까지만 해도 빨치산은 대규모 전사들을 특정 장소에 집결하는 방식을 고집했다. 네이팔타의 비참한 희생이 가르쳐주듯이, 대규모 집단은 찾아내기도 쉽고 파괴하기도 쉬운 법이다.

칼니슈케스의 싸움은 리투아니아 전국 각지에서 전개될 일들의 징후였다. 소련은 개별 빨치산 집단을 수색하여 따로따로 격파하기 시작했다. 전국적 차원으로 조율된 전략이 없었던 빨치산은 반격할 대책을 세울 수 없다는 사실을 깨달았다. 초기에 빨치산을 지도했던 국가 기관들은 1944년 말에서 1945년 초겨울까지 소련 비밀경찰에 의해 청산됐으며, 저항군을 재통합하려는 시도는 1946년에 이르기까지 이루어지지 못했다. 결국 요나스 네이팔타 같은 지역 빨치산 지도자들은 고립된 상황에서 독자적으로 싸울 수밖에 없었다. 그들은 다른 지구의 지도자들과 극히 제한된 접촉에 의지해 지역적 목표에 국한된 전투를 벌여야 했을 뿐 여러 빨치산 집단과 연합한 대규모적인 작전을 전개할 수 없었다.

따라서 칼니슈케스 전투의 최후는 보급물자의 부족, 높은 사상율, 전술적 오류, 전국적 전략의 부재 등 저항군 패배의 모든 조건을 보여준다. 유일하게 이들이 소련군보다 유리했던 점은 싸울 가치가 있는 대의를 향한 열정과 드높은 용기였다. 물론 그러한 자질은 과소평가되어서는 안 되며, 미래 세대의 저항자들에게 영감을 주는 역량이라는 점에서 큰 가치가 있다.

요나스 네이팔타라는 인물은 빨치산의 용감성과 한계를 동시에 상징하는 존재다. 그는 최전선에서 유격대원들을 지휘하면서 동지들을 고무시켰고, 전우들과 온갖 위험과 고난을 함께했다. 물론 이것은 오래 지속될 수 있는 리더십은 아니었다. 네이팔타는 칼니슈케스에서 전사한 동지들보다는 오래 살았지만 그 기간은 고작 6개월이었다.

소련식 공포 정책

빨치산에 대한 소련의 군사행동은 그들이 동유럽의 정치권력을 장악한 것만큼이나 효율적이었고, 모든 면에서 무자비했다. 그도 그럴 것이, 초기에 소련에게는 독일과의 전쟁이 가장 중요했기 때문에 빨치산에 의해 전선을 향한 보급선이 끊기는 상황을 절대 용납할 수 없었다. 소련은 리투아니아에서 맞닥뜨린 저항의 범위와 규모에 촉각을 곤두세우고 있었다. 1944년 내무인민위원회 수장인 라브렌티 베리야는 '2주 이내'에 리투아니아 내의 빨치산을 소탕하라는 명령과 함께 자신이 가장 신뢰하는 부하 세르게이 크루글로프 장군을 급파했다. 크루글로프가 지휘하는 부대 중에는 크림반도의 타타르인을 카자흐스탄으로 강제 이송하는 대규모 작전을 막 완수하고 합류한 특수부대도 있었다.

무자비하고 영리한 전략가인 크루글로프는 군사적 접근만으로는 빨치산을 물리칠 수 없다는 것을 본능적으로 이해했다. 그는 소련 점령에 저항하는 전쟁이 아니라 '내전'이라는 인상을 심어주기 위해 최대한 많은 리투아니아 민병대를 반란 진압 작전에 투입했다. 그의 지휘 아래 빨치산에 반대하는 명분을 제공하는 모든 수단이 허용되었고, 그의 군대는 의도적이고 계획적으로 공포 테러 작전에 돌입했다.

소련군이 기본적으로 사용한 테러 수단 가운데 하나는 고문이었다. 일반적으로는 죄수를 구타하는 형태로 진행됐는데, 일상적이고도 폭력적으로 자행된 탓에 라트비아의 한 지역에서는 혐의자의 18퍼센트가 심문 도중에 사망한 것으로 보고됐다. 다른 방법으로는 전기충격을 가하거나 담뱃불로 피부를 지지기도 했고, 죄수의 손과 손가락 위로 문을 세게 닫거나 얼굴에 젖은 수건을 덮고 물을 붓는 등의 고문을 사용했다. 어떤 빨치산 대원은 조지 오웰의 소설 『1984』에서 묘사한 것과 같은 고문을 당했다. 엘레오노라 라바나우스키네는 우리에서 갓 풀려난 50마리의 쥐와 함께 전화박스 크기의 화장실 칸에 갇혀 있었다. 소련 당국이 공식적으로 그런 고문에 동의한 건 아니었지만 실제로는 모든 단계에서 소련 각급 행정기관의 비준을 받았다. 전쟁이 시작되기 전, 스탈린은 고문 사용에 대해 "성과를 가져오고 인민의 적이 누구인지 그 정체를 폭로하는 과정을 크게 가속화"하기에 "절대적으로 정당하고 유용하다"고 했다. 소련 비밀경찰은 적어도 1940년대 말까지 스탈린의 승인을 고문의 빌미로 계속 이용했던 것이다.

소련 당국은 고문을 통해 정보를 캐낼 수 있었지만 달갑지 않은 결과도 뒤따랐다. 모든 빨치산 회고록에는 '숲의 형제들'이 항복이 아닌 죽음을 택했을 거라고 자랑스럽게 진술하고 있고, 또한 얌전히 투항하기보다는 절망적인 상황에서 적의 포위망을 뚫고 빠져나가려 분투하는 빨치산 전사들에 관한 수많은 이야기가 담겨 있다. 이것은 단지 꾸며낸 신화가 아니었다. 소련의 보고서에도 우크라이나와 리투아니아의 빨치산들이 싸우다 최후를 맞은 비범한 결의가 나타나 있다. 가령 1945년 1월의 리투아니아 경찰 보고서는, 항복을 거부한 채 불타고 있는 집에 남아 있는 25명의 빨치산을 보안 부대가 어떻게 봉쇄했는지 기록하고 있다. 이들 빨치산 중 다섯 명은 기관총대의 총구를 돌리기 위해 집을 빠져나와 들판을 가로질러 포복했다. 그리고 마지막 한 명이 죽을 때까지 전진을 포기하지 않았다. 불타는 집 안에 남은 대원들 역시 집이 무너져내릴 때까지 총격을 멈추지 않았다. 부분적으로 이런 결의는 용기에서 비롯됐다. 잔인한 고문을 당할 것이라는 확신과 심문당하는 도중에 뭔가 발설할지 모른다는 두려움이 산 채로 잡히지 않겠다는 강력한 동기를 그들에게 제공한 것이다.

혹형(고문)은 빨치산과 민간인 지지자 간의 지원 보급망을 끊어내기 위해 고안된 체계 중 하나였다. 그 밖의 협박으로는 지역 게릴라 지도자를 공개 교수형에 처하거나, 저항군과 연계가 의심되는 자를 강제 퇴거하거나, 시장 광장에 시체를 전시하는 등의 방법이 동원됐다. 유오자스 루크샤는 회고록에서 주민을 공포에 몰아넣는 방법으로, 마을 안에 빨치산의 시신을 끔찍한 자세로 세워두는 여섯 가지 예를 들었다(심지어 그의 형제의 시체도 이런 식으로 처리됐다). 때때로 소련 내무인민위원회는 지역 주민들에게 반드시 시체를 구경할 것을 강요했으며, 그들의 충성심을 확인하기 위해 반응을 관찰했다. "만약 시체 옆을 지나가는 사람들이 슬픔이나 연민을 토로하는 모습을 보일라 치면 소련군이 출동해 그들을 끌고 가 죽은 자들의 이름과 성을 밝히라고 협박 고문했다." 부모들은 자신의 신분을 들키지 않으려고 죽은 자식의 시신을 볼 때 감정을 드러낼 수 없었다는 증언이 셀 수 없다.

이런 상황에서 빨치산에 대한 충성심을 드러내는 대가는 상당히 가혹할 수밖에 없었다. 열성적인 보안요원들은 반란자를 색출할 수 있다고 판단되는 경우 아무렇지 않게 빨치산으로 지목된 자의 친구와 가족을 표적으로 삼았다. 그들에게는 최소한 체포와 심문이 기다리고 있었고, 이어서 시베리아로 추방하겠다는 협박이 뒤따랐다. 이것은 어쩌면 빨치산이 포위공격을 당하는 와중에도 그토록 투항하기를 꺼린 또 다른 이유였을지도 모르겠다. 자신이 포위된 사실을 알아차린 많은 이가 머리 위에서 수류탄을 터뜨려 자폭하는 길을 택한 것 역시 소련군이 자신의 신원을 식별하지 못하게 함으로써 가족을 표적으로 삼지 못하게 하려는 것이었다. 때때로 소련군은 외과수술로 얼굴을 복원하려 했지만 "그런 경우에는 아버지조차 아들을 알아볼 수 없었다."

때때로 소련 보안부대는 훨씬 더 잔인한 방법으로 주민을 다루곤 했다. 예컨대 리투아니아에서 빨치산으로 의심받는 자들을 처벌하고 지역사회에 공포심을 불어넣기 위해 집과 농장을 불태우는 짓이 널리 자행됐다. 결국 이 관행은 보안부대장에 의해 금지되긴 했지만, 그 주된 이유는 위법한 행위여서가 아니라 일부 부대의 경우 진짜 빨치산과 전투를 피하기 위해 무고한 민간인을 공격 대상으로 삼고 있다는 의심을 샀기 때문인 듯하다. 어느 내부 조사에 따르면, 때로는 건물만 불태워진 게 아니라 민간인도 불타 죽은 것으로 밝혀졌다. 그 예로 1945년 8월 1일 리핀 중위가 이끄는 내무인민위원회의 한 부대가 셔울레이 인근의 슈벤드랴이 마을의 어느 가정집에 불을 질렀는데, 함께 있던 한 병사의 말에 따르면 집주인의 가족 모두가 방 안에 있었다.

야닌 일병은 밖에서 가택에 불을 질렀다. 한 노파가 성호를 그으며 집 밖으로 뛰쳐나오고 한 소녀가 뒤따라 나오자 리핀은 그녀들에게 방으로 돌아가라고 소리쳤다. 그러자 노파와 소녀는 달아나기 시작했다. 리핀은 권총을 뽑아 그녀들을 향해 한 발씩 쏘았지만 빗나갔다. 한 병사가 노파를 쏘아 죽였고, 그 사이 리핀은 소녀 쪽으로 달려가 사살했다. 그런 다음 그는 시체를 가져가서 창문 안쪽으로 던져넣으라고 두 병사에게 명령했다. 병사들은 노파의 양손과 두 다리를 잡아 활활 타오르는 집 안으로 던져넣었고, 이어서 소녀의 시체도 똑같이 처리했다. 얼마 지나지 않아 다른 문에서 노인 한 명과 큰아들이 집 밖으로 뛰쳐나왔다. 병사들은 총을 쏘았지만 놓치고 말았다. 그때 나와 다른 병사 두 명에게 아들을 잡아 죽이라는 명령이 떨어졌지만, 날이 어두워진 탓에 그들을 찾을 수 없었다. 다시 집 쪽으로 돌아온 우리는 호밀밭을 샅샅이 수색했다. 우리는 그곳에 숨어 있는 노인을 발견했다. 그는 부상당한 채 호밀밭 사이를 기어가고 있었다. 병사 한 명이 그를 해치웠고, 우리는 시체를 집 쪽으로 옮겼다……

이튿날 아침 병사들은 타버린 그 집으로 돌아와 '토비土匪, bandit' 무리를 제거했다는 증거로 노인의 시신을 가져가려 했다.

집 안에서 그들은 산 채로 타죽은 십대 한 명의 시신을 보았다. 불에 탄 시신을 운반하고 싶지 않았던 그들은 그 가족이 기르던 돼지 한 마리와 양 두 마리를 대신 가져갔다.

빨치산이 투항을 거부했을 때 집 안에 갇힌 채 불태워지는 사례는 수없이 많다. 위의 증언들은 소련이 인정한 것보다 훨씬 더 마구잡이로 그러한 만행이 이뤄졌음을 입증한다. 이러한 무차별적인 테러의 문제점은 그 광경을 목격한 사람들에게 혐오의 감정을 품게 했을 뿐더러 보안부대의 다음 희생자가 자신이 될 수 있다는 두려움 때문에 저항군에 참여하게 만들었다는 것이다. 더욱이 빨치산들이 결의를 굳게 다지는 계기가 되었으며 진심을 다해 싸우고자 하는 대의명분을 심어주었다. 소련 당국은 공포 테러 정책이 매우 표적화된 형태라고, 즉 저항군을 지지하는 사실이 입증된 자들만 대상으로 한다고 주장했다. 그 밖의 사람들은 빨치산을 멀리하는 한 비교적 안전하다고 느끼게 하려는 의도였지만 이러한 방침은 제대로 시행되지 않았고, 현지의 가학적인 군관들은 수년간 닥치는 대로 무차별적인 테러 행위를 저질렀다.

빨치산 전쟁이 계속됨에 따라 소련군의 반란 진압 수단은 더욱 정교해졌다. 1946년에는 진짜 빨치산을 잡는 작전을 돕기 위해 사이비 빨치산 부대가 설립됐다. 가짜 빨치산 집단은 다른 지역에서 온 게릴라인 양 위장해 진짜 빨치산과 접촉한 뒤 일망타진했으며 목격자까지 제거했다. 뿐만 아니라 빨치산의 이름으로 민간인을 살해하거나 약탈하는 행위를 일삼아 저항운동 전체에 대한 나뻔 평판을 조장했다.

소련은 이렇듯 위장 빨치산 부대를 창설했을 뿐만 아니라 간첩 요원을 진짜 빨치산 조직 세포로 투입하는 방안을 개발했다. 그들은 전쟁 기간에 소련에 살았던 공산주의자나 발트 3국의 국외 거주자를 간첩으로 고용하기도 했지만, 옛 저항군 대원들을 모집해 옛 동지들을 배신하게 하는 경우가 훨씬 많았다. 그들은 1945년과 1946년의 특별사면을 통해 가장 많은 신병을 보충했는데, 당시 사면 조항 중에는 빨치산이 투항하여 하나의 무기라도 넘겨주는 경우 기소를 면제한다는 내용이 있다. 그러나 실제로 보안기관은 그들이 동지들에 관한 정보를 제공하지 않으면 강제 추방하겠다고 위협하거나, 소련 내무인민위원회 요원이 되어 빨치산 조직에 다시 가입하라는 압박을 받았다. 받아들이기 힘든 두 가지 선택 앞에서 이들은 대개 자신이 할 수 있는 유일한 일을 했다. 즉 보안부대를 위해 일하는 데 동의해놓고 아무것도 하지 않는 것이다. 그러나 일부는 압력에 굴복해 옛 친구들을 배신하기도 했다.

소비에트의 간첩 활동 중 가장 큰 성과는 리투아니아 저항군의 중앙 조직에 침투한 것일 수 있다. 1945년 봄, 소련 첩보부는 가장 중요한 요원이 된 유오자스 마르쿨리스라는 의사를 새로 보충했다. 몇 달 동안 마르쿨리스는 빨치산들을 상대로 자신이 지하 첩보 조직을 이끌었던 사람인 양 행세했고, 점차 신뢰를 얻게 되자 새로운 저항운동의 중추인 민주저항운동총회BDPS, General Democratic Resistance Movement가 설립될 때 최고위급 지도자로 선출됐다. 그는 자신의 직책을 이용해 빨치산이 부대를 해산하고 무기를 내려놓게 유도함으로써 경찰은 이 위원회에 대한 통제권을 어느 정도 얻었다. 마르쿨리스는 부하들에게 위조 서류를 만들어 주겠다고 제안해 빨치산 대원의 명단과 사진까지 손에 넣었다. 이러한 작전을 통해 몇몇 지역의 빨치산 지도자들이 붙잡혀 죽었으며, 심지어 리투아니아 동부의 어느 지역에서는 마르쿨리스의 동료 요원 중 한 명이 빨치산 대장으로 교체되기까지 했다.

1950년대 초에 이르자 소련은 특정 지역에서 활동하는 빨치산 세포들을 찾아내고 감시하는 일을 전담하는 특수 조직을 설립했다. 이 특수 조직원들은 자신들이 사냥할 빨치산을 공격하고 제거하기에 앞서 그 전모(이름과 암호명, 행동, 위장과 통신 수단, 지지자와 다른 유격부대와의 연락선)를 밝혀내는 데 전념했다. 저항군은 점차 대원이 줄어들고 일반 주민의 지원마저 고갈되자 소련의 특수 조직으로부터 자신들을 보호할 수 없는 지경에 이르렀다. 결국 남은 빨치산 세력은 하나씩 하나씩 사냥당해 파괴됐다.

빨치산인가? '토비'인가?

전 에스토니아 총리인 마르트 라르는 에스토니아 빨치산에 관한 자신의 저술에서 '대단한 안츠Ants the Terrible'로 알려진 레지스탕스의 전설적 인물, 안츠 칼리우란드에 관해 이야기했다. 이 책에 따르면 안츠는 특정 지역을 방문할 때마다 우편으로 미리 알려두는 습관이 있었는데, 어느 날엔가 그는 페르누의 한 식당에서 모일 모시에 점심을 먹을 예정이니 맛있는 식사를 기대한다고 지배인에게 기별했다. 식당 지배인은 즉시 현지 당국에 통보했다. 그날이 되자 소련 내무인민위원회 요원들은 사복 차림으로 식당을 포위한 채 유명한 빨치산 대장을 붙잡을 만반의 대비를 했다. 그러나 안츠는 러시아군 표장이 붙은 러시아제 차량을 타고 도착했으며 소련군 고위 장교의 제복 차림으로 모두를 감쪽같이 속였다. 내무인민위원회 요원들은 그에게 전혀 의심의 눈길을 주지 않았다. 푸짐한 식사를 즐긴 안츠는 접시 밑에 넉넉한 팁과 함께 쪽지를 남겼다. "점심 고맙게 잘 먹었소. '대단한 안츠'가." 내무인민위원회 요원들이 상황을 눈치챘을 때 그가 탄 러시아 도난 차량은 이미 사라진 상태였다.

이와 같은 이야기는 발트해 연안 국가들에서 빨치산 전쟁 기간에 어떤 일이 벌어졌는지를 파악하는 과정에서 주요한 문제점을 설명해준다. 빨치산 지도자가 우편으로 낯선 자들에게 자신의 방문을 알리는 버릇을 갖고 있다거나, 단지 식사를 위해 그런 위험을 무릅쓴다는 건 분명 상상할 수 없다. 그럼에도 이와 같은 이야기들은 마치 실화인 양 사람들의 입에서 입으로 전해지고 있다. 리투아니아인 빨치산 유오자스 루크샤는 그러한 신화가 사람들을 고무시킨다는 점을 알고 있었지만 대부분 터무니없는 내용임을 인정했다. 1949년에 그는 "사람들은 빨치산에 공감했다. 그래서 그들의 영웅담은 자주 과장돼 진실과는 너무 멀어져버렸다"고 고백했다.

소련의 억압에 맞서 싸웠던 모든 이에 대해 오늘날 우리가 갖게 되는 연민의 감정을 고려할 때 우리는 영웅 숭배의 함정에 빠지기 쉽다. 하지만 이는 빨치산을 로빈 후드와 같은 인물로 상상하는 것일 뿐 대다수는 로맨틱한 이미지와 전혀 닮지 않았다. 그들이 지하 저항운동에 가담한 이유는 용감해서라기보다는 체포되거나 추방되거나 붉은 군대에 강제 징집당하지 않으려는 것이었다. 그리고 그들은 위험을 감수할 만한 이익이 있을 때만 숲에 남아 있었고, 많은 경우 2년 안에 민간인의 삶으로 복귀했다.

대부분 빨치산은 민족주의 의식으로 저항운동에 뛰어들었지만, 나치 독일군에게 부역했던 전력 때문에 소련군으로부터 처벌을 피하고자 가담한 자들도 적지 않았다. 그중 일부는 제2차 세계대전 동안 반유대주의 포그롬과 인종청소 대학살에 깊이 관여한 자도 있었다. 특히 우크라이나 빨치산 운동은 폭력적인 인종주의 이데올로기에 기반하고 있었다. 발트 3국에서도 일부 빨치산 부대는 흑역사를 지니고 있다. 가령 리투아니아의 '강철 늑대Iron Wolf'는 전쟁 기간에 파시스트 조직에서 출발한 조직으로, 1945년 여름에는 인종주의적 경향이 약화되긴 했지만 그들이 내세우는 주장에는 여전히 반유대주의적 요소가 포함돼 있었다. 그렇기 때문에 서유럽의 일부 인사가 그들의 동기를 의심한 것도 놀라운 일은 아니다. 예를 들어 영국 캔터베리 대주교는 발트 3국의 빨치산을 파시스트로 간주하여 추방이 정당하다는 뉘앙스의 연설을 했다. 그의 견해는 확실히 잘못되었지만 일부의 진실을 말한 것이기도 하다.

빨치산들에게 더욱 문제가 된 것은 그들이 자유 투사가 아니라 그저 '토비'일 뿐이라는 소련 측의 단언이었다. 그들이 소련군을 상대로 전면전을 벌이는 동안에는 그런 주장에 충분히 반박할 수 있었으나, 어쩔 수 없이 민간인을 표적으로 대항해야 했을 때는 입장이 난처해지고 말았다. 앞서 설명했듯이, 리투아니아인 빨치산은 초기에 너무 큰 손실을 입었기에 전술을 바꿀 수밖에 없었다. 1945년 여름 이후 빨치산들이 죽인 자들은 대부분 공산당원 관리이거나 소련에 공공연히 협력한 자들이었다. 우크라이나 서부에서도 이와 같은 패턴이 발생했다. 라트비아와 에스토니아에서는 소비에트 세력에 공개적으로 도전할 만큼 저항이 강하지 않았기 때문에 처음부터 소련에 부역한 민간인이 주요 공격 대상이었다. 필연적으로 무고한 사람들이 죽임을 당했고, 빨치산에 대한 호감은 메말라가기 시작했다.

[표 3] 빨치산에 의한 총 사망자 수, 1944~1946

연도	분류	서우크라이나	리투아니아	라트비아	에스토니아	서벨라루스	총 사망자
1944	소련군*	3,202	413	-	10	251	3,876
	민간인	2,953	262	-	57	76	3,348
1945	소련군*	2,539	1,614	509	175	332	5,169
	민간인	4,249	1,630	262	141	296	6,578
1946	소련군*	1,441	967	231	129	116	2,884
	민간인	1,688	2,037	177	125	135	4,162

* 참고: '소련군'에는 붉은 군대, 내무인민위원회군, 경찰, 민병대, 지역 소비에트 활동가 등이 포함된다.

그런 이유로 빨치산들은 아슬아슬한 줄타기를 할 수밖에 없었다. 성공하기 위해 그들은 스스로를 신정부의 대안 권력으로 내세웠으며, 자기 의지를 발동할 수 있는 존재로 묘사해야 했다. 그러한 의지는 인민을 소외시키지 않은 채 행해져야 했다. 한편으로는 소련에 열성적으로 부역한 자를 예외 없이 단죄해야 했지만, 다른 한편으로는 지역의 많은 관리가 소련에 협력하지 않을 수 없었음을 인정해야만 했다. 빨치산의 영향력이 강했던 지역에서는 한때나마 그들의 법과 질서를 농촌 마을에 강제할 수 있었다. 그러나 그들의 세력이 약한 지역에서는 법과 질서를 어지럽히는 게 유일한 방법이었다. 오랫동안 혼돈과 유혈 사태에 지쳐버린 주민들의 지지는 점점 약해지고 있었다.

적대자인 소련과 마찬가지로, 빨치산들도 의지를 밀어붙이기 위해 때로는 테러에 의지했다. 이러한 테러는 종종 분노, 좌절 또는 전투 열기에 따른 것이었다. 가령 1946년 3월 에스토니아의 오술라에서 그들은 지역의 '살육대대', 즉 에스토니아인 자원 민병대를 습격했다. 이 공격은 부분적으로 저항군의 권위를 지역에 각인시키기 위한 것이기도 했지만 특정 민병대의 만행에 대한 복수 행위이기도 했다. 빨치산 지도자들은 잘못을 저지른 관리들의 명단을 작성했고 처형이 있을 때까지 그들을 현지 약국에 감금했다. 목격자들의 증언에 따르면, 그들의 작전은 곧 광란의 형태로 타락했다.

'숲의 형제들'은 이 명단에 따라 살인을 준비했다. 얼마 지나지 않아 이 명단에 그들이 원하는 자 몇몇이 포함돼 있지 않다는 점을 깨달았다. 그들 중 일부는 살인에 미쳐 있었고, 명단에 없는 부녀자와 아이들을 사살하기 시작했다. 숲의 형제들은 자기 동지들에게 쓰라린 고통을 안겨준 정부 관리의 가족을 몰살했다. 한동안 여성들이 나서서 이 유혈 참사를 막아냈다. 한 예로, 빨치산들이 '살육대대' 지휘관의 아내를 해치려 했을 때 그녀들은 임신한 여자를 죽여선 안 된다고 말하며 빨치산들을 내쫓았다.

이날 빨치산들이 흩어져 은신처로 돌아가기 전까지 모두 13명이 처형된 것으로 알려졌다.

각 지역사회를 공포로 몰아넣는 다른 경우들을 살펴보면 좀 더 냉혹하고 정치적인 배경이 있었다. 가령 소련의 토지 개혁을 저지하기 위해 리투아니아 빨치산은 몰수된 토지를 양도받은 농민을 습격하기도 했다. 알리투스 지역에 대한 소비에트의 보고서에 따르면, 1945년 8월 당시 약 31개 가정이 이러한 이유로 빨치산의 공격을 받아 48명이 살해됐다.

사망자 중에는 60세부터 70세까지가 11명, 7세부터 14세 사이의 어린이가 7명, 17세부터 20세 사이의 소녀가 6명 포함돼 있었다. 모든 희생자가 부농에게 몰수한 토지를 양도받은 가난한 농부들이었다. (⋯) 죽은 자들 가운데 정당이나 다른 행정기관에서 일한 사람은 한 명도 없었다.

훗날 농장이 강제로 집단화될 때 빨치산들은 농작물을 불태우거나 집단농장 농기계를 파괴하고 가축을 죽였다. 그러나 이 집단농장들은 정부 창고에 공급할 할당량을 채워야 했기 때문에 고통받는 자들은 언제나 농부들이었다. 이 시기에 빨치산들은 종종 보급품을 마련하기 위해 공동 상점에 침입할 수밖에 없었다. 이제 상점은 공동체의 소유가 되었기 때문에 약탈에 따른 고통도 공동체 전체가 감수해야 했다. 일부 역사학자들에 따르면, 세월이 흐르면서 빨치산의 행동은 저항활동이라기보다는 '사회 저해' 활동처럼 보이기 시작했다.

또한 계속되는 폭력과 혼돈을 지켜봐온 많은 사람은 그들이 무엇을 이루고자 하는지 의문을 갖기 시작했다. 점점 빨치산이 실패할 대의를 위해 싸우고 있다는 게 분명해졌고, 다수의 민간인은 하루속히 폭력이 그치기를 원했다. 마지못해 빨치산 편을 들도록 강요받은 많은 사람은 민족주의적 이상을 희생하고 안정되기를 원했다. 1940년대 말에 이르자 돈에 매수되거나 진영을 갈아탄 옛 빨치산들 그리고 일반 사람들에 의해 저항 조직이 밀고되는 일들이 비일비재했다. 1948년까지 빨치산 체포와 살해(10명 중 7명 이상)는 대부분 첩보활동의 결과물이었다. 달리 말해서 빨치산은 빨치산에게 배반당한 셈이었다.

발트 3국, 반소련 빨치산 저항운동의 종결

발트 3국 빨치산의 가장 큰 실수 중 하나는, 자신들의 싸움을 군사적 투쟁으로 받아들인 것이다. 현실적으로 그들은 여러 전선 (군사 전선뿐만 아니라 경제 전선, 사회 전선, 정치 전선)에서 동시 공격을 받고 있었다. 처음부터 소련은 게릴라들이 지역 농촌의 지원에 얼마나 크게 의존하고 있는지 파악하고 있었다. 따라서 소련 당국은 빨치산 전사들이 발붙일 곳을 없애기 위해 농촌 공동체들을 무자비한 방식으로 해체하기 시작했다.

첫 번째 타격은 공산주의자들이 유럽의 다른 곳에서 실시한 것과 똑같은 토지 개혁에 착수한 전후 초기에 찾아왔다. 토지 개혁은 재산 일부를 포기하도록 강요받은 계층보다는 가난하고 땅을 소유하지 않은 사람들의 환심을 얻음으로써 실질적으로 인민을 분열케 만들었다. 중산층 농가는 더 가난한 농민에 비해 '반공' 빨치산에 가담할 가능성이 훨씬 더 컸다. 이것이 계급투쟁을 싹틔웠고, 친소련 정부가 빨치산을 반동주의자로 묘사할 여지를 허용했다. 사소한 부분으로 보일 수 있겠지만, 빈자貧者의 옹호자를 자처하던 공산주의자들에게는 중요한 정치적 승리였다. 게다가 소련이 빌뉴스를 (폴란드로부터) 리투아니아로 귀속시킨 정치적 특종 (리투아니아는 항상 이 도시에 대한 주권을 주장했지만 결코 지배한 적이 없었다)을 연결 지을 때, 모든 사람이 발트해 국가의 일부 민족주의자처럼 빨치산을 열렬히 지지한 것은 아니었음을 알 수 있다.

두 번째 타격은 1940년대 후반에 소련이 또다시 정적을 추방하는 정책에서 비롯됐다. 1948년 5월 22일에서 27일 사이에 4만 명이 넘는 리투아니아인이 외국으로 쫓겨났고, 이듬해 3월에는 추가적으로 2만9000명이 강제 이송 대열에 포함됐다. 라트비아에서는 4만3000명이 시베리아로 추방되면서 사실상 저항군의 불씨는 꺼지고 말았다. 추방 정책은 단기적으로 숲으로 달아나 빨치산에 가입하는 숫자를 부풀리기는 했지만, 일반 주민들이 은밀히 빨치산을 지원해온 보급망을 파괴했다. 더 이상 지역사회에서 식량과 필수품을 공급받을 수 없게 된 빨치산들은 숲 밖으로 나와 물품을 징발할 수밖에 없었고, 이 과정에서 정부 당국에 꼬리를 밟히곤 했다.

최종적으로 빨치산의 병참선을 무너뜨린 것은 토지 집단화 정책이었다. 국가가 모든 농지를 소유하거나 통제하게 되자 빨치산은 자신들에게 동조적인 농민 기반을 잃고 말았다. 발트 3국의 집단농장화는 다른 공산권 국가들보다 훨씬 빠르게 진행됐다. 1949년 초반 리투아니아에서는 겨우 3.9퍼센트의 농지만 집단화돼 있었고, 에스토니아에서는 5.8퍼센트, 라트비아에서는 8퍼센트만 집단화돼 있었다. 공식적으로 집단화 정책이 선언됐을 당시 저항에 앞장섰던 많은 농민이 강제 이송을 당했고, 이를 지켜본 다른 농민은 새로운 통치를 따를 수밖에 없었다. 그해 연말에 이르자 리투아니아 농지의 62퍼센트가 국가 통제 아래에 놓이게 됐다. 에스토니아와 라트비아에서는 빨치산 세력이 강하지 않았고 저항 활동도 그다지 조직화되지 않았던 탓에 각각 80퍼센트와 93퍼센트의 농장이 집단화됐다.

본토의 보급망이 파괴된 발트 3국의 빨치산들이 자신의 대의를 지킬 수 있는 유일한 길은 서방으로부터 지원을 얻어내는 것이었다. 빨치산들은 필사적으로 서방에 사절을 보내 도움을 요청했다. 이들 사절 중 가장 잘 알려진 인물은 폴란드 국경을 도보로 횡단하여 1948년 초 파리에 도착한 리투아니아인 빨치산 유오자스 루크샤였다. 그는 조국에서 벌어지고 있는 잔인한 강제 추방의 현황을 담은 편지를 교황과 유럽연합에게 전달하려 했지만 서구의 일부 정보기관들이 무성의한 지지를 보였을 뿐으로, 자신들의 대의명분으로 서방을 끌어들이려 한 것은 헛된 노력이었다. 발트 3국의 빨치산들은 자력갱생 외에는 다른 도리가 없었다.

1950년 루크샤가 리투아니아로 돌아왔을 때 반소련 빨치산 투쟁은 거의 절망적인 상황이었다. 1944년부터 1947년까지 투쟁의 열기로 숲을 가득 채웠던, 절정기에는 4만 명에 이르던 동지들이 이제 2000명으로 줄어들었다. 1952년 여름에는 겨우 50명밖에 남지 않았다. 소련은 루크샤가 돌아온 것을 중요한 사건으로 취급했고, 그를 찾아내기 위해 푸니아와 카즈루 루다의 숲을 샅샅이 뒤졌다. 루크샤는 그야말로 수천 명의 소련 내무부 부대원들에게 사냥당하는 처지가 됐다. 결국 그는 친구로 믿었던 누군가의 배신으로 매복 장소로 유인되었고 사살됐다. 리투아니아의 다른 모든 빨치산 지도자들도 한 명 한 명 이와 같은 운명을 맞았다. 그들의 투쟁이 개시된 지 12년 만인 1956년, 리투아니아의 마지막 빨치산 조직이 마침내 격멸당했다.

반공 열사들의 나라

소련 보안군의 놀라운 효율성에도 불구하고 빨치산 저항운동은 완전히 꺾이지 않았다. 1956년 빨치산의 마지막 위대한 지도자였던 아돌파스 라마나우스카스(암호명은 매Hawk를 뜻하는 '바나가스Vanagas')가 붙잡힌 뒤에도 리투아니아의 숲에는 45명 정도의 빨치산이 생존해 있었다. 마지막까지 살아남은 2명의 리투아니아인 게릴라는 1965년 경찰에 포위당하자 포로가 되지 않으려고 스스로 총을 쏴 자살했다. 마지막 리투아니아 빨치산이었던 스타시스 구이가는 30여 년 넘도록 지역 마을 여성들의 도움으로 보호받았고, 1986년 자연사할 때까지 체포되지 않았다.

에스토니아에서는 1967년 후고 므투스와 악셀 므투스 형제가 마침내 경찰에 붙잡혔다. 형제가 20년 동안 춥고 습한 숲속 벙커에 은둔해 있는 동안 그들의 아버지와 다른 형제 그리고 누이는 굶주림과 질병으로 사망했고, 그들은 가족의 시신을 숲에 묻었다. 1974년 여름, 소련 당국은 우연히 보루마의 한 마을에서 칼레브 아로라는 빨치산을 사살했다. 그로부터 4년 뒤인 1978년 9월, 에스토니아의 마지막 빨치산인 아우구스트 사베가 소련 비밀경찰인 국가보안위원회KGB에게 발각되었는데, 도망치려고 브한두강으로 뛰어들었다가 익사했다.

발트 3국이 꼼짝없이 소련의 손아귀에 잡혀 있던 냉전의 절정기 동안 반공 빨치산들이 자기 인생을 허비했다는 결론을 피하기는 어렵다. 1970년대까지 태평양의 외딴섬들에서 버티다가 잊힌 존재가 된 일본 병사들처럼, 또는 1969년까지 독재자 프랑코를 피해 숨어 있던 스페인 공화주의자 마누엘 코르테스의 외로운 모습처럼, 마지막 빨치산들은 바깥세상이 완전히 바뀌고 난 뒤에도 한동안 투쟁을 포기하지 않았다. 그들은 미국과 소련 사이에 생겨난 새로운 갈등에 기대를 걸었고, 자신의 목숨은 물론 사랑하는 사람들의 투옥과 추방을 오판의 대가로 지불했다. 그들의 용기와 애국심에도 불구하고, 소련 당국에 대한 그들의 저항활동은 궁극적으로 어떤 변화도 이끌어내지 못한 것으로 보인다.

하지만 빨치산 전쟁이 이후의 저항운동에 끼친 영향에 대해서는 그 누구도 부정할 수 없을 것이다. 빨치산과 그 가족들에 대한 소련의 방식은 단기적으로 잔인할 만큼 효과적이었지만 저항심을 품은 거대한 인구를 형성하는 데 이바지했을 뿐이었다. 일반적인 사회 활동이 배제되고 자녀들이 제대로 된 직업을 갖거나 고등 교육을 받을 수 없게 되자, 그들은 이후 발트 3국 반체제(반소련) 운동의 가장 적극적인 성원이 되었다.

1960년대부터 1980년대에 이르기까지 발트 3국의 국민은 줄곧 소련의 억압통치에 저항했다. 소련에 대항해 다시 무기를 들지는 않았지만 여전히 빨치산 전쟁의 기억으로부터 영감을 받았다. 빨치산 이야기는 거듭 입에서 입으로 전해지며 이어졌다. 사적 공간에서 불리기 시작한 빨치산의 노래는 훗날 에스토니아의 수도 탈린의 '노래 혁명'[1986~1991년까지 발트 3국의 시민들이 노래를 부르며 소련 독립을 주장한 저항운동]에 반영됐다. 1990년 독립선언 직후 리투아니아에서 베스트셀러가 되어 날개 돋친 듯 판매된 유오자스 루크샤의 『파르티잔』처럼 빨치산들의 회고록이 출간돼 전국적으로 배포됐다. 빨치산의 유격전은 소비에트 시대 이후 에스토니아 총리 중 한 명에게 영감을 주었고, 훗날 그는 빨치산에 관한 책을 썼다.

이 장의 첫머리에서 상세히 묘사한 칼니슈케스 전투 이야기는 빨치산 전쟁이 후대에 어떤 영감을 불어넣었는지 보여주는 완벽한 사례로, 그 영향은 지금까지 여전하다. 반소련 유격전이 끝나고 난 뒤 수년 동안 빨치산들의 이야기는 지역 민속으로 스며들었고, 영웅적인 마지막 저항을 기념하기 위한 노래들이 만들어졌다. 그들의 전기는 세월의 흐름 속에 퇴색되기는커녕 큰 공감대를 불러일으켰다. 1980년대에 들어 옛 빨치산들은 전사한 동지들을 추모하는 성소를 건립했으며 전투 기념일마다 추모 의식을 개최했다. 이것은 1989년 소련과 새로운 갈등을 낳는 씨앗이 됐다. 추모 기념일 동안 소련군 병사들은 고의로 추모 장소 주변에서 사격훈련을 전개함으로써 추모 행렬의 머리 위로 발포했다. 나중에는 소련 병사들이 어둠을 틈타 추모 성소를 헐어버리기도 했다. 그러나 발트 3국이 독립한 뒤 새로운 기념비가 건립됐고, 칼니슈케스에서 살해된 빨치산들의 유해를 발굴해 엄숙한 장례 절차에 따라 매장했다. 오늘날에도 이 전투는 옛 빨치산과 그 가족들, 리투아니아 정부와 군 대표, 지역 정치인들과 학생들이 참석하는 연례행사로 기념되고 있다. 이 추모 행사는 리투아니아인 빨치산의 영웅적 행위뿐만 아니라 거의 반세기 동안 지속된 광범위한 리투아니아 독립투쟁을 상징한다.

오늘날 '숲의 형제들'의 투쟁을 헛된 희생으로 치부할 수는 없다. 그들의 불행한 봉기는 더 이상 비극적인 종말이라는 속성을 지닌 자기 완결의 이야기가 아닌, 1990년대 초반 이래 발트 3국의 최종 독립으로 끝나는 훨씬 더 긴 이야기의 일부가 됐다. 이러한 맥락에서 빨치산과 그들의 지역 공동체가 치른 희생은 적어도 어느 정도 정당화됐다. 비록 에스토니아, 라트비아, 리투아니아 곳곳에서 수만 명이 사망하고 유랑과 은둔 생활로 인생을 허비하고 기력을 탕진했으나, 발트 3국의 국민은 이제 '숲의 형제들'의 위업을 가치 있는 저항이자 민족적 자긍심의 원천으로 회고하고 있다.

28장
냉전의
거울상

1948년 1월 29일, 대대적인 정치 탄압의 계획에 의해 (지금도 살아 있지만 익명으로 남아 있기를 바라는) 16세 소녀가 어머니와 함께 체포되어 추방됐다. 머나먼 감금수용소에서 한 해를 보낸 뒤 그녀는 '여성 재교육 특수학교'라 불리던 장소로 옮겨졌다. 그녀는 이전의 정치 신념을 버리고 전향한다는 선언에 서명할 때까지 이곳과 이후 옮겨진 억류수용소에서 잔인한 세뇌와 고문을 경험했다. 그녀는 수십 년 뒤 인터뷰에서 말했다. "그때가 제 인생에서 가장 비극적인 순간이었어요. 한 달 동안 저는 침대에서 나올 수 없었어요. 분홍색 잠옷이 검게 변색될 때까지⋯⋯. 심지어 몸을 씻거나 옷을 갈아입고 싶지도 않았습니다. 저는 정신 붕괴를 겪은 거죠."

이런 사건들은 철의 장막 뒤쪽이 아닌 그리스에서 일어났다. 정치범 수용소는 카자흐스탄이나 시베리아가 아닌 에게해의 이카리아섬, 트리케리섬, 마크로니소스섬에 있었다. 이곳들은 공산주의자에 의한 박해의 장소가 아니라 공산주의자를 박해하는 공간이었다. 혹형에 시달린 이 소녀는 좌파적 신념을 가진 가정 출신이라는 이유로 그리스 국가에 위험한 존재로 간주됐다.

서유럽의 일부 지역에서 공산주의자가 취급받는 방식과 동유럽에서 자본가가 취급받는 방식 사이에는 불쾌한 대칭성이 있었다. 제2차 세계대전 직후, 그리스 당국이 자행한 대규모 구속은 발트 3국과 서우크라이나에서 발생한 대규모 체포와 다르지 않았고, 게다가 저항 세력의 기반을 파괴하기 위한 목적으로 실행됐다. 철의 장막의 서쪽에 자리한 많은 나라와 마찬가지로, 그리스에서도 수만 명의 정치적 혐의자를 해외, 특히 소련이 지배하는 시베리아보다는 영국이 통제하는 중동으로 추방했다. 그리스 정부의 후원을 받는 민병대는 강간과 약탈, 살인의 행위로 시민을 복종시키려 했으며, 어느 모로 봐도 그것은 동유럽에 뒤지지 않을 만큼 무분별하고 잔인했다.

마찬가지로 그리스에서 우파가 권력을 잡은 방식과 동유럽권에서 좌파가 권력을 잡은 방식에도 유사한 구석이 있다. 헝가리, 루마니아, 불가리아에서 강력한 전통 정당이 주변부로 밀려난 것처럼 그리스에서는 지배적인 세력이 아니었던 우익 보수주의자들이 훨씬 더 인기 있었던 공산당 세력을 꺾을 수 있었다. 정치적 이득을 위해 심사숙고하여 경찰을 침투시킨 것은 양 진영 모두에게 부정적이었다. 그리스에서는 이로 인해 1944년 12월 공산당이 내각에서 물러나야 했는데, 이 사건은 3년 후 체코 내각에서 같은 쟁점으로 전통 정당들이 사임한 사태의 거울상이라 할 수 있다. 그리스 우파는 동유럽 공산주의자들과 마찬가지로 정적들을 악마화하고 응징하기 위해 언론과 사법부를 이용했다. 좌파와 우파 모두 민주주의 절차를 파괴하지 않을 만큼 고결하진 못했다. 1946년 3월 그리스 선거는 투표용지 무효화와 유권자 협박으로 엉망진창이 됐고, 그것은 정확히 발트 3국에서 벌어진 선거의 모양새와 흡사했다. 그리고 같은 해 말에 실시된 그리스 군주제 복권에 관한 국민투표는 루마니아의 선거와 마찬가지로 승부 조작으로 얼룩졌다.

각국에서 이런 행태가 가능할 수 있었던 까닭은 초강대국 외세가 통치 당국의 뒷배 역할을 해줬기 때문이다. 철의 장막의 배후에는 공산당원들의 활동을 지시한 소련이 있었고, 그리스에는 우파의 활동을 보장해준 영국군과 미군이 있었다. 외부 세력의 개입이 없었다면 공산주의자들이 동유럽 대부분에서 과연 권력을 쟁취할 수 있었을지 알 수 없다. 이는 그들이 그리스에서 권력을 잡는 데 실패한 이유를 알 수 없는 것과 마찬가지다. 양 진영 체제 아래 외세의 간섭을 받는 것에 대한 국민의 쓸쓸한 정서도 충분히 납득된다. 루마니아인과 폴란드인이 "신앙 또는 국가가 같지 않은 외국인들"의 올가미에 걸려들었다고 항의하는 것과 마찬가지로 그리스인은 "외국 제국주의자들에 의한 (…) 노예화"를 정당하게 한탄할 수 있다.

'민주' 정부와 동유럽 공산당 정부의 행태가 거울 보듯 비슷한 것은 그리스뿐만이 아니었다. 그리스만큼 극단적이지는 않았을망정 유럽 대륙 어디에서나 정적을 배척하고 악마화하는 풍조는 마찬가지였다. 예컨대 1947년 이탈리아, 프랑스, 벨기에, 룩셈부르크 정부에서 공산당이 축출되었듯이 동유럽 공산당 정부에서도 똑같이 전통적인 정치인들이 배척됐다. 민주주의 진영의 결과는 그리 파멸적이지 않았다고 말할 수도 있겠지만, 반대편 정치세력을 무력화하고 초강대국 후원자의 환심을 사려는 의도는 같다고 할 수 있다. 비장의 카드를 쥔 쪽은 초강대국들이었으며 유럽의 양쪽에서 그들의 영향력은 똑같이 막강했다. 서유럽의 정책을 주도하려는 미국의 간섭은 방법만 달랐을 뿐 동유럽 여러 정부를 지배하려는 소련만큼이나 집요했다. 미국은 마셜 원조라는 '당근'을 사용했고, 소련은 군사적 강제라는 '채찍'을 휘둘렀다.

이런 비교를 너무 넓게 확장하고 싶지는 않다. 왜냐하면 스탈린주의적 공산주의에 비해 자본주의적 정치 모델이 더 포용적이고 민주적이며, 궁극적으로 더 성공적이었다는 사실은 자명하기 때문이다. 그러나 전쟁 직후 '민주적' 국가들의 행실은 종종 완벽함과 거리가 멀었으며, 몇몇 경우는 분명 공산주의자들보다 더 나빴다. 가령 정부가 약속한 토지 개혁을 거부당한 남이탈리아 농민들에 대한 대우는 동유럽 공산당 통치 초기의 진보적인 태도에 비해 형편없었다. 어느 진영도 도덕성을 독점하지 못했다. 유럽처럼 크고 다양한 대륙에서 편향된 일반화는 현명한 게 못 된다.

하지만 그 당시에는 그러한 일반화가 점점 뚜렷해졌다. 좌익은 자신과 같은 세계관을 공유하지 않는 모든 자를 '파시스트 제국주의자' '반동주의자' '흡혈귀'로 규정했고, 우익은 온건한 좌파적

지도 12 냉전시대 유럽의 분열

성향을 가진 이들에 대해서도 '볼셰비키' 또는 '테러리스트'라 묘사했다. 결과적으로 중도를 지향하는 자들은 점점 이쪽 진영 아니면 다른 쪽 진영에 흡수될 수밖에 없었는데, 일반적으로는 그 시기에 더욱 강력한 진영에 붙었다. 그런 까닭에 어떤 국제공산주의 창시자는 "인간은 누구나 제국주의 편에 서거나 사회주의 편에 서거나 둘 중 하나다. 중립은 단지 위장일 뿐 제3의 길은 존재하지 않는다"고 표현했다. 특히 동유럽이나 그리스에서 줄을 잘못 서면 그 선택의 결과는 치명적일 수 있었다.

앞서 이야기했듯이 이러한 이데올로기 갈등은 전후에 새로 나타난 현상이 아니다. 전쟁이 여전히 진행되는 동안에도 좌익 빨치산과 우익 민병은 정기적으로 전투를 벌였고, 때로는 이 투쟁에 집중하기 위해 서로 독일군과 국지적 정전 협정을 맺기도 했다. 국지적 내전은 그리스뿐만 아니라 유고슬라비아, 이탈리아, 프랑스, 슬로바키아, 우크라이나에서도 전쟁과 함께 진행됐었다. 좌우 진영의 광신자들에게 가장 중요한 것은 독일군 점령에 항거하는 민족전쟁이 아니라 민족주의적 이상을 추종하는 자들과 공산주의적 이상을 추종하는 자들 간의 뿌리 깊은 분쟁이었다.

이런 이념 투쟁의 상황에서 1945년 독일의 패배는 유럽에서 가장 강력한 우파 후원자가 제거됐다는 것을 의미한다. 물론 그것이 이념전쟁의 종결을 의미하는 것은 결코 아니었다. 많은 공산주의자에게 제2차 세계대전은 개별적인 사건이 아니라 수십 년 동안 이어진 훨씬 더 큰 역사 과정의 한 단계에 불과했다. 따라서 히틀러의 패배는 그 자체로 세계 공산주의화 투쟁의 다음 단계를

28장 냉전의 거울상

시작하는 디딤판이었다. 마르크스주의 교리에 따르면, 동유럽 전역에 걸쳐 공산당이 통제권을 장악한 것은 전 세계가 공산주의화되는 '필연적인' 승리의 일부 과정이었다.

유럽 내에서 공산주의가 확산되는 흐름을 방해하는 걸림돌은 오직 서방 연합군, 특히 미군의 주둔이었다. 그러므로 전후 몇 년 동안 공산주의자들이 헝가리나 루마니아의 부르주아 적대세력을 '히틀러적 파시스트'로 악마화한 것처럼, 미국인을 '제국주의 음모자'로 묘사한 것은 당연하다. 공산당원들의 시각으로 볼 때 트루먼 대통령 또는 임레 나지, 율리우 마니우와 같은 민주적 인사들은 히틀러 같은 독재자와 근본적으로 차이가 없었다. 모두 노동자를 착취하고 사회주의를 절멸하기 위해 악착같이 달려드는 국제 체제의 대리인일 뿐이었다.

미국의 입장에서는 반대쪽 끝으로 이끌려가는 상황이었다. 공산주의에 대항하는 전쟁은 미국이 애초에 계획한 게 아니었는데 제2차 세계대전에 휩쓸리게 되면서 필연적으로 좌파에 맞서는 우파의 광범위한 정치로 휘말려든 꼴이었다. 실제로 전쟁 직후 유럽의 치안을 관리하는 동안 미국은 좌우 진영 사이에서 발발하는 수많은 국소적 분쟁에 불가피하게 발목이 잡혀 옴짝달싹할 수 없게 됐음을 깨달았다. 게다가 개별적인 상황에서 미국은 본능적으로 우파의 편에 섰다. 심지어 이것은 그리스에서 그랬던 것처럼, 잔인한 독재 체제의 배후자가 되는 것을 의미하기도 했다. 시간이 흐르고 경험이 쌓이면서 미국 또한 적대자를 악마화하기 시작했고, 1950년대가 되자 딘 애치슨이나 조지 C. 마셜과 같은 미국인들의 신중한 접근법은 매카시 상원의원이 전형적으로 보여준 극단적 수사학에 자리를 내주었다. 매카시가 미국 공산주의자들을 "인류 역사상 그 어떤 모험도 왜소하게 만들 정도로 엄청난 규모의 음모자"로 묘사한 것은 동유럽의 반미주의만큼이나 불합리했다.

20세기 후반기의 결정적인 특징은 유럽 그리고 궁극적으로는 세계가 좌우 이데올로기에 의해 양극화됐다는 것이다. 냉전은 이전에 벌어진 그 어떤 분쟁과 다른 양상으로 전개됐다. 규모 측면에서는 양차 세계대전만큼 방대했지만, 총과 탱크로 갈등한 게 아니라 민간인의 마음과 두뇌로 싸웠다. 그들은 서로의 마음과 두뇌를 쟁탈하기 위해 미디어 조작부터 폭력적 위협, 심지어 어린 그리스 소녀들을 정치범 수용소에 투옥하는 짓에 이르기까지 필요한 모든 수단을 기꺼이 사용할 뜻이 있음을 증명했다.

유럽 그리고 유럽인에게 이 새로운 이념전쟁은 세계무대에서 유럽 대륙의 중요성과 더불어 무기력함을 함께 보여줬다. 지난 30년간 두 차례 세계대전에서 그랬듯이, 유럽은 여전히 분쟁의 주요 무대였다. 그러나 역사상 처음으로 유럽인은 주도권을 쥐지 못했으며, 이후로는 유럽 대륙 밖에 있는 초강대국(미국과 소련)의 손아귀에서 놀아나는 졸개에 지나지 않았다.

결론

1978년 불가리아의 반체제 작가 게오르기 마르코프는 1978년 런던에서 발생한 유명한 '우산 암살' 사건으로 사망했다. 유고작으로 출간된 1940년대 말과 1950년대에 관한 회고록에서, 그는 불가리아뿐만 아니라 전후 유럽사를 상징하는 이야기 하나를 들려줬다. 빵을 사는 줄에 끼어든 공산당 간부에게 이의를 제기했다가 체포되었던 그의 친구가 불가리아 공산당 의용군 민병 장교와 나눴던 대화를 소개했다.

의용대장이 물었다.
"당신의 적이 누구지? 지금 말해봐."
K는 잠시 생각하다가 대답했다.
"정말로 잘 모르겠습니다. 저는 어떤 적이 있다고 생각하지 않아요."

야만 대륙

의용대장이 언성을 높였다.

"적이 없다고? 당신은 아무도 미워하지 않고, 아무도 당신을 미워하지 않는다는 뜻인가?"

"제가 아는 한, 아무도."

"당신은 지금 거짓말을 하고 있어!"

갑자기 의용군 중령은 목소리를 높이며 의자에서 벌떡 일어났다.

"어떤 적도 없다니, 도대체 당신은 어떤 종류의 인간이지? 당신은 분명 우리의 젊은 세대에 속하지 않아. 당신은 우리의 시민이 될 수 없다고. 당신에게 적이 없다면 (…) 그리고 정말로 미워할 줄 모른다면, 우리가 당신에게 가르쳐주겠어! 우리가 아주 빠르게 교육해주겠다고!"

모종의 적이 없으면 제2차 세계대전에서 빠져나오는 게 불가능했다는 점에서, 이 이야기 속 의용대장의 진술은 옳다. 전쟁의 도덕적 유산과 인간적 유산에 대해 적확히 설명해주는 일화라 할 것이다. 유럽의 전 지역이 황폐화된 후, 그러니까 3500만이 넘는 사람들이 민족, 인종, 종교, 계급 혹은 개인적 편견에 의해 자행된 학살을 경험한 후, 사람들은 모종의 상실 또는 부당한 상황을 치러야 했다. 불가리아처럼 직접적인 전투가 거의 없었던 나라조차도 정치적 혼란과 이웃 국가와의 폭력적인 언쟁, 나치로부터의 강압 그리고 결국 새롭게 등장한 강대국의 침략에 노출됐다. 이 모든 사건의 한복판에서 적으로 상정한 대상을 증오하는 것은 아주 자연스러운 일이 돼 있었다. 실제로 각 진영의 지도자들과 선동가들은 승리를 위해 '증오'가 필수 무기가 되도록 조장하는 데 6년이라는 긴 세월을 바쳤다. 이 불가리아 공산주의자 의용대장이 소피아대학의 젊은 학생들을 공포에 떨게 할 때 증오는 더 이상 전쟁의 부산물이 아니었다. 공산주의 사상에서 증오는 이미 임무로 격상돼 있었다.

제2차 세계대전이 종결된 직후, 전쟁의 여파 속에서 사람들은 여러 가지 이유로 이웃을 사랑할 수 없었다. 그가 독일인이라면 거의 모든 사람에게 비난받았을 것이고, 독일에게 부역한 자 역시 그만큼 혹독한 대접을 받았을 것이다. 전쟁 직후 대부분의 복수는 주로 두 종류 집단에 집중됐다. 그릇된 신(가톨릭교, 그리스정교회, 이슬람교, 유대교가 섬기는 신)을 숭배하거나 신을 믿지 않는 자. 잘못된 인종이나 국적에 속한 자. 그래서 전쟁 중에 크로아티아인은 세르비아인을 학살했고, 우크라이나인은 폴란드인을 죽였고, 헝가리인은 슬로바키아인을 탄압했다. 그리고 거의 모두가 유대인을 박해했다. 그는 잘못된 정치 신념을 가졌을 수도 있다. 전쟁 중에 많은 파시스트와 공산주의자가 유럽 전역에서 숱한 만행을 저질렀고, 동시에 스스로 잔혹한 탄압을 당하기도 했다. 사실상 두 극단 중 어느 쪽을 선택했든 탄압을 피하기는 어려웠다.

1945년 유럽 대륙 전역에 깔린 비탄의 다양성은 전쟁의 범위가 얼마나 광범위했는지, 그리고 전쟁을 이해하는 우리의 전통적 방식이 얼마나 부족한지를 설명해준다. 제2차 세계대전을 추축국과 연합국 간의 단순한 영토 분쟁으로만 묘사하는 건 충분치 않다. 이 전쟁에서 벌어진 가장 잔학했던 어떤 사건들은 영토와 무

야만 대륙

관한, 인종이나 국적과 연관된 것이었다. 나치는 소련을 단순히 레벤스라움Lebensraum[생활권, 가령 동유럽과 러시아처럼 산업을 위한 1차 원료, 고갈되지 않는 식량, 물자 결핍과 인구 과잉에 대비하기 위한 나치 독일의 식민지 및 보호령 영토]을 위해서만 공격한 게 아니었다. 유대인이나 집시, 슬라브인에 대한 독일 인종의 우월성을 증명하고 싶은 욕망의 표현이기도 했다. 마찬가지로 소련이 폴란드와 발트해 국가들(라트비아, 리투아니아, 에스토니아, 핀란드)을 침공한 목적도 영토를 점령하기 위해서라기보다는 가능한 한 공산주의를 서쪽으로 널리 확장하기 위한 것이었다. 가장 사악한 전투 중 일부는 추축국과 연합국 사이가 아닌, 세계대전을 기회로 오랫동안 쌓인 불만을 표출하려는 각국의 지역 주민들 사이에서 벌어졌다. 크로아티아의 극우 민족주의 집단인 우스타샤는 인종적 순수성을 위해 싸웠다. 슬로바키아인, 우크라이나인, 리투아니아인은 민족해방을 위해 싸웠다. 많은 그리스인과 유고슬라비아인은 군주제 폐지(또는 왕정복고)를 위해 싸웠다. 많은 이탈리아인은 중세 봉건제의 족쇄에서 벗어나기 위해 싸웠다. 그런 까닭에 제2차 세계대전은 단순히 영토를 위한 전통적 분쟁이라 할 수 없다. 이 전쟁은 영토 분쟁인 동시에 인종 전쟁이며, 이데올로기 전쟁이기도 하다. 더욱이 순수하게 지역적 이유로 촉발된 여섯 지역의 내전까지 얽혀 있었다.

나치 독일이 서로 다른 갈등으로 얽히고설킨 어마어마한 분쟁의 한 요소일 뿐이라는 사실을 고려할 때, 독일의 패배로 폭력이 종식되지 못한 것은 당연한 일이다. 사실 독일군이 1945년 5월 항복함으로써 전쟁이 종결됐다는 전통적 시각은 확실히 오해를 심어줄 수 있다. 현실적으로 히틀러의 항복은 단지 전투라는 측면을 끝냈을 뿐이다. 인종과 민족, 또한 정치를 둘러싼 갈등은 그 후 몇 주나 몇 달, 때로는 몇 년 동안 계속됐다. 이탈리아 무장 단체들은 1940년대 후반까지 여전히 파시스트를 상대로 보복을 전개했다. 그리스에서도 독일에 저항하는 세력과 부역자로 맞붙어 싸우던 공산주의자와 민족주의자는 1949년까지 서로의 목을 조르고 있었다. 전쟁이 한창일 때 발흥한 우크라이나와 리투아니아의 빨치산들은 1950년대 중반에 이르도록 게릴라전을 벌였다. 제2차 세계대전은 마치 유럽이라는 바다를 가르며 나아가는 엄청나게 큰 유조선과 같았다. 1945년 5월에 역진시킬 만큼의 엄청난 추진력을 보였으나, 그 격동의 항해는 몇 년이 지나서야 멈출 수 있었다.

게오르기 마르코프가 들려준 이야기에서 불가리아 의용대장이 요구한 '증오'는 상당히 전형적인 의미를 지니고 있다. 이것은 일리야 에렌부르크나 미하일 숄로호프와 같은 소비에트 선전선동가들이 전시 중에 요구했던, 또한 이 시기 내내 소련의 정치 통제 위원들이 동유럽 군부대 내에서 조장하려 했던 것과 똑같은 증오였다. 당시 협박받은 학생이 몇 년 안에 모든 불가리아 학생의 중심 교육이 될 스탈린주의 이론에 대해 조금이라도 알고 있었다면 누가 적인지 확실히 알았을 것이다.

전쟁 직후, 온 유럽에 만연했던 분노와 원한의 분위기는 혁명을 부추기기에 완벽한 환경이었다. 폭력적이고 혼란스러웠지만, 공산주의자들은 이 분위기를 고통스러운 저주가 아니라 공산혁명의 호기로 보았다. 일찍이 1939년 이전에도 자본가와 노동자, 지주와 소작농, 지배자와 피지배자 사이에 긴장이 존재했지만 대체로 지역적이고 단기적인 갈등이었다. 그러나 전쟁은 수년간의 유혈과 빈곤을 불러들였고, 공산주의자들은 이전과는 비교할 수 없는 수준으로 그러한 긴장을 고조시켰다. 절대적으로 많은 인민이 이제 자신들을 전쟁의 구렁텅이로 밀어넣은 구체제를 비난했다. 그들은 적에게 부역한 사업가와 정치인을 경멸했다. 그리고 유럽의 많은 지역이 기아 위기에 처했을 때 전쟁을 이용해 더 잘살게 된 자들을 증오했다. 전쟁이 일어나기 전에도 노동자는 착취당했지만 전쟁 중에는 착취의 정도가 극한에 달했다. 수백만 명의 노동자가 자신의 의지와 무관하게 노예화됐고, 수백만 명이 말 그대로 죽을 만큼 노역에 시달렸다. 전후에 유럽 대륙 전역에서 그토록 많은 사람이 공산주의로 시선을 돌린 것은 뜻밖의 일이 아니다. 이제 공산주의 운동은 과거의 신뢰할 수 없는 정치꾼들을 대신할 신선하고도 급진적인 선택으로 받아들여졌을 뿐만 아니라 고통스러운 시기를 견뎌낸 인민에게 분노와 원망을 분출할 기회를 제공해주기도 했다.

공산당 활동가들에게 선전을 촉구하는 수많은 문서에서 명백히 알 수 있듯이, 증오는 유럽에서 공산주의 성공의 열쇠였다. 공산주의는 독일인과 파시스트, 부역자를 향한 적개심을 키웠으며 귀족과 중산층, 지주와 쿨라크kulak[제정 러시아 때 부농]에 대한 새로운 반감을 심어줬다. 훗날 세계대전이 점차 냉전으로 변화하자 이러한 증오는 미국과 자본주의, 서구에 대한 혐오로 쉽게 전환됐다. 그 대가로 공산주의를 향한 멸시를 받아야 했다.

폭력과 혼란을 기회로 삼은 쪽은 공산주의자들만이 아니었다. 민족주의자들도 전쟁 중에 점화된 긴장이 다른 목적(이들의 경우 국내 인종청소)으로 사용될 수 있다고 느꼈다. 실제로 많은 민족이 전쟁 직후 독일인에 대한 증오를 부추김으로써 수백 년간 동유럽 각지에서 살아온 폴크스도이체Volksdeutsch[폴란드어로 독일계 주민이라는 뜻] 공동체들을 나라 밖으로 추방하는 데 활용했다. 폴란드는 전쟁 당시 증폭된 우크라이나인에 대한 증오를 이용해 추방과 강제 동화 계획을 추진했다. 슬로바키아인, 헝가리인, 루마니아인은 주민 교환에 착수했고, 반유대주의 단체들은 폭력적인 분위기를 조성해 유대인 민족을 유럽 대륙 밖으로 몰아내려 했다. 이들 집단은 중앙유럽과 동유럽에 걸쳐 인종적으로 순수한 민족국가를 건설하려는 목표를 갖고 있었다.

전쟁 직후에 민족주의자들은 목적을 달성하지 못했다. 부분적으로는 국제사회가 이를 용납하지 않았기 때문이기도 하고, 냉전의 요구가 다른 모든 것에 우선했기 때문이다. 하지만 냉전이 끝나고 나자 오랫동안 묵혀둔 민족주의적 긴장이 다시 표면화되기 시작했다. 오래전에 사장된 줄 알았던 문제들이 갑자기 반세기 전의 사건들을 어제 일처럼 보이게 하는 정념으로 되살아났다.

가장 전형적인 사례는 유고슬라비아 공산주의가 몰락한 후에 일어났다. 유고슬라비아는 제2차 세계대전 이후 동유럽에서 소수민족 추방이나 강제 이송 계획을 실행하지 않은 유일한 나라였다. 따라서 여전히 세르비아인, 크로아티아인, 무슬림이 나라 전역에서 공동체를 이루며 살고 있었다. 이것은 1990년대 초 내전이 발발했을 때 참혹한 결과를 초래하고 말았다. 이 국내 충돌(인종청소)의 가해자는 제2차 세계대전과 그 직후의 상황을 근거로 자기 행위에 대한 직접적인 정당성을 주장했으며, 1945년 이래 많은 기억과 민족적 긴장 관계를 되살려냈다. 그들은 의도적으로 전쟁과 그 직후의 범죄 행위를 재현하면서 집단 강간, 민간인 학살, 심지어 거대한 규모의 인종청소에 탐닉한 것이다.

이보다는 덜 극적이지만 중요성은 만만치 않은 사건들이 공산주의 붕괴 이후 유럽의 여러 지역에서 일어났다. 예컨대 2006년 슬로바키아에서 헤드비가 말리노바라는 학생이 모국어인 헝가리어를 사용했다는 이유로 구타를 당했다고 경찰에 진술했다. 이 일이 널리 알려지면서 슬로바키아공화국 내에서 슬로바키아인과 헝가리인 간의 긴장이 재점화됐다. 슬로바키아 내무부 장관은 그 학생이 거짓말을 했다고 비난했고 경찰은 그녀를 위증죄로 고발했다. 두 민족 간의 불편한 관계는 마치 1946년 당시 그대로인 것처럼 보였다.

국경 너머 헝가리에서도 이와 비슷한, 그러나 방심할 수 없는 인종적 증오가 목격됐다. 1940년대 이후로 볼 수 없었던 방식의 반유대주의가 끓어오른 것이다. 2011년 초, 음악상을 수상한바 있는 헝가리인 피아니스트 언드라스 시프는 『워싱턴포스트』에 보낸 편지에, 모국(헝가리)이 집시와 유대인에 대한 혐오가 점점 증가하는 추세로 볼 수 있는 '반동적 내셔널리즘'의 물결에 휩쓸리고 있다고 주장했다. 헝가리 우익 매체는 이 신랄한 풍자를 무시하듯, 그런 죄상으로 헝가리를 비난할 수 있는 대상은 오로지 유대인뿐이라고 화답했다. 가령 졸트 바예르는 일간지 『마자르 힐랍Magyar Hírlap』에 이렇게 썼다. "영국의 어딘가에서 코헨이라고 불리는 구린내 나는 똥덩어리가 헝가리에서 '메스꺼운 악취가 풍긴다'고 썼다. 코헨, 그리고 콘-벤디트, 또한 시프 (…) 유감스럽게도 그들은 모두 오르고바니숲에서 산 채로 목까지 파묻히지 않았다." 이런 정서는 최근 유럽 각지에서 되살아난 반유대주의가 단지 중동에서 새롭게 형성된 긴장 관계의 산물이 아님을 대변한다. 유대인을 향한 전통적 형태의 증오는 여전히 건재해 있었다. 공산주의 몰락 이후 체코, 폴란드, 헝가리에서 유독 집시에 대한 증오가 증가한 것도 마찬가지라 할 수 있다. 2011년 가을, 불가리아에서는 집시에 대한 인종차별적 시위가 벌어진 뒤 큰 혼란이 발생했다.

이런 문제들의 재등장은 1940년대 민족주의자들이 인종적으로 균질한 국가를 만들려 시도한 게 옳았다는 생각으로 끌어들인다. 물론 슬로바키아나 헝가리 같은 국가에 다른 소수민족이 없었다면 그런 문제는 발생하지 않았을 것이다. 이런 아이디어는 명백한 도덕적 결함이 있지만, 그와는 별개로 인종적으로 균질한 민족국가는 건설하기 어렵다는 사실을 간과한 것이다. 전쟁 직후 폴란드는 국내의 독일인, 유대인, 우크라이나인을 추방하거나 박해함으로써 이 방향에 가장 근접했다. 하지만 원하는 대상을, 특히 폴란드 사회에서 가장 깊게 뿌리내린 우크라이나인 소수민족을 모

야만 대륙

조리 추방하기란 불가능한 것으로 판명됐다. 결국 폴란드인들은 물의를 일으킨 강제 동화 프로그램인 비스툴라 작전에 기대어 우크라이나인 공동체를 해체하고 그들을 폴란드 북부와 서부에 뿔뿔이 분산시켰다. 이 억압적 조치는 당시 완전한 성공으로 여겨졌지만, 오늘날에는 그런 동화 계획이 효과적이지 않았다는 사실이 명백해지고 있다. 1990년대 이후 렘코스인과 우크라이나인은 점차 자신들의 민족 공동체적 권리를 주장해왔다. 그들은 정치 로비 단체와 압력 단체를 만들어 전쟁 후 몰수당한 재산을 돌려줄 것을 거듭 촉구해왔다. 결국 비스툴라 작전은 소수민족 문제를 해결한 게 아니라 미래에 닥칠 새로운 문제들을 비축해놓은 꼴에 지나지 않았다.

설령 한 국가에서 어느 소수민족을 모두 추방했다 한들 문제가 완벽하게 해결될 수 없다는 건 명확하다. 전후에 발생한 강제적 민족 이송 사건 가운데 가장 광범위하고 철저한 경우는 폴란드와 체코슬로바키아를 비롯한 여러 나라에서 독일인을 추방한 일일 것이다. 이 일은 이후 독일에서 잊을 수 없는 분노를 불러일으켰다. 추방당한 사람들은 1950년대부터 1980년대까지 독일에서 가장 강력한 압력 단체 중 하나를 결성했다. 루시어스 클레이(독일 미군정 장관) 장군의 말을 빌리면, 이 단체는 "대체로 보수적이었고, 확실히 고향으로 돌아갈 계획"이었다. 폴란드 국내의 렘코스인 및 우크라이나인과 마찬가지로, 그들은 전쟁 직후 빼앗긴 토지와 재산을 돌려달라는 로비 활동을 벌이고 있다. 이 추방자들의 요구에 대응해야 하는 상황은 동유럽 국가 정부들을 두렵게 했다. 가령 2009년 체코의 바츨라프 클라우스 대통령은 유럽연합에 새로운 권한을 부여한 리스본 조약에 서명하기를 거부했다. 왜냐하면 이 조약의 특정 내용을 토대로 독일인들이 체코에 대한 법적 청구를 제기할지도 모른다는 우려 때문이었다. 클라우스는 관련 조항들을 선택적으로 취사선택할 수 있는 권한을 부여받을 때까지 몇 주 동안 서명을 보류했다. 전쟁 직후, 독일인 추방은 체코슬로바키아의 소수민족 문제를 해결하는 방안이 되기는커녕 문제를 수출했을 뿐이었다.

어떤 사람들은 세대가 교체됨에 따라 추방자 문제가 사그라지기를 기대할지도 모르겠으나, 안타깝게도 그런 상황으로 이어질 것 같지 않다. 독일이나 다른 국가들에서 가장 시끄러운 '추방자'의 상당수는 실제로 쫓겨났던 피해자가 아닌 그들의 자손들이다. 크림반도에서 무슨 일이 일어났는지 살펴보는 것만으로도 민족주의적 긴장이 어떻게 자손에게 전달되는지를 알 수 있다. 1944년 소수민족 크리미아 타타르Crimean Tatar는 스탈린에 의해 크림반도에서 강제 퇴거를 당했다. 전쟁 중 대독 부역한 대가로 스탈린이 그들을 구소련 중앙아시아 전역으로 분산시키라고 명령한 것이다. 1991년 소련이 해체된 후 25만 명의 타타르인이 고향인 크림반도로 귀환하기로 결심했고, 크림반도의 버려진 폐가로 이사해 가옥들을 수리했다. 공터에 무허가 정착촌을 형성하면서 우크라이나 당국에 합법적인 점유자로 등재해줄 것을 지속적으로 요청했다. 그들은 자신들을 강제 퇴거시키고자 위협하는 우크라이나 경찰에게 격렬히 저항했으며 일부는 몸에 휘발유를 끼얹고 불을 붙이

야만 대륙

기도 했다. 이 '귀환자'들의 놀라운 점은, 그들 중 대다수는 엄밀히 말해서 '귀환'이 아니라는 사실이다. 즉 그들은 중앙아시아에서 태어나고 자란 후세대로, 한 번도 살아본 적 없고 환영받지도 못하는 (민족적) 고향이자 모국으로 이사하기 위해, 중앙아시아에서의 부유하고 안온한 삶을 포기한 것이다.

민족 신화의 중요성

쫓겨난 자들을 '고향(모국) 회귀'로 몰두하게 만드는 원동력은 그들이 접했거나 공동체 곳곳에서 반복적으로 전해진 이야기와 신화에서 비롯된다. 어머니의 품에서 젖을 빨면서 강제 이송의 고통을 함께 흡수한 타타르인들은 60년이 넘는 세월에 걸쳐 이 이야기를 수없이 들어왔기 때문에 그들에게 크림반도란 거의 '약속의 땅'과 같은 곳이 돼버렸다. 어느 타타르인은 "소련인에게 1930년대, 1940년대, 1950년대는 흘러간 역사다. 크리미아 타타르인에게 그 세월은 현재다. (…) 그들은 역사의 한복판에서 살아가고 있다"라고 했다. 마찬가지로 독일인 추방자들은 서쪽을 향한 고난의 행군에 대해 끝없이 회상한 반면 우크라이나인은 비스툴라 작전의 잔인한 야만성을 어제 일인 양 입에 올린다. 이런 이야기가 이토록 반복되는 까닭은 단순한 과거 사건이기 때문이 아니라 어떤 목적이 내재해 있기 때문으로, 그들에게는 민족을 하나로 단결시키는 접착제와 같은 것이다.

서방측 국가도 이러한 신화 구축에서 예외는 아니다. 노르웨이인, 덴마크인, 벨기에인, 프랑스인, 이탈리아인은 제2차 세계대전 중에 겪은 부조리에 관한 이야기들을 재구성해왔고, 그것들을 끊임없이 반복함으로써 모든 국민이 파시스트와 나치 침략자에 맞서 단결했다는 인식을 창출할 수 있었다. 한편으로는 수십 년간 광범위하게 대독 부역자 노릇을 했다는 불편한 진실을 간편하게 은폐했다. 부역자들 또한 해방 이후 자신들이 겪었던 불의에 관한 신화를 쌓아왔다. 무고한 정치적 우파 구성원이 당했던 극단적인 폭력이 끊임없이 반복되는 경우, 그들의 정치 신념과 무관하게 모든 국민이 똑같은 고통을 받았다는 인상을 심어주기 때문이다.

승자들에게도 독자적 신화가 존재한다. 영국에서 제2차 세계대전은 이미 하나의 '국가 산업'이 되었다. 텔레비전에서는 이 전쟁에 관한 영화, 드라마, 다큐멘터리가 끊임없이 방영되었고, 관련 책들이 베스트셀러 목록을 장식했다. 이 전쟁은 월드컵 기간에 영국 축구 팬들의 구호와 노래로, 또는 국가 행사에서 스핏파이어즈 Spitfires 전투기와 랭커스터 폭격기의 편대 비행 같은 형식으로 출현한다. 미국인과 마찬가지로 영국인은 제2차 세계대전을 자신들의 '가장 위대한 세대'가 나치즘이라는 악으로부터 세계를 구원한 시기로 회고한다. 미국인이든 영국인이든 사실상 단독적으로 위업을 달성한 것이라 믿고 싶어 한다. 가령 영국 국민은 1940~1941년의 브리튼 전투[1940년 영국을 침공한 독일 공군을 무력화시킨 공중전]에서 영국만 고군분투했다고 기억할 뿐, 영국을 수호한 전투기 조종사 중 20퍼센트가 폴란드, 체코슬로바키아, 벨기에, 프랑스 또는 대영 제국의 여러 지역 출신이라는 사실을 인정하는 경우는 거의 없다.

이토록 사랑받는 신화들의 문제점은 다른 사람이 똑같이 소중히 여기는 신화들과 충돌할 수밖에 없다는 것이다. 한 사람의 원한은 다른 사람의 정의가 되기 마련이다. 주데텐 지방의 독일인은 체코 국경지대로부터 추방당한 과거를 잔혹한 시기로 기억하겠지만, 체코인은 그것을 역사적 오류를 바로잡은 때로 기념한다. 폴란드에 거주하는 일부 우크라이나인이 비스툴라 작전을 사과한 진보 언론을 칭찬할 때 우크라이나에 거주하는 일부 폴란드인은 이를 민족적 배신으로 간주한다. 그리고 영국인이 독일군 공습에 맹위를 떨친 랭커스터 폭격기를 자긍심의 상징으로 여길 때 많은 독일인은 그것을 무차별적인 파괴의 상징으로 떠올린다.

세르비아 신문 『브레메Vreme』의 한 칼럼니스트는 옛 유고슬라비아가 붕괴된 직후에 이렇게 썼다.

복수 혹은 용서. 기억 혹은 망각. 전후에 출현한 이런 도전들은 결코 하느님의 정의에 따라 실행되지 않았다. 더 많은 부조리한 복수와 부당한 용서가 있었을 거라는 말이다. 이미 기억과 망각의 정책은 평화와 안정에 이바지할 수 있는 방식으로 추구되지 않았다. 세르비아인은 바로 크로아티아인이나 보스니아인이 기억하고 싶은 것들을 잊고 싶을 테고, 그 반대의 경우도 마찬가지다. 우연히 양쪽의 누군가가 동일한 사건을 떠올릴 때 한쪽에게 그것은 범죄이고 다른 쪽에게는 영웅적인 행동이다.

이러한 정서는 제2차 세계대전 직후의 세계와 동유럽 국가 대부분에게도 적용된다.

민족 신화를 되풀이하는 데 따르는 또 다른 문제는, 아무래도 반쪽짜리 진실이어서 진위가 불분명하거나 새빨간 거짓말과 뒤섞여버려 확실히 해명하기가 불가능하다는 것이다. 그러나 억울하게 느끼는 자들에게 중요한 건 사실적 내용이 아니라 감정적 동조다. 이 책에 인용된 거의 모든 통계는 어떤 민족 단체나 서로 다른 조직에 의해 이의가 제기된 것이다. 예컨대 독일인 추방자 단체들은 지금도 독일인이 동유럽에서 강제 퇴거를 당할 때 200만 명이 대학살됐다고 주장한다. 하지만 그들이 인용했다고 주장하는 정부 통계 수치상으로도 사실이 크게 왜곡됐음을 알 수 있다. '홀로코스트'라든가 '제노사이드' 같은 용어가 그 실제적 의미를 깊이 헤아리지 않은 채 남용되고 있으며, 왐비노비체와 시비엥토휘비체와 같은 폴란드 내 감금수용소가 '절멸수용소'로 분류돼 마치 그곳들에서 사망한 수백 명이 무슨 이유에서인지 소비보르, 벨제크, 트레블링카에서 삽으로 사체 소각로에 내던져진 수백만 명과 동등하게 언급되고 있다.

경쟁 관계에 있는 유럽의 민족 집단들은 일상적으로 자신의 통계를 홍보하면서, 현실적 개연성을 무시한 채 경쟁국의 통계를 폄훼한다. 그리하여 보편적으로 전쟁 당시 우크라이나인 민족주의자들에 의해 6~9만 명의 폴란드인이 살해되었다는 통계치는 양쪽 역사가들에게 무시되고 있다. 폴란드에서는 이 수치에 5를 곱

하고, 우크라이나에서는 그것을 5로 나눈다. 마찬가지로 세르비아도 항상 자국의 전시 사망자 수를 70만 명이라 부풀려왔고, 크로아티아 역시 유고슬라비아에 의해 희생된 수치를 과장되게 끌어올렸다. 서방의 여러 정파도 가짜 통계를 즐겨 사용한다. 프랑스 우익은 전후에 레지스탕스가 냉혹하게 살해한 비시 정권 지지자가 10만5000명이라고 수십 년 동안 이야기하고 있지만, 현재 받아들여지는 수치는 수천 명에 불과하다. 이렇듯 엉터리 수치들이 널리 퍼져 있는 탓에 가끔 엄격한 역사학자들조차 그 수치를 그대로 인용함으로써 널리 퍼뜨리는 우를 범한다.

이런 신화와 허위 수치가 소수자인 민족 집단과 정치집단의 반감을 부추기는 정도라면, 그것이 주류 세계로 침투되었을 때는 훨씬 심각한 적대감을 불러일으킨다. 20세기 말부터 유럽 전역은 우경화가 현저해졌고, 극우 조직은 제2차 세계대전 이래 그 어느 때보다 더 큰 영향력을 행사하고 있다. 이런 극우집단들은 나치와 파시스트가 일으킨 반인류적 폭력의 악순환에 대한 책임을 좌파 경쟁자들에게 전가하려 한다. 하지만 극우파가 특정 역사관을 조장하기 시작한다면, 우리는 과거에 공산당이 똑같은 일을 저질렀을 때 익숙해졌다는 사실을 경계해야만 한다.

역사는 정치적 이득을 위해 어떻게 이용돼왔을까? 가령 2005년 이탈리아 정부 각료들이 새로운 국가 추모기념일을 공표한 데서 확인할 수 있다. 그들이 기념하고자 한 사건은 1945년 이탈리아 북동부의 국경지대가 유고슬라비아 빨치산에 의해 점령당할 때 벌어졌다. 유고슬라비아의 다른 지역에서 일어난 만행과 유사한 인종청소의 광풍 속에서 수천 명의 이탈리아 민간인이 학살되거나 깊은 협곡에 산 채로 내던져졌다. 당국은 이 사건이 발생한 60주년을 기념하고 유고슬라비아와 이탈리아 동북 국경 문제에 관한 조약 체결을 기해 일련의 축전 의식을 가질 계획이었다. 그리고 유고슬라비아인이 잔학 행위를 저지른 곳인 트리에스테에서 일부 축전 의식이 거행하기로 했다. 그런데 이탈리아 외무부 장관 잔프랑코 피니가 이 의식에 참석함으로써 물의를 빚었다. 그의 소속 정당인 국민동맹은 전후 네오파시즘 운동의 계승자였기 때문이다.

공식 기념일 연설에서 실비오 베를루스코니 총리는 국민을 향해 말했다. "우리가 20세기를 회고할 때 잊고 싶은 역사의 페이지가 우리 눈에 들어옵니다. 하지만 우리는 잊을 수도 없고 잊어서도 안 됩니다." 이런 식으로 역사를 소환함으로써 이탈리아 정부는 극히 선택적으로 기억하고 싶은 것을 골라냈다. 1945년 수천 명의 이탈리아인이 유고슬라비아인 빨치산에게 학살당한 건 사실이지만, 4년 전으로 거슬러 올라가보면 악순환의 사태를 불러일으킨 쪽은 유고슬라비아인도 공산주의자도 아니었음을 알 수 있다. 애초에 유고슬라비아를 침공한 이탈리아 파시스트가 먼저 잔학 행위를 저질렀고, 전시 유럽에서 가장 역겨운 정권에 속하는 우스타샤를 집권시켰다.

사실 기념 활동은 '역사'와 관련되었다기보다는 오히려 '정치'와 밀접한 경우가 더 많았다. 이탈리아가 동유럽의 이민자 유입에 신경을 곤두세우고 있을 때, 이탈리아 민족주의자들은 손쉽게 슬라브인 이웃을 악인으로 묘사할 수 있었다. 그러나 이것은 단순히 외국인을 악마화하려는 시도 이상이었다. 모든 기념행사는 아우슈비츠 해방 국제기념일이 열린 뒤 일주일 만에 개최됐다. 이탈리아 국내에서도 홀로코스트가 발생했다는 것을 의도적으로 보여주려는 기획이었다. 이탈리아인은 스스로 희생자로 분장하고, 이웃 나라에게 잔학 행위의 가해자 역할을 맡도록 한 것이다. 마찬가지로 잔프랑코 피니가 이탈리아 국민이 파시스트 만행의 희생자라는 전통 관점에 도전했다는 점을 짚고 넘어갈 필요가 있다. 이런 기념 활동에서 악당은 정치적 우파가 아니라 좌파였다. 이것은 잔프랑코 피니의 전임자인 이탈리아 파시스트들의 전쟁범죄를 세탁하려는 교활한 방식이었다.

유럽에서 전쟁과 그 직후에 발생한 사건들을 계속 기념하는 한 경쟁 관계의 민족이나 정치집단 간의 혐오와 적대감은 존재할 것이라고 일부 역사가들은 생각한다. 2005년의 기념 활동은 확실히 이탈리아가 그 북동쪽 이웃 국가와 우호 관계를 형성하는 데 아무 도움이 되지 않았다. 어쩌면 "과거를 기억하지 못하는 자는 과거를 반복하게 마련이다"라는 조지 산타야나의 유명한 격언을 뒤집어야 할지 모른다. 우리가 과거를 반복하는 운명에 처하게 된 이유는 우리가 과거를 기억하기 때문이라고. 우울하게도 최근 20년 동안 민족주의적 혐오가 다시 등장한 현상은 이것이 거짓이 아님을 증명하는 것일지도 모르겠다.

하지만 내가 정말로 역사를 기억하는 것이 혐오 반복의 원인이라고 믿었다면 이 책을 쓰지 못했을 것이다. 오래된 전쟁의 폐허에서 잔해더미를 들춰내거나 수많은 반목의 근원인 이야기들을 반복적으로 서술하는 행위는 말할 수 없이 무책임한 일일 테니까. 모두가 이 주장의 논리를 인정한다면, 이 시기에 관한 그 어떤 책이나 신문 기사, 영화, 텔레비전 다큐멘터리도 존재해서는 안 된다. 이러한 이야기가 한 세대에서 다른 세대로 전달되는 것은 악순환을 반복하는 것과 다름없다. 기념, 심지어 기억 그 자체도 죄가 된다. 유일하게 도덕적인 정책은 고의적인 망각밖에 없을 것이다.

하지만 망각은 선택사항이 아니다. 우선 이 책에 언급한 중대한 사건들을 잊는다는 것은 불가능하다. 냉전 기간에 '문화적 기억'을 억압하려는 공산당의 온갖 노력이 보여줬듯이, 과거를 잊으려는 시도는 더 큰 분노로, 궁극적으로는 위험한 사실 왜곡으로 이어질 뿐이다. 왜곡된 사실은 실제 사실보다 훨씬 더 위험하다. 더욱이 우리는 잊으려 해서도 안 된다. 우리를 둘러싼 세계를 구성해온 사건들, 또한 오늘날의 세계를 계속 형성하고 있는 사건들은 역사학자들뿐만 아니라 모든 사람에게 중요하다. 민족적 차원뿐만 아니라 개인적 차원에서도 우리를 '현재의 우리'로 만든 것은 과거에 대한 우리의 기억이다.

전후 초기는 우리 현대사에서 가장 중요한 시기 중 하나다. 제2차 세계대전이 구대륙을 파괴한 것이라면, 전후의 변화무쌍한 혼돈은 신유럽을 형성한 것이다. 폭력과 복수로 충만한 이 시기에 우리에겐 많은 희망, 포부, 편견, 원한이 생겨났다. 오늘날의 유럽을 진정으로 이해하고 싶다면 우선 이 결정적인 신유럽 형성기에

야만 대륙

무슨 일이 벌어졌는가를 이해해야 한다. 곤란하거나 민감한 주제를 피하려는 비겁한 시각은 별 도움이 안 된다. 이것들이 바로 현대 유럽을 건축한 토대이기 때문이다.

증오를 불러일으키는 것은 과거의 죄행을 기억하는 행위가 아니라 그것을 기억하는 '방식'이다. 전쟁 직후기는 우리 모두에 의해 일상적으로 무시되거나 잘못 기억되거나 오용돼왔다. 베를루스코니와 피니의 역사 해석은 이탈리아인들의 악행에 대해 진솔한 인정을 누락한 것이다. 크리미아 타타르인의 역사관은 자신들의 나치 부역을 교묘하게 얼버무리고 있다. 독일인 추방자들은 자신들의 고통스러운 역사를 유대인 고난과 동등한 것으로 대접받으려 하고 있다.

증오와 분노를 이용해 자신의 이득을 얻고자 하는 자들은 하나의 역사 해석과 또 다른 역사 해석 사이의 적절한 균형을 왜곡하여 한쪽의 말만 들으려 한다. 그런 자들은 사건을 맥락 밖으로 떼어내고, 일방적으로 책임을 덮어씌운다. 그러고는 역사 문제가 바로 지금의 문제라고 우리를 설득하려 한다. 증오와 폭력의 순환을 끊어내고자 한다면 우리는 정확히 이런 경향을 배척해야 한다. 그리고 경쟁적인 역사관이 어떻게 서로 공존할 수 있는지를 보여줘야 한다. 과거의 잔학 행위들이 어떤 역사적 맥락(배경)을 형성하고 있는지, 또한 그 책임을 어느 한쪽이 아닌 모두가 짊어져야 하는지를 보여줘야 한다. 항상 진실을 발견하려 노력해야 하며, 특히 통계 숫자를 세심하고 엄격하게 다뤄야 하며, 그 진상을 역사에 기록해야 한다. 결국 이것이 역사다. 과거가 현재를 독살하도록 내버려둬선 안 된다.

오래된 증오를 부활시키는 데 역사가 어떻게 이용됐는지를 증명하는 우울한 사례는 많지만, 역사는 또한 희망의 상징이기도 하다. 인용할 수 있는 많은 예들 가운데 하나를 고르자면, 나는 독일과 폴란드의 관계를 선택할 것이다. 전쟁 직후 독일인과 폴란드인 사이의 증오는 영구적이고 뒤집을 수 없을 듯 보였다. 폴란드인은 자국을 파괴하고 수백만 명의 민간인을 살해하고, 20세기에서 가장 강력한 악의 상징이라 할 수 있는 강제수용소를 자국에 건설한 국가(나치 독일)를 혐오했다. 그 대가로 수백만 명의 독일 민간인이 강간 및 살해당했으며, 포메라니아, 실레지아, 동프로이센에 있는 가옥과 농장이 약탈당하고, 국제사회가 폴란드에 할양해 수천 평방마일의 독일 영토가 사라지는 것을 지켜봐야 했고, '슬라브족'의 잔학성에 쓰라린 원한을 품었다.

그런데 1965년 폴란드 가톨릭 주교들이 독일에 화해와 용서를 청했다. 1970년에는 폴란드와 서독 사이에 조약이 체결됐다. 수백만 명의 폴란드인이 가까운 이웃 국가를 방문해 보통 독일인들이 어떤 삶을 누리고 있는지 두 눈으로 직접 둘러보았다. 역사 교과서를 개정하고, 부정확한 통계를 바로잡고, 역사적 사건들이 정치적 이유로 버젓이 조작되는 사태를 막기 위해 동시에 폴란드-독일 위원회가 설립됐다. 과거 사건들이 망각되지 않은 채 적절한 맥락 속에 놓이게 됐다. 오늘날 독일인과 폴란드인은 일반적으로 서로를 우호적으로 여기고 있다. 잔존하는 증오의 흔적은 소규모 집단들(즉 한쪽은 추방자, 다른 한쪽은 구세대 폴란드인)에게 국한돼 있다. 이들은 현재 육체적 죽음과 함께 설 자리를 잃어가고 있다.

폴란드와 독일 양국의 젊은이들에게 전쟁과 그 직후의 일은 더 이상 한 맺힌 응어리가 아니다. 가끔 축구 경기가 벌어지는 동안 민족적 경쟁이 되살아날 수도 있겠지만, 폴란드인과 독일인 축구팬들의 노래와 구호는 그저 축구와 마찬가지로 스포츠일 뿐이다. 정치 위원들과 퇴역군인들이 의무로써 요구했던 유형의 옛 원한은 지금의 젊은이에게는 먼 과거사에 지나지 않는다.

감사의 말

이 책을 위한 연구 조사는 기념비적인 작업이었다. 유럽 각지의 숱한 개인과 기관의 방대한 도움을 받지 못했다면 결코 완성될 수 없었을 것이다. 나의 연구에 금전적인 부분을 해결할 수 있도록 선뜻 후원금을 보태준 K. 브룬델 트러스트에게 깊이 감사한다. 그리고 폴란드와 우크라이나의 문서 자료들을 수집하고 번역하는 데 도움을 주고, 전후 사건들에 대한 수많은 폴란드인 목격자들과 연락할 수 있게 해준 요안나 피와트, 바르바라 헤르헨레더, 카시아 피에카르스카, 이레나 콜라르, 안나 플레반에게 큰 신세를 졌다. 체코와 슬로바키아 문헌 자료를 해석하는 데 미카엘라 안델로바, 마르티나 호라츠코바, 다샤 코놀리의 지원이 없었다면 나는 결코 복잡한 내용을 이해할 수 없었을 것이다. 그리고 크로아티아 문서 번역을 도와준 알렉산드라 셜리는 신이 주신 선물이었다. 이탈리아어와 프랑스어, 독일어의 원자료 사이에서 헤매고 있을 때 제니

아만 대륙

콘델, 존 코놀리, 그리고 다국어에 능통한 누이들인 내털리와 사라 덕분에 수월하게 작업할 수 있었다. 나의 장모인 주지 메싱도 헝가리어 서적과 문서의 방대한 구절들을 지칠 줄 모르고 번역해주었다.

유럽과 미국 각지의 수십 개 기관 직원들로부터도 한결같은 도움을 받았다. 둘째가라면 서러울 만큼 광범위한 외국어 소장자료를 보유하고 있는 영국 국립도서관은 특별히 언급하지 않을 수 없다. 또한 앞에서 언급한 일부 연구원들을 소개해준 런던대학 동유럽 슬라브연구소의 리차드 버터위크 박사와 보안 알렉소프 박사에게 깊이 감사드린다. 조사연구 초기에 전문 지식을 사심 없이 공유해준 제국전쟁박물관의 피터 하트에게도 역시 감사의 말을 전한다.

자신의 고통스러운 경험을 진술해야 하는 인터뷰에 응해준 모든 사람, 특히 벤 헬프고트, (성씨는 익명으로 남길 바라는) 안드제이 C, 바바라 팔레올로크, 스테파 바츠코프스카, 한카 피오트로프스카, 마리아 비엘리츠카, 마릴카, 알리크 오소프스키, 즈비그뉴 오그로진스키에게 각별한 감사의 마음을 전하고 싶다. 그들의 참여 덕분에 나의 무미건조한 기록조사가 처음으로 활기찬 생명력을 얻었다.

언제나 그렇듯이, 나의 훌륭한 저작권 대리인들인 유나이티드 에이전트의 사이먼 트레윈과 아리엘라 파이너, 그리고 샌포드 J. 그린버거 어소시에이트의 댄 만델에게 정말로 고마워하지 않을 수 없다. 그들은 내가 가장 무능한 모든 영역에서 큰 도움을 주었다.

동시에 나의 훌륭한 편집자 엘레오 고든에게도 감사해야 한다. 그의 도움이 없었다면 이 책은 두 배로 길어지고 흥미는 반으로 줄어들었을 것이다. 어떤 책에나 매우 필수적인 판매, 마케팅, 홍보, 디자인, 제작에 있어 전문성을 보여준 펭귄 출판사의 무명용사들에게도 당연히 감사의 마음을 전한다. 거의 혼자 힘으로 이 책을 상업적으로 가치가 있게 해준 펭귄 출판사 해외판권 팀에 대해서도 특별히 언급하지 않을 수 없겠다.

마지막으로, 내 인생의 다른 많은 부분에서 그러하듯, 여러 해 동안 나를 도와준 아내 리자의 인내와 사랑 그리고 전폭적인 지원에 가장 큰 감사를 드린다. 그녀 없이는 모든 일이 불가능했다.

옮긴이의 글

1945년 5월 7일 나치 독일이 무조건 항복했다. 여섯 해째 이어진 제2차 세계대전이 끝났다. 한 달 앞서 스위스 바젤 라디오는 휴전을 기념하는 특집 방송을 했다. 여기서 헤르만 헤세는 평화의 염원을 담은 시 「평화를 향하여」에서 부르짖었다. "(…) '평화!'라는 외침이 울린다/ 동화에서처럼, 아이들 꿈에서처럼// (…) 우리 불쌍한 인간들/ 이렇게 선도 악도 행할 수 있으니/ 짐승이고 신들이다! 슬픔이 얼마나 짓누르는가/ 수치심이 오늘 우리를 얼마나 납작하게 하는가! (…)" 전쟁이라는 악을 일삼는 인간은 수치스러운 짐승과 다를 바 없으나, 전쟁을 멈추고 평화를 되찾는 선을 행한다면 신적인 존재이기도 하다는 메시지이다.

하지만 이 책 『야만 대륙』은 전시뿐 아니라 전후에도 인류가 '짐승' 노릇을 계속했다는 것을, 특히 유럽에서 저질러진 헤아릴 수 없는 만행을 통해 고발하고 있다. 전후 세계는 곧바로 "평화를 향하여" 걷기 시작한 게 아니라 분쟁의 '한 국면'이 끝나고 난 뒤에 오히려 "세계대전 종결이 또 다른 잔학행위의 기점"이 되었다고 강조한다. 1945년 5월 '스툰데 눌(0시)' 즉 제로상태가 된 역사가 진보하기 시작했다는 통설을 깨고, 전쟁 직후기는 카오스 그 자체였음을 밝혀낸다.

추축국의 패배는 폭력 종식이 아니라 단지 '하나의 전투 종결'일 뿐 인종·민족·국적·영토·이념 갈등은 이후에도, 심지어 지금까지도 계속되고 있다는 이 수치스러운 사실(세계대전에서 기원한 러시아·우크라이나 전쟁과 이스라엘·하마스 전쟁이 벌어지고 있지 않은가!)을, 폴란드어·체코어·슬로바키아어·크로아티아어·헝가리어·우크라이나어 등 유럽권의 상당수 언어를 다룰 줄 아는 저자답게, 8개여 언어의 1차 원본 자료, 인터뷰, 학술서, 일기, 구전口傳, 지역 민간보고서, 피해자·가해자 개개인의 증언, 목격담, 편지, 통계자료, 참고문헌, 기록문서 등의 믿을 만한 전거를 바탕으로 정리한다. 그리스·유고슬라비아 내전, 동유럽·북유럽에서의 빨치산 전쟁과 국지전, 유럽 각국의 소수민족 인종청소(더구나 중국 내전이나 한국전쟁까지)를 고려하면, 실제로 1945년 이후에도 지구촌에는 일찍이 독일 시인 실러가 탄식했듯이 "전쟁이 또 다른 전쟁을 부양하는" 시대가 이어진 셈이다. 그래서 "놀랍게도 전후에도 전쟁이 끝나지 않은 야만 대륙, 그 전모가 이 책 덕분에 제대로 전달되기까지 거의 70년이 걸렸다(『워싱턴포스트』)"는 평가가 나올 만한 것이다. 왜였을까? 저자는 특히 마셜 플랜(유럽부흥계획)에 초점을 맞춘 서구 역사가와 정치가들이 장밋빛 안경으로 전후 유럽을 긍정적으로 평가하는 경향과 관련이 있다고 지적한다.

이 책은 히틀러의 항복이 가까워질 무렵부터 1940년대 말까지 동안에 초점을 맞추고 있으나, 잔학행위와 관련해서는 20세기 초반까지 거슬러 올라가거나 동유럽 공산화와 냉전, 또한 가깝게는 20세기 후반의 사건(가령 발칸 민족분쟁)까지도 다룬다. 개별 국가·지역 통사通史가 아니라 '전후戰後 세계 현상'을 설명하기 위해 때와 장소를 자유자재로 종횡하는 구성이다. 전체 4부로 부마다 각각 6~8장으로 이뤄졌다. 각 부의 개요를 보자.

세계대전의 여파가 여전하다. 이 진실을 파헤치기 위해 먼저 (제1부) 전쟁이 대학살, 강제 추방, 기아, 도덕적 타락처럼 유럽을 인적, 물질적, 심리적으로 어떻게 파괴했는지 그 규모와 실태, 또한 '부재' 곧 어느 만큼 상실했는지를 묘사함으로써 '전쟁 직후기 혼돈'의 전체상에 다가선다. 전후 유럽 각지를 휩쓴 잔학행위의 상징인 '복수'는 이 책의 일관된 주제인데, 제2부에서 중점적으로 다룬다. 복수의 동기, 논리, 목적, 의미를 톺아보면서 그것이 정치적 이득을 얻기 위해 어떻게 조작됐는지를 밝혀낸다. 물론 저자는 나치주의자, 민족독일인, 부역자, 파시스트 등 전범에 대한 복수의 잔혹함을 지나치게 부각하는 것은, 파울 첼란 시인이 "죽음의 마이스터Meister(전문가)"라고 언명한 나치의 반인륜적 범죄가 희석될 위험성도 있다고 경계한다.

제3부 '인종청소'에서는 유고슬라비아, 헝가리, 폴란드, 체코슬로바키아를 비롯한 동유럽과 구소련에서 자행된 민족정화를 주로 다룬다. 전후에도 범유럽적 폭력은 인종적으로 균질한 국가를 만

들기 위한 강제적 인구이동과 소수민족 학살, 강제 동화정책, 반유 대주의였음을 검토하는 것이다. 가령 승전국은 유럽에 새로운 국경선을 긋고 민족 대이동을 벌였다. 이것은 미래의 적대 행위를 방지하기 위한 '선의'였지만 도리어 우크라이나인, 헝가리인, 폴란드인, 슬라브인과 관련된 12가지의 인종청소라는 잔인한 결과를 낳고 말았다. 제4부 '내전'에서는 프랑스, 이탈리아, 유고슬라비아, 그리스, 폴란드, 루마니아, 발트해 연안 국가들에서 벌어진 다양한 유형의 내전 사례를 논의한다. 또한 대독 부역 여부와 무관하게 오래전부터 계속돼온 계급 갈등을 통해 제2차 세계대전이 영토전쟁일 뿐만 아니라 이데올로기 전쟁이기도 했다는 측면을 상기시킨다.

저자는 발트해부터 지중해까지 '폭력'이라는 키워드로 유럽 각국의 내부 모순이 어떻게 분출되었는지를 꼼꼼히 서술하면서, 전후에도 오랫동안 야만성이 지속된 까닭은 연합군과 추축국 사이의 대충돌 뒤에 개별 국가·지역마다 다른 목적과 동기를 가진 인종·민족·계급·이념·영토·종교 차이에 의한 국지적 갈등이 숨어 있었기 때문이라고 분석한다. 그리고 이 전후 폭력은 "본질적으로 제2차 세계대전의 마지막 발작이었고, 냉전의 시작과 밀접하게 맞물린 사례"라는 걸 입증한다. 그래서 이 책을 관통하는 관점은 '제2차 세계대전 직후기'가 인류사에서 가장 중요한 시기 중 하나이며, 현 유럽(과 세계정세)을 진정으로 이해하기 위해서는 먼저 이 결정적인 '현대 유럽 형성기'에 무슨 일이 벌어졌는지, 또한 그것이 전후 사회를 어떻게 변화시켰는지 파악해야 한다는 것이다. 가령

야만 대륙

'유대인 대탈주(팔레스타인에 이스라엘 건국)' 결과로 빚어진 오늘날의 중동 전쟁, 세계 곳곳에서 다시 표출되는 유대인 혐오 정서, 코소보와 세르비아 간 일촉즉발의 분쟁 등 현재 진행형 불화의 근간에 있는 것을 찾기 위해서는 전시와 전후 시기에 대한 이해가 필수적이고, 또한 증오와 폭력의 악순환에 종지부를 찍기 위해서는 서로 경쟁적인 역사관이 나란히 존재할 수 있음을 보여줘야 한다고 주장한다.

전후 유럽사에 관한 책은, 세계대전 그 자체를 대상으로 하는 저작의 풍부함에는 미치지 못하지만 최근 들어 점점 충실해지고 있다. 대부분 '전후'라는 비교적 긴 기간 동안 나치즘(파시즘)과의 결별 과정, 전쟁이 남긴 부정적 유산에 대한 다양한 대처, 피해자 보상 등에 관한 기술에 주력해왔을 뿐, 이 책처럼 '전쟁 직후기'의 폭력과 혐오, 잔학 행위의 기술에 많은 페이지를 할애한 서적은 거의 찾아볼 수 없다(한국에서도). 물론 토니 주트의 『전후 유럽』을 비롯한 몇몇 유사한 서적과 관심사가 겹치긴 하지만 '전쟁 직후기'를 두세 장으로 요약하는 게 아니라 '책 한 권 분량의 주제'로 논했다는 점은 이 책의 가장 큰 특징이자 유일무이한 연구 성과이기까지 하다.

공간적으로도, 이 책은 영국해협과 스칸디나비아반도에서 지중해 및 우랄산맥에 이르기까지 광범위한 지역을 아우르고 있으며, 특히 동유럽권 국가나 옛 소비에트 연방(특히 벨라루스, 우크라이나, 발트 3국)의 자료를 상세히 서술한 것이 큰 미덕이다. 곧 '동·서·남·북 유럽(및 러시아, 이스라엘)'을 총망라한 '야만의 전후 유럽 잔혹사(흑역사)'라 할 수 있다. 그런 까닭에 이 책만큼 제2차 세계대전 직후에 벌어진 복수, 내전, 인종청소, 강간, 강제 집단이주 문제를 '서구·동유럽·북유럽·남유럽(이스라엘까지)·러시아적 각도를 아우르는, 깊고 광범위한 총체성'으로 파헤친 다른 저서는 찾아볼 수 없다는 평가를 받았다. "편협한 서유럽(이나 미국)의 시각에서 벗어나야 했기 때문에, 전 유럽 국가의 역사 문헌 자료를 많이 채용하고, 정치 이데올로기로 인한 역사적 미스터리, 날조된 부실한 데이터 등을 타파해서 보다 전면적이고 성찰적인 역사를 독자 앞에 펼쳐 보여"주고자 한 저자의 노력이 결실을 본 셈이다. 유달리 '탈서구'의 관점인 까닭이다.

저자가 이 책을 쓰게 된 주된 목적 중 하나는 전후 세계에 관한 대부분의 저술을 지배하는 견해, 즉 '편협한' 서구적 시각에서 탈피하는 것이었다. 물론 그런 편향성에는 동유럽에 대한 정보를 구하기가 (심지어 동유럽권 자체에서마저도) 어려웠다는 이유가 있었다. 소련이 붕괴하고 위성 국가들도 와해된 후로는 옛 공산권 정보에 손쉽게 접근할 수 있게 되었지만, 그럼에도 불구하고 원자료들은 은밀하고 불명료한 경향이 있으며 주로 학술서와 학술잡지에서만 볼 수 있었다. 더욱이 대개는 원저자의 현지어로 쓰인 것만 볼 수 있었다. 그래서 폴란드, 체코 또는 헝가리의 저자들이 선구적 작업을 수행했으나 그나마도 현지어를 아는 독자만 접근할 수 있었고, 대체로 아카데미즘의 틀 안에 머물러 있다. 이 점이 바로 저자가 글을 쓰게 된 또 다른 이유, 즉 일반 독자를 위해 전후 시대를 생생하게 그려내는 길로 이끌었다. 전후 시기를 '유럽의 기적'이라고 찬미하는 서구 학자들이 등한시했거나 논의하지 않았던 주제들을, (비록 지금까지 개개의 사례들이 서로 다른 책들에서 산발적으로 논의돼왔지만) 이 책 한 권 속에서 개관하여 묘사하고 있다는 점도 큰 의의다.

한국 독자에게는, 제3제국 동부에서 벌어진 추방자에 대한 폭력, 독일인 여성 강간, 독일인 절멸수용소, 폴란드 키엘체 유대인 학살, 크로아티아 우스타샤의 세르비아인·무슬림 홀로코스트, 블라이부르크 비극, 슬로베니아 마리보르 대학살, 리투아니아 '숲의 형제들'의 반공 저항활동, 칼니슈케스 전투와 같은 발트 3국 반소련 항쟁, 북유럽에서의 독일계 아동 추방, 동유럽 소수민족의 인종청소, 폴란드인과 우크라이나인의 민족 갈등, 그리스 내전 등을 상세하게, 혹은 처음으로 확인할 수 있다는 점에서 자못 한국어판 출간 의미가 큰 듯하다.

이 글을 쓰고 있는 동안에도 중동과 동유럽에서 참혹한 전쟁이 벌어지고 있다. 세계대전 전시와 전후에 벌어진 것과 똑같은 유형의 반인도적 폭력이 되풀이되고 있어 섬뜩하다. 이 두 개의 전쟁 또한 제2차 세계대전과 그 전후기에 근본적으로 기원을 두고 있다는 점을 이 책을 읽는 독자라면 뼈저리게 이해할 수 있을 터이다. 그래서 이 책은 오늘날까지 이어지는 '분쟁의 화약고(가령 발칸반도, 팔레스타인, 한국과 대만 등)'에 대한 관심 그리고 새로운 동서 진영 구도(서구와 비서구의 신냉전)를 이해하는 데 중요한 힌트를 제공하고 있다. 일본 천황제 군국주의가 일으킨 태평양 전쟁 종결 직후의 아시아 상황을 중점적으로 꼼꼼하게 다룬 '아시아판 전후 야만사^史'도 출간됐으면 하는 바람이다.

✥

번역의 기술적인 측면도 언급하고 싶다. 이 책 내용의 범위는 유럽 전역이기에 그 많은 나라와 지역의 인명과 지명, 조직명 등 고유명사의 한국어 표기를 결정하는 데 어려움이 따랐다. 현지어 발음을 모르는 낱말은 전 세계 언어 가이드 사이트인 'Forvo(www.forvo.com)'를 애용했다. 이곳은 세계인들이 참여해 자기 나라의 언어를 현지 발음으로 제공해준다. 특히 동유럽권 언어를 몇 번씩이나 돌려 들으면서 최대한 현지 원음에 가깝도록 기입했지만, 일부는 우리식 관용을 따랐다. 얼추 두 해 전, 푸틴이 우크라이나를 침공한 뒤로 한국 매체에서는 우크라이나의 고유명사를 소련식으로 명명하던 방식을 현지어로 바꿔 표기하기 시작했다. 하지만 이 책은 저자가 '지명에 관한 주석'에서 밝힌 바와 같이, 제2차 세계대전 전시와 전후 당시에 "일반적으로 받아들여졌던" 표기 방식을 사용했다(가령 우크라이나 수도인 키예프는 러시아어이고 우크라이나어로는 '키이우'이지만, 이 책은 키예프로 표기). 한국어판도 저자의 방식을 따랐다.

솔직히 이토록 잔인한 폭력에 관한 저작을 한국어로 옮긴다는 그 자체가 고통스러울 정도였다. 심지어 어느 대목에서는 식사 전후에 번역 일을 못 할 지경이었다. 이 책을 옮기는 동안 인간의 본성은 악한가, 선한가? 성악설과 성선설 사이에서 성악설 쪽으로 기울기까지 했다. 인간은 희망일까? 저주일까? '유대인 재산 쟁탈전(17장)'처럼 생환해온 유대인의 재산을 가까운 보통 이웃들이 먼저 차지하려고 비릿한 싸움을 벌이는 광경을 보노라니, 한나 아렌트가 제기해 이제는 너무나 유명한 '악의 평범성banality of evil'이라는 개념을, 이 책 곳곳에서 악의 보편성, 악의 사회성, 악의 일상성으로도 바꿔 쓸 수 있겠구나, 하는 생각도 들었다.

마지막으로 번역 완성까지 애초 예정을 대폭 초과(특히 동유럽권 고유명사 표기에 많은 시간을 할애해)했지만, 매우 참을성 있게 기다려주신 글항아리 출판사에 이 자리를 빌려 깊은 감사를 드린다.

2023년 가을, 봉산 아래에서
옮긴이

옮긴이의 글

참고문헌

ARCHIVES

Archives Nationales, Paris

Archiwum Pan´stwowe (AP – State Archive), Szczecin

Archiwum Wschodnie, Ósrodek Karta (AWK – Eastern Archive), Warsaw

Bundesarchiv, Koblenz

Centralne Archiwum Wojskove (CAW – Central Military Archive), Warsaw
   Imperial War Museum, London, Department of Documents (IWM
   Docs) and Sound Archives (IWM Sound)

The National Archives of the United Kingdom (TNA: formerly known as
   the Public Record Office), London

Polski Os´rodek Społeczno Kulturalny (POSK – Centre for Polish Arts and
   Culture), London

The Sikorski Institute, London

United Nations Relief and Rehabilitation Administration (UNRRA) ar-
   chives, New York

United States Holocaust Memorial Museum, New York

US National Archives and Records Administration (NARA), Maryland,
   USA Zentrum gegen Vertreibungen, Berlin

OFFICIAL PUBLICATIONS

Biuro Odszkodowan´ Wojennych przy Prezydium Rady Ministrów, *Sprawozdanie w Przedmiocie strat i szkód wojennych Polski w latach 1939–1945* (Warsaw, 1947)

Burger, G. C. E., J. C. Drummond and H. R. Stanstead (eds.), *Malnutrition and Starvation in Western Netherlands September 1944–July 1945* (The Hague: General State Printing Office, 1948)

Centraal Bureau voor de Statistiek, *Oorlogsverliezen 1940–1945: Maandschrift van het Centraal Bureau voor de Statistiek* (The Hague: Belinfante, 1948)

Central Statistical Office, *Statistical Digest of the War* (London: HMSO, 1951)

Coles, Harry L. and Albert K. Weinberg (eds.), #Civil Affairs: Soldiers Become

Governors# (Washington, DC: US Govt Printing Office, 1964)

Croatian State Commission for Establishing Crimes of Occupying Forces and their Assistants, *Crimes in the Jasenovac Camp* (Banja Luka: Becjead, 2000)

European Union Agency for Fundamental Rights, European Union Minorities and Discrimination Survey: Main Results Report (Vienna: European Union Agency for Fundamental Rights, 2009)

Foreign Relations of the United States (FRUS), available online at http://uwdc.library.wisc.edu/collections/FRUS/

HM Government, *Statistics Relating to the War Effort of the United Kingdom* (London: HMSO, 1944)

House of Commons Parliamentary Debates (Hansard) (London: HMSO, 1942–1945)

International Committee of the Red Cross, *Report of the International Committee of the Red Cross on its activities during the Second World War (September 1, 1939–June 30, 1947)*, vol. I: *General Activities* (Geneva: ICRC, 1948)

Istituto Centrale di Statistica, *Morti e Dispersi per Cause Belliche Negli Anni 1940–1945* (Rome: Istituto Centrale di Statistica, 1957)

Maddison, Angus, *The World Economy: Historical Statistics* (Paris: OECD, 2003)

Maschke, Erich (ed.), *Zur Geschichte der deutschen Kriegsgefangenen des zweiten Weltkrieges*, 15 vols. (Bielefeld: Ernst & Werner Gieseking, 1962–1974)

Schieder, Theodor (ed.), *Documents on the Expulsion of the Germans from Eastern-Central Europe*, trans. G. H. de Sausmarez, 4 vols. (Bonn: Federal Ministry for Expellees, Refugees and War Victims, 1958–1960)

United States Army, Office of the Surgeon General, *Preventative Medicine in World War II, vol. V: Communicable Diseases transmitted through Contact or by Unknown Means* (Washington, DC: US Government Printing Office, 1960)

United States Strategic Bombing Survey, *Over-all Report (European War)* (Washington DC: US Government Printing Office, 1945)

War Office, *Statistical Report on the Health of the Army, 1943–1945* (London: HMSO, 1948)

Webster, Sir Charles and Noble Frankland, *The Strategic Air Offensive against Germany 1939–1945* (London: HMSO, 1961)

NEWSPAPERS AND JOURNALS

Le Courrier de Genève
Daily Express
Défense de la France
Écrits de Paris
Journal Offi ciel
Le Monde
Múlt és jövo"
New York Times
Newsweek
New York Review of Books
Le Peuple
Res Publica
Time
The Times

FILM AND TELEVISION

Le Chagrin et la Pitié, two parts (Laboratoires Gennevilliers for Télévision Rencontre, 1969; Marcel Ophüls)

The Last Nazis, part II (Minnow Films for BBC, 2009; Charlie Russell)

Millions Like Us (Gainsborough Pictures, 1943; Frank Launder and Sidney Gilliat)

A Shadow Over Europe (BBC, 2002; Charles Wheeler)

BOOKS AND ESSAYS

Travel Guides

Baedeker, Karl, *Das Generalgouvernement: Reisehandbuch von Karl Baedeker* (Leipzig: Karl Baedeker, 1943)

Ministry of Culture & Art and Ministry of Reconstruction of the Country, *Warsaw Accuses: Guide-book to the exhibition arranged by the Office of Reconstruction of the Capital together with the National Museum in Warsaw* (Warsaw: Muzeum Narodowe, 1945)

Histories And Academic Studies

Abzug, Robert H., *Inside the Vicious Heart* (Oxford University Press, 1987)

Alessandrini, Luca, 'The Option of Violence—Partisan Activity in the Bologna Area 1945–1948', in Jonathan Dunnage (ed.), *After the War: Violence, Justice, Continuity and Renewal in Italian Society* (Market Harborough: Troubador, 1999)

Alexander, G. M., *The Prelude to the Truman Doctrine: British Policy in Greece, 1944–1947* (Oxford: Clarendon Press, 1982)

Ammendolia, Ilario, *Occupazione delle terre in Calabria 1945–1949* (Rome: Gangemi, 1990)

Anušauskas, Arvydas (ed.), *The Anti-Soviet Resistance in the Baltic States* (Vilnius: Genocide and Resistance Research Centre of Lithuania, 2000)

Arad, Yitzhak, *Belzec, Sobibor, Treblinka: The Operation Reinhard Deathcamps* (Bloomington: Indiana University Press, 1999)

Aron, Robert, *Histoire de l'épuration: De l'indulgence aux massacres, Novembre 1942–Septembre 1944* (Paris: Fayard, 1967)

Bacque, James, *Other Losses: The Shocking Truth behind the Mass Deaths of Disarmed German Soldiers and Civilians under General Eisenhower's Command* (Toronto: Stoddart, 1989)

Baerentzen, L., J. Iatrides and O. Smith (eds.), *Studies in the History of the Greek Civil War, 1945–1949* (Copenhagen: Museum Tusculanum, 1987)

Barber, John and Mark Harrison, *The Soviet Home Front, 1941–1945: A Social and Economic History of the USSR in World War II* (London and New York: Longman, 1991)

Battaglia, Achille, *I giudici e la politica* (Bari: Laterza, 1962)

Bauer, Yehuda, *Flight and Rescue: Brichah* (New York: Random House, 1970)

Beck, Earl R., *Under the Bombs* (Lexington: University Press of Kentucky, 1986)

Beevor, Antony, *Berlin: The Downfall 1945* (London: Penguin, 2003)

———, *Stalingrad* (London: Viking, 1998)

Beevor, Antony and Artemis Cooper, *Paris After the Liberation* (London: Penguin, 1995)

Beevor, Antony and Luba Vinogradova, *A Writer at War: Vasily Grossman with the Red Army 1941–1945* (London: Pimlico, 2006)

Benz, Wolfang and Angelika Königseder (eds.), *Das Konzentrationslager Dachau* (Berlin: Metropol, 2008)

Berlière, Jean-Marc with Laurent Chabrun, *Les policiers français sous l'Occupation* (Paris: Perrin, 2001)

Beschloss, Michael, *The Conquerors: Roosevelt, Truman and the Destruction of Hitler's Germany, 1941–1945* (New York: Simon & Schuster, 2002)

Bethell, Nicholas, *The Last Secret* (London: Futura, 1976)

Betts, R. R. (ed.), *Central and South East Europe 1945–1948* (London and New York: Royal Institute of International Affairs, 1950)

Bischof, Günter and Stephen E. Ambrose (eds.), *Eisenhower and the German POWs: Facts against Falsehood* (Baton Rouge and London: Louisiana State University Press, 1992)

Blom, J. C. H. et al. (eds.), *The History of the Jews in the Netherlands, trans. Arnold J. Pomerans and Erica Pomerans* (Oxford and Portland, OR: Littman Library of Jewish Civilization, 2002)

Borgersrud, Lars, 'Meant to be Deported', in Kjersti Ericsson and Eva Simonsen (eds.) *Children of World War II* (Oxford and New York: Berg, 2005)

Bosch, Manfred, *Der Neubeginn: Aus deutscher Nachkriegszeit Südbaden 1945–1950* (Konstanz: Südkurier, 1988)

Boshyk, Yury (ed.), *Ukraine during World War II: History and its Aftermath* (Edmonton: University of Alberta, 1986)

Botting, Douglas, *In the Ruins of the Reich* (London: Methuen, 2005)

Bourdrel, Philippe, *L'épuration sauvage* (Paris: Perrin, 2002)

Bourke, Joanna, *Rape: A History from 1860 to the Present Day* (London: Virago, 2007)

Brossat, Alain, *Les tondues: Un carnaval moche* (Paris: Hachette/Pluriel, 1992)

Brosse, Thérèse, *War-Handicapped Children* (Paris: UNESCO, 1950)

Buisson, Patrick, *1940–1945: The Erotic Years* (Paris: Albin Michel, 2009)

Bunting, Madeleine, *The Model Occupation: The Channel Islands under German Rule, 1940–1945* (London: HarperCollins, 1995)

Burleigh, Michael, *Moral Combat* (London: Harper Press, 2010)

———, *The Third Reich: A New History* (London: Pan, 2001)

Cohen, Rich, *The Avengers* (London: Jonathan Cape, 2000)

Cohen-Pfi ster, Laurel and Dagmar Wienroeder–Skinner (eds.), *Victims and Perpetrators: (Re)Presenting the Past in Post-Unifi cation Culture* (Berlin and New York: Walter de Gruyter, 2006)

Conquest, Robert, *A History of Modern Russia from Nicholas II to Putin* (London: Penguin, 2003)

Conway, Martin, 'Justice in Postwar Belgium: Popular Passions and Political Realities', in István Deák et al. (eds.), *The Politics of Retribution in Europe* (Princeton University Press, 2000)

Crainz, Guido, *Padania: Il mondo dei braccianti dall'Ottocento alla fuga dalle campagne* (Rome: Donzelli, 1994)

Crampton, R. J., *Bulgaria* (Oxford University Press, 2007)

Dahl, Hans Fredrik, 'Dealing with the Past in Scandinavia', in Jon Elster (ed.), *Retribution and Reparation in the Transition to Democracy* (New York: Cambridge University Press, 2006)

Dallas, Gregor, Poisoned Peace: 1945 – The War that Never Ended (London: John Murray, 2006)

Dallin, Alexander, *German Rule in Russia 1941–1945: A Study of Occupation Policies* (London and Basingstoke: Macmillan, 1981)

Davidson, Eugene, *The Death and Life of Germany: An Account of the American Occupation* (London: Jonathan Cape, 1959)

Davies, Norman, *God's Playground: A History of Poland* (Oxford University Press, 2005)

———, *Rising '44: The Battle for Warsaw* (London: Pan, 2004)

Davies, Norman and Roger Moorhouse, *Microcosm* (London: Pimlico, 2003)

Dawidowicz, Lucy S., *The War against the Jews 1939–1945* (Harmondsworth: Pelican, 1979)

de Zayas, Alfred, *Nemesis at Potsdam* (London: Routledge & Kegan Paul, 1977)

———, *A Terrible Revenge: The Ethnic Cleansing of the East European Germans*, 2nd edn (New York: Palgrave Macmillan, 2006)

Deák, István et al. (eds.), *The Politics of Retribution in Europe* (Princeton University Press, 2000)

Dean, Martin, #Robbing the Jews: The Confi scation of Jewish Property in the Holocaust, 1933–1945# (New York: Cambridge University Press, 2008)

Deletant, Dennis, *Communist Terror in Romania: Gheorghiu-Dej and the Police State, 1948–1965* (London: Hurst & Co., 1999)

Derry, T. K., *A History of Modern Norway 1814–1972* (Oxford: Clarendon Press, 1973)

Diederichs, Monika, 'Stigma and Silence: Dutch Women, German Soldiers and their Children', in Kjersti Ericsson and Eva Simonsen (eds.), *Children of World War II* (Oxford and New York: Berg, 2005)

Dondi, Mirco, *La lunga liberazione: Giustizia e violenza nel dopoguerra italiano* (Rome: Riumiti, 2004)

Drakulic´, Slavenka, *Balkan-Express: Chroniques de la Yougoslavie en Guerre* (Paris: Éditions Mentha, 1992)

Dreisziger, Nándor (ed.), *Hungary in the Age of Total War (1938–1948)* (New York: Columbia University Press, 1998)

Drolshagen, Ebba D., *Wehrmachtskinder: Auf der Suche nach dem nie gekannten Vater* (Munich: Droemer, 2005)

Dunnage, Jonathan (ed.), *After the War: Violence, Justice, Continuity and Renewal in Italian Society* (Market Harborough: Troubador, 1999)

Dupuy, R. Ernest and Trevor N. Dupuy, *The Harper Encyclopedia of Military History*, 4th edn (New York: HarperCollins, 1993)

Dushnyck, Walter, *Death and Devastation on the Curzon Line: The Story of the Deportations from Ukraine* (New York: Committee Against Mass Expulsion/Ukrainian Congress Committee of America, 1948)

Dutton, Donald G., *The Psychology of Genocide, Massacres, and Extreme Violence: Why 'Normal' People Come to Commit Atrocities* (London and Westport, CT: Praeger Security International, 2007)

Eby, Cecil D., *Hungary at War: Civilians and Soldiers in World War II* (Philadelphia: Pennsylvania State University Press, 1998)

Elkins, Michael, *Forged in Fury* (New York: Ballantine Books, 1971)

Ellwood, David W., *Italy 1943–1945* (Leicester University Press, 1985)

Elster, Jon (ed.), *Retribution and Reparation in the Transition to Democracy* (New York: Cambridge University Press, 2006)

Ericsson, Kjersti and Dag Ellingsen, 'Life Stories of Norwegian War Children', in Kjersti Ericsson and Eva Simonsen (eds.), *Children of World War II* (Oxford and New York: Berg, 2005)

Ericsson, Kjersti and Eva Simonsen (eds.), *Children of World War II* (Oxford and New York: Berg, 2005)

Farmer, Sarah, *Martyred Village* (London and Berkeley: University of California Press, 2000)

Fisch, Bernhard, *Nemmersdorf, Oktober 1944: Was in Ostpreußen tatsächlich geschah* (Berlin: Edition Ost, 1997)

Fischer-Galati, Stephen, *Twentieth Century Romania*, 2nd edn (New York: Columbia University Press, 1991)

Fishman, Sarah, *The Battle for Children: World War II, Youth Crime, and Juvenile Justice in Twentieth Century France* (Cambridge, MA: Harvard University Press, 2002)

Florentin, Eddy, *Quand les Alliés bombardaient la France 1940–1945* (Paris: Perrin, 1997)

Fowkes, Ben, *Eastern Europe 1945–1969: From Stalinism to Stagnation* (Harlow: Pearson Education, 2000)

Friedländer, Saul, *The Years of Extermination: Nazi Germany and the Jews 1939–1945* (London: Weidenfeld & Nicolson, 2007)

Frumkin, Gregory, *Population Changes in Europe Since 1939* (New York: Augustus M. Kelley Inc., 1951)

Gaillard, Lucien, *Marseilles sous l'Occupation* (Rennes: Ouest-France, 1982)

Gaškaite ́-Žemaitiene ́, Nijole ́, 'The Partisan War in Lithuania from 1944 to 1953', in Arvydas Anušauskas (ed.), *The Anti-Soviet Resistance in the Baltic States* (Vilnius: Genocide and Resistance Research Centre of Lithuania, 2000)

Gilbert, Martin, *The Boys* (London: Phoenix, 1997)

―――, *The Day the War Ended* (London: HarperCollins, 1995)

―――, *The Holocaust: The Fate of European Jewry 1932–1945* (New York: Henry Holt, 1985)

―――, *The Routledge Atlas of the Holocaust*, 4th edn (London and New York: Routledge, 2009)

Ginsborg, Paul, 'The Communist Party and the Agrarian Question in Southern Italy, 1943–1948', *History Workshop Journal*, vol. 17 (1984)

Giurescu, Dinu C., *Romania in the Second World War* (1939–1945), trans. Eugenia Elena Popescu (New York: Columbia University Press, 2000)

Glantz, David, *Leningrad: City under Siege 1941–1944* (Rochester: Grange Books, 2005)

Glanz, Susan, 'Economic Platforms of the Various Political Parties in the Elections of 1945', in Nándor Dreisziger (ed.), *Hungary in the Age of Total War (1938–1948)* (New York: Columbia University Press, 1998)

Gringauz, Samuel, 'Jewish Destiny as the DP's See It: The Ideology of the Surviving Remnant', *Commentary* (Journal of the American Jewish Committee), vol. 4, no. 6 (December 1947)

_____, 'Our New German Policy and the DP's: Why Immediate Resettlement is Imperative', *Commentary*, vol. 5, no. 3 (June 1948)

Gross, Jan T., *Fear: Anti-Semitism in Poland after Auschwitz* (New York: Random House, 2006)

Grüttner, Michael, Rüdiger Hachtmann and Heinz-Gerhard Haupt (eds.), *Geschichte und Emanzipation* (Frankfurt: Campus Fachbuch, 1999)

Gyurgyík, László, *Changes in the Demographic Settlement and Social Structure of the Hungarian Minority in (Czecho-)Slovakia between 1918–1998*, trans. Jószef D. Lo"rincz (Budapest: Teleki László Foundation, 1999)

Hackett, David A. (ed.), *The Buchenwald Report* (Boulder, CO: Westview Press, 1995)

Harrison, Mark (ed.), *The Economics of World War Two* (Cambridge University Press, 1998)

Hastings, Max, *Armageddon* (London: Macmillan, 2004)

_____, *Bomber Command* (London: Pan, 1999)

Herbert, Ulrich, *Hitler's Foreign Workers: Enforced Foreign Labor in Germany under the Third Reich*, trans. William Templer (Cambridge University Press, 1985)

Herzog, Dagmar (ed.), *Brutality and Desire: War and Sexuality in Europe's Twentieth Century* (Basingstoke: Palgrave Macmillan, 2009)

Hionidou, Violetta, *Famine and Death in Occupied Greece, 1941–1944* (Cambridge University Press, 2006)

Hirschfeld, Gerhard, *Nazi Rule and Dutch Collaboration: The Netherlands under German Occupation 1940–1945*, trans. Louise Willmot (Oxford, New York and Hamburg: Berg, 1988)

Hitchcock, William I., *Liberation: The Bitter Road to Freedom, Europe 1944–1945* (London: Faber & Faber, 2009)

Hitchins, Keith, *Rumania 1866–1947* (Oxford University Press, 1994)

Hodgson, John H., *Communism in Finland: A History and Interpretation* (Princeton University Press, 1967)

Hondius, Dienke, *Return: Holocaust Survivors and Dutch Anti-Semitism,* trans. David Colmer (Westport, CT: Praeger, 2003)

Huyse, Luc, 'The Criminal Justice System as a Political Actor in Regime Transitions: The Case of Belgium, 1944–50', in István Deák et al. (eds.), *The Politics of Retribution in Europe* (Princeton University Press, 2000)

Iatrides, John O. (ed.), *Greece in the 1940s: A Nation in Crisis* (Hanover and London: University Press of New England, 1981)

Ionescu, Ghita, *Communism in Rumania, 1944–1962* (London: Oxford University Press, 1964)

Israel, David L., *The Day the Thunderbird Cried* (Medford, OR: Emek Press, 2005)

Janics, Kálmán, *Czechoslovak Policy and the Hungarian Minority, 1945–1948*, trans. Stephen Borsody (New York: Columbia University Press, 1982)

Jedlicki, Jerzy, 'Historical Memory as a Source of Confl icts in Eastern Europe', *Communist and Post-Communist Studies*, vol. 32, no. 3 (1999)

Johr, Barbara, 'Die Ereignisse in Zahlen', in Helke Sander and Barbara Johr (eds.), *Befreier und Befreite: Krieg, Vergewaltigung, Kinder* (Frankfurt-am-Main: Fischer Taschenbuch, 2006)

Judt, Tony, *Postwar: A History of Europe Since 1945* (London: Pimlico, 2007)

Jurc̆evic̆, Josip, *The Black Book of Communism in Croatia: The Crimes of Yugoslav Communists in Croatia in 1945* (Melbourne: Croatian Herald, 2006)

Kalyvas, Stathis N., 'Red Terror: Leftist Violence during the Occupation', in Mark Mazower (ed.), *After the War Was Over* (Princeton and Oxford: Princeton University Press, 2000)

Kenez, Peter, *Hungary from the Nazis to the Soviets: The Establishment of the Communist Regime in Hungary, 1944–1945* (New York: Cambridge University Press, 2009)

Kochavi, Arieh J., *Post-Holocaust Politics* (Chapel Hill and London: University of North Carolina Press, 2001)

Kondufor, Yuri (ed.), *A Short History of the Ukraine* (Kiev: Naukova Dumka, 1986)

Kontler, László, *A History of Hungary* (Basingstoke: Palgrave Macmillan, 2002)

Krawchenko, Bohdan, 'Soviet Ukraine under Nazi Occupation, 1941–1944', in Yury Boshyk (ed.), *Ukraine during World War II* (Edmonton: University of Alberta, 1986)

Krivosheev, G. F. (ed.), *Soviet Casualties and Combat Losses in the Twentieth*

Century (London: Greenhill, 1997)

Kucera, Jaroslav, *Odsunové ztráty sudetone'meckého obyvatelstva* (Prague: Federalni ministerstvo zahranicnich veci, 1992)

Laar, Mart, *War in the Woods: Estonia's Struggle for Survival*, trans. Tiina Ets (Washington, DC: The Compass Press, 1992)

Levi, Fabio, 'Italian Society and Jews after the Second World War: Between Silence and Reparation', in Jonathan Dunnage (ed.), *After the War: Violence, Justice, Continuity and Renewal in Italian Society* (Market Harborough: Troubador, 1999)

Lewkowicz, Bea, "'After the War We Were All Together": Jewish Memories of

Postwar Thessaloniki', in Mark Mazower (ed.), *After the War Was Over* (Princeton and Oxford: Princeton University Press, 2000)

Lilley, J. Robert, *Taken by Force: Rape and American GIs during World War Two* (Basingstoke: Palgrave Macmillan, 2007)

Lowe, Keith, *Inferno* (London: Viking, 2007)

Macardle, Dorothy, *Children of Europe: A Study of the Children of Liberated Countries, their War-time Experiences, their Reactions, and their Needs, with a Note on Germany* (London: Victor Gollancz, 1949)

MacDonogh, Giles, *After the Reich* (London: John Murray, 2007)

Mankowitz, Zeev W., *Life between Memory and Hope: The Survivors of the Holocaust in Occupied Germany* (Cambridge University Press, 2002)

Marcuse, Harold, *Legacies of Dachau* (Cambridge University Press, 2001)

Marko, Augustín and Pavol Martinický, *Slovak–Magyar Relations: History and Present Day in Figures* (Bratislava: Slovak Society for Protection of Democracy and Humanity, 1995)

Marrus, Michael R., *The Unwanted: European Refugees in the Twentieth Century* (New York: Oxford University Press, 1985)

Marx, Karl and Friedrich Engels, *The Communist Manifesto*, trans. Samuel Moore (Harmondsworth: Penguin, 1967)

Mayne, Richard, *Postwar: The Dawn of Today's Europe* (London: Thames & Hudson, 1983)

Mazower, Mark, *The Balkans* (London: Weidenfeld & Nicolson, 2000)

————, *Inside Hitler's Greece* (New Haven and London: Yale University Press, 1995)

Mazower, Mark (ed.), *After the War Was Over* (Princeton and Oxford: Princeton University Press, 2000)

McCarthy, Joseph R., *America's Retreat from Victory: The Story of George Cat-lett Marshall* (New York: The Devin-Adair Company, 1951)

McKinstry, Leo, *Spitfire: Portrait of a Legend* (London: John Murray, 2007)

Milward, Alan S., *The Reconstruction of Western Europe 1945–1951* (London: Methuen, 1984)

————, *War, Economy and Society 1939–1945* (Berkeley and Los Angeles: University of California Press, 1979)

Miroszewski, Kazimierz, *Centralny obóz pracy Jaworzno: Podobóz Ukrain'ski (1947–1949)* (Katowice: S´la˛sk, 2001)

Misiunas, Romuald and Rein Taagepera, *The Baltic States: Years of Depen-dence 1940–1990* (London: Hurst & Co., 1993)

Modona, Guido Neppi, 'Postwar Trials against Fascist Collaborationists and Partisans: The Piedmont Experience', in Jonathan Dunnage (ed.), *After the War: Violence, Justice, Continuity and Renewal in Italian Society* (Market Harborough: Troubador, 1999)

Molnár, Miklós, *A Concise History of Hungary* (Cambridge University Press, 1996)

Moorhouse, Roger, *Berlin at War: Life and Death in Hitler's Capital 1939–1945* (London: Bodley Head, 2010)

Morgan, Philip, *The Fall of Mussolini* (Oxford University Press, 2008)

Morgan, Sarah, 'The Schio Killings: A Case Study of Partisan Violence in Postwar Italy', *Modern Italy*, vol. 5, no. 2 (2000)

Morgenthau, Henry, Jr, Germany Is Our Problem (New York and London: Harper and Bros, 1945)

Myant, Martin, *Socialism and Democracy in Czechoslovakia, 1945–1948* (Cambridge University Press, 1981)

Naimark, Norman, *Fires of Hatred* (Cambridge, MA: Harvard University Press, 2002)

————, *The Russians in Germany* (Cambridge, MA: Harvard University Press, 1997)

Naimark, Norman and Leonid Gibianskii (eds.), *The Establishment of the Communist Regimes in Eastern Europe, 1944–1949* (Boulder, CO: West-view Press, 1997)

Nichol, John and Tony Rennell, *The Last Escape: The Untold Story of Allied Prisoners of War in Germany 1944–1945* (London: Viking, 2002)

Nissen, Henrik S. (ed.), *Scandinavia during the Second World War*, trans. Thomas Munch-Petersen (Minneapolis: University of Minnesota Press,

1983)

Nøkelby, Berit, 'Adjusting to Allied Victory', in Henrik S. Nissen (ed.), *Scandinavia during the Second World War*, trans. Thomas Munch-Petersen (Minneapolis: University of Minnesota Press, 1983)

Nováč̆ek, Silvestr, *Drang nach Westen: Vyste̊hování Ne̊mců z Brna a odsun z jihomoravského pohranic̆í* (Czech Republic [no city]: Orego, 1996)

Novick, Peter, *The Holocaust and Collective Memory* (London: Bloomsbury, 2000)

——, *The Resistance versus Vichy* (London: Chatto & Windus, 1968)

Nowak, Edmund (ed.), *Obozy w Lamsdorf/Łambinowicach (1870–1946)* (Opole: Centralne Muzeum Jen'ców Wojennych w Łambinowicach-Opolu, 2006)

Nurowski, Roman (ed.), *1939–1945 War Losses in Poland* (Poznan' and Warsaw: Wydawnictwo Zachodnie, 1960)

Olsen, Kåre, *Schicksal Lebensborn: Die Kinder der Schande und ihre Mütter*, trans. Ebba D. Drolshagen (Munich: Knaur, 2004)

——, 'Under the Care of the Lebensborn', in Kjersti Ericsson and Eva Simonsen (eds.), *Children of World War II* (Oxford and New York: Berg, 2005)

Overmans, Rüdiger, *Deutsche militärische Verluste im Zweiten Weltkrieg* (Oldenbourg: Wissenschaftsverlag, 2000)

——, 'German Historiography, the War Losses, and the Prisoners of War', in Günter Bischof and Stephen E. Ambrose (eds.), *Eisenhower and the German POWs: Facts against Falsehood* (Baton Rouge and London: Louisiana State University Press, 1992)

Overy, Richard, *Russia's War* (London: Allen Lane, 1997)

Pansa, Giampaolo, *Il sangue dei vinti* (Milan: Sperling, 2005)

Pavlowitch, Stevan K., *Hitler's New Disorder: The Second World War in Yugoslavia* (London: Hurst & Co., 2008)

Pavone, Claudio, *Una guerra civile: Saggio storico sulla moralità nella Resistenza* (Turin: Universali Bollati Boringhieri, 2006)

Pearson, Raymond, *National Minorities in Eastern Europe 1848–1945* (London: Macmillan, 1983)

Pelle, János, *Az utolsó vérvádak* (Budapest: Pelikán, 1995)

Petacco, Arrigo, *A Tragedy Revealed: The Story of Italians from Istria, Dalmatia and Venezia Giulia, 1943–1956*, trans. Konrad Eisenbichler (University of Toronto Press, 2005)

Pike, David Wingeate, *Jours de gloire, jours de honte* (Paris: Société d'Édition d'Enseignement Supérieur, 1984)

Piotrowski, Tadeusz, *Vengeance of the Swallows* (Jefferson, NC: Macfarland, 1995)

Piscitelli, Enzo, *Da Parri a De Gasperi: Storia del dopoguerra 1945–1948* (Milan: Feltrinelli, 1975)

Porch, Douglas, *Hitler's Mediterranean Gamble* (London: Weidenfeld & Nicolson, 2004)

Praz̆mowska, Anita, *Civil War in Poland 1942–1948* (Basingstoke: Palgrave Macmillan, 2004)

Proudfoot, Malcolm J., *European Refugees 1939–1952* (London: Faber & Faber, 1957)

Ray, John, *The Second World War* (London: Cassell, 1999)

Rees, Laurence, *Auschwitz* (London: BBC Books, 2005)

———, *World War Two behind Closed Doors* (London: BBC Books, 2008)

Richter, Heinz, *British Intervention in Greece: From Varkiza to Civil War* (London: Merlin Press, 1985)

Rioux, Jean-Pierre, *The Fourth Republic 1944–1958*, trans. Godfrey Rogers (Cambridge University Press, 1987)

Roberts, Andrew, *The Storm of War* (London: Allen Lane, 2009)

Rousso, Henry, 'The Purge in France', in Jon Elster (ed.), *Retribution and Reparation in the Transition to Democracy* (New York: Cambridge University Press, 2006)

Rubenstein, Joshua, *Tangled Loyalties: The Life and Times of Ilya Ehrenburg* (London and New York: I. B. Tauris, 1996)

Rumanian National Committee, *Persecution of Religion in Rumania* (Washington, DC: Rumanian National Committee, 1949)

———, *Suppression of Human Rights in Rumania* (Washington, DC: Rumanian National Committee, 1949)

Rumpf, Hans, *The Bombing of Germany*, trans. Edward Fitzgerald (London: White Lion, 1975)

Sack, John, *An Eye for an Eye: The Untold Story of Jewish Revenge against Germans in 1945* (New York: Basic Books, 1993)

Sander, Helke and Barbara Johr (eds.), *Befreier und Befreite: Krieg, Vergewaltigun Kinder* (Frankfurt-am-Main: Fischer Taschenbuch, 2006)

Sayer, Derek, *The Coasts of Bohemia: A Czech History* (Princeton University Press, 1998)

Schöpf in, George, *Politics in Eastern Europe* (Oxford and Cambridge, MA: Blackwell, 1993)

Sebag-Montefi ore, Simon, *Stalin: The Court of the Red Tsar* (London: Weidenfeld & Nicolson, 2003)

Sebald, W. G., *On the Natural History of Destruction* (London, 2004)

Service, Robert, *A History of Modern Russia* (London: Penguin, 2003)

Shephard, Ben, *After Daybreak* (London: Pimlico, 2005)

————, *The Long Road Home: The Aftermath of the Second World War* (London: Bodley Head, 2010)

Siemaszko, Ewa, 'Bilans Zbrodni', *Biuletyn Instytutu Pamięci Narodowej*, nos. 7−8 (July−August 2010)

Siemaszko, Władisław and Ewa Siemaszko, *Ludobójstwo dokonane przez nacjonalistów ukrainskich na ludnosci polskiej Wołynia 1939–1945*, 2 vols. (Warsaw: Wydawn. von borowiecky, 2000)

Siklos, Pierre L., *War Finance, Reconstruction, Hyperinfl ation and Stabilization in Hungary, 1938–1948* (Basingstoke: Macmillan, 1991)

Skolnik, Fred and Michael Berenbaum (eds.), *Encyclopaedia Judaica*, 22 vols,(Farmington Hills, MI: Thomson Gale, 2007)

Snyder, Timothy, *The Reconstruction of Nations: Poland, Ukraine, Lithuania, Belarus, 1569–1999* (New Haven and London: Yale University Press, 2003)

Spector, Shmuel, *Holocaust of Volhynian Jews, trans. Jerzy Michalowicz* (Jerusalem: Yad Vashem, 1990)

Spoerer, Mark, *Zwangsarbeit unter dem Hakenkreuz* (Stuttgart: Deutsche Verlags-Anstalt, 2001)

Stanek, Tomáš, *Internierung und Zwangsarbeit: Das Lagersystem in den böhmischen Ländern 1945–1948* (Munich: R. Oldenbourg, 2007)

————, *Odsun Nemcu z Ceskoslovenska 1945–1947* (Prague: Academia/ Naševojsko, 1991)

————, *Retribucni vezni v ceských zemích 1945–1955* (Opava: Slezský ústav Slezského zemského muzea, 2002)

————, *Verfolgung 1945: Die Stellung der Deutschen in Böhmen, Mähren und Schlesien* (Vienna, Cologne and Weimar: Böhlau Verlag, 2002)

Starkauskas, Juozas, 'The NKVD-MVD-MGB Army', in Arvydas Anušauskas (ed.), *The Anti-Soviet Resistance in the Baltic States* (Vilnius: Genocide and Resistance Research Centre of Lithuania, 2000)

Statiev, Alexander, *The Soviet Counterinsurgency in the Western Borderlands* (New York: Cambridge University Press, 2010)

Steinberg, Jonathan, *All or Nothing: The Axis and the Holocaust, 1941–1943* (London and New York: Routledge, 1990)

Storchi, Massimo, *Uscire dalla guerra: ordine pubblico e forze politiche, Modena 1945–1946* (Milan: Angeli, 1995)

Strods, Heinrichs, 'The Latvian Partisan War between 1944 and 1956', in Arvydas Anušauskas (ed.), *The Anti-Soviet Resistance in the Baltic States* (Vilnius: Genocide and Resistance Research Centre of Lithuania, 2000)

Takala, Hannu and Henrik Tham, *Crime and Control in Scandinavia during the Second World War* (Oslo: Norwegian University Press, 1989)

Taylor, Frederick, *Dresden* (New York: HarperCollins, 2004)

Tec, Nechama, *Defiance: The True Story of the Bielski Partisans* (Oxford University Press, 2008)

Tismaneanu, Vladimir, *Stalinism for all Seasons* (Berkeley: University of California Press, 2003)

Tolstoy, Nikolai, *Stalin's Secret War* (New York: Holt, Reinhart and Winston, 1981)

Tomasevich, Jozo, *War and Revolution in Yugoslavia: Occupation and Collaboration* (Stanford University Press, 2001)

Tooze, Adam, *The Wages of Destruction* (London: Penguin, 2007)

Tsaruk, Iaroslav, *Trahediia volyns'kykh sil, 1943–1944 rr.* (Lviv: I. Krypiakevych Institute of Ukrainian Studies, 2003)

Uehling, Greta Lynn, *Beyond Memory: The Crimean Tatars' Deportation and Return* (London and New York: Palgrave Macmillan, 2004)

United States Holocaust Memorial Museum, *The Confiscation of Jewish Property in Europe 1933–1945: Symposium Proceedings* (New York: USHMM Center for Advanced Holocaust Studies, 2003)

Upton, A. F., *The Communist Parties of Scandinavia and Finland* (London: Weidenfeld & Nicolson, 1973)

van der Zee, Henri, *The Hunger Winter: Occupied Holland 1944–1945* (London: Jill Norman and Hobhouse, 1982)

Vardys, V. Stanley and Judith B. Sedaitis, *Lithuania: The Rebel Nation* (Boulder, CO: Westview Press, 1997)

Veˇdecká Konference 'Národní podoby antisemitismu', *Retribuce v CˇSR a národní podoby antisemitismu* (Prague: Institute of Contemporary History, 2002)

Veyret, Patrick, *Lyon 1939–1949: De la collaboration industrielle à l'épuration économique* (Châtillon-sur-Chalaronne: La Taillanderie, 2008)

Virgili, Fabrice, *Shorn Women: Gender and Punishment in Liberation France*, trans. John Flower (Oxford and New York: Berg, 2002)

Voglis, Polymeris, 'Between Negation and Self-Negation: Political Prisoners in Greece, 1945–1950', in Mark Mazower (ed.), *After the War Was Over* (Princeton and Oxford: Princeton University Press, 2000)

Warring, Anette, *Tyskerpiger–under besættelse og retsopgør* (Copenhagen: Gyldendal, 1994)

———, 'War, Cultural Loyalty and Gender', in Kjersti Ericsson and Eva Simonsen (eds.), *Children of World War II* (Oxford and New York: Berg, 2005)

Watson, Peter, *A Terrible Beauty* (London: Phoenix, 2001)

Weitz, Margaret Collins, *Sisters in the Resistance: How Women Fought to Free France, 1940–1945* (New York: John Wiley & Sons, 1995)

Werner, Hermann, *Tübingen 1945* (Stuttgart: Konrad Theiss Verlag, 1986)

Werth, Alexander, *Russia at War* (London: Barrie & Rockliff, 1964)

Willis, F. Roy, *The French in Germany 1945–1949* (Stanford University Press, 1962)

Wilson, Kevin, *Bomber Boys* (London: Weidenfeld & Nicolson, 2005)

Winterton, Paul, *Report on Russia* (London: Cresset Press, 1945)

Withuis, Jolande and Annet Mooij (eds.), *The Politics of War Trauma: The Aftermath of World War II in Eleven European Countries* (Amsterdam: Askant, 2010)

Woller, Hans, *Die Abrechnung mit dem Faschismus in Italien, 1943 bis 1948* (Munich: Oldenbourg, 1996)

Wyman, Mark, *DPs: Europe's Displaced Persons, 1945–1951* (Ithaca and London: Cornell University Press, 1998)

Yekelchyk, Serhy, *Ukraine: Birth of a Modern Nation* (Oxford University Press, 2007)

Žerjavic´, Vladimir, *Yugoslavian Manipulations with the Number of Second World War Victims* (Zagreb: Croatian Information Centre, 1993)

Collections of documents

Anon., Komu sluší omluva: Cˇeši a sudetští neˇmci (Dokumenti, fakta, sveˇdectví)

Beneš, Edvard, Speech delivered by President E. Beneš on the Old Town Square, Prague, on His Return to Czechoslovakia, May 16th 1945

아만 대륙

(Prague: Orbis, 1945; repr. Prague: Erika, 1992)

Białecki, Tadeusz et al. (eds.), *Z´ródła do dziejów Pomorza Zachodniego: Niemcy na Pomorzu Zachodnim w latach 1945–1950* (Szczecin University, 2004)

Borodziej, Włodzimierz and Hans Lemberg (eds.), #Die Deutschen östlich von

Oder und Neiße 1945 – 1950: Dokumente aus polnischen Archiven#, 4 vols.

(Marburg: Herder Institut, 2003 – 2004)

Cannadine, David (ed.), *Blood Toil Tears and Sweat: Winston Churchill's Famous Speeches* (London: Cassell, 1989)

Clogg, Richard (ed.), #Greece 1940 – 1949: Occupation, Resistance, Civil War: A

Documentary History# (Basingstoke: Palgrave Macmillan, 2002)

Dziurok, Adam (ed.), *Obóz Pracy w S´wie̜tochłowicach w 1945 roku* (Warsaw: Instytut Pamie̜.ci Narodowej, 2003)

Misiło, Eugeniusz (ed.), *Akcja 'Wisła'* (Warsaw: Archiwum Ukrain´skie, 1993)

―――, *Repatriacja czy deportacja?: Przesiedlenie Ukrain´ców z Polski do USSR 1944–1946* (Warsaw: Archiwum Ukrain´skie, 1996 – 1999)

Pustejovsky, Otfrid, *Die Konferenz von Potsdam und das Massaker von Aussig am 31 Juli 1945* (Munich: Herbig, 2001)

Rupic´, Mate et al. (eds.), *Partizanska i komunistic´ka represija i zloc´ini u Hrvatskoj 1944–1946: Dokumenti* (Slavonski Brod: Hrvatski institut za povijest, 2005)

Spieler, Silke (ed.), *Vertreibung und Vertreibungsverbrechen 1945–1948: Bericht des Bundesarchivs vom 28 Mai 1974, Archivalien und ausgewählte Erlebnisberichte* (Bonn: Bundesarchiv Koblenz & Kulturstiftung der Deutschen Vertriebenen, 1989)

Stalin, Generalissimo Josef, *War Speeches, Orders of the Day and Answers to Foreign Press Correspondents during the Great Patriotic War July 3rd, 1941–June 22nd, 1945* (London: Hutchinson, 1946)

Trgo, Lt Gen. Fabijan (ed.), *The National Liberation War and Revolution in Yugoslavia: Selected Documents*, trans. And ¯ elija Vujovic´, Karin adovanovic´ and Madge Tomaševic´ (Belgrade: Military History Institute of the Yugoslav People's Army, 1982)

Memoirs, reportage, eyewitness accounts, diaries and letters

Acheson, Dean, *Present at the Creation: My Years at the State Department* (New York: Norton, 1969)

Adler, Hans Guenther, *Theresienstadt 1941–1945: das Antlitz einer Zwangsgemeinschaft–Geschichte, Soziologie, Psychologie* (Tübingen: Mohr, 1955)

Andreas–Friedrich, Ruth, *Battleground Berlin: Diaries 1945–1948*, trans. Anna Boerresen (New York: Paragon House, 1990)

Anon., *The Day War Ended: Voices and Memories from 1945* (London: Weidenfeld & Nicolson, 2005)

———, *A Woman in Berlin* (London: Virago, 2006)

Becker, Hans, *Devil on My Shoulder*, trans. Kennedy McWhirter and Jeremy Potter (London: Four Square Books, 1958)

Bertaux, Pierre, *Libération de Toulouse et de sa région* (Paris: Hachette, 1973)

Blunt, Roscoe C., *Foot Soldier: A Combat Infantryman's War in Europe* (Cambridge, MA: Da Capo Press, 2002)

Bodson, Herman, *Agent for the Resistance* (College Station: Texas A&M University Press, 1994)

Bohec, Jeanne, *La plastiqueuse à bicyclette* (Paris: Mercure de France, 1975)

Byford–Jones, W., *Berlin Twilight* (London: Hutchinson, 1947)

Churchill, Winston, *The Second World War*, 6 vols. (London: Cassell, 1948–1954)

Clay, Lucius D., *Decision in Germany* (London: Heinemann, 1950)

De Gasperi, Maria–Romana (ed.), *De Gasperi scrive: corrispondenza con capi di stato, cardinali, uomini politici, giornalisti, diplomatici*, 2 vols. (Brescia: Morcelliana, 1974)

de Gaulle, Charles, *Mémoires de Guerre*, vol. II: L'Unité 1942–1944 (Paris: Plon, 1956)

Dimitrov, Georgi, *The Diary of Georgi Dimitrov 1933–1949*, trans. Jane T. Hedges, Timothy D. Sergay and Irina Faion (New Haven and London: Yale University Press, 2003)

Djilas, Milovan, *Conversations with Stalin*, trans. Michael B. Petrovich (London: Rupert Hart–Davis, 1962)

———, *Wartime* (New York and London: Harcourt Brace Jovanovich, 1977)

Donat, Alexander, *The Holocaust Kingdom: A Memoir* (London: Secker & Warburg, 1965)

Ehrenburg, Ilya and Vasily Grossman (eds.), *The Black Book*, trans. John Glad and James S. Levine (New York: Holocaust Library, 1981)

Eisenhower, Dwight D., *Crusade in Europe* (London: Heinemann, 1948)

Esser, Heinz, *Die Hölle von Lamsdorf: Dokumentation über ein polnisches Vernichtungslager* (Bonn: Landsmannschaft der Oberschlesier e.V., 1969)

Farge, Yves, *Rebelles, soldats et citoyens* (Paris: Grasset, 1946)

FitzGibbon, Theodora, *With Love* (London: Century, 1982)

Frommer, Benjamin, *National Cleansing: Retribution against Nazi Collaborators in Postwar Czechoslovakia* (Cambridge University Press, 2005)

Fuykschot, Cornelia, *Hunger in Holland: Life during the Nazi Occupation* (New York: Prometheus, 1995)

Geddes, Giorgio, *Nichivo* (London: Cassell, 2001)

Grassmann, Ilse, *Ausgebombt: Ein Hausfrauen-Kriegstagebuch* (Hamburg: Haymarket Media, 2003)

Gruschka, Gerhard, *Zgoda: Ein Ort des Schreckens* (Neureid: Ars Una, 1996)

Haukelid, Knut, *Det demrer en dag* (Oslo: Nasjonalforlaget, 1947)

Iatrides John O. (ed.), *Ambassador MacVeagh Reports: Greece 1933–1947* (Princeton University Press, 1980)

Jacobs, Ingeborg, *Freiwild: Das Schicksal deutscher Frauen 1945* (Berlin: Propyläen, 2008)

Kaps, Johannes, *The Tragedie of Silesia 1945–1946* (Munich: Christ Unterwegs, 1952)

Karapandzich, Boriwoje M., *The Bloodiest Yugoslav Spring, 1945: Tito's Katyns and Gulags* (New York: Hearthstone, 1980)

Kardorff, Ursula von, *Diary of a Nightmare: Berlin 1942–1945*, trans. Ewan Butler (London: Rupert Hart-Davis, 1965)

Kennan, George F., *Memoirs 1925–1950* (Boston and Toronto: Little, Brown, 1967)

Klemperer, Victor, *To the Bitter End: The Diaries of Victor Klemperer 1942–1945*, trans. Martin Chalmers (London: Weidenfeld & Nicolson, 1999)

Kopelev, Lev, *No Jail for Thought*, trans. and ed. Anthony Austin (London: Secker & Warburg, 1977)

Kovaly, Heda Margolis, *Prague Farewell*, trans. Franci Epstein and Helen Epstein (London: Gollancz, 1988)

Lane, Arthur Bliss, *I Saw Poland Betrayed: An American Ambassador Reports to the American People* (New York and Indianapolis: Bobbs-Merrill, 1948)

Levi, Primo, *Survival in Auschwitz and The Reawakening: Two Memoirs*, trans. Stuart Woolf (New York: Summit Books, 1986)

Lewis, Norman, *Naples '44* (London: Collins, 1978)

Lotnik, Waldemar, *Nine Lives* (London: Serif, 1999)

Lukša, Juozas, *Forest Brothers: The Account of an anti-Soviet Lithuanian Freedom Fighter 1944–1948*, trans. Laima Vince (Budapest and New York: Central European University Press, 2009)

Manus, Max, *Det blir alvor* (Oslo: Steensballes Boghandels, 1946)

Markov, Georgi, *The Truth that Killed*, trans. Liliana Brisby (London: Weidenfeld & Nicolson, 1983)

Moorehead, Alan, *Eclipse* (London: Granta, 2000)

Mosley, Leonard O., *Report from Germany* (London: Gollancz, 1945)

Müller, Jens, *Tre kom tilbake* (Oslo: Gyldendal, 1946)

Mungone, G., *Operazione rossa* (Padua: Tipografi a Gori di Tognana, 1959)

Nagy, Ferenc, *The Struggle behind the Iron Curtain*, trans. Stephen K. Swift (New York: Macmillan, 1948)

Nicolson, Nigel, *Long Life* (London: Weidenfeld & Nicolson, 1997)

Nossack, Hans Erich, *Der Untergang* (Hamburg: Ernst Kabel Verlag, 1981)

Olsen, Oluf, *Contact* (Oslo: Erik Qvist, 1946)

———, *Vi kommer igjen* (Oslo: Erik Qvist, 1945)

Owen, James and Guy Walters (eds.), *The Voice of War* (London: Viking, 2004)

Padover, Saul, *Psychologist in Germany: The Story of an American Intelligence Officer* (London: Phoenix House, 1946)

Patton, George S., *War as I Knew It* (Boston: Houghton Miffl in, 1947)

Polcz, Alaine, *One Woman in the War* (Budapest and New York: Central European University Press, 2002)

Prcela, John and Stanko Guldescu (eds.), *Operation Slaughterhouse: Eyewitness Accounts of Postwar Massacres in Yugoslavia* (Philadelphia: Dorrance & Co., 1970)

Robinson, Austin, First Sight of Germany, May–June 1945 (Cambridge: Cantelupe Press, 1986)

Roosevelt, Elliott, *As He Saw It* (New York: Duell, Sloan and Pearce, 1946)

Ruhl, Klaus-Jörg (ed.), *Unsere verlorenen Jahre: Frauenalltag in Kriegs- und Nachkriegszeit 1939–1949, in Berichten, Dokumenten und Bilden* (Darmstadt: Luchterhand, 1985)

Saint-Exupéry, Antoine de, *Flight to Arras*, trans. Lewis Galantière (Harmondsworth: Penguin, 1961)

Schuetz, Hans A. D., *Davai, Davai! Memoir of a German Prisoner of World War II in the Soviet Union* (Jefferson, NC, and London: McFarland & Co., 1997)

Sington, Derrick, *Belsen Uncovered* (London: Duckworth, 1946)

Smith, Lyn, *Forgotten Voices of the Holocaust* (London: Ebury Press, 2005)

Toth, Zoltan, *Prisoner of the Soviet Union*, trans. George Unwin (Woking: Gresham Press, 1978)

Truman, Harry S., *Memoirs, vol. II: Years of Trial and Hope* (New York: Signet, 1965)

Vachon, John, *Poland 1946: The Photographs and Letters of John Vachon*, ed. Ann Vachon (Washington, DC, and London: Smithsonian Institute Press, 1995)

von Einsiedel, Count Heinrich, *The Shadow of Stalingrad: Being the Diary of a Temptation* (London: Alan Wingate, 1953)

Voute, Peter, *Only a Free Man: War Memoirs of Two Dutch Doctors (1940–1945)* (Santa Fe, NM: The Lightning Tree, 1982)

Wilson, Francesca, *Aftermath: France, Germany, Austria, Yugoslavia, 1945 and 1946* (London: Penguin, 1947)

Wolff-Mönckeberg, Mathilde, *On the Other Side: To My Children from Germany 1940–1945* (London: Peter Owen, 1979)

Woodhouse, C. M., *Apple of Discord* (London: Hutchinson, 1948)

SAVAGE
CONTINENT

찾아보기

189, 196~199, 203, 208~209, 211~214, 240, 254, 256, 271, 281, 304, 342, 398, 434, 447, 570, 574

민족독일인 217, 312

『민족의 감시자Völkischer Beobachter』 116

민족주의 21, 349, 352, 354~355, 360, 365, 401~403, 411 , 426~427, 435, 441, 512, 539~540, 556, 579, 590

민족주의자 57, 354~355, 357, 366, 376, 424, 427, 431, 434~436, 540, 561, 580, 582, 584, 590, 592

민족해방전선EAM, National Liberation Front 475~476, 478~481, 483~485, 487~493, 495~496, 498~499

ㅂ

반유대주의 56, 149, 304~305, 318, 320~321, 330~332, 336, 340~341, 343~346, 351, 353, 556, 582~584

발진티푸스 156, 159, 234, 241, 244, 371

빨치산 21, 94, 102~103, 122, 124, 167, 204, 252, 254~260, 272~275, 283, 287, 303, 350, 355~356, 358~359, 366, 371, 411~415, 417~418, 420, 422, 424~426, 428, 430, 439~441, 443, 452~453, 455, 457, 459, 462, 464, 466, 475, 489, 497, 540~541, 543~550, 552~567, 573, 580, 591~592

발칸반도 123, 188, 413, 429

발트 3국 21, 47, 102, 273, 539~540, 553, 556, 561~567, 569~570

베니토 무솔리니 40, 250, 255, 258~259, 273, 439

부역자 94, 100, 102, 120, 133, 207,

229, 248~250, 253, 256, 258~259, 261~268, 271~272, 274~276, 283~285, 287, 300, 302, 322~323, 326, 355, 357, 412~414, 424~425, 428~430, 433, 455, 458, 478~479, 481~482, 488, 490, 494, 498, 508, 533, 544, 580~581, 588

북유럽 262, 304

북이탈리아 102, 128, 257, 287, 439, 463, 466

붉은 군대 36, 52, 57~58, 68, 72, 106~107, 109, 112, 128, 139~140, 144~147, 160, 199, 204, 207~208, 232, 329, 335, 358, 380, 475, 504, 507, 516, 525, 527, 538, 540~541, 543, 556

『브레메Vreme』 589

『비토룰Viitorul』 516

ㅅ

서유럽 21, 24, 26, 79, 98~99, 110, 124, 126, 150, 251, 253, 256~257, 260~262, 265, 271, 275~277, 289~290, 298, 301, 325, 327, 429, 432~435, 470, 480, 499, 503, 528, 556, 569, 571

『선데이타임스』 149

소련군 21, 36, 41, 70, 74, 105, 110, 139~140, 145, 171, 196, 198~199, 204~207, 209, 211~212, 358, 361, 380, 389, 392~393, 397, 415, 429, 514, 527, 533, 543~546, 548~550, 552, 555~557, 566

소비에트 사회주의공화국 연방USSR(소비에트 연방) 37, 47, 62, 210, 361, 367, 541

야만 대륙
제2차 세계대전 직후의 유럽 잔혹사

초판인쇄 2024년 12월 31일
초판발행 2025년 1월 24일

지은이 키스 로
옮긴이 노만수
펴낸이 강성민
편집장 이은혜
편집보조 정여진
마케팅 정민호 박치우 한민아 이민경 박진희 황승현
브랜딩 함유지 함근아 김희숙 이송이 박다솔 조다현 배진성 이서진 김하연
제작 강신은 김동욱 이순호

펴낸곳 (주)글항아리 **출판등록** 2009년 1월 19일 제406-2009-000002호

주소 경기도 파주시 심학산로 10 3층
전자우편 bookpot@hanmail.net
전화번호 031-955-2689(마케팅) 031-941-5161(편집부)

ISBN 979-11-6909-323-1 03920

잘못된 책은 구입하신 서점에서 교환해드립니다.
기타 교환 문의 031-955-2661, 3580

www.geulhangari.com